KB071342

미국 민주주의의 문화사

•

로버트 위브 지음
이영옥·박인찬·유홍림 옮김

한울
아카데미

Self-Rule

A Cultural History of American Democracy

Robert H. Wiebe

The University of Chicago Press

Self-Rule: A Cultural History of American Democracy
by Robert H. Wiebe

옮긴이의 글

'민주주의'라는 말이 우리 한국인에게 갈망의 단어가 된 것은 오래 전 일이다. 한국에서 민주주의라는 단어가 혹은 개념이 사용되는 것을 들을 때마다 움칫하는 느낌을 받을 때가 종종 있었다. 사람들이 특히 국가의 미래인 젊은 학생들이 민주주의가 무엇인지 참으로 깊이 생각하고 있는가. 그들이 민주주의의 탄생과 성장, 그리고 발달에 대해 익히 알고 있는가. 또한 그것이 우리 한국인에게 선물로 주어졌을 때 그 의미를 소화하여 우리 것으로 만들 시간을 가졌는가.

1990년대를 보내면서 한국의 민주주의는 분명히 변화하고 있다. 이 책은 마침 매우 유용하게도 19세기의 유일한 민주주의 국가였던 미국을 소재로, 우리 모두에게뿐만 아니라 학자들에게도 혼란스럽기만한 '민주주의'와 그의 기본을 이루는 개념들, 즉 자유, 평등, 정의 등과 함께 노동, 권력, 집단적 자치와 개인적 자치 등에 대한 설명을 시도하고 있다. 특히 제목으로 나타나 있듯이 '자치(self-rule)'는 미국의 문화적 특성을 나타내면서 민주주의의 핵심으로 파악되어 있다. 저자인 로버트 위브 교수의 박식한 역사 지식에 힘입어 독자는 민주주의에 대한 핵심적인 요소를 알게 됨은 물론, 학문적 호기심이 자극되는 경험을 하게 되고, 특히 한국 독자로서는 새로운 자세로 앞으로의 민주사회를 살아가는 데 도움이 될 것이라고 생각된다.

1997년도 말에 한국아메리카학회가 미국문화원의 지원을 받아 시작된 이 번역사업은 저자의 완곡한 표현과 유려한 문체로 인해 역자들로서는 쉽지 않은 작업을 벌인 셈이었으나, 그래도 훌륭한 저술을 한국의 많은 독자가 접할 수 있고, 궁극적으로는 우리나라의 민주주의에 기여한다는 생각으로 끝까지 공을 들였다. 되도록 저자가 전하려는 메시지의 내용에 충실하려고 하였으며 우리말로 읽히는 데 무리가 되지 않도록 노력하였다.

책이 되어 나오기까지 수고와 노력을 아끼지 않은 도서출판 한울에 감사드리고, 특히 초고를 열심히 보아주신 오현주 과장과 편집부 여러분께 감사의 마음을 전하고 싶다.

1999. 6. 15

옮긴이 대표 이영옥

감사의 글

이 책은 1987년 코넬 대학에서 가졌던 세 차례의 칼 로터스 베커(Carl Lotus Becker) 강연을 통해 처음으로 구상되었다. 당시에 마이클 캐먼(Michael Kammen)은 말로 표현할 수 없을 만큼 친절하게 나를 맞아주었다. 이 책이 구상될 무렵 격려를 아끼지 않았던 스튜어트 블러민(Stuart Blumin)에게 깊은 감사의 뜻을 전한다. 제인 맨스브리지(Jane J. Mansbridge), 로버트 노럴(Robert J. Norrell), 매리 노튼(Mary Beth Norton), 제임스 옥스(James Oakes), 그리고 로버트 웨스트브룩(Robert Westbrook) 등은 내 강연의 한계점을 지적해줌으로써 보다 나은 연구를 수행하도록 도와주었다. 비슷하게도 사라 에번스(Sara Evans), 존 히검(John Higham), 그리고 수잔 허쉬(Susan Hirsh)는 미국 민주주의에 대한 견해가 요약된 나의 논문을 읽고 논평해주었다. 1987년 예루살렘에서 개최된 학술대회에 논평가로 참가하여 나를 "공산주의 추종자"라고 비난했던 슐로모 애비너리(Shlomo Avineri)에게도 창조적인 비평을 해준 것에 감사하는 바이다.

조셉 바튼(Joseph Barton), 존 토머스(John L. Thomas), 그리고 샘

워너 2세(Sam Warner Jr.)는 다듬어야 할 부분이 매우 많았던 이 책의 초고를 읽는 데에 수고를 아끼지 않았다. 제임스 클로펜버그(James T. Kloppenberg)와 제임스 쉬한(James J. Sheehan)은 이 책의 교정본을 세심하게 읽어 주었으며, 엘렌 뒤보이스(Ellen Carol DuBois)는 제2부를 철저하게 검증해주었다. 로빈 먼시(Robyn Muncy)의 탁월한 논평은 출판 직전의 최종본을 마무리짓는 데 큰 도움을 주었다. 이들 모두에게 깊이 감사드리며, 마찬가지로 이 책의 원고를 읽어준 로버트 벨라와 마이클 스커드슨(Michael Schudson)에게도 고맙다는 말을 전하고 싶다.

제임스 캠벨(Jaems Campbell), 아서 맥에보이(Arthur F. McEvoy), 그리고 해럴드 퍼킨(Harold Perkin)은 나에게 쓸모있는 자료를 알려 주었다. 해리 왓슨(Harry Watson)과 헨리 빈포드(Henry Binford)는 각각 19세기 전반의 미국 정치와 19세기 후반의 미국 도시에 대해 나와 함께 지식을 나누었다. 로널드 가이오트(Ronald Guyotte)는 최근의 민주주의에 관한 생각을 정리하는 데 도움을 주었으며, 조이스 셀처(Joyce Seltzer)는 원고를 장(章)별로 구성하는 것을 도왔다. 나의 가족도 이 책의 기획에 관심을 보였다. 도널드 위브(Donald Wiebe)와 리처드 위브(Richard P. Wiebe)는 내가 읽어야 할 책을 선정해주었다. 에릭 위브(Eric Wiebe)와 패트릭 위브(Patrick Wiebe)는 전자투표에 관한 나의 견해에 문제점을 제시했다. 토비 위브(Tobey Wiebe)는 제임스 셰리던(James E. Sheridan)과 클래런스 스티그(Clarence L. Ver Steeg)와 마찬가지로 나에게 자신감을 불어넣어 주었다. 리처드 맥코믹(Richard L. McCormick), 피터 패리쉬(Peter Parish), 그리고 리오 요코야마(Ryo Yokoyama)는 이 책의 주제에 대해 남다른 관심을 가지고 나를 격려해 주었다. 그리고 시카고 대학 출판부의 캐스린 골(Kathryn Gohl), 더글러스 미첼(Douglass Mitchell), 그리고 리나 러낼리(Rina Ranalli)는 나와 꾸준하게 연락을 주고받으며 도움을 주었다. 이 모든 이들의 도움이

나의 사기를 진작시켜 주었다.

호의적인 환경에서 시간을 갖고 이 책의 초고를 쓸 수 있도록 로이드 루이스 연구비를 지원해 준 뉴베리 도서관에 감사를 표하고 싶다. 당시에 도서관 부관장이었던 리처드 브라운(Richard H. Brown)은 나를 특히 북돋아주었다. 원고를 빨리 완성하도록 도와준 스펜서 재단의 관대함과 익명의 기부가에게도 고마움을 전한다. 몇 년에 걸쳐 이 책을 준비하는 동안, 노스웨스턴 대학교 문리대학장을 각각 역임했던 루돌프 웨인가트너(Rudolph H. Weingartner)와 로렌스 듀마(Lawrence B. Dumas)는 나를 변함없이 후원해주었다. 책을 쓰는 데 전념할 수 있도록 선뜻 휴가를 허락해 준 스티븐 베이츠(Steven L. Bates), 존 맥레인(John R. McLane), 그리고 아데르 월든버그(Adair L. Waldenberg)의 은혜에 특별히 감사드린다.

이외에도 이 책이 나오기까지 도움을 준 사람들은 헤아릴 수 없을 만큼 많다. 그들 가운데 조 바튼(Joe Barton)과 바바라 스파이커(Barbara Speicher)는 나를 받아주었고, 페기 앤더슨(Peggy Anderson)과 짐 쉬한(Jim Sheehan), 바바라 바스와 허브 바스(Herb Bass), 바바라 개도와 로이드 개도(Lloyd Gadau), 바바라 린더만과 제리 린더만(Jerry Linderman), 도로시 톰슨(Dorothy Thompson)과 존 톰슨(John Thompson)은 이해와 애정의 자리를 마련해주었으며, 바바라 헬트(Barbara Heldt)와 게리 스미스(Gerry Smith)는 든든한 버팀목이 되어주었다. 그리고 애니타 펠만(Anita Fellman)은 내가 일을 잘 수행하는지 지켜보아주었고, 패트 그래엄(Pat Graham)은 현실적인 도움과 개인적인 온정을 남다르게 베풀어 주었으며, 파멜라 로엔스테인(Pamela Lowenstein)은 나에게 늘 자신감을 불어넣었다. 끝으로 샘 워너(Sam Warner)는 궂은 일도 마다않고 하나하나 챙겨주었다. 이들 모두에게 나는 정말로 엄청난 빚을 졌다. 이 자리를 빌려 깊은 감사를 드린다.

차례

서론

미국인들은 민주주의란 너무나도 중요해서 도저히 정의를 내릴 수가 없는 것처럼 행동한다. 그들은 마치 국민생활에서 찾을 수 있는 최상의 것들을 모두 수용할 수 있도록 민주주의라는 말에 융통성을 부여하라고 말하고 있는 것 같다. 그러므로 민주주의는 그 말이 일상적으로 사용될 때, 공적으로나 혹은 사적으로 우리가 서로를 대하는 방법, 보수적, 자유주의적 혹은 급진적인 경제 프로그램, 다수에 대한 개개인의 권리 혹은 모든 구성원에 대한 다수의 권리, 인종차별적인 공공정책 혹은 그렇지 않은 정책, 해외 독재정권의 몰락 혹은 국내 행정부의 출현, 차이의 평준화 혹은 차별의 미화, 그리고 이외에 더 많은 것들을 가리킬 수 있다. 따라서 우리가 원하는 그 모든 것을 가리키는 필수적인 용어로서 이제 민주주의는 어떤 대단한 것을 특별히 의미하는 것이 아니라 매우 폭넓게 적용되고 있다.

사실 민주주의는 너무나도 중요해서 정의를 내리지 않을 수 없다. 미국이 지닌 가장 독특한 특징이자 미국이 세계사에 기여한 가장 중요한 업적으로서, 민주주의는 우리 자신의 삶을 이해할 수 있게 해주는 문제들을 위하여 우리가 이제껏 간직해온 명석하고 치밀한 검토 자세를 요구한다. 나는 최근 몇 년 동안 민주주의의 보다 철저한 조사를 위해 그것만을 별도로 연구해왔던 사람들의 부류에 속한다. 이런 논의에 대한 나의 공헌은 미국 민주주의의 발전사에 대해 특별히 관심을 기울이는 것이다. 즉 미국의 민주주의는 어떻게 정착되었는가? 민주주의는 다른 행동양식들과 어떠한 관련을 맺어 왔는가? 수세기에 걸쳐 민주주의는 어떻게 변해왔는가? 오늘날의 미국에서 민주주의는 어떠한 상황에 놓여 있는가?

그러나 먼저 민주주의의 의미에 대해 몇 마디 더 설명해야 할 것 같다. 비록 최근 들어 민주주의에 대한 관심이 고조되면서 진지한 접근이 새롭게 가미되기는 했지만, 그것을 명확하게 조명하지는 못했다. 때론 명시적인, 그러나 대부분의 경우에는 암시적인 정의상의 혼란에 먼저 관심을 가지게 된다. 민주주의에 관해서 지난 25년간 이루어졌던 60여 편의 핵심적인 연구결과를 되짚어봄으로써 이 혼란의 내용[1]을 파악해 보도록 하자.

이들 60여 편의 연구 가운데 많은 것들이 서로 어긋나는 주장을 하고 있다는 중요한 첫인상에도 불구하고, 그것들 간에는 일치하는 부분이 있었음이 우리의 표본자료들에서 드러난다. 우선 거의 모든 연구는 민주주의가 선거를 포함하는 자치의 과정이라는 점에서 의견을 같이 한다. 하지만 대부분의 연구는 이러한 공통된 의견에만 머물지 않는다. 사실 대부분의 평론가들은 자치와 관련된 것이면 선거를 비롯하여 그밖의 모든 것을 합리화할 수 있는 조건들을 마구잡이로 성급하게 끌어모았다. 바로 여기에서 문제의 복잡성이 시작된다.

그러한 조건들 중 일부가 정치과정에 반드시 도입되어야 하는 것들

---

1) 핵심 연구문헌에 관한 언급은 저자와 출판년도 순이다. 각 문헌의 전체 서지 사항은 「부록: 도움을 준 책들과 참고문헌」 중 서론과 결론 부분 451-454쪽에 수록되어 있다.

을 말하고 있다. 그밖의 다른 조건들은 정치과정으로부터 반드시 산출되어야 함을 진술하고 있다. 정치과정에 도입되어야 하는 조건들의 경우, 그 전제조건은 다음의 두 가지로 나뉜다. 하나는 헌법, 법률, 준칙, 절차와 같은 자치의 구조적 토대를 구체화하는 것이고, 다른 하나는 참여하는 시민들의 성향, 즉 일반적인 사람들의 신념, 책무 그리고 지식을 구체화하는 것이다. 본질적인 산출물들은 이 과정의 끝머리에서 세 개의 커다란 범주로 나뉜다. 즉 대개 개개인의 자유로운 권리를 보통 일컫는 자유, 통상 사회적 평등의 문제에 초점을 두는 정의, 그리고 중요한 문제를 신속하고 신뢰성 있게 해결할 수 있는 효율성 등이 바로 그것이다. 정치과정에 도입되는 정치구조와 시민의 성향, 그리고 그로부터 도출되는 자유, 정의, 효율성 등의 전체 요소들이 가지는 자연스러운 호소력과 굉장한 범위에서 짐작할 수 있듯이, 이러한 조건들은 매우 급속하게 축적되는 경향이 있다. 과연 누가 왜곡된 정치구조나 무능력한 대중, 불평등한 제도나 허약한 정부를 원하겠는가? 그러나 민주주의를 논하는 다양한 평론가들이 이러한 조건들을 높이면 높일수록, 우리의 유일한 공통 기반인 자치의 과정은 더욱 더 깊이 파묻히게 되고, 그 결과 민주주의라고 하는 주제는 온갖 사람들의 사소한 관심을 쌓아 올린 것에 지나지 않게 된다.

더욱 혼란스럽게 만드는 것은 현대의 평론가들이 자신들을 철학자, 정치평론가, 사회과학자로 분리시킨 뒤, 자신과 같은 부류의 사람들하고만 말하려고 한다는 점이다. 민주주의를 주로 도덕적인 문제로 여기는 철학자들은 개인의 의미를 너무나도 중시하는 탓에 민주주의 자체에 관해서는 뒤에 가서야 논의를 하고, 민주주의의 산물을 주로 강조한다. 즉 그들은 당위성의 세계를 전하는 데 주력한다. 반면에 대부분이 언론인인 정치평론가들은 공공분야의 위기로부터 논의를 시작하여 그것을 민주주의와 연결시킨 뒤, 개혁에 필요한 항목을 나열한다. 즉 그들은 당면한 현실의 정확한 현상을 전하고자 한다. 또한 사회과학자들은 정치와 정부에서 시작하여, 현상들 내에서 민주주의를 찾은 다음, 절차상의 개선에 관심을 쏟는다. 즉 그들은 현실의 운영 방법에 주목한다. 예를 들어 자동차가 덜거덕거릴 때, 사회과학자들은 자동차의 본네트를 들어올릴 것이고, 철학자들은 우리가 앞으로 어떻게 될 거라고 생각하는지 물을 것이며, 정치평론가들은 경찰을 찾을 것이다. 자유와 정의에 깊은 관심을 갖고 있는 철학자들과 정치평론가들이 구조에 대한 면밀한 검토를 회피하는 반면, 사회과학자들은 구조와 효율성에 우선권을 둔다. 정치평론가들은 이들 가운데 역사의식이 가장 약하므로 전례없는 위기를 맞을 수 있다. 그러나 철학자들은 역사의식이 가장 강하므로 거의 항상 전통에 입각해서 사고를 한다. 사회과학자들이 현상에 대해 가장 큰 관심을 갖고 있다면, 철학자들은 이에 대해 가장 무관심하다. 일부 평론가들은 분류하기가 어렵다는 점을 비롯하여 몇몇 불가피한 예외를 고려에 넣는다 하더라도, 자기들만의 방식으로 민주주의에 대해서 활기찬 토론을 벌여온 이들 세 집단은 민주주의를 둘러싸고 서로 다른 처방들이 수없이 소용돌이치는 이유를 잘 설명해준다.

거의 모든 경우 불만족은 논의의 끝머리에서 보통 거론되는 민주주의의 산물로부터 생겨난다. 철학자 로버트 노직(Robert Nozick)과 법이론가 로베르토 웅거(Roberto Mangabeira Unger)는 개인의 자유가 훼손되고 있다는 데에 동의할 것이다. 혹은 소비자의 왕인 랄프 네이더(Ralph Nader)와 정치해설가 케빈 필립스(Kevin Phillips)가 주장할 만하듯, 사회적 정의는 부인되고 있는지 모른다. 또한 언론가 다이온(E. J. Dionne, Jr.)과 정치학자 제임스 모론(James Moron)과 같은 사람들이라면, 정부조직이 별볼일 없는 성과를 올릴 뿐이라고 주장할 것이다. 비평가들의 관심이 민주주의의 산물로부터 민주주의에 필요한 투입물로 옮겨가게 되면, 그들은 이 결점투성이의 산물을 수정할 수 있는 무언가를 집어넣고자 항상 애쓴다. 대개 사회과학자들은 정당의 활성화, 선거운동 자금의 조달에 관한 부가적인 법률(이는 정치평론가들의 주요 관심이기도 하다), 그리고 개별조항 거부권의 행사나 공정한 경제정책의 요구(이 점에서 정치평론가들과 철학자들이 합류한다)와 같은 독단적인 입법부를 제재할 수 있는 방법 등을 선호한다. 몇몇 정치평론가들과 철학자들은 헌법적으로 보장받게 되는 권리들을 더욱 확대하라고 주장한다. 이 모든 것들은 정치과정으로부터 산출되는 효율성이나 정당성을 높이기 위해서 정치과정에 투입해야 할 것들을 변경하는 대안적인 방법들이다.

대부분의 제안들은 일반 대중의 모자란 부분을 보충하는 데 그 목적이 있다. 즉 일반 시민들이 관심과 지도력을 필요로 하기 때문에 정당은 더욱 강력해지는 것이고, 투표자들로서는 무분별한 정치선전에 맞설 힘이 없기 때문에 선거운동 경비에 제한을 두게 되는 것이며, 약자는 강자로부터, 소수는 다수로부터 보호될 필요가 있기 때문에 권리의 위임이 생겨나게 되는 것이다. 정치학자인 제임스 번스(James MacGregor Burns)와 마틴 오버비(L. Martin Overby)는 선거정책이란 단지 "돈과 미디어에 의한 지배, 투표자들을 당황케 하는 긴 후보자 명단, 현실문제의 회피, 끝없는 대중선동, 선정주의, 천박함으로의 추락"에 지나지 않는다고 비난한다. 모시스 핀리(Moses Finley)는 시민의 전체적인 "무지," "엄청난 일관성의 부족, 지식과 정치교육의 부족, 그리고 무관심"에 대해 우리가 의견을 같이 하는 것으로 받아들인다. 더욱 극단적인 경우로서 프랭크 소로프(Frank Sorauf)는 미국의 정치를 "대중의 공포, 대중의 여론, 그리고 대중의 투표에 의해 좌우되며 쉽게 선동에 넘어가고," 고칠 수 없을 정도로 개인의 전용물로 변해버렸다고 서술한다. 대중은 수세에 몰려 비틀거린다. 정부가 투표자들의 지지를 얻으려고 분투하기보다는 오히려 투표자들이 자신들은 정부의 관심을 얻어야 한다는 사실을 주장해야 한다. 역사가 크리스토퍼 래쉬(Christopher Lasch)는 현대 사회의 억압에서 분연히 벗어나 "민주주의가 도덕적으로 고양된 고도의 행동기준의 구현임을 보여주는 것"이야말로 시민의 권리라고 주장한다. 로버트 벨라(Robert Bellah)와 그의 동료들은 민주주의를 "중요한 일에 사람들이 능동적으로 동참할 수 있게 하는 정치제도"라고 단적으로 정의 내린다.[2)]

소수가 문제를 설명하면 다수는 경청하는 식이었던 제임스 매디슨(James Madison)과 토머스 제퍼슨(Thomas Jefferson)의 위계 잡힌 세계가 대중의 자질에 대해 회의적인 시각을 갖고 있던 사람들 사이에서 특히 인기를 누리게 된 것은 그리 놀랄 일이 아니다. 철학자 윌리엄 라이커(William Riker)는 그 어떤 다른 형태의 민주주의도 모두가 "불합리"하고 "변호의 여지가 없다"고 말한다.[3)] 철학자 위르겐 하버마스(Jürgen Habermas)로부터 유래되어 널리 칭송을 받았던 공적인 삶에 대한 이상은 합리적인 논쟁에 의해 설득될 수 있는, 교육을 받은 공정하고 수용력 있는 시민을 전제조건으로 한다. 이러한 하버마스의 시도는 애덤 셀리그먼(Adam Seligman)이 정확하게 지적하듯이, 18세기 계몽주의 시대의 가치를 현대에 되살리고자 하는 것이다. 컬럼니스트 플로라 루이스(Flora Lewis)와 철학자 존 롤스(John Rawls)와 같이 서로 다른 여러 평론가들도 합리적인 시민에 대한 요구를 반복해서 전한다.

이러한 논의에 동참하는 사람들 가운데 대중에 의한 통치를 보다 강화함으로써 그것의 폐단을 치유하자고 주장하는 경우는 그렇게 많지가 않다. 대중의 참여 자체가 문제의 일부분이 되는 상황에서 그러한 해법은 아무런 의미가 없다. 즉 "더 많은 민주주의"는 오히려 "미국의 대중 영역의 혼란을 더욱 악화시킬" 뿐이다. 정치학자 토머스

---

2) James MacGregor Burns with L. Marvin Overby, *Cobblestone Leadership*, Norman, 1990, p.xiv; M. I. Finley, *Democracy Ancient and Modern*, rev. ed., New Brunswick, 1985, p.100, 3; Sorauf, 1992, p.244; Christopher Lasch, *The True and Only Heaven*, New York, 1991, p.305; Bellah et al., 1991, p.273.

3) Riker, 1982, p.241.

크로닌(Thomas Cronin)의 근엄한 표현을 인용하자면, 단지 "대중들이 정보에 밝고 관심을 쏟는다고 해서 그들의 자치 능력을 신뢰할 수 있을까?"[4] 만일 그렇지 않을 경우 어떻게 될 것인가? 민주주의의 산물에 대한 불만은 투입물에 대한 불만을 일으킨다. 정치과정으로부터 비롯된 잘못된 결과는 그 과정에 도입되는 잘못된 대중의 가치와 연관이 있으며, 민주주의라는 이름에 어울리는 민주주의를 이루기 위해서 보다 질 높은 원자재가 필요하다는 것은 거의 정설로 받아들여진다. 게다가 보다 나은 결과를 요구하면서 시작한 사람은 그것을 찾다가 결국에는 제자리로 돌아오고 만다. 즉 새로운 구조와 새로운 시민가치는 그들이 자유, 정의, 혹은 효율성의 측면에서 예정된 산물을 생산할 수 있을 때에만 중요하게 여겨진다. 만약 대중이 로버트 벨라와 그의 동료들이 중대한 문제로 생각했던 것에 초점을 맞추지 않는다면, 대중의 기준에 의거한 민주주의는 실패하고 말 것이다.

최근의 비평가들은 투입과 산출의 현 체제에 관한 그들의 고민을 몇몇 특정 단어로 나타내고 있다. 그 가운데 가장 흔하게 쓰이는 것이 **진정으로**(truly)라는 단어이다. 이 말은 철학자 필립 그린(Philip Green)이 이루고자 했던 "진정으로 평등한 시민들의" 민주주의에서나 혹은 정치학자 제임스 피쉬킨(James Fishkin)이 추구하고자 했던 "진정으로 적절한 민주주의의 형태"란 표현 속에 잘 나타나 있다.[5] 이 말은 약간 변형되어 **순수한**(genuine) 혹은 **진짜**(real) 민주주의라고 사용되기도 하는데, 이것은 현재 통용되는 가짜 혹은 허위 민주주의의 형태와 확연히 대조되는 것으로 쓰인다. 혹은 민주주의를 밑에서부터 접근하는 경우로, 철학자 존 던(John Dunn)은 "자본주의적 민주주의"란 용어를, 그리고 사회과학자 괴런 테어본(Göran Therborn)은 "부르주아 민주주의"란 용어를 사용하기도 하는데, 이것은 프롤레타리아, 무정부주의

4) Morone, 1990, p.323; Cronin, 1989, p.x.
5) Green, 1985, p.vii; Fishkin, 1991, p.20.

자, 신정(神政)주의자, 전통주의자들의 대안과 대조를 이루기 위해서 사용된 것 같다. 다른 사람들은 만약 우리가 주의를 기울이지 않을 경우, 산출물들 가운데 가장 나쁜 것으로 우리를 위협함으로써 그것들에 집중하게 만든다. 민주주의가 방향을 잘못 잡았을 경우에 대해서 시사평론가 어빙 크리스톨(Irving Kristol)은 홉스적인 사회의 공포, 즉 "사악함, 비열함, 비참함, 그리고 타락"으로 가득찬 사회의 모습을 불러일으킨다.[6] 철학자 앨런 길버트(Alan Gilbert)는 우리를 겁주기 위해 나치를 반복해서 들먹거린다. 이들의 주장에 따르면, 우리가 이러한 끔찍한 산물을 감내할 자신이 없다면 우리는 제대로 된 산물을 확실히 보장할 수 있는 방법을 선택하지 않으면 안 된다.

결과와 원인, 그리고 보다 많은 결과에 대한 이러한 집착은 결과와 원인 사이의 공통 기반인 정치적 과정을 위축시킬 수밖에 없다. 한 예로 보다 많은 절대적 권리를 요구하는 자유와 정의의 옹호자들은 대중의 통치를 아주 공공연하게 제한하려고 든다. 법 이론가 로널드 드워킨(Ronald Dworkin)은 권리란 대중의 선택을 뛰어넘는 명령이며, "소수집단들에 대한 다수의 (절대적인) 약속"이라고 명백히 밝힌다. 철학자 에이미 거트만(Amy Gutmann)은 다른 많은 권리 가운데에서도 "보편적인 사회복지권과 비교적 평등한 수입 분배"를 그녀가 세운 공정한 헌법 모델에 포함시킨 다음, 정부는 전반적으로 행정적인 성격을 띠며, 선거는 의식(儀式)적인 행위로 남는다고 설명한다. 정치과정은 종속변수라는 순수한 역할로 슬그머니 넘어간다. 하급 선거의 전문가인 루이 테세이라(Ruy Teixeira)는 지도자들에게 대중의 참여를 높이기 위해서가 아니라, "수립된 정책을 달성하기에 충분한 합법성"을 부여하기 위해서 그리고 "개혁의 비용이 그다지 많이 들지 않는 한에서만" 투표율을 올리자고 제안한다.[7]

---

6) Kristol, 1972, p.42.

7) Dworkin, 1977, p.205; Gutmann, 1980, pp.198-199; Teixeira, 1992, pp.3-4.

종종 공통 기반은 완전히 사라져 버린다. 비록 그것을 노골적으로 말하는 민주주의의 평론가들은 거의 없지만, 성과에 대한 지나친 강조는 대중의 정치과정을 항상 위험에 빠뜨린다. 만약 대중정치과정의 가치가 입증되지 못한다면, 그것을 왜 계속해서 지켜나가야 하는가? 사회과학의 두 석학이 예시하듯, 몇몇 정의에서 그것은 아예 폐기된다. 가령, 세이무어 립셋(Seymour Martin Lipset)에게 민주주의란 단지 "잘 돌아가는 좋은 사회 그 자체"일 뿐이며, 랄프 다렌도르프(Ralf Dahrendorf)에게 그것은 "혁명 없는 정치적 변화"에 지나지 않는다. 이러한 방식으로 민주주의는 떠돌고 있다. 이러한 주장들보다 확실한 기반도 없이 "모든 제도의 민주주의적인 변화"를 요구한다면, 그러한 요구는 일종의 광고전단처럼 읽혀지고 말 것이다.[8)]

한 번 표류하게 된 민주주의는 계속해서 떠다닐지 모른다. 체제 자체가 산물을 타락시킨다고 믿는 평론가들은 새로운 체제를 요구한다. 예를 들어 철학자 로버트 울프(Robert Paul Wolff)는 무정부주의를, 그리고 시사평론가 마이클 패런티(Michael Parenti)는 혁명적 사회주의를 주장한다. 패런티는 미국이 민주적이었던 시절은 사실상 없었다는 프랜시스 피븐(Frances Fox Piven)과 리처드 클로워드(Richard Cloward)의 결론에 동의한다. 평가의 기준이 매우 높은 정치철학자 벤자민 바버(Benjamin Barber)와 로버트 다알(Robert Dahl)은, 바버의 말대로, 미국에서 진짜 민주주의는 "결코 존재한 적이 없었다"고 주장한다. 철학자 캐롤 페이트만(Carole Pateman)은 이러한 주장을 더욱 확장시켜, "페미니스트들이 보기에 민주주의는 (그 어떤 곳에서도) 결코 존재한 적이 없었다. 여성들은 '민주주의'라고 알려진 그 어떤 국가에서도 평등한 시민으로서 받아들여진 적이 과거에도 없었고 또한 현재에도 없다"고 단언한다.[9)]

---

8) Seymour Martin Lipset, *Political Man*, Garden City, 1960, p.403; Dahrendorf presentation in Jerusalem, January, 1987; Bellah et al., 1991, p.176.

아마도 윌리엄 그레이더(William Greider)가 제시한 것처럼, 민주주의에 부과되는 높은 기준은 민주주의를 사회체제의 한 형태로서가 아니라 "미국 사회가 언젠가는 도달하게 될 이상에 대한 아직 실현되지 않은 비전"으로 변화시킬지 모른다.[10] 철학자 존 드라이젝(John Dryzek)이 보다 명확하게 내린 결론에 따르면, 열린 평등주의적 민주주의는 현실적으로는 항상 실현 불가능한 이상에 불과할 수 있다. 정치철학자 다알은 민주주의에 대한 포괄적인 설명을 통해 어떠한 사회도 충족시키지 못할 대중참여의 기준을 세운 바 있다. 즉 정신적 능력을 모두 갖춘 성인 거주자들로 포괄적인 선거인단을 구성하되, 각 선거인들은 공공문제의 안건을 준비할 동등한 기회, 의사결정의 장치를 결정할 동등한 권리, 그러한 문제들에 관한 정보를 동등하게 공유할 권리, 그리고 문제의 해결을 계획하는 과정에서의 동등한 비중을 가질 수 있어야 한다는 것이다. 이러한 이상들의 드높은 경지는 미국의 민주주의가 진정한 민주주의, 진짜 민주주의로부터 이탈하여 얼마나 깊이 추락했는가를 역설적으로 강조한다.

논리적인 명제로서의 민주주의에 대한 정의가 실제 상황과 관련이 있어야 할 필요는 없다. 논리상 통하는 것도 역사적인 관점에서 보면 성립되지 않을 수 있다. 민주주의라는 명칭을 획득할 수 있었던 매우 중요한 일들이 19세기 초 미국에서 일어났다. 그리고 일단 일어나자 그 영향은 전세계로 퍼졌다. 그때부터 수백만의 사람들이 민주주의가 존재한다는 가정하에 행동해왔으며, 민주주의에 관한 정의는 그러한 사실에 매우 민감할 수밖에 없었다. 1960년대 이후 쏟아져 나온 수많은 논평에서 극소수의 사람들만이 이러한 사회적 경험의 역사를 고려 대상에 넣었다.

9) Barber, 1984, p.xvi; Pateman, 1989, p.210.
10) Greider, 1992, p.14.

두 가지 면에서 역사의 이해는 민주주의에 반드시 투입되어야 할 것과 민주주의로부터 반드시 산출되어야 할 것에 대한 기준을 보다 느슨하게 해준다. 첫번째로, 역사의 이해는 현재의 기준에서 볼 때 건전한 민주주의를 위해 꼭 필요하다고 여겨지는 전제조건들에 대해 의문을 제기한다. 예컨대 가난은 시민을 무력하게 하고 교육은 시민에게 힘을 부여한다고 주장하는 사람들은 그러한 주장과 대조되는 19세기의 기록에 전혀 주의를 기울이지 않는다. 생활수준이 상당히 낮은 데다 어떠한 사회안전망도 없었던 19세기의 대부분 동안 미국의 유권자들은 선거를 포함한 전체 정치과정에 엄청나게 높은 수준의 공을 들였다. 수많은 시민들에게 끝없는 상실감을 안겨 주었던 불황조차 그들을 막지는 못했다. 19세기의 가족, 교회, 일반 학교를 통한 교육, 구두 및 서신의 대중적인 의사소통망을 통한 교육, 참여 자체를 통한 교육은 20세기에 들어 널리 확산된 정규교육이 양산해낸 것보다 훨씬 더 당당하고 자신감 넘치는 유권자들을 배출했다. 현대 정부의 믿기 어려운 복잡성과 대중매체의 상상 못할 영향력을 특별히 거론하면서 20세기에 와서 상황이 급변했다고 반박하는 사람들은, 텔레비전은 말할 것도 없고 라디오와 거대 정부의 시대가 시작되기 전인 20세기 초에, 제대로 정보도 없이 통제체제하에서 대중들이 거의 동일한 비난을 했다는 것을 모르는 것 같다. "현대 생활의 복잡성" 및 "대중매체의 힘"과 같은 어구는 인위적 문화 산물이지, 과학적 진실은 아니다.

선거구를 제멋대로 고치는 게리맨더링(gerrymandering), 저급한 선거운동, 그리고 공개투표가 민주주의를 훼손시키고 그 품위를 떨어뜨린다는 비난은 마찬가지로 모호하다. 대표제의 상급법으로서의 1인 1표권은 아주 최근에 생겨난 집념의 소산이다. 정치가 얼마나 중요한 것인가는 종종 거친 말들이 오가는 가운데 이해될 수 있으며, 공개투표는 그러한 열정을 나타내는 조직적인 연대를 강화시켜왔다. 오늘날의 평론가들로서는 19세기의 요란스럽고 당파적인 군중들을 생각만

해도 곤혹스럽게 느낄 것이다. 마찬가지로 19세기의 민주당원이 오늘날의 투표소 밖의 짧은 음울한 행렬을 보았다면 아마도 경악을 금치 못했을 것이다.

역사의 이해가 끼치는 두번째 영향으로서, 역사는 민주주의가 완벽해야 하며, 보편적인 기준에 미치지 못하는 요소가 있다면 그것은 전체 기획을 무너뜨리게 된다는 주장에 반기를 든다. 완성된 형태를 갖추고서 나타난 것이 과연 있었던가? 현재만이 진실을 드러낸다고 주장하는 정신적 태도, 즉 오늘의 진실도 내일이 되면 쓸모 없게 된다고 확신하는 정신적 태도는 민주주의를 향한 그들만의 항로를 찾는 데 있어 다른 세대와 다른 문화에 대해 고려할 일말의 여지도 두지 않는다. 결국은 우리는 모두 죽을 뿐 아니라, 모두 다 그르다. 다른 가치를 가진 다른 사회들은 또 다른 민주주의를 창출한다. 민주주의에 대한 높은 수준의 요구사항을 제시하는 평론가들은 19세기의 미국 민주주의에 대해 불편함을 피력하면서 그것을 기껏해야 우리 시대의 잘못된 예비단계 정도로밖에 보지 않는다. 가령, 다알에게서는 19세기의 미국 민주주의는 불공평한 다두정치(polyarchy)였으며, 피븐과 클로워드에게서는, 정치사회학자 스티븐 스코우로네크(Stephen Skowronek)의 비하적인 문구를 사용하자면, 전근대적인 "법정과 정당"이었다. 테어본이 단언한 바에 따르면, 그나마 미국이 "부르주아 민주주의"로서의 자격을 갖춘 것은 1970년경에 이르러서였다.

부족한 것을 견디는 데는 물론 한계가 있다. 예를 들면, 19세기의 미국에서 백인이 선거권을 오랫동안 독점했다는 사실은 민주주의를 아무리 융통성 있게 해석한다 해도 과했다. 그럼에도 불구하고 그 누구도 포괄적인 성인의 참정권이 19세기 초에 순식간에 실현될 수 있으리라고는 기대하지 않았을 것이다. 발전중인 지역과 경계를 둘러싼 갈등 지역 등 일부의 배제는 거의 피할 수가 없었다. 게다가 초기의 배제는 현재의 관점에서는 분노할 일이나, 시민들로부터 그들이 한때 지녔던 권리를 빼앗는 차후 제외와는 다른 의미를 가진다. 민주주의의 역사적 발전이라는 관점에서 볼 때, 주었던 선거권의 박탈은 처음부터 선거권을 부여하지 않은 것보다 훨씬 더 치명적이다. 전자가 도전할 의제라면, 후자는 타파할 안건이라 할 수 있겠다.

달리 말해서, 역사적 다양성은 민주주의를 정의할 때 오늘날의 조건을 가능한 한 적게 요구할 것을 요청한다. 역사적 다양성은 우리로 하여금 원래의 공통 기반, 즉 민중 자치 위에 한 번 더 발을 내딛도록 이끈다. 여기에 바로 민주주의의 핵심이 있다. 정치적 과정이 우리의 가치를 위협하기 때문에 그것을 회피하는 것이 아니라, 정치적 발전의 여지를 마련하기 위하여 우리는 우리의 가치를 조절해야 한다.

피터 배크랙(Peter Bachrach), 월터 버넘(Walter Dean Burnham), 존 드라이젝, 윌리엄 그레이더(William Greider), 시드니 버바(Sidney Verba), 노먼 나이(Norman Nie), 그리고 마이클 왈저(Michael Walzer) 등과 같은 오늘날의 평론가들은 이러한 입장을 유지해왔다. 그리고 벤자민 바버와 다알은 자신들의 이상적인 세계를 위한 고상한 세부사항을 세웠다는 사실에도 불구하고 민중참여운동의 거장들이다. 바버와 나이가, 차분하면서도 명료하게 설명하듯이, "만약 민주주의를 국민에 의한 통치로 해석한다면, 의사결정을 할 때 참여가 많으면 많을수록 민주주의는 더욱 더 많이 실현된다." 왈저의 체계적인 설명에 의하면, 민주주의는 "끝이 없는 과정이며, 확실한 결론이 없는 논쟁이다. 어떤 시민도 자신의 동료를 단 한 번에 설득시켰다고 장담할 수 없다."[11]

우리에게 역사적인 시각을 주기에 충분할 정도로 폭넓은 이러한 접근은 민주주의에 대한 예비적인 정의를 제공한다. 민주주의의 첫번째 원칙은 민중의 자치이다. 따라서 그것은 필연적으로 정치적이다. 또한

---

11) Verba and Nie, 1972, p.1; Walzer, 1983, p.310.

민주주의가 많은 사람을 포용함에 따라, 그것은 민중의 의사를 정확하게 나타내기 위하여 그에 부합하는 판단과 선택을 필요로 한다. 비록 여론조사, 집단적인 요구, 그리고 심지어 개개인의 시장 선택이 그 과정에서 얼마간의 역할을 한다고 하더라도, 선거는 여전히 핵심적인 절차이며, 그러한 절차의 보장은 민주주의 정치에서 매우 기본적인 규칙이다. 즉 선거권을 갖고 있는 다수가 선거권을 갖고 있는 소수를 선거과정으로부터 결코 제거할 수는 없다.

선거는 그것만으로는 충분하지가 않다. 온갖 정부가 다 선거를 채택하고 있다. 효과적인 정치참여를 위해 시민은 정치체제에 접근할 수 있는 연합의 가능성과 정보를 필요로 하며, 또한 민중의 결정에 협조하는 정부 공무원을 필요로 한다. 이와 같이 핵심적으로 요구되는 접근과 협조요건에 덧붙여, 민주주의는 적당한 범위를 또한 요구한다. 민주주의는 그 내부에 비민주적인 기관이 있어도 그것을 견뎌낼 수 있지만, 보다 큰 적대적 체제 내에서는 제 기능을 하지 못한다. 18세기 군주제하에서의 읍민회의는 기능을 발휘할 수가 없다. 왜냐하면 주권은 민주적인 것이어야 하기 때문이다.

결국 민주주의는 무언가 다른 것이다. 민주주의는 서서히 뿌리를 내리면서 그 당시의 시간과 장소에 독특하게 어울리는 일련의 특징을 띠게 되며, 결과적으로 그러한 특징은 민주주의의 복잡하게 뒤얽힌 부분이 된다. 예를 들어 20세기로의 과도기에 태동한 대부분의 유럽 민주주의 국가들은 사회복지 프로그램으로 복잡하게 얽혀 있다. 제2차 세계대전 후에 일본의 민주주의는 기존의 존경관습제(institution of deference)를 흡수하였다. 이러한 것들이 각 나라의 민주주의를 아주 분명하게 특징짓기는 하지만, 그것들은 민주주의의 이차적인 특징들로 남아 있다. 복지정책이 없는 민중 자치일지라도 민주주의 국가로서의 자격은 있다. 그러나 수많은 독재주의 국가가 예시하듯, 민중 자치가 없는 복지정책은 민주주의 국가로서의 자격이 없다. 요약하면, 민주주의는 우선적으로 반드시 민중 자치적이어야 하며 그리고 나서 경우에 따라 다른 어떤 특징을 가질 수 있다. 즉 민주주의에 접목된 고유한 문화적 특성을 가질 수 있다. 미국의 경우 그 다른 어떤 것이란 개인의 자기결정권이었다.

역사와 이론은 상호적으로 작용한다. 그래서 역사에 맞게 민주주의를 정의하면서, 아울러 역사의 범위를 그러한 정의로 제한하는 것이 가능하다. 만약 역사가 민주주의는 여러 장소, 여러 시대에 여러 형태로 존재해왔던 것임을 상기시킨다면, 민주주의에 대한 정의는 그것이 어느 장소, 어느 시대에나 항상 똑같이 적용될 수 있는 것은 아니라는 점을 상기시킨다. 민주주의는 정치경제 체제의 양상이 아니며, 자본주의, 사회주의, 혹은 그외 다른 변형들을 특별히 선호하지도 않는다. 쉽게 분리될 수 있고 여러 가지 상황에 적절하게 적응할 수 있는 민주주의의 특성은 그것이 지닌 전세계적인 위력을 잘 설명해준다. 민주주의는 일련의 사회적 산물이 아니다. 그것은 건강, 적당한 여가, 생활수준의 향상, 혹은 균등한 보상을 약속하지 않는다. 또한 그것은 양당정치, 헌법, 활발한 언론, 수많은 자발적인 단체 등과 같이 잘 갖추어진 지지기반의 유사어도 아니다. 그 어떤 제도상의 정황도 민중 자치를 대표할 수 없다. 또한 민주주의는 잔악함과 억압에 대한 치유책을 포함하지도 않는다. 즉 민주주의는 동정심의 충동이나 사회의 민감한 부분과는 거리가 멀다. 민주주의가 그것에 관해 토론할 때 자주 등장하는 자유, 평등, 공평의 교리와 이론적 유사성은 있지만, 그렇다고 민주주의가 이러한 거창한 개념들을 구체적으로 그리고 믿을 만하게 지지하는 것은 아니다. 바꿔 말하면 민주주의는 우리의 인간성을 표출하는 것이지 구원을 제시하는 것은 아니다. 아마 우리는 민주주의를 마음에 들어하지 않을지도 모른다.

민주주의는 공적인 과제를 수행하는 뛰어난 방법 중의 하나이다. 역사는 민주주의를 편들지 않는다. 왜 특정 지역에서나 특정 시대에는 민주주의가 존재하지 않느냐고 물어보는 것은 왜곡의 여지가 있는 질문처럼 보인다. 민주주의가 존재하지 않는다고 해서 그 이유를 억지로 설명해야 할 필요도 없다. 게다가 어떤 나라도 자신의 미래에 대해 특별하게 단언할 수 없다. 한 나라의 역사적 개연성을 파악하면, 그 나라에서 민주주의가 얼마나 놀랍게 도래했는지, 그것이 얼마나 남다르게 확산되었는지, 그리고 그것의 미래가 얼마나 불확실한지 알 수 있다.

나는 민주주의가 태동한 나라에서의 민주주의의 문화사에 대하여 썼다. 여기에서 문화란 사회가 기능할 수 있게 해주는 관계와 가치의 그물망을 가리킨다. 그러므로 어떤 의미에서 내 연구는 신념과 행동, 즉 미국인들이 말한 바와 행동한 바, 다시 말해서 자신들의 행동에 대해 미국인들이 말한 것과, 또 말한 것에 대해서 그들이 행동한 것 사이의 교차점에 위치한다. 그럼에도 불구하고 이 연구는 매우 다른 설명을 이끌어낼지도 모르는 다음의 두 가지 사항, 즉 한편으로는 사상적인 것들의 체계적인 역사와 다른 한편으로는 정치적 행동의 세부적인 역사를 의식적으로 피한다. 따라서 미국 민주주의 문화를 포함하여 미국 민주주의가 여러 측면들을 가지고 있는지에 대해서 이 연구는 다루지 않을 것이다. (정말 그랬으면 한다.) 거의 말할 필요도 없이 나는 이 연구에서 다루어지는 수많은 낯익은 주제들, 예컨대 입헌공화제의 발달, 다양한 정당체제, 주기적인 개혁운동, 기업법과 경제, 소비자 문화의 확산 등에 대해서 충분한 논의를 제시하지는 않을 것이다. 대략 연대기적인 방식으로 글이 전개되긴 했지만, 내용은 포괄적인 종합의 형식이 아니라 설명적인 산문의 형식에 맞게 선별되었다.

이 연구에서 반복적으로 등장하는 몇몇 주제들이 있다. 하나는 미국 민주주의의 주요 변화가 노동과 권력 사이의 새로운 관계에 따라 어떻게 구성되어 왔느냐는 것이다. 두번째는 이러한 주요 변화들이 민주주의의 두 가지 중요한 구성요소인 집단적 자치와 개인적 자치 간의 현격하게 다른 상호작용을 어떤 방식으로 포괄하고 있느냐는 것이다. 집단적 자치와 개인적 자치는 우호적이면서 경쟁적인 관계에 있다. 세번째는 민주주의의 모든 참여자들이 지위나 신분에 관계없이 모두 평등할 것을 요구하는 민주주의 본래의 급진적 성격과, 이러한 평등의 영향을 제한하거나 무력화하기 위해서 민주주의 제도를 사용하려는 지속적인 시도 사이에 생기는 긴장이다.

10개의 장(章)으로 구성된 이 책은 크게 세 부분과 결론으로 나누어져 있다. 제1부는 미국이 세계적으로 유일한 민주주의 국가였던 1820년대부터 1890년대까지를 주로 다룬다. 제1장은 18세기의 관점에서 보았을 때, 19세기 초에 나타난 최초의 민주주의가 왜 과거와의 분명한 단절을 나타내는가를 설명한다. 제2장은 유럽인의 관점에서 보았을 때, 외국의 방문객들이 당시 유럽 사회와 대조되면서 동시에 미국인의 삶을 지탱하는 추진력으로 작용하는 미국 민주주의의 급진적인 성격을 얼마나 인상 깊게 인식하였는지를 검토한다. 제3장은 전국가적인 민중, 즉 국민을 포함한 19세기 민주적 대중의 다양한 기능을 논한다. 국민에 관한 배경 설명으로서, 제4장에서는 백인중심의 남성친목 세계를 계급, 인종, 성별이 다른 여타 미국인들이 민주주의에 대하여 그들 나름의 관계를 발전시켜나갔던 보다 넓은 환경 안에서 고찰한다.

제2부는 미국의 초기 민주주의가 붕괴하면서 그것에 대한 대체물이 출현하던 과도기인 1890년대와 1920년대 사이를 다룬다. 제5장에서는 미국 사회의 최하층에서 나타난 계급관계의 근본적인 변화를 분석한다. 제5장과 동일한 시기를 다루는 제6장에서는 미국 사회의 최상층에서 나타난 계급관계의 기본적인 변화가 미국 공공정책의 역학을 근본적으로 바꾸었던 3계급 체제를 어떻게 창출하였는지를 설명한다. 과도기의 마지막 시기인 제1차 세계대전과 그 직후의 시기를 다루는

제7장은 다수결 민주주의의 점진적인 약화가 민중의 해체를 통해 그 절정에 이르게 된 과정을 조사한다.

제3부에서는 1920년대부터 현재에 이르기까지의 미국 민주주의의 역사를 다룬다. 제8장에서 밝혀지겠지만, 19세기 집단적 자치와 결합되었던 개인주의는 독자적으로 분리되어 20세기 민주주의의 가장 왕성한 힘으로 작용한다. 제9장에서는 20세기의 제2/4분기 동안에 좋은 정부와 건전한 공공정책에 대한 다른 정의방식들이 다수결 관례를 어떻게 한쪽으로 밀어낼 수 있었는지를 살펴본다. 1960년대와 1970년대의 양극화된 정치를 그 시발점으로 하여, 제10장에서는 공공정책의 여러 가능성들이 변화해온 과정과 계급 간의 먹고 먹히는 투쟁이 민주주의를 제한하는 과정을 서술한다. 끝으로 결론에서는, 앞서 설명했던 것처럼, 이 서론에서 소개한 60여 명에 이르는 오늘날의 평론가들의 판단과 민주주의의 역사를 결합함으로써 미국 민주주의의 전망을 짚어본다. 이 연구의 나머지 부분을 이해하기 위해서 결론을 꼭 읽을 필요는 없지만, 결론을 이해하려면 이 연구의 나머지를 읽어야 한다.

민주주의에 관한 나 자신의 선입관에 대해서 두 가지의 질문이 예상된다. 그것은 긍정과 부정으로 대답될 수 있겠다. 먼저 긍정적인 대답으로, 나는 분명 민주주의의 열렬한 지지자이다. 비록 증명할 수 있는 어떠한 기록도 갖고 있지 않지만, 나는 민중 자치를 통해 인류가 보다 풍요롭고 충만한 삶을 이루어낼 수 있으리라는 신념으로서 민주주의를 믿는다. 반면에 부정적인 대답으로, 나는 19세기 민주주의에 대한 어떠한 향수도 느끼지 않는다. 아울러 나는 19세기 민주주의를 다시 살리고 싶은 생각이 전혀 없다. 어떠한 경우이든 그것은 그 당시의 일이었을 뿐이다. 지금 중요한 것은 민주주의가 21세기에 어떤 역할을 하느냐이다.

제 1 부

미국의 예외성

1820~1890년대

민주주의는 엄청난 세분화과정을 거쳐 발전해왔다. 민주주의의 발달은 근대 초 유럽 사회의 퇴락과 더불어 시작하여, 18세기에 빠르게 확산하였고, 19세기에는 서구 세계를 변형시키기에 이르렀던 것이다. 이 과정에서 부르주아 계급이 뚜렷이 부상했다. 이 과정중에 자본주의는 산업혁명의 첫 파고를 수용하였다. 또한 새로이 등장한 시민계급이 자신과 국가의 관계를 규정하게 되는 공공생활 영역이 창출되었으며, 한편으로는 여성을 공적 영역과 대립된 개념인 사적 영역으로 격리시켰다. 전세계적으로 볼 때, 이 과정은 인종분리를 고착화함으로써 백인 제국주의의 대두를 합리화했다. 달리 말하자면 이러한 분화과정은 서구 사회의 개인과 집단 모두에게 새로운 속성을 부여했으며 자의식을 고양시켰다. 그 결과, 몇 세기 후 우리는 개인으로서 인간은 완전히 혼자 살아가는 존재라는 사실과, 우리의 삶이 사회환경과 유리되어서는 아무 의미가 없다는 사실 모두를 동시에 진실로서 받아들이게 된다. 미국 민주주의의 역사는 이 쌍둥이 진실과 이 양자 간의 변화하는 관계의 한 표현이다.

개인이 가문과 신분의 틀에서 벗어나면서 그들은 그들 자신에 대한 사실상의 소유권을 획득했다. 자신을 소유하게 되면서 개인들은 그들의 노동이 창출한 것을 소유했다. 따라서 생산을 가능하게 한 그들의 기술은 그들이 소유한 것—재산—및 그들 자신의 불가분한 일부가 되었다. 이렇게 사유화된 재산 개념으로 인해 근면이나 근면의 열매는 현대인 개개인이, 그리고 그들이 주도하는 사회가 가지는 의미의 핵심적 요소로 간주되기에 이르렀다. 존 로크(John Locke)는 이러한 가치관을 고양시키는 데 특별한 설득력을 발휘했다. 거의 한 세기가 지난 후, 미국의 혁명가들은 로크가 남긴 사상에 의거하여 정직한 노동을 최고로 여기는 그들 사회의 가치를 타락한 영국의 무위도식 귀족들이 초래한 재앙과 대비시킴으로써 공화주의의 장점을 주장했다.

근면을 통한 개인화는 대체로 부르주아 남성의 특성이었다. 노동권을 상급자에게 양도할 수밖에 없었던 사람들은 자신의 독립성을 포기하였고 그와 동시에 개인으로서의 본질적 구성요소도 함께 포기한 셈이다. 마찬가지로, 개인적 독립성과 불가분의 관계에 있는 시민권은 부르주아 계급보다 하위에 있는 계급으로는 전파되지 않았다. 시민권을 통한 개별화는 정부를 정당화했으며 동시에 시민들을 정부로부터 분리시켰다. 이 둘이 결합하여, 위르겐 하버마스의 표현을 빌리자면, **공적 영역**(the public sphere)을 구성하게 되었다. 전제국가 권력들에 둘러싸여, 부르주아 계급의 개인들은 자기들만의 공간을 만들어내었고—만나서 얘기하고, 공적인 문제를 제기하고 논의할 장소—그리고 그곳에서부터 자율적인 목소리로 권력을 상대하였다. 이러한 공적인 네트워크가 인쇄매체에 의존했기 때문에 새로운 시민권은 언론의 자유를 옹호하였다.

시민권이 의식적으로 대중화될수록, **공적**(public)인 것은 **사적**(private)인 것에 대립되게 되었다. 전자는 남성들이 모여 결정을 내리는 업무 영역이요, 후자는 여성이 시민사회에 가시적으로 출현하지 못하도록 하는 위계적 영역이다. 가문의 위상 덕분에 공적인 문제에 참여하게 되었을 경우, 여성은 때때로 가문을 대신하여 이 특권의 일부를 행사했었다. 하지만 개인화 과정은 남성은 부상시키고 여성은 매몰시키면서 이러한 선택권마저 폐쇄시켜버렸다. 시민생활에 참여하기 위해 한때 가문의 위상을 활용했던 여성들은 시민생활에 참여할 수 있는 지위가 그들에게 부여되지 않는 이유가 무엇보다도 가문의 제약임을 깨달았다.

이러한 개인화 과정 후기에 민주주의는 서구 사회의 한 구석에서 등장했다. 민주주의의 발흥이 산업혁명의 확장과 대충 병행하기는 했으나 그 관계는 밀접하지 않았다. 그렇지 않았다면 민주주의는 상업 및 농경 사회였던 미국에서보다는 산업혁명이 먼저 꽃핀 영국에서 기원했을 것이다. 그렇다고 민주주의가 18세기의 계몽주의적 가치에서 피어난 것도 아니다. 이 계몽주의적 가치는 유럽의 합리적 개인주의를 가장 완벽하게 표현한 것으로서, 프랑스혁명 및 나폴레옹 제국주의의 혼란과 충돌하기보다도 민주주의적 실제와 더욱 심각하게 충돌했다. 또한 마지막으로 민주주의가 미국혁명에서 강력한 상징적 표현을 부여받기는 했으나 그 이상의 의미는 별로 없었으며, 민주주의가 미국혁명으로부터 발전하지도 않았다. 혁명 세대는 당시에 이룩한 영예에 안주할 수 있도록 허용되어야 한다. 이 사람들은 기존 권위체제에서 떨어져 나와 새 국가를 기획하였지만, 그들의 업적이 민주주의와 확연한 연관성을 갖고 있는 것은 아니다.

19세기 초 폭발적으로 등장하는 기업으로 방만하게 팽창해 가는 국가인 미국에서, 이제 막 분화되기 시작한 개개인들의 일차적 특권들, 즉 자기소유권(self-ownership)과 시민권이 하나의 중요한 범주, 즉 점잖은 부르주아 계급의 백인 남성들에게뿐만 아니라 모든 신참자들을 포함한 백인 남성사회에 속하는 모든 사람들에게 무차별적으로 개방되면서 민주주의가 도래하였다. 유럽인들은 미국이 다른 여러 면에서 여전히 유럽의 한 곁가지로 남아 있음에도 불구하고 이 놀라운 변화가 미국의 생활과 유럽의 생활을 얼마나 명백하게 구분하는가를 곧 인식하였다. 그러나 브루스 애커맨(Bruce Ackerman)이 말했듯이 혁명은 그 조건으로 "전면적 변화"를 요구하지는 않는다. "정치체제상의 큰 변화 몇 가지를 이루는 것으로 충분하다."[1] 이러한 혁명 곧 민주주의가 미국을 나머지 세계와 분리시켰다.

모든 백인 남성들에게 동일한 특권을 유포한 것은 미국 사회에 특이한 유동성과 특별한 응집력을 주었다. 개개인들이 동등하게 시민인 곳에서는 권리가 쉽게 이동할 수 있었으며 이러한 교체가능한 권리의 소유자들은 상황의 요구에 따라 상호 결합하고 재결합하였다. 페리클레스의 아테네까지 거슬러 올라가는 또 다른 형태의 민주주의는 정치체(body politic)로서 기능하는 소규모의 안정된 기존 공동체에 의존했다. 이와는 대조적으로 미국의 민주주의는 유동적인 시민과 함께 움직였다.

동시에 자치(self-government)는 미국에서 집단적 의미를 갖게 되었다. 유럽의 계몽운동은 이를 개인문제로, 개인의 자기통제로, 따라서 개인의 책임으로 설명했다. 이러한 차이로 미국을 방문한 영국 지질학자 찰스 라일(Charles Lyell)은 미국이 주장하는 여하한 종류의 집단 자치도 투명한 도덕적 회피에 지나지 않는다고 치부해버렸던 것이다. 민주주의는 다른 논리를 따랐다. 모든 백인 남성이 동등하게 개인으로서 자치를 하였으므로, 모든 백인 남성들은 동등한 자격으로 결합하여 집단적으로 자치를 하였다. 개별적으로 각 백인 남성들은 전체에 공헌을 하였다. 이는 아리스토텔레스까지 거슬러 올라갈 수 있는 시민권에 대한 부가적 개념이다. 집단적으로 모든 백인 남성은 통치집단을 형성했다. 이는 새로운 민주주의와 함께 19세기 초에 와서야 자리잡은 시민생활에 관한 전체론적(holistic) 개념이다.

---

1) Bruce Ackerman, *The Future of Liberal Revolution*, New Haven, 1992, pp.5-6.

민주주의의 자치시민들은 미국의 공적 영역을 채웠다. 하버마스가 18세기 유럽에서의 진행과정을 기술하였듯이, 유럽의 부르주아 계급 시민들이 제도화된 사회의 틈바구니에 공적인 영역을 형성해야 했다면, 민주적 미국인들은 단순히 빈 곳을 메우기만 하면 되었다. 국가는 별 역할을 하지 않았으며 간섭은 더욱 없었다. 폭력적인 강제수단을 독점하는 기관이 바로 국가라는 막스 베버(Max Weber)의 잘 알려진 정의에 의한다면, 미국은 사실상 무정부상태였다. 백인 남성들은 공적 생활을 수행하기 위해, 수많은 형태로 엉성하게 조직된 확장가능한 그들 고유의 제도들을 구축하였다. 정치는 이러한 공중(公衆)이 원하는 것뿐 아니라 그들이 원하는 바를 어떻게 느끼는지도 표현하였다. 합리적 대화와 이성적 결정이라는 계몽주의 전통과는 달리, 민주주의의 정치는 열정적이고 요란하였다.

공적 영역이 번성함에 따라, 민주주의는 공적인 것과 사적인 것의 관계를 변화시켰다. 다른 한편으로는, 분화의 경계선을 고정시켰다. 백인 남성의 민주주의는 백인 여성 및 유색인종에 대비되는 것으로서 규정되었다. 그 과정에서 이전의 장애들은 더욱 강화되었다. 이미 관습적인 가부장제에 꼼짝 못하게 된 백인 여성들은 유럽 방문객들이 과도하다고 생각할 만큼 새로이 철두철미하게 결혼으로 속박되었다. 흑인들은 여전히 노예상태에 있었을 뿐만 아니라, 다른 어느 상황에서 보다도 더욱 가차없이 통제되고 있었다. 말하자면 두 경우 모두, 백인 남성들은 어떤 부류의 사람들에게는 공적인 존재를 부인해도 된다는 새로운 의식을 갖게 되었다. 반면에 민주주의의 다중적인 공중이 가지는 유연성과 다공성(多孔性)은 공중에 속하지 않는 사람들이-백인 남성들에게 도전 또는 합류 혹은 심지어 그들을 무시하기 위하여-자신들의 공중 사회를 실험해 볼 수 있는 가능성을 열어 놓았다. 이러한 가변적이고 모호한 상호작용의 과정 중에 미국인들은 알렉시스 드 토크빌(Alexis de Tocqueville)의 가장 통찰력 있는 명제 속에 담겨 있는 진리를 실천해 내었다. 즉 "민주주의 제도는 그것이 결코 완벽하게 충족시킬 수 없는 평등에 대한 열정을 일깨우고 배양한다."[2)]

2) Alexis de Tocqueville, *Democracy in America*, trans. by Henry Reeve and Francis Bowen, ed. by Phillips Bradley, 2 vols., New York, 1945, vol.1, p. 208.

1
민주주의

민주주의가 19세기 초 미국을 강타하였을 때, 거기에는 미국을 포함한 모든 서구 세계에서 18세기의 삶을 구축하고 있었던 위계구조들이 버티고 있었다. 경제적 기회와 정치적 특권, 복장과 언어, 정보와 발언권의 통제 등 명백하든 미묘하든 공적 영역의 모든 측면에서 위계구조의 특권은 사회계급에 따라 등급화되었고, 사회는 이러한 차이를 전반적으로 수용함으로써 가동되고 있었다. 왕위의 전복에서 볼 수 있듯이, 때로는 극적으로 계층구조의 규칙이 깨지기도 했지만, 전반적인 위계구조는 유지되었다. 이러한 위계구조는 단편적인 위반사례들을 쉽게 교정할 수 있었기 때문에, 전체적인 붕괴만이 새로운 사회질서에 필요한 충분한 공간을 열 수 있었다. 1800년경에 시작해서 1815년과 1825년 사이에 가속화되었고, 1830년대에 성과물을 하나씩 공고히 해감으로써 바로 그러한 전반적인 붕괴가 미합중국에 일어났다.

18세기 미국 백인 남성들의 위계구조는 유럽에 비해 약했기 때문에, 제거하기에 용이해 보였을 수도 있다. 식민지 미국의 분산된 인구,

뼈대뿐인 정부, 경쟁적인 프로테스탄트, 미약한 군사력은 위계구조를 세우기에는 형편없는 재료들이었다. 1750년대에 매사추세츠와 버지니아 군대에서 영국군 장교들이 엄격하고 분명한 그들 식의 군사훈련을 부과하려고 했을 때, 식민지 주민들이 가지고 있던 상관과 부하 간의 보다 유연하고 더 상호적인 관계에 대한 통념은 그와 같은 시도들을 좌절시켰다. 게다가 연속적인 변화의 파고가 18세기 미국 위계구조의 토대를 뒤흔들었다. 1730년대와 1740년대에는 기존의 프로테스탄트에 대한 계속되는 공격이 '대각성(Great Awakening)'의 이름으로 식민지마다 요동쳤다. 1770년대에는 미국혁명이 제국적 위계질서(imperial hierarchy)를 뒤흔들었고, 1790년대에는 프랑스혁명이 거의 모든 형태의 전통적 질서를 위협하였다. 이러한 혁명에 편승하여 미국의 백인 남성들은 장자상속권, 정부의 위세, 영국의 관습법(common law) 등 위계구조의 모든 상징들에 반대하는 운동을 전개했으며, 일부 사회적 신분이 매우 낮은 사람을 포함한 상당수의 시민들은 혁명위원회와 민주-공화 클럽을 결성하여 밉살스런 정부를 습격하고 모든 특권을 거부하면서 새로운 자유를 주장했다. 유럽인들이 미국 특히 해안 도시들의 주민들에게서 퉁명스러움, 즉 정중한 말씨가 결여되어 있는 것을 보게 되는 것은 일상적인 일이었다.

그러나 이러한 미국의 위계구조들은 유연한 만큼 탄력적이었다. '대각성' 운동에서 분리되어 나간 교회들은 대체로 18세기의 지도자와 추종자의 질서체제를 모사했다. 혁명위원회와 민주-공화 클럽은 단명했으며, 그들 중 가장 유력한 회원들은 새로운 사회제도를 위해 투쟁하기보다는 대개 기존의 제도에 편승했다. 군중들은 정부 내의 특정한 적을 목표로 했기 때문에 여전히 정부의 전체적인 구조에는 확실하게 반응했다. 한때 정부관리들을 과도하게 질타해온 사람들에 대해 여전히 치안유지법(sedition law)이 있었다. 1800년에는 누가 누구를 존중하는가의 문제가 정당들의 조직 문제에서부터 어느 시민이 천국에 갈 것인지 여부를 예언하는 문제들까지를 결정지었다.

미국혁명, 그리고 프랑스혁명이 분출시킨 급진주의는 미국의 유연하고 적응력 있는 위계구조에 구조적 손상을 입히지는 않았다. 펜실베이니아가 1776년에 독재적 단원제 정부를 확립했다면, 이 정부의 1790년 헌법은 표준적인 권력분산으로 복귀하였다. 그 세기의 말엽에도 여전히 지방 저명인사 집단들이 정부를 장악하고 있었고, 부유한 소수가 경제적 특혜를 독점했으며, 소수계층이 여전히 전문직을 통제했고, 유지 출신 장교들(gentlemen officers)은 여전히 자신들의 부대를 징집했는데, 이는 4반세기 전의 위계질서 속에서 엘리트층들이 누렸던 것과 마찬가지였다. 1802년 톰 페인(Tom Paine)이 오랜 해외 체류 후에 미국으로 돌아왔을 때 그는 고립 속에 빠져들어갔다. 그는 구시대의 혁명가였을 뿐이다.

미국의 위계질서를 실제로 전복시킨 권위에 대한 지속적 공격은 세기말에 비롯되었다. 예컨대 프로테스탄트 체제에 대한 도전은 19세기 초엽에 켄터키로부터 아팔레치아 산맥을 따라 퍼져 나간 일련의 부흥운동과 함께 시작되었다. 부흥회 자체는 잘 알려진 지옥-불-저주에의 호소에 의존했지만, 이 운동은 몇몇 부흥 전도사들을 배출하게 되었으며 이들은 부흥회에서 특정 종파의 권위에 대한 일시적인 공격에서 그 근본 토대에 대한 맹공격으로 나아갔다. 즉 하나님의 불가해한 방식을 설명하는 학식 있는 성직자의 특유한 능력, 그리고 그 과정에서 소수(보통 부유한 소수)를 구원의 대상으로 선택하고 나머지는 불확실하다든가 지옥행이라고 지정하는 것을 정당화하는 성직계급의 독특한 능력을 공격했다. 훨씬 단순하고 보다 낙천적인 복음을 벽지로 전하면서 이 급진적인 부흥 전도사들은 가는 곳마다 열렬한 반응을 끌어내었다.

1812년 전쟁 후, 이미 그들의 신학이 모든 사람의 구원 가능성을 허용한 감리교와 대다수가 예정론이라는 가혹한 원칙을 포기한 침례교가 그들식의 복음으로 서부뿐만 아니라 동부까지도 복음화하였다. 두 종파 모두 교육받은 성직자를 내세우지 않았다. 새 신도를 얻기 위한 경쟁에 침례교와 감리교가 뛰어들자, 일부 장로교와 조합교회도 뒤를 따랐다. 그들 중 찰스 피니(Charles Grandison Finney)는 뉴욕 주 서부에서 해안 도시로 이동하면서 1820년대에 또 다른 부흥운동을 일으켰다. 이러한 부흥 전도사들은 함께 천국으로의 길을 평등하게 만들었다. 한 목사는 "개종은 평범하고 상식적이며 실제적인 일로서 누구나 다 이해할 수 있다"고 선언했는데 이는 전체 운동을 대변한다.[1] 한 독창적인 침례교 부흥 전도사는 손을 쳐들고 청중에게 그를 따르라고 지시하면서 구원의 단계를 초보적인 다섯 손가락 운동으로 변화시켰다. 거기에 신비한 것은 없었다. 즉 엘리트만이 이해할 수 있는 복잡한 신학은 없고 종파의 지혜와 은혜를 저 아래까지 분배하는 복잡한 위계질서도 없었다. 구원은 이를 얻고자 하는 이들에게 열려 있었다. 세기말 케인 리지(Cane Ridge) 부흥회에서는 신도들에게 하나님의 신비스러운 역사를 방해하지 말도록 가르쳤는데, 1820년대의 피니 부흥회에서는 신도들이 자기들의 영혼에 대해 스스로 책임질 것을 가르쳤다. 모든 것은 각자가 자신들을 위해 무엇을 하느냐에 달렸다는 것이다.

또 다른 민중운동에 따르면 사람의 건강도 그러했다. 18세기를 벗어나면서 정통의학은 인체의 내적 균형과 정확한 섭생에 대한 추상적인 계산에 깊이 의존했으므로 환자들은 의사의 계속적인 지시에 의존하게 되었다. 주법이 의사의 독점적 권리를 보장했고, 상당한 의료비로 인해 진료가 제한되었다. 관(official) 의학에 대한 수년에 걸친 게릴라전 끝에 민중의 기수들로 자처하는 반대파들은 새뮤얼 톰슨(Samuel Thomson)에게서 그들 고유의 권위를 찾아냈다. 즉각적인 성공을 거둔

1) Calvin Colton, *History and Character of American Revivals of Religion*, London, 1832, pp.218-219.

톰슨의 명쾌한 제목의 책 『새로운 건강지침(*New Guide to Health*)』(1822)은 일반인들이 쉽게 이해하고 적용할 수 있는 식물 처방을 열거하고 있다. 톰슨파 무리들은 의료 귀족들을 혹평하고, 복음주의 목사와 제휴하여 독점자들을 비난하면서 "각자가 자신의 의사이다"라는 표어 아래 전국적으로 자조(self-help) 메시지를 전파하였다.

동종요법의사, 그레이엄 식 식이요법가들(Grahamites), 수치요법자 그리고 소신을 가지고 독학한 다양한 절충주의자들이 잇달아 나왔다. 전문적 수련은 아무런 특별한 권위를 보장해주지 않았다. 한 역사학자가 이 시대의 성격을 기술했듯이 "미국에서 의술은 의학 박사 학위도, 면허도 없이 이루어졌으며, 어떠한 전문협회에 소속하지도 않았"지만 여전히 일반적으로 의사로 받아들여졌다. "전문가의 자기 정체성은 실제 진료를 중심으로 형성되었다."[2] 정규 의사들이 해로운 수은이나 안티몬을 처방하고, 물집이 생기는 고통스러운 치료를 사용한 것이나, 인공 방혈기(放血器)와 피침(披針) 따위를 사용해 환자들을 쇠약하게 만드는 치료법－고통이라는 것은 부수적으로 따라오는 것임을 강조하는 치료법－이 환자들의 마음을 반대세력으로 돌려 세우는 데 공헌했음은 의심의 여지가 없었다. 1833년 초 대부분의 주에서 형성된 대중들의 압력으로 정통의학을 보호하는 법률은 약화되거나 사라져버렸다. 앤드루 잭슨(Andrew Jackson)의 톰슨 일파에 대한 지지에 대해 신시내티의 내과의사인 대니얼 드레이크(Daniel Drake)가 "잭슨은 한바탕 위대한 전투를 했다. 그러므로 그는 위대한 의사"[3]라고 신랄하게 경멸을 표시하였듯이 전통적인 의사들은 격분했다. 하지만 시류는 드레이크를 휩쓸고 지나갔다. 이제 시민에게는 하나의 전문 계층 대신에 다양한 선택적 메뉴가 제공되었고 상당 부

---

2) John Harley Warner, *The Therapeutic Perspective*, Cambridge, 1986, p.16.

3) Henry D. Shapiro and Zane L. Miller(eds.), *Physician to the West*, Lexington, 1970, p.199.

분은 시민들이 각자 자신의 주치의가 되어버렸다. 얼마나 많은 미국인들이 자신의 건강에 대해 새로운 책임감을 갖게 되었는지를 가장 극적으로 드러내는 것은 1850년 미국인의 1인당 알콜 소비량이 30년 전보다 4분의 1로 감소했다는 놀라운 사실이다.

사실 대중적인 도서와 관대한 법령은 진취적인 개인이 거의 모든 전문직의 일을 수행할 수 있도록 길을 열어 주었다. 영혼을 구원하는 일과 몸을 치유하는 것은 물론, 집을 짓고 다리를 건설할 수도 있었다. 일반적으로 적용할 수 있는 방식들은 모든 사람들이 활용할 수 있었다. 간이 교재나 판례집 요약본들 그리고 관대한 감독들은 지금까지 극소수로 남아 있던 고립된 전문직 계층들을 에워쌀 정도로 많은 변호사들을 만들어내었다. 법의 대중화에 공헌한 자가 주장하듯이 18세기 일련의 직업 위계구조들의 거대한 버팀목으로 작용했던 "관습법은 튼튼한 상식 이상의 어떤 특징도 가지고 있지 않다."[4] "민감하고, 구체적이며, 극히 비공식적인" 지방법원에서 일반 시민이 공식검사의 역할을 했으며, 변호사와 비전문가가 협조하여 미국 특유의 플리 바게닝(plea bargaining: 정식 재판 전 검사와 피의자 간의 유죄 인정 타협—옮긴이 주)을 만들어내었고, 판사들은 그들을 선출해준 사람들의 가치관에 적응하였다.[5] 전통적인 권위 대신 토속적인 재치가 자리잡게 된 것이다.

정치상의 권위도 18세기의 위계구조에서 19세기의 대중적인 확산이라는 같은 궤도를 따랐다. 미국혁명은 실제로 혁명을 지도한 애국적 엘리트들의 권위를 강화시켰고 그 결과로서 공공생활에서 큰 존경을 받을 수가 있었다. 앨런 크라우트(Alan Kraut)가 멋지게 요약했듯이 혁명적 공화주의는 "사회적 위계구조의 상부에 자리잡은 작고 선택된 소수에 의한" 정부였다.[6] 적어도 한 세대 동안 혁명 지도자들은 차례

4) Francis Hilliard, *The Elements of Law*, Boston, 1835, p.vi.

5) Allen Steinberg, *The Transformation of Criminal Justice*, Chapel Hill, 1989, p.3.

로 국내 정치의 '제1인자'로 추앙되었다. 모든 사람은 조지 워싱턴을 국가의 제1인자로 인식하였다. 실제로 그가 대통령이 될 것이라는 확신이 있었으므로 위험할 수도 있는 헌법상의 행정권 팽창을 정당화할 수 있었다.

미국 최초의 전국 정당인 1790년대의 연방파와 공화파는 워싱턴과 토머스 제퍼슨 그리고 존 애덤스에서 절정을 이룬 진짜 영웅들로 시작하여, 그들의 전국적 보좌관들, 그리고 그들에게 동조적인 주 지도자들을 거쳐 그들 주위에 사람을 거느리고 있던 지역 유지들에 이르기까지의 저명 인사들로 구성되었는데 이는 놀라운 일이 아니었다. 즉 사업에 대한 설명과 실천적 의제들은 같은 경로를 따라 전달되었다. 전국적인 선거는 당 위계구조의 거대한 소집이었다. 비록 그 누구도 국민주권의 이론을 부정하진 않았지만 날이 갈수록 지역의 유지들조차도 국민들을 계몽하고 그들을 대신하여 결정해주려 했다. 이따금 시민들의 모임이나 단체가 의원들에게 이러저러한 문제들에 대해 구체적 지침을 주는 경우, 이러한 통제 노력은 상부계층으로부터의 압력이나 뇌물에 대항하려는 주민들의 방어노력에 비하면 인기가 덜했다.

이렇게 정점을 이루고 있는 두 정당들에게 권위를 부여한 유일무이한 주요 원천은 위계질서의 영원한 벗인 국가안보에 있었다. 프랑스혁명과 나폴레옹 제국에 대한 유럽의 전쟁이 대서양을 건너 확산되어 새로운 국가를 위협하고 있는 한, 연방파와 공화파는 미국 정치판도를 지배했다. 1815년 이후 이러한 국제적인 위기가 걷히면서 이런 종류의 정당은 사라졌다. 독립전쟁을 위해 위계질서를 불러모은 연방파와 공화파들의 생각은 어리석은 것으로 여겨졌다. 주름 장

6) Alan M. Kraut, "Consensus and Pluralism: The Popular Will and the American People," in *The Will of the People*, ed. by George R. Johnson, Jr., Fairfax, 1991, p.55.

식과 승마용 바지 등 민속의상을 입은 지난 세월의 화신인 제임스 먼로 대통령은 국가적 유물로서는 폭넓은 애정을 받았지만 국가 지도자로서는 어느 누구의 지지도 받지 못했다. 위계질서를 유지하고 있었던 또 다른 권력중심이 그의 주위에서 몰락하고 있었다. 대통령 후보를 포함한 당의 후보를 선출하기 위한 정상적인 수단인 당간부회의(legislative caucuses)는 대중들에게 자신들을 감춘다는 비난 앞에서 힘을 잃었다. 공개적 전당대회(open conventions)가 새로이 각광을 받고 떠올랐다. 민주주의에서 "보는 것과 목격하는 것-그리고 당연히 제공되어야 할 반박할 수 없는 증거-정치를 누구나 접근이 가능한, 분명 눈으로 확인할 만한 사실의 영역으로서 정의하려는 시도와 불가분의 것"이라고 야론 에즈라이(Yaron Ezrahi)는 기록한다.[7] 토크빌이 지적했듯 1820년대 말에는, 이미 미국에서의 민주주의는 "더욱 가까이서 백일하에 드러내어 보기 위해서 은폐시키는 모든 것은 어떤 것이든 발가벗기는" 정치행위가 되었다.[8] 투명성에 대한 이같은 주장은 그 당시에 갑작스럽게 분출되어 나온 반비밀결사정치(anti-Masonic politics)에 대중적 힘을 심어주었다. 프리메이슨 결사의 비밀주의는 귀족주의에의 회귀를 의미했던 것이다.

연방파와 공화파가 독립의 조건을 놓고 싸우고 있을 때조차 주에 기반을 둔 발전 지향적인 또 하나의 정치가 1800년 이후 급속하게 힘을 얻기 시작하였다. 그것은 표면상으로는 복지 일반을 제공하는 것으로서 주정부가 아직도 하나씩 차례로 부여하고 있었던 법인설립권이나 소독점기업들에 초점을 맞추고 있었다. 몇몇 도시에서 엘리트의 특권을 번쩍이게 하던 그것들 중의 50여 개는 세기말에 존재했다. 그런 특권을 공유하고 싶은 참을 수 없는 욕망, 예를 들어 은행을 열고, 보

7) Yaron Ezrahi, *The Descent of Icarus*, Cambridge, 1990, p.69.
8) Alexis de Tocqueville, *Democracy in America*, trans. by Henry Reeve and Francis Bowen, ed. by Phillips Bradley, 2 vols., New York, 1945, vol.2, p.4.

험회사를 세우고, 유료도로를 건설하고자 하는 욕망은 주요 중심지의 교양 없는 사람들에게, 해안 소도시 지도자들에게, 그리고 마침내 벽지의 진취적인 사람들에게 퍼져 갔다. 경제발전이라는 이름하에 이러한 야망은 전지역을 동원체제로 만들었고, 주선거에서 투표참여를 증대시켰고, 주의회에 대한 압력을 강화시켰다. 1816년까지 주가 공인한 회사의 수는 거의 1,500여 개에 달했다. 기존의 정당체계는 붕괴중이었고, 주의 정당들이 모든 정치 공간을 채우고 있었다. 때때로 미국적 체계라 간주되는 공유지 배분의 조정을 통해서 그리고 중앙은행을 강화함으로써, 관세를 올림으로써, 국내 운송망에 기금을 출현시킴을 통해서 중앙정부의 권위를 회복하려 한 시도들은 위계질서의 반대자들이 1830년대와 1840년대에 무너뜨릴 정책명부라고 불렸다. 각주 수도의 개발계획이 더 운이 좋을 수는 없었다. 계획사업은 급속히 사방으로 번지고 권력은 분산되었다.

분권정치는 선거구민 위에 군림했던 사람들이 아닌 그들 주변의 일상적인 모습을 지니고 있는, 그들과 편안하게 융합할 수 있는 그런 지도자를 만들어냈다. 권위는 평상복 차림으로 다가왔고, 평상복을 입은 사람들은 그들이 그 옷을 입을 만하다는 것을 증명해야만 했다. 구정치와 새 정치 사이에 걸쳐 있던, 헨리 클레이(Henry Clay)와 대니얼 웹스터(Daniel Webster)는 거만하고 거리를 둔 사람처럼 보일 위험에 처해 있었다. 왜냐하면 그들이 처음 정치에 입문했을 때 사람들은 그들이 실제보다 더욱 부유하게 보이길 바랐기 때문이다. 이제는 그런 피해를 복구하기 위해서 그들은 그들의 일생 이야기를 다시 꾸며서 실제보다 가난하게 보이려고 애를 썼다. 상류계급인 클레이는 가난한 소년시절과 자기 스스로 터득한 정신을, 귀족적인 웹스터는 통나무집에서의 개척자적인 삶과의 연계를 획득하였다. 제퍼슨 대통령을 "톰"으로, 또는 매디슨 대통령을 "지미"라고 부르는 것은 그들을 너무나 평범하게 보이게 해서 18세기적 위계질서를 이끌 수 없게 했다면, 클레이를 "서부의 해리(Harry of the West)," 앤드루 잭슨을 "늙은 호도(Old Hickory)"라 부르는 것은 그들이 19세기를 위한 지도력이 있음을 재가하는 것이었다. 제퍼슨이 대통령이 되어 각료들에게 정부의 일을 제임스 매디슨과 앨버트 갤러틴(Albert Gallatin) 그리고 자기자신의 능숙한 손에 맡겨 달라고 말했을 때, 이는 그들이 그들의 정당을 규정한 것이었다. 19세기 초, 마틴 밴 뷰런(Martin Van Buren)과 윌리엄 해리슨(William Henry Harrison)은 그들 자신의 부서 안으로 사라져버리고 싶어하는 사람들처럼 보였다. 즉 그들의 정당이 그들을 규정했던 것이다. 명령은 더 이상 위로부터 오지 않았고 중심에는 거의 권력이 남아 있지 않았다.

비슷한 변화들이 두드러지지는 않았지만 똑같이 심각하게 백인 남성 세계의 노동의 규범을 바꾸었다. 대부분이 지주나 상전 혹은 고용주에 의존해서 일해야 한다는 오래된 관념은, 백인 남성 자신의 노동을 스스로 통제할 수 있다는 놀라운 전제로 대체되었다. 자주적 노동(self-directed work)이라는 새로운 규범은 사회질서의 핵심 부위를 공격하였다. 왜냐하면 사회는 누가 누구를 위해 일하는가 하는 규칙들을 중심으로 조직되어 있고, 수익자들은 현세에서의 선과 내세에서의 성스러움이라는 이름으로 그 규칙들을 지키기 때문이다.

백인 식민지인들이 북미의 거대한 땅을 찾아 나섰을 당시의 근대 초 유럽에서는 대부분의 노동이 토지를 중심으로 행해졌는데, 그 토지는 소수의 사람만이 소유했고, 압도적 다수는 소작인이나 농노 그리고 날품팔이 등과 같은 복잡하게 차별화되어 있는 구도 아래 경작을 하고 있었다. 이들은 애덤 스미스(Adam Smith)의 표현을 따르면, "국민들의 대다수를 차지하고 있는 빈한한 노동자들"이었다. 스미스와 거의 모든 그의 동료들은 그들을 생존의 벼랑 끝에서 끊임없이 땅에 매여 살아야 하는 사람들로 보았다. 프랑스대혁명이라는 거대한 변동에도 불구하고 유럽의 인구가 약 1억 4천만에서 약 2억 5천만으로 껑충 뛰면서 그들의 운명을 좀 낫게 만들려는 소작인들의 전망은 18세기 중반에서 19세기 중반에 걸친 약 1백 년 동안에 실제로는 오히려 위축되었다. 그 늘어난 인구를 흡수할 잉여토지가 없었기 때문에 이러한 인구폭발은 동시에 수백만을 토지로부터 내몰았고 토지에 남은 사람들에겐 더욱 무거운 부담을 안겼다. 중유럽과 동유럽에 걸쳐 더욱 더 많은 소작인들이 다시 농노가 되었다. 아일랜드 지방에서는 기근이 가장 가난한 사람들을 휩쓸어버리기 전까지 불안정한 종속상태가 완전히 비참한 종속으로 점차적으로 번지는 절망적인 상황이 확대되었다. 상대적으로 자유로운 농경체계를 가지고 있던 영국에서조차, 토머스 하디(Thomas Hardy)가 그의 소설에서 아무리 열심히 일해도 겨우 입에 풀칠이나 하는 서부지방의 생활상을 드러내었듯이, 농촌지역의 종속성은 여전히 굳건히 남아 있었다. 지방 귀족을 위한 무보수 부역(Corvée)이란 것이 그 당시의 삶의 관계구조 전체를 규정했고 이는 프랑스에서 19세기 중반까지 여전히 행해지고 있었다.

수세기를 통해 유럽의 읍내와 도시들은 이런 시골의 증가하고 있는 인구들에게 문자 그대로 목숨을 부지할 수 있는 대안을 제공했다. 재산 있는 영국인들이 고삐풀린 "주인 없는 사람들"의 유동을 두려워한 만큼이나, 그들은 이미 17세기에 와서는 영국의 일부가 되어 있었다. 그렇지만 범죄로 사는 성공사례를 제외하고는 하루 벌어 겨우 하루 먹는 극빈의 생활이라는 존재방식 안에서는 그들을 종속상태로부터 벗어나게 할 것은 아무 것도 없었다. 그들 중 어느 누구도 맥퍼슨(C. B. Macpherson)이 "소유적 개인주의(possessive individualism)"라 부른 부르주아 정신에 참여할 수 없었다. 18세기 그리고 19세기의 임금노동이 이 사람들의 삶의 수준을 올렸든 내렸든 간에 이른바 자유노동시장이라 불리는 것이 지배자의 통제로부터의 해방을 의미하는 것이 아님은 확실하다. 오히려 반대로 노동규율을 강화하려는 시도들은 이주자들의 주입과 더불어 강화되었다. 노동자들의 노동을 자극한 것은 등 뒤에서 항상 아사(餓死)의 위협을 가하고 있었던 굶주림이었다. 19세기 영국의 복지정책은 그와 같은 동기부여를 유지하기 위해 공들여 제정되었다.

거대한 경작지를 가지고 있지만 만성적으로 노동력이 부족했던 북미 식민지의 백인 남성들은 유럽과는 상당히 다른 상황 아래서 활동하고 있었다. 실제 현실이 농장에 대한 모든 백인 정착민들의 신화와 결코 일치되지는 않았지만, 유럽적 기준에서 소유권은 이례적으로 확산되었다. 유럽에서처럼 토지의 사용과 연관되는 계급적 특권이나 의무도 대부분 없어졌다. 복잡한 영국적 체계에서는 소작인이 강제노역이나 지주 맘대로 부과하는 가혹한 세금으로부터 벗어나서 몇 년 동안 땅을 점유할 수 있는 권리를 의미하는 **자유보유**(freehold)는 백인 식민지인들에 의해 소유권을 의미하는 또 다른 용어로 변형되었다. 즉 미국에서는 자유가 그 자체의 진정한 뜻에서의 자유를 의미했다. 담장이 없는 도시들과 장원이 없는 시골에서 백인은 기회를 찾아 자기의 의지대로 이동할 수 있었는데, 이것은 전유럽에 걸쳐 장벽의 미로를 구축했던 규제들과는 그 자체로서 놀라운 차이었다.

하지만 종속적 노동의 형태는 미국의 백인 세계에도 깊숙이 박혀 있었다. 백인 이민자들의 반 수 이상은 법적으로 속박된 상태에서 이 식민지에 도착했다. 그들은 무임 도항 이주자나 계약하에 온 구치소에 있던 극빈자나 범죄자, 어린 도제들, 그리고 다른 도제살이(일정기간 계약) 노동자들이었다. 비록 기간과 조건은 다양했지만 이러한 사람들의 거의 대부분은 관습적으로나 법적으로 그들의 주인이 원하면 마음대로 처분할 수 있었다. 식민지의 생활에서 자유토지보유자가 무슨 이점들을 누리든지 간에 그런 이점들은 얽매여 있는 사람들의 운명을 경감시키는 데는 아무 소용이 없었다. 대체로 식민지에서의 도제살이 노동의 조건은 "영국에서 행해지는 것보다 훨씬 가혹했다."[9)]

종복(servant)이란 용어의 18세기적 용법들은 소작인의 노동에 대한 영주의 권리를 인정했던 오랜 전통의 상품관계적 변형을 포함한, 훨씬 넓은 범위의 종속적이고 강제적인 임금관계를 드러내었다. 중요한 법률용어인 주인(master)과 종복은 사람들이 언급한 바의 것을 의미했다. 식민지 사회를 순환하면서 이러한 많은 형태의 강제노동은 종속관계에 있는 백인 노동을 일상의 정규부분화 하였다. 사실 종속성은 세기중반 이후에 증가한 듯하다. 영국으로부터 온 도제살이 노동자의 수는 계속 늘어났다. 매사추세츠 서쪽의 한 읍내로부터 다른 곳으로 이민자들의 행렬은 땅을 찾지 못한 채 계속해서 이동했다. 땅 부족에 대한 인식이 동부 해안을 따라 퍼지면서, 더 많은 대토지 소유자들이 장기간의 종속계약으로 소작인들을 속박하는 방법을 써보고 있었다.

미국혁명은 이러한 노동관계에 근본적인 구조의 변화 없이, 좀더 부드러운 계몽의 빛만을 가져다주었다. 비록 몇몇 주들이 도제살이 노동의 기간과 범위를 개정하였지만, 그들은 또한 그와 같은 관행의 적법성을 재확인했다. 공유지는 큰 단위로만 팔렸기 때문에 오직 부유한 투자가들만이 정부로부터 그 땅을 살 수 있었다. 땅 투기꾼들의 사유지를 지나 이주하는 것은 평범한 사람들에게는 쉬운 일이 아니었다. 1800년경, 세난도우 계곡(Shenandoah Valley)만큼 서쪽 멀리에 살고 있는 백인 남성의 3분의 1은 땅을 가지지 못한 채 있었다. 매사추세츠의 메인 지역의 소작인들이, 그들의 투쟁의 동기를 뒷받침하기 위해 독립혁명의 정신에 호소하면서, 그들이 경작하고 있는 토지에 대한 소유를 막고 있는 낡은 임차권을 벗어나려 했을 때, 수년에 걸친 투쟁—실제로는 그들이 패배한—끝에 그들은 단지 부분적인 양보만을 받아냈다. 이 지역들에서 전통적인 특권들은 세기말에도 확고했다.

노동조건에서의 기본적인 구조조정은 위계적인 권위구조의 해체와

---

9) Robert J. Steinfeld, *The Invention of Free Labor*, Chapel Hill, 1991, p.45.

동일한 시기를 따라 진행되었다. 19세기가 되면서 중대한 변화의 조짐이 일기 시작했다. 즉 1820년대까지 기존의 낡은 구도는 도처에서 해체되고 있었고, 1830년대에는 새로운 체제가 완전한 승리를 굳혔다. 도제살이 노동체제에 대한 지지는 1800년 이후 그들에 대한 공식, 비공식적인 도전에 부딪혀 명백히 약화되었다. 그럼에도 불구하고 완고한 고용주들은 1821년 법적 판정—법원은 성인의 의지에 반하는 그와 같은 계약을 강요하는 것을 거부하였다—이 일정기간 계약노동의 중심적 지주를 뿌리뽑을 때까지, 그것의 몇몇 변형을 보존하기 위해 안간힘을 썼다. 종복들이 자기 맘대로 손쉽게 나가버릴 수 있다면 상전은 무엇이란 말인가? 도처의 법원들이 같은 판결을 내리면서 그 체계는 무너져 내렸다. 법이 호의적으로 돌보지 않았던 이민자들조차도 1820년대 말에는 도제살이를 피할 수 있었다.

18세기 말까지도 여전히 고용주에게 종복의 노동조건에 대한 거의 모든 권한을 주었던 도제제도도 이와 유사한 연대를 따라 쇠퇴의 길을 걸었다. 1810년 이후 자립에 대한 법적 조치와 주장은 끊임없이 복잡한 논쟁 속에 주인/아버지와 종복/피부양자로 대변되는 전통적인 도제적 관계를 혼란시켰다. 1820년대에는 주인이 사용할 수 있는 권한은 매우 제한되었다. 10년도 못 가서 정부가 가난한 어린이들을 위탁하는 방식을 제외하고는 가부장적인 도제제도는 대체로 사라졌다. 이전의 모든 계약제 종복들처럼 도제들은 이제 노동시장에서 다른 노동자들이 하듯이 임금을 협상하게 되었다.

공간의 엄청난 팽창은 땅에 대한 독점을 깨뜨려버렸다. 1812년의 전쟁 이후, 앞으로는 토착민들을 밀어내고, 대부분의 정부통제는 뒤로 하면서 백인 농부들이 서부로 돌진해 나갔다. 소수의 공무원들이 부재지주의 권리를 강화하려 했을 때, 불법 점거자들의 반발이 서부에 불을 밝혔다. 재빠른 거래가 현명한 토지 투자자의 첫째가는 계율이 되었다. 때가 되자, 정부정책은 냉혹한 토지투기꾼에 대응하여 에이커

당 가격을 내렸고, 훨씬 더 중요한 것은 1796년에 640에이커이던 최소 판매 토지를 1832년에는 40에이커로 감소시켰다. 그 이후 9년 동안 정부는 최전방 정착민들이 자신의 농지를 직접 고르는 권한을 부여하는 선점권 정책을 확립했다. 즉 정착민들은 정부의 조사관들이 그들을 따라잡기 전에 자신들이 이미 점유하고 있던 토지를 160에이커까지 구입할 수 있었다. 이 정책의 결과는 자유토지보유자에게는 낙원이었다. 노예제의 역효과가 가난한 백인들을 내리누르고 있다고 전해지는 남부의 주들에서조차 세기 중반에는 "소농의 약 80%에서 90%가 자신의 토지를 소유하게 되었다."[10]

1830년대 미국 사회는 백인 남성 노동을 조직하려는 거의 모든 주장을 포기하는 놀라운 모습을 보여준다. 서쪽으로 확장하면서, 그리고 그들을 감독하는 허약한 정부의 능력을 훨씬 넘어서는 사업을 여기저기 늘려가면서, 백인들은 일을 실제로 수행하고 있는 사람들의 수중에 매일의 결정을 맡기고, 자신들이 일을 관리했다. 사실 그들 스스로가 원한다 할지라도, 법 자체가 그들이 그와 같은 관리를 포기하거나 계약을 통해 자유를 포기하는 것을 허용하지 않았다. 노동은 그것이 정신적이든 육체적이든 국가(國歌)가 되었다. 가난한 자든 부유한 자든 똑같이 자신이 하는 노동은 자신이 결정할 권리가 있었다. 배고픔이 결코 사라지지 않더라도 그것은 더 이상 사회정책의 문제가 아니었다. 부자든 가난한 자든 똑같이 일할 의무가 있었다. 19세기 미국의 폴로니우스(Polonius) 역할을 한 보스턴의 명사 존 포브스(John Murray Forbes)는 그의 아들에게 "인생의 모든 노동은 네 자신이 그것에 익숙해질 때까지는 매우 어려울 것이다 … 하지만 그런 다음에는 노동은 종종 즐거움이 된다"고 훈계했다.[11]

---

10) William J. Cooper, Jr., *Liberty and Slavery*, New York, 1983, p.248.
11) January 29, 1858, in *Letters and Recollections of John Murray Forbes*, ed. by Sarah Forbes Hughes, 2 vols., Boston, 1900, vol.1, p.175.

그러므로 모든 성실한 시민은 생산자이며, 생산적 노동이야말로 자립의 상징이며, 그들에게 자립적인 노동의 삶에 대한 기회를 부정하는 것은 그들로부터 미국인이라는 것을 부정하는 것과 마찬가지라는 것이 19세기에 항상 반복되는 표준적인 후렴이었다. 필연적 결과로서, 끝도 없이 촘촘하게 대륙 전체에 뻗어 있는 개인의 신용이 이런 자기주도적 노동의 기준을 지탱하고 있었기 때문에 백인 남성들은 신용대부가 편의나 보답으로서가 아니라 일종의 타고난 권리로서 용인되어야 한다고 주장했다. 이에 걸림돌이 되고 있었던 정부정책과 금융기관은 19세기의 거대한 악당으로 여겨지게 되었다. 왜냐하면 생산자들의 이데올로기는 하나의 대중적인 목소리로 조율된 서부 주의회의 언어로 표현하자면, 요구가 있는 즉시 "원하는 모든 상인과 기계공 그리고 농부에게"[12] 상당액의 신용대부를 해주어야 한다고 명령하고 있기 때문이었다.

때때로 자율적 권위와 자주적 노동의 이면에 있는 힘들이 백인 남성들의 세계를 함께 휩쓸어서 그들은 하나로 융합되는 것처럼 보였다. 1821년 도제살이 노동의 법률적 금지, 1822년 톰슨의 『새로운 건강지침』, 1823년 피니의 첫번째 대부흥운동, 1824년 당간부회의의 파탄의 전조 등 누가 그런 사건들의 영향으로부터 벗어날 시도조차 하려 했겠는가? 반비밀결사정치나 노동자강령, 자유화된 토지법은 1820년대 말과 1830년대 초에 서로서로 어우러졌고, 미국 제2은행(Second Bank of the United States)에 대한 잭슨의 공격은 대중의 권위와 자립적 노동이란 명분에 공평하게 기여했다.

그럼에도 불구하고 자율적 권위와 자주적 노동 중 후자의 승리는 결정적으로 더 연약하고, 더 우연한 것이었다. 보편적인 기준으로서 자주적 노동의 극적인 승리는 1815년 이후의 짧은 시기 동안에만 올

12) U. S. House of Representative, Executive Document No.227, 25 Cong., 3rd Sess., p.607.

수 있었을 뿐이었다. 너무나 많은 요소들이 백인 남성 세계에서 한꺼번에 결합되어야 했다. 풍부하게 널린 값싼 땅, 구속된 노동의 전반적인 붕괴, 임금노동자층의 유동성, 일상적 결정의 가차없는 탈중심화, 농부들을 위한 소규모 신용대부의 괄목할 만한 확대 등이 그것이었다. 이런 중요한 요소들이 19세기 동안에 하나씩 하나씩 사라져버렸다. 좋은 농지와 농부 수 사이의 비율은 포부를 품고 온 새로 온 사람들에게 불리하게 돌아갔다. 신용대부자들은 신용대부를 소수의 농부들로 하여금 그 땅을 계속 맡게 하기 위해서보다는 땅 그 자체를 통제하기 위하여, 그리고 때로는 채무자로 하여금 어쩔 수 없이 그곳에서 일하도록 만들기 위해 이용하였다. 기계는 농업과 산업 양쪽에서 노동관계를 변화시켰다. 그리고 아마도 그때에는 단지 일시적인 상황에 지나지 않았을 뿐인 임금노동이 이제 더 이상 소수의 경험으로 끝나지 않고 더욱 많은 사람들을 일생동안 지속되는 종속적 노동상태 속으로 끌고 들어갔다. 19세기 초에 기회를 포착함으로써 백인 남성들은 노동생활에 대한 통제를 확장시켰을 뿐 아니라 그와 같은 통제를 미국인의 기본적 권리로 고착시킬 수 있었다. 이런 성공의 추진력에 힘입어 자주적 노동을 할 권리는, 그것이 그 자체의 힘을 상실한 후에도 오랫동안 국가적 규범으로 남아 있었다.

19세기 초 새로운 것의 건설은 우선 낡은 것의 파괴에 달려 있었다. 건설의 전제조건은 파괴였다. 헨리 제임스 부친(Henry James, Sr.)은 건설과 파괴 간의 밀접한 상호의존성을 잘 이해했다. 그는 민주주의를 "낡은 형태의 분해 및 해체"와 동일시했고, "민주주의는 정부를 해체하고 … 재위임함으로써 국민의 손에 정부의 결정을 맡기는 것"[13]이라고 보았다. 비록 권위를 평준화하고, 노동에 대한 스스로의 통제를 널리 퍼뜨린 이 운동이 큰 쇠망치보다는 공식적인 영역을 넘어서 작

13) Irving Kristol, *On the Democratic Idea in America*, New York, 1972, p.57.

용하고 사방으로 확산되는 사업과 갈등에 의해 발현되는 원심력에 더 의존했지만, 그것들은 그 어떤 방해물도 남겨 놓지 않았다.

민주주의에 대한 구전(口傳)은 이러한 중요한 파괴의 과정을 적이 쓰러질 때까지 절대 물러나지 않는 영웅에 관한 일련의 진부한 이야기로 바꾸어 놓았다. 그 자신의 설명에 따르면, 자가치료의 호민관인 새뮤얼 톰슨(Samuel Thomson)은 환자들의 고통을 덜어주기 위해 모든 역경에도 불구하고 그의 책이 국민들의 승리를 확보할 때까지 의료계 위계구조의 대변자들과 끊임없이 맞서 싸웠다. 이런 맥락에 속하는 이야기들 중의 진수는 앤드루 잭슨을 특권 엘리트의 계속되는 계책에 맞서 싸운 외로운 전사로 간주하는 이야기였다. 그는 맨 먼저 당 간부회의와 싸웠고, 다음에는 국민이 선택한 잭슨으로부터 대통령직을 강탈해 간 존 퀸시 애덤스와 헨리 클레이 사이의 "부패한 거래"에 맞섰으며, 마지막으로는 전국적으로 보통사람의 신용대부를 꽉 죄는 촉수를 지닌 미국연방은행이라는 괴물과 싸웠다. 거대한 파괴자들의 세계에서 위계와 충성 그리고 비밀주의와 연계된 프리메이슨 비밀결사와 같은 조직은 아무런 보호막도 없다는 것을 알게 되었고 적들이 그들을 두들겨 패서 사실상 존재하지 않게 된 것이나 다름없었다. 다른 위계질서들은 그들이 마치 원래 없어져야 될 운명이었다는 듯 무너졌다. 1830년대 후반 뉴욕 시의 본부에서부터 전국에 걸쳐 복음주의적 프로테스탄트 도덕성을 전파하려고 시도했던 자비로운 제국(Benevolent Empire)은 무너져 뿔뿔이 흩어졌다.

유동적인 과정을 너무 도식적으로 다루는 위험을 감수하고, 우리는 많은 동시대인들이 그랬듯이 이러한 붕괴의 우선적 결과인 급속하게 개인화된 백인들의 삶에 대해 생각해 볼 수 있다. 18세기의 위계구조를 돌아보면, 그 당시의 원자화된 개인의 비전은 변함없이, 주권자인 국민을 분열시켜서 그들의 집단행동을 무력화시켜야 한다는 보수적인 것이었다. 예를 들면 제임스 윌슨이나 알렉산더 해밀턴과 같은 중앙집권주의자들은 개개의 시민들과 중앙정부 사이에서 주 단위의 집단적인 주장을 직접 전달할 수 있는 관계를 창출하는 새로운 헌법을 구상하였다. 그러나 19세기에 미국에서 위계구조가 몰락할 때, 개별화는 반대의 것, 곧 약함보다는 강함을 가져왔다. 개별화는 백인 남성들에게 선택을 하고 그 선택한 것에 대해 실천할 수 있는 힘을 차츰차츰 부여해주었다. 능력 있는 소수가 열등한 다수를 이끌어야 한다는 가정이 확고했던 영국에서는, 시민으로서의 일반 노동자를 생각해 본 존 스튜어트 밀과 같은 19세기의 중요한 개혁가조차도 무거운 과제만이 앞에 놓여 있는 것을 보고 "미래의 전망은 그들이 얼마나 합리적인 존재가 될 수 있느냐에 달려 있다"[14]고 하였다. 이와는 반대로 미국의 새로운 체제에서는 책임의식이 백인들 사이에 각자 자기가 생각하는 바와 행하는 바를 결정할 고유한 권리를 가지고 있었다.

이런 원자화된 주권의 가장 두드러진 의미 중 하나는 혁명 세대들을 사로잡고 있었던 민주주의의 확장가능성에 대해 널리 퍼져 있던 우려를 단번에 일소해버린 방식에 있다. 이제 백인 남성들은 세계로 나아가면서, 아무리 멀리 가더라도 그들이 가는 곳마다 민주주의의 힘과 정당성과 권위를 축소시킴이 없이 민주주의를 전했다. 그들은 각기 말 그대로 민주주의의 정신을 상징하는 것이었다. 다른 각도에서 보면, 어떻게 그리고 어디서 이들이 모이든지 간에 그들은 끊임없이 상호교체가 가능하고 그래서 즉시 기능할 수 있는 소규모의 주권단위를 구성했다. 활동의 범위는 더 이상 민주주의가 무엇인가(민주주의의 정의)와는 상관이 없었다. 민주주의자들 자신들이 어디로 가느냐에 따라 그 범위도 결정되었다.

이런 주권을 가진 원자적 개인들이 함께 모였을 때, 그들은 얼핏 보기에는 익숙한 딱지가 붙은 익숙한 행동같아 보이는 일들에 완전히

---

14) John Stuart Mill, *Principles of Political Economy*, in *Collected Works*, ed. by F. E. L. Priestley et al., 33 vols., Toronto, 1963~1991, vol.3, p.763.

다른 의미들을 부여했다. 예를 들면, 공적 권위와 노동생활을 민주화하기 이전과 이후에도 정당들이 존재했다. 한편으로 민주화 이전에는 1790년대에 만들어진 연방파와 공화파가 얇은 유지계층에 의해 지도되고 합법화되었으며 규정되었다. 그리고 민주화 이후에는 1820년대 후반과 1830년대에 고착된 정당들이 모든 백인 남성들의 평등한 권리를 천명하고 또 천명하였다. 보통사람들을 선출하고 고급 관리를 교체하는 것은 복종이라는 낡은 가정에 도전하는 실질적인 장치요, 정부를 탈신비화하는 장치였고, 선거민(유권자)들에게 정치권력을 다시 순환시켜주기 위한 장치였다. 혁명기에는 생각조차 할 수 없었던 19세기 초의 노동자정당들의 존재 자체는 기존의 정당체계와 새로운 민주주의 정치 사이에 엄청난 거리가 있음을 보여주었다. 한때는 수혜자와 후원자 사이의 수직적 굴레였던 후견(後見)은 이제 다른 무엇보다도 새로운 정당들 중 하나에 소속된 민주적 수익자 집단에의 수평적 애착을 공고히 했다. 18세기의 시위행진들이 사회적 구별과 직업적 위계를 공적으로 표현하는 것이었다면, 19세기에 있어 그것들의 대체물인 당파정치는 동질화된 대중적 권위를 표현한 것이었다.

그 과정에서 투표도 그 의미상 근본적인 변화를 겪게 된다. 그 예로서 공개적인 투표의 실시를 들 수 있다. 18세기 후반에 독립혁명이 기득권을 약화시켰음에도 불구하고 지도자들은 여전히 공직을 그들의 권리로 당연하게 생각하였고, 국민들을 가르치는 것을 그들의 의무로 생각하였다. 비록 유권자들이 관리들을 거부할지라도, 선거는 유권자들이 때때로 문자 그대로 자신들의 후보자들 뒤에 줄지어서 유지를 내세워 벌이는 싸움이었다. 이런 체제에서 공개투표는 지역적 위계구조를 재가하는 것일 뿐이었다. 이러한 전통적 방식의 견고한 옹호자였던 제임스 쿠퍼(James Fenimore Cooper)는 그 의미를 『고향행(*Homeward Bound*)』에 나오는 삽화에서 표현했다. 배의 전선원은 적의 공격으로 재산을 다 빼앗기게 된다. 타고난 지도자인 선장과 일등 항해사는 선원들에게 의견을 구한다. 과연 그들이 배를 다시 되차지하는 위험을 무릅쓸 것인가? 선원들은 갈채를 보내며 동조를 표한다. 단지 비겁한 민주주의자인 스태드패스트 닷지(Steadfast Dodge)만이 주저했다. "'투표가 다른 방법을 강구해 줄 수도 있을 거야' 닷지는 중얼거렸다. '투표 없는 선거의 자유라는 것이 있을 리가 없어.'"[15]

물론 닷지는 분명히 옳았고, 19세기 초에 비밀투표는 상관에 대한 지지와 투표행위의 분리를 도왔다. 그러나 동등한 주권을 지닌 선거민이 자리잡자마자 공개투표의 변형들이 새로운 가면을 쓰고 다시 나타났다. 정당을 구분할 수 있는 색지 투표지, 투표소에서 공공연히 자기 당에 대해 자랑하기, 당파성에 속박되어 투표하기 등이 그것이었다. 유럽의 방문객들은 두 손을 들고 말았다. 도대체 왜 미국인들은 그들 자신이 만들어낸 비밀투표라는 개혁을 무효화시키려 하는가? 다시 한 번 똑같은 일이 완전히 다른 의미를 갖게 된 것이었다. 18세기에 투표 그 자체는 위계구조상의 지위를 의미했다. 투표권이 없는 자, 투표권을 지닌 자, 하급 관리, 상급 관리, 지도자 등 올라가는 등급에 따라 각 지점에서 흔히 법으로 명시된 더 높은 자격을 지니고 있었다. 누가 최상층에 있는 조지 워싱턴이나 존 핸콕(John Hancock) 같은 사람이 실제로 투표하는 것을 상상할 수 있겠는가? 이러한 체제에서 공개적으로 투표하는 것은 그 사람의 지위를 확인시켜주는 것이었다. 19세기에 와서야 참정권이 평등을 나타내게 되었던 것이다. 이제 공개투표는 주권 평등의 새로운 시대를 기리게 되었다. 즉 독립적인 유권자들은 그들의 선택, 그들의 동지, 그들의 당을 공공연하게 그리고 자랑스럽게 지지하게 되었다.

연속성이라는 허울하에서의 가장 근본적인 변화에는 선거권과 시민권 사이의 연관성이 포함되어 있었다. 19세기처럼 18세기에서도 투표

---

15) James Fenimore Cooper, *Homeward Bound*, 2 vols., New York, 1854[1838], vol.2, p.125.

는 시민권을 의미하는 것뿐 아니라 시민의 독립성을 보증하는 것이었다. 독립의 통례적인 증거는 최소한 어느 정도의 재산이었다. 윌리엄 블랙스톤(William Blackstone)의 부정적인 문구, "너무 비참한 상황에 처해 있어 그들 자신의 의지력이 하나도 없다고 간주되는 사람들을 배제한다는 것"은 재산에 따라 자격을 부여하는 것의 이면에 있는 전통적인 영미의 논리적 근거를 포착하고 있다. 게다가 대부분의 상황에서 재산은 다른 중요한 특성들, 즉 법에 대한 신뢰, 사회질서의 준수, 감정에 치우치지 않는 이성적 능력 등을 또한 부여한다. 이와 같은 이유로 영국의 정치평론가들은 인구의 대다수를 차지하고 있는 "보통사람들"을 실격자로 판정했다. 애덤 스미스는 "그들의 노동은 너무나 계속적이고 가혹하여, 무엇을 응용하거나, 심지어는 그밖에 다른 무언가에 대해 생각할 여가도 성향도 없게 만든다"고 말한다.[16] 재산만이 비참하고 지각 없는 존재양식으로부터의 탈출구를 제공했다.

이민의 나라로서 식민지 북아메리카는 그곳의 백인 남성들에게 매우 너그러운 기준의 시민권을 채택했다. 즉 재산으로 자격을 부여하여 어느 정도 그 자질을 평가하는 데 상당한 유연성을 보인 것이다. 그 결과로서 독립혁명의 전야에 미국의 선거민은 이미 상당히 많았고, 영국의 선거민이 약 1/4이었던 데 비해 미국에선 백인 남성의 2/3 정도나 되었다. 그럼에도 불구하고 영국에서처럼 미국의 지도자들은 시민의 자립의지에 대한 징표를 찾는 가운데, 비록 그렇게 많지는 않다고 할지라도 재산이 그 적절한 선을 긋는 기준이라고 생각했다. 혁명 이후에 주의회는 제대한 군인들에게 그들을 유권자로 만들어줌과 동시에 유권자로서의 자격을 부여하는 땅을 수여함으로써 그들에게 선거권을 주었다.

재산과 자립에 대한 오래된 가정을 완전히 뒤바꾼 것은 바로 자주

16) Adam Smith, *An Inquiry into the Nature and Causes of the Wealth of Nations*, ed. by R. H. Campbell et al., 2 vols., Oxford, 1976, vol.2, pp.784-785.

적 노동이라는 새로운 규범이었다. 모든 백인 남성들이 자신의 일상적 노동을 책임지는 곳에서는 그들 중 가장 호감을 주지 못하는 사람조차도 자주성을 지니고 있었고, 프레드릭 그림키(Frederick Grimke)가 강조하느라고 중복단어를 써서 말하듯, "자유로운 선택의 자유"[17)]에 비추어 결정할 수 있는 자족성을 지니고 있었다. 성인에게는 자립이 부여되었다. 어떠한 백인 남성도 그것을 획득하거나 그것을 증명할 필요는 없었다. 왜냐하면 자립은 그의 타고난 민주적 권리이기 때문이다. 재산과 시민권 사이의 전통적 연계가 무너진 이후 19세기 민주주의는 블랙스톤이 말한 것을 완전히 뒤집는 새로운 민주주의를 만들어 내었다. 18세기에 토지소유자가 되는 것이 자립을 위해 꼭 필요한 것이라 간주되었다면, 19세기에는 시민 개개인의 자립이 토지소유자가 될 수 있는 자격이라고 하는 추론적인 주장을 확립했다.

재산이 시민을 탄생시키지 못하게 되면서, 재산이 시민의 특성을 형성하는 힘도 또한 사라졌다. 만일 민주주의가 시민들에게서 결속과 이성, 그리고 헌신과 같은 특성들을 요구한다면, 시민들은 그런 특성들을 얻을 수 있는 다른 수단이 필요했다. 성인이 되면 너무 늦은 것이다. 백인 남성은 성인이 되면 완전한 시민권이 자동적으로 따라오기 때문이다. 이런 틈새로 호러스 만(Horace Mann)이나 헨리 버나드(Henry Bernard), 그리고 그들의 동료들인 교육개혁가들이 돌진해 들어갔다. 그들은 아직 유연하고 습관 형성 시기라고 생각되는 보통학교(common schooling)의 교육기간 동안 민주주의자의 공적인 특성을 형성시키기로 계획했다. 재산이 더 이상 해낼 수 없는 것을 남녀 교사들이 해낼 것이다. 호러스 만은 민주주의의 시민은 "교육을 받을 수 있는 절대적인 권리"를 지니고 있고, 사회도 시민들의 교육에 동일하게 강력한 이해관계를 가진다고 선언했다.[18)]

---

17) Frederick Grimke, *The Nature and Tendency of Free Institution*, ed. by John William Ward, Cambridge, 1968[1856], p.521.

붕괴가 민주주의의 도래에 얼마나 중요했는가를 붕괴의 부재보다도 더 잘 보여주는 것은 없었다. 민주주의가 18세기 전통으로부터 점진적으로 진화되어 왔다면, 다른 나머지 곳보다 먼저 매사추세츠와 보스턴이 있는 뉴잉글랜드가 틀림없이 주역의 자리에 있었을 것이다. 왜냐하면 그곳의 제도들이 그들로 하여금 확실하게 앞선 출발을 하도록 했기 때문이다. 즉 가장 광대한 매사추세츠 식민지 선거전, 교회에서의 회중자치의 역사, 영국으로부터의 자유획득을 위한 지속적인 투쟁 그리고 무엇보다도 뉴잉글랜드인 자신의 자랑일 뿐 아니라 가장 사랑받는 초기의 민주주의자 토머스 제퍼슨이 부러워한 것이기도 했던 읍민회의 등이었다. 하지만 사정은 달리 진행되었다. 19세기 초 잇달아 미국을 방문한 유럽인들은 거의 만장일치로 뉴잉글랜드의 어떤 지역 예를 들어 매사추세츠나 혹은 보스턴을 미국의 가장 비민주주의적인 곳으로 골라내었다. 반대로 유럽인들은 그곳을 가장 질서가 있고, 가장 비평등적이고, 미국 사회에서 가장 존중받는 지역이라고 전했다. 그곳의 시민들은 평화를 지켰고, 법을 준수하며, 자기보다 우월한 사람의 말에 귀를 기울일 줄 알았다. 토크빌은 "뉴잉글랜드에서는 … 보통사람은 지적으로나 도덕적으로 우월한 사람을 존경하며 불평 없이 거기에 복종하는 것에 익숙하다 … 이곳의 민주주의는 다른 어떤 곳에서보다 더욱 분별 있는 선택을 하고 있다"고 썼다.[19)]

18세기 미국 민주주의의 여타의 명백한 선구자들처럼 뉴잉글랜드의 제도들은 그곳의 독특한 위계질서를 반영했다. 식민지 시대의 매사추세츠 민병대가 보여주듯이, 하급자는 그들의 복지를 제공하는 상급자에게 철저히 매여 있었다. 군인들은 영국 장교들이 명령할 때는 거절하였지만, 그들의 애로사항이나 희망사항에 귀를 좀 기울이는 식민지

18) [Horace Mann] *The Massachusetts System of Common Schools*, Boston, 1849, p.17.

19) Tocqueville, *Democracy*, vol.1, p.211.

유지들의 명령은 잘 따랐다. 심지어 18세기 말에 그들의 권리로서 자작농장을 요구하며 일어났던 메인 주의 반란농민들조차도 그들의 주장을 이해하는 엘리트들이 충직한 시민들의 전반적인 이익을 돌보게 되어 있는 "보호계약"을 재작성할 것을 요구했던 것이다. 유사한 형태의 호혜주의는 교회에서도 존중되었고, 합의의 정신은 19세기 민주주의적 개인주의와는 정반대인 읍민회의를 통해서도 보존되었다.

뉴잉글랜드의 위계적 제도들은 18세기와 19세기 사이의 대격동기 동안 매우 신축성 있는 것임이 판명되었다. 독립혁명은 그것들을 약화시키지 않았다. 1790년대 어떠한 지역도, 미국 민주주의의 재구성에서 곧 찬미를 받게 될 "자발적으로 형성된" 조직, 즉 확립된 권위 질서 밖에서의 집단적인 행동의 개념에 뉴잉글랜드보다 더 적대감을 드러내지는 않았다. 권위를 타파하는 각각의 주요 투쟁에서 뉴잉글랜드의 사회제도들이 가장 저항이 심하였다. 그곳의 정통의학과 학식 있는 법조계는 기존 법률을 가장 강하게 고수했다. 미국에서 유일하게 매사추세츠와 코네티컷은 기성교회의 자취를 유지한 채로 19세기에 진입했고, 뉴잉글랜드는 새로운 평등주의적 부흥회에 가장 냉담한 반응을 보였다. 가장 위대한 부흥사 피니가 청중들에게 구원의 선택을 개방하기 위해 부수어야 했던 것이 뉴잉글랜드의 신학이었던 것이 수긍이 간다. 강력한 민주주의의 물결에 대한 뉴잉글랜드 지역의 반응을 상징했던 한 가지 행위로서 교회 동료들도 너무 자유분방하다고 치부했던 보스턴의 유명한 목사 라이만 비처(Lyman Beecher)가 본인이 직접 위험한 인물인 피니를 뉴잉글랜드의 출입문을 통과하지 못하도록 자신이 막겠다고 단언한 일이 있었다.

대체로 미국에서 연방파와 공화파라는 첫번째 정당체제는 1815년 이후 돌이킬 수 없이 쪼개졌고, 민주당과 휘그당이라는 새로운 정당들이 지역이나 주의 모든 종류의 주도권을 가지고 새로이 탄생하였다. 그러나 뉴잉글랜드에서는 1810년대의 연방파가 1820년대에 국민공화파(National Republicans)로 다시 소집되었고, 1830년대에는 휘그당으로 재소집됨으로써, 그곳의 주요 정당들은 18세기 보수주의의 중요한 원칙을 보존한 연속성을 보였다. 그리하여 20세기 몇몇 역사학자들은, 매사추세츠에 기반을 둔 특수한 휘그당이라기보다는 휘그당 전체가 민주주의 사회에서 위계질서를 완강하게 고수하고자 하는 정당으로 믿게 되었다. 그만큼 많은 뉴잉글랜드 고용주들이 그들의 가계에서 온정주의와 존경을 고수했던 것처럼, 그곳의 많은 정치인들은 18세기적인 재산과 시민권 사이의 등식을 버리지 않으려 했다. 유럽인들로 하여금 미국에 있는 거의 모든 백인이 재산을 지니고 있기 때문에 시민이 될 가치가 있다는 믿음을 갖도록 오도한 것은, 바로 수많은 후안무치한 기득권 세력의 적나라함을 은폐하는 데에는 더욱 뛰어났던, 동북부의 휘그파들이었다. 매사추세츠가 대표적으로 보여준 것처럼 오직 뉴잉글랜드에서만 19세기 초까지 유권자는 강제적인 선거인 등록법의 시행을 감수해야만 했다. 대중의 요구로 도처에 있는 주들이 그들의 수도를 덜 위압적이고 더욱 다가가기 쉽도록 이주할 때에도 오직 매사추세츠의 수도만이 해안가 도시인 보스턴에 확고히 서 있었다. 19세기 중반에도 여전히 매사추세츠는 비밀투표를 공적으로 인정하지 않았다. 즉 낡은 방식의 붕괴는 없었고, 새로운 것을 위해 여지를 마련해줄 파괴도 없었던 그곳에서 민주주의는 위계질서라는 상당한 짐의 무게로 절룩거리면서 서서히 도착했다.

공적 논의에서 18세기와 19세기의 민주주의의 의미는 훨씬 더 명백한 차이를 드러낸다. 혁명 세대에게 민주주의는 부차적인 문제였다. 민주주의의 중요성은 주로 다른 정부형태와의 관계로부터 도출되었다. 이러한 형태의 표준적인 트리오는 한 명에 의한 지배인 군주정, 소수에 의한 지배인 귀족정, 그리고 다수에 의한 지배인 민주주의였다. 이것은 아리스토텔레스에 의해 토대가 마련되고 여러 고전적 작가에 의해 갈고 닦아진 다음 18세기에 대서양 양안의 공론에서 건축의 벽돌로 사용된 것이었다. 혁명적 미국인들은 그 세 가지를 하나의 공화국에서 통합시킬 것을 주장하였다. 즉 군주정의 활력, 귀족정의 지혜,[20] 민주주의의 대표성 등 각각의 장점들은 보유하되, 반면 각각의 단점, 즉 군주정의 독재, 귀족정의 부패, 민주주의의 무질서는 피하자는 것이었다. 깊게 뿌리박힌 낡은 관습들 때문에 그들의 공화국은 부모인 영국 정부와의 유사성을 결코 잃지 않았다. 즉 그 성스럽고 세습적인 권위를 벗어던지는 한편, 세속적 의식과 일반적 칭호 등 소박한 형태로 화하여 국왕과 상원 그리고 하원이 미국에서는 행정부와 상원 그리고 하원이 되었다.

이러한 체제하에서 혁명의 지도자들은 18세기 영국의 평론가들이 인민을 위치시켰던 그 자리쯤에 주권자인 인민을 세웠다. 하지만 이 경우는 군주와 의회가 가졌던 궁극적 권위를 그들에게 부여했다. 혁명의 공화주의적 정체성을 보전하고, 대중들이 가장 폭넓게 참여하도록 하면서, 일단 자리잡은 인민주권은 조금도 움직이지 않았다. 그 이후 미국의 정부를 논하는 모든 사람은 거기에서부터 시작했다. 그러나 그러한 주권자 국민의 꼭대기에는 혁명 당원들이 여전히 그들의 정당성을 위해, 통치 부처들의 적절한 균형에 입각하여 여러 조직을 세웠다. 만약 민주주의의 구성 요소가 국민을 위한 것이라는 명목으로라도 적절한 선을 넘어선다면, 그것은 민주주의의 전체계를 위협하게 된다. "민주적"이란 말은 그 자체로 "어떠한 구속이 없는, 혹은 … 균형상태"를 의미한다. 입법권에 대한 열정이 최고조에 달했던 혁명의 최초 분출 시기를 제외하고, 전체 정부를 민주주의라고 부르는 것은 민주주의를 비난하는 것이었다. 리처드 헨리 리(Richard Henry Lee)와 젊은

---

20) 원문에는 "aristocracy's corruption"이라고 되어 있으나, 문맥상 귀족정의 장점을 논하고 있기 때문에 "지혜"라고 번역함. "corruption"은 귀족정의 단점을 말할 때 다시 사용되고 있음(—옮긴이 주).

존 퀸시 애덤스는 연합규약(Articles of Confederation)하에서의 정부에 대해, 그것이 별도의 집행부와 주의회를 보완할 상원을 가지고 있지 않기 때문에 "소박한 민주주의(Simple Democracy)"라고 부르려고 할 작정이었다. 존 마샬(John Marshall)은 "그러나 균형 잡힌 공화정과 민주정 사이의 차이는 질서와 혼란 사이의 차이와 같다"라고 통명스럽게 주장했다.[21]

1787년 필라델피아에서 나온 헌법은 이러한 낯익은 문제들을 새로운 방식으로 다시 제시했다. 미국의 공화제적 원칙들을 구체화하기 위해 각각의 주에 의존하는 대신에, 그리고 이러한 공화국들을 주연맹으로 모으는 대신에, 새로운 계획은 전국에 걸쳐 공화제적 상부구조를 지향하게 하고, 그 과정에서 각 주들이 다루기로 한 영역을 급속하게 확장하였다. 비록 참고의 범위는 고대 아테네의 도시국가에서부터 영국의 작고 빈틈 없는 섬에 이르기까지 수세기를 넘어 확장되었지만, 문제는 여전히 정부에 국민의 부처, 즉 전통적으로 입법부의 하원이 헌법과 같은 방대한 체계 속에서조차 존재할 수 있느냐 하는 것이었다.

비판자들은 아니다라고 말한다. 미국의 주정부가 진정 민주적으로 국민을 대변하려고 한다면 2,000명 이상의 대표자들이 필요하지만, 제안된 하원의 규모는 채 100명도 되지 않을 것이라고 한 반연방주의자는 주장했다. 도대체 어떻게 짐마차와 포장도 안 된 길투성이인 곳에서 "그들의 유권자들과 2백 내지 5백 마일이나 떨어진 곳에 사는 의원이 그들의 생활복지를 위해서 큰 애정을 기울일 수 있겠는가?"라고 다른 반연방주의자는 물었다. 오지 말아야 할 사람들이 의

---

21) Isaac Kramnick, *Republicanism and Bourgeois Radicalism*, Ithaca, 1990, p.138에서 존 애덤스(John Adams) 인용; Richard Henry Lee to Francis Lightfoot Lee, July 14, 1787, *The Letters of Richard Henry Lee*, ed. by James Curtis Ballagh, 2 vols., New York, 1911~1914, vol.2, p.424; John Marshall, *Life of Washington*, 2 vols., Philadelphia 1848[1804~1807], vol.2, p.447.

회로 들어오게 될 것이다. "(대표자들의) 수가 그렇게 적으면, 그 자리는 매우 고상하고 품위 있는 것이 되어서 타고나길 귀족적으로 난 사람들을 끌어들일 뿐, 민주주의는 거의 남지 않게 될 것이다." 귀족적인 상원과 균형을 이루는 대신에 하원은 상원에 흡수될 것이다. "입법부의 상이한 부서들이라는 미명 아래 의원들은 실제로는 전반적으로는 비슷비슷한 면면을 지닌 시민들로부터 선출될 것이다." 대중이라는 대칭추가 없다면, 헌법은 "1인 혹은 소수자의 절대적인 지배로 끌고 가는 것이다."[22)]

연방 차원에서는 저지 당했지만, 1787년에 제안된 헌법의 반대자들은 진정한 민주주의의 구성요소는 오직 주정부에만 있다는 것을 알았다. 반대자들은 지금은 헌법이 된 최초의 연합규약과 같은 정부의 틀을 비준할 때, 주권을 지닌 국민의 목소리를 반영하는 것 이상의 기능을 주가 가진 것으로 보았다. 그것이 중요한 역할이긴 해도 그것은 명확한 한계가 있었다. 또한 그들은 이러한 각각의 주정부 내에 존재하는 군주제적이고 귀족제적인 요소들을 간과하였다. 국가적인 차원에서 보면 행정부나 입법부 등 주정부의 기관들은 하나의 단위 속으로 통합된다. 이제 중요한 것은 시민들과 중앙정부 사이의 거리와는 대조적으로 주정부는 그들 바로 곁에 있는 것 같다는 점이었다. 한 반연방주의자는 "그들은 서로 가까운 관계를 유지할 것이고, 시민들의 대표들은 시민들과 즉각적인 상호관계를 지닐 것이다. 나는 그 위치가 부정될 수 없는 것이라고 생각한다. 연방정부는 주로 타고난 귀족들의 수중에 있을 것이지만, 주정부는 주로 국민의 대표자인 민주주의자의 수중에 있을 것"이라며 이 새로운 경우를 요약했다.[23)]

---

22) James Winthrop, "Letters of Agrippa," in *Essays on the Constitution of the United States*, ed. by Paul Leicester Ford, Brooklyn, 1892, p.54, 86; Melancton Smith, in *The Complete Anti-Federalist*, ed. by Herbert J. Storing, 7 vols., Chicago, 1981, vol.6, p.158; "Federal Farmer," ibid., vol.2, p.235; "Brutus," ibid., vol.2, p.381.

정부의 부처(部處)로부터 정부의 수준으로 토론의 장을 옮기는 것은 단기적으로나 장기적으로나 심대한 중요성이 있었다. 권리장전을 강하게 주장하는 사람들에게 처음 10개의 수정헌법 조항들은 개인의 권리의 보장이 아니라 주의 민주주의적 권한을 강화하는 것을 의미했다. 제퍼슨은 그 수정헌법을 "(주정부가) 연방정부의 모든 법령에 도전할 근거를 주는 본문"이라고 불렀다.[24] 제퍼슨이 1798년 연방정부가 헌법을 함부로 다루었다고 결론지었을 때, 그는 권리장전에 대한 이러한 이해를 적절하게 적용하였고, 매디슨과 함께 최근에 제정된 외국인거주민법과 치안유지법을 거부한 켄터키와 버지니아 주의회의 결의안을 작성했다. 켄터키-버지니아 결의안은 중앙정부가 자유의 시험에 실패했고, 오직 국민의 정부인, 주정부만이 그들의 권리를 보존할 수 있다고 주장하였다.

결국 남부인들은 연방의 무효화와 탈퇴의 이면에 있는 그들의 상이한 정치적 프로그램을 정당화하기 위해서, 이처럼 주를 기반으로 중앙정부에 대한 저항을 하였고, 도처에 있는 민주파들은 이것을 지방자치정부에 대한 또 하나의 다른 쟁점으로 바꾸어버렸다. 그러나 이것들은 19세기의 관심사였다. 1800년경 주정부와 중앙정부 사이의 정략은 여전히 공화제적 구조를 모델로 보는 친숙한 18세기적 의제를 따랐다.

두번째 민주주의의 문제인 대표성의 대중적 함의 역시 18세기적 개념에 의해서 매우 제한되었다. 반연방주의자들이 국민의 피난처로서 주정부를 바라보게 되면서, 그들은 1770년대의 미국인들이 혁명 속에 부여했던 논거를 끄집어냈다. 즉 멀리 떨어져 있어 국민을 직접적으로 대변하지 못하는 간접적인 대표성은 공화주의적 원칙을 침해하는 것

23) "Federal Farmer," vol.2, pp.232-233, 282.

24) Thomas Jefferson to James Madison, March 15, 1789, *The Papers of Thomas Jefferson*, ed. by Julian P. Boyd et al., 25 vols. to date, Princeton, 1950~, vol.14, p.660.

이었다는 것이다. 조지 메이슨(George Mason)의 말에 의하면, 선량이 권한을 부여받기 위해서는 "국민들과 섞여야 하고, 그들이 생각하는 대로 생각해야 하고, 그들이 느끼는 대로 느껴야 하고 … 그리고 그들의 관심과 상황을 철저히 잘 알고 있어야 한다."[25] 따라서 고상한 하원이란 국민의 부처(部處)가 가져야 할 본질적인 특질을 결여하고 있는 것이었다. 오직 주정부만이 그들이 대표하는 국민에게 충분히 가깝게 그리고 편안히 다가설 수 있었다.

그러나 위계구조 속에서 국민들과 그들보다 한두 층은 더 높이 있는 선량 사이의 친화성은 국민들의 권한을 강화한다기보다는 선량들의 권한을 훨씬 강화시켰다. 선량은 지역구민들의 지침을 받아들이기 위해서가 아니라 그들의 상황을 이해하기 위해서 사귀었다. 그리고나서 선량은 정부에서 활동할 때, 지역구민의 뜻을 따르는 것이 아니라 자기자신의 생각에 따라 행동했다. 지역구민들이 아닌 선량이, 지역구민들의 최선의 이익을 위해 결정했다. 결과적으로 그들 모두가 반드시 투표권을 가질 필요는 없었고, 그냥 그들은 선량의 생각 속에만 있으면 되었다. 다른 방식으로 표현하자면, 대의체제가 국민을 삼켜버린 것이었다. 사실상 영향력 있는 영국의 정치평론가인 존 트렌처드(John Trenchard)가 수십 년 전에 정의했듯이, 요컨대 그들은 "특별한 국민(*the people*), 즉 국민을 대표하기 위해 성공적으로 선택될 그런 국민"이었다.[26] 미국의 새로운 연방주의 범위 내에서 민주적 관심사의 옹호자들은 그들이 주정부를 찬양할 때, 마음 속에 다음과 같은 단순 방정식을 가지고 있었다. 즉 "일정하게 정기적으로 열리는 회합"이라든지 "스스로 세련된 상태에 있는 국민"이라는 관념을 지니고 있었다.[27]

---

25) Storing, *Anti-Federalist*, vol.5, p.257.

26) John Phillip Reid, *The Concept of Representation*, Chicago, 1989, p.17에서 인용.

27) "Federal Farmer," vol.2, p.304; [John Taylor] *An Enquiry into the Principles and Tendency of Certain Public Measures*, Philadelphia, 1794, p.55.

여기에도 또한 18세기적 민주주의는 구조적인 문제들로 넘어갔다. 국민의 정부라는 문제는 결코 제기되지 않았고 단지 정부 내에서의 국민의 위상만이 제기되었다. 주정부의 옹호자들은 어떻게 하면 국민들이 더욱 권한을 누릴 수 있도록 할 것인가에 대해서가 아니라 단지 어떤 공무원들이 국민을 대신한다는 미명 아래 가장 일을 잘 할 것인가만을 물었다.

오직 대중의 자기주장 같은 최종적이면서도 다소 애매한 영역의 민주적 결사만이 이러한 형식적인 18세기의 한계를 깨뜨릴 잠재성을 지니고 있었다. 적어도 여기에서는 국민들 자신은 행동하고 있었다. 그럼에도 불구하고 가장 관대했던 18세기 구조 아래서조차도 이와 같은 종류의 민주주의는 민중 선동의 언저리에서 비틀거리고 있었고, 1790년대에는 프랑스혁명으로부터 불어온 강풍이 그 민주주의를 낭떠러지로 날려버렸다. 거의 믿기 어려운 사건들의 소용돌이 속에서 그 서구세계의 거인은 특권적 유산을 내던지고 왕의 목을 베고 유럽과 전쟁을 시작하여 자신을 피비린내 나는 공포로 만들어버렸다. 이러한 아연실색할 일들이 연속적으로 전개되면서 여태까지도 유럽의 화염 속에서 해방의 징표를 보았던 미국인들의 수는 점점 줄어들었고, 유럽전쟁의 결과가 대서양을 건너서 확산되었을 때, 강대한 제국주의 국가였던 영국과 프랑스에 대한 공포는 훨씬 더 깊어졌다. 1794년까지 혁명적 극단주의를 가리키는 용어인 자코뱅과 테러는 대중정서의 자유분방한 표현을 저주하듯이 족쇄가 채워졌다. 1년이 채 지나지도 않아 프랑스혁명을 가장 떠들썩하게 지지했던 미국인들, 즉 민주-공화 클럽들은 사라졌다. 어느 누구도 공포를 옹호하지 않았고, 어느 누구도 혼란의 편을 선택하지 않았다.

자코뱅과 관련이 있는 사람들은 또한 정부 내 인민의 부처에도 영향을 미쳤다. 알아 볼 만한 행정부만을 제거함으로써 프랑스 급진주의자들은 결국 입법부의 권위를 공화주의의 극단까지 밀고나갔던 것이다. 아니 아마도 그 이상이었다. 민주주의는 항상 소란을 내포하고 있었다. 애덤 스미스가 미국 식민지들을 말썽꾼들이라 비난하고자 했을 때 그가 그 식민지들을 "사소한 민주주의와 분리할 수 없는 악의가 넘치고 해로운 도당들"[28]로 연상했던 것이 그 예이다. 아리스토텔레스의 전통에 따르면 순수 민주주의는 필시 무정부주의가 된 다음 전제주의로의 길을 트게 되는데, 나폴레옹의 대관식 이전에도 많은 목격자들은 그들의 눈앞에서 프랑스혁명이 그러한 고전적인 과정을 진행해 나가고 있다고 생각했다.

이렇게 전형적인 구조적 관심사들에 더해, 아직 진행중인 프랑스혁명은 고삐 풀린 폭력에서 오는 공포까지 추가했다. 연방주의 지도자들은 프랑스혁명의 경험을 해석하면서 주나 입법권의 권한을 강화하려는 모든 노력은 동시에 유혈 참사에의 초대와 같다는 것을 명확히 했다. 이러한 강력한 주장을 묵시적으로 인정하면서 제퍼슨과 매디슨은 주와 입법부의 권한을 확보하는 켄터키-버지니아 결의안을 평화적인 분위기 속에서 신중하게 검토했다. 위협을 느낄 필요는 없다. 그들은 중앙정부가 유일한 침략자라고 주장했다. 꼴 사나운 방해도 없다. 그들은 단호히 공공연한 저항을 단념시켰다. 아무 소용이 없었다. 프랑스혁명의 맥락에서 볼 때, 버지니아의 중앙정부의 권위에 대한 도전은 불가피하게 군사반란이라는 유령을 상기시켰다. 해밀턴은 즉각 전쟁을 계획하였다.

비록 제퍼슨이 1790년대 말의 위기를 넘기고 1801년 대통령이 되었다고 해도 그는 민주주의를 공론의 주제로 주장할 수 없었다. 제퍼슨은 혼자라도 18세기적 민주주의 개념을 다음 세기의 새로운 삶에 불어넣었을지도 모른다. 그는 민주주의 전통적 특성과 강한 연관성을 지니고 있었다. 반연방주의자와의 밀접한 관계를 가졌다든가, 권리장전을 공공연히 옹호한 점, 프랑스혁명 초기의 파괴력에 공공연히 기쁨

28) Smith, *Wealth of Nations*, vol.2, p.945.

을 표현했다든가, 주정부가 가지는 상쇄적 힘에 대한 큰 기대 등이 그러한 예이다. 그럼에도 불구하고 제퍼슨은 그와 같은 전통을 미래로 전화시키기보다는 그대로 버려두었다. 우선 민주주의가 너무 위험한 것이 되어버렸기 때문이다. 1798년 그가 평화와 결백에 대한 공언을 하였음에도, 제퍼슨은 여전히 비밀회합이나 야간회동, 그리고 살아 있는 동안 절대로 자기역할을 비밀로 할 것을 맹세하는 것 따위로 가득 차 있는 공포 첩보물과도 같은 켄터키-버지니아 결의안을 계획하고 있었다. 제퍼슨이 그 위기중에 민주주의에 대해서 마지막으로 한 직설적인 언급은 유혈 사태를 넌지시 비추는 것이었다. 연방주의자들이 자신을 대통령으로 받아들이기를 거부하기 위해서 강제력을 사용할지도 모른다는 생각을 했던 1801년 초에, 제퍼슨은 "현재 우리가 가진 미국 민주주의 정신하에서는" 필요하다면 우호적인 주 민병대가 그를 취임식장으로 무장하여 호위할 수도 있다고 썼다.[29] 해밀턴이 예상했듯 일단 대통령이 된 제퍼슨은 편안하게 행정력을 누렸다. 의회의 견제나 주의 도전이 무슨 필요가 있겠는가?

간단히 말해 민주주의는 악평을 받고 있었다. 어디로부터도 지지를 받지 못한 채 18세기 민주주의의 문제들은 시야로부터 사라져갔다. 확실히 나폴레옹의 유럽은 민주주의에 대한 호평을 전혀 일으키지 못하였다. 그것은 다가올 세기의 선구자인 침례교 급진주의자 엘리아스 스미스(Elias Smith)가 그의 미국은 "민주주의(a DEMOCRACY)"[30]라고 벽지에서 소리 높여 외친 만큼의 자유로운 정신을 요구했다. 그밖의 거의 모든 지역에서는 항상 의심스러운 개념이었던 민주주의는 침묵의 덮개 아래 있었다.

---

29) Thomas Jefferson to James Monroe, February 15, 1801, *The Writings of Thomas Jefferson*, ed. by Paul Leicester Ford, 10 vols., New York, 1892~1899, vol.7, p.491.

30) Gordon S. Wood, *The Radicalism of the American Revolution*, New York, 1992, p.232에서 인용.

민주주의가 한 세대 후에 다시 등장했을 때 그 미운 오리새끼는 백조가 되어 있었다. 비록 면밀한 관찰자들은 그 둘 사이에서 가계 유사성을 발견할 수 있었지만 중요한 것은 그 기적적인 변화였다. 18세기에 민주주의는 입법부와 행정부, 주정부와 연방정부, 국민과 그들의 대표자들 간의 관계 같은 공식적인 관계들을 포괄하는 하나의 힘이었다. 19세기는 그 힘을 느슨하게 했다. 이제 민주주의는 행동하는 국민을 의미했다. 1834년에 18세기의 구조적 집착을 회고하면서, 민주당 편집인인 윌리엄 레깃(William Leggett)은 "불균형적 민주주의"라는 흥미로운 문구를 처리할 방도가 없어서 그냥 그 문제를 없애버렸다. "우리는 그런 두려움 따위는 전혀 갖고 있지 않다"는 것이었다.[31)]

매디슨이 1791년에 "여론"을 분석하면서, 그는 여론에 어느 정도 그 공동체의 가치에 상당하는 특질을 부여했다. 19세기에 여론은 힘을 얻었다. 평론가 프레데릭 그림키가 언급했듯 "여론"은 정부를 "움직이게 하는 힘"이다. 만약 "국민이 어떤 조치를 요구한다면 그들은 그들의 바람이 존중되고 그들의 의지가 준수될 때까지 결코 만족하지 않을 것"이라고 스티븐 더글러스(Stephen A. Douglas)는 단언한다. 윌리엄 브라이언트(William Cullen Bryant)는 분기한 대중들이 부패한 관리들을 발견하면 즉시 응징한다고 생각했다. 비록 국민이 폭군으로 화해도 들어주지 않을 수 없다. 1846년에 휘그당의 저스틴 버터필트(Justin Butterfield)는 멕시코전쟁을 반대할 것인 지에 대해 질문을 받았다. "아니오. 맹세코 나는 어떠한 전쟁도 반대하질 않소. 나는 한 전쟁을 반대했고, 그것이 나를 파멸시켰소." 이제 만약 국민이 원한다면 "나는 전쟁과 흑사병, 그리고 기근에라도 찬성할 것이오"라고 그는 단언했다. 혁명 세대는 국민의 머리 위에 그들의 위계질서를 세웠고, 19세기 시사평론가들은 그 위계질서를 넘어뜨리고 국민들하고만 남게 되

31) *A Collection of the Political Writings of William Leggett*, ed. by Theodore Sedgwick, Jr., 2 vols., New York, 1840, vol.1, p.262.

었다. "민중의 목소리는 우리에게 막강합니다"라고 젊은 조지 밴크로프트(George Bancroft)는 1826년에 다소 장엄하게 말했다. "이것이 우리의 신탁(神託)이고, 내가 아는 한 이것이 신의 목소리다"라고.[32)]

새로운 19세기의 국민은 전체로서의 백인 남성들을 포함했을 뿐만 아니라 그들 개개인에게도 중요성을 부여했다. 레깃은 여론에서는 "모든 남성의 본보기가 … 주도적인 영향력이 있는 것"으로 간주했다. 한 사람에게 하나의 공적 임무만을 준다면 그 사람이 당신에게 줄 수 있는 것만을 얻게 되지만, "일부 국민들에게 권한을 준다면 당신은 부분적으로 정의에 관한 설명을 얻을 것이고, 전국민에게 권한을 부여하면 당신은 보편이성에 가장 근접한 설명을 얻을 것"이라고 밴크로프트는 주장한다. 비록 다수의 잘못을 생각할 수는 있지만 실제로 그럴 것 같지는 않다. 어느 정도 신중함을 지닌 조지 캠프(George Sidney Camp)는 "(다수의) 광범위한 지혜와 의지의 조합으로부터 나오는 가정은 확실히 (다수) 편"이라고 지적한다.[33)] 사람의 하찮은 생각까지도 기능이 있다. 보수적이지만 쾌활한 그림키는 옳고 그른 것의 혼합이 민주주의 논쟁 속에서 충돌하여 하나씩 하나씩 잘못된 부분을 떨어내고 더 많은 진실이 드러내리라는 구상을 했다.

물론 공화정에서 민주정으로의 이행과정에서 몇 가지 지속성은 매우 중요했다. 18세기에 미국인들이 주 경계를 넘어갈 때 시민권을 바꾸는 것을 허용한 것은 19세기 미국 전역에 퍼진 민주주의의 길을 열

32) Grimke, *Nature*, p.136; speech of October 23, 1850, in *Life and Speeches of Stephen A. Douglas*, ed. by H. M. Flint, Philadelphia 1865, p.27; Usher F. Linder, *Reminiscences of the Early Bench and Bar of Illinois*, 2nd ed., Chicago 1879, p.87; George Bancroft, *An Oration Delivered on the Fourth of July*, 1826, Northampton, 1826, pp.19-20.

33) Joseph L. Blau(ed.), *Social Theories of Jacksonian Democracy*, Indianapolis, 1954, 83에서 레깃(Leggett) 인용; Bancroft, *Principle*, p.4; George Sidney Camp, *Democracy*, New York, 1841, p.183.

어놓았다. 18세기 후반까지 선거는 이제 너무나 일상적인 일이 되어, 정권교체는 매우 조직화되었다. 그래서 거창한 용어를 유독 대범하게 잘 사용했던 제퍼슨은 "다수자의 법을 … 모든 인간사회의 자연법"이라 불렀다.[34] 혁명은 치밀하게 작성된 정치적 절차를 더 중시하게 만들 뿐이다. 즉 공적인 갈등을 표현하거나 해결하는 공동의 문화로 소수자들 모두를 결합시키는 구체적 방식에 대한 고민이 있게 된다. 게다가 중앙집중적 권력에 대한 저항, 정부 당국의 특권에 대한 의혹, 그리고 그들이 대표한다는 국민으로부터 나온 대표성에 대한 강조 등의 문제, 즉 1780년대에는 반연방주의자들에 의해서 그리고 1790년대에는 공화주의자들에 의해서 명백히 주장된 주제들이 19세기 미국 민주주의의 특질로서 여전히 존속했다.

그럼에도 불구하고 불연속성이 민주주의 도래의 이야기를 지배하였다. 혁명 세대의 지도자들은 정부의 근본 방침을 제시할 때, 마치 그들이 인류 역사에 깊이 파묻혀 있던 진실을 발견한 것처럼 말하였다. 19세기 민주주의자들은 그들의 창조성을 자랑했다. 18세기의 유지들은 그들이 이끄는 사회를 끌어안으려 하였지만 그들의 19세기 사람들은 사회의 에너지를 풀어놓으려 하였다. 혁명 세대 유지들은 권력을 정돈하였으나 19세기 민주주의자들은 권력을 확산시켰다. 18세기 체제에서는 민주주의는 공화정부의 다른 속성들과 관련해서만 의미를 지닐 뿐이었다. 즉 민주주의적, 엘리트주의적, 그리고 실무적 요소 등이 서로서로 의존하고 있었다. 하지만 19세기 민주주의는 독립되어 있었다. 그것은 자기자신의 정당성을 부여하고, 자신의 목적을 만들어 냈다.

민주주의의 근본적인 새로운 원칙은 국민들이 스스로를 집단적으로 다스리는 동시에 개별적으로도 다스리는, 자치(self-rule)였다. 매우 일반적인 방식으로 민주주의의 두 뿌리는 그 두 경로를 따라 갈라졌다.

---

34) July 15, 1790, *Papers of Jefferson*, vol.17, p.195.

스스로 규정한 권위가 백인 남성들에게 집단적으로 다스릴 수 있는 권한을 부여했다면, 자주적 노동은 그들에게 개별적으로 새로운 길을 개척할 수 있는 자유를 부여했다. 한 줄기에서 공동체 자치가 나왔고, 다른 줄기에서 경제적 자결이 나왔다. 물론 예외들도 많았다. 다수의 공동체들은 경제를 발전시키는 데에만 전력했고, 또한 다수의 개인들은 그들의 인격을 계발하는 데에만 전력했다. 하지만 굳건하게 요동치는 19세기 초의 미국의 소부르주아 세계에서, 백인들은 그들의 집단적 권위를 정치력에 의해서 판단하는 것처럼, 개인의 자유를 경제력에 의해서 판단하는 경향이 있었다.

그러나 뿌리가 갈라지긴 했지만 가지들은 어쩔 도리 없이 서로 얽혀 있었고, 민주주의의 집단적인 측면과 개별적인 측면을 통합하는 것은 그것들을 분리시키는 것보다 훨씬 더 중요한 의미를 지녔다. 자유로운 개인은 민주적인 지역사회를 만들고, 민주적인 지역사회가 자유로운 개인을 지탱시켰다. 시민들의 참여는 일상의 정치적 결정에 정당성을 부여해주었으며, 그것은 다시 시민들 개개인의 삶에 권위를 부여해주었다. 부흥회에서 미국인들은 집단의 압력이나 지역사회의 후원 속에서 개인으로 구원받았고, 일단의 기능공들은 개인으로서의 그들의 권리를 주장하였다. 특히 민주당 정치인들은 마치 같은 규칙이나 같은 이해관계가 그 둘을 좌우하는 것처럼 말하였다. 더글러스는 "자유의 위대한 원칙은 모든 남성과 여성이 그들의 행동에 있어 사회의 안전이나 평화와 일치되는 최대한의 범위까지 완전히 자유롭다는 것이고 그 원칙은 주나 준주(準州), 그리고 개인뿐 아니라 정치공동체에도 적용되어야만 한다"고 선언했다.[35] 그러므로 개인을 삼켜버리는 장 자크 루소의 일반의지도, 공동체를 털어버리는 헨리 소로(Henry

---

35) Stephen Douglas, "Speech … September 7, 1859…," in *In the Name of the People*, ed. by Henry V. Jaffa and Robert W. Johannsen, Columbus, 1959, p.139.

David Thoreau)의 무정부적인 개인도 이 새로운 민주주의를 이해하는 데 도움이 되지 못했다. 오히려 이 새로운 민주주의는 백인 남성들로 하여금 결코 집단을 배제하지 않는 속에서 독자적이게 만든다.

2
야만인들

조직화되어 있지 않은 사회에서의 상전 없는 사람들, 과연 그들로 이루어진 사회가 제대로 기능할 수 있을까? 자치(self-rule)는 새로운 진리인가 아니면 용어상의 모순인가? 끊임없이 유럽 여행객들이 미국을 직접 관찰하기 위해서 방문했다가 귀국하여 자신들이 본 것을 호기심에 가득 찬 사람들과 공유하였다. 그들 중 미국의 민주주의의 이면에 있는 힘들을 확인하거나 그것들이 얼마나 급진적인지를 이해하는 데 어려움을 느끼는 사람은 거의 없었다. 그 힘들은 대서양 건너 유럽과는 너무나도 대조적인 경향이었기 때문이다. 미국의 백인 남성들이 그들의 일터를 통제하는 동안, 빈약한 새 법은 가난한 자들을 영국의 노동시장으로 내몰고 있었다. 미국은 유럽 인구의 평형상태를 역전시켜 놓았다. 그 이유는 한정된 땅에 급속히 늘어나는 인구 때문이 아니라 일손이 부족한 광대한 대륙 때문이었다. 잭슨(Jackson) 시대의 미국에서 탈권위로 나가는 동안, 필(Peel) 시대의 영국과 메테르니히(Metternich)의 유럽의 억압적인 정부들은 대중들의 주장을 격퇴시키고 있었다. 영국의 1832년의 소위 선거법 개정법안(Reform Law)조차도 정치권력의 토대를 제대로 확장시키지 못한 채 그것을 재배분하였다. 대륙혁명과 1848~49년의 영국에서의 차티스트 운동의 실패는 대서양을 사이에 둔 두 대륙의 차이를 두드러지게 하였다.

유럽의 부유한 방문객들은 계몽시대 이래의 유럽의 기질과 가치를 미국의 새로운 제도에 가져왔다. 그들은 스스로를 합리적이며 인도주의적인, 질서와 인류의 수호자로 여겼다. 그들은 인간 조건의 개선을 학수고대하며 인류를 개선시킬 수 있는 변화를 옹호하였다. 그들은 가장 불평등한 인간관계 속에서조차 인간존엄의 기본적인 기준은 야만적인 처벌이나 비인간적인 노예상태를 폐지하는 것이라 생각했다. 그 당시 미국 여행에서는 범죄인, 정신병자, 귀머거리, 또는 다른 장애인을 위한 특수 프로그램을 갖춘 기관들에 들르는 것이 필수적인 절차로 간주되었다. 거의 대다수의 유럽인들은 이러한 혁신을 찬양하고 일반적으로 확대되리라고 예견하면서 자리를 떴다.

대부분의 경우에 방문객들의 태도는 그들의 이면에 있는 합리적 원칙과 그들의 내면에 있는 사회적 거리감으로 인해 차가웠다. 유럽의 방문객들은 출생이나 혈통, 귀속적 지위와 불평등의 세계인 위계질서의 정신적 배경과 미국의 민주주의를 대조시켰고, 이러한 사고방식은 이에 상응하는 특정한 평가로 인도하였다. 당연한 결과로 방문객들 대부분은 여전히 일반 시민대중은 지도자가 필요하며 그 지도자가 사회를 형성해 나간다는 믿음을 지니고 있었다. 달리 말하면 그와 같은 믿음은 "태생적인 귀족"과 "어떠한 기존의 지도원리도 자기의 것으로 받아들이지 못하는 다수"[1]의 존재 뒤에 있는 계몽주의의 일반적 가정이다. 미국에서는 우월한 소수가 가지는 시민적 덕성에 대한 전통적인 의존성이 다른 위계적 관념들, 즉 모든 백인 남성들에게 동등한 시민권과 책임을 배분한다는 의제 등과 함께 19세기 초반의 변화의 분쇄

---

1) Cesare di Beccaria, *An Essay on Crimes and Punishments*, Edinburgh, 1778, p.16.

기를 통해 마멸되었다. 그러나 어떠한 변화의 분쇄기도 유럽인의 믿음을 완전히 부수어 없애지는 못했다. 유럽인들은 계속하여 사회의 장점과 지도자의 장점을 동등시했다.

이런 경향을 지닌 유럽인의 거의 모든 묘사적 기술들은 미국 사회에 대한 자신들의 경험에 의존하였다. 말하자면 그것은 이상한 새로운 세계에 관한 비전문 과학자들이 조심스럽게 취합한 현장 보고서였다. 각각의 기술들은 서로간의 일관성이 결여되었고 강조와 사견 따위로 개인적인 흔적을 남겼다. 그럼에도 불구하고 그 기술들의 두드러진 특성은 각각의 독립성이라기보다는 미국에 대한 고정관념을 강화하는 각 묘사적 기술들 간의 상호의존성이었다. 1815년에서 1860년 사이 미국에 관해 쉴새 없이 지껄여댔던 평론가들이 거의 모든 부분, 즉 방문의 목적이나 체류기간에 따라, 일기작가로서, 이론가로서, 쑥덕공론가로서, 혹은 통찰력이 날카로운 관찰자로서, 이해력이 둔한 관찰자로서, 노골적으로 사실을 왜곡하는 관찰자로서, 출신국가나 정치관, 성별 등 거의 모든 근거가 달랐지만, 미국이란 사회에 대해서는 동일한 이야기와 요약을 제시하고 있었고 근본적으로 동일한 이미지로 묘사한 다음 매우 유사한 결론을 맺었다. 게다가 그것은 매우 일관성 있는 묘사였는데, 만화 속의 미국은 확실히 미국인이나 유럽인 모두 별 어려움 없이 동의할 수 있는 미국 사회의 특성에 관한 날카롭고 통찰력 있는 기술들로 묘사되어 있다.

마치 방문객들이 실제로 과학자들이며 편견 없이 미국이라는 연구실에 들어가 그들의 전임자들이 했듯이 동일한 진실을 재발견하고 나서 국제사회를 위해 한 번 더 주석을 다는 것처럼, 이러한 일관성, 북소리 같은 반복은 확실히 스스로에게 타당성을 부여했다. 그들 대부분은 그들의 결론이 박학다식한 유럽인의 판단과 동일선상에 있는 최신의 견해라고 주장하는 것을 결코 잊지 않았다. 달리 말하면, 규격화가 그 주장들의 진실성을 뒷받침하는 효과를 부여한 셈이다. 새로 등장한 것은 미국의 급진주의에 대한 최초의 권위 있는 정의였다. 문화적 진실이 보통 그렇듯이 그것이 퍼져나가는 곳마다 부인할 수 없는 영향력을 끼쳤다. 이 유럽인들은 미국 민주주의를 제자리에 놓은 것이다.

유럽인들은 미국에서 일어난 자주적 노동에 있어서의 혁명을 즉시 포착하여 만장일치로 그것이 끝났고 승리하였음을 선언했다. 유럽인들은 모든 경제적 차원에서 미국 백인 남성들이 자발적으로 추진한 산업혁명의 기적을 차례차례 기술했다. "일하지 않는 수벌은 저 위대한 대서양 건너의 벌집에 들어가는 것이 결코 허용되지 않는다"라고 스튜어트 워틀리(Stuart Wortley) 부인은 말했다. "낭비할 시간이 없다. (소년들은) 가능한 빨리 자리를 잡을 준비를 해야 하고 그 위대한 경주에 뛰어들어야만 한다." 토크빌이 개미집으로 대체시킨 벌집은 자신에 대해서만 책임을 지며 쉴새 없이 목적을 위해 일을 하는 것을 표현하는 데 있어 매우 적절한 은유였다. 미국인들처럼 "아마도 이 지구상에 일이 즐거움이 되고 근면이 오락이 되는 국민은 없을 것"이라고 프랜시스 그런드(Francis Grund)는 말을 맺었다. "노동은 미국인들에게는 유럽에서의 음식과 의복처럼 그들의 생활에 본질적인 것이다." 프랑스인 미셸 쉬발리에(Michel Chevalier)는 그런드에 그렇다라고 동의하면서 미국은 "다른 어느 것보다도 일을 좋아하는 사람이나 다른 모든 것을 일로 대체할 수 있는 사람에게는 몹시 즐거운 곳"이라 말했다. 프레드릭 매리아트(Frederick Marryart)는 "미국인들은 다른 나라 사람들보다 두 배는 오래 산다. 왜냐하면 그들은 살아 있는 동안 두 배의 일을 하기 때문"이라고 말했다.[2)]

2) 앞으로 전전(戰前) 유럽여행 작가들의 참고사항은 저자별로 함. 전문(全文) 인용은 「부록: 도움을 준 연구와 참고문헌」, 제2장 464-467쪽 참조. Stuart Wortley, vol.1, pp.269-270; Grund, p.202, 204; Chevalier, p.205; Marryat,

그 효과는 사회전체로 퍼져나갔다. "유럽에서는 가난한 계급의 운명인 노동하는 삶은 미국에서는 부유한 사람들의 자유로운 선택이 되었다"고 토머스 그래턴(Thomas Grattan)은 전했다. "성인은 비록 자신의 재산이 얼마가 되든 재산을 늘리기 위해서 일하지 않는 것을 수치스럽게 여기게 되었다." 마찬가지로 해리엇 마티노(Harriet Martineau)는 "사회에 존재한 어떤 계급보다 축복받은 정비공이나 농부계층도 결코 안주하지 않았다"고 말했다. 메인 주의 이스트포트에 있던 한 스코틀랜드인의 미국에 대한 첫 인상에서, 미국의 부두노동자들은 "무거운 짐이나 이륜차를 지고도 조용히 침착하게 건널다리를 지나지 않았다. 그들은 껑충거리고 뛰고 달리며 … 모두 그들의 짐을 지고 돌진하며 새 짐을 가지러 급히 달려 갔다"고 했고, "출신성분에 관계없이 어떤 이의 자녀도 다른 사람의 자녀처럼 동등한 지위를 얻을 수 있었고, 이렇게 인식하면서 사람들은 최선의 노력을 하면서 살게 되었다"고 프랜시스 트롤로프(Frances Trollope)는 평가했다. 영국과 미국의 임금생활자를 대조하면서, 윌리엄 챔버스(William Chambers)는 "희망의 정서가 극도로 고조되어 있었다"고 그 의견에 동감했다.3)

물질적인 측면에서 보면, 그같은 결과는 진보라는 민주주의의 주장을 증명하는 것이었다. 2년의 체류 동안 "나는 단 한 명의 거지도 보지 못했고, 부의 증가를 위한 노력을 멈추는 것을 허용할 정도로 그렇게 충분한 부자도 보지 못했다"라고 트롤로프는 썼다. 널리 알려진 계몽주의의 척도를 사용하여, 알렉산더 맥케이(Alexander Mackay)는 "미국에는 엄격하게 빈민이라고 부를 수 있는 계층이 없다. 즉 그들의 삶의 조건이 자립과 양립할 수 없는 계급은 없다"고 결론지었다.

민주주의에 대해 비판하는 사람들은 이러한 결과를 극단적으로

p.43을 보라.

3) Grattan, vol.2, p.319, 98; Martineau, vol.2, p.183; Reid, p.22; Trollope, vol. 1, p.172; Chambers, p.344, 222.

비극적인 관점에서 조망했다. 일중독 문화는 협소하고 비열한 개인적 인성을 만들어낸다. "그들의 모든 육체와 정신의 에너지는 … 부를 얻기 위한 것이고 부에 대한 그들의 갈증은 결코 만족되지 않는다." 특히 그 비판가들이 양키들을 묘사할 때, 그들의 약삭빠른 거래를 비판하다 슬며시 그들의 노골적인 부정직으로 논점을 옮겨간다. 일만 하고 놀지 않는 것에 대한 민요가 말해주듯 이 비평가들은 "조나단은 매우 바보"라고 평하는데 이것은 힘들게 일만 하는 국민이란 의미뿐만 아니라 "매우 상상력이 빈약한 국민"이란 뜻이다. 사실 영국인들은 미국의 광대한 영토, 너무나 많은 자유, 그리고 심지어는 애덤 스미스가 모든 인민에 관해 언급한 것을 빌리면, "불필요하고 과도한 사업" 등 좋은 것들이 지나치게 많다고 비난해왔었다. 그럼에도 불구하고 그와 같은 트집을 딛고, 자주적 노동이라는 특이한 실험의 성공으로 미국은 19세기 초에 보편적인 인정을 얻게 되었다. 미국 민주사회에서 일어난 그밖의 일로는, 비평가들도 인정하였듯이 일단 해방된 경제적 자기결정력의 정령이 다시는 도로 갇히는 일이 없을 것이란 점이다. 민주주의가 가동시킨 에너지는 이제 자체의 동력으로 계속해서 달렸다.[4)]

유럽의 방문객들은 권위주의 타파라는 민주주의의 이면에 있는 제2의 힘이 포괄적이고 완전하다고 단언했다. 그러나 이러한 경우에 사실을 말하는 것은 단지 문제만 크게 제기하는 것에 불과했다. 왜냐하면 그들은 그 결과들을 설명할 손쉬운 방법을 발견치 못했기 때문이었다. 유럽인들이 이해하는 바로는 문제는 사회 자체인 것이었다. 즉 질서는 누가 세우며, 공공영역에는 누가 접근할 것이며, 공

---

4) Trollope, vol.1, pp.60-61; Mackay, vol.1, p.197; Buckingham, vol.2, p.3; Howitt, p.217; Trollope, vol.2, p.110; Cather, p.142; Adam Smith, *An Inquiry into the Nature and Causes of the Wealth of Nations*, ed. by R. H. Campbell et al., 2 vols., Oxford, 1976, vol.2, p.943.

공영역에서 누가 우선 순위를 결정할 것이며, 주도권은 누가 행사할 것인지, 타인들의 행위를 누가 통제할 권리를 가지고 있는지, 누가 발언권을 가질지, 누가 누구에게 말할 것인지, 또는 말해야 할 내용을 누가 결정해야 하는지 등이 그런 문제들이다. 포괄적인 유럽적 의미에서 예절은 권력이다. 예절은 공적 생활의 기능을 조정한다. 잇따른 방문객들은 일화에 일화를 더하면서, 미국의 민주주의자들이 시민의 자유라고 생각하는 것이 실제로는 고질적인 무질서라는 증거를 산더미 같이 제공하였고, 사회의 정당한 한계를 다시 세우는 것이 그들의 임무라고 여겼다.

유럽의 방문객들이 미국인들의 대중생활에 대해 보인 처음 반응은 무력감이었다. 그것은 미국인들이 복잡하고 시끌벅적하기 때문은 아니었다. 비록 그들이 그 두 가지를 다 언급하긴 했지만. 그들은 헨리 머레이(Henry Murray)가 분개해서 "무질서한 떼거리"라 부른 사람들의 무리 속에서 얼떨떨했다. "식사시간이 되자 자리를 잡기 위한 경쟁은 정말 끔찍했다. 문 가까이에 있었기 때문에 나는 내 힘을 쓰지 않고도 떠밀려 들어갔다"라고 놀란 맥케이는 기록했다. 여행객은 "자신의 개인적인 기호의 만족을 포기하고 다수가 바라는 것으로 양보해야만 한다 … 다수가 하는 대로 먹고, 마시고, 자고, 일어나야만 한다"고 그런드는 충고했다. 뉴욕의 고급 호텔의 로비에 처음 온 사람이 마주치는 것은 "한 무더기의 사람들은 떠들고, 다른 패들은 난로 위에 고기를 굽고 있고, 많은 사람들은 땅콩을 먹거나 흡연하는 등으로 로비바닥을 가래침과 땅콩껍질, 때로는 버려진 담배꽁초와 담배재로 된 투박한 모자이크를 만드는 것"이다. "미국 호텔에서 … 당신은 보잘것 없는 사람이 된다"라고 리드(H. Reid)는 결론지었다. 이러한 유럽인들이 여행 도중, 또는 식사시간 등의 사적인 공간에서 예기치 않은 호의를 받았을 때 예사롭지 않은 감정을 글로 나타내보인 것은 당연했다.[5)]

트롤로프가 영국의 공론적(空論的)인 평등주의자들을 비판할 때 멋지게 포착했듯이 유럽의 방문객들이 미국인들과 일상에서 얼굴을 맞대면서도 많은 미국인들을 자신들보다 열등한 존재로 여겼다는 점은 물론 중요하다. 즉 미국인들은 단단하고 기름에 찌든 손을 차례로 흔들면서, 다른 사람들의 "양파와 위스키"라는 없어지지 않는 악취를 풍기면서 민주주의의 경이를 찬양한다는 것이다. 하지만 트롤로프는 그녀가 병든 하녀를 간호할 때 보여주었던 것처럼 사회적 약자를 어루만지는 것을 싫어하지는 않았다. 마찬가지로 스코틀랜드인 제임스 스튜어트는 "자신의 손님들로 하여금 넉넉하게 함께 참여하도록 노력한 영국 지주"의 따뜻한 숨결을 그리워하였다. 문제는 누가 조건을 정하는가, 외부인들이 앞으로 나오는지 혹은 뒤에 서 있는지를 누가 판단하는가이다. 베이즐 홀(Basil Hall) 선장은 서부지역 주민들의 "냉랭함과 퉁명스러움"을 불평하였다. 그것은 벽지 미국인들이 야박하거나 "본성이 못되기—실상은 그와는 반대인—" 때문이라기보다는 그들이 나서서 그의 짐을 옮겨 주지 않았기 때문이었다. 그들은 "예의 바르거나 남을 도우려는 자연스러운 호의"가 부족했다. 또 다른 유럽인들은 그들을 불렀을 때 활발하게 걸어오지 않은 기차 역무원들의 무례함을 인용했다. 타인들의 왕래를 판정하는 이와 같은 주제를 변형한 한 가지 이야기는, 이매뉴얼 호윗(Emanual Howitt)이 미국인 보행자들이 아니라 자기소유의 개가 자기가 기숙하고 있는 집 옆의 공공장소 사용권이 있다고 주장하자 그 여주인이 격노하여 "여성적 웅변을 퍼부어 대면서" 그를 밖으로 쫓아버렸다는 일화이다.[6)]

이런 이야기들이 암시하듯, 언어습관은 사회적 신분과 사교적 관계를 틀 지우는 중요한 도구이기 때문에, 이를 통해 모든 당사자들

---

5) H. Murray, vol.1, p.198; Mackay, vol.1, p.40; Grund, p.203; H. Murray, vol.1, p.17; Reid, p.238.

6) Trollope, vol.1, p.173; Stuart, vol.1, pp.468-469; B. Hall, vol.3, pp.387-388; Howitt, pp.227-228.

은 그들의 사회적 위치를 알게 된다. 여행객들은 미국인들이 품위 있는 용어들을 함부로 사용하는 것에 대해 반복해서 언급했다. 무뢰한이 신사가 되고 창녀가 숙녀로 칭해지는 곳에서 전사회는 "오랫동안 사용되어온 언어질서의 전도를 경험하게 된다"고 매리 던컨(Mary Lundie Duncan)은 투덜거렸다. 민주적 미국에서는 일상이 축제였다. 찰스 머레이(Charles Augustus Murray)는 처음 보는 "농군과 노동자들이 자신을 '찰리'"라 부르면서 선술집 주인은 "장군"으로, 시골의 잡역부는 "대령"이라 불려지는 것을 보았다. 답례로 머레이는 매우 상냥하게 민주주의의 영웅인 자작농을 "미국 농부"라 칭했다. 이와 같이 불림으로써 미국의 백인 "하류계급이 불손하고 무례한 경향이 있는" 것을 방문객들은 알았고, 특히 "다른 사람에게 의무나 일을 빚지고 있는 사람들이 더 심한" 것을 알게 되었다. 어느 영국인의 심한 모욕에 미국의 호텔 짐꾼은 그의 주문을 받고도 그대로 밖으로 나가서 다시 돌아오지 않았다. 그 영국인은 그 짐꾼을 "무뢰한"이라 불렀고, 그 짐꾼은 나중에 자신이 "무뢰한"이 아니었기 때문에 그냥 가버렸다고 설명했다. 제복을 입는 것에 대한 미국인들의 거부감은 매우 종종 방문객들이 호출할 사람조차 발견할 수 없다는 사실 때문이다. 이것은 기차 역무원에 대한 방문객들의 불만의 원인들 중 하나였다. 사실 유럽인들은 자신의 지체 넘치게 옷을 입는 것을 미국적 죄악이라고 종종 칭했다.7)

자신들의 경험을 글로 쓰고자 하는 많은 여행객들에게 미국인을 만날 때의 대인관계에 관한 여러 가지 방법은 중요하다. 물어보고 듣고 그리고 쳐다볼 때, 그들은 상당한 정도의 미국인의 협력을 받아야만 가치 있는 소재들을 수집할 수 있었다. 그러나 접근을 당하는 것은 바로 그들 방문객들이었다. 찰스 디킨스(Charles Dickens)는 "아무나 말을 건다"고 불평했다. 거의 모든 방문객이 자신이 원하지 않았던 대화

7) Duncan, pp.209-210; C. Murray, vol.1, p.120, vol.2, p.88; Reid, p.45.

에 관한 일화를 가지고 있다. "당신이 어디를 가든, 당신은 즉시 수없는 질문을 해대는 사람들(당신을 생전 처음 보는)에 의해 둘러싸여진다"고 미국을 수없이 떠돌면서 그 자신이 질문했던 수천 개의 대답들에 의존한 장래의 정착자인 호윗은 불평했다. 비록 미국인들이 "물어보는 것만큼이나 대답하는 것"에도 준비가 되어 있다 할지라도 그들은 여전히 "무례한 교리문답 교사"였다. 디킨스나 맥케이를 포함한 몇몇 여행객들은 그들이 꼬치꼬치 캐묻기 좋아하는 미국인들을 골탕먹이고 좌절시킨 것에 대해 매우 재미있어 하면서 자세히 설명했다. 달리 말하면 민주주의자들은 다른 사람의 허락을 기다리지 않았다. 그들은 그냥 말해버렸다. "미국에서는 수줍음을 거의 만나볼 수가 없다"고 불평하면서 리드는 "미국은 달변가를 매우 고무시킨다"고 신랄하게 비판하였다.[8)]

리처드 콥든(Richard Cobden)은 그의 일기에서 "남의 말을 엿듣는 것은 이 나라의 버릇이다"라고 그가 우연히 들은 다양한 대화들과 함께 기록한다. "노려보는 것 또한 그렇다"라고 유럽인들은 함부로 생각했다. 쉴새 없이 관찰하는 폴란드인 방문객 테레사 펄츠키(Theresa Pulzsky)는 "수백 개의 호기심으로 가득 찬 눈들이 우리의 시선이며, 움직임, 게다가 식성까지 하나하나 뚫어지게 보는 대중식당"에 대한 자신의 혐오감을 숨기지 않았다. "당신은 유리집 안에 있다"라고 어느 방문객은 기록했다. 볼 권리가 있는가 하면 다른 사람은 단지 보여질 권리가 있다는 것은 명백하다. "유럽인들은 … 미국인에게는 일반적으로 구속의 상징인 구세계의 예절을 그리워한다"고 클링코프스토룀(Klinkowström) 남작은 단정지어 말했다. 디킨스가 "고향의 품위 있고 오랜 규율"을 갈망할 때 그는 질문은 누가 하며 관찰은 누가 하는지와 같은 문제를 정확히 염두에 두고 있었다.[9)]

---

8) Dickens, vol.1, p.147; Howitt, p.223, 225; Reid, p.49.

9) Gobden, p.118; Pulzsky and Pulzsky, vol.1, p.285; R. Carlyle Buley, *The Old*

따라서 독일인 모리츠 부쉬(Moritz Busch)의 표현대로, 미국에는 미국인들의 몸에 밴 "모든 권위에 대한 적대"에 대한 일반적인 공감대가 있다. 미국의 교육은 "자기통제의 기초가 되는 권위에 대한 순종적인 태도를 훈육시킬 필요성을 무시하고 있다"라고 헨리 머레이는 말한다. 놀랄 것 없이 어떤 이가 "보통의 미국인들은 복종과 규율의 측면에서 세계에서 최악의 군인이다. 그들은 자신들에게 명령하는 장교와 자신들이 동등하다고 믿도록 양육되어 왔다"라고 결론을 내린 것은 사실 놀랄 일도 아니다. 베이즐 홀의 요약에 의하면, 미국 생활은 공공 질서를 규제하기 위한 "각 계층에 적합한 예의범절도 없이" 모두가 자기 멋대로 살아가는 것이다. 그 규칙에는 거의 예외가 없다. 여행객들이 뉴잉글랜드 방문시 일상적인 코스인 로웰 공장지대에 갔을 때 그들은 그곳을 마치 민주주의라는 사막에 있는 질서의 오아시스처럼 여겼다. 이곳의 사람들은 자신들의 분수를 알고, 임금노동을 하는 여성들은 적어도 자신들이 일하는 공장에 있을 때는 남이 물어올 때에만 말을 하였다. 일반적인 미국과는 얼마나 대조적인가?[10)]

유럽인들은 요컨대 미국인들의 일반적 특질들이 문제를 심각하게 만들고 있다는 점을 분명히 밝혔다. 온당한 의미에서의 사회는 사라져 버렸다. 그들의 해결책은 민주주의 미국을 고립시키는 것, 아니 사실상 격리시키는 것이었다. 또 다른 일련의 고정관념들을 통해 방문객들은 미국의 민주주의를 매우 분명하게 때로는 매우 과격하게 기이한 것으로 정형화시켰기 때문에 어떠한 사람도 그것을 유럽에 적용할 수 있는 것으로 생각할 수 없도록 만들었다. 토크빌마저도—유럽에서 민주주의가 종국적으로 승리할 것이라고 모호하게 말한 그의 논평에서

Northwest, 2 vols., Indianapolis, 1950, vol.1, p.363; Dickens, vol.1, p.272.

10) Busch, p.274; H. Murray, vol.2, p.371; C. Murray, vol.2, p.88; B. Hall, vol.3, p.151.

그의 예언이 예외가 될 수도 있음을 암시하였다—현재의 미국의 민주주의가 너무나 미국적인 상황에 기인한 것이어서 다른 나라에 적용시키기는 생각하기조차 불가능한 것으로 간주했다.

그리고나서 유럽의 평론가들은 미국의 민주주의를 비(非)문명화된 것으로 간주함으로써 대서양을 사이에 둔 두 대륙 간의 차이를 강조하였다. 다시 한번, 상이한 목적과 관점을 지닌 방문객들은 똑같은 고정관념들과 비판적인 은유를 사용하여 미국에 대해 단일한 합성적 설명을 제시했다. 덧없음, 냉담함, 수성(獸性) 그리고 폭력의 이미지를 통해 유럽인들은 미국을 서구 문화 속에 자리매김하는 것을 거부하였다. 유사한 맥락의 17, 8세기의 논의와는 달리, 19세기의 논평은 인디언의 야만성과 황폐함에 대한 옛 속담들을 사용하지 않았다. 새로운 묘사는 야만을 환경이 아닌 창조로서, 즉 수만 명의 백인 미국인들의 결정에 의한 기존 유산의 일괄적인 손실로 그렸다. 그들이 자랑하듯이 자신들의 공공생활은 그들 자신이 만든 것이었다. 유럽 여행객들은 민주주의자들은 눈을 크게 뜨고서 자신들의 사회를 비문명화시키는 길을 선택했다고 주장했다.

미국에서는 모든 것이 변하고 시종일관한 것은 하나도 없다고 여행객들은 전했다. 가족들은 뿔뿔이 흩어졌다. 토크빌은 세대간의 분리가 그렇게 쉽게 되는 것에 놀랐고, 훌은 그 결과를 "아이들은 그들의 부모로부터 소리 없이 떠나가고 … 형제 자매들은 사방으로 흩어져서 서로서로를 잊어버리고 결국 자신들의 가족에 의해서 잊혀지는" 원자들의 세계로 표현했다. 미국인들은 거의 순간적인 기분에 이름을 바꾼다고 알려졌다. 개인들의 자기결정력은 도처에서 미국인들의 삶을 뿌리채 뽑아버렸고 그들이 부를 찾아서 항상 떠돌아다니도록 했다. 그들은 결코 자신들이 태어난 곳에서 사는 것처럼 보이지 않았다. 뿌리 없음의 충격적인 모습을 지켜보며 그래턴은 미국 도시들에서 대부분의 사람들은 하숙집에서 산다고 말했다. 이런 뜨내기 노동자들에게 "사람들이 애착을 가지고 떨어지지 않으려 하는 가정과의 연계"가 전혀 없는 것은 놀랄 일이 아니니다. 디킨스가 "대서양 건너편에 있는 거대한 회계 사무소"라고 부른 곳에서는 감정이나 신의, 또는 애정 따위의 것들은 돈을 벌고 잃는 흐름 속에서 덧없이 사라졌다. 토크빌은 "모든 것이 돈으로 환산되었다." "일반적으로 유럽에서는 정처 없이 떠돌아다니는 기질, 부에 대한 끝없는 욕망, 자립에 대한 과도한 열정은 사회에 매우 위험한 특질로 간주되고 있다"고 요점을 파악하지 못한 사람들에게 말했다.11)

충실하게 보였던 것조차도 내용물이 결핍되었다. 문명의 유럽식 리트머스 시험지인 미국의 도시는 특히 화재의 위험에 노출되어 있다고들 말했다. 미국의 심장부인 뉴욕은 문자 그대로 화염에 휩싸여 있고, 적어도 매일 밤 대형 화재가 한 건 이상씩 발생했다고 여러 방문객들이 전했다. 미국의 소방대는 뛰어나야 할 것이라고 스튜어트 워틀리는 경고했는데, 왜냐하면 그는 솔직히 "태양과 달 아래에 그렇게 광대하고 지칠 줄 모르며 무한하게 화재가 발생하는 곳은 없다"고 생각했기 때문이다.12) 이런 화재 후에 미국인들의 재건하는 놀라운 속도를 지켜봄으로써 마치 광적인 성장의 신진대사가 자신이 지탱시켰어야 할 바로 그 유기체를 소멸시키는 것과 같이 도시들은 끊임없이 태우고 세우는 일을 되풀이하는 모습을 연출하였다.

끊임없이 이동하는 미국인들 자신이나 끊임없이 분산되는 가족들과 마찬가지로 도시들은 분주한 일상생활 아래 해체되었다. 도시들은 그 안에 살고 있는 사람들의 인간관계만큼이나 피상적이었다. 만일 이동하고 거래하는 분주한 현상이 멈추면 그 도시들은 쉽게 연기 속으로 사라질 것이었다. 토크빌은 미국인들이 자신들의 과거에 대한 흔적을

11) B. Hall, vol.3, p.166; H. Murray, vol.2, p.383; Dickens, vol.1, p.63; Grattan, vol.2, p.99; Tocqueville, vol.1, p.219.

12) Stuart Wortley, vol.1, p.301.

남기지 않는다고 기록한다. "아무도 자신의 시대 이전에 일어났던 것에 대해 개의치 않기 때문이다."[13] 야만인들도 항상 그렇다. 같은 시기의 유럽계 미국 작가들은 미국 인디언들을 문화가 증발되어 사라지는 종족으로 그렸다. 이 묘사가 그것을 포착했듯이, 변화의 물결은 헤라클리투스의 시냇물이 아니라 모래사장을 지우는 거침 없는 대양의 파고였다.

무(無)로부터는 무가 나왔다. 야만성에 대한 또 다른 상투적인 표현을 사용하며, 그래턴은 "인간의 모든 도덕적 특질 가운데 가장 피상적인 것"에 대해 언급하며, "아무도 어떠한 주제에 관해 그다지 심도 있게 느끼지 못한다"고 평한다. 그래서 "아마 자비롭게도, 느끼는 방법을 학습한 국민들에게 주어지는" 미술이나 그에 대한 노력이 미국에서는 부재했다고 프랜시스 홀 중위는 설명한다. 유럽인의 감정을 뒤흔든 것들이 미국인에게는 결코 영향을 미치지 못했다. 마거릿 홀(Margaret Hall)은 "우리가 매우 대단한 것으로 여겼던 것들이 미국인들에게는 아무런 감흥도 주지 못했다는 것을 발견했다"라고 기록했다.[14]

무엇보다 놀라운 것은 죽음에 대한 미국인들의 무감각한 태도였다. 제임스 버킹엄(James Buckingham)은 "미국인들은 길에서 사람이 찔려 죽거나 강에 사람이 빠져 죽는 것, 심지어 사람이 즉사하는 장면을 목격하는 경우에도 영국의 어느 마을에서 개 한 마리가 죽은 것을 보고 영국인들이 느낄 정도의 감정조차 느끼지 못한다"고 힘주어 말했다. "무시무시하고 끔찍한 재앙에 닥쳤을 때, 아아 슬프도다 … 누가 상관하겠는가?"라고 헨리 머레이는 말했다. 일상생활이 계속 유지되는 한 그밖의 것은 중요치 않았다. "만일 (공사현장에서) 누군가 죽는다 하더라도 미국인들은 매우 일상적으로 쓰는 '중요치 않아'란 말만 할 것

13) Tocqueville, vol.1, p.306.

14) Grattan, vol.1, p.134; F. Hall, p.289; M. Hall, p.24.

이다"라고 프란시스코 아리즈(Francesco Arese) 백작은 지적했다. 심지어 대통령에 대한 암살기도가 있은 후에도 "거의 어떠한 소란이나 감정도 존재하지 않음"에 한 방문자는 깜짝 놀랐다. 워틀리의 표현대로 미국인들은 "승리해야만 하고 성공하거나 그렇지 않으면 죽고, 그 들판의 시체는 서둘러 나아가는 열렬한 동료나 경쟁자에게 짓밟히게 된다." 이곳에서는 일벌들의 사회에 알맞은 양심이 있었다.[15)]

그와 같은 유추가 당치 않은 것만은 아니다. 강조점을 단지 약간만 이동하여 유럽인들은 이렇게 도덕적으로 둔감한 미국인들을 동물로 취급하기 시작했다. 그들 앞에 놓여 있는 어떠한 음식이든 상관없이 여행객들이 규격화해놓은 10~15분의 속도로 게걸스럽게 탐식하는 것은 자연스럽게 야수와의 연상작용을 일으키도록 만들었다. "남자들은 오직 돼지나 죄수에게 적합한 메뉴를 늑대처럼 먹었다"고 대중식사에 대한 전형적인 묘사를 적고 있다. 미국에는 영국사람이 말하는 개념의 식사는 없다고 토머스 해밀턴(Thomas Hamilton)은 전한다. 미국인들은 "동물원의 경계를 넘어서는 어떠한 필적물도 발견하기 어려울 정도로 … 게걸스럽게 먹는다." 찰스 머레이는 미국인의 탐욕스러움을 죽음에 대한 그들의 무감각한 태도와 연결시킨다. "최근에 뉴욕에서 음식을 먹다가 숨이 막혀 몇 명이 죽었다 … 먹고 뛰는 습관(bolting system)의 결과로."[16)]

동물들과 함께 불결함이 따라왔다. 미국 사회에 대한 그들의 글에 여행객들은 더러움의 이미지를 담았다. 뉴욕 거리의 쓰레기나, 가장 좋은 공공시설에까지 따라 들어간 진흙, 발자국, 그리고 특히 가장 빈번하게 발생하는 남자들의 입에서 뱉어 나오는 담배즙 등이다. 거의 모든 방문객들은 "이런 혐오스러운 불결"과 분명히 헛간 마당을 암시

15) Buckingham, vol.3, pp.38-39; H. Murray, vol.1, p.231; Arese, pp.9-10; Stuart Wortley, vol.1, p.13.

16) Rubio, pp.20-21; Hamilton, p.48; C. Murray, vol.1, p.63n.

하는 "혐오스러운 퇴적물들"에 대해 언급하였다. 늪에서 악어나 숲에서 스컹크를 만나듯이 "미국의 휴게실에서 상습적으로 코담배를 씹는 사람도 일상적으로 만날 수 있는 동물이다 … 일상적으로 만날 수 있는." 사실 그런드는 "서부 미국인의 언어에서 '반은 말이고 반은 악어(*half-horse, half-alligator*)'라는 표현은 유럽의 기사도의 규범에 등장하는 무예 수도자란 용어만큼이나 명예로움으로 가득 차 있다"고 말했다.[17)]

디킨스가 개의 귀를 가진 돼지로 교묘하게 묘사한 민주주의자는 이러한 동물의 이미지의 전형인 셈인데 이 인물은 미국의 가장 큰 항구도시이며 미국에서 가장 놀라운 성장을 보인 뉴욕으로 갈 때에 방문객들이 가는 길인 브로드웨이로 가고 있다. "그 활기 넘치는 번화가로 다시 가보자"며 그는 손짓한다. "보시오. 저 앞에 환한 차림의 매혹적인 여인들이 혼자서 혹은 둘씩 짝을 지어 이리저리 거닐고 있지 않소."

> 그 돼지들에 주의하라. 뚱뚱한 두 암돼지들이 마차 뒤에서 빠른 걸음으로 급히 가고 있고 여섯 명의 상류사회의 신사 돼지들이 이제 막 모퉁이를 돌았다.
> 홀로 집쪽으로 어슬렁어슬렁 거니는 쓸쓸한 돼지 한 마리가 있다. 그는 귀가 하나다. 시내를 돌아다니던 중에 귀 한쪽을 다른 떠돌이 개들에게 잘려버렸기 때문이다. 그러나 그는 한쪽 귀가 없이도 매우 잘 살아간다 … 그는 스스럼없고 부주의하고 냉담한 부류의 돼지이며 그와 유사한 특성을 지니고 있는 돼지들 사이에 꽤 알려졌지만 그들과 대화를 나눌 정도라기보다는 그냥 얼굴만을 알고 있는 것일 뿐이다. 그는 거의 정중하게 인사말을 주고받는 수고를 아끼고는 꿀꿀거리면서 누추한 집으로 들어가 양배추 줄기들과 쓰레기의 도시에서 생긴 일들과 잡담으로 목소리를 높였다 … 그는 모든 점에서 공화파 돼지였다. 원하는 곳은 어디에나 가고, 비록 우월하진 못 해도 동등한 입장에서 상류사회 사람들과 교제하였고, 그가 나타나면 모든 사람은 길을 비켜주었고 심지어 가장 오만한 사람도 그가 원하면 자

17) B. Hall, vol.2, p.406; Mackay, vol.1, p.151; Grattan, vol.1, p.66; Grund, p.205.

> 리를 내주었다. 그는 위대한 철학자여서 앞에 언급한 개들에 의하지 않고는 꿈쩍도 하지 않았다. 때때로 그의 작은 눈은 푸줏간의 문설주를 장식하고 있는 도살 당한 친구의 시체를 보며 번뜩이다가 "이런게 인생이지. 모든 살은 돼지고기 덩어리지"라며 투덜거리다가 다시 코를 땅에다 박고, 어쨌든 흩어져 있는 양배추 줄기를 기다리는 주둥이가 하나 줄었지라는 생각으로 자신을 위로하면서 도장 속으로 뒤뚱거리며 간다 … "어쨌든 완벽한 냉정과 자립, 동요하지 않는 태연함이 (그의) 으뜸가는 속성이다."[18]

야만스런 미국에 대한 더욱 적절한 요약은, 메리 던컨이 말했듯이 창녀가 실제로 상류부인으로, 부랑자가 신사로 간주되었다는 것이었으며, 사업과 매일 매일의 뉴스들이 모두 사회의 쓰레기더미에서 나온다는 것이었다. 또한 미국인들은 폭력에 대한 두려움으로 은밀히 관찰하고 주위 사람들의 죽음에 대해 차갑게 반응하며 잡담 수준 이상의 더 깊은 동료애를 보이지 않았다. 미국에서의 평등은 서로 더럽히면서 우르르 몰려 들어 다른 사람의 영역으로 밀치고 들어가는 것을 의미한다. 그리고 이런 모든 일들이 민주적 자결이란 이름하에 자행되었다.

이런 유럽인들의 글에서 동물 이미지는 많은 메시지들을 전할 수도 있는데, 미국인의 삶의 비인간적인 동질성, 지각없는 노동, 세련되지 못한 사교 등이 그것들이었다. 그러나 무엇보다도 중요한 것은 미국인의 격렬한 폭력성이며 거기에서 기인하는 정글과도 같은 사회이다. 트롤로프는 식사를 하는 동안 거의 통제불능의 동물적 에너지를 포착했다. 공화파 늑대들은 돼지들을 밀치고 나아갔다. "음식을 집어서 게걸스럽게 먹는 놀라운 속도, 괴이하게 거친 말이나 발음, 다른 사람의 옷에 튀도록 뱉는 더러운 침, 칼날을 모두 입 속으로 넣는 듯한 소름끼치는 식사습관, 그리고 훨씬 더 소름끼치는 것은 식사를 한 뒤 주머니칼로 이를 청소하는 매너 등" 식사의 장면은 긴장감이 넘쳐 금방이

---

18) Dickens, vol.1, pp.205-207.

라도 폭발할 것만 같았다. 남자들이 질긴 쇠고기나 야생 사냥감, 그리고 구색이 갖춰진 빵, 치즈, 호두 따위를 다룰 때 쓰는 튼튼하고 날카로운 칼을 지니고 식당에 오는 일이 영국인들에게는 그냥 보아 넘길 문제는 아니었다. 식사시간에 대한 묘사에서 트롤로프를 연상케 하면서, 헨리 머레이는 어느 순간 "접는 칼이 열렸다"고 말한 후 즉시 "놀라지 마세요, 비록 이 무기를 들고 어슬렁거리는 여섯 명의 사람들이 불길하게 보일지라도 어떠한 의도적인 유혈사태는 없을 겁니다"라고 덧붙였다.[19)]

실로 불길했다. 미국인의 대중식당에서의 무례는 항상 상당한 위협감을 주었다. 호윗은 테이블 맞은 편에 앉은 미국인 때문에 생긴 한 일화를 통하여 그런 느낌을 전했다. 미국인은 주인에게 서비스를 요구하지 말라고 그에게 말했던 것이다. 호윗은 그 미국인에게 신경쓰지 말라고 대꾸했다. "이것은 그 자유 미국인에게는 상당한 모욕이어서 그는 그의 언사만큼이나 구역질나고 야만스럽게 탐식하면서 많은 사람 앞에서 심한 독설과 욕설을 쏟아 부었다." 그 민주주의자가 손에 칼을 들고 식탁위로 뛰어 오르려는 참이었을까? 호윗은 독자들이 그러한 가능성을 고려하기를 원했다.[20)]

사실 미국인의 폭력성은 여행객들의 강박관념이었다. 서부는 보통 무법지역으로, 즉 "총이 언쟁을 해결하는 곳"으로 연상되었지만 때에 따라서는 허드슨 강으로부터 몇 마일밖에 안 떨어져 있는 이 서부는 미국의 구체적인 장소라기보다는 글쓴이들이 민주사회의 심장을 관통했다는 것을 독자에게 확신시키는 방법으로 사용한 미국의 본질에 대한 은유였다. 방문객들은 여행하는 동안 폭력에 관한 이야기를 기념품처럼 수집해 미국 전역에 퍼뜨렸다. 여행 그 자체도 그와 같은 이야기들을 많이 만들어냈다. 스튜어트 워틀리의 설명에 의

19) Trollope, vol.1, p.24; H. Murray, vol.1, p.195.
20) Howitt, pp.226-227.

하면 "종종 취해 있는" 역마차 마부는 "말에게 거칠고 가차없고 잔인하며 … 승객에게도 잔인하다." 승객을 모욕하는, 심지어 어떤 경우에는 승객을 때리기까지 하는 마부는 실제로 여행기에 나오는 전형적인 인물이 되었다.[21)]

더욱 일반적으로 말하자면, 미국인들의 자위대식 정의 실현 경향은 그들을 "약탈자, 산적무리, 또는 야만인의 무리"와 같은 부류로 만들었다. 온몸에 타르를 바르고 깃털을 씌우는 행위는 미국인들을 중국인들보다 더욱 "야만인"으로 만들었다. 어디에나 널려 있는 무기는 일상생활에 유혈을 야기했다. "누구를 대상으로 단검을 지금 갈고 있나? 그것은 형제들, 사촌들, 그리고 이웃들이다!"라고 찰스 머레이는 단언했다. 총은 어디에나 있고 "미국인들보다 총을 주저 없이 사용하는 사람들은 없다"고 한 엄격한 퀘이커교도는 기록한다. 변호사들이 칼집 달린 칼을 가지고 거리에서 싸우는 것이나, 오쟁이진 의사가 바람을 피운 교수를 공개적으로 쇠가죽 채찍으로 때리는 일 없이 어떻게 상류사회의 한 계절이 지나가겠는가? 방문객들은 안전거리를 확보하려 애쓴다. 젊은 건달들이 공공연한 곳에서 한낮에 한 무리의 나이든 여자들을 모욕할 때 헨리 머레이 또한 비켜 서 있었다. "만일 내가 감히 끼어 들었다면, 나는 장터의 기둥에 붙들어 매어져 한 시간 동안 표적으로 있었을 가능성이 컸다." 공공연한 폭력은 "노예제보다 더 사악한 북아메리카의 가장 큰 악"이라고 리드는 힘주어 말한다.[22)]

그렇게까지 설명한 사람은 거의 없었다. 대부분 방문객들에게 노예제는 궁극적인 폭력이었고 민주주의의 야만성에 대한 명백한 증거였다. 18세기에조차 유럽인들은 노예제를 그들 세계의 주변부, 즉 문명이 쇠퇴하고 탐욕이 승리한 곳과 동일시하였다. 19세기에 평론가들은

---

21) Hamilton, p.303; Stuart Wortley, vol.1, p.161.

22) C. Murray, vol.2, p.108; Buckingham, vol.2, 80; C. Murray, vol.1, p.214; Tuckett, p.13; Grattan, vol.2, p.86; H. Murray, vol.1, p.395; Reid, p.68.

노예제는 문명화된 가치를 갉아먹는 마름병처럼 지나간 암흑시대로부터 온 것이란 주장에 압도적으로 동의했다. 방문객들은 보통 노예폐지론에 대해서는 꽁무니를 뺐지만, 19세기 초반의 모든 부류의 방문객들은 신랄하게 노예제도를 공격했다. 노예제는 미국의 "저주"요, "암"이고, "혐오"요, "기형"이었다. 해리엇 마티노 같이 미국에 우호적인 비평가들은 해결되야만 하는 모순으로서 노예제 하나만을 꼽았지만, 적대적인 비평가들에게 있어 노예제는 단지 "자유의 땅"이라는 미국이 거짓임을 보여주는 하나의 본보기에 지나지 않았다.[23]

다른 경우와 마찬가지로 이 경우에도 여행객들은 노예제에 대한 천편일률적인 묘사를 함으로써 그것에 대한 자신들의 메시지를 예리하게 만들었다. 여러 다양한 설명을 압도하는 이미지는 노예시장을 처음 접했을 때의 충격이었다. 유럽인들은 노예시장을 네 개의 구성을 지니는 전형적인 이야기로 바꿨다. 첫 대목은 인간이 실제로 팔리고 있는 뜻밖의 사실을 새롭게 알게 된 여행객의 아연실색으로 시작된다. 그런 다음 "초점은 런던의 말시장이었던 태터솔(Tattersall)의 말과 똑같이 팔리는 한 개인"에게 모아진다. 그럴 때는 으레 멍에와 쇠사슬 그리고 채찍에 대한 윤색된 언급으로, 참을 수 없는 타락[24]을 강조한다. 흑인을 이렇게 동물처럼 다루는 것은 그들을 사고 파는 백인의 야만성을 보여주는 지름길이었다. 유럽인들의 보고는 아이들 때문에 울고 있고, 비인간적인 경매시장에서 괴로움을 당하고 있는 흑인의 가련한 처지와 자신의 일에 대해 어떠한 양심의 가책의 기미도 보이지 않고, 사무적으로 일을 진행하는 백인의 둔감성이 대비되어 있다. 마지막으로 여행객들은 그런 광경을 참거나 침묵을 지킬 수 없어 그곳을 박차고 나가버린다.

---

23) Cobden, p.92; Howitt, p.75; Cather, p.100; Duncan, p.242; H. Murray, vol.2, p.373.

24) Chambers, p.285.

의심할 여지없이 이런 공식화된 이야기들에는 많은 복잡한 메시지가 있다. 자기나라에서 승승장구하는 상업자본주의에 의해 위협을 받고 있었기 때문에 유럽인들은 사람들이 팔린다는 것에 대한 그들 자신의 두려움을 날카롭게 드러내고 있었다. 흑인들의 육체를 쿡쿡 찌르고 밀치는 백인들의 손에 대한 상세한 묘사는 육체적 접촉과 린치에 대한 또 다른 일련의 감정, 특히 미국의 맥락에 있어서 떼지어 모여 서로를 거칠게 다루고 있는 민주주의자들에 대한 혐오의 감정을 자극했다. 그러나 이런 도덕적인 이야기는 노예제 그 자체의 끔찍함에 대한 강력한 감정을 표현하기도 했다. 또 다른 산뜻한 세 권의 책에서 베이즐 홀은 열 여섯 살짜리 흑인이 팔리는 것을 목격하고 난 후, 길로 도망치듯 빠져 나와 "내 자신의 자유인이란 정체성을 확신시키기 위해" 무턱대고 뛰었다고 묘사하고 있는데 이는 진심에서 우러나오는 절규로서 깊은 울림을 지녔다.[25]

아프리카인을 야만성과 결부시키는 영미의 관행조차도 이런 비난을 누그러뜨리지는 못했다. 노예제와 자유가 문제가 되는 곳에서는 피부색은 순전히 우연적인 유전자의 문제처럼 보였다. "내 인생에서 처음으로 내 피부가 희다는 사실에 대해 나는 얼마나 신에게 감사를 드렸던가"[26]라고 한 충격받은 여행객이 전했다. 여행객이 아프리카를 비문명권으로 규정하는 맥락에서 볼 때, 이 노예제는 미국의 민주주의를 격리시키는 케이스를 종결시켜버렸다. 확실히 인간이 매일매일 사고 팔리는 사회는 서구 문화로부터 절연되어야만 했다.

달리 말해서 급격한 평등화와 개인화 외에도, 유럽인들은 미국인들의 폭력적이고 야만적인 기질에서 그들과 근본적인 차이를 발견했다. 부분적으로 유럽인들의 충격은 그들이 제국주의를 통해 수출했던 유

25) B. Hall, vol.3, p.41.

26) Hamilton, p.212.

혈참사와 같은 것을 미국인들이 도입했다는 데에 있었다. 그와 같은 악행이 유럽에서는 존재할 여지가 없다고 유럽인들은 말하고 있는 듯하다. 그러나 그와 같은 차별화는 19세기 초반의 미국인들에겐 전혀 관심 밖이었다. 미국의 백인 남성들은 야만적이란 비난이 더 깊어지는 것을 막기 위한 다른 방어기제가 필요했었을 것이다.

궁핍했고 원주민에 대한 학살이 자행되었던 17세기를 거쳐 농지에 군사작전하듯 정착했던 18세기에 이르기까지, 값싼 생명과 폭력적 방식은 미국 백인문화의 기원과 함께 하는 것이었다. 뿌리 없는 백인들이 숲에서 흔적을 덮어 없애버리는 것에 대해 누구인들 놀라지 않았겠는가? 서구 사회의 가장자리에 있는 북아메리카는 기회를 포착해 한몫 잡아보려는 사람들의 마음을 쏠리게 하는 개척(착취)의 장소였다. 아무도 그 황야를 "소유"하지 않았다. 황야는 취하는 자를 기다리고 있었다. 19세기에 들어와서도 여전히 백인들은 원주민의 피로 농지를 개간하고 있었고, 흑인 노예의 부서진 몸에서 이윤을 취하고 있었다.

민주주의는 이런 문제들을 완화시키려는 어떠한 노력도 하지 않았다. 다수에 의한 지배는 약자와 소외계층에게 어떠한 피난처도 제공치 않았고 오히려 국외자에게 폭력을 행사하는 것을 적극적으로 조장하기까지 했다. 1820년대 말과 1830년대 초 민주주의가 힘을 얻어가고 있었고 인종적, 종교적 저항 또한 그러했다. 민주적 개인주의는 무기를 지니고 다닐 수 있는 권리와 문제를 해결키 위해 자기 뜻대로 무기를 다소 사용할 수 있는 권리를 포함하고 있었다. 백인들은 총과 칼로 서로를 위협하기도 하고, 손으로 서로를 절단하기도 하고, 격렬하게 서로를 벌하기도 하고, 나무 기둥에 매달아 사형을 집행하기도 했다. 이외에도 매우 잔인한 공개적 처벌이 포함되어 있었다. 남북전쟁은 오직 신화적 의미에서만 신의 응보였다. 현재까지 세계에서 일어났던 전쟁 중 가장 많은 피를 흘린 전쟁이었던 남북전쟁은 적군을 초토화시킨다는 새로운 전략을 실험한 것에 그 특징이 있다. 승리를 거둔 연방군은 대초원지대 인디언들에게 그 초토화 전략을 적용했다. 이것은 교전중의 일탈이 아니라 미국적 가치를 드러내고 확장한 것이었다. 미친 듯 날뛰는 KKK단도 재건기의 특수한 상황에 처해 있었던 남부에서 벌어진 반동이 아니었다. 거의 같은 시기에 캘리포니아의 백인들은 이웃에 사는 중국인들에게 똑같은 전술을 사용했다. 이런 예들은 단지 보다 더 큰 전통을 극적으로 표현한 것일 따름이다. 비교 통계자료를 이용할 수 있게 되자, 유럽보다 미국에서 살해율이나 다른 흉악범죄율이 훨씬 더 높았음이 밝혀졌다.

인명을 가볍게 생각하는 경향은 경제발전에 대한 열정과 한 통속이 되어 진행되었다. 기선들이 90%씩이나 선박료를 깎을 수 있는 곳에서, 미국인들은 안전에 대한 고려는 거의 없이 배를 만들고 운항시켰다. 미국의 토건업자들은 사고를 예상하고 철로를 새로 부설할 것을 염두에 둔 사실로 악명이 나 있었다. 미국이 산업생산량을 증진시키기 위해 잔뜩 열을 올릴 때, 철도뿐 아니라 일반적으로 광산과 제재소, 공장에서 유럽에 비해 안전에 대한 대비가 뒤쳐져 있었다. 미국은 경제적인 모든 것은 철저하게 수량화하는 나라였지만, 산업화가 진행중인 나라들 가운데 오직 19세기 미국만이 산업재해에 대한 공식적인 기록을 가지고 있지 않았다.

야만성에 대해 가지고 있는 유럽인들의 이미지는 이러한 미국의 자세를 설명할 때 매우 도움을 준다. 비록 몇몇 유럽인들, 예를 들면 미국으로 이민 온 사람들은 그 미국적 실험에 다른 의미를 부여했지만, 미국인의 야만성에 대한 비난은 너무나 현저해서 무시할 수는 없었다. 미국의 백인들은 그런 비난을 두 가지 방식으로 처리했는데, 그런 비난에 대해 논박을 하든지 아니면 다시 고쳐쓰든지 한 것이었다.

미국의 평론가들은 충실한 그들 사회의 부르주아적 특질들을 고의로 강조했다. 지구상에 어떠한 사람들도 (미국인보다) 공포 정치를 할 가능성이 더 적은 사람들은 없다고 젊은 에드워드 에버릿(Edward Everett)은 단언했다. 미국의 평론가들은 토크빌이 그들을 종교적이고 재산을 사랑하며, 법을 잘 준수하는 사람들이라고 묘사한 것을 너무 고맙게 여겨서 그 찬사에 대한 대가, 즉 미국인들은 또한 매우 우둔한 사람들이라고 한 것에 대해서는 억지스런 변명을 하지 않았다. 유럽인들이 미국 사회의 어느 한 측면에 대해 칭찬을 할 때마다 미국인은 그것을 자기나라 전체의 우월성에 대해 칭찬하는 것으로 받아들였다. 수많은 유럽의 방문객들은 동북부 주들의 교도소가 잘 개선되었다고 아첨어린 찬사를 하였다. 유럽인들의 이러한 칭찬에 비추어, "형법의 개정"은 "사회의 전반적인 진보"를 측정하는 단위라고 프레드릭 그림키가 결론짓는 데에서 그러한 예를 볼 수 있다. 유럽인들이 무질서로 간주한 여러 특질들을 미국인들은 안정의 원천으로 바꾸었다. 그림키에 따르면 미국에서 계급 간에 서로 뒤엉킴은 전사회에 걸쳐 고상한 가치를 확산시켰고 상호간의 인내를 증진시켰다. 같은 의미에서 토머스 스타 킹 목사는 미국의 다양한 민족들이 서로 섞여 있는 것이 "질서 있고 안정적인 민주주의"를 위한 근본적인 토대라고 간주했다.[27)]

많은 미국의 정치평론가들은 **민주주**의라는 용어의 사용을 중시하지 않았다. 1826년의 조지 밴크로프트의 대담한 발언, "정부는 민주주의, 확고하고도 비타협적인 민주주의"라는 말은 일상적인 것이 아니었다. 바로 최근인 1841년까지만 해도 하퍼 출판사(Harper and Brothers)는 민주주의에 관한 미국 책이 없다고 주장했다. 대신에 미국의 평론가들은 좀더 점잖은 **공화주의자**를 더욱 선호했지만 공화주의자란 용어가 유럽인들에게는 자코뱅 공포 정치를 연상시키면서 적어도 **민주주의자**

27) Edward Everett, *Oration Delivered on the Fourth Day of July*, 1835, Boston, 1835, p.13; Frederick Grimke, *The Nature and Tendency of Free Institutions*, ed. by John William Ward, Cambridge, 1968[1856], p.655; Thomas Starr King, *The Organization of Liberty on the Western Continent*, Boston, 1892[1852], p.54.

라는 용어만큼이나 위험한 함축적 의미를 지니고 있다는 것에 대한 인식은 분명히 없었다.

몇몇 미국인들은 그 유럽적 용어에 대한 비난에 대처하려 애썼다. 누가 감히 '신세계'의 핵심지역이 야만인들을 배출한다고 주장하는가라며 한 연설가는 다음과 같이 이의를 제기했다. "우리의 서부 정착민들을 보시오 … 잭슨 가, 해리슨 가, 클레이 가, 케이스 가, 그런디 가 등등 … 사람들을 보시오. 그런 다음 내게 말하시오, 황야의 삶이 인격을 형성, 강화하고 발전시키지 않았는지?" 그들은 민주정신이 귀족정신보다 우월할 것이라고 약속했다. 19세기 초의 이야기에 필라델피아 귀족청년 니콜라스 비들(Nicholas Biddle)이 영국에 가서 희랍어의 지식으로 영국 학자들을 "놀라게" 한 일이 담겨 있다. 백악관 맞은 편 앤드루 잭슨의 기수상 제막식(除幕式)에서, 축사자는 미국인 조각가 클라크 밀(Clark Mill)의 그 조각품을 "타고난 천재의 작품"으로 칭송하면서 "이 교육을 받지 못한 우리 미국인이 유럽 예술의 뛰어난 작품들을 능가하다니 이 얼마나 놀라운 승리인가"라며 극찬하였다.[28)]

그러나 이러한 주장들은 조롱거리가 되기에 충분했다. 유럽인들이 알고자 한 것은 인디언들을 죽이는 능력을 제외하고 잭슨과 해리슨이 대통령이 될 무슨 자격을 지니고 있는가였다. 미국인들이 예수가 율법학자들을 당혹케 한 것만큼 놀라운 일로 여기기를 원했던 비들 이야기(Biddle Stories)를 유럽인들은 원숭이가 베토벤 곡을 흥얼거리는 정도의 놀라운 일로 보았다. 훈련의 부족이 일반적으로 자기자신의 직업상 불리함이 아니든가 하고 프랜시스 트롤로프는 경멸조로 반문했다. 이따금 미국인들은 자신들의 기만을 꿰뚫어 보았다. 상인 필립 혼

---

28) Daniel Read, *Oration, Commemorative of the Life and Service of General Andrew Jackson*, Bloomington, 1845, pp.14-15; Thomas Payne Govan, *Nicholas Biddle*, Chicago, 1959, p.20; *Oration of the Hon. Stephen A. Douglas … January 8, 1853*, (n.p., n.d.), p.3.

(Philip Hone)은 그의 일기에서, 비록 화가인 토머스 콜(Thomas Cole)은 유럽의 거장들과 학습하지는 않았지만 "모든 미국인은 콜을 존경함으로써 자신의 애국심을 증명해야 할 의무가 있다고 생각한다"고 썼다.29)

기껏해야 이러한 노력은 미국인들이 다른 사람들이 만든 작품의 가장자리만을 만지작거리다마는 정도로 두었다. 어느 시점에서 유럽적인 해석의 일부를 토론하는 것은 보다 큰 야만적인 전체를 정당화하는 위험을 안고 있었다. 게다가 많은 미국의 백인들은 그들의 과거와 절연하였었다. 일에 대해 스스로 통제할 수 있는 자유는 그들을 널리 흩어지게 하였다. 공공생활의 규칙들은 "사실상" 유동적이었다. 미국인들은 그들의 사회가 엄청난 쟁탈전의 장이 될 수 있다는 점에 대해서는 관심을 기울이지 않았다. 또 하나의 더욱 유망한 방책으로서, 그들은 논의의 조건을 변경했다. 미국인들은 되풀이해서 그 예외적일 수 없는 사실, 즉 미국 백인은 매우 활동적이어서 민주화의 시기동안에 더욱 빨라진 놀라운 속도로 땅을 개간하고, 수로를 파고, 물자를 이동하는 것에 대해 언급한다. 이와 같은 전국에 걸쳐 일어난 노력이 어떻게 이해될 수 있을까?

유럽의 방문객들은 지금 여기에서 벌어지는 미국인들의 활동을 자기들에 짜맞추었다. 그들의 눈앞에 있는 것에 초점을 맞추어, 방문객들은 미국의 기획을 끊임없는 육체노동, 트롤로프가 냉정하게 말한, "분주하고 떠들썩하고 근면한 사람들이 대륙으로 자신의 진로를 개척해 나가는" 것으로 바꾸었다. 전반적으로 좀더 미국에 호의적인 듀크 버나드(Duke Bernhard)조차 미국의 기획을 여전히 "미래의 발전을 위한 현재의 분주한 투쟁일 뿐"이라고 간주한다. 토머스 그래턴은 1850년대에 "숲을 베어버리고, 야생동물을 사냥하고, 미개 민족을 소개시

29) *The Diary of Philip Hone*, 1828~1851, ed. by Allan Nevins, New York, 1927, pp.3-93.

키고, 자신들보다 약한 사람들을 패주시킨 다음 그 땅을 경작하고, 광산을 파는 등 물질적인 실존의 야만적인 방법으로 일을 진행하는 것. 이러한 것들이 미국 문화의 구성요소가 되었다"고 썼다. 거의 동시에 윌리엄 챔버스도 유사한 주장을 한다. "따라서 미국을 올바르게 바라보려면 이민자들에 대한 그들의 수용태도를 보면 된다." 미합중국은 대서양 건너 있는 거대한 빈 땅이었다.[30]

눈에 보이는 바 그대로인 나라에서, 방문자들은 개발상태의 혼란 속에서 아무런 매력도 발견할 수 없었다. 팽창중에 있는 뉴욕은 "사람들에게 반쯤만 완성된 … 모든 상상할 수 있는 쓰레기가 어질러져 있는 … 목재와 벽돌, 포장상자 따위가 산더미 같이 쌓여 있고 돌이 피라미드를 이루고 있는 도시로 간주된다"라고 스튜어트 워틀리는 전한다. 비포장도로를 따라 지저분하게 늘어선 건물들이 있는 미국의 수도는 외국인들에게는 망신스러운 것일 뿐이었다. 종종 반복되는 한 여행객의 농담—난생 처음 워싱턴에 마차를 타고 들어온 여행객이 매우 조바심이 나서 마부에게 워싱턴 근처에 오면 꼭 알려 달라고 요청했을 때, 그는 마부로부터 워싱턴에 이미 도착했다는 말만을 들었다는—은 그런 수도의 모습을 잘 보여준다. 워싱턴은 그 도시의 입안자들이 불렀던 '엄청난 공간의 도시'라기보다는 차라리 디킨스의 유명한 풍자인 "엄청난 의도의 도시," 즉 인적 없는 거리의 원경, 앤드루 다울링(Andrew Jackson Dowling)의 버려진 상가, 미완성 워싱턴 기념비의 잔해 토막들을 가진 도시가 되었다. 황무지는 황무지 그 이상의 어떤 것도 아니었다. 예를 들면 미시시피 강은 진흙탕이었고 때로는 흉물스럽기까지 했다. 그 강은 "엉켜붙은 머리카락처럼 … 거대한 거머리처럼 … 또 상처 입은 뱀처럼 보이는 엉켜 있는 뿌리를 가지고 있는 진흙투성이의 괴물이었다." 금지된 낭

---

30) Trollope, vol.2, p.107; Bernhard, vol.2, p.238; Grattan, vol.2, p.106; Chambers, p.344.

만적 상상력의 큰 상자로부터 토머스 캐서(Thomas Cather)는 미시시피 강가를 "음울한 황량함 … 거칠고 야만적인 숲, 너무 빽빽해서 햇살이 들 수 없는 곳"으로 묘사했다.31)

이러한 의식구조에서 보면, 보스턴은 다른 어떤 것으로 변해가는 것 같지 않았기 때문에 매우 많은 유럽인들을 즐겁게 했다. 보스턴의 견고성은 미국의 다른 모든 곳에서 보이는 혼란을 힐책하는 것처럼 서 있었다. 보스턴만이 안정되고 예측가능하였다. "먼지와 소음, 모든 종류의 불규칙성 대신에 우리는 깨끗함과 상대적 평온함, 그리고 어떻게 보면 자치정부 체계를 지니고 있었다." 미합중국에 "추방"된 그래턴은 보스턴이 최고로 가능성이 있는 곳이라 생각했다. 콥든이 언급했듯 "보스턴 사회는 미국에 있는 다른 도시보다 영국과 더욱 유사"했다. 제임스 버킹엄은 영국의 어느 도시도 보스턴보다 "더 질서 있고, 격의 있으며, 안전하지는 않다"고 최고의 찬사를 덧붙였다.32)

그러나 지금 당장의 눈앞의 것만을 보는 사람들이 미래를 본다면 어떻게 될까? 그들의 마음의 눈이 아직 진행조차 되고 있지 않은 발전의 최종 생산물에만 고정되어 있다면 어떻게 될까? 이런 관리체제에 있어서, 미국은 지금 고정되어 있는 것 아닌 진행되고 있는 것, 수년 후에는 될 수 있는 것에 맞추었다. 세련되지 않은 현재에 대한 든든한 옹호자였던 베이즐 홀은 바로 그런 미국인의 모순되는 실재관(實在觀)과 충돌했다. 그의 주제는 보스턴과 올버니 사이의 산악지대에 놓는 철도에 관한 것이었다. 그것은 순전한 환상이었다고 그는 적었다. "같은 논법이 미합중국의 수백의 다른 계획에도 적용될 수도 있는데, 그 대부분은 못지 않게 비실제적이었고, 비록 설계에 지나지 않았지만, 완성된 것으로 가정되어, 기대되는 장엄함을 지닌 그 거대한 상상적 규모면에서 유럽을 압도할 때까지 미국의 거대함과 균형을 이

31) Stuart Wortley, vol.1, p.2; Dickens, vol.2, p.110; Cather, pp.80-81.

32) Chambers, p.212; Cobden, p.115; Buckingham, vol.1, p.46.

룰 수 있도록 계획된 것들이었다."[33] 모든 실패에도 불구하고 놀라운 성공들도 충분히 있어서 이러한 꿈들이 계속 꽃피울 수 있었다. 얼마 지나지 않아 정말로 기차가 보스턴과 올버니 사이를 달리게 되었다. 1832년의 버팔로는 실재했던 것들보다도 희구되었던 것들 위에 세워진 거주지에 불과하였다. 그러나 세기 중반에는 벌써 다른 조그만 도시의 시사 평론가들이 장엄한 내일의 꿈을 지탱하기 위해 번화하는 도시 버팔로를 떠올리고 있었다.[34]

현재에 미래를 본 사람들은 유럽이 미국에 대해 야만이라 묘사한 것을 진보의 증거로 다시 고칠 수가 있었다. 미국인들은 진흙투성이의 미시시피 황무지보다는 상업을 위해 장대한 수로의 둑을 따라 새로운 문명이 피어나고 있음을 묘사하였다. 한 푼이라도 아끼는 가족이 그들이 살 수 있는 괜찮은 집을 두고 누추한 지역을 선택한 것에 대해 트롤로프가 비뚤어졌다고 비난했는데 양자의 생각은 각각 다른 현실인식에 기반하고 있었던 것이다. 트롤로프가 반박을 가한 것은 그들의 기업심이었다. 방문자들이 뿌리 없음을 한탄했다면 미국의 백인들은 그들의 선구자적 정신이 창조한 것을 자랑하였다. 유럽인들이 미완성의 사회라고 했다면 미국인들은 그들 자신의 사회제도를 만들어내는 자유로운 사회의 이미지로 응수했다. 지금 현재 있는 것에 대한 논쟁은 침묵시키고 앞으로 올 것에 대해서만 관심을 집중하면서, 미국인들은 현재의 미국 민주주의에 대한 유럽적 회의의 바로 그 원천을 무한한 미래의 출발점으로 사용했다. 어떻게 보면 현재의 일들이 어려울수록 미국의 전망은 더욱 커졌다.

영국에서는 질적인 개념인 향상은 미합중국에서는 순수하게 양적인 개념이라고 홀 선장은 말한다. 19세기 초반 미국에서 가장 성공적인

33) B. Hall, vol.2, p.94.

34) David A. Gerber, *The Making of an American Pluralism*, Urbana, 1989, p.25에서 일신교 목사 조지 호스머(George Hosmer) 인용.

대외관계인 신시내티의 후원자들은 그곳을 현대 세계의 경이로움 중의 하나로 개발시키려 함에 있어서 그 미국 특유의 용어를 썼다. 1820년대와 1830년대 동안 그곳은 나이아가라 폭포 다음으로 여행객들의 통례적인 서부 관광 여행지로 올라 있었고, 줄을 이은 방문객들은 신시내티가 1800년경의 무의 상태에서 번성하는 서부의 여왕도시가 되었는지에 대해 마치 같은 인쇄물로부터 복사한 듯 장황하게 반복하였다. 이것은 미국에 대해 변호해줄 수 있는 기회 같았다. "무의식중에 미국의 내부를 야만적인 삶의 모든 것과 연관시키던 유럽인이 그의 고향으로부터 이 도시에 갑자기 오게 되었다면 그는 자신의 눈을 거의 믿지 않았을 것이다"라고 한 방문객은 요란스럽게 지껄여댔다. 전반적으로 미국에 대해 혹평을 가했던 찰스 머레이도 세상에 있는 그 어느 도시도 "그 건설로부터 27년만에 그렇게 많은 제조업, 회사, 인구, 부, 사회적 안락을 보여주지는 못했다"라고 생각했다.[35]

그럼에도 불구하고 미국의 야만성을 논하던 정치평론가들은, 또한 단지 쾌적한 언덕 위의 정돈이 잘된 마을만을 보고는 오하이오 강가의 삶의 문화적 한계에 대해 매우 분명하게 했다. 미국인이 본 것을 보기 위해서는 상이한 렌즈가 필요했는데, 개혁적인 영국 여성으로서, 보스턴을 "세계의 그 어떤 도시만큼이나 귀족적이고 허영스럽고 천박한 도시"로 간주한 해리엇 마티노는 그런 자질을 지니고 있는 아주 드문 방문자 중 하나였다. "신시내티는 영광스런 곳"이라 그녀는 칭송했다. 과거와 미래에 걸치는 한 세기의 연속선상에 놓고 그녀는 신시내티가 지난 50년 동안 얼마나 많이 발전되어 왔는가에 대해 주의를 기울일 뿐 아니라 그런 다음에는 "모든 사람이 자신의 고결한 의지를 만족시킬 수 있는 확장되어가는 민주주의의 이념의 중심지"[36]로서 다음 50년 동안 그것이 얼마나 멀리 나아갈 것인가에 대해서 상상하였

35) Duden, p.43; C. Murray, vol.1, p.207.

36) Martineau, vol.2, p.170; vol.1, pp.139-143.

다. 이런 체제에서는 미국인의 유동성은 침울한 날에 내리는 가랑비라기보다 오히려 흥미로운 변화들을 매개하는 통로가 되었다. 발전 그 자체가 문명이었고 현재 야만적인 것으로 보이는 것은 실제로는 내일의 진보를 향한 첫 단계였다. 미국의 가장 유명한 진보의 모델인 신시내티가 디킨스의 상상의 돼지들이 민주주의적 모험의 혜택 속으로 행진해 들어가는 '돼지의 도시'라는 이름으로 불린 것이 단지 우연이었을까?

무로부터 실재로 극적인 것이 나왔다. 그러나 동시에 그와 같은 정신상태는 절박한 당면문제를 다시 무로 돌려버렸다. 틀림없이 미래에 온다는 전제하에 지금 일어나고 있는 것을 정당화하는 것은 미래에 일어날 것들의 이름으로 현재의 부정을 용서해주는 것이다. 훗날 손재주가 있는 정치평론가들은 윌리엄 제임스의 호주머니를 털고 나서, 미래를 위해서 행한 그와 같은 현재의 희생은 미국의 "실용주의적" 가치관을 표현한 것이라 주장할 것이다. 미국이 19세기 호주나 남아프리카와 같은 유럽에서 파생된 국가들과 공유하던 개발주의 도덕은 사실 상당히 다른 것이다.

게다가 미래에 틀림없이 올 것은 또 다른 측면을 지니고 있었는데, 그것은 미국에 비판적이던 유럽의 비평가들에게는 당연히 받아야 할 벌에 대한 몹시 유쾌한 약속이었지만 미국의 민주주의자들에게는 훨씬 더 어두운 전망이었다. 미국의 풍부한 경작지가 미국의 경제에 활력을 주고 많은 미국의 시민들에게 맹렬한 야망을 갖도록 하는 것일 뿐이란 주장은 유럽인이 항상하는 상투적인 말이었다. 그 경작지가 사라지면서 미국의 경제규제법의 잠정적 유보가 해제될 것이고, 피할 수 없는 곤경이 시작될 것이다. 곧 임대료는 뛸 것이고, 임금은 줄어들고, 도시들은 혼잡해지고, 사회 각 계급은 투쟁 속에 빠져들 것이다. 수많은 미국인들이 같은 식의 생각을 지니고 있었다. 공유지를 싸게 팔지 않으면 "새로운 주들을 소작인이 가득 채우고 기존의 주들은 극빈자들이 채울 것"이라고 미주리 주의 토머스 벤튼(Thomas Hart Benton)은 맬서스-리카르도의 정신에 입각해 경고했다. 급진적인 칼 맑스와 보수적인 토머스 매콜리(Thomas Babington Macaulay)가 이런 주장을 해외에서 전개했듯이 미국에선 급진적인 오레스테스 브라운슨(Orestes Brownson)과 보수적인 프레드릭 그림키가 동시에 이런 주장을 하였다. 브라운슨은 1840년에 우리의 "민주적 제도"가 "순전히 우연적인 원인에 기인한다"고 썼으며, 19세기가 끝나기도 전에 "싼 땅값"은 더 이상 민주적 제도를 지탱하기 위해 존재하지 않을 것이라고 썼다.[37)]

그런 미국과 유럽의 교류는 19세기 내내 계속되었다. 1880년대에 영국의 평론가인 제임스 브라이스(James Bryce)는 한 세대가 가기 전에 최후의 심판일이 올 것이라 예상했다. "(미국이) 서부지역을 거주자들로 잔뜩 채울 때, 미국의 가장 좋은 모든 땅들이 점유되는 때가 올 것이고 … 음식값은 앙등하며 … 생존을 위한 투쟁은 더욱 극심해질 것이다 … 사실 오늘날의 유럽에서 볼 수 있는 만성적인 악, 오래된 사회, 그리고 인구가 들끓는 나라들의 문제점은 이 새로운 땅에도 다시 나타날 것이다." "(공유지의) 공급이 고갈될 때, 우리는 새로운 시기로 들어갈 것이며 더욱 급속히 유럽과 같은 삶에 근접할 것"이라고 미국의 복음주의자인 조시아 스트롱(Josiah Strong)은 주위를 환기시켰다. 따라서 공황이 1890년대 밀어닥쳤을 때, 이제는 철저히 동화된 그 옛날부터 있어 왔던 유럽의 비판은 미국인들에게 그들이 처한 곤경에 대해서 신속한 설명을 주었다. "땅의 고갈"을 선언하면서, 노동시사평론가인 존 스윈튼(John Swinton)은 "땅이 만일 그들의 선조들이 그랬던 것처럼 가난한 사람들의 손이 닿는 곳에 있다면" "(임금은) 훨씬 상승할 것이고, 확산되고 있는 비참함은 대량으로 줄어들어 전공

---

37) Daniel Feller, *The Public Lands in Jacksonian Politics*, Madison, 1984, p.163; *Boston Quarterly Review*, 1840, p.473에서 벤튼(Benton)이 인용.

동체의 삶은 향상될 것"38)이 라며 땅의 고갈로 인해 가난한 사람들에게 일어날 수 있는 문제점에 대해서만 관심을 가졌다.

이 오랫동안 지속되어온 논쟁의 절정은 1893년에 프레드릭 터너(Frederick Jackson Turner)가 미국의 서부 개척의 중요성에 대해 쓴 유명한 논문이 나오면서였다. 터너가 역사가로서 미국 제도의 기원을 중세 유럽에서 찾았던 학문적 주장에 반론을 제시했다면, 정치평론가로서의 터너는 야만과 민주주의, 그리고 개발에 관한 19세기의 수많은 주장들과 씨름하는 것이었다. 미국적 경험이 야만을 만들어냈는가? 멋지게도 그러했다고 그는 단언한다. 개척자들이 지니고 온 별 도움이 안 되는 세련된 방식들을 벗겨냄으로써, 미국인들은 자유롭게 그들 자신의 사회를 창조할 수 있었다. 민주주의가 야만을 만들어낸 것이 아니라 야만이 민주주의를 만들어냈다. 그리고 민주주의와 더불어 새롭고 더 우월한 문명이 생겨났다. 그 개척자들에게 배어 있는 취약한 유럽판 문화가 아니라, 개척으로부터 나온 투박하지만 적응력이 있는 토착적인 것으로, 미국인들의 기준으로는 서구 세계 문화의 정점을 이루었다는 것이다. 물론 잔혹한 일들이 변방에서 일어났었다. 그러나 그것들의 의미는 그런 사건 자체에 있다기보다는 그것들이 속한 개발과정에서 나타난 것일 뿐이었다. 일시적 악행을 통해 민주주의의 미덕은 점차 발전하였다. 사실 개척 그 자체는 민주주의가 스스로도 끊임없이 반복의 과정을 되풀이하는 것처럼, 항상 진행중에 있는 발전으로서만 이해될 수 있다.

공적인 논의의 맥락에서 볼 때, 거의 1세기 동안의 외국의 공격과 국내의 대응에서 나온 자료들을 종합한 터너의 설명은 유럽 비평가들뿐 아니라 그들을 모방했던 『국가(*TheNation*)』의 저자인 가드킨(E. L.

---

38) James Bryce, *The American Commonwealth*, 2 vols., London, 1887, vol.2, p. 851; Josiah Strong, *Our Country*, rev. ed., New York, 1891[1885], p.203; John Swinton, *A Momentous Question*, Philadelphia, 1894, p.53, 55, 57.

Godkin)―유럽인들이 한때 전미국에 가했던 비난을 연상시킬 만큼 19세기 중반 이후 미국의 서부에 대해 신랄한 비난을 했던―과 같은 미국 동북부 도시 비평가들에 대한 뛰어난 반론이었다. 그만큼 강력하게 터너의 논문은 또한 그 당시의 논쟁들이 예상한 중요한 측면을 확인하였다. 즉 그것은 땅이 고갈되었을 때 미국의 민주주의의 특이성은 사라진다는 것이었다. 그를 믿었던 사람들을 위하여 터너는 그가 논쟁에서 승리했을 때 그 주장을 포기했다.

3
국민

언뜻 보기에 19세기 유럽인들이 미국의 정치에 대해 말할 수 있는 것이 매우 적었다는 점은 놀라운 일인 것처럼 보인다. 미국 정치에 대해 유럽인들은 거의 관심을 보이지 않았고 그들이 미국에 온 후로도 그런 관심을 갖는 이는 거의 없었다. 연방주의, 미국 헌법, 독립선언 등에는 관심을 보였지만 정치는 아니었다. 정치는 그 스스로 어떤 실용적인 목적을 드러내지 않았고, 다른 것들에 덧붙여 후기(後記)로 따라왔기 때문이다. 사람들은 사회를 이해하면 자동적으로 정치는 이해될 수 있는 것으로 간주했다. 그래서 사람들이 정치라는 문제에 달했을 때, 그들은 첨가할 것이 거의 없었다.

중요한 내적 통찰력을 지니고 있으면서도 또한 둔감한 것이 정치였다. 정치를 그와 같은 것 이상으로 치부하는 것은 정치의 중요한 대표성을 포착하는 것이었다. 유럽에서는 진정한 지도자들이라면 반드시 엘리트 문화의 계율을 따라야 하는 것으로 되어 있으나, 미국의 정치가들은 자신들에게 표를 던져준 백인 남성들과 거의 비슷한 행동을 보였다. 게다가 유럽인들로 하여금 넌더리가 나서 두손을 들게 만들었던 과정과 결과 사이의 외관상의 불일치—너무나 많은 법석에 비해 보여줄 것은 거의 없는—는 민주주의의 본질적인 목표, 즉 정부가 할 일을 거의 주지 않고 대신에 그 정부를 그들의 바로 가까이에 있도록 하려는 것을 나타낸 것이었다. 이 방문객들은 엘리트와 대중들 사이의 동일함과, 민주적 과정과 결과 사이의 모순과 더불어 미국 정치의 세 번째의 기본적인 특성을 확인했다. 그 세번째 특징은 유럽인의 관점에서 보았을 때 그들에게 어떠한 평화도 주지 않는 끊임없는 정치행위의 짜증스러움이지만, 미국인의 관점에서 보면 공동의 행위를 통해 도처에 있는 사람들을 하나로 묶어 주는 그냥 몸에 배어 있는 정치행위인, 끊임없이 벌어지는 선거운동이었다. 모든 이들이 참여했을 뿐만 아니라 또한 모든 이들이 실제로 참여했다. 요컨대 유럽인들이 민주주의 정치의 문제점이라 간주한 조잡성, 피상성, 편재성 따위를 미국 백인 남성들은 그들의 문제에 대한 민주적인 해법으로 바꾸어 받아들였다. 열려 있는 민중정치는 정부의 권력을 확산시키는 한편 사방으로 뻗어 있는 나라를 하나로 통합했다.

유럽인들은 어떻게 그들이 의도하지 않은 지혜에 도달했던가? 여기서도 다른 곳에서처럼 일반적 순서는 그들 자신의 사회질서의 기초가 되는 차별성이 미국 사회에는 없음을 기술한 다음, 그로 인한 결과를 역겨운 혼란으로 치부해버리는 것이었다. 프랜시스 홀은 "최고위직의 국가의 관리나 행정장관이 하류민들과 같은 차를 타고, 같은 식탁에 앉는가 하면, 제일 천한자들과도 이야기를 나누는" 것을 본 한 영국인이 매우 충격을 받은 것을 기록한다. 유럽인들은 그와 같은 일들을 사회적 전도(顚倒)의 또 다른 예로서 전환시켜버렸다. 즉 그들이 보기에는 미국의 "노동계급은 사실상 정부와 헌법 모두를 지배할 정도로 커다란 특권과 권력을 장악했다." 가장 열등한 자들이 최고가 되었다. "항상 조용하고 선한 사람들의 본보기를 경멸하고 … 여전히 난폭하고 다루기 힘들며 활동적인 존재인," 거칠고 야만적인 바로 그 아일랜드인이 아니라면 누가 미국의 주권자인 군중을 이끌었겠는가라고 한 기독교 고위성직자 방문객은 주최측에 경고했다. 아멜리아 머레이(Amelia Muray)는 아일랜드인들은 "정치에서는 너무나 극단적이고, 생활태도는 너무 뻔뻔스러워서" 그들을 공공생활에서 배제하는 특별법이 있다면 환영받을 것이라고 투덜거리며 내뱉었다.[1)]

이러한 방식으로 급격하게 공공생활의 질을 저하시키는 것은 능력있는 사람들은 쫓아내고 그곳에 "대중에 영합하는" 식료품 납품업자만이 남아있도록 함으로써 지도력에 그레샴의 법칙만을 횡행하게 한다. 찰스 라일은 "보통선거권의 최대의 악은 그것이 궁핍한 한 패의 모험가들이 정치를 거래로 만들고 그들의 시간을 몽땅 바쳐 선동이나 선거운동 그리고 대중의 정서에 영합하게 하는 불가항력의 유혹"이라고 단언한다. 분별 없는 한 민주주의자는 심지어 "법관의 선출에서 임기는 제한되어야 하며, 그럼으로써 군중이라는 왕을 모시는 자리가 되어야 한다"고 주장하기도 했다. 이러한 과정을 통해서 등용된 사람들은 프랜시스 터킷(Francis Tuckett)이 노스캐롤라이나의 행정장관들을 묘사했듯이, "근육이 억세고, 시체 같은 모습을 하고 있고 … 교양은 없고 거칠고 지저분한 외모와 긴 머리카락에 의해 더욱 강화된 감정이 없는 야수성을 지니고 있었다." 오직 "6급의 관리들만이 선거권자들의 종으로 봉사할 것이다." 미국의 지저분한 정치에는 적절하게도 "상스럽고," "저열한"이란 별명들이 붙여졌다. 민주당원들에게 붙었던 별명 '라코포코(Locofoco)'[2)]와 과격파들에게 붙었던 별명 '반버너(Barnburner)'는 그 두 예였다.[3)]

---

1) F. Hall, p.59; C. Murray, vol.2, p.297; Rubio, pp.43-44; Dixon, p.170-171; A. Murray, p.274.

2) 1835년의 민주당 급진파의 회합이 보수파의 방해로 어려워졌을 때, 촛불과 성냥(locofoco)을 사용하면서도 계속되었기 때문에 붙게 된 이름이다(—옮긴이 주).

상스러움은 필연적으로 야만으로 귀결된다. 보통 백인 남성이 그가 가는 어디에나 담배로 인해 갈색으로 변한 침을 찍찍 뿌리고 다니는 것은 충분히 역겨운 것이었고, 입에 입담배를 쩝쩝 씹고 있는 민주당 의원들을 만나고, 의사당의 카페트 위에 그 증거물인 얼룩을 남기는 것은 참을 수 없는 것이었다. 입담배를 씹는 "상스러운 습관"은 미합중국의 상원에게서 위엄에 대한 어떠한 주장도 할 수 없도록 한다고 애덤 홋지슨(Adam Hodgson)은 생각했다. 풍자가(the satirist) 루비오(Rubio)라고 불리는 토머스 제임스(Thomas Horton James)가 보기에 하원의장은 "사방으로 갈색의 침을 뿜어대는 젊은이"에 지나지 않았다. 이런 정치를 연상하면서 트롤로프는 미국인의 전형을 가리키는 이름으로 "입담배 내뱉는 조지 워싱턴"을 만들어냈다. 이와 유사한 혐오감을 일으키는 행동은 대통령 자신도 야만인으로 만들 수 있었다. 사람들 사이를 지나면서 루비오는 "나는 기선에서 끈 조각으로 동여매져 있는 더러운 빗으로 머리를 빗고, 50여 명의 지저분한 승객들과 같이 회전식 수건으로 얼굴을 씻고 있는 그를 보았다"고 말한다.[4)]

이런 기준에 비추어 볼 때, 일반 시민들이 자신들의 다양한 난폭한 방법으로 백악관에 자유로이 침입할 수 있을 것이라 생각하는 것은 그리 놀랄 일이 아니다. 잭슨의 첫번째 대통령 취임식을 축하하는 대중에 대한 설명에서부터 난리법석을 떠는 공식행사의 이야기까지, 미국의 백인들에 대해 진흙땅을 뒹구는 동물이나 미개인의 이미지가 유럽의 방문객들 사이에 널리 통했다. 토머스 해밀턴이 1831년의 백악관에서의 접견에 대해서 묘사한 것은 그런 특징을 잘 드러내 보여준다. "끔찍한 선원들! 운하에서 일하던 바로 그 노동자들이 거기에 있었다. 음료는 레모네이드와 위스키펀치였는데, 얼마 안 남게 되어 그

3) Lyell, *Second*, vol.1, p.85; Reid, p.55; Tuckett, p.32; Hodgson, p.221, 226; Grattan, vol.1, pp.304-305.

4) Martineau, vol.2, p.200; Hodgson, p.91; Rubio, p.117, 4. 루비오가 말하는 대통령은 아마도 제임스 K. 포크였을 것이다.

무리의 상당수가 음료를 덮치려고 달려들자 시중꾼들이 곤봉으로 막지 않을 수 없었다." 공화시민 돼지들의 주둥이를 심하게 내리치면서 말이다. 해밀턴은 미국적 기질을 "극단으로 치닫기"라 설명할 때 특별한 즐거움을 얻곤 했다. "극단으로 치닫는 사람들은(*Go-the-whole-hoggers*) … 민주주주의 원칙들을 그 극한까지 밀고가는 정치가들이다."[5)]

항상 그렇듯이 야만은 폭력을 의미했다. 미 상원에서 그 어떠한 것도 민주정치의 전형과도 같은 미주리 주의 토머스 벤튼이 대니얼 웹스터에게 "가장 심한 폭언"으로 응수하도록 하는 것을 제지할 수 가 없었다고 터킷은 말한다. "철저하게 칼에는 칼로 답하는 싸움과 또한 그런 싸움에 대한 위협적 경고가 반복되어 자행되었다." 유혈은 거의 일상적인 일처럼 보였다. 여러 방문객들은 의원들 사이에서 벌어지는 결투에 공포감을 표출하였다. 어느 의원이 의회 안에서 의장에게 상해를 가했을 때, 그가 받은 처벌은 "견책 당하는 것"일 뿐이었다고 찰스 머레이는 너무 놀라워하였다. 유럽인들이 너무나 일상적으로 싸움질을 미국 국회의 일상적 운영과 연결시켰기 때문에 그래턴은 싸움의 부재를 지적할 필요가 있다고 생각했다. "여러 가지의 예의에 어긋난 행동이나 섬짓한 침뱉기 따위는 있었지만 실제로 일어나는 폭력적 장면은 없었다." 정치인들은 자신들이 시퍼런 불꽃처럼 싸움에 열중하지 않을 때는 타다만 재를 슬슬 부채질하고 있었다. 방문객들은 미국이 세계의 어느 나라라도 "때리거나" "매질할" 수 있다고 장담한다고 전했다.[6)]

아첨도 이와 같은 유럽인들의 판단에는 단지 일시적인 효과만이 있을 뿐이었다. 미국의 대통령과의 틀에 짜인 반 시간 동안의 대화를 위해 백악관에서 줄지어서 기다리고 있던 사람들은 잇달아 그런 경험을 거의 동일하게 자기찬사적인 무미건조한 글로 표현하였다. 일단 최초

5) Hamilton, p.xxiii-xxiv, 18.

6) Tuckett, p.18; C. Murray, vol.1, p.143(강조는 원전); Grattan, vol.1, p.168.

의 충격이 가시자-스웨덴의 귀족인 클린코우스트룀(Klinkowstrőm) 남작은 "나는 어떤 한 서민이 감히 그렇게 거리낌없이 그 나라의 대통령에게 접근한다는 것을 믿을 수가 없었다"고 놀라워했다-유럽인들은 그런 일을 개인적 영광이라 간주했고 그 과정에서 그들이 만난 특정 대통령의 성격을 매우 관대하게 묘사했다. 그들이 "한 손에는 인디언의 큰 도끼를 다른 한 손에는 가죽을 벗기는 칼을 쥐고 있을 것이라 기대했"음을 알고 잭슨 대통령은 이들과의 면담을 특히 잘 치루어냈다. "아무리 가장 가혹한 비판자라도 조잡함이나 상스러움이 있다고 간주할 만한 것은 아무 것도 없었"다고 오만한 해밀턴도 그의 독자들에게 힘주어 말했다.[7)]

그럼에도 불구하고 어떠한 대통령도 진정한 지도자로서 평가되지는 않았다. 그것은 그 유럽의 방문객들이 미국혁명이나 그 혁명의 중요한 결과들을 모두 비난하는 가망 없는 토리당원이기 때문은 아니었다. 현저하게 많은 수의 사람들이, 아마도 이래저래 나폴레옹 같은 인물을 염두에 두고, 조지 워싱턴을 세계의 위인의 반열에 올려 놓았다. 하지만 미국이 이룬 위대성이 무엇이든 간에 그것은 과거에 속해 있었다. 그들에게는 쇠퇴가 더 크게 보였다. 대개 기준은 그 새로운 나라의 건국 세대였다. 알렉산더 해밀턴이나 토머스 제퍼슨의 황금시대와 잭슨의 황동시대를 대조하면서 토크빌은 "미국에 위대한 사람들이 꽤 있었으나 더 이상 그렇지 못하다 … 현재의 정치인들은 50년 전의 모든 일의 앞에 서 있던 사람들보다 훨씬 열등하다"고 썼다. 1850년대까지 존 칼훈(John C. Calhoun)이나 헨리 클레이, 그리고 대니얼 웹스터의 죽음은 그들의 위상을 차례로 고양시켰다. 초창기의 방문객들이 건국의 아버지들을 간절히 불렀듯이 그들의 이름을 소리쳐 부르면서 헨리

---

7) Klinkowstrőm, p.27; Andrew Jackson to George W. Martin, January 2, 1824, *Correspondence of Andrew Jackson,* ed. by John Spencer Bassett, 7 vols., Washington, D.C., 1926~1935, vol.3, p.222; Hamilton, p.229.

머레이는 "아 슬프도다! 그 위대한 정신들 … 그들은 어디에 있는가" 라며 탄식했다.[8)]

남북전쟁 때까지 유럽인들은 미국의 고위공무원들이 무슨 일을 성취했다고 생각을 할 수 없었다. 혼란을 통제하기보다는 그들은 오히려 혼란에 참여했다. "그 나라에 대체 질서라든가 정부가 있는가?"라고 앞으로 올 노르웨이의 이민자들을 위한 한 안내자는 묻고 "혹은 사람이 다 자기가 하고 싶은 대로 할 수 있는가?"라고 반문하지 않을 수 없었다. 정부가 아닌, 정치가 정치의 목적이라고 방문객들은 결론지을 수밖에 없었다. 시작도 끝도 없이 정치는 자체의 영속화를 제외하고는 어떠한 논리도 가지고 있지 않았다. 미국의 민주언론들은 이런 견해를 강화할 뿐이었다. 만일 미국 국민들의 읽고 쓸 줄 아는 능력 수준이 그들에게 깊은 인상을 주었다면—"미국인들은 신문을 읽을 줄 아는 국민"이라고 아일랜드인 토머스 캐서(Thomas Cather)가 인정하였듯이—민주주의의 기관차, 즉 언론에서 미국인들이 읽는 것들은 유럽인들을 질리게 만들었다. 대중언론은 명백히 의도적인 악의나 비열함 외에는 어떠한 다른 기능도 지니고 있지 않았다. "신문들은 너무 조잡한 욕설이나 잔인한 상스러운 말로 가득 차 있어서 진실이나 명예 그리고 공정성은 끊임없이 희생당했다." 신문들은 이미 위험수위에 있던 야만성의 충동에 불을 지폈다. "그런 다음 신문들의 정부당국이나 관리들에 대한 욕설은 상상을 초월할 정도로 폭력적이어서 … 때때로 그들이 잔인무도한 흉악범에 대해 말하고 있다는 생각이 들 정도"라고 스튜어트 워틀리 부인은 기록한다. 미국 사회에 대해 큰 환상을 가지고 있었던 해리엇 마티노조차 "모든 신문들 중에서 미국의 신문이 최악이란 말을 부정하는 어떠한 말도 들어보지 못했다"면서 경멸어린 말투로 내뱉었다. 언론의 도덕에 대해 극히 역겨운 한마디로 헨리 머레이는 소위 속담 하나를 제공했다. "그들은 그들 자신의 오물을 먹었

---

8) Tocqueville, vol.1, p.182, 210; H. Murray, vol.1, p.338.

고 악취를 풍기며 죽었다."[9]

남을 중상하는 언론은 자연스럽게 유럽인들이 미국의 끝없는 자기 과시나 연설 그리고 논쟁의 소음과 분노로서 들었던 것과 잘 맞아떨어졌다. 트롤로프는 그것을 "선거꾼적 광기"라 불렀다. "그것은 모든 대화를 독점하고 모든 사람의 성질을 자극한다." 디킨스는 이런 전과정을 마치 사람을 성가시게 하는 파리떼로 묘사한다. "쉼 없는 고약한 윙윙거림이 그들 나라의 모든 강력한 정치가나 진정한 애국자들, 즉 다시 말하면 거의 대부분의 남성들에게 말할 수 없는 위안이 되었다"고. "미국인들은 본래 타고나기를 정치인들로 타고났다"라고 짜증이 난 캐서는 전했다. 1848~49년의 헝가리혁명의 실패를 이제 막 겪은 테레사 펄츠키(Theresa Pulzsky)는 그와 같은 역동적인 정치가 아직도 단순히 "지루"하게만 여겨졌다.[10]

부정적인 것들 속에 책임의 확산이나, 제도화된 권력에 대한 저항, 전국민의 포괄 등 19세기 미국 민주정치의 창조적 핵심이 있었다. 거기에 없는 것만을 찾고 있던 유럽인들은 심지어 그들 스스로도 묘사했듯이 거기 있는 것을 놓쳤다. 차별성이 있는 지도자계급이나 시민들을 다스릴 줄 아는 정부, 그리고 지도자나 정부의 필요를 반영하는 정치들에 대해 피력하면서 방문객들은 그 세 가지 조건이 모두 부재함을 비판하고 그 결과의 공허성에 대해 불평해댔다.

이따금 미국 민주주의의 실제 실행에 대한 예기치 않은 밝은 조명도 있긴 했다. 평등한 민중 정치는 기민함과 활력, "양식과 정보"를 생산하여 미국 사회에 "독특한" 시민들을 산출했다고 프랜시스 홀은 생각했다. "정부의 기술, 그 거대한 정부기구는 이 나라에서는 전혀 신비로운 것이 아니다"고 그는 썼다. 표면적으로 보아서는 의미 없는

---

9) Rynning, p.86; Rubio, p.39; Cather, p.141; Stuart Wortley, vol.2, 66-67; Martineau, vol.1, p.109; H. Murray, vol.2, p.163.

10) Trollope, vol.2, p.33; Dickens, vol.1, p.149; Cather, p.141; Pulzsky and Pulzsky, vol.1, p.180.

"민중집회, 전당대회, 당 간부회의, 연단 앞으로도 계속 유지될 시위" 등을 스코틀랜드인 리드는 "한마디로 모든 사람이 주권자이며 다른 주권자들을 통제하는 데 영원히 골몰하는 것"이라고 설명했다. 만일 어떤 것이 이 뿔뿔이 흩어져 있고 사소한 일로 싸움을 벌이는 백인 남성들을 하나로 묶는다면 어떻게 될까? 드문 통찰력으로 프랜시스 그런드는 민주주의의 이면에 있는 동전의 양면 같은 통치권에 대한 집단적인 권위와 업무에 대한 개인적 통제의 힘이 그같은 기능을 하고 있음을 어렴풋이 이해했다. 그는 미국인들을 하나로 묶는 "정서"는 "근본적으로 정치적이거나 또는 그들의 근면성과 관계"가 있다고 적었다.[11]

그러나 이런 통찰은 섬광처럼 타올랐다가 꺼져버렸다. 많은 유럽인들이 그 적절한 주제를 가지고 씨름해왔지만 그들 중 누구도 미국 정치를 설명할 정치적인 맥락을 발견하지는 못했다. 예를 들자면 리드가 통치 주권자들의 공동체에 대해 묘사하자마자 그는 민주주의의 사회적 죄악—"공공생활은 촉진되며, 가정은 위축되고, 흥분에 대한 병적인 열망이 창출되는"—의 상투적인 목록으로 되돌아가버렸다. 유럽인들을 혼란스럽게 만든 것은 그들이 정치를 규정할 수 있게 하는 어떤 것을 민주주의 자체에서 발견할 수 없었기 때문이다. 유럽인들은 정치가 그 규정적 과정에 본질적임을 이해하지 못했다. 즉 정치가 없으면 민주주의도 없다는 것을 그들은 몰랐다. 정치의 중요한 공헌을 이해하는 것, 즉 정치가 책임성을 모든 사람에게 부여하고, 작은 정부를 유지시키고, 전국민을 여전히 하나로 묶어준다는 것을 이해하는 것은 미국인의 정치생활을 보는 신선한 시각을 필요로 했다.

19세기 민주정치는 선거를 중심으로 해서 운영되었다. 일반적으로 말해서 선거는 많으면 많을수록 좋았다. 선거는 사실상 선거인과 피선

11) F. Hall, p.56; Reid, pp.53-54; Grund, p.148(강조는 원전).

거인을 시작도 끝도 없는 상호비준하는 과정 속에 붙들어 매었다. 모든 백인 남성의 공유재산인 참정권은 엄연히 양도할 수 없는 평등을 표현하는 것이었다. 자기자신의 투표권을 다른 사람에게 주거나, 지지를 통하여 우열 관계를 비준하는 18세기의 행위와는 다르게 투표행위는 이제 자기표현, 자치의 집단적인 행위 속에서 수많은 다른 사람들과 나란히 자기자신의 지위에 대한 주장의 형식이 되었다. 그래서 그것의 본성상 참정권의 소임은 결코 끝나지 않았다. 처음부터 각각의 선거는 권위의 평등을 다시 제정하고 각각의 투표자의 주권의 분배를 새롭게 하였다.

예를 들면, 누구도 18세기에 헌장이나 법안을 통해 권리를 양도했던 것처럼 할 수가 없었다. 공화당은 당신은 자유다 왜냐하면 법이 당신이 자유라고 하기 때문이라고 주장했다. 민주당원인 스티븐 더글러스는 오하이오 청중에게 "난 당신들이 자유를 선택했기에 당신들이 모두 자유로워진 줄 알았다"며 비아냥거렸다.[12] 더글러스는 그와 동일한 선택의 정신에서, 서부의 준주(準州)에 대한 국민주권론이나 지역적 자결원칙을 고무시켰는데 이 입장은 지지자나 반대자 공히 매우 매력적인 것으로 인식하였다. 후세의 비평가들이 정착지가 준주가 되고 준주에서 주가 되는 과정중 정확히 어느 지점에서 명백히 투표가 이루어진 것인가에 대해 구별할 수 없다는 것을 불만스러워 했을 때, 그들은 19세기의 본질적인 면, 즉 인민주권론은 끊임없는 재확인을 요구하고 사람들은 끊임없이 선택을 반복한다는 사실을 놓친 것이었다. 선택이 끝나면 자치정부 역시 끝이다. 선거정치에 끝없이 신경을 쓰지 않으면 그들의 자유도 영원히 끝나는 것이라고 미국인들이 영국인 베이즐 홀에게 말했다.[13]

---

12) 11. Stephen A. Douglas, "Speech … September 16, 1859," in *In the Name of the People*, ed. by Henry V. Jaffa and Robert W. Johannsen, Columbus, 1959, p.226.

13) B. Hall, vol.2, p.64.

한편 이 결코 끝나지 않을 선거의 범람은 공무원들에게 가혹한 속박이 되었다. 가능한 한 많은 자리를 뽑는 잦은 선거는 승자에게는 관직에 너무 편안하게 안주하는 것을 금지시켰으며 패자에게는 승자들의 바로 뒤를 좇도록 하였다. 관습은 관리들이 선거민의 뜻에 따라 행동하지 않을 수 없도록 만들었다. 각각의 회기가 끝나면 의원들은 고향에 돌아가 그들이 무엇을 했는지, 왜 그렇게 했는지, 그리고 다음에는 어떻게 할 것인지에 관해 보고하는 것은 당연한 것으로 기대되었다. "정말이지, 민주주의는 지겹군"하고 노스캐롤라이나의 한 국회의원은 끊임없는 선거민들의 승인과정에 불만을 토로하였다.[14)]

하지만 한편으로는 공무원들도 유권자들과 밀접하게 지내야 할 그들 나름의 강한 동기를 가지고 있었다. 선거의 연속이 유권자들에게 권한을 부여했듯 관리들의 권한 역시 강화시켰다. 선거는 그들이 직무를 수행할 권리를 비준하였기 때문이다. 그래서 공직을 지망하는 사람들은 조그만 지방의 공무원에서부터 주 판사에 이르기까지 더 많은 자리를 포함한 더욱 더 긴 투표를 요구하는 데 참여하는 것은 그들의 목적에도 부합된다. 선거를 기피하는 일은 수상한 짓거리일 뿐이었다. 대통령과 상원의원처럼 국민의 직접적인 선출의 궤도에서 벗어나 있는 사람들마저도 종종 민주적인 갱신의 다른 측면의 이해관계에 대해 주장하곤 했다. 여론에 무척 신경을 썼던 링컨이나 매킨리의 귀는 땅에 너무 가까워 메뚜기로 꽉 차 있었다는 우화는 그들이 정부를 대표하는 곳 어디서나 민주주의적 호혜성의 본질을 유지하기 위한 욕망 혹은 필요를 지니고 있었던 19세기 대통령의 대표적인 예를 보여준다.

권위를 평준화하고 권력을 분산하는 것은 백인 남성들의 일상적인 삶을 정치에 관심을 갖도록 했다. 그들은 어디에 가든지 그들의 자립

---

14) 이 인용은 고돈 맥키니(Gordon McKinney)의 미출간된 논문에 힘입은 것이다.

을 누리고 그들의 가치를 표현하도록 되어졌다. 민주적 선택과 민주적 규칙을 비준하는 선거, 예를 들면 클럽의 지도자, 학교의 교사, 팀의 주장, 모든 종류의 일상적 모임의 대표자를 뽑는 선거에까지 모든 곳으로 확산된 것은 일면 합당한 일이었다. 평등한 땅에서 왜 그리 군대의 직위를 좋아하냐고 비웃는 유럽인들은 하나의 사실, 즉 이들이 대부분 민병 선거에서 파생했다는 사실을 놓치고 있다. 장교가 과반수 이상의 투표에 의해서 뽑히는 곳에서는 그 직위에 대해 뽐내어 말하는 군인은 그 자신뿐 아니라 그를 뽑아준 그의 동료도 명예롭게 하는 것이었다. 얼핏 보면 다수결의 원칙을 어기는 것처럼 보이는 곳에서조차도—예를 들면 몇몇 주의회에서 연공서열을 채택하는 것—실제로는 그렇지가 않았다. 연공서열은 위계질서의 논리가 아닌 순서의 논리를 따랐고, 민주적 재신임이—연속하여 얻은 선거에서의 승리—그 순서를 정하였다.

이와 같이 확산하는 특성을 지닌 민주정치는 백인 남성의—친구와 적을 구분하고 어떻게 쟁점을 처리할 것인가를 정하며, 눈앞에 닥친 문제와 장래의 것 사이의 연관성을 따지는—공공지침이었다. 그것을 유지시키기 위해서는 엄청난 에너지가 필요했다. 19세기 초반 신문은 미국의 전지역에 세계의 어느 지역보다 광범하게 보급되어 있었다. 솔직히 당파심이 강한 이 신문들은 충성파들을 동원하고, 지역투쟁을 하고, 정치논쟁을 상세히 분석하고, 타지역의 언론들과 연계되어 있었다. 이 관계망을 이용하기 위해 미국인은 그들 자신이 읽고 쓸 줄 알도록 만들었다. 1800년에서 1840년 사이 북부의 성인 백인 남성의 읽고 쓸 줄 아는 능력은 공립교육의 도움이 거의 없이도 약 75%에서 약 95%로, 남부에서는 약 50%에서 80%로 놀랍게 향상되었다. 말은 적어도 인쇄물만큼이나 중요하였다. 같은 기간 동안 공적 수사법의 표준은 1800년경의 유지들이 독점한 언어에서 일상어를 약간 다듬은 이해하기 쉬운 일반적인 "시민의 수사법"으로 바뀌었는 바 그것은 19세기에

맞게 민주적 토론의 전국적인 매개체로서 역할을 하였다.[15)]

그들이 서로 소통했던 정치처럼, 아주 정교하게 꼰 매우 효과적인 이 관계망이 매주 전하는 끊임없는 공격, 끊임없는 간곡한 권고, 똑같은 단순한 메시지의 끊임없는 반복은 중심도 없고 출발점도 없었다. 그와 같이 정교하고 분산된 기획에서는 특별한 생각, 슬로건 또는 심지어 법률안 따위가 어디에서 나오는지를 말한다는 것은 쉬운 일이 아니고, 보통 그것은 중요한 일도 아니었다. 백인 남성들은 수많은 구성원으로서의 고리를 형성했다. 그들 각자가 "사회의 관리"에 동참했기 때문에 그들은 "자기존재의 반"을 이 공무의 "중단 없는 선동"에 바친다고 토크빌은 화려한 문체로 적는다. 편집인인 윌리엄 레깃은 "정치가가 되는 것은 모든 배운 남자들의 의무"라고 단언했다.[16)]

민주정치는 행진하기, 노래하기, 논쟁하기, 토론하기, 투표하기와 같은 활기에 넘치는 공적 과정이다. 사람들은 자신이 차지할 하나의 자리를 요구함으로써 이러한 과정에 참여한다. 비밀주의에 대한 분노, 공개에 대한 요구는 민주주의를 불가능하게 만드는 상황에 대해 효과적인 기능을 하는 반응이다. 정치에 접근 없이 시민의 역할은 없다. 비밀스런 사적인 거래는 그들을 마비시켰다. 외관상으로 보면 자발적으로 나선 수많은 참가자들이 참석한 시끄럽고 혼란스런 정치집회가 전형적인 민주적 제도였다. 결국에는 공적 회합을 통괄하기 위한 규칙들이 만들어졌고, 단지 몇몇만이 그것에 대해 투표로 지지했다. 그러나 그러는 사이에 다른 사람들은 그런 과정에 참가했고 갈채와 야유로써 비공식적으로 투표한 셈이며 결과에 대한 그들 자신의 이해관계를 가지고 돌아갔다.

심층적인 차원에서, 자발성은 민주적 과정의 전영역에 힘을 부여했

---

15) Kenneth Cmiel, *Democratic Eloquence*, New York, 1990, pp.12-13.

16) Tocqueville, vol.1, p.260; *A Collection of the Political Writings of William Leggett*, ed. by Theodore Sedgwick, Jr., 2 vols., New York 1840, vol.2, p.324.

다. 개인이 정치참여를 주관하는 것보다 민주적 정치과정의 핵심에 더 가까운 원칙은 없었다. 미국의 민주주의에 들어가는 방법은 자발적으로 참여하는 것이었다. 다른 어느 누구의 허가도 받지 말고 다른 어떤 사람의 이전의 주장에 굴복할 필요도 없었다. 스스로 그냥 하기만 하면 되었다. 공공생활에서 시민이 "끊임없이 활동한다"는 사실은 몇몇 유럽인들이 생각하듯 전국에 걸친 신경부조(神經不調)를 나타내는 것이 아니었다.17) 미국인들은 그들의 민주주의를 살아 있게 했다. 정지 상태에 있을 때 모든 것은 사라졌다.

정치적 책임의 확산은 통치권력의 확산을 가져왔다. 자주 치러지는 선거를 수행하는 활동적인 시민들은 대표들을 자신들의 공동체 속으로 끌어내렸을 뿐 아니라 그들 스스로 독립적인 활동을 시작하려 했을지라도 그 대표들에게 필요한 자금지원을 거부하기도 했다. 19세기 정부의 특성 중 미국의 예외적으로 낮은 세금만큼 민주적인 자결의 힘에 기여한 것은 없었다. 훗날 자기의 안락만을 찾는 이기적인 보수주의자들이 그 낮은 세금의 근거를 제멋대로 이용했지만 19세기에서는 낮은 세금은 토지를 기반으로 하고 있는 민주주의의 버팀목이 되었다.

유럽에서 세금은 이중의 변천을 통해 전개되었다. 첫번째 것은 소작인이 노동으로 지불하던 것에서 돈으로 지불해야 한다는 영주의 주장의 변화이고, 두번째는 영주로부터 영주의 정부로 넘어간 세금 수령권의 변화였다. 그래서 귀족은 세금을 내지 않는 것으로 되어 있었다. 노동자들이 세금을 내야 했다. 비록 정부가 부유한 부르주아 계급에게 세금을 부과하는 경우도 또한 있었겠지만, 근본적으로 납세는 땅을 경작하는 것과 함께 하였다. 토머스 제퍼슨이 프랑스에서 목격했듯이 그 세금의 무거운 짐은 시골지방의 삶을 궤멸시킬 수 있었다. 게다가 세

17) F. Hall, p.439.

금을 현금으로 내야 하고, 보통의 경우 정화(正貨)가 귀했던 시골지역에서는 세금을 내기 위해 돈을 찾아야 할 필요성 때문에 그렇지 않았으면 농지를 윤작하고 가축을 먹이고 밑이 없는 함정 같은 고리(高利)의 빚을 피할 수 있도록 현명한 결정을 내릴 수 있었을 것을 뒤틀리게 만들어버렸다. 어떠한 수단으로도 19세기 유럽에서 이와 같은 일들을 사라지게 할 수가 없었고 그런 유럽의 농민들이 피폐화되어가는 결과에 대한 인식이 농경사회 미국의 정치적 의제가 되도록 했다. 영국인 윌리엄 코빗(William Cobbett)이 그 세기의 초반에 기록했듯이 미국인들은 세금을 내면 그것에 대한 구체적인 대가를 기대했다. 길을 건설하기 위해 세금이 부과되었나? 그렇다면 그 길은 어디에 놓이는가? 그밖의 모든 것들에 대해서도 이런 식으로 의심되었다. 그것은 미국의 자립 농부들이 속좁은 사람들이었기 때문이 아니라 널리 깨어있는 민주주의자들이었기 때문이었다. 자기주도하의 노동에서 높은 세율보다 더 용납될 수 없는 적은 없었다.

낮은 세금은 작은 정부—유럽인들의 기준에서는 조그마한 정부—를 확실하게 했다. 마이클 만(Michael Mann)의 통계에 따르면 남북전쟁 동안의 예외적인 경우를 빼면 미국의 국민총생산 대비 정부지출비율은 주요 유럽 국가의 1/5에서 1/6 정도밖에 되지 않았다. 물론 미국의 주정부들 자체도 공공사업에 참여했고 그것들 중 몇몇은 상당히 야망적인 것이었다. 그럼에도 불구하고 예산상의 구속뿐 아니라 이데올로기적 구속도 심하였다. 미국의 공공자원은 반드시 사적 소유에 귀속해야 한다는, 민주주의가 도래하기 이전부터 이미 널리 퍼져 있었던 전제는 19세기 중반에 와서는 초당적이고 열렬한 지지를 얻었다. 비록 두 주요 정당이 그들이 호의를 갖고 있었던 사기업들을 위해 정부의 도움을 구하긴 했지만 두 정당은 그러한 사업들이 처음의 지원을 받은 이후에는 그들 스스로의 발전을 일으킬 것을 기대하였다.

공공질서의 영역에서조차도 정부는 상대적으로 거의 책임을 지지 않고 있었다. 시민들은 그것의 대다수를 비공식적으로 다루기를 바랐다. 법과 질서를 잘 지키는 한 시카고 시민이 1872년 대화재가 일어난 후 설명했듯이, 중요한 문제는 어떠한 행동의 적법성이 아니라 그 행동이 "그것을 뒷받침하는 여론의 힘을 지니고 있는가"[18)]였다. 정부가 급진주의를 규제하려 시도를 한 것은 19세기 말에 와서였다. 한 비교연구적 시각에 따르면 "대부분의 유럽의 국가들에서는 경찰은 … 한 개인이 어떻게 생각을 하고 … 무엇을 말하는가를 조사했지만 미국에서는 경찰은 단지 무엇을 하는가만 물어볼 뿐이었다."[19)] 실제행위를 단속할 때조차도 백인 남성들은 그들의 공동체를 우선 염두에 두었다. 남북전쟁을 일으킨 정서는 백인 남성들이 다른 백인 남성들이 먼 거리에 있는 정부를 이용하여 그들에게 명령한다고 느꼈을 때 가지는 분노의 깊이를 이해하지 않고서는 이해할 수 없다. 남북전쟁 이전과 이후의 그 분노 어린 헌법 논쟁에서도 대체 누가 결정할 것인가의 문제는 그 결론이 무엇이 될 것이냐 만큼이나 비중 있게 다루어졌다.

그래서 사방으로 불규칙하게 뻗어나가 있는 미국에서 작은 정부는 급진적인 지방분권화를 의미했다. 미국의 18세기 정치 유산은, 주들이 연방권력에 저항하고, 의회가 선거구민의 이해를 대변해주고, 지역에 기반을 두고 있는 주의회들이 새 과세법을 발의하거나 또는 발의하지 않을 수 있는 권리를 지키는 등 이러한 중심으로부터 멀어져가는 것을 부추겼다. 프랑스의 자코뱅의 유산과는 다르게 미국에서의 공화주의 이데올로기는 단지 국가적 동원에 대한 불신만을 깊게 했을 뿐이었다. 그래서 19세기 초반의 권위구조의 동요는 지방자치에 대한 벌써부터 있던 강력한 충동을 강화시켰다. 적어도 이 경우에는 새로운 민주주의는 18세기와의 연속성을 보여주었다.

---

18) Carl Smith, *Urban Disorder and the Shape of Belief*, Chicago, 1995, p.80에서 인용.

19) Klinkowström, p.76(강조는 원전).

이런 주장에 대한 19세기의 가장 커다란 도전은 남북전쟁 때 왔다. 통합을 위한 워싱턴의 노력은 전쟁 후 10년도 못되어 소리만 남기며 꺼져버렸지만, 그 순효과는 19세기 초반의 분권화 경향을 역전시켰다. 노동조합을 보증하며 노예제를 폐지한 것은 그런 변화를 돋보이게 하였다. 시민적, 경제적 업무에서의 국가적 기준 또한 전쟁 이후의 중앙의 권위를 강화시켰다. 그럼에도 불구하고 1873년의 도살장 사건이 입증하듯 이런 국가적인 덧칠은 매우 얇았다. 주와 지방은 여전히 시민권에 의미를 부여해주고 있었고 여전히 그들 자신의 경제를 조절하고 있었다. 미국 단일통화를 제정한 남북전쟁법의 사례에서처럼 중앙의 법령이 상당히 중요했던 곳에서조차도 법령의 획일성과 운용 사이에는 큰 차이가 있었다. 국가통화는 거래를 감독하려는 시도 없이 거래를 용이하게 하였다.

정당의 상태는 19세기 초반과 후반 사이의 이러한 중앙집권화의 문제에서 변화와 연속성 둘 다를 잘 보여준다. 19세기 초반 정치에서 주요 정당인 민주당과 휘그당은 1840년이 될 때까지는 전국적 차원의 대리자들로서 아직 확고하게 자리매김하지 못했다. 1846년에서야 그들은 얽힌 실타래를 풀고 있었고 심지어 가장 좋았던 최상의 6년 동안에도 그들은 일련의 불화와 반목 그리고 탈당 등의 혼란에 사로잡혀 있었다. 다른 말로 하면 정당의 일반적인 추세는 지방의 구성원들에게 맡겨져 있었다. 그들의 계승자인 공화당과 민주당은 어림잡아 1875년에서 1890년까지 약 15년 동안의 국가적 안정기를 누렸다. 전적인 원인은 아니었으나 뚜렷하게 남북전쟁과 그 재건에서 비롯한 긴장과 분열로 인해 그들도 심하게 고통을 받았다. 그러나 19세기 말 내내 두 정당은 그들의 선배들이 했던 것보다 훨씬 확고하게 주 또는 심지어는 지역적인 기반을 유지하고 있었다. 원심력과 구심력은 더욱 밀접하게 서로에게 접근하였다.

19세기의 여러 다양한 변화들 가운데서 미국의 낮은 세금, 작은 민주정부는 노동집약형으로 남아 있었다. 18세기에 일단의 정치적 가신들을 지배하던 부유한 후견인의 시대는 이미 지나갔고, 20세기 중앙집권화된 제도의 관계망을 지배하는 부유한 자본가의 형태는 아직 도래하지 않았다. 정치권력이 19세기에 확산되면서 의미 있는 차이를 내기 위해, 원하는 숫자만큼 부패시키기는 고사하고, 부패시킬 대상자를 찾기가 힘들어졌다. 경제처럼 정치도 압도적으로 소부르주아적이었다. 뉴욕지사인 워싱턴 헌트(Washington Hunt)의 1852년의 제안, 즉 유권자에게 뇌물을 주다가 잡힌 사람은 그 자신의 참정권도 박탈당해야만 한다는 제안은 19세기의 부패가 본질적으로 지역적이고 거의 개인적인 특성임을 포착하고 있다. 심지어 근소차의 승리가 이런 류의 부패의 중요성을 고조시켰을 때조차도 그것은 이런 박빙 승부의 선거에 영향을 미쳤던 수많은 사소한 요인들, 즉 어느 시골길이 비에 휩쓸려 갔다거나 어떤 도시에 유행성 감기가 돌았다든가 하는 문제 같이 여겨졌다.

비록 그것들이 하찮은 것이었지만, 1870년대 동안 표면에 드러난 도금시대(남북전쟁 후의 호황시대)의 추문들은 조금 크게 비춰진 거의 비슷한 계획에 의한 비슷한 류의 소규모의 부패였다. 그 부패가 일으켰던 지속된 분개감은 모종의 순박함의 증거, 즉 미국의 민주주의는 단순히 어느 범위의 뇌물과 수뢰도 용납하지 않는다는 널리 퍼진 가정의 증거였다. 심지어 19세기 말 매튜 퀘이(Matthew Quay)와 마크 한나(Mark Hanna)가 수백만 달러에 의해 영향받는 정치의 위험에 대해 제기했을 때, 기업가들은 여전히 돈을 여기저기에 뿌려 놓고 그 돈이 힘을 발휘할 것만을 희망하는 정도 외에 수단이 없었다. 19세기 민주주의 이면의 추진력은 수많은 사람들로 하여금 행동하도록 박차를 가하는 또 다른 수많은 사람들이 주었다. 사소한 많은 부탁, 많은 개인적 관련은 이 메커니즘이 작동하도록 만든 일련의 작은 장치들에

동력을 준다. 대체로 19세기 동안에는 돈을 가진 사람들은 돈이 있다고 해서 많은 정치권력을 얻을 수는 없었고 정치권력을 가진 사람이 그로 인해 많은 돈을 벌 수는 없었다.

19세기에 민주주의는 지역에 뿌리를 박고 있었다. 19세기 민주주의를 특징짓는 것과 그것이 성취한 것은 이러한 특수성, 소규모 집단과 소규모 집단 간의 자의식적인 분리로 시작되었다. 그러나 그 분리의 끝은 완전히 다른 어딘가에 있었다. 19세기 민주주의에 관한 그 어떠한 것도 그것의 팽창능력—이러한 지역적 파편들을 하나의 전체 국민으로 묶어 내고, 또한 미국이라는 국가를 건설하는 데 그 국민들로 하여금 통합되게 만드는 밖으로 향하는 열림—보다 더 놀라운 것은 없었다. 한편으로 보면, 민주주의는 회원을 제한하고 국외자를 의심하며 현상유지를 꾀하는 수많은 백인 남성들의 자기방어적인 집단들의 덩어리였다. 다른 한편으로는 민주주의는 멀리 떨어진 시민들을 연결시키고 계급과 인종적 분할을 너머 협력을 가져오고 국내나 국외의 수백만의 사람들에게 자존의 봉화로서 역할을 하는 등 광범위한 연결고리를 형성하였다. 19세기 민주주의가 배타적인 지역주의로부터 다른 것을 포괄하는 국가주의로 뻗어나간 경위는 평등, 확산, 통합 등과 같은 민주주의의 기본 특질들의 윤곽을 완성하였다.

민주적 에너지는 남성친목(fraternal)의 통로를 통하여 공동체 속으로 밀려들었다. 보편적인 하나됨의 의미에서가 아니라 본질적으로 평등한 회원들 사이의 밀접한 계약에 의존하는 남성친목적 결사, 스포츠 클럽, 군대의 소대와 같은 의미에서의 친목이었다. 비록 친목조직은 사람들이 주 지회 협회, 도시 스포츠 리그 혹은 군대의 사단에서 다른 사람들과 결합하듯이 같은 부류의 친목조직들과 결합할 수 있지만, 그것의 본질적 의미는 본 고장 클럽에 깊이 뿌리박고 있었다. 이 지회 민주주의의 첫번째 계율은 무조건적인 충성이었고,

이 친목적 결합을 용이하게 하기 위해 미국인들은 온화한 가족해체의 이야기를 구성했다.

유럽인들이 그 이야기를 들었을 때 그것은 단지 조숙한 가출 소년들의 이야기일 따름이었다. "유년기 때부터 미국의 어린이는 스스로를 의지하는 데 익숙하고 그가 읽고 쓸 줄 알 때까지 그는 이미 자신의 미래의 자립에 대한 계획을 세우고 있다"고 프랜시스 그런드는 전했다. "(미국의 아이들은) 모두 막중한 무게의 시민의식을 지니고 태어난 것 같다"고 다른 사람은 썼다. 그래서 토크빌이 그것에 대해 묘사했듯이 "유년기를 마칠 즈음에 그는 세상에 나와 자기자신의 길을 밟아나가기 시작한다." 아버지는 "갈등 없이 (그의 권위를) 포기하고" 아들은 그것을 "자기자신의 소유로서 받아들인다."[20]

19세기 초반 가족생활의 변화가 실제로 이와 같은 과정을 초래했는지에 대한 증거는 너무 복잡해서 설득력이 떨어진다. 하지만 의심의 여지없이 그것을 믿을 필요성이 그 과정이 일어나는 데 한몫 했음은 틀림없다. 어떤 의미에서 이것은 새로운 민주주의의 도래에 대한 필수불가결한 이야기였다. 즉 각각의 백인 남성은 자동적으로 성년이 되었을 때 자유로우면서도 스스로를 규율하는 시민이 되어 있다. 다른 의미에서는 아버지와 아들 간의 간결하고 평화로운 헤어짐은 모든 가부장적인 가치를 쉽게 일소시키는 것을 나타냈다. 읍민회의의 전통이 존재하는 곳에서 그 새로운 민주주의는 가족을 기초로 한 공동체의 모임으로서의 투표라는 관습적인 개념을 파괴해야 할 필요가 있었고, 그런 투표개념을 개인의 행위로서의 투표의 개념—예를 들면 1815년 이후의 과도기 동안 오하이오 주가 그랬던 것처럼—으로 대체할 필요가 있었다. 비록 관계의 이완에 대한 전망은 상당한 불안을 야기할 수도 있었지만, 지금 이야기된 민주적 설명 속에 그것은 개인으로 하여금 다른 억압적인 충성심들에 대한 자연스럽고 고통 없는 거부를 표현해

20) Grund, p.136; Ferguson, p.48; Tocqueville, vol.2, pp.202-203.

주었다. 가정을 떠나는 이야기 속에 나오는 잠시 원자화된 젊은이들은 거의 동시에 평등한 새로운 관계를 맺었다. 다른 말로 하면 기존의 의존이라는 낡은 고리를 끊음으로써 그들은 자결적인 성인들의 공동체로 결합했다.

이런 친목조직들에서 아무리 화가 나더라도 회원들은 서로를 지지할 것을 맹세한다. 앤드루 잭슨은 지회 민주주의의 가치를 백악관에 도입했다. 그의 악명 높은 요구는, 그에게 충성을 하는 사람들은 한 각료의 품위 없는 부인 페기 이튼(Peggy Eaton)—일부 오만한 대통령 주변의 인물들에 의해서 외면되고 있던, 성과 결혼이라는 어려운 과정에서 비상한 수완을 가지고 생존해 있는—에게 예의를 표함으로써 그 충성을 보여주어야 한다는 것이었다. 잭슨은 그녀를 옹호하기 위한 행위는 하지 않았고 단지 그녀를 자기를 둘러싼 남자들에게 충성심을 강화하기 위한 장치로 사용하였다. 잭슨의 테스트를 이해하거나 통과하는 데 별 문제가 없었던 사람들 중 하나인 마틴 밴 뷰런은 지회 가치를 중심으로 그의 자서전을 구성했다. 그것은 일련의 개인적 관계로서 이해되는 정치경력, 암묵적인 충성이나 존경심, 협조 또는 그 정반대의 요소들로 이루어지는 각각의 사례연구였다. 링컨도 그와 비슷한 언질을 했다. 휘그 지회 내의 한 경쟁자를 그는 항상 용서할 수 있었지만—그는 그들 중의 하나의 이름을 따서 아들의 이름을 지었다—탈당자는 절대 용서하지 않았다. 한 배반자에 대해 링컨은 얼마나 "내가 동지들의 도움을 열렬히 필요로 할 때 그가 날 반대했는지"에 대해 상기할 뿐이지만 또 다른 변절자에 대해서는 "그는 새빨간 거짓말장이"라고 비난했다.[21)]

이런 정서가 암시하는 것처럼 남성친목 회원들은 정서적인 수준에

---

21) Fragment of a Letter[1849]; Lincoln to William Herndon, January 5, 1849, *The Collected Works of Abraham Lincoln*, ed. by Roy P. Basler et al., 9 vols., New Brunswick, 1953~1955, vol.2, p.17, 19.

서 깊게 서로 연대해 있었다. 비록 지회 회원들이 서로를 "친구"라고 부르지만 그 용어는 자유의 수호자 또는 질서의 우호자 하는 식으로 사람들을 추상적인 것과 연관시켰던 공화주의적 18세기에 그것이 지녔던 것과는 매우 상이한 함축적 의미를 지니고 있었다. 민주주의적 19세기에 "친구"는 지회 내의 회원과 회원을 결속하고 종종 지회의 지지를 받는 후보자의 이름을 빌려서—클레이의 지지자, 블래인의 지지자 하는 식으로—붙여졌다. 이 새로운 애정의 언어는 남자 대 남자로 친밀한 유대를 만들어냈다. 어셔 린더(Usher Linder) 장군은 스티븐 더글러스를 회상하면서 "여자에 대한 사랑을 능가했던, 조나단이 데이비드에게 가졌던 사랑으로 나는 그를 사랑했다"라고 했다. 많은 지회 지도자들이 경험했던 주도권 다툼에서 로버트 헌터(Robert M. T. Hunter)는 두 명의 버지니아 민주당원의 뒤엉킨 질투로부터 헤어나올 수 없었다. "언제 어떻게 너는 헌터를 그렇게 좋아하게 되었냐, 너는 항상 나보다 헌터를 더 사랑했어"라고 그들 중 한 명은 다른 이에게 불만을 터뜨렸다.22)

정치 지회에는 우두머리들이 있다. 그들은 자신들의 지위를 자랑스러워하며, 군대의 소대를 모델로 여겨서, 종종 자신들을 중위, 보병 따위로 부르는 다른 사람들에게 스스로 대위인양 행동한다. 순환논법에 따라 이들을 한 범주로 모으면 엘리트 한 사람이 이 지회를 이끌었다고 결론짓는 것은 가능하다. 그럼에도 불구하고 민주적 클럽에서 우두머리는 그들의 지회원들에 의해 세워지거나 내려왔고 그런 과정에서 모든 당파들은 근본적인 평등을 당연한 것으로 생각했다. 특히 공적으로 이야기를 주고받는 것은 만인평등주의 식이어야 했다. "나는 기선

22) Usher F. Linder, *Reminiscences of the Early Bench and Bar of Illinois*, 2nd ed., Chicago, 1879, p.82; George Booker to Robert Hunter, November 5, 1852, American Historical Association Annual Report, 1961, vol.2: *Correspondence of Robert M. T. Hunter, 1826~1876*, ed. by Charles Henry Ambler, Washington, D.C., 1918, p.150.

의 점원과 미주리 강의 한 조그만 마을의 식료품상이 국회의원, 군장교와 함께 술을 마시거나 카드를 하면서 서로 떠들어대고 욕을 해대며 빌, 딕, 해리하면서 서로 이름을 친밀히 부르는 것을 본 적이 있다!"고 영국의 찰스 머레이는 깜짝 놀란 듯 말했다.[23)]

먼 옛날의 인기 있던 사람의 별명들—서부의 해리, 늙은 호두, 젊은 호두, 늙은 에이브—은 단지 그들의 당내의 서열에 맞추어진 것만은 아니었다. 실제로 그 별명들은 이 거리감 있는 지도자를 지역 지회 속으로 동화시켰다. 잭슨은 모든 민주당원에 속해 있었다. 그는 여행할 때 그가 어떻게 생겼는지 알지 못하는 사람들이 자신을 볼 수 있도록 하였고, 대화에 참여할 수 있도록 도와 주었다. "당신이 잭슨 장군입니까?" "예, 제가 잭슨입니다." 물론 몇몇 대화들이 다른 것들보다 더 환영을 받았다. 테네시 주의 한 농부는 성마른 8대 대통령에게 "뷰런씨 다음 번에 당신이 여기에 올 때는 내 쪽으로 와서 우리 아이들과 함께 좋은 시간을 가졌으면 합니다"라고 말한 것으로 전해졌다.[24)] 여행에 적용되던 평등주의의 진행은 교회는 물론 백악관에서조차 널리 퍼져 있었다. 이 공개성의 기준으로 볼 때, 대통령 당선자 링컨이 그의 취임식에 가기 위해 비밀특별기차를 타고 워싱턴에 슬며시 들어갔을 때가 가장 민주주의를 당혹케 한 것이었다.

스스로를 공개하면서 민주적 친목결사체들은 상당한 다양성을 드러내었다. 부활한 프리메이슨 비밀결사나 19세기 후반의 농촌 지회 등등은 그들의 체통을 강조했고, 소방대나 스포츠 클럽 등에 소속된 이들은 그들의 길거리 스타일을 의기양양하게 뽐내며 활보하고 다녔다. 또 다른 이들은 여전히 분열된 틈에서 기회를 엿보고 있었다. 민병대는 일사분란한 명령과 일반 사병들의 우정 사이에 금이 가 있었고, 노

23) C. Murray, vol.2, p.86.

24) Andrew Nelson Lytle, "The Hind Tit," in *I'll Take My Stand* by Twelve Southerners, New York, 1962[1930], p.213에서 인용.

동조합은 그들의 평판을 강화시키려는 측과 그들의 요구를 실행해 옮기려는 측으로 갈라져 있었다. 프로테스탄트의 유난스런 소수파의 다양성에도 불구하고, 교회 자체는 민주 남성친목주의에 손쉽게 적응하기 위해 공적인 남성과 사적인 여성 세계 사이의 경계를 매우 첨예하게 유지하지는 않았다. 프로테스탄트보다 더욱 손쉽게 남자와 여자를 분리시켰던 가톨릭은 더욱 자연스럽게 교회를 그들의 지회 생활 속으로 편입시켰다.

선택에 의한 지회들인 정당들 또한 품위 있는 양식과 조잡한 것 사이의 거리를 좁히려고 시도했다. 한편으로 정당의 연설자들이 품위 있는 수사를 쓰는 동시에 다른 한편으로 일단의 정당패거리들은 그들의 정치적 선택에 대해서 큰소리로 외치며 동시에 그들의 반대자들에게는 공개적으로 저주를 퍼부었다. 적어도 최소한의 예의는 있던 공식적 규정은 후보자들 사이의 논쟁을 조절했다. 그러나 길거리에서는 지회 형제들이 고삐가 풀려 있었다. 제임스 포크(James K. Polk)가 테네시 정가에서 그의 가장 큰 라이벌이었던 존 벨(John Bell)을 누르고 하원 의장으로 당선된 후에 기쁨에 들뜬 한 민주당원은 다음과 같이 말하였다.

> 많은 선하고 진실된 잭슨의 지지자들은 … 복스홀에 모여들었다. 거기에서 우리는 48발의 대포의 노호 아래 수십 병의 샴페인을 터뜨렸다. 48발이 터지고 최고의 기쁨을 맛본 후에 고적대가 도착했고 이어서 곧 수백 명의 사람들이 모여들어서 질서정연하게 시내를 따라 행진하였다. 광장의 둘레를 지나갈 때 쉴새 없는 머스킷 총의 발사와 동시에 종이 (오후) 11시를 울리기 시작하였다 … 그와 같은 엄청난 함성을 … 나는 결코 들어본 적이 없었다. 이러한 사정을 알고 있지 못한 (내쉬빌의) 많은 사람들은 전도시가 불이 난 줄로 생각했을 것이다. 모든 사람이 확신에 들떠 있었고, 몇몇은 미친 듯이 안달이 났다 … 하지만 그것은 모두 훌륭하게 끝이 났다.

다른 도시에서 온 한 포크의 열성지지자는 “한 명도 죽지 않았고

단지 몇 사람이 그들 총의 반동에 의해 가볍게 부상만 입었을 따름"이라고 전했다.[25)]

절반의 품위를 유지하는 것은 도덕질서의 수호자들에게는 충분치 않았다. "그러나 무엇보다도 젊은이들은 사업이나 직업으로서의 정치인으로 변하는 것에 대해 주의를 하지 않으면 안 된다. 모든 일자리 중에서 정치는 가장 비참한 것 중의 하나"라고 볼티모어의 조지 버냅(George Burnap) 목사는 충고했다. 초월주의자였던 조지 리플리(George Ripley)는 민주정치를 "수렁"과 결부시켰다. 목사인 호러스 부쉬넬(Horace Bushnell)은 "본디오 빌라도는 정치인이었다"고 신랄하게 논평했다. 찰스 쉘던(Charles Sheldon)의 인기 소설 『그를 본받아(*In His Steps*)』(1897)에서는 캔사스 주 토피카(Topeka)의 정치와 살롱의 친한 장면을 보여준다. 공직을 놓고 벌이는 싸움에 대한 예상—궁극적인 시민생활의 희생—은 점잖은 한 지방대학의 총장을 실제로 구역질나게 했다. "전합중국의 점잖은 시민들 사이에서 … 정치가란 말은 비난의 용어"라고 제임스 브라이스는 19세기 미국의 품위에 대해 요약하면서 말했다. 정치가들이 앙갚음할 때 자신들의 이미지를 적절하게 개선할 어떠한 일도 하지 않았다. 양쪽 중 조잡한 쪽으로 기울면서 그들은 그들을 비판하는 사람들을 "하찮은 일에 신경을 쓰는 사람들," "지나치게 감상적이고 도덕가인 체하는" 너무나 연약해서 제대로 싸울 수 없는 개혁가들이라고 공격했다.[26)]

품위 있는 쪽에서는 본래부터 타고난 민주정치의 조잡성이 우화로

---

25) A. O. P. Nicholson to James K. Polk, December 20, 1835; Henry B. Kelsey to Polk, December 23, 1835, *Correspondence of James K. Polk*, ed. by Herbert Weaver et al., 8 vols. to date, Nashville, 1969~, vol.3, p.400, 409.

26) George Burnap, *Lectures to Young Men*, Baltimore, 1848[1840], p.109; Charles Crowe, *George Ripley*, Athens, 1967, p.132; Horace Bushnell, *The Northern Iron*, Hartford, 1854, p.26; James Bryce, *The American Commonwealth*, 2 vols., London, 1889, vol.2, p.67.

표현되고 한없이 되풀이되었는데, 그것은 무식한 일반 민중에 의해 압도된 품위 있는 시민들이 전하는 단순한 메시지였다. 이런 이야기들 중 가장 악명 높은 것은 민주주의 도래의 충격에서 생겨났다. 하나는 전국 대다수가 술로 무감각하게 되어, 1840년의 '통나무집과 발효사과주 대통령선거'에서 선동 정치가들에 의해 기만당한 것을 말했다. 다른 이야기는 더 유명한 것인데, 잭슨의 첫번째 대통령 취임식의 재난을 묘사하고 있다.

수많은 사람들이 그들의 영웅을 환영하려 모여들었을 때 온갖 종류의 사람들이 국회의사당 길을 막아버려서 할 수 없이 의식은 밖에서 거행되게 되었고 새 대통령이 서약을 끝내자 마자 서둘러 그를 피신시켰다고 그 취임식의 우화는 시작된다. 국회의사당 뒤쪽으로부터 탈출해온 잭슨은 여전히 백악관으로 가기 위해 인의 장벽을 통과하려고 고투를 했지만 거기서 결국 약 20,000명 정도로 추산되는 축하객의 거대한 물결에 휩쓸려 꼼짝달싹 못하였다. 그들은 오물을 던지고 유리제품을 박살내고, 잔디 위에 있는 위스키 통에 다가가려 창문으로부터 뛰어내리기도 하여 심지어는 호위대가 빙둘러서 대통령 자신을 안전하게 호위하지 않으면 안 되게 만들었다.

비록 다양한 사람들—대개는 잭슨과 그가 대표하는 국민정부의 적들이었는데—이 조금씩 공헌하였지만, 특히 그 백악관 취임식의 난장판에 관한 중요한 출처는 오랫동안 워싱턴 사교계의 인사였으며 클레이 가의 친한 친구였던 마거릿 스미스(Margaret Baryard Smith)였다. 그 사건이 있은 지 1주일 후에 쓴 장문의 편지에서 그녀는 자신이 실제로 본 상대적으로 별 것 아닌 것과 자신이 들은 엄청난 것을 서로 교묘하게 결합하였다.

완곡한 말로 그것은 오합지졸, 폭도, 쓰레기, 술로 구성된 하나의 이야기였다. 우선 폭도들로 시작하자. 의심의 여지없이 엄청나게 많은 사람들이 그 취임식날 수도 주변에 모여 있었다. 1829년 3월 4

일은 일요일이었고 휴일은 모든 종류의 사람들, 특히 그 지역주민들을 더욱 북돋아서 밖으로 나와 마음껏 즐기도록 하였다. 선거권을 가지지 못한 얼마나 많은 수의 워싱턴 사람들이 잭슨을 그들의 영웅으로 보았는지, 혹은 선거에 신경이라도 썼는지, 얼마만큼의 사람들이 뭔가 볼 게 있나 하고 그냥 목을 빼고 둘러본 것인지, 얼마만큼의 사람들이 일요일에 그냥 가던 길을 가고있던 것인지 우리로서는 결코 알 길이 없다.

그러나 우리는 많지 않은 사람들만이 취임식 그 자체에 참석했다는 증거가 있다. 그들은 교통을 막지도 않아서 실제로 잭슨이 국회의사당으로 갈 때 공간이 충분하여, 한 마차가 잭슨 마차 옆에 따라붙어 그 승객들은 잭슨을 오랫동안 쳐다볼 수 있었다. 또한 국회의사당 마당에도 그렇게 많은 사람들이 모이지는 않았다. 거기에 마지막 순간에 도착했기 때문에 파티 복장으로 거추장스럽게 된 50살이 넘은 마거릿 스미스와 그 일행은 행사장까지 "넉넉한 공간 … 전광경이 깨끗이 한눈에 들어오는"[27] 곳으로 손쉽게 걸어갈 수 있었다. 국회의사당 뒤쪽에서 잭슨의 출발을 군중들이 막았는가? 아마도 아니었을 것이다. 스미스 자신도 어떠한 것도 보지 못했다. 잭슨이 국회의사당을 통과하는 동안, 올림픽 단거리 경주라도 하지 않는 한 그녀가 건물 주변을 돌 수는 없었을 것이다. 그녀가 얻어들은 설명에서조차도 잭슨이 말을 타고 떠날 때 그가 어떠한 어려움이 없었다는 것은 인정했다.

우리는 백악관의 폭도들에 대해 아직 말하지 않았다. 스미스는 이 또한 보지 못했다. 토머스 벤튼 상원의원이 동시에 주최한 파티에 참석한 후에 그녀가 백악관에 갔을 때 백악관은 대체로 텅비어 있었고 아직 청소되지는 않았으므로 파티 중에서 결코 매력적인 순간은 아니었다. 그럼에도 불구하고 다른 이야기들은 백악관이 사람들로 매우 붐

27) Margaret Bayard Smith, *The First Forty Years of Washington Society*, ed. by Gaillard Hunt, New York, 1906, p.293.

볐다는 것을 명확하게 하였다. 그 파티가 거의 세 시간 동안 한창 진행중이었음은 명백했고 예상보다는 더 많은 사람들이 왔다는 것도 확실했다. 게다가 사람들이 백악관까지 가기 위해선 많은 노력이 필요하고 일단 거기에 가서는 아마도 상당한 시간을 머물렀을 것이었다. 아마도 평균적으로 30분이나 1시간 정도는 말이다. 만일 한 번에 약 7백 명이 잭슨의 백악관으로 떼지어 몰려갈 수 있다면, 그리고 만일 절정기에 2백 명이 추가로 더 잔디에서 열리는 파티에 참석했다면, 약 합쳐서 3천 명 정도가 사리에 맞는 추정치일 것이다.

약 1천 명 정도 예상했을 때 3천 명의 손님을 맞이하게 된다면 어떤 파티든 위기를 맞게 될 것이다. 목격자들이 엄청난 숫자의 사람들, 비좁은 공간, 필연적으로 엎질러진 술과 깨진 유리그릇들을 기억하는 것은 놀라운 일이 아니다. 국회의사당의 의식에서와 같이 파티에서도 그 누구도 인원 수를 책임질 수 없었다. 후에 군중 통제-경계 표지판도, 경비도, 어떠한 종류의 지시도 없는-로 알려질 것에 대한 어떠한 준비도 그때는 되어 있지를 않았다. 그런 상황 아래서도 사람들은 그럭저럭 잘해 나갔다. 행사 내내 폭도들로부터 위험해 직면해 있다고 생각되었던 잭슨 대통령은 그날 행사가 잘 진행되었다고 생각했다. "그 오합지졸들이 잔디와 새로 심은 화단을 짓뭉개고 다닌"[28]다고 불평하는 편견에 가득찬 관찰자를 어떻게 이해할 것인가? 잔디 위를 걸으면 왜 안 되는가? 누군가가 워싱턴의 3월 1일에 무슨 꽃을 심을 것인가 하는 미스테리를 풀었다고 가정하더라도, 모여든 사람들이 그 꽃들을 알아보고 피해가기를 기대할 수 있었을까? 물론 백악관에서는 잔디의 적절한 사용을 통해 그날의 고비를 넘겼다. 즉 사람들에게 둘러싸인 스태프들이 현명하게 움직여 그곳에 다과를 차렸던 것이다.

3월 초 포장이 되지 않은 워싱턴은 누구나 예상할 수 있듯이 4일

---

28) *National Intelligencer*, Constance McLaughlin Green, *Washington: Village and Capital, 1800~1878*, Princeton, 1962, p.121에서 인용.

날 "길은 진창이었고" 대부분의 방문객들은 진흙발인 채 그대로 백악관에 왔다.[29] 진행요원들의 기운을 완전히 소진시킨 파티에 말을 타고 도착한 사람들은 자기들이 직접 말을 매어 놓고는 보행자들과 마찬가지로 신발에 흙을 묻히게 되었다. 입구까지 곧장 마차를 타고 온 소수의 엘리트들만이 오직 깨끗한 발로 그 건물에 들어올 수 있었다.

흙 발자국을 내는 것이 매우 부유한 소수인을 제외한 모두에게 문제가 되었다면, 백악관 펀치에 넣은 술, 위스키를 마시는 것도 마찬가지였다. 잭슨의 취임식은 상상을 할 수 없을 정도로 많은 미국의 알코올 소비량의 최정점과 거의 일치하였다. 미국에서 성실하고 근면한 백인 남성이 잇달아서—일하는 동안, 먹는 동안, 쉬는 동안에—독한 술을 한 잔, 또 한 잔 비우며 하루종일 보내는 것은 1820년대에는 일상적인 일이었다. 술을 훨씬 덜 마시는 다음 세대들만이 술이 많다는 단순한 사실을 통제 불능의 폭도들가 취임식에 왔던 증거로 해석해버렸다. 잭슨이 취임한 1829년에는 어디에나 술이 널려 있는 것은 당연한 것이었다.

애주가들의 의견이 갈라지는 것은 사소한 것에서이다. 양동이 하나 가득 들어 있는 위스키가 마거릿 스미스의 시선을 끌었다. 그녀의 음주 취향은 벤튼 상원의원이 경쟁적으로 개최한—그녀에게는 "완벽한 접견"으로 생각된—파티 쪽과 일치하였는데, 거기에는 "포도주가 … 넉넉히" 있었고 포도주는 분명히 술잔에 담아 그녀에게 서브되었을 것이다.[30] 그러나 거의 모든 다른 모임에서는 위스키가 일반적인 선택이었고 백악관 운영요원들은 전미국인이 몰려들어도 충분할 만큼의 위스키 통이 여러 개 있는 것을 보고 다행스러워했다. 요약하면 잭슨의 취임식을 축하하기 위해 몰려든 그 일요일의 예상치 않았던 엄청난 인파는 좋은 생각으로 왔고 품행도 매우 단정했다. 그런 사람들을

29) Smith, *Forty Years*, p.297.
30) Ibid., p.294.

보는 것만으로도 화가 나는 엘리트 평론가들은 그들의 인간됨—그들의 일상적 행동—그 자체를 미국에서 가장 오랫동안 지속되어 온 민주주의의 천박성에 대한 우화로 만들어버렸다.

지역기관들로서 정당들은 사회 전반에 활력을 불어 넣었다. 그들의 활동은 결코 끊이지 않았다. "지난번 선거의 독설이 끝나자마자, 다음 선거의 독설이 시작되었다"고 디킨스는 슬퍼했다. 시민의 자치 능력에 대한 끊임없는 찬양으로서의 정치는 확언이요, 교훈이며 변화이면서 재미였고, 창조적 자극이었다. 국민들이 끊임없이 이동하는 나라에서는, 새로운 유권자를 확인하고 그들 앞에 쟁점을 제시하고 그들의 참여를 유도하고 … 그래서 결국 선거날 투표장에 그들을 나오게 하는 등 정당들은 끊임없이 이동하는 공동체의 사람들에게 "지속적인 애원의 북소리"로 소리쳐 불렀다. 남북전쟁 이후만큼이나 그 이전에도, 정당인들 사이에 가장 널리 퍼져 있던 은유는 끊임없는 전투에서 계속 이동해갈 준비가 갖추어져 있는 군대로서의 정당이었다.[31]

사람들은 각 정당의 "끈질긴 요구와 당원에게 도덕적으로 강요하는 요구가 동시에 당원들 자신의 정체성과 깊은 관련이 있기"[32] 때문에 관심을 가졌다. 정당이 결코 정체성의 유일한 원천은 아니었다. 그럼에도 불구하고 열정적으로 당파성이 특히 강했던 1840년에서 1890년 사이의 약 50년 동안 그들은 놀라울 만큼 광범위하게 다양한 다른 주요 정당들과 관계를 맺었다. 아버지들이 그들의 아들들에게 당원 서약을 물려 주었기 때문에, 그 이름들—민주당원, 휘그당원, 공화당원—은 그 가족의 정체성과 동일시되었다. 종교적 신념과 출신 민족성분은 당에 대한 충성과 상호 관련이 있었다. 노동자들이 계급적 입장을 유

31) Dickens, vol.1, p.149; Kenneth J. Winkle, *The Politics of Community*, Cambridge, Eng., 1988, p.177.

32) John Dunn, *Interpreting Political Responsibility*, Cambridge, Eng., 1990, p.200.

지하기를 바랐던 20세기의 역사학자들에게는 실망스럽게도, 19세기 임금노동자들은 통합했다가 다시 분열했고, 노동조합이나 주요 정당에 대한 그들의 소속을 바꾸곤 하였다. 이러한 많은 교차선은 19세기에 특히나 강력한 연관성의 네트워크를 형성시켰다. 1908년에 이제 생의 막바지에 다다른 철학자 조시아 로이스(Josiah Royce)가 그의 마을 사람들에게 충성심 그 자체가 가장 높은 윤리적 가치가 되도록 간청했을 때, 그는 실상 미국의 충성심 세기의 종말을 표한 것이었다.

정당의 계층은 대단히 포괄적인 것이었다. 어떠한 다른 백인사회의 남성친목도 그 정도에까지 미치지 못하였다. 19세기경 22개 주를 포괄하는 법이 제정되면서 시민들뿐 아니라 외국인들도 참여하게 되었다. 비록 투표를 하기 위해서는 주거기간이나 심지어는 읽고 쓸 줄 아는 능력이 그 세기 동안 어느 정도 통용되었지만 공동체는 자격의 부여에 관하여 스스로 결정하였고 관대성은 편리한 초당적 원칙으로 받아들여졌다. 유동하는 사회에서 대표성은 일반적으로 이주와 보조를 같이 하였다. 1840년대까지 주의회 의원은 그가 당선된 선거구를 대표하는 것이지 주를 대변하는 것이 아니라는 원칙이 지배적이었으며 인구가 불어나는 선거구는 예외 없이 이러한 원칙하에서 한 자리를 위해 싸웠다. 물론 항상 정의가 승리하는 것은 결코 아니었다. 때때로 투표장이 너무 일찍 닫히거나 너무 늦게 열리기도 하였다. 고용된 깡패들이 방해를 하기도 했고 돈이 오고가기도 했으며 투표용지가 파괴되기도 했다. 그럼에도 불구하고 이 열정적인 당원들은 헌신적으로 선거참관인들을 구성하면서 재빨리 의심하고 쉽게 의혹을 버리지 않았다. 게다가 19세기에는 1인 1표 제도가 숭배되지 않았다. 비록 지방선거에서 누가 투표하는가 하는 문제가 중요한 문제였긴 했지만, 그 문제는 한 지역의 크기가 다른 지역과 비슷한가 하는 문제보다는 훨씬 덜 중요했다. 자의적인 선거구 획정(gerrymandering)은 대표성의 평등 원칙을 위반하기 때문이 아니라 일반적으로 인정되고 있던 공동체의 경계를 깨뜨리기 때문에 사람들을 더욱 격노케 하는 것처럼 보였다.

그래서 어떠한 의미에서 지회 정치는 그들 자체의 생명력을 지닌 무수히 많은 작은 세계를 만들어냈다. 친목조직의 생명력은 지역의 지지에 의존했다. 도시에서조차도 한 개인의 정치적 권위는 보통 "이웃이나 기껏해야 구(區)"[33] 정도를 넘어서는 것을 기대할 수 없었다. 선거는 때때로 집단적으로 행해지는 지회 회원들이 알록달록한 자기들 정당의 투표용지를 흔들며 투표장으로 행진하는 집단적 연계의 표현, 즉 지역적 충성심의 발현이었다. 심지어 어느 쪽이 이길 것인지 미리 정해져 있더라도 여전히 한 표라도 중요했다. 투표자들이 입후보자를 선출하는 경우는 드물다. 그들은 한 후보자 또는 다른 후보자 뒤에 집결했으며, 패배나 승리의 정확한 득표차—5,500 또는 5,000—가 정말로 그들이 할 수 있는 최선을 다했다는 점에 있어 우애결사의 자부심을 확증시켜주었다.

그러나 가장 내부로 향할 때조차도 지회 정치는 외부로도 잘 뻗어나갔다. 투표가 당에 대한 애착을 드러낸 곳에서는 당선자는 그의 선거구 지역 이상을 대표하는 사람이 될 수 있었고, 패배한 당의 당원들은 이제 점령된 지역에 살 수밖에 없는 것이었다. 비록 패배한 지사 후보자를 지지했던 지역의 상당수가 최소한 그 지역이 승자에게 점유된 적은 없다는 주장을 불러일으킬 수도 있었지만, 선거에 진 쪽의 대부분은 그들 당의 조직망 중 다른 지역에서 대표해줄 것을 찾았다. 이것이 바로 19세기 정치의 평화를 지켜낸 실제적인 대의제였다.

이러한 민주적 지회들에 대한 융통성 있는 의식은 19세기 정당들이 얼마나 엄청나게 팽창가능했는가를 시사했다. 거대하고 느슨히 묶여진 충성의 동맹들이었던 지회들은 공동의 소속이라는 자부심이나, 공통의 영웅과 추억, 정당의 진실에 대한 몇 가지 깊은 감상, 때때로 다

---

33) Richard B. Stott, *Workers in the Metropolis*, Ithaca, 1990, p.237.

른 곳에서 지회가 승리했다는 뉴스에 대한 자축, 그리고 전국선거운동을 위한 4년에 한 번 있는 소집 등으로 자랑스럽게 단결하고 있었다. 고도로 유동적인 사회에서는 편리하게도 경미한 이러한 필요조건은 정당들로 하여금 미합중국이 그랬던 것처럼 극적으로 그리고 급속도로 뻗어나가도록 했다. 지역 지부들은 만들어지는 곳마다 어디에서나 똑같이 행동했다. 19세기 중반 캘리포니아와 오리건을 미국의 정당체제 속으로 통합시키기 위해서 대륙횡단 철도가 필요한 것이 아니었다. 유타 주의 옥든(Ogdon)에 대륙횡단 철도가 부설되기 훨씬 전에, 마치 전국을 휩쓰는 유행 패션처럼 확산되고 있던 획일성은 이미 후보지명 전당대회, 정당의 신문, 긴 투표지, 투표절차 등등 공통적인 외양을 전국적으로 부여했다. 1848년 11월 7일을 시작으로 미합중국은 표준적인 대통령선거일을 가지게 되었다.

유사한 기본적인 원리에 의존하고 있던 다른 느슨하게 연결된 조직망은 교회나 직업, 개혁 그리고 학교들이 전국에 걸쳐 확산되게 만들었고 주요 정당들을 위한 제도적 맥락을 형성하도록 했다. 예를 들면 보통학교는 알아듣기 쉬운 수사학이나 융통성 있는 프로테스탄티즘, 그리고 정당의 확장된 정치적 네트워크에 동의할 수 있는 단순한 미덕들을 가르쳤다. 리 솔토우(Lee Soltow)와 에드워드 스티븐스(Edward Stevens)의 적절한 말에 의하면, 그것들은 미국의 "교양의 이데올로기," 즉 정당을 언급하지 않고도 새로운 세대로 하여금 19세기의 당파생활에 적응할 수 있도록 준비시키는 이데올로기이다. 얼마간의 기본적인 가치를 내면화하고, 그것들을 읽어 보강하며, 적들이 어디에서 나타나더라도 그들을 물리칠 수 있는 준비가 되어야 한다는 것이다.[34)]보통학교는 토박이 백인 아이들에게는 그들이 이미 진실이라고 알고 있는 것을 가르쳤고, 이주민의 아이들에게는 그들이 동등하게 경쟁하

34) Lee Soltow and Edward Stevens, *The Rise of Literacy and The Common School in the United States*, Chicago, 1981, p.85.

기 위해서 필수적으로 알아야 하는 것을 가르쳤다.

새 지회들을 만들기 위한 기준은 상당히 융통성이 있었고 지방자치의 전통이 매우 강했기 때문에 거의 어떠한 집단의 백인 남성도 19세기 정당제도 속에서의 지위를 거부당하지 않았다. 그것이 자연스러운 것으로 느껴지는 곳에서 독일 사람들, 스웨덴 사람들 그리고 다른 이민자들의 집단은 그들의 당 지회 속에서 토착어를 유지하였다. 공적인 교육에서 영어를 사용하는 것조차도 19세기 말에 가서야 주요 문제가 되었다. 물론 역추세도 항상 있었다. 그 역추세들은 이따금 정치운동으로 통합되어 가장 악명 높은 반이민, 반가톨릭 물결을 이루었다. 그 물결은 1840년대 말과 1850년대 초 사이에 동북부 도시들에서 일어났고, 다시 아메리카당이나 무식당(Know Nothing party: 1850년대 활동한 미국의 국수주의 정당—옮긴이 주) 운동에서 1854년과 1856년 사이에서 절정을 이루었다. 하지만 만약 이 정당들의 토착주의가 장구한 미국 전통을 반영하는 것이라면 그것들의 빠른 정치적 실패도 또한 미국의 전통을 반영한 것이었다. 그 정당들은 입법권이 유용성이 없음을 알았고 그것의 입지도 잃어서 곧 새로 등장한 다양한 공화당 속으로 사라져버렸다. 프로테스탄트 교도는 여전히 가톨릭 교도와 싸울 수는 있었으나, 그들은 뉴욕이나 미주리 등과 같은 주에서 공화당을 다수당으로 만들기 위해 서로 연대하기도 했다.

1844년 인가를 놓고 수년간에 걸친 왈가왈부 끝에 몰몬들을 실제로 일리노이의 공공생활로부터 축출했을 때 그들의 격심한 배제는 성난 경쟁과 퉁명스런 관용이라는 19세기 백인 남성들의 기준과 날카롭게 대립된 것이었다. 모든 주요 정당들은 민족적 다양성을 고려해야만 했다. 어떠한 정당도 상대방의 다양성에 역행하여 심하게 몰아부칠 수는 없었다. 1884년에 공화당원인 한 목사가 "럼주(酒), 구교, 반란"이라고 가톨릭을 비난한 긴 연설로 자신이 속한 정당의 가톨릭 유권자들을 소외시켜 뉴욕의 제임스 블레인(James G. Blaine)이 값비싼 대가—즉 뉴욕의 시장직 자체를 잃게 만들었던—를 치르게 했다는 이야기에 어느 정도의 진실이 있는지는 몰라도 그것은 모든 동시대 정치인들이 이해하고 있는 교훈적인 이야기였다.

차이에 대한 마지못한 용인은 19세기 지회 정치에 평등에 대한 특유의 형태를 부여하기에 충분했다. 어떤 사람의 기질이나 습관, 신념에 대해 그가 가지는 권리라든가 혹은 그 사람의 가치에 대한 믿음과는 아무 상관이 없는 것이 바로 평등이었다. 평등은 자진해서 낯선 사람들과 교제하는 것을 전혀 함축하고 있지를 않았다. 정치적 친목조직들은 거리낌없이 반갑지 않은 국외자를 금하였고, 국외자들은 그들만의 우애결사를 조직하여 그와 똑같이 할 수가 있었다. 또한 공손도 전혀 문제가 되지를 않았다. 고정관념으로 굳어지고, 차별 속에 강화되고 공공연히 과시된 증오는 지회 정치의 문화를 정의하는 데 중요한 역할을 했다.

이런 평등은 엄격하게 절차적인 것—선거를 준비하고, 투표하고, 그 결과에 참여하는 그리고 다시 되풀이하는—이었다. 미국에서 고도의 당파심이 본격화된지 반세기가 시작되는 1840년이 되어서야 공적 공간을 이용하고 정치투쟁을 어떻게 해야 되겠는지에 관한 관례가, 후보지명이나 투표, 도전 그리고 다른 제반의 선거과정에서의 납득할 만한 안정적인 규칙과 더불어서, 폭력을 점차적으로 조직화된 정당간의 경쟁—남북전쟁으로 인해 침해는 받았지만 결코 파괴되지는 않은—의 가장자리로 밀어냈다. 정치에 들어감으로써 정치에 참여한다는 민주주의의 기본적인 원칙은 또한 얼마나 적대적 관용이 다양한 지회의 세계에서 작용하고 있는지를 보여주는 일례이다. 국외자의 요청에 대한 대답은 부정적이었을 것이고, 행동에 대한 대답은 긍정적이었다. 남북전쟁의 엄청난 피흘림에도 불구하고 남부의 반군 병사는 그들의 길을 정치제도 속에서 찾고, 거기에서 평등한 처우를 요구하는 놀랄 만한 일을 하였다. 다양한 이민자들의 배경도 또한 그 과정에 장애가 되지 않았다. 장래의 유권자들이 시민으로서의 준비단계를 경험해야 한다고 생각되어지지는 않았다. 참정권이 시민의 특징이듯이 시민은 참정권의 특징이었다. 초심자에게 말할 것은 거의 없었다. 참여가 시민을 훈련시켰고 사실상 참여가 사람들을 시민으로 만들었다.

이 과정에서 지방분권화는 중요했다. 모든 집단이 권력을 약간씩은 지니고 있고 어떠한 집단도 무슨 목적을 위해서든 많은 권력을 지니고 있을 수 없다는 인식을 만들어낸 권위의 전반적인 평준화도 중요하였다. 그것은 팽창하는 공화국에서 미심쩍고 파편화된 당파들은 서로의 권력을 단속해야 한다는 제임스 매디슨의 신념에 대한 기이한 비준이었다. 의심의 여지없이 그와 같은 기도는 광범위하게 퍼져 있는 미국 백인의 국민적 감정으로부터 엄청나게 이득을 얻었다. 아무리 다양한 집단들이 여기저기에서 생겨난다 하더라도 그것들이 독일의 주 또는 아일랜드 식으로 서로 적대하는 소국으로 분열되도록 하지는 않았다. 그래서 어떠한 중요한 영역적 연대도 미국에서 민족적 갈등으로 화하지는 않았다.

오직 과정만이 이러한 수많은 집단들을 통합시켰다. 그러나 그러한 과정 속에서도 결과는 놀라운 것이었다. 즉 평등했지만 분리되었고 분리되었지만 동참했던 것이다. 1852년의 토머스 스타 킹 목사의 원숙한 빅토리아 식 수사 뒤편에는 놀랍고도 분명한 미국적 장면이 놓여 있다. “우리는 영국인, 독일인, 아일랜드인, 그리고 스칸디나비아인 이민자들의 강력한 삶의 물결이 서부로 흘러와 아름다운 사회질서 속으로 편입되며 구체화되는 경이로운 사실에 놀라지 않는 데 익숙해졌다.” 그 몇 해 전국회의 이층 관람석에서 관람하면서, 보통은 거만했던 방문객 알렉산더 맥케이도 비슷한 감을 잡았다. 그리하여 그는 “어떤 의미에서는 참으로 당신들은 미합중국의 의회 안에 여러 나라의 의회를 가지고 있는 셈이다”라고 했다. 그는 계속해서 당신들은 “다양한 모든 관습, 선호도, 역사, 신조 그리고 전통을 지니고 있는” 특별한 인간유형의 표본을 가지고 있으며, "당신들은 거의 유럽 모든 나라의 대표들을 갖고 있는 셈인데, 그들은 마비된 삶이 아니라 끊임없는 근면과 활력 있는 경쟁 그리고 자신들의 정치적 존재양식을 규정하는 삶을 함께 살아가고 있다"고 진술했다.[35]

하지만 무엇이 이 모든 것을 결합시켰을까? 정당들 자체는 그것들이 적대적 진영으로 나누어져 결집되어 있기 때문에 역부족이었다. 19세기에 이질 성분들에 전체성을 부여한 것, 이러한 다양성으로부터 순수하고 단순한 통일성을 창조해낸 것은 총선거라는 단 한 순간이었다. 여기서 민주주의 문화는 완성되었다. 처음에 개개의 백인 남성들을 다른 사람들과 평등한 사람으로 인정하고, 자결의 권리를 확인해주고, 그들에게 공적 권리를 지니도록 해준 것이 바로 참정권이었다. 마침내 결국 그렇지 않았으면 뿔뿔이 흩어졌을, 온갖 유형과 신념의 미심쩍은 사람들을 하나의 통치 국민들로 전환시킨 것은 그러한 주권의 배지들을 사용한 것이었다. 투표소에 갈 때 그들은 편협한 충성이라는 갑옷을 입고 간다. 하지만 투표를 할 때는 마치 시민들이 특별한 자연상태로 들어간 것처럼, 집단적인 의사결정의 주권자라는 신분 외에는 다른 정체성은 벗어던진 것처럼 그들은 그곳에서 표를 던지는 것이다. 그 순간 그들은 미국 국민(People)이었다. 그리고 그 순간이 지나가면 그들은 올 때와 마찬가지로 그들의 분화된 소속관계 그대로였다.

신화적이라기보다는 훨씬 실제적인 신념을 가진 그들은 어느 정도 세상을 그들이 발견한 그대로의 것으로 받아들였다. 어떤 행동의 순간에서의 일치단결은 사람들의 성격이나 문화에 어떠한 급진적인 변화를 요구하지 않았으며, 미국의 국민(*Volk*)으로 융합되기를 바라지 않는 고집쟁이들에게 그것을 강요하지도 않았다. 특성에 대한 강한 의식은

---

35) Thomas Starr King, *The Organization Liberty on the Western Continent*, Boston, 1892[1852], p.38; Mackay, vol.1, pp.285-286.

여전히 미국 민주주의의 특징으로서 역할을 하였다. 전체론적이기보다는 오히려 추가적이었던 차이의식은 더욱 더 많은 사람들이 선거에 참여하면 할수록 그 가치와 중요성이 더해간다는, 선거인단 전체에 대한 밴크로프트적 의미에 의존하고 있었다. 이러한 추가적 국민들을 창출함에 있어서 18세기 초부터의 미국 전통이 추가적 시민권, 즉 새 이주자가 끝없이 팽창하는 완전하고 균등하며 분리할 수 없는 정치적 공동체에 참여할 수 있게 하는 방식을 취했다는 것은 대단히 중요하다. 또한 19세기 민주주의가 개인의 사욕과 집단의 행동 사이의 중요한 모순을 인정하지 않았던 것도 중요하다. 국민들은 개성을 희생시키지 않았다. 게다가 미국의 민주주의는 모든 취지와 목적에서 백인 남성들의 경험을 반영한 개념이었다. 계속되는 선거에서 병자나 노인, 장애인들 또는 어딘가 이동하고 있는 사람들을 빼면 투표를 할 수 있었던 사람들의 거의 대다수는 투표를 하였다. 백인 남성의 관점에서 보면 투표자들은, 특히 대통령선거에서는 마치 대단한 결정을 내리는 국민들 같았다.

이러한 민주주의는 미국의 복잡했던 19세기의 건국과정에서 본질적인 것이었다. 근대 서구의 민족주의가 수차에 걸친 나폴레옹 전쟁이라는 가혹한 시련으로부터 일어나고 있을 때, 민주주의는 바야흐로 미국을 휩쓸어버릴 찰나에 있었다. 유럽의 각 문화가 국가의 단합을 위해 오랜 전통의 유산과 민족정신을 추구할 때, 미국 문화는 미국의 낭만적 국가주의의 핵심을 점하고 있는 민주주의를 구가하고 있었다. 세기 중반까지 보통사람들이 이해하기로는 미국과 민주주의는 동의어가 되어 있었다. 유럽의 평론가들이 민주주의는 오직 미국에만 적합하다고 주장하면서 그 바이러스를 고립시키려 했을 때, 미국의 백인들은 진심으로 거기에 동의하였다. 민주주의는 그들의 나라를 정의했다. 미국의 백인들은 민주주의가 명백하게 그리고 독점적으로 자신들의 것이라고 주장하였다. 방문객들이 가망 없는 허영이라고 오해한 것이 실은 정체성의 문제였다. 미국인들은 정확히 그들을 미국인으로 느끼게 만들어 주는 그 민주주의의 특성들—예컨대 대다수 유럽의 평론가들이 미국이라는 나라에는 민족이라는 것이 존재할 수 없다는 것을 증명하기 위해 인용했던 여러 국적의 혼재를 통합한 주권자 국민을 비롯한—에 대해 자랑을 하였다.

다른 말로 하면 미국인들은 통합된 국민(People)과 국가(nation)를 하나로 융합시켰다. 링컨이 남북전쟁에서 얻은 위대한 성취 중의 하나는 그가 상상하던 그 둘의 통합이었다. 그 전쟁은 국민의, 국민에 의한, 국민을 위한 정부를 가진 미국이라는 나라를 위한 전쟁이었던 것이다. 입헌적 연합에 대한 논쟁은 치명적인 함축성을 지니고 있었으며, 그러한 전체성을 보존하는 것은 처벌과 파괴에 대한 강력한 정서를 방출했다. 그러나 국가와 그 국민이라는 개념을 더 자비롭게 적용하여 전쟁의 살육을 설명하기도 하였다. 그래서 북쪽의 백인과 남쪽의 백인 모두 이 전쟁에서 미국의 가장 숭고한 가치를 위해 싸우기 위한 국민의 결정이라는 지역적인 해석들을 끌어낼 수 있었고, 마침내는 그것들을 동포애적인 용기와 집단적인 심판이라는 하나의 단일한 국가적인 이야기로 묶어낼 수 있었다.

"얼마나 현명하게 … 미국의 국민들은 가장 어렵고 가장 중요한 공적인 문제에 대해 결정을 내려왔는가?"를 보수주의자인 하버드 대학의 찰스 엘리어트(Charles W. Eliot)는 1888년에 물었다. 그는 세 가지를 다음과 같이 상술했다. "첫째는 대영제국으로부터의 독립의 문제이고, 둘째는 확고한 연방을 만드는 문제이며, 그리고 세번째는 어떠한 대가를 치르고서라도 연방을 유지하는 문제이다 … 모든 사람들은 이제 각각의 경우에서 비록 많은 당시의 정치인들이 이겨내기 어려울 것이라 생각했던 어려움과 위험에도 불구하고 다수에 의해서 오직 현명한 결정이 취해졌다는 것을 알게 되었고 어떠한 정부도 그보다 더 나은 결정을 하거나 더욱 단호하게 실천에 옮기지는 못했을 것이라는 것을 알 수 있었다." 윌리엄 하우얼스(William Dean Howells)는 같은 해에 "나라는 국민의 것이다"라고 썼으며, 국민의 결정만이 정책을 공공의 필요에 부합한 것으로 만든다고 썼다. 이런 근본적인 국가적 결정을 하는 과정이 혼란으로 보이지는 않았을까? 보통 매우 진지한 프레드릭 그림키는 다행스럽게도 "국민의 여론에 존재성을 부여하도록 만들어주는 것은 어떠한 것에도 속박되지 않아야 할 것 같은 바로 그 생각과 행동의 자유이다. 여론의 영향력이 없다면 사회는 단지 황무지에 지나지 않을 것"이라고 단언했다. 회의주의자들조차도 그 민주주의라는 악마에게 미국에서의 정당한 권리를 부여해야만 했다. 편협한 생각을 지니고 있던 헨리 애덤스는 그의 소설 『민주주의(*Demo- cracy*)』(1880)에서 한 등장인물을 통해 "사악한 자들이, 다수일 때, 덕스러운 자들에 대항해서 신의 대변인이 된다는 원칙에는 상당한 오류가 있을 수 있지만 인류의 희망은 현재 그것 위에 위험스럽게 걸려 있다"고 말했다.36)

밴크로프트에서 휘트먼까지 19세기 미국 민주주의에 대한 찬사는 매우 유사한 특성들을 부각시켰다. 역동성과 안정성, 개성과 통일성, 본능과 판단력, 다양성과 전체성이 그것들이다. 그리하여 프레드릭 터너가 미국 민주주의에 대한 새로운 종합적인 해석을 제시했던 1893년에 그는 미국인들의 개척가적 기원을 설명했던 그러한 자질들에 적응된 청중을 가정할 수 있었다. 가족들로부터 떨어져 나와 단절되기는 했지만 결코 완전하게 잊혀지지는 않았던 터너의 젊은 백인 남성들은 남에게 뒤지지 않으면서 사냥을 하고 싸움을 하고 농사를 짓고 건축을 하면서 새로운 평등한 사회를 일구어 나갔다. 자격보다는 능력이

36) Charles W. Eliot, *The Working of the American Democracy*, Cambridge, 1888, pp.6-7; Olivier Zunz, *Making America Corporate, 1870～1920*, Chicago, 1990, p.62; Grimke, *Nature*, p.91; Henry Adams, *Democracy*, New York, 1961 [1880], p.100에서 호웰스(Howells) 인용.

중요했다. 아무도 새로운 질서에 대한 계획을 세우지 않았고 아무도 거기에 참여하도록 요구하지 않았다. 새 이주자들은 이 발전하고 있는 민주주의에 그냥 손쉽게 편입되었다. 개척자 세대인 완강한 개인주의자들과 타고난 협력자들 모두는 그들의 운명을 개별적인 동시에 집단적으로 결정하였다. 미개척지가 그 도전장을 그들에게 내밀 때 그들을 지탱시켜준 것은 그 세대의 지혜라기보다는 그들의 본능적인 판단이었다. 말하자면 그들은 자신들의 다양한 문화적 짐을 짊어지고 변방의 끝으로 갔다. 그리고는 그 맞닥뜨림과 결단의 위기에서 그들은 짐을 던져버렸다. 순식간에 그들의 문화적 과거사는 부적절한 것이 되었다. 그렇게 함으로써 그들은 변모했다. 그들은 미국의 민주주의자로서의 정체성 외의 모든 정체성을 상실한다. 그들은 하나의 단일한 백인 남성친목조직을 결성한다. 그런 경험의 극단에서 다시 한번 그들은 다양한 문화적 유산들을 재생하여 스웨덴인이나 아일랜드인이 되고 농부가 되거나 교수가 되었다. 하지만 민주주의가 갱신되어야만 한다거나 위축될 상황에서 국가의 중대한 결정에 직면했을 때, 그들은 미국 국민이었다.

4
포용과 배척

19세기의 미국인들은 어떤 이들은 안으로 포함하고 또 다른 이들은 바깥으로 배제했다. 그 경계선은 어떻게 그어졌을까? 지회 민주주의의 영역 안에 속하려면 무엇보다도 우선 직업인으로서의 삶과 공적인 삶에 책임을 지고 있는 시민으로서의 충분한 활동이 필요했다. 그것은 미묘한 차이에 의해 구분되는 문제는 아니었다. 활동판단의 근거는 누구나 알 수 있었다. 자주적 노동자나 자립적 시민으로 행동하는 사람들은 그들의 주장을 내세우고 입지를 확립했다. 그래서 포함과 배제의 문제를 언급하는 또 다른 방법은 어떤 사람들이 스스로의 판단하에 자신을 표현할 수 있었고, 또 어떤 사람들이 자유로운 활동을 제한당했는가를 생각하는가 하는 것이다.

그 해답은 19세기 미국 전반에 걸쳐 산재해 있다. 누가 어디에 속하고 또 속하지 않는지를 결정하는 권위 있는 당국의 문지기는 없었다. 물론 헌법상의 조항이나 정부의 법 집행은 분명 이런 문제를 다루고 있었지만 남북전쟁 이후에도 이 포함과 배제의 문제는 지속적인 탈중심화로 인해 그 결론이 한결같지 않고 불확실하였다. 그들의 남성

클럽이라는 자체도 이 문제를 명료하게 풀지 못했다. 백인 남성들은 적의를 실체화함을 통해, 구분방법은 드러내지 않으면서도 아주 다양한 차별성을 보이고 있다. 단순히 남성친목단체를 방해하는 요소들을 열거하는 것으로는 어떤 류의 적의가 지회 민주주의의 범평등주의의 경쟁범위에 속하는지, 또 어떤 류가 인사이더와 아웃사이더를 대립시킬 때 근본적으로 불평등한지를 구분할 수 없다. 실제로 권리를 요구하는 이들의 행렬은 19세기 내내 경계선에 의구심을 품게 했고, 이런 주장과 거부 사이의 긴장감 자체가 민주적 공공생활 영역을 정립하는 요소가 되었다.

그룹에 속하는 기준에 대한 논의는 이 세기 동안 의미를 잃었다. 19세기의 민주주의 가치관에서 볼 때 가톨릭의 계층구조적 교회는 사람들에게 이상하게 보였고 미국 프로테스탄트 교도들의 강한 반발을 불러일으켰다. 특히 그런 반발은 남북전쟁 이전에 심했는데, 19세기에 가톨릭은 전반적으로 차별과 거부 반응에 시달렸다. 그러나 그 공격이 가장 심했을 때에도 아일랜드계와 독일계 가톨릭 교도들은 민주적 생활방식에 참여하고 익숙해짐으로써 그 속에서 살아남았다. 그들은 독립적인 노동자로서 활동했고, 다양한 남성 클럽들과 연계했으며 지역정치에도 스스로 참여했다. 이는 가톨릭이 대륙 전체로 확산하는 데에도 기여했을 뿐만 아니라 가톨릭 내부에서 평신도의 영향력과 구역통제력에도 영향을 주었다. 거의 예외없이 교회의 위계질서는 정당정치로부터 한발짝 물러나 거리를 유지했다. 다시 말해서 미국의 탈중심화된 민주주의 안에서 가톨릭 교도와 프로테스탄트 교도는 대등한 위치에서 서로 맞설 수 있었다.

한편 다른 관점에서 보면 긴장상태가 사라졌다. 바깥으로부터 약간의 당김만 있어도 긴장은 탁 끊어져 없어졌기 때문이다. 인디언들이 참여할 기회를 갖지 못했던 것은 분명한 것 같다. 대신 그들은 백인 남성 민주주의의 치명적인 전도상태를 살아내었다. 18세기 미국의 계층구조 사회는 때로 미국 정부의 보호를 대가로 보호조치를 받아들인 인디언들에게 약간의 거처를 제공하기도 했다. 이 계층구조를 무너뜨리면서 민주주의는 상류와 하류계급 간의 상호의무에 대한 전제를 없애고 이에 따라 절망적일 만큼 수적으로 열세인 인디언들은 자기 스스로를 보호해야만 했다. 항상 분리되어 있으나 동등한 지역이라는 명목으로 잔인한 사기가 진행되었던 인디언 보호구역은 이제 잔인한 아이러니가 되었다. 왜냐하면 인디언들에게 한때 윤허했던 것 모두를 되찾아갈 권리만을 백인 남성들이 유보하고 있기 때문이다. 인디언 주기(Indian giving)는 백인의 권리행사를 표현하는 애매한 말이다. 민주주의자들이 백인 남성들의 자주적 노동에 필요한 땅을 취했을 때 인디언들은 자신들에게 결코 없어서는 안 될 삶의 원천을 잃었다.

이런 궁극적인 역전은 19세기 미국의 발전이 의미하는 바를 암시한다. 백인 민주주의자들은 현재의 실패를 넘어 미래의 가능성을 바라보게 하고, 내일의 진보라는 명목하에 오늘의 수단들을 정당화해주는 것을 발전으로 이해했다. 그러나 이것이 백인들로 하여금 삶의 한계성으로부터 도약하게 했다고 비유적으로 표현한 것이라면, 이는 인디언에게는 문자 그대로 죽음의 덫으로 내몰린 것이었다. 자신들의 발전을 충족시키기 위해 인디언들의 땅을 필요로 했던 백인들은 그들에게 방해가 되는 인디언들의 세계를 파괴해버렸다. 현재에 이미 미래를 바라보는 백인들의 눈에 인디언들이 들어올 리가 없었다. 이미 1825년에 한 동부의 인사는 “이제 그들은 이 지구상에서 사라져버렸다. 그들의 이름은 이제 역사의 페이지 위에서 지워져버렸다”고 한숨을 내쉬며 말했다.[1] 이미 죽었고, 죽어가고, 곧 죽을 운명에 처한 인디언에게 죽음이란 불가피한 것일 뿐 아니라 자연스러운 것이기까지 하였다. 민주주의에 대한 한 평론가가 결론짓기를 문명화 과정에 의해 멸종된 다른 야생 생명체들처럼 미국 인디언들은 “본질적으로 길들여질 수 없

1) John Ware, *An Address*, Boston, 1826, p.15.

었다. 그들은 우리가 자유라고 부르는 것을 죽음과 같은 노예제로 인식했던 것이다."[2] 민주정부체계는 인디언들의 세계를 파괴하기에는 충분한 힘을 지녔지만, 그들을 보호할 힘까지 갖기에는 역부족이었다. 진보로 향하는 길을 내어라. 그리고 죽은 자로 하여금 죽은 자를 매장케 하라.

아마도 19세기에 미국인들과 인디언들이 민주주의 정치체계 안에서 공존할 기반은 전무했을 것이다. 분명 백인 남성들은 그런 가능성을 타진해 볼 마음조차 없었으리라. 미국 인디언들의 문화가 거쳐온 대단히 다양하고 복잡한 변화들은 그들을 대상으로 한 정책들에 거의 영향을 미치지 못했다. 미시건 주의 의원들이 인디언들은 "위대한 북미 가족"에 포함되지 않기 때문에 절대 진정한 시민이 될 수 없다고 결론지으면서 아무런 역설의 낌새도 느끼지 못한 것처럼 말이다.[3]

이렇게 흡수된 긴장과 깨어진 긴장의 양 극단 사이에 지회의 평등과 일상의 불평등 사이에 애매한 상호작용의 영역이 존재했으며, 이는 19세기에는 쉽게 해결되지 않는 부분이었다. 이 애매한 영역의 중심부에 백인 임금노동자와 흑인 그리고 백인 여성들이 포함되었다. 이는 민주주의의 의미에 구체적인 영향을 끼치는 문제이기도 했다.

개인의 자율성이 곧 민주적 시민임을 의미했기에 임금노동자들은 수많은 불리한 처지로 인해 고통을 당했다. 임금노동자와 하인을 대강 동급으로 취급했던 유럽의 오랜 전통은 심지어 임금노동자들의 자율성의 가능성에 대해서조차 부인했다. 하인에게는 주인이 있었고 주인들은 하인을 통제했다. 참정권 확대에 급진적인 태도를 취했던 17세기 평등주의자들조차도 여전히 "하인과 임금노동자"를 배제시켰으며 그들을 "부랑자들"과 함께 분류했다. 존 로크는 그의 사회계약설에서

---

2) Nathaniel Southgate Shaler, *The Citizen*, New York, 1905, p.255.
3) Chilton Williamson, *American Suffrage*, Princeton, 1960, p.219에서 인용.

중요한 자리를 못 가진 그들의 존재를 언급하지 않았고, 한 세기 이후 애덤 스미스 역시 그들을 공적영역의 중요한 자리를 차지한 것으로 그리지 않았다. 마찬가지로 계몽주의자였던 세자르 디 베카리아(Cesare di Beccaria)는 고용주와 법원, 입법자와 경찰은 사회의 임금노동자들을 규제할 규율들을 제정하고 시행할 책임이 있다고 말했다. 그의 주장에 의하면 임금노동자들은 그들 자신의 길을 택할 능력이 없다는 것이었다.

위에 말한 규율들은 사회가 그 사회의 노동계급의 노동력에 대한 권리를 갖는다는 더욱 험악한 전통으로부터 나온 것들이었다. 1350년 이래 지속된 영국의 법령은 아직 예속관계에 묶이지 않은 노동자들은 이웃에서 어떤 노임으로 일을 부탁하든 간에 이를 승낙해야 한다고 명하고 있었다. 만약 그들의 임금으로 생계를 꾸려갈 수 없다면 노동자들은 지역정부가 구제보조금을 보태주는 의무를 지키기만을 바랄 수밖에 없는 형편이었다. 비록 16세기에 이르러 점점 더 많은 사람들이 보다 높은 임금을 찾아 이동하고, 그러면서 다른 제한 법령들을 깨뜨림으로써 이런 막다른 상황에서 벗어날 수 있었지만, 그들이 자신들의 노동에 대해 선택할 권리가 없다는 사실은 어디를 가나 그들의 뒤를 끈질기게 따라다녔다. 하류계급의 노동에 대한 상류계급의 신분상 또는 개인적인 권리로서 발생되었던 것이 이제는 시민들의 노동에 대한 그 사회의 권리가 된 것이었다. 19세기 초반 유럽 국가들은 여전히 이 권리의 시행 쪽에 기울어 있었다.

이런 상황만큼이나 부담으로 작용한 또 하나는 시골에서 돈도 받지 않고 종속되어 있었던 다양한 형태의 노동자들 수십만이 임금노동시장으로 유입되었다는 것이다. 임금노동의 매력은 개인의 행동자유의 범위였다. 범위가 아무리 적다해도 그 지역의 엘리트가 그들을 계속 감시할 수 없는 환경에 처한다는 것이다. 도시에서는 심지어 고용되지 않고도 일할 수 있는 환경을 제공했다. 고용시장 자체만으로는 더 이상 이들을 작업장에 붙들어 놓을 수 없는 상황에서는 의무노동제의 지지자들은 다른 원칙들에 의존했다. 목사들과 신부들은 열정적으로 기독교정신을 여기에 끌어들였다. 영국 의회는 빈민법을 개정함으로써 모든 연배의 빈민들을 노동시장으로 몰아넣을 수 있게 되었다. 기계시대에, 일부 유럽의 특권층들은 "시계의 움직임처럼 규칙적인 노동자들의 평화로운 콧노래"[4)]를 상상하면서 거의 미적인 쾌감을 느꼈다. 심지에 프리드리히 엥겔스(Friedrich Engels)조차 공산주의 체제하에서도 노동자 동지들은 여전히 공장에서의 힘든 노동의 날들을 계속해야 한다고 동료 급진주의자에게 경고할 의무감을 느꼈다.

미국인들은 이 전통을 공유했다. 상업화된 노동관계의 확산에도 불구하고 다양한 계약, 도제, 임금노동 등의 조건의 형태로 주종관계의 원칙은 19세기에도 굳게 지켜졌다. 유럽인들만큼이나 미국인들도 임금노동자들을 "날품팔이꾼"이라 부르며 비하했다. 19세기 초반 노동자들의 교섭단체는 여전히 불법적인 것으로서 법에 의해 기소 당했고, 법은 노동에 대한 거부를 사회이익에 대한 범법적 음모로서 취급했다. 자주적 노동과 자율적 권위라는 민주주의의 핵심적 기준들의 정립과 함께 이러한 장애들의 의미가 뚜렷해졌다. 임금노동자들은 더 이상 위계질서구조에서 단순한 하나의 종속형태를 의미하지는 않았다. 임금노동자는 직장에서는 상사의 지시에, 법적으로는 더 높은 권위의 종속하에 있는 독특한 위치로 다른 백인들과는 다르게 홀로 있는 것처럼 보였다. 따라서 그들의 첫번째 도전은 전통과의 관계를 끊는 것이었고 그 과정은 1828년에서 1842년 사이에 널리 확산되었다.

새로운 민주주의 정신에 걸맞게도 임금노동자들은 그들의 권리를 주장했다. 1828년 이후 동북부의 도시와 마을들에서 노동자들의 정당들이 나타났다. 무수한 노동조합들이 1834년과 1836년 사이 결성되었다. 가지가지의 잡다한 신문들이 이들 노동자들을 대변한다고 했고 다

4) Chevalier, p.361.

양한 개혁운동이 노동자들의 최선의 이익을 대변한다고 주장했다. 어떤 특정한 저항들은 빠른 속도로 나타났다 사라지기도 했지만, 대체적으로 임금노동자들이 결집한 곳에서는 어디서나 그들의 이런 분출은 공적 의제들을 변화시켰다. 경제적 어려움이 그 추진력이었다고 할 수는 없다. 사실 1837년 이후의 어려웠던 시절보다 그 이전의 상대적으로 풍요로웠던 시절에 임금노동자들은 훨씬 급진적이었다. 그들을 자극한 것은 민주주의의 급류에 뒤쳐질지도 모른다는 위협을 느꼈기 때문이다. 그들은 자립하기 위한 수단을 요구하고 있었다.

자립하려면 기회가 필요했다. 도시의 노동운동가들은 특권과 권력 안에 존재하는 명백한 불평등을 최대의 장애물로 지목했다. 상인자본가들의 독점을 타도하자. 생산하는 자들에게만 대가를 지급하라. 변호사들을 없애라. 임금노동자들은 새로운 체제를 지지하지 않았는데, 이것은 각기 독립할 수 있는 정당한 기회를 얻을 수 있는 기존체제의 정직한 변안에 지나지 않았기 때문이었다. 남북전쟁 이전에 자유노동의 표준적 의미는 자영업이었다. 따라서 당연히 자영농은 자영업의 일반적으로 자주적 노동의 기준이 되는 모델이었다. 그러므로 값싼 토지는 거의 모든 민주주의적 개혁의 주요소로서 제공되었다. "나를 찍으시면 농장을 얻습니다"라고 노동운동가인 조지 에번스(George Henry Evans)는 1840년대에 노동자들에게 말했다. 뉴욕 시의 작은 독일(Kleindeutschland)의 임금노동자들 같은 이주민들 역시 이 슬로건을 받아들였다.

종속의 전통에 대한 민주주의의 또 하나의 공격은 개인의 삶은 스스로 책임진다는 단순한 것이었다. 언제나 선택의 문제였던 자조는 1840년에 하나의 운동이 되었다. 자조의 전략은 본질적으로 급진적인 대립을 거부한다. 급진주의는 세상에 뭔가 끔찍한 일이 일어났다는 전제를 근거로 하고 있다. 평범한 유럽인들의 해석으로는 산업에 종사하는 임금노동자들의 실제 나은 삶의 모습은, 보다 나은 삶을 찾아온 시골 이주민들의 소망과는 배치되는 것이었다. 가족들은 건강을 해치는 빈민촌에 처박혀 있었고, 고용주는 부를 착취했고, 임금은 굶어죽을 정도로 쥐어짜였고, 육체는 공장의 기계들에 짓씹히고 있었다. 약속에 대한 희망이 깨어진 견딜 수 없는 상황에서 논리적인 해결방법은 전면적인 변화뿐이었다. 그러나 반대로 미국 민주주의의 문맥 속에서 노동자들은 이미 임금노동의 종속성 때문에 그들은 자연히 다른 백인 남성들보다 못살게 될 것이라는 사실을 알고 있었다. 약속에 대한 희망은 없고 문제만 있을 뿐이었다. 그렇지 않으려면 그들의 과제는 달리 표현할 수 없는 상실감을 설명하는 것이 아니라 한 걸음 더 나아가 바로 닿을 듯한 자립의 고리로 손을 뻗치는 것이었다. 모든 것을 혼란시키느니 내부의 힘을 결집하여 자치를 위해 확고하게 나아가는 것이 더 나은 길이었다.

자조운동은 급진적이지 않았지만 그것은 분명 보수적이지도 않았다. 임금노동자들의 삶을 둘러싼 수많은 폭력적이고 파괴적인 배경 속에서 한 발짝 앞으로 밀고 나온다는 것은 특별한 용기를 필요로 하는 일이었다. 술집들은 자기자신을 병들게 하고, 가족들에게는 가혹한 짓을 하며, 서로서로를 불구로 만드는 술꾼들을 받아주었다. 싸움질로 뼈가 부러지고 눈알이 빠지면서 사람들은 생계를 잃어갔다. 도박은 노동자들을 불안정하게나마 붙들어주던 수입의 원천을 뿌리째 빨아먹고 있었다. 이런 상황에서 집을 사고, 교회에 다니고, 서약을 하는 등의 일은 개인적으로나 문화적으로 중요한 의미를 지녔다. 1840년대의 외국의 관측자들은 유럽에 비해 얼마나 많은 미국의 임금노동자들이 교회에 다니고 있었는지를 언급한다. 심지어 개인의 자유선택권이 존중되는 이 사회에서 1830년에서 1850년 사이의 술 소비가 특이하게 감소되었다는 것은 자결에 대한 강한 욕구가 있었음을 보여준다. 중독만큼 벗어나기 어려운 것은 없었다. 이런 전반적인 자기개선의 분위기 속에서, 1840년대 초 워싱턴의 노동자들 사이에 성행했던 완전 금주

단체들은 빙산의 일각에 지나지 않았다. 1828년대에 이미 "외부로부터의 억제"가 아닌 "자기수양"이 노동자들의 금주를 이끌던 로드 아일랜드의 프로비던스 지역의 경험들은 시간의 흐름에 따라 자조운동이 어떻게 여세를 몰아갔는지를 더욱 명시적으로 보여준다. 금주와 절약은 성공하고 만취와 방탕은 실패했다는 교훈적인 이야기가 특히 풍부했던 "숙련 노동자와 소규모 자영업자들의 불확정한 영역"에서 왜 사람들이 죄에 대한 응보와 자립의 은총 가운데서 하나를 선택할 수 있다는 것을 안 믿었겠는가?[5)]

최소한 공동체 내에서 자립을 선언하는 것만큼이나 일자리에서 자립성을 주장하는 것도 중요했다. 노동자들은 임금노동자들은 누군가의 하인이라는 의식과 같은 어려운 문제를 대면하고 있었다. 그들의 민주적 자격을 확립하기 위해서 그들은 민주적 방식으로 행동했다. 여행객들의 글은 항용 유럽과 미국의 임금노동자들이 자신을 표현하는 것을 대조시켰다. 1840년 제임스 버킹엄에게서 온 전형적 보고서에 의하면, 지쳐빠진 영국 직공들과는 달리 뉴햄프셔 도버의 공장 노동자들은 놀라울 만큼 야심 있고, 낙천적이고, 근면했으며 자신들의 사회적 평등문제에 대해 대단히 민감한 반응을 보였다. 여행객들은 자결의 정반대로서, 이중으로 경멸을 받는 손님을 시중드는 일이 미국에서는 완전히 엉망진창임을 알았다. 아일랜드계 하녀는 거만을 떨고 직장을 그만두는가 하면, 가정부는 고용주와 앉아 잡담이나 하고, 시종은 상전들을 마구 대했다. 프랜시스 그런드는 주인과 "한집에 산다는" 한 미국인 하인이 "그는 주인을 매우 좋아하지만 정치문제로 항상 화나게 한다"고 말하는 것을 직접 들었다고 전했다. "그의 주인은 이를 알면서도 그를 고용했다." 한 국제주의자 헤어디자이너는 영국인과는 반대로 "많은 미국인들은 집안의 모든 다른 하인들과 잘 어울리지 못하면

5) John S. Gilkeson, Jr., *Middle-Class Providence, 1820~1940*, Princeton, 1986, p.23; Iver Bernstein, *The New York City Draft Riots*, New York, 1990, p.242.

감히 그를 하인으로 고용하지 못한다"고 했다. 당연히 미국인 노동자들은 절대로 제복을 입지 않는 것으로 당연시되었다. 한 신문에서는 유니폼은 사람을 "포상용 가축"처럼 보이게 한다고 비웃었다. 하인을 일손이라고 하고 주인을 상사라고 바꾼 언어상의 변화는 이런 민주적 감정을 반영한 것이었다.6)

일터에서의 자립을 얻기 위한 보다 복잡한 접근으로서 노동자들은 안전과 자치권을 맞바꾸었다. 19세기 초의 민주적 개인주의에 수반된 중요한 부수물들 가운데 하나는 새로운 신체 소유의식이었다. 그것의 기원은 신체를 고결하게 보았던 다양한 계몽적 주장에 있었다. 철학에서도 과학에서도 그리고 범죄의 처벌에서도 신체는 소중한 것이었다. 그러나 18세기의 평범한 시민들에게 이런 제안은 인도적인 것이기는 했으나, 별 힘도 중요성도 없는 것이었다. 그들의 신체에 해를 가하거나 낫게 하는 모든 권한은 특권층에게만 집중되어 있었다. 어떤 18세기의 계몽철학자(*Philosophe*)도 군인들을 구타로 훈육시키는 것에 반대하지 않았고, 우선 제퍼슨도 남색질에 대한 처벌로서 거세를 해야 한다고 생각하였다. 신체에 대한 통제권은 1820년대 들어와서 민주화되기 시작했다. 의약품의 대중화는 미국인들이 자기자신을 돌보는 방편을 제공했다. 신체에 손상을 주는 모든 형태의 처벌에 대한 반대운동은 고통이나 폭력에 대한 저항이라기보다는 신체에 해를 주는 모든 외부인의 요구에 대한 거부로서 지지를 얻었다. 해군에서의 매질의 폐지는 세기 중반 이 운동을 마무리지었고 모든 백인 남성들이 자신의 신체를 마음대로 할 수 있다는 민주주의 원칙이 이 시기에 성립되었다.

어떤 한 가지 권리의 창출이 삶을 더 안전하게 해준 것은 아니었다.

---

6) Grund, p.236n; Eliza Potter, *A Hairdresser's Experience in High Life*, Cincinnati, 1859, p.34; Robin L. Einhorn, *Property Rules*, Chicago, 1991, p.162에서 신문 인용.

오랜 위험들은 여전히 19세기를 감싸고 있었다. 중독과 감염은 무차별적으로 파고들어 생명을 앗아갔다. 실로 오늘 산 사람이 다음 날은 죽은 사람이었다. 효과적인 진단 방법이 거의 없었던 만큼 생명은 갑작스러운 만큼 이해할 수 없게 끝나버렸다. 작업장에서 불구가 되는 것은 일상적인 일이었다. 해리 크루즈(Harry Crews)의 후일의 묘사는 이 상황에도 적절한 것이다. 마치 모든 사람들에게 "뭔가 없어진 것 같았다. 손가락이 잘려 나가고, 발가락이 갈라지고, 귀를 반쯤 물어뜯기고, 눈은 번쩍이는 울타리 꺽쇠 때문에 점점 잘 보이지 않게 되었다. 그리고 뭔가 없어지지 않은 사람들에게는 상처가 있었다."7) 바뀐 것은 선택된 위치였다. 목숨의 허용치 내에서 민주주의 체제는 모든 백인 남성들이 자기자신의 신체처분에 대한 결정권을 갖도록 했다.

민주주의적 위상과 신체 소유권간의 긴밀한 연계는 임금노동자들에게 그들 나름의 19세기 노동법에 대한 시각을 갖게 했다. 19세기 노동법은 모든 산업재해의 책임을 노동자에게 돌린 매사추세츠의 대법원장인 리뮤얼 쇼(Lemuel Shaw)의 **파웰 대 보스턴·우스터 철도회사**(*Farwell v. Boston and Worcester Railroad*)(1842) 소송의 악명 높은 판결에 있었다. 어떤 면에서 **파웰** 소송은 기업 우선 자본주의의 씁쓸한 승리였다. 즉 고용주는 이익을 챙기고 노동자는 위험을 떠안는 것이었다. 미연방대법원의 다른 판사들과 마찬가지로 쇼는 사업하는 데 걸림돌이 되는 제재들을 없애고 싶었고, 이를 유발하는 중대한 요소로서 산업재해 비용의 증가를 인식하고 있었음에 틀림없다. 그럼에도 불구하고, 주목할 만한 노동자 대변인이나 조직이 19세기에 **파웰** 소송에 대항하는 운동을 일으키지 않은 데는 이유가 있다.

물론 지금 보면 포괄적인 사회보장법이나 근로기준법이 파웰 소송시보다는 훨씬 나아 보인다. 그러나 1840년대의 법이나 관습은

7) Jack Temple Kirby, *Rural World Lost*, Boston Rouge, 1987, pp.187-188에서 해리 크루즈(Harry Crews) 인용.

완전히 다른 기준을 갖고 있었다. 공적으로 조달된 노동자 보상금 같은 것은 꿈도 꿀 수 없는 일이었다. 어떤 상황에 있는 사람이든 법적으로 손해배상청구소송으로 손해를 배상 받은 사람은 거의 없었다. 한 역사가가 말했듯, 법정은 "무책임주의(no-liability)"로 운영되었다.[8] 게다가 19세기에 미국을 기독교 국가로 만든 것이 무엇이었든 간에 그것은 분명 점잖은 덕목의 실행은 아니었다. 미국인의 두드러진 특성상, 불구자에 대한 동정심을 말하는 사람은 없었다. 파웰 소송에 대한 가장 유력한 대안은 3년 전에 있었던 반즈 대 보스턴·우스터 철도회사(*Barnes v. Boston and Worcester Railroad*) 소송에 대한 매사추세츠 법원의 판결인데, 거기서 한 상해를 입은 노동자가 배상을 받았다. 그러나 반즈 소송의 경우는 매사추세츠의 전통적인 가부장제의 문맥에서 말할 수 있는 것이지 민주주의로 설명될 수 있는 것은 아니었다. 이 경우는 그 노동자를 회사의 위계질서상에 놓고 보았을 때 그의 좋은 특성들, 즉 그의 충성심과 정직성 그리고 신뢰도에 대한 보상을 한 것이지 임금노동자의 권리는 하나도 설정하지 않았다. 고용주의 고마운 은혜를 법원의 고마운 은혜로 대체함으로써 반즈 소송은 민주적 임금노동자가 탈피해야 하는 바로 일종의 권위에의 의존을 재차 긍정한 것이었다.

민주주의적 견지에서 파웰 소송은 하나의 홍정이었다. 일면 노동자 측은 그들 자신의 안전에 대한 책임을 지는 것이었다. 냉정하지만 그러나 비합리적이지는 않게 쇼가 선언했듯이 이는 "위험에 대한 최상의 대처를 할 수 있는 사람들"에게 그 위험을 처리하도록 맡긴 것이었다. 종종 이들 일단의 사람들은 작은 모임을 조직해서 대강 비슷한 지위에 있는 사람들끼리 서로서로를 그리고 작업장을 감독하기도 했다. 그들이 그렇게 하지 않으면 아무도 하지 않았다. 바꾸어 말하면

8) Lawrence M. Friedman, *Total Justice*, New York, 1985, p.57에서 로버트 라빈(Robert L. Rabin) 인용.

파웰 소송은 임금노동자들의 자유를 상당 정도 인정한 것이었다. 19세기 미국의 탈중심화되는 노동사회에서 이들의 많은 수가 어쨌든 그들 스스로의 방안 창출과 신입사원의 훈련, 근로작업의 일상관리와 스스로 조심을 하는 수밖에 없었다. 그것은 큰 도박이었다. 이 도박의 승자는 일터에서 자유인으로서 기능할 수 있었지만 패자들, 즉 실수했거나 심한 부상을 입은 사람들은 파멸의 나락으로 떨어졌다. 얼마나 많은 수의 노동자들이 스스로 원해서 이 도박을 선택했는지, 또는 얼마나 많은 이들이 그에 대한 후회를 하며 살았는지는 아무도 모른다. 그러나 그 거래가 실제로 혹독했던 만큼, 1840년대는 이로 인해 민주주의에 대한 개념이 자본주의에 대한 개념만큼이나 잘 형성되었다.

자립을 위한 마지막 전략은 이 난제의 또 다른 면, 즉 노동자들의 노동에 대한 사회의 권리라는 측면과 마주하게 되었다. 이 권리는 노동자의 자율권을 단적으로 부인함으로써 그들을 민주주의자들이라고 격하하는 것이었다. 새로운 제도 안에서는 강제노동의 의미를 내포하는 모든 임노동은 임금노예제(wage slavery)였다. 자유인은 자신의 노동 여부를 스스로 결정할 수 있기 때문이었다. 더구나 관습법 음모설은 강제노동이라는 망령을 계속해서 불러일으켰다. 비록 19세기 초 이런 노동 음모의 법적 영역은 상당히 좁아졌지만 1835년 뉴욕의 재판장인 에드워드 새비지(Edward Savage)는 여전히 이런 신조를 파업 노동자들에게 엄격히 적용하여, 그들을 "근면한" 사람들의 노동권을 박탈하고, 따라서 "생산적인 노동량을 감소시킴으로써 공동체 사회"에 해를 끼친 이들로 판결했다. 바로 이는 강제노동 뒤에 숨어있는 유서 깊은 논리였다.[9] 결국 새비지의 판결은 임종시의 마지막 내모는 숨이었다. 또 한 번 새로운 방향을 제시한 사람은 매사추세츠의 대법원장인 리뮤얼 쇼였다. 연방 대 헌트(*Commonwealth v. Hunt*)(1842)

---

9) Christopher L. Tomlins, *Law, Labor, and Ideology in the Early American Republic*, Cambridge, Eng., 1993, p.151에서 인용.

소송은 생산적 노동에 대한 사회의 지분을 고용주에게로 넘겼고, 고용주가 노동자와 맺은 계약이, 법적 효력이 있는 원칙인 노동자의 사회에 대한 의무를 대신하게 되었다. 비록 이론상일지언정, 이제 임금노동자들은 사회의 개미 같은 일꾼으로서가 아닌 자유로운 거래인으로 출현한 것이다.

파웰 소송과 헌트 소송은 둘 다 1842년에 있었다. 토지 개혁과 함께 노동의 자부심과 노동자의 금주운동이 이때 한창이었고 백인 임금노동자를 위한 동등한 입지획득 캠페인은 그 정점에 달했다. 자기정립, 자조, 일터에서의 자립, 노동투쟁 등의 주제들이 이 세기의 균형을 좌지우지했다. 노동시간 제한 주장(남북전쟁 이전에는 10시간, 이후에는 8시간)의 핵심은 보다 많은 자유시간을 통해 임금노동자들이 성숙하고 교육받은 시민으로서의 역할을 수행할 수 있다는 것이었다. 19세기 전반에 걸쳐 대두된 토지 독점에 대한 비난은 농부들에게 만큼이나 임금노동자들에게도 호소력이 큰 것이었다. 사회적 진보로 토지의 가치가 더욱 커졌다는 주장을 "단일 세금"을 통해 역설한 헨리 조지(Henry George)는 1880년대에 가서야 어떻게 토지개혁이 농업미국과 산업미국을 잇는지를 보여준다. 한편으로, 토지관리 방식으로 인해 균등한 분배의 기회가 파괴되었다는 그의 통찰은 서부 개방성의 상징인 캘리포니아에서 온 것이었다. 다른 한편 그가 중요시해서 보여준 실례들은 대도시에 대한 것이고, 또한 그의 주된 지지자들도 대도시에 몰려 있었다. 토지개혁을 노동조합 프로그램의 핵심으로 인식한 노동기사단의 대표였던 테렌스 파우덜리(Terence Powderly)는 조지의 추종자 중 한 사람이었다. 조지가 뉴욕의 시장에 출마했을 때 그의 주된 지지 기반을 형성했던 것은 백인 임금노동자들이었다.

어떻든 보통 최대의 자립성과 연관되어 있던 개인적인 위험부담을 기꺼이 감수하면서도 임금노동자들의 직장에서의 자립에 대한 요구는 19세기 내내 증가했다. 철도공사나 제철공업 그리고 탄광 등과 같은 고도의 위험이 수반되는 숙련직이 미국의 임금노동자들이 가장 원하는 직업이었다. 이들 산업체들에서 노동자조직들이 보다 안전한 직장을 만들기 위해 치열하게 노력을 했다는 기록은 없다. 반대로, 모든 경우에서 "숙련된 기술자는 자신의 일과 안전에 대해 책임진다"고만 되어 있으며, 그런 상황하에서 벌어지는 학살은 섬뜩할 정도이다.10)

체계적인 정부자료의 부재에도 불구하고 여러 단편적인 증거는 미국의 작업현장에서 강요된 위험감수라는 끔찍한 대가를 암시한다. 19세기 말, 산타페 철도에서는 연간 40%의 노동자들이 부상으로 고통을 받았다. 미숙련 노동자들이 아마도 더 많은 사고를 당했다 할지라도 일리노이 중앙 철도에 대한 7년간의 연구결과에 의하면 가장 숙련된 사람들 중에서 20명에 한 명꼴로 직업에 관련된 부상을 입어 완전히 불구가 되었다고 결론짓고 있다. 비교연구들은 상황을 보다 자세하게 드러내준다. 미국 철도회사들은 미국인 자신들이 발명해낸 웨스팅하우스(Westinghouse) 브레이크와 같은 안전장비들조차 산업국가들 가운데 가장 나중에 설치했다. 미국에서 나온 자료들이 사고에 대해 매우 심하게 축소를 했음에도 불구하고, 1910년에 행해진 한 연구결과는 미국 철도는 영국에 비해 연간 사망률은 3배, 부상률은 5배였으며, 독일에 비하면 각각 2.5배, 5배였다. 20세기 초반, 미국 탄광에 대한 현장 점검에서 미국은 벨기에보다 3배 이상, 그리고 영국의 거의 3배에 달하는 사망률을 기록했다.

가외의 노력과 높은 위험부담도 임금노동자의 시민권 문제를 해결하지 못했다. 어떠한 임금노동 관계의 와해도 자기주도적 노동과 자율권 속에 펼쳐지는 산업시대로의 길을 열어주지 않았다. 임금노동자들이 얻은 것의 대부분은 인색한 사법부로부터 얻은 편린들이었다. 19세기에 통용되던 민주적 표현을 빌린다면, 백인 임금노동자들은 여전히 그들의 동료들보다 더 의존적으로 보였다. 프레드릭 그림키는 임금

---

10) James Whiteside, *Regulating Danger*, Lincoln, 1990, p.56.

노동들을 고용주들의 "우등(superior)" 계급에 대비되는 "열등(inferior)" 계급이라 불렀다. 노동자들이 파업이나, 저항, 그리고 교육 등과 같은 공공의 공간을 어떻게 이용할 것인가 하는 문제는 특별한 제약하에 있었고, 19세기의 민주주의에서 이는 언제나 이등시민의 표시였다. 유사한 관점에서 많은 사회지도자들이 가난한 자들은 사회에 노동을 빚지고 있다는 생각을 고수했다. 임금노동자들의 시각에서는 남북전쟁에의 징집은 바로 이 고달픈 오래된 원수가 얄팍한 가면을 쓰고는 노동자들을 군으로 쓸어감으로써 과거의 수병강제 징집대와 매우 비슷하게 기능하는 것 같이 보였다. 1871년의 대화재 사건(Great Fire) 이후 시카고의 사업가들은 도시 재건에 참여하지 않는 사람들에 대한 원조를 거부하려고 했다. 19세기 말의 부랑자법은 게으름을 범죄로 간주했고, 이는 가난한 사람들을 대상으로 한 것이었다.

임금노동이 자영업으로 가기 위한 단순한 임시상황처럼 보이는 정도에서는 이런 장애들은 별로 심각한 것이 아니었다. 그러나 시간이 지나면서 노동력의 상당 부분이 임금노동이 되고 그들 중 상당수가 점차 평생 임금노동자가 되었다. 임금노동자가 만일 승진할 수가 없으면, 최소한 그들은 떠나버릴 수 있었다. 임금노동자의 자유와 그들의 물리적인 기동성을 동일시하는 것은 상투적인 일이었다. 나쁜 직장을 떠나서 더 나은 곳을 찾는 것이다. 그러나 계속 이직함으로써 차별을 면하는 것만으로는 아무 문제도 해결되지 않았다.

임금노동자들의 민주적 위상은 정체성을 바꾸고, 그들 구성원들의 독립성을 인정해주는 지회를 통해 공공영역에 재편입함으로써 변화할 수 있었다. 이제는 더 이상 임금노동자가 아니라, 아일랜드계 민주당원 또는 아이오와 농업협동조합원(Grangers), 또는 남북전쟁 참전용사 따위였다. 임금노동자로서의 자신을 안 나타나게 함으로써 그들의 시민권도 그 모호성을 버리게 되었다. 물론 때때로 이들 모임들은 문패만 새로 건 단순한 노동조합이기도 했다. 그러나 대개 임금노동자들은 노동중립적 용어로 자신들의 정체성을 새로 만들어나갔고, 형제애적 조직망이 백인들에게 제공하는 여러 정체성 속에 섞여들어 사회적 평등을 획득해갔다. 다시 말해서 노동권에서는 해결되지 않던 민주주의 문제가 정치권에서 가장 효과적인 해답을 찾은 것이다. 즉 민주주의의 수단을 바꿈으로써 민주주의의 결과도 변한 셈이다.

백인들이 흑인들을 거부한 것도 분명 이런 종류의 불가시성이었다. 그들은 제2의 공적 정체성도 허용하지 않았다. 1860년 이전에는 흑인이나 노예들의 활동영역은 한정되어 있어서 백인들이 그들의 민주주의의 안티테제로서 인식하는 데 아무 문제가 없었다. 민주주의자들은 공공영역으로 쏟아져 나왔고, 흑인들은 노예 순찰대를 피해 다녔고 노예 경매장을 가득 채웠다. 만약 자주적 노동이 민주주의자를 규정한다면 노예제는 그 정반대를 성립시켰다. 자신의 신체에 대한 소유권을 갖고, 그것을 스스로의 선택을 통해 위험에 노출시킬 수 있는 것이 민주적 노동에서 당연한 것으로 받아들이는 곳에서, 매질이란 노예를 벌준다는 의미였다. 다나(Dana)의 『평수부 생활 2년(*Two Years before the Mast*)』에서 채찍을 휘두르고 있는 선장은 그의 백인 선원들에게 고함을 지르고 있었다. 선장은 매질을 당하는 선원들을 "흑인 노예"로 바꿀 수도 있는 것이다. 매를 맞는 다는 것은 흑인으로의 지위격하를 의미했다. 19세기 초반 강제적인 노예노동의 최후의 형태도 자유의 신장으로 노예제로부터 서서히 헤치고 나아가고 있던 북부 흑인들을 포함하고 있었다.

또한 노예제는 미국에서 승리한 민주주의만큼이나 서유럽의 부르주아 계급에서 이미 우세해 있던 기본인권에 대한 후기 계몽주의의 가치와도 정반대였다. 결국 남부의 노예주들은 이중으로 배척 당할 위협에 처해 있었다. 유럽인들은 그들을 특이하게 야만적이라고 비난했고, 북부 백인들은 그들이 민주주의적 합의를 깨뜨리고 다른 사람의 노동으로 살아가는 소수의 특권층, 귀족주의자들이라고 비난했다. 거기에 대한 반응으로 남부의 백인 지도층은 그들 자신의 자원을 결집하기 위해 더욱 내부로만 향했다. 역사가 드루 포스트(Drew Faust)가 썼듯이 "(1830년대 이후 발전한) 노예제 지지논쟁의 중요성은 … 남북전쟁 이전의 남부 사회 자체 내에 있다."[11] 노예제에 도전할지도 모르는 논쟁에 침묵의 담장을 쌓으면서 남부의 백인 남성들은 그들 자신의 공무의 영역을 축소시키고 국가적으로도 그렇게 똑같이 하려고 하였다.

비록 노예제가 민주주의와는 모순되지만 그 둘은 반드시 충돌하는 것은 아니었다. 남부의 노예제는 미국에 민주주의가 도래하면서 더욱 굳어졌고 미국의 팽창적인 백인 민주주의는 흑인 노예에 대한 확대요구를 더욱 자극하였다. 잭슨파 사람들은 한편으로는 민주주의를 옹호하면서 다른 한편으론 노예제에 대한 전국적 논쟁을 억누르는 데 협력하였다. 보스턴의 조지 밴크로프트나 뉴욕의 윌리엄 레깃과 같은 민주주의의 중요한 대변자들조차도, 비록 그들이 노예제에 대해 심한 반감을 가지고 있었지만, 노예제와 싸우기 위해 어떠한 특별한 노력을 기울이지는 않았다. 사실 노예제에 대한 가장 두드러진 적은 민주주의가 느리게 발달하고 있던 뉴잉글랜드 지방에 집중되어 있었다. 노예제를 반대하는 가장 강력한 호소력은—쇠사슬에 묶여 있는 남자와 매우 슬프게 울고 있는 엄마 그리고 도망노예를 쫓는 이미지였다—기본적으로 복음주의적 기독교 정신과 계몽주의의 감정에 호소하는 것이었지 민주주의가 아니었다. 노예제와 민주주의는 오랜 세월 동안 나란히 공존하였고 노예제에 대한 북부의 공모는 도처에서 볼 수 있었다. 한 관찰자가 빈정대면서 말했듯 남부 백인이 그들의 노예들을 때린다면 북부 백인들은 그들에게 채찍을 팔았다. 게다가 노예제의 한가운데서

---

11) Drew Gilpin Faust, *A Sacred Circle*, Baltimore, 1977, p.112.

민주주의가 공동체 통치력을 팽창시키고, 육체노동의 역할을 조정하며 그리고 공적 의제를 제한하는 중요한 역할을 하는 동안, 백인 남성의 친목주의와 비밀회의는 남부에서도 또한 번창하였다. 1860~61년의 연방 탈퇴를 위한 집회가 전쟁에 대한 국민투표에 가장 가까운 결과 접근을 제공했던 곳이 바로 남부의 주들이었다.

노예제는 그것이 존속하는 한, 자유흑인을 포함하여 남북전쟁 직전에 약 50만에 달했던 모든 미국 흑인들을 포용하였다. 흑인들의 자유는 백인의 자유에 얼마나 가까운가라기보다는 노예제로부터 얼마나 거리가 있는가에 의해 측정되었다. 남부의 주들은 자유흑인에게 백인들이 향유하고 있던 대부분의 시민의 권리들을 부여하는 것을 거부하였고 노예들에게 적용하는 법적 처벌을 그들에게도 똑같이 부과하였다. 남북에 관계없이 수많은 주에서, 자유흑인들은 합법적 주민이 될 수 없었다. 북부의 어느 주에서건 백인의 폭력으로부터 흑인을 보호해줄 법적 장치는 없었다. 오직 몇몇 주에서만 자유흑인이 납치를 통해 다시 노예가 되는 것을 보호해줄 따름이었다. 달리 말하면 미국 흑인에 대한 시민적 정의는 노예제로부터 시작했다.

비록 미국 민주주의가 백인 인종주의를 만들어낸 것이 아님—역으로 백인 인종주의가 미국 민주주의를 만들어낸 것도 아니지만—은 확실하지만 그 둘은 서로 불안정한 방식으로 섞였다. 그 혼합의 한편에서는 공동체 일원으로서의 의미에 대한 새로운 감정적인 책임이 촉구되었다. 18세기의 계층구조 속에서 사회의 맨 밑바닥 혹은 그 주변에 있었던 자유흑인들은 백인에게는 거의 어떠한 위협도 되지 않는 것 같이 보였다. 당시의 가장 큰 위험은 반란이었다. 1790년대 성 도미니크에서 일어난 노예반란은 전형적인 것으로 전사회적 발판을 파괴하였다. 그러나 19세기 초의 지회 민주주의에서는, 백인들이 겁내는 용어 **혼혈**(*amalgamation*)로 표현했듯이, 흑인들이 직접적 위협으로 여겨졌다.

이론상으로는 민주적 남성클럽에 들어오는 모든 사람에게 모든 장벽은 무너져 내렸다. 노예와 자유 사이의 차이가 흰색과 검정색처럼 명확한 곳에서 이런 종류의 혼합은 임박한 사회적 추락의 이미지를 불러일으켰다. 백인 아버지들에게 그들의 딸이 흑인과 결혼할지도 모른다는 식으로 경고하는 인종주의자들의 진부한 이야기—혁명 세대에게는 이해할 수 없는 것으로 보였을 사고방식—는 이 민주주의적 토양에서 바로 유래한다. 같은 논리로 어떠한 것도 자격을 갖춘 시민이 그 나라의 어떠한 직분이건 간에 오르는 것을 방해하지 않았다. 지역 모임을 통해 다양한 사람들의 높은 이동률이 있는 북서부의 주나 뉴욕 주 같은 유동이 심한 지역에서 특이하게도 사회적 계층이동과 인종차별주의적 시사만화들은 무기력한 백인을 심판하는 자리에 있는, 그리고 연약한 백인 여성에게 수작을 걸고 있는 원숭이 같은 흑인들을 묘사함으로써 혼혈에 대한 환상을 최대한 이용했다.

그 강력한 혼합의 두번째 부분은 인종주의와 국가건설을 연결시켰다. 민주주의가 건설중에 있던 국가를 정의하듯이 민주주의의 백인성 또한 그러하였다. 만일 국가 그 자체가 흰색이라면 흑인은 단순한 주변인이 아니라 진정한 미국에서 완전히 제거되었다. 19세기의 언어로, 흑인들을 배제하는 것은 자연스러운 것이 되었다. 노예제 또한 그러하였을 것이다.

남북전쟁 이전에 이러한 부담은 민주적 참여에 중요한 세 분야, 즉 참정권과 참정권 행사를 주선하는 능력과, 그들이 결정한 것을 실행에 옮길 수 있는 공적 공간 등에서 자유흑인들의 전망을 침몰시켜버렸다. 백인 친목 민주주의가 승리함에 따라 자유흑인들은 점진적으로 투표권을 잃었다. 즉 메릴랜드에서 1810년에, 뉴욕에서 1821년에, 테네시에서 1834년에, 노스캐롤라이나에서 1835년에, 펜실베이니아에서 1838년에 투표권을 잃었다. 새로 생긴 서부의 주들은 처음부터 흑인들의 투표권을 거부했다. 남북전쟁 시기까지, 한동안 민주주의를 꺼리던 뉴잉글랜드의 5주에서 극소수의 자유흑인들만이 투표할 수 있었다. 게다가 1830년대에는 제약법이 줄줄이 남부의 주 전역에 확산되었다. 집단모임이 금지되었고 흑인들의 공공집회가 금지되었다. 북부에서는 백인 남성들이 폭력을 통해 유사한 결과를 만들어냈다. 1830년대 초반과 중반 동안 문자 그대로 흑인들이 맞거나 죽임을 당하는 사건들이 발생하여 나머지 사람들을 공포에 떨게 하였고 공적 영역으로부터 그들을 몰아내었다. 미국 흑인조직의 심장부인 교회들이 가장 좋아하는 공격 대상이었다. 역사상 그 어떤 사회도 이보다 더 자유흑인들을 가혹하게 다룬 사회는 없었다며 올란도 패터슨(Orlando Pat- terson)은 결론지었다.

달리 말하면, 거의 모든 북부의 흑인들은 민주주의가 전도된 음지로 밀려났다. 그곳에서는 인종차별주의가 평등주의를, 폭력이 경쟁을, 침묵이 참여를 대체하였다. 비록 그들이 여전히 함께 모이기는 했지만 그들의 공적인 공간은 실내에 숨겨져 있었다. 거리는 백인의 것이었다. 이 음지로부터 나오려는 노력으로 미국의 흑인들은 간접적인 정치적 수단을 붙들었다. 즉 흑인들은 그들에게 귀를 기울일 필요가 없는 백인들에게 그들에게 귀를 기울여달라고 요청했고, 그들을 대표하지 않는 관리들에게 그들을 대표해달라고 요청했다. 이러한 상황에서 무언가를 요구하는 유서 깊은 수단은 탄원이었고 자유흑인들은 탄원을 줄기차게 했다.

그런 상황 아래서 어떻게 흑인들이 의존이라는 제식 언어를 보상하기 위해 청원서를 그럴듯하게 만들 수 있었겠는가? 우리는 겸손하게 기도합니다 혹은 우리는 최대한의 존경을 담아 제출합니다라고? 오하이오 헌법에서 "백인"이란 용어를 삭제할 것을 정중하게 요청하기 전에, 1858년 오하이오 정부를 대상으로 탄원하면서 한 미국 흑인 대표자회의는 "주민의 일부에게 대표를 허용하지도 않고 그들에게 세금을 징수하는 정부, 그들에게 명예나 신뢰의 공직을 제외하는 정부, 배심원에 의해 공정한 재판을 받을 권리를 거부하는 정부, 그들의 어린 자녀들이 교육을 평등하게 받는 것을 거부하는 정부, 그들이 군대에 들어가는 것을 거부함으로써 그들의 애국심을 무시하는 정부, 그들이 그들의 도시에서 사냥 당하여, 감옥에 갇힌 다음 속수무책으로 노예로 끌려가는 것을 허용하는 정부"는 민주주의라는 말을 들을 자격이 없다고 단정했다. 그런 노력에서 나온 긴장은 우지직 우지직 소리를 내었다. 정중하되 알랑거리진 말라. "그러므로 우리는 우리편에서 과도하게 겸손하는 척하고 싶지도 않고 할 필요도 없다고 생각한다." 탄원의 언어가 갖는 비굴성으로부터 떳떳한 주장을 보호하라. "귀하—이 편지를 귀하께 쓰는 이유—사과라는 말은 않겠습니다."[12]

그럼에도 불구하고 탄원이 "노예의 복종에 대한 참정권으로부터의 후퇴"를 의미하는 곳에서 그들의 탄원은 자멸적인 행위였다.[13] 민주주의자는 그것의 정의상, 통치과정에 직접적인 목소리를 내고, 공무원들에게 아무런 방해 없이 접근할 수가 있었다. 흑인들에게 그러한 특권을 부여하는 것을 부정함으로써 백인들은 흑인들이 어쩔 수 없이 절차를 이용하게 함으로써 그들이 배제되었다는 것을 재확인하도록 하였다. 힘 있는 백인 민주주의자들에게는 탄원이라는 단순한 행위 자체가 그 청원자의 열등한 지위를 실증하는 것이 되었다. 비록 자유흑인들이 몸부림치고 꿈틀거리긴 했지만 그들은 여전히 무릎꿇고 애원하는 형편에 있었다. 흑인들이 백인들과 동등한 인간으로서 말하려고 할 때면 그들은 어김없이 "무례한 놈"으로 간주되었다.

하지만 흑인들은 거의 선택의 여지가 없었다. 이따금 드물게 흑인들의 분노는 공개적으로 폭발하였다. 신비스런 이단자인 데이비드 워

12) Herbert Aptheker(ed.), *A Documentary History of the Negro People in the United States*, vol.1: *From Colonial Times Through the Civil War*, New York, 1951, p.413, 347-348, 274.

13) Lori D. Ginsberg, *Women and the Work of Benevolence*, New Haven, 1990, p. 95에서 칼빈 콜톤(Calvin Colton) 인용.

커(David Walker)의 1829년에 나온 "이런 자유공화국"에 대한 경멸을 담은 탄원서는 공적 분노의 특히 멋진 예이다. 그렇지 않으면, 자유흑인들은 로버트 퍼비스(Robert Purvis)가 동료 노예폐지론자들의 모임에서 미국의 "비열하고 경멸할 만한" 제도와 "너저분한 썩은 민주주의, 입으로는 평등을 소리 높여 말하면서도 인구의 1/6을 짓밟아 구렁텅이에 처넣는" 상황을 비난했듯이, 사적으로만 분노를 발산할 뿐이었다. 더 폭넓은 청중에게 간곡히 호소하면서, 그들은 흑인들의 불만을 알리기 위해 백인들의 감수성을 이용하였다. 워커는 기독교적 양심을 불러일으키려 하였고, 다른 미국 흑인들은 7월 4일의 자유의 주제를 그들 자신의 대의명분으로 바꾸었다. 백인이 경축하는 그날은 흑인에게는 "일 년 중 가장 구슬픈 날"이라고 한 편집자는 힘주어 말했다. "미국의 노예에게 당신들의 7월 4일이 뭐란 말인가?" 프레드릭 더글러스(Frederick Douglass)는 1852년에 로체스터에서 열렸던 흑백혼합 집회에서 백인들에게 물음을 던졌다. "이 7월 4일은 당신들의 것이지 우리의 것이 아닙니다. 당신들은 즐거워할지 모르지만, 우리는 통곡해야만 합니다." 비록 몇몇 자유흑인들은 영국의 노예가 해방된 날인 8월 10일을 그들의 독립기념일로 삼아야 한다고 주장했지만 보편적인 주장은 미국의 7월 4일의 전통을 따르는 것이었다. 예를 들면 7월 5일을 그들이 이의를 표시하는 날로 선택함으로써 뉴헤이븐(New Haven) 교회의 교인들은 효과적으로 백인 미국의 유산 바로 옆에 서서, 자신들의 입지를 요구하였다. 즉 "독립선언은 모든 인간은 자유롭고 평등하게 태어났다고 주장한다. 이러한 자유와 평등은 또한 우리들에게도 적용되는 것이 아닌가?"[14)]

백인 역사에서 그 무엇보다 더 깊은 연속성을 분쇄함에 있어, 노예제 타파는 모든 흑인들의 삶에 대변혁을 일으켰다. 흑인노예들의 악몽

---

14) Aptheker, *Documentary History*, p.453, 331, 137-138; Benjamin Quarles, *Black Abolitionists*, New York, 1969, p.122에서 편집자 인용.

을 제거함으로써 남북전쟁은 흑인의 자유의 의미를 재정의하였다. 수정헌법 제13조는 자주적 노동이 모든 남성의 기준이 되도록 하였고, 수정헌법 제14조는 모든 남성에게 공적인 권리를 약속하였다. 다른 말로 하면, 이러한 수정헌법을 통해 흑인 남성은 더 이상, 노예제를 반대했던 백인들조차도 사용하던 수사법상, 어린이/노예가 아니라 이제 성인/시민이 되었다. 남북전쟁 이후 10년 동안 자유흑인들을 아슬아슬하게 거의 노예나 다름없는 위치로 붙들어 놓았던 그러한 종족을 명시한 법적 장애사항들은 북부의 주들에서 잇달아 사라졌다. 중남부의 정부들에서조차 노예제 이후 맥락에서 백인은 물론 흑인을 포함한 자유민의 기본권을 고쳐 만들었다. 사회의 모양새가 문제가 되면서, 1860년대에는 국가가 다시 태어난다는 새로운 시대의식이 전미국을 휩쓸던 때가 있었다. 거대한 변화가 갑작스럽고 극적인 개종을 통해 온다고 복음주의파 미국인들은 믿었다. 민주주의 그 자체가 그러한 전환을 체험할 수 있을까?

남북전쟁 이전에 흑인이 투표나 공공장소의 사용, 그리고 조직화 따위에서 실패했었던 주요 민주주의 지역들에서도 낙관할 만한 약간의 이유가 있었다. 헌법에 곧 포함된 참정권법은 아주 최근까지지도 노예제에 묶였던 사람들이 이제는 관리를 고위직 또는 하위직으로 선출하는 숨막히는 장면을 연출하였다. 민주주의의 기본적인 규칙을 따르면서 흑인들은 19세기 미국 시민이라면 당연히 하는 것으로 간주되었던 빙빙돌기, 잡담, 투표 등을 하면서 공공영역으로 몰려들어갔다. 문맹은 참여를 방해하는 장벽이 아니었는데 특히 여러 곳에 산재되어 있던 그룹들 가운데서 오랜 동안 민첩하고 효과적인 대화술에 숙달된 사람들이 있는 곳에선 더욱 그러하였다. 조직화는 흑인모임의 확산을 의미했다. 즉 "분리는 하되 동동한" 남성 클럽들을 통해 자유를 얻은 흑인은 그들 자신을 대신해서 행동을 할 수 있었다. 매우 놀라울 정도로 재건기 미국 남부의 흑인 지도자들은 정치에서 다른 영역으로 그런 다음 다시 정치로 돌아오는 움직임을 보여주었는데 이것은 민주주의가 시작될 때부터 백인 남성 클럽 조직의 회원들을 특징지었던 것과 같은 것이었다. 이러한 모임의 양태는 백인의 인종차별주의에 대한 종말도, 흑인의 평등을 위해 싸우는 일에 헌신할 것도 요구하지 않았다. 백인은 흑인을 경멸하고 심지어 그들이 위험한 존재라고 생각할 수도 있지만, 대국민(People)을 이루는 그 느슨한 그룹들에서는 여전히 흑인들의 존재를 받아들였다. 19세기 민주주의의 부가적인 특성이 바로 그 같은 결과를 낳았다.

이런 전망들을 파괴한 것은 백인 인종차별주의가 남부 흑인들의 실제의 수에 부여하였던 특별한 의미였다. 물론 북부의 주들에 흑인이 적게 살았던 것과는 대조적으로, 수백만의 해방된 흑인들은 남부지역에 밀집해 살았는데, 특히 사우스캐롤라이나의 동부와 오지 남부의 흑인지대라고 하는 지역을 가로질러 많이 살았다. 그럼에도 불구하고 중요한 문제는 숫자가 아니라 관념이었다. 오직 흑인들에게만 제2의 정체성이 거부되었다. 죽 늘어선 지회들 사이를 카멜레온처럼 이동해 다닐 수 있었기 때문에 그들이 다른 미국인들에게 주었던 모습들을 지울 수가 있었던 백인 이민자들과는 달리, 미국 백인들은 비록 흑인들이 다양한 교회나 혹은 남성 클럽 혹은 직업조합을 만들었더라도 흑인을 그저 흑인으로만 보았다. 근본적으로 백인의 경제의 필요 때문에 흑인들은 남부에 밀어 넣어졌었고, 이제는 그들 자신의 어려운 경제상황 때문에 남부지역에 모여 살았던 흑인들은 지금도 앞으로도 흑인으로서 국가 속의 또 다른 국가의 표정을 가지고 있다.

백인이 검정색을 규정짓는다면 흑인 또한 흰색을 규정지었다. 흑인 노예제로부터의 거리를 가지고 자유사회의 일면을 재었던 백인들은 그들의 자유를 색깔로 물들였다. 노예제라는 해결할 길 없는 정체성에 묶여, 흑인들은 동정의 대상은 되었지만 진정한 민주적 참여자가 될 수는 없었다. 게다가 토머스 제퍼슨에서부터 호러스 그릴리(Horace

Greeley)에 이르는 평자들이 설명했던 것처럼, 노예제의 중요한 의미는 노예들 자신의 삶에 있는 것이 아니라 백인들의 성격이나 백인사회에 노예제가 끼치는 영향에 있었다. 그래서 회고하건대 남북전쟁이 노예제에 관한 것이었다면 많은 백인 남성들은 여전히 그 전쟁을 백인의 경험—우선 승리하고 패배한 백인의 경험 그리고 마침내는 백인 형제들의 재결합이라는 경험—으로 해석할 수가 있었다. 노예제가 백인의식의 일면을 강화시켰듯이 노예제의 폐지는 다른 종류의 백인의식을 예리하게 하였다. 전쟁 후 백인과 흑인의 결혼을 금하는 법의 물결은 심지어는 흑인의 시민권을 확대해오곤 했던 북부의 대다수의 주들까지 퍼졌다.

그 법들이 암시하듯이 흑인은 백인 남성들의 가장 위험한 감정들—감정의 대상, 혹은 감정의 토픽으로—이 얽혀 있는 저장소가 되었다. 환상 속에서 백인들은 그들 자신의 행위를 흑인들 탓으로 돌렸다. 백인들이 해방을 "강간, 강탈, 살인 그리고 폭행 등 모든 공포"를 가져오는 것으로 생각했을 때, 그들은 자신들의 기록—강간, 강탈, 살인, 그리고 폭행은 노예제하에서 매일매일 발생했던 것이라는—을 사용하여, 흑인들이 복수할 것이라는 가상을 떠올렸다. 백인 위에 군림하는 흑인의 이미지나, 백인 여성을 성폭행하는 흑인의 이미지 따위를 만들어낸 것은 바로 이와 같은 형태의 투사와 부정이었다.[15] 적어도 남북전쟁 이전의 한 세기 동안 남부의 백인지도자들은 노예해방은 인종전쟁을 불러일으키게 될 것이라고 경고하였다. 노예제 자체가 실제로는 인종전쟁이었음은 물론이다. 백인들이 평화의 시대로 기억하는 것은 흑인에게는 "2백 년 이상 동안 우리에게 행해진 전쟁"[16]이었고, 백인들이 백인에게 전쟁을 일으켰던 1861년 이후에만 흑인들은 평화에 대

15) Richard R. Beeman, *The Evolution of the Southern Backcountry*, Philadelphia, 1984, p.219에서 인용.

16) Aptheker, *Documentary History*, p.469.

한 희망을 볼 수 있었다.

남부 백인들이 흑인들을 공공영역으로부터 쫓아내는 일에 착수한 것은 바로 이러한 배경에서였다. 다시 한번 백인 자경단원들은 흑인 지도자들과 그들의 본부를 공격했고 또다시 흑인이 집단적으로 행동하는 것은 매우 위험해졌다. 백인 폭력의 지지자들은 이것을 선제적인 움직임이라고 강변했다. 즉 지금 때려부수지 않으면 흑인무리들에게 뒤쳐지게 된다는 것이다. '분리하지만 동등한' 지회라는 미국 민주주의의 표준적인 논리는 이러한 인종국가 대 인종국가라는 무시무시한 메시지와는 결코 어울릴 수 없었다. 모든 남부 백인들이 이것에 동의한 것은 아니었고 모든 해방노예들이 그들의 민주적 권리를 잃은 것은 아니었다. 그럼에도 불구하고 공포가 불안하게 다가오는 곳 어디에서나 그 오랜 의존적으로 살아야 하는 음지의 생활은 다시 한번 흑인을 위협하여 속박하려 하였다.

점차적으로 남부 흑인들은 자기자신들의 수단에 의지해야만 했다. 1870년대 초 국가가 심각하게 대응할 것을 촉구하기 위해서는 KKK단의 폭동 수준에 이르는 폭력을 필요로 하였다. 1870년대 말 거의 모든 곳의 선출직 공무원들은 아직도 흑인 유권자들을 대표한다는 주장을 하지 않았다. 심지어는 재건기의 최절정기에도 북부 공화당원들은 흑인들을 많은 보호가 필요한 따라서 실제로는 민주적 성인은 아닌 애송이 지회원으로 간주하는 경향이 있었다. 탄원이라는 것은 바로 그들 자신이 열등하다는 것을 공표하는 것이었는데 이제 해방노예들은 탄원자라는 더욱 격이 떨어지는 역할 속으로 다시 미끄러져 들어갔다. 1890년대 보스턴의 귀족적인 헨리 로지(Henry Cabot Lodge)가 이끌었던 일단의 공화당원들은 남부 흑인들의 민주적 권리를 보호하기 위해 그 세기의 마지막 법률적 시도를 하였다. 반대자들에 의해 강제법(Force Bill)이라 불렸던 그들의 노력은 남부의 공공영역에서의 흑인들이 주변부적 존재임만을 공표하는 데만 성공했을 따름이었다.

집단적 자치를 위한 이와 같은 투쟁을 통하여 민주주의의 두번째 요소인 개인적 자결은 여전히 매력 있는 대안으로 남아 있었다. 노예제 기간 동안에도 소수의 남부와 북부의 흑인들은 그들의 주위에 둘러쳐져 있는 장벽에 구멍을 여기저기 뚫어 경제적 성공을 이루어냈다. 사실상 19세기의 노동에 대한 새로운 사고방식은 노예제에 반대하는 민주적 주장에 기독교적 윤리나 휴머니즘적인 도덕만큼이나 설득력을 부여하였다. 무엇을 했던 간에, 흑인노예들이 일을 했었다는 것은 틀림이 없었고, 이론에 아무리 많은 역설이 들어 있다 해도 끊임없는 노동은 노예들에게 그들의 해방에 대한 강력한 정당성을 부여하였다. 링컨의 관점은 그것을 잘 예시해준다. 백인 남성 클럽의 흑인에 대한 사교적인 혐오를 공유하면서도 링컨은 흑인에게 그들의 노동의 결과를 거부하는 것은 비양심적인 짓이라고 여전히 느꼈다. 남북전쟁 이전의 슬로건인 **무상토지**(*free soil*)가 오직 백인 남성들에게만 약속을 한 것이었다면, 그것의 동반자인 **자유노동**(*free labor*)은 백인과 흑인 모두에게 가치가 있었다.

그렇다면 많은 미국인들이 자주적 노동의 권리를 보편화한 수정헌법 제13조를 그 자체로 국가로부터 위임받아 만개된 시민혁명으로 본 것은 놀랄 일이 아니다. 흑인이 그 권리를 찬양한 것은 확실하다. 단체예속 노동에 저항하고, 그들이 할 수 있는 모든 곳에서 규모에 상관없이 농지와 작업장을 개척하면서, 그리고 사업을 운영할 자유에 대한 꿈을 고이 간직하면서 흑인 가족들은 노동에서의 자립을 지키기 위해 거의 모든 희생을 감수하였다. 그럼에도 불구하고 19세기 민주주의에는 집단적 자치와 개인의 자기결정은 불가분하게 서로 얽혀 있었다. 한 영역에서 잃으면 다른 영역에서 보충할 수 있는 것이 아니었다. 모든 백인의 성공에 이미 결정적이었던 신용은 상인들과 지주들이 흑인 노동자들을 종속시키는 수단이 되어버렸다. 흑인의 목소리가 공무에서 더욱 약해지면 질수록 법률제도는 더욱 단단하게 흑인 노동자들을 쥐어짰다. 흑인들과 그들에게 동조적인 백인들이 남부 정치에서 경쟁 상대로 남아 있는 한 선취특권법은 흑인들이 자신들이 재배한 생산물을 합리적으로 분배받도록 보호해주었지만 그 정치적 힘이 쇠퇴하자마자 곧장 물납소작인에 대한 보호도 함께 쇠퇴해버린 것이 좋은 본보기이다.

노예제 이후의 첫 세대에서 흑인은 놀랄 만한 진보를 이루었다. 시민권은 확대되었고 선택권은 넓어졌으며 교육이나 기술 그리고 재산의 축적이 놀랄 만하게 안정적으로 성장하였다. 1890년대 들어와 남부의 흑인 유권자들은 상당수의 지방이나 주에서 힘을 보유하였다. 하지만 흑인들은 그럼에도 불구하고 1896년의 연방대법원의 모호한 판결, 플레시 대 퍼거슨 판결(*Plessy v. Ferguson*)이 정세를 사로잡고 있던 상황 아래, 미국 민주주의에서 불안정한 지위에 있었다. 한편으로 대법원이 백인과 흑인을 "분리는 하되 동등하게" 공공시설을 사용하도록 하는 것을 받아들인 것은 19세기 지회 민주주의의 중요한 원칙 가운데 하나에서 나온 것이었다. 그것은 사실 남북전쟁 이후 남부에서 흑인들의 어떤 요구를 합리적으로 만족시켰던 공식이었다. 일상 관습적으로 흑인들에게 최악의 시설들, 예를 들면 기차에서는 짐칸 속으로만 집어넣는 것에서, "분리는 하되 동등하게"란 것은 인간다운 대접을 요구하는 흑인들에게 양보한 것을 의미했다. 다른 한편으로 대법원의 판결은 흑인의 힘이 떨어지면 질수록 "분리는 하되 동등하게"의 원칙은 더욱 더 약해지리라는 것을 이해하는 데에는 특별한 지식을 요하지 않았다.

어떻게 그들은 민주주의의 음지에서 헤매는 것을 피할 수 있을까? 프레드릭 더글러스는 완전한 정치적 평등에 대한 신조에 조금도 주저가 없었다. 왜냐고? "우리는 대답합니다, 왜냐하면 … 개인의 자유는 … 그리고 모든 다른 권리들은 다른 사람의 선택에 좌우되는 단순한 특권이 될 뿐이기 때문입니다. 전반적인 정치적 자유로부터 배제된 곳에서는 말입니다." 1880년대와 1890년대에 더글러스보다 젊은 지도자였던 부커 워싱턴(Booker T. Washington)에게는 그것이 훨씬 덜 복잡한 문제처럼 보였다. 흑인은 남부 백인들을 통해서 일하는 수밖에 다른 선택권은 없다고 그는 생각했다. "백인들은 정부를 지배하고 재산을 소유하고 있다."[17] "분리는 하되 동등하게"라는 기준을 적용하면서 부커 워싱턴은 백인들의 흑인과의 혼혈에 대한 두려움을 유명한 그의 "손가락으로 상징되는 사회적 분리와 손으로 상징되는 경제적 통합"의 이미지로 누그러뜨렸다. 개인의 자격이라는 민주주의의 요소는 상당히 많은 신축성을 지니고 있음을 그는 인식하였다. 재치나 수완이 있는 흑인들은 그것을 항상 자신들에게 유리하게 사용하였다. 정치를 한쪽 측면에 놓고, 워싱턴은 자주적 노동을 통해 가능한 한 많은 흑인들에게 힘을 부여해주려 하였다. 흑인들의 근면이 성취할 수 있는 일들을 세상에 보여줌으로써 부커 워싱턴은 백인들의 최근의 비난—게으른 해방노예는 자주적 노동에 대한 욕구도 능력도 없으며, 따라서 그들은 민주적 성인으로 자격을 부여받을 수조차 없다—이 잘못된 것임을 비판하려 하였다. 그것은 복합적인 전략이었다. 일보 뒤로 후퇴함으로써—백인들처럼 자신들의 권리를 강력히 주장하기보다는 오히려 자립적인 시민으로서의 권리를 가질 만한 자격이 있다는 것을 증명함으로써—흑인들은 앞으로의 긴 전진을 위한 자격을 비축하였다. 비록 워싱턴이 19세기 민주주의에 대해 상당히 많은 것을 이해했지만 그는 여전히 그 유서 깊은 올가미에 걸려 들어갔다. 의존적인 국외자는 탄원자들이고, 탄원 자체가 워싱턴 자신과 같은 기예의 대가일지라도 누구든지 바깥쪽에 머무르게 한다는 것이다.

---

17) Ibid., p.523; Booker T. Washington, "The Educational Outlook in the South"[1884], in *Booker T. Washington and His Critics*, ed. by Hugh Hawkins, Lexington, 1974, p.12.

얼핏 보면 19세기 민주주의에서 백인 여성이나 흑인 남성이 상당한 위치를 점한 듯 보인다. 흑인 남성에게는 분리가, 백인 여성에게는 고유의 영역이 있다는 것이다. 민주주의의 두 올가미는 자연적인 것으로 위장하고 있었다. 흑인 남성을 공적 영역으로부터 몰아낸 백인 남성의 폭력은 또한 백인 여성이 그 영역으로 다가오는 것을 막아 결국 여성들이 남자들에게 위안이나 보호를 받을 대상으로 남아 있도록 만들었다. 백인 여성이나 흑인 남성 그 누구도 백인 남성이 지배하는 정치세계 내에서 자신들의 민주적 권리를 지속적인 중요한 문제로 제기할 방법을 발견할 수 없었다. 그래서 그 둘은 백인 남성의 친절한 호의에 탄원하는 방식밖에 취하지 못했다.

그러나 그들의 유사성 속에는 그들 각자가 백인 남성에 갖는 기본적인 관계만큼이나 차이점도 있었다. 노예에서 해방된 흑인과 백인 남성은 공적으로 만났고, 백인 여성과 백인 남성은 사적으로 만났다. 그래서 각각의 경우에 그 장애조건은 거기에서 시작되었다. 흑인들의 가장 긴급한 민주주의적 요구는 그들이 집단으로서 받아들여지는 것이었던 반면 백인 여성들은 개인으로서 받아들여지는 것이었다. 공적 생활에 종속되어 있던 흑인 남성들은 개인의 자주적 결정의 기회를 최대한 이용하였고, 사적 생활에서 종속되어 있던 여성들은 공적인 영역에서 민주적 출구를 추구하였다. 그 과정에서 포부가 있는 흑인 남성들은 그들의 가족적 자산을 최대한 이용한—비록 그들이 그 자산을 인정하지는 않았지만—반면, 큰 뜻을 품은 백인 여성은 그들이 할 수 있는 한 가족의 삶과 그들 자신을 분리시키는 것—비록 가족에 대해 자주 얘기했지만—이었다. 종종 흑인의 가장 유망한 전망이었던 자주적 노동은 백인 여성의 길을 가로막기도 하였다. 비록 캐서린 비처(Catharine Beecher)가 가사노동을 자기통제적인 노동으로 합법화하려고 시도하고, 임금노동 여성들이 그들의 독립선언으로 고용주들을 분노케 하였지만, 19세기 백인 여성들의 거의 대부분은 의존의 오명에서 벗어날 수가 없었다. 백인 여성의 노예폐지에 대한 공헌에도 불구하고 그 두 가지 대의명분이 효과적인 결합 없이 접촉했다는 것은 그리 놀랄 일이 아니다. 또한 흑인 여성들이 인종적 제한과 성적인 제한이라는 이중의 억압으로 고통받았던 것도 놀랄 일이 아니다.

19세기 초기에 가정은 여성들의 삶을 삼켜버렸다. 거기서 남성들은 여성의 노동이나 재산 그리고 임금에 대한 수세기된 오랜 권리를 가졌다. 가정 내에서 경제적으로 주변적인 위치에 있었기 때문에 여성들은 가정의 밖에서 비참하고 절망적인 가난을 피하려던 남성들보다 훨씬 어려운 시절을 보냈다. 만일 19세기 후반 도시산업화의 맥락에서 임금노동이 가정을 원자화하는 경향을 가졌다면, 상업-농경의 세계에서의 시장기회 추구는 가족의 유대를 더욱 공고히 하는 경향이 있었다. 19세기 초 농업뿐 아니라 상업 등 모든 종류의 경제환경에서 백인 남성들의 기획상 개인의 자기결정으로 간주되었던 것은 오직 직계 가족과 친지들의 협력을 통해서만 성공할 수 있었다. 백인 남성의 음지의 도움을 말할 때 "내 부인, 내 노예"라는 일상적 소유격 표현은, 한 사람의 자립이 다른 한 사람의 의존을 얼마나 철저하게 포함하고 있는지를 잘 보여준다.

소유권은 백인 남성의 일상적인 말에서 잘 드러난다. 남성들이 모든 종류의 개혁에 대해 던졌던 공포의 표현인 "자유연애"는 여성의 성적 만족을 혼란과 부도덕성 따위로 연상시켰을 뿐만 아니라, 또한 여성의 자유와 그들의 성이 서로 모순되는 것으로 비치도록 하였고, 사랑을 애정 또는 상호이해 속에서 서로를 도와주는 것이라기보다는 섹스와만 연결시키고, 심지어는 싸게 사고 팔 수 있는 것이란 것을 암시하기도 하였다. "여성과 아이들 먼저"라는 점잖은 문구에도 마찬가지로 숨겨진 뜻이 있다. 그 문구는 의존의 친구격인데, 여성과 아이들의 일상적 지위는 순수 성인들보다 아래에 있었고 그들은 가라고 할 때 가야 했으니 아마도 구절을 상기시키는 작용밖에 못한 것 같다. 여성들에게 폭력을 행사하는 남성들의 자유보다 더 명백하게 여성의 종속을 말해주는 것은 없다. 심지어는 신체적 처벌을 금하자는 남북전쟁 전의 캠페인조차도 여성에 대한 구타를 은폐하는 구실을 하였다. 19세기 말까지 견디기 힘든 결혼생활에 대한 일반적인 호소는, 펜실베이니아를 제외하고는, 이혼을 해달라고 남성이 장악하고 있는 입법부에 개인적으로 청원하는 수밖에 없었다. 가족의 파산에 "출발선에서 새롭게 시작하자"라는 마음에 남는 약속으로 용감하게 대면한 작가이자 노예폐지론자인 리디아 차일드(Lydia Maria Child)와 같은 만만치 않은 여성도 여전히 거드름 피우는 남편에게 "무력한 나와 크고 강한 당신"하면서 알랑거리는 법을 알고 있었다.[18] 어떠한 다른 방도도 없는 곳에서 여성의 열정적인 금주운동은 말 그대로 삶과 죽음의 문제와 직면하였다.

민주주의의 도래와 더불어 여성의 세계를 가정과 사적인 것으로 각인시킨 매우 분명한 선언이 나왔다. 어떤 의미에서는 이런 19세기의 공식화는, 특히 아이를 보호하는 일 따위와 같은 수세기 동안 항상 여성의 책임으로 있었던 일들에 대한 사회적 가치를 신장시키기도 했다. 그럼에도 불구하고 미국에서 공무의 범위가 넓어지고 이러한 활동들과 백인 남성들의 정체성이 공고화되어감에 따라 민주적 남성 클럽은 그들 자신의 영역 둘레에 방어선을 그었고 여성 영역과의 분리를 더욱 분명하게 하였다. 다시 말하자면, 그 근본적인 형식에서 백인 남성의 민주주의는 사적인 생활의 단절을 강조하였다.

유럽인들은 잇달아서 미국에서 벌어지는 이러한 영역들(사적인 영역과 공적인 것)의 과장됨을 논하였다. 미국 여성들은 가사를 꾸리는 데 더 큰 권위를 지니고 있으나 가정을 넘어서는 거의 인식되어지지 않는다고 방문객들은 주장했다. 자기나라 안에서의 계급적 지위에 따

18) Child to Francis Shaw, January 15, 1843, *Lydia Maria Child*, ed. Milton Meltzer et al., Amherst, 1982, p.185.

라 공적인 영역의 대화에 끼었던 유럽의 여성들은 미국에서 여성이 배제되고 있는 것에 대해 분개하였다. 해리엇 마티노는 미국에서는 여성들이 자질구레한 것들의 온실 속에 살고 있다고 불평했다. 미국의 남성들은 도가 지나치게 예의바르다. "내가 방문했던 그 어떤 나라들보다도 바람직하지 못한 행위를 당할 위험이 적게, 또는 조잡하고 유쾌하지 못한 대화를 들을 기회가 적게 … 여성은 혼자 여행할 수 있을 것 같다"고 세련된 찰스 라일은 전한다.[19] 예의가 통제의 한 형식이었음은 물론이다. 평등한 민주주의의 중요한 구별을 "안에 있는가, 밖에 있는가"를 가지고 따지는 곳에서 남성의 정교한 예의는 여성들로 하여금 그들이 밖에 있다는 것을 항상 상기시킬 뿐이었다. 백인 남성들끼리 사교에서 공적인 형식에 덜 얽매이면 얽매일수록, 백인 남성과 여성 사이의 관계에서의 사교적인 예의는 더욱 구조화되는 것은 당연하다. 여성은 너무나 온화해서 거칠고 혼란스런 공적생활에 어울리지 않는다는 말은 가장 틀에 박힌 주장이었다. 즉 여성들은 공적 생활의 가혹함으로부터 그들을 차단시켜줄 남성들이 필요했다. 마티노와 프랜시스 트롤로프와 같이 경계선에 대해 상이한 감각을 지닌 여성들이 지회 형제들이 자신들의 영역이라고 간주하던 곳으로 침입해 들어갔을 때 남성들은 그들의 스커트에 담배즙을 튀겼다. 그것은 흑인뿐 아니라 백인 여성들도 백인 남성의 사회에서 제 위치를 알기 위해 지불해야 하는 것이었다.

그러나 몇몇 백인 남성이 명확하게 침범할 수 없는 경계선이라 본 것은, 다른 이들에게는 남이 침범하지 못하도록 경계하기 위해 일치된 노력을 기울일 만한 것이 아니었다. 그래서 대담한 백인 여성들은 그 틈새를 통해 움직였고 공적인 것과 사적인 것 그리고 남성과 여성사이의 경계선을 혼란시켰다. 우선 19세기 첫 몇 십 년간 백인 남성의 민주주의의 장애물을 제거해준 전통적 권위의 평준화는 여성에게도

19) Lyell, *Travels*, vol.1, p.57.

또한 힘을 실어 주었고, 특히 관습이 여성들에게 권위의 발판을 마련해준 곳에서는 더하였다. 남성이 자치정부와 경제적 기회의 통제를 견지하였다면 여성은 종종 가족의 구원과 건강을 책임졌다. 거기서부터 여성 개개인이 자기자신의 신체를 소유하고 있다는 것과 그 신체를 자신이 맞다고 보는 대로 처리할 수 있다는 새로운 인식을 공유하는 것은 비록 짧지만 중요한 한 단계의 전진이었다. 민주주의는 여성이 자신의 생리에 관하여 배우는 것과 출산 조절에 대한 열망을 강화시켰다. 여성 영역 학문에서 출산이 "죽음의 골짜기"로 남아 있다는 사실은 자기결정에 대한 이러한 움직임을 더욱 더 중요한 것으로 만들었다. 새로운 가능성들이 보이면서 백인 여성의 글을 읽고 쓸 줄 아는 비율-민주적 야심의 중요한 지표-은 적어도 도시에서는 백인 남성을 따라잡을 정도로 높았다.

게다가 백인 중간계급 소녀들은 이제 민주주의자가 되도록 길러졌다. 많은 방문객들은 소녀와 소년들이 동등하게 그들의 주장을 만족스럽게 펼치는 것에 놀라움을 나타내었다. "미국에는 우리가 의미하는 바의 아이들이 없다. 오직 작은 남자와 여자만이 있을 뿐이다"[20]라고 한 스코틀랜드인은 전했다. 한 영국인은 10대의 소녀 성가대원들이 다수결의 투표를 통해 그들의 일들을 처리하는 방법을 보고 놀라움을 금치 못했다. 사교적이고 자신만만한 미혼 여성의 특질을 기혼 여성들의 제한성과 대비하는 것은 흔해 빠진 일이었지만, 그 어린시절부터 받아온 교육은 결코 지워지지 않았다.

여전히 자신들의 민주주의를 만들어나가고 있던 1830년대 백인 남성들이 해방노예들을 공공영역으로부터 몰아낼 때, 백인 여성들은 공공영역의 안으로 들어가려는 가능성을 타진하기 시작했다. 뉴욕과 뉴잉글랜드를 시작으로 오래된 북서부의 주들을 가로지르고, 북부의 읍이나 도시 대부분을 거쳐 19세기 후반에는 전국적으로 뻗어나간 백인

20) Ferguson, p.48.

여성집단은 자신들 스스로 택한 문제들을 이면에서 유통시킴으로써 공적 토론의 의제를 변화시켰다. 비록 노동계급의 여성들이 자신들의 파업을 그럭저럭 잘 처리하는 등 몇몇의 경우가 있기는 했지만, 중간계급 여성들이 그 세기 내내 지속된 그 과정에서 주도적 역할을 하였다. 여성의 영역은 집안이라는 공간적인 개념의 차원에서보다는 아이를 기르고, 가사를 돌보는 따위의 활동 차원에서 개념화되었다. 이런 인식 속에서 중간계급 여성들은 그들의 활동영역을 공공영역으로 확장시킬 수 있었다. 가정, 도덕, 자애라는 가정적인 가치 아래 여성들은 매춘과 노예제를 공격하고, 교육과 공중위생을 증진시키고, 병자와 약자를 돌봐주고, 그리고 무엇보다도 금주운동을 조직하였다. 가치에서뿐 아니라 감수성에서도 복음주의적 프로테스탄트는 그들 사이에서 거의 공통분모로서 역할을 하였다. 대개 백인 여성들은 그들의 공공영역을 실내, 즉 공회당이나 출판사 사무실 그리고 교회 부속실로 한정지었다. 그럼에도 불구하고, 수천 명의 여성들이 금주운동을 부활시키기 위해 오하이오의 거리로 쏟아져 나왔던 1873에서 1874년의 겨울에, 그들은 그들의 계승자들이 결코 포기할 수 없었던 옥외에 대한 그들의 새로운 권리를 주장하였다.

출발에서부터 백인 여성들은 민주주의의 공공영역의 형식과 내용 양자를 형성하는 데 참여하였다. 그들의 존재는 공적 토론에서 더욱더 많은 예절을 강제하였다. 그들은 남성들이 자신들의 행동을 조절하기 위해 사용하는 예의바름을 남성들의 행동을 통제하는 수단으로 멋지게 전환시켰다. 여성들이 점점 더 대립적으로 되어가던 1870년대까지도 여성들은 폭력을 피하려고 노력을 하였다. 하지만 여성들의 추진은 단지 공적인 차원의 도덕이나 건강 등이 포함된 문제의 범위 내에서만 지속되었다. 몇몇 남성들이 복음주의적 정치행위를 단순히 개인적인 것으로 치부하며 거기서 발을 뺐을 때 여성들은 그 빈자리를 메우거나, 다른 남성들로 하여금 거기에 참여하도록 하면서 그 운동에 생기를 불어넣었다. 한 역사가는 이것을 복음주의 프로테스탄트의 여성주의화 과정이라 부른다. 20세기 초에 사회적 살림살이라 이름 붙여질 만한 일이 이미 몇 십 년 전에 여성들의 전략으로 확립되었다. 그들의 대의명분을 강화시키기 위해 백인 여성들은 성으로부터 자유로운 법률적 지위를 그들에게 주었던 법인을 설립하는 법을 배웠다. 그 세기 후반에 여성들은 자신들의 조직들, 즉 전국여성참정권연합(National Woman's Suffrage Association)이나 여성기독교금주동맹(Woman's Christian Temperance Union) 같은 강철 같이 확고하고 독립적인 조직에 더욱 더 철저히 의지하였다.

보편성과 특수성의 조합으로 19세기 민주주의는 많은 상이한 그룹들에 대한 동등한 공적인 권리를 상술해 놓았는데, 엘리자베스 스탠튼(Elizabeth Cady Stanton)이 리더인 야심찬 여성들은 정확히 그러한 권리가 자기들의 것이 되기를 기대했다. 모든 남성과 여성이 동등하게 태어났다—이것이 서구 세계사상 최초의 조직화된 여성운동을 발족하면서 1848년 세네카 폴즈(Seneca Falls)에서 낭독한 스탠튼의 감동적인 선언이었다. 동시에 그녀도 주변의 백인 남성들도 모든 사람이 보통시민이 되기를 기대하지는 않았다. 달리 말하면 이미 존재하고 있는 남성 클럽에 필적할 여성 클럽을 구성함으로써, 여성은 여성이 되어야 한다는 것이다. 비록 몇몇 주의주장들이 성의 경계선을 넘었지만, 많은 사람들은 그렇게 하려고 하지 않았다. 백인 남성 클럽처럼 여성 클럽 또한 자신들의 집단을 가지려 하였다. 아일랜드계 여성노동자들은 스탠튼이 아닌 다른 아일랜드계 여성노동자들과 연합하였다. 그러나 중요한 결정을 내려야 하는 순간에는, 모든 집단들은 하류계급이든 중간계급이든, 남성이든 여성이든 간에, 포괄적이고, 진정으로 민주주의적인 국민을 만들어내는 일에 동등하게 참여하려고 하였다.

이와 같은 비전은 참정권 없이는 무의미했다. 스탠튼이 1848년에 처음으로 그 문제에 대해 공표했을 때는 무모한 요구였던 것이 남북전쟁 이후에는 자연스러운 것으로 나타나서, 흑인 참정권의 기운이 감돌고 있었고 시민권의 보편화는 온당한 바람이 되었다. 투표는 민주주의의 부적이었다. 투표는 자기존중을 가져왔다. 투표는 시민권을 유효화하는 것이었다. 투표는 권한을 약속했다. 신문, 정치인, 심지어 남편들조차도 투표하는 여성에게 더욱 관심을 보이곤 하였다. 수잔 앤소니(Susan B. Anthony)는 프레드릭 더글러스가 자유흑인들을 대신하여 표현했던 바로 그 정서를 압축하면서 "투표권을 가지지 못한 계급은 투표권을 가진 계급과 동등한 기회를 가지지 못했다"라고 말한다.[21)]

그들 자신이 남성과 동등하다고 느끼는 여성들에게 참정권은 이미 그들의 것이었다. "공화국에서 모든 시민(여성도 시민이었다)은 투표할 천부적 권리를 지니고 있는데 이것은 어떠한 인간이 만든 법으로도 폐기시킬 수 없다"고 개혁가인 엘리자베스 존스(Elizabeth Jones)는 1852년에 선언하였다.[22)] 그러나 소위 1870년의 새로운 출발에서 앤소니와 버지니아 마이너(Virginia Minor) 그리고 다른 몇몇이 19세기 민주주의의 "묻지 말고 행동하라"라는 지침을 따라서, 그런 감정을 직접적으로 투표함에까지 가져갔을 때 그들은 두 번 패배하였다. 한번은 투표소에서 그리고 다음에는 대법원(마이너 대 해퍼셋 판결, *Minor v. Happerset*)에서 패하였다. 그래서 그들은 그들의 권리를 요구해야만 하는 국외자로 남게 되었다. 요구한다는 것은 청원을 의미했고 청원한다는 것은 국외자로서의 그들의 지위를 재확인하는 것이었다.

사실 청원은 여성에게는 이중의 위험이었다. 그들이 공적으로 열등

---

21) Susan B. Anthony, "Suffrage and the Working Women"[1871], in *Elizabeth Cady Stanton Susan B. Anthony*, ed. by Ellen Carol DuBois, New York, 1981, p.142.

22) Elizabeth Cady Stanton et al.(eds.), *History of Women Suffrage*, 6 vols., New York, 1881~1922, vol.1, p.530에서 인용.

하다는 것을 다시 인정하는 것일 뿐 아니라 공적으로 그들의 사적인 종속을 재진술하는 것이기도 했기 때문이다. 여성들은 가정 내에서 의존의 의식을 배웠다. 공적 영역으로 들어가는 것은 그런 한계들을 자생집단적 자립을 통하여 초월할 수 있는 전망을 제공했다. 청원은 실질적으로 여성들을 가정에 머물러 있게 했다. 여성들의 청원을 "여러분들 위에 존재하시는 전지전능한 하나님께 여러분들이 드리는 기도이자 탄원"[23]이라면서 그들의 청원을 옹호하는 존 퀸시 애덤스의 생각을 여성들은 집안문제로 바꾸는 데 아무런 어려움이 없었다. 다음에 온 것은 종속의 포옹 속에서 움틀거리는 잘 알려진 이야기다. 몇몇 청원들은 다른 청원들보다 덜 겸손한 것이었다. 스탠튼은 1853년 뉴욕주의회를 비꼬는 신랄한 글에서 "우리를 지켜주시는 기사에게 … 우리는 단지 요청할 뿐입니다. 당신들의 노는 시간에 당신들의 법전의 명예를 손상시키고 있는 부당한 법들을 적절하게 숙고해보실 것을 말입니다"[24]라고 썼다. 아마도 가장 덜 명예를 손상시키지 않는 형식은 행동이나 목격을 하면서 하는 청원일 것이다. 예로 금주를 위한 여성들의 기도회를 들 수 있는데 그들은 19세기 후반 그들의 반대들과 바로 면전에서 기도회를 실행했다. 그럼에도 불구하고, 완강히 주장하면서 하는 절, 인사도 민주적 제스처는 아니었다.

집으로의 상징적인 여정은 몇몇 개혁가들로 하여금 종국에 그들의 싸움이 그곳에서 승리해야 할 것이란 것을 환기시켰다. 스탠튼은 그것을 "자기주권"—여성의 재산권과 여성들의 직업의 기회를 확대하고, 결혼계약을 재협상하며 이혼법을 관대하게 하고, 공공행위에 대한 특별한 제약을 제거하고, 자립적인 생활을 합법화하는 것—을 위한 운동

23) Norma Basch, "Equity vs. Equality: Emerging Concepts of Women's Political Status in the Age of Jackson," *Journal of the Early Republic* 3, Fall 1983, p.309에서 인용.

24) Elizabeth Cady Stanton, "Appeal for the Maine Law"[January 21, 1853], in *Elizabeth Cady Stanton Susan B. Anthony*, p.43.

이라 불렀다. 그 전략은 여성이 공적인 영역에서 결집할 수 있는 집단적인 힘이 무엇이든지 간에 그것을 사적인 영역에서의 그들 각자의 무능력을 제거하는 구원책으로 돌리는 것이었다. 19세기 상반기에 여성들은 기혼 여성의 문제를 공적 토론의 장으로 밀어 넣었고, 하반기에는 기혼 여성의 재산권리법이 대부분의 주에서 통과되도록 했고, 임금에 대해 여성 자신이 관리하도록 하는 법안이 몇몇 주에서 통과되도록 하였다. 이러한 것들은 결코 하찮은 성취가 아니었다. 법에 뛰어난 한 여성의 출현 자체만으로도 거보를 이룬 셈이다.

그러나 이러한 개혁가들은 한계가 한계를 초래하는 축소된 원 안에서만 움직였다. 1868년 수정헌법 제14조의 참정권 조항에, 아마도 통과되기 위해 어쩔 수 없었던 것이었겠지만, “남성”을 삽입한 것은 그 세기의 균형을 위해 단지 아주 미미한 승리만을 쟁취했던 여성의 참정권에 좋지 못한 결과를 가져왔다. 투표 없이 평등은 없었다. 사적 장애조건을 바로잡기 위해 공적 영역에서 획득한 권한을 여성들이 사용할 수도 있다는 예상은 백인 남성들로 하여금—이미 인종관계에서 보여주었던 친숙한 양식을 되풀이하면서—그들 자신의 행동을 백인 여성의 의도에 비추어보게끔 하였다. 즉 백인 남성들은 여성에게 시민권을 주어보아라, 그러면 남성들로 하여금 집안의 지루하고 단조로운 일들을 하도록 만들 것이다라고 주장하였다. 남성들은 맹렬히 파고들어가고 있었다. 19세기 후반에 임금노동이 많은 여성들로 하여금 가정생활에서의 속박을 느슨하게 함에 따라, 백인 남성들은 백인 여성들의 그밖의 다른 곳에서의 선택을 제한하려고 하였다. 콤스톡 법(Comstock Law)은 산아제한에 대한 정보를 금지시켰고, 새로운 법령은 일부일처식 결혼 기준을 강화하였으며, 성적인 혐의로 의식(儀式)적인 린치를 당하는 흑인 남성의 숫자는 가파르게 증가하였다.

백인 임금노동자와 흑인들 그리고 백인 여성들이 19세기 민주주의의 여백에 기울였던 지속적인 압력은 민주주의는 확장될 수 있다는 그들의 믿음으로부터 나왔다. 민주주의의 지회가 손쉽게 증가되고 민주주의의 언어가 보편적인 된 것은 그러한 기대를 돋우었다. 민주주의의 확장의 대변자들은 그들이 새로운 것을 요구하는 것이 아니라 단지 있던 것을 더 많게 하는 것뿐이라는 것을 되풀이해서 주장했다. 여성의 권리를 독립선언서의 문구를 빌려 지어냈을 때의 영감은 "본능적으로 나온 것"이었다고 스탠튼은 말한다. 흑인의 지도자인 알렉산더 크러멜(Alexander Crummell)은 "우리는 미국인이다"라고 절규했다. 단일 국가의 멤버로서 흑인과 백인 모두는 하나의 단일한 가치규범—한 흑인 편집장의 표현에 따르면 "제퍼슨이 쓰고 애턱스(Attucks)와 워런(Warren)이 그것을 위해 피를 흘린 영원한 진실인"—을 준수하며 살고 있다. 그래서 그들이 같은 민주주의를 공유해야만 하는 것은 당연한 것이었다.[25)]

이러한 것은 유토피아적 기대는 아니었다. 모든 국민 전체를 포괄한다는 비전은 그들을 둘러싼 가능성으로부터 나온 합리적인 것이었다. 백인 임금노동자는 다수 민주주의의 공적 영역에서 자격을 갖춘 참여자가 되었고, 또한 몇몇 흑인들, 특히 북부의 흑인들, 그리고 일부 백인 여성들, 특히 서부의 백인 여성들도 마찬가지였다. 그럼에도 불구하고 한계성은 팽창만큼이나 19세기 민주주의에 내재해 있었다. 민주주의의 보편성 뒤에는 경계를 가르고, 그러한 자기들만의 경계를 지키는 것을 가치로 생각하는 수많은 특수한 집단들이 있었다. 민주주의의 의미는 모든 것을 감싸안는 포용의 정신으로부터 나온 그만큼이나 배타성을 위한 매일 매일의 주장으로부터도 흘러나와, 그 결과는 보편성보다는 배타성이 더 두드러지게 되었음을 보여준다.

백인 남성 클럽은 자유로운 이동을 말했다. 백인 임금노동자들이 흑인이나 백인 여성들보다 훨씬 남성 클럽의 활동에 동화될 수 있도

---

25) Aptheker, *Documentary History*, p.201, 324.

록 했던 것은 바로 그들이 매우 뛰어난 기동력을 가졌기 때문이었다. 즉 한 장소에서 다른 장소로, 어떤 기회에서 또 다른 기회로, 한 지회에서 다른 지회로. 그것은 고용주에 대한 피고용인의 의존관계를 백인에 대한 흑인의 의존이라든가 또는 남편에 대한 부인의 의존보다도 전적으로 상이한 민주주의적 의미를 부여했다. 남성 클럽들은 그들만의 여러 가지 민주적 추억, 즉 개척자 대니얼 분(Daniel Boone)을 개발해냄으로써 자기들의 분리성을 강조하였다. 가난으로부터 자라난 링컨, 무엇보다도 효과적인 형제애적인 남북전쟁 등. 처음에는 백인 여성이 다음에는 미국 흑인들이 묵살되었고, 이 중점적 미국의 경험은 백인 남성의 용기의 본보기가 되면서, 백인 영웅에 대한 공적인 미화로 바뀌었다. 19세기 말에 북부 백인과 남부 백인(Billy Yank and Johnny Reb)의 감동적인 재결합은 민주적 개방성의 경계를 어느 정도 잘 보여주었다.

배타성은 배타성을 키웠다. 남성 클럽이 자신들을 국외자들과 분리시켰을 때 국외자들은 자신들을 서로서로 분리시켰다. 흑인 남성들은 여성의 권리라든가 참정권 따위의 것들에 대해 거의 어떠한 지지의 기미도 보여주지 않았다. 마찬가지로 남북전쟁 이후에 가장 억척스럽게 여성의 참정권을 옹호한 사람들은 자신들의 중간계급적 미덕을 하류계급의 악덕과 대조시켰는데, 백인과 흑인 모두에게 마찬가지였다. 한때 남부동맹 여성들의 "인종과 계급에 대한 맹목적 자부심"을 경멸하였던 스탠튼은 그녀 삶의 말기에 남북동맹 사람들과 유사한 느낌을 주는 말을 하였다.[26] 물론 백인 남성들은 이런 싸움의 단순한 구경꾼만은 아니었다. 우월한 지위를 가지고, 그들은 일상적으로 공론의 조건을 정하였다. 스탠튼이 백인 남성들이 의식적으로 백인 여성들을 무시하고 흑인 남성들을 선택했었다고 주장

26) Charles Royster, *The Destructive War*, New York, 1991, p.85에서 엘리자베스 스탠튼(Elizabeth Cady Stanton) 인용.

했을 때 아마도 그녀의 주장은 맞을 것이다. 그 전맥락에서 백인 여성을 험담하는 흑인들은 백인 남성들이 시작했던 대화를 계속하였다. 여성들은 다시 선택하라고 말했다.

이러한 변방에서의 연장된 싸움은 또한 19세기 민주주의의 집단적인 요소와 개별적인 요소들이 서로 불가분으로 꼬여 있다는 명제를 확인시켜준다. 그것들을 따로따로 다루려는 시도나, 한쪽의 약함을 다른 쪽의 강함으로 균형을 이루려는 시도들 모두 실패하였다. 온전한 시민의식은 양자에 대한 확고한 인식을 요구했다. 자신들의 공적 영역에서의 무자격에 대한 보상으로 사적인 성취를 이용하려 했던 흑인들이 성공하지 못했던 것처럼, 자신들의 사적 영역에서의 의존에 대한 보상으로 공적 권위를 사용하려 했던 백인 여성들도 마찬가지로 성공하지 못했다. 심지어 변방에서 가장 멀리 공공영역에까지 진출한 백인 임금노동자들마저도 여전히 의존-정치가 그들로 하여금 우회로를 내주었지만 그러나 완전히 극복할 수는 없도록 하였던 피고용인으로서의 그들의 결함-이란 장애를 가지고 20세기를 향해서 절룩거리며 나아가고 있었다. 백인 임금노동자, 흑인 남성 그리고 백인 여성 등 세 집단 모두에게 이 민주주의의 문제는 19세기 말까지 깊은 골을 만들어놓았다. 그런 문제들을 떨쳐 내며, 새로운 정의를 부여하고, 새로운 해법에 대한 가능성을 열어주려면, 위계질서적 권위의 붕괴나 19세기 초반의 자주적 노동의 발생 등에 필적할 만한 또 하나의 거대한 붕괴가 요구될 것이다.

제 2 부

급격한 변화

1890~1920년대

미국과 유럽의 경제방향이 자본의 집중, 공장생산의 체계화, 다국적인 노동의 유입을 특징으로 하는 산업혁명의 두번째 물결에 의해 19세기 말과 20세기 초 사이에 재조정되면서, 도시는 새로운 중심으로 떠올랐다. 도시로 관심이 집중하자 중간계급이 느끼는 과밀의식도 고조되었으며, 이러한 과밀의식으로 인해 사람들은 서로간의 차이점, 즉 무질서와 폭력에 관한 습성을 비롯해 문화, 재능, 성향 등에 있어 다양한 구성원들 간의 뚜렷한 특색들에 대해 보다 민감하게 반응했다. 미국에서 그 결과는 겉보기에 역설적이었다. 미국의 백인들이 자신들은 단일한 사회 속에 응집해 있는 것으로 생각하면 할수록, 그 사회는 더욱 분할되어갔던 것이다. 확산의 19세기가 민중에 대한 신념을 유지시켰다면, 집중의 20세기는 그 신념을 파괴시켰다.

이러한 변화를 설명하는 데 있어 미국인들은 국토의 팽창을 대개 우선적으로 거론했다. 문화다원주의의 어느 열렬한 신봉자가 20세기 초에 단언했듯이, "바다의 조류처럼 미국을 정기적으로 휩쓸었던 순응에의 강요"에도 불구하고, "광대한 대륙은 분화된 공동체들의 자연스러운 정착과 자발적인 성장을 가능하게 했고 … 대륙의 넓은 공간에서 민주주의가 성공했으며, 문화집단들의 생활이 자신들의 본래 상태를 계속 간직할 수 있었던 것은 그럴 수밖에 없는 당연한 일이었다."[1] 이러한 터너(Turner) 식의 논리로 보자면, 열려 있는 공간의 소멸이야말로 미국 특유의 탄력과 관용의 근원이 없어지게 된 원인인 셈이다. 그러나 이와 같이 지극히 미국적인 설명은 동일한 기간 동안 새로운 사회적 분리와 갈등이 미국 이외의 다른 지역에서 매우 광범위하게 확산되었다는 사실을 무시해버렸다. 유럽 전역에 걸쳐 사무직 근로자들의 다양한 층은 도시사회의 구조를 복잡하게 만들었다. 노동자계급의 문화는 유럽에서 1870년대와 1910년대 사이에 형성되었지만, 에릭 홉스봄(Eric Hobsbawm)이 주장하듯, 영국에서조차 계급정서의 조기 폭발은 구체화되지 못했다.

유럽과 미국에서 공통된 문제의 핵심은 노동의 의미와 권위의 근거에서의 일련의 상호연관적인 변화였다. 관례상 산업화라고 불리는 것과 함께 위계체제가 등장했는데, 이러한 위계체제는 특히 사람들의 노동을 세밀히 구분함으로써 불공평한 차이를 심화시켰으며, 때로는 정부를 통하여 또 때로는 정부의 바깥에서 종속상태를 조직적으로 통제하기 위한 방법이 모색되었다. 그 결과 측정해야 할 차이점과 제정하고 준수해야 할 규칙들이 보다 많이 생겨났다. 사회구성원 모두는 위계체제에 소속되어 하나의 위치를 차지하게끔 되었다. 산업화로 인한 변화들 가운데 가장 일반적인 변화인 계급구조상의 변화는 이러한 위계체제 내에서 누구의 규칙이 다른 누구의 장래를 결정짓느냐에 따라 설명될 수 있었다.

계급은 사람들의 경제적 형편과 사회적 힘, 다시 말하면 자신들의 기회의 범위와 능력 내에서 서로에게 영향을 미치거나 서로를 통제할

---

1) Horace M. Kallen, *Culture and Democracy in the United States*, New York, 1924, pp.42-43.

힘을 연결짓는 하나의 방법이다. 이러한 문제들로 인한 장기간의 갈등은 계급을 발생시키며, 이어서 사람들의 삶은 기회와 힘의 논리에 따라 틀이 짜여지게 된다. 파업과 폭동을 통해 격앙된 분노를 비롯해 비교적 사소한 균열, 불평등, 증오심 따위는 계급 간의 관계에 관해서 해명해주는 바가 거의 없을 수도 있다. 게다가 계급관계에서 결정적인 구성요소는 극적으로 바뀔 수도 있다. 정부가 결정적인 역할을 할 수도 있고 그렇지 않을 수도 있다. 도구와 작업의 통제가 크게 중요할 때도 있고, 거의 그렇지 않을 때도 있다. 어떤 갈등들은 중심을 향해 집중되는가 하면, 다른 어떤 갈등들은 주변으로 확산된다. 반면에 결코 변하지 않는 것은 이러한 관계들의 역동적인 성질 그 자체이다. 즉 갈등이 밖으로 나타나는 방식뿐만 아니라 계급과 계급 사이의 넘나들 수 있는 경계에 놓여 있기에 급격한 변화에도 영향을 받기 쉬운 사람들의 충성심 역시 끊임없이 변한다는 사실이다. 퇴직 당한 기술공, 소작농, 노동귀족, 그리고 심지어 하급 중간계급까지도 이와 같이 변동이 심한 경계지역에 속한 집단들을 가리키는 용어들로 보통 사용된다. 계급의 바로 이러한 역동적인 성질이 계급과 카스트를 구별짓는다. 카스트가 상자라면, 계급은 압력이라고 할 수 있다. 비록 카스트와 계급이 서로 맞닿는 부분에서 섞일 수 있다 하더라도, 그 둘은 근본적으로 매우 상이한 상황을 나타낸다. 한쪽이 상자에 넣고 빼는 상황이라면, 다른 한쪽은 밀고 밀리는 상황이다.

사회가 분배하는 보상의 주요 수혜자들은 자신들의 행운을 정당화하기 위하여 계급 이데올로기를 발전시킨다. 그렇지 않을 경우, 명백히 불평등한 분할은 현재의 승자들이 다른 승자들보다 더 많은 것을 다른 사람들에게 남겨 주더라도 강도행위가 될 것이기 때문이다. 다시 말해서, 계급 이데올로기는 불평등의 정당성을 설명해준다. 누구는 왜 상당한 몫을 분배받을 자격이 있고, 다른 누구는 왜 극히 작은 몫만을 받게 되는지에 대해서 말이다. 이러한 설명들은 변해왔다. 가령 19세기 동안에 자본주의의 승자들은 보상이 어떤 식으로 개인의 가치에 의해 결정되는가를 강조했다. 즉 사람들은 받을 자격이 있는 만큼만을 체제로부터 받는다는 것이다. 20세기에 와서 이러한 분배의 과정은 훨씬 더 많은 설명들을 통해 비개인적인 것으로 간주되어, 체제의 성공 그 자체가 그것에 따르는 불평등을 정당화하기에 이르렀다. 밑바닥의 등급에 있는 사람들이 과연 불평등을 어떻게 보는지는 체계적으로 설명되지 못했다.

이러한 과정에 관해서 칼 맑스보다 더 날카로운 견해를 제시한 사람은 없다. 맑스는 19세기 부르주아의 사회적 체면과 지도력에 대한 허세를 비난하면서 산업화의 주요 수혜자들이 실제로는 얼마나 잔인하고 이기적이었던가를 폭로했다. 맑스의 해석에 의하면 악의 근원을 이루는 것은 기초적인 덕의 문제가 아니라 재산이어서, 재산소유자는 폭력과 혼돈으로부터 사회를 보호하기보다는 오히려 그것을 야기하고 자행하는 야만적인 위선자가 된다. 맑스의 표현대로, 위기에 처한 부르주아 계급은 "오직 도둑질을 통해서만 계속적으로 재산을 축적할 수 있다"고 절규할 수밖에 없다. "오직 … 무질서를 통해서만 질서를 구할 수 있다!"는 것이다.[2)]

그러나 뒤집어서 살펴보면 맑스가 말하는 이러한 역설은 고무적인 면이 별로 없다. 맑스의 주장에 따르면, 진보는 유산계급이 아니라 무산계급으로부터 나오는 것이다. 오직 위급한 계급들만이 안전하며, 사회의 분열만이 사회의 단결을 기약한다. 평화가 혁명을 방지하기보다는, 혁명이 평화에로의 길을 열어준다는 것이다. 이러한 처방은 무기력함을 순진함으로 잘못 판단했을 뿐만 아니라 혁명으로의 흐름을 잘못 계산한 것이다. 전쟁이 때때로 국내에서의 혁명을 야기하기는 했지만, 산업화는 그렇지가 않았다. 맑스가 안고 있는 문제의 일부는 기계

---

2) Karl Marx, "The 18th Brumaire of Louis Bonaparte," in *Selected Works*, 2 vols., Moscow, 1958, vol.1, p.340.

화가 노동자들의 기술을 냉혹하게 고갈시킴으로써 그들을 점차적으로 비참하게 만들어간다고 단정한 데 있다. 적어도 바퀴의 발명으로 시작된 공업기술의 변화로 인해 기술에 대한 우선권이 근본적으로 재조정되기는 했지만, 그렇다고 결과가 하나같이 비참한 것은 아니었다. 운송업, 제조업, 채광업에서의 연속적인 기계화는 뒤섞인 결과를 가져왔다. 새로운 기술은 부상하고 과거의 기술은 도태하였으며, 어떤 기술은 부담이 줄은 반면 다른 기술은 부담이 가중되었다. 철강으로 된 기계설비, 기계수확기, 혹은 사슬톱을 사용하는 많은 사람들이 기존의 기술 때문에 그런 장비들을 포기하지는 않았을 것이다.

미국에서는 산업화와 함께 3계급 체제가 등장했다. 이 체제는 갈등을 유발했지만 그렇다고 혁명적이지는 않았다. 세 계급이란 국가기관과 정책에 맞물려 있는 계급, 지방업무를 다스리는 계급, 그리고 가장 불안정한 환경에서 보수가 가장 적은 직업에 종사하면서 앞의 두 계급 밑에 묻혀 있는 계급이었다. 이 책에서 나는 이러한 세 개의 계급을 각각 국가계급, 지방중간계급, 하류계급이란 말로 부르고자 한다. 새로운 위계체제는 국가계급과 지방중간계급 양자가 계급 내부적으로 서로 관계를 맺을 것을 요구했으며, 두 계급 모두는 위계체제가 하류계급을 통제해주기를 기대했다. 이러한 현대의 계급체제는 눈에 띄게 미국적인 특징을 유지했다. 유한귀족은 결코 뿌리를 내려서는 안 된다는 것이 여전히 중요했다. 귀족과는 달리 세 계급 모두 일을 했다. 마찬가지로 중요했던 점은 미국에서 항상 수요가 많았던 숙련노동자들이 갈수록 세밀해지는 20세기의 노동위계체제 내에서 중요한 기계장치를 가동할 책임을 부가적으로 맡음으로써 특별한 거점을 획득하게 되었고, 이로부터 중간계급 구성원이 될 자격을 다시 부여받게 되었다는 것이다. 이와 동시에 유색인종뿐만 아니라 하류계급에 속한 모든 사람에게 불이익을 주는 인종의 낙인도 미국적 특징 가운데 하나가 되었다. 20세기의 민주주의는 이러한 특성들에 순응하였다.

5
하류계급의 침몰

19세기 미국의 2계급 체제는 그것과 더불어 번성했던 민주주의만큼이나 특징적이었다. 그것은 세 가지 면에서 독특한 특징이 있었다. 즉 귀족의 부재, 육체노동의 전반적인 수용, 그리고 무엇보다도 백인의 자주적(self-directed) 노동의 폭넓은 기초 등이 특징적이었다. 논리에 의해서가 아니라 일반적인 합의에 의해서, 두 계급 가운데 중간계급이 보다 많은 특권을 부여받은 것으로 여겨졌다. 두 계급을 나누는 엄격한 선은 유럽인들이 노동계급이라고 부르는 층의 한 가운데를 관통했다.

미국 중간계급의 대부분을 구성하는 자작농과 숙련노동자들 자신이 육체노동자이기 때문에, 몇몇 도시의 상류 부르주아 집단을 제외하고는 어느 누구도 손에 못이 박히고 옷이 더러운 육체노동자들에게 오명을 씌우지 않았다. 19세기 중엽이 되면 그러한 상류 집단 가운데 까다로운 자들조차 육체노동을 거의 얕보지 않았다. 단지 고된 노동만을 저급하게 여겼을 뿐이었다. 19세기 후반으로 접어들면서, 특히 뉴욕시의 경우, 그 지역 출신의 일부 사무직 근로자들은 육체노동자들과

거리를 두려고 애썼다. 그러나 뉴욕 시 근처의 패터슨, 뉴저지, 버펄로의 주 경계지역, 러트랜드 북부, 버몬트, 철도 노선의 서쪽 지역, 그리고 그밖의 수많은 중소도시에서 숙련노동자, 사무원, 소규모 상점주인들은 유사한 패턴으로 집을 소유한다든가, 서로 유사하게 뒤뜰을 경작하고 건물을 고치며, 또 여력에 따라서는 가사의 일손을 고용하면서 계속해서 조화롭게 지냈다.

팽창적인 상농(商農)경제에서 백인이 자주적 육체노동을 할 수 있다는 가능성은 유럽적인 계급의 구도를 혼란에 빠뜨렸다. 한 예로, 칼 맑스는 미국에 대해 두 손을 다 들고 그저 신비스러워했다. 왜냐하면 미국에서 각 계급은,

> 계속 유동적인 가운데 계급의 요소들을 서로 지속적으로 주고받았다. 미국에서의 현대적인 생산수단은 정체된 과잉인구와 맞물리기보다는 오히려 상대적인 일손의 부족을 보충하였다. 또한 미국에서는 신세계를 자신의 것으로 만들기 위한 열정적이며 활발한 물적 생산활동으로 인해 구시대의 정신세계를 폐지할 시간이나 기회조차 없었다.[1)]

그렇다고 경제적인 불평등이 민주주의의 출현과 함께 감소했다는 것은 아니다. 도리어 불평등은 19세기 초에 부가 최상위층으로 특히 편중되면서 아울러 증가했다. 반면 사회의 중간에 속하는 부류들의 자주적 노동의 가능성도 증가했다. 이러한 가능성을 값으로 따지기란 힘들다. 불확실한 세상에서 어렴풋한 결말에 내기를 걸듯 성인의 노동생활을 새로운 농토의 개간에 투자하는 일이 경제적으로 거의 터무니없는 행동일지라도, 남북전쟁 이후의 수백만의 이주민들은 보다 근사하게 자립할 수 있는 서부에서 "무보수로 일하기 위하여" 애팔래치아 산맥 동쪽의 보다 수익성이 높은 농경경제를 떠났다. 재분배가 아니라

---

1) Karl Marx, "The 18th Brumaire of Louis Bonaparte," in *Selected Works*, 2 vols., Moscow, 1958, vol.1, p.255.

기회가 이들을 사로잡았던 것이다. 조지 캠프(George Sidney Camp)의 유창한 표현을 빌리자면, 부는 그것이 만인에게 동등하게 열려 있는 한 "독특한 민주주의적인 특징을 갖고 있었다."2)

신용대출도에 따라 미국의 계급은 나뉘었다. 19세기의 다른 어떤 경제체제보다도 다양한 상품을 먼 거리를 오가며 훨씬 효율적으로 생산하고 교환하는 세계 최상의 상농 자본주의 국가 미국에서, 신용대출은 규모가 크든 작든 참여자 모두를 지탱해왔다. 농민이 추수철까지 견뎌내고, 상인이 상점에 물건을 사들이며, 임금노동자가 곤경을 헤쳐나가도록 도와 줄 신용대출이 자립적인 시민으로서의 신분조건을 규정지었다. 1816년 미국 제2은행(the Second Bank of United States)의 설립에서 시작하여 1세기 후 연방준비은행제도의 확립에 이르기까지 신용대출은 민주주의 정치의 핵심에서 결코 멀리 떨어져 있지 않았다. 민주주의 정신이 고동치는 곳이면 어디에서나 신용대출을 자유화하자는 외침이 있었다. 1830년대에 조지아와 미주리와 같은 주의 입법자들은 인구에 따른 배분을 의무화하려고 시도했으며, 1890년대 초에 마련된 민중금고정책(Populist Subtreasury Plan)은 원하는 농민들에게 신용대출을 해주기로 약속하였다.

19세기 중엽에 6퍼센트를 일반적으로 적용가능한 적정이율로 책정한 전국 규모의 신용대출 문화가 이러한 전반적인 필요로부터 창출되었다. 적어도 이 한 가지 문제에서 만큼은 아브라함 링컨(Abraham Lincoln), 윌리엄 피츠휴(William Fitzhugh), 그리고 루이스 태펀(Lewis Tappan) 모두 의견의 일치를 보았다. 19세기가 끝날 때까지도 몇몇 주의 법은 그 이율을 계속 명시했다. 이율의 변화가 매우 폭넓고 경쟁이 거센 자본주의 사회에서 이러한 제도는 언뜻 기묘하게 보이지만 그것이 보수적이거나 잘못된 것은 아니었다. 6% 이율기준은 미국 민주주의를 위해 믿을 만한 정규 신용대출이 반드시 필요하다는 점을

2) George Sidney Camp, *Democracy*, New York, 1841, p.227.

주장하는 문화적 선언이었다고 할 수 있다. 신용대출이 없다면 그 누가 시도조차 할 수 있겠는가? 19세기 중엽 농업노동자의 연간 수입이 약 2백 달러에 이르고 적당한 규모의 농사를 짓기 위한 착수비용으로 1천 달러 이상이 소요되었던 중서부 지역에서 성인 노동자가 일생 동안 현금만으로 자립의 첫 발을 내딛는 데에는 가장 혹독한 노고가 요구되었다. 오레스테스 브라운슨(Orestes Brownson)은 19세기 미국에서의 노동생활의 핵심을 간파하고서, "가난하게 태어난 그 어느 누구도 단순히 노동자로서 받는 임금만으로 부유층에 오른 적이 없다"라고 지적한 바 있다.[3] 심지어 허레이셔 앨저(Horatio Alger) 소설의 주인공들조차 그들을 지탱해 줄 누군가의 도움을 필요로 했다.

신용대출의 자격이 비록 재산소유 정도와 연관되어 있기는 하지만 그렇다고 그것과 교환할 수 있는 것은 결코 아니었다. 발전을 향해 계속 뻗어나가는 나라에서 나누어줄 신용대금을 쥐고 있는 사람들은 채무자들과 의존관계에 있었다. 19세기 중엽까지 빚을 갚아가며 일을 하는 사람들은 채권자들이 단지 유인하기 위해서만이 아니라 붙잡아 두기 위해서 상당히 애를 쓰는 귀중한 자산이었다. 위험부담이 모두 컸던 경제에서 상당수의 백인 무산계급은 스스로의 힘으로 시작해야 하는 경우이건 환란기를 견뎌내야 하는 경우이건 이러한 타산으로부터 적지 않은 혜택을 입었다. 신용대출 자격의 한계에 있어서는 무형의 것들, 예컨대 평판, 외모, 개인적 습관, 지역적 편견 등이 매우 중요했다.

1830년대부터 19세기 말까지 중간계급과 하류계급은 규모에 있어 대략 같았으며, 두 계급 간의 이동이 끊임없이 이루어졌다. 그러나 이동이 심했다고 해서 계급들이 불안정해진 것은 아니었고 오히려 19세기 중엽에는 더욱 견고해져 갔다. 그 무렵 아일랜드 이민의 급격한 증가는 농지를 소유하기보다는 아무 농지에서든 단순노동자로 일할 수

---

3) "Laboring," *Boston Quarterly Review*, 1840, p.372.

밖에 없었던 무산 임금노동자의 점차 팽창하는 기반에 소수민족의 흔적을 분명히 남겼다. 1840년대의 공황 이후 단기 농경대출이 계속 유효했지만, 장기 농지저당은 얻기가 어려웠다. 중간계급의 소비와 과시욕구, 그리고 치안보호와 소송절차를 강화하려는 그들의 욕구는 본격적인 사회적 체면의 문화를 공고히 했다.

사회적 체면의 문화가 더욱 정교해져 갈수록, 평판이 좋지 않은 하류계급은 그것으로부터 더욱 확연하게 멀어졌다. 사회적인 악평은 대부분의 가톨릭 교도, 대부분의 백인 자립여성, 거의 모든 흑인, 인디언, 동아시아인, 라틴계 하류계급 등에 대한 소수민족, 성(性), 그리고 인종상의 편견과 깊이 관련되어 있었다. 숙련노동자와 사무직계층은 자기개선클럽, 상호부조단체, 순수우애조합, 금주단체, 토박이회 등과 같이 존경할 만한 사회적 지위를 유지하기 위한 그들만의 협력단체들을 잭슨(Jackson) 대통령 집권 당시에 결성하기 시작하여 계속 발전시켜나갔다. 특히 그 당시에 몹시 위급했음에도 불구하고 그들은 중간계급의 가치에 대한 충성을 맹세했다. 가령 중간계급의 가장자리에 속해 있던 남성들은 자신들의 통제하에 있는 여성들을 노동시장에서 몰아내어 가정 내에 계속 묶어둘 것을 예외적으로 강도 높게 주장했다.

중간계급과 하류계급 사이의 경계지역은 하나를 얻으면 하나를 잃는 식으로 사회적 체면의 발판을 얻고자 분투했던 사람들로 가득 찼다. 경기의 하락, 회사의 파산, 혹은 상인의 채무불이행이 매번 발생할 때마다 개인신용은 결정적으로 끊겼고 보다 많은 한계 구성원들이 중간계급에서 제외되었다. 무엇보다도 육체노동자들은 가혹한 육체적 위험 때문에 주저앉을지도 모른다고 늘 생각했다. 잘못하여 쓰러질 수 있는 나무, 기계의 헐거워진 이음 쇠붙이, 말의 뒷발질, 빗나간 톱 등으로 인한 우발적인 사고 때문에 그들은 그 자리에서 가족의 생계를 잃어버릴 수가 있었다. 혹은 벽돌공의 조수, 목재를 직접 가공하는 가

구제작자, 토지를 팔기 위해서 부단히 개간해야 했던 농민들은 여러 해에 걸쳐 체력을 쥐어짜며 고생하느라 그야말로 힘이 다 빠질 지경이었다. 그래서 19세기 미국에서 가장 성공하기 쉬워 보였던 육체노동자들은 가족의 다른 구성원들에게 비용과 위험의 부담을 분담시킬 수밖에 없었다.

무엇이 이토록 불안정한 경계지역상의 긴장을 견딜 만한 것으로 유지시켰는지는 간단하게 설명하기가 어렵다. 한계점의 다른 한쪽을 가리키는 결정적인 지수는 숙련노동자와 그나마 자립을 유지했던 농민들의 경험이었다. 1820년대와 1850년대 사이에 반복되었던 경기 하락에도 불구하고 숙련노동자들은, 남북전쟁 이후의 적용되는 기준으로 볼 때, 안락한 생활을 영위했다. 1839년에서 1842년까지의 공황 이후, 10시간 노동운동의 계속적인 성공과 공공생활에서의 기술공들의 전반적인 득세에서 잘 나타나듯이, 숙련노동자들은 남북전쟁 이전에 어떠한 장기적 하락도 겪지 않았다. 비록 노동력에 있어 고도로 숙련된 노동자의 비율이 줄기는 했지만, 자신의 계급을 유지했던 사람들의 삶은 수십 년에 걸쳐 개선되었다. 신기계는 숙련노동자의 범위와 수요를 감소시켰지만 또한 그만큼 자주 그것을 확장시켰다. 특히 운송분야는 다리 건설에서 열차 운행에 이르기까지 전혀 새로운 기술영역을 창출했다. 19세기의 3/4분기는 뜻밖으로 대성공을 거두었던 시기였다. 실질임금이 급격히 상승하여 숙련노동자와 비숙련노동자 간의 격차가 크게 벌어졌을 뿐만 아니라 여러 분야의 직업에서 미국 숙련노동자들의 수입은 유럽의 숙련노동자들보다 매우 높은 수준을 유지했다. 그들 중 약 1/4이 자영업의 길로 들어섰는데, 이것은 중간계급 중에서 그들과 가까운 상대인 봉급사무원이 동일한 시기에 이루어낸 기록과 대략 일치하는 것이었다. 반면, 오름세의 시장은 전쟁과 관련한 노동의 부족과 맞물려 백인 농민들이 19세기 중엽의 신용시장에서 상당한 힘을 갖도록 해주었다. 달리 말해서, 신용대출이 구체적으로 실현되고 실질

수입이 계속 상승하는 한, 이와 같이 변화가 심한 계급체제는 지속적으로 유지되었던 것이다.

이러한 경제적 공급원이 다 고갈되자 계급의 테두리에 위기가 닥쳐왔다. 기복이 항상 심하기 마련인 것이 자본주의의 구조이지만, 불황과 폭등이 연이어 일어나던 1873년 이후의 기간은 특히 동요가 컸으며, 그 가운데 자립농민과 숙련노동자들이 남다른 타격을 입었다. 수확물의 가격이 하락하고 장기 통화수축으로 인해 채무자의 실제 이자율이 오르게 되자, 저당에 따른 지불은 감당하기가 더욱 어려워졌으며, 농업 신용대출은 기회가 줄어들고, 다른 사람의 토지를 이용해 일을 하는 경우에도 부담이 더욱 무거워졌다. 한때 토지소유주보다 별로 못할 게 없다고 여겨지던 임차농(tenant farmer)들이 보통노동자들과 별로 다를 게 없어진 경우가 빈번하게 생겨났다. 법에 따라 19세기 말의 소작농(sharecropper)들은 더 이상 자신의 농지를 일구지 않는 임금노동자로 바뀌었으며, 그들이 미지급 연간급여에서 받게 된 보수는 민주주의 이전 시대의 임금노동협정사상 거의 최악의 경우에 해당했다. 숙련노동자들의 실질 임금이 동결되거나 삭감됨에 따라 비숙련노동자들과의 간극도 좁혀졌다. 의류, 철제와 같은 주요 산업에서 기술의 변화가 끼친 영향은 전통 수공업의 경우에 특히 가혹했다. 게다가 경기순환의 회전은 정리해고로 인해 임금노동자의 저축이 소멸할 수 있는 가능성을 고조시켰다. 어느 역사가가 적절하게 지적했던 것처럼 철도산업의 "안정된 직장에서 일하는 사람들에게조차 고용은 비정규적이고 불확실했다."[4)]

상황은 마치 거대한 하락이 더욱 더 많은 사람들을 계급의 경계지역으로 내몰아서 마침내 하류계급으로 한껏 떨어뜨릴 듯한 지경이었다. 1883년에 어느 숙련노동자는 자신과 자신의 동료 숙련공들이 사

4) Walter Licht, *Working for the Railroad*, Princeton, 1983, p.165.

회적 체면의 지위로부터 "하류계급"으로 마치 하룻밤 사이에 곤두박질한 것 같다며 비탄의 심정을 토로했다.[5] 맑스도 바로 이러한 현상을 예견하여 『공산당 선언』에서 "중간계급 가운데 하류계급은 … 점차 프롤레타리아로 내려앉을 것이다"라고 말한 바 있다. 사실 맑스주의는 19세기 말의 미국 담론에서 나름대로의 위치를 차지했다. 1890년의 여론조사에서 공식적으로는 처음으로 봉급생활자와 임금노동자가 서로 분리되었다. 세기가 끝나가면서, 미국인과 유럽인 모두, 일할 사람은 너무 많은 반면 개척 농지가 너무 적어서 일반인에게는 기회가 막혀 있다고 생각했다.

19세기의 막바지로 접어들면서 이러한 압박에 의해 새로운 계급이 형성되는 것처럼 보였다. 이러한 현상은 두 차례에 걸쳐 나타났다. 이 가운데 첫번째는 1883년과 1886년 사이에 일어났다. 이 시기는 미국 노동자계급이 자의식을 갖춘 독립적인 임금노동자계급으로서 구체적인 형태를 갖추려는 때였다. 비록 짧은 기간이었지만 강력한 불매운동, 인종연합시위, 다른 지역 동료를 지지하기 위한 자발적인 동조파업 등과 같이 계급의식으로 충전된 매우 다양한 근무투쟁이 연이어 일어났다. 이러한 사태가 절정에 달했을 때, 도시의 임금노동자 1/3 이상이 일반시위에 합류했던 1886년 신시내티에서의 노동절 파업에서처럼 노동자들은 엄청난 결집력을 발휘했다. 그 무렵 새로운 구성원들은 거대기업인 유니온퍼시픽 철도(the Union Pacific Railroad)와의 대결에서 승리한 뒤 곧바로 결성된 전국 규모의 노동기사단(the Knights of Labor)이라는 조직으로 대거 몰려들었는데, 그 수는 대략 3~4백만을 헤아릴 정도였다.

두번째 시기는 1880년대 말에서부터 1890년대 중반까지의 기간으로, 이 시기에 남부와 서부에서는 농민동맹들을 통해 수백만이 시위에

---

5) Stuart M. Blumin, *The Emergence of the Middle Class*, Cambridge, 1989, p.288에서 인용.

가담하였고, 급기야는 정치적 행위로 급격히 발전하여 1890년과 1892년 사이에 민중당(Populist party)을 창당하기에 이르렀다. 그 당시의 사람들은 그것을 혁명이라고 부를 정도였다. 민중당이 1892년에 공포한 오마하 강령(Omaha Platform)은 민주주의의 부흥과 경제적 공평성을 목표로 하는 19세기의 가장 야심만만한 공약사항으로 모든 노동자들의 연합, 신용대출의 민주화, 민중의 직접적인 의사결정권, 단임 대통령제, 철도·전신·전화의 공유화 등을 주장했다. 분노가 고조되면서 백인 농민 시위자 가운데 일부는 남부의 흑인과 도시의 임금노동자들에게 동참할 것을 요청함으로써 미국 사회체제의 대대적인 변화를 노렸다.

노동지도자와 농민지도자들 모두가 미국의 소수 특권 집단을 향해 그들의 총구를 겨냥했다. 적들간의 면밀한 협조에 대해 과대평가하긴 했지만, 그들은 그래도 19세기 말에 자본주의 발전의 주요 경로를 파악하여 그에 대한 대응으로 유사한 분노를 표현하였다. 노동기사단 정관과 민중당의 오마하 강령의 서문은 미국을 파국으로 몰아넣고 있었던 계급갈등의 심화를 개략적으로 나타냈다. [훨씬 더 상세한 미국노동총연맹(AFL)의 1886년 정관도 "매년 강렬해져 가는 자본가와 노동자 간의 싸움"을 언급하면서 시작되었다.] 도덕적으로 분개한 노동지도자와 농민지도자 양진영은 미국의 일반 서민들이 조직화된 부유층의 손에 의해 비천한 상태에 빠졌다고 강도 높게 주장했다. 노동기사단의 조지 맥닐(George McNeil)은 "주권 시민의 인간성을 유린하는 비열한 독점기업이" 정직한 노동자를 "냉혹한 발로" 짓밟고 있다고 외쳤다. 이와 똑같은 의견을 가진 민중당원 윌리엄 페퍼(William Peffer)도 "현재 정직한 노동자의 삶은 민중의 일반적인 권리에 사실상 반역하고 있는 연합세력의 처분에 내맡겨진 상태"라고 주장했다. "우리는 철도회사가 민중을 소유할 것인지 아니면 민중이 철도를 기필코 소유해야 할지 이제 결판을 낼 때가 왔다고 믿는다"는 유명한 문장에

서처럼 오마하 강령은 당시의 상황을 잘 역설하고 있다.[6]

지금까지 약술한 두 운동 모두 상품과 고용의 공정가와 본래 가치에 관한 자연법 이론을 따랐다. 거만해진 자본가의 수익은 땀흘려 그 수익을 창출해낸 노동민중에 대한 일종의 범죄였다. 오마하 강령은 "부는 그것을 만든 자의 것이다"라고 선언하기까지 했다. 또한 맥닐이 표현하듯, "부는 생산과정에서 분배되어야 한다"고 주장되었는가 하면, 페퍼는 "생산자가 맨 먼저 보수를 받아야 하는 사람이 아니냐?"며 격렬하게 질문을 던지면서 결국 "돈은 어떤 것도 생산하지 못한다. 바로 노동이 모든 것을 생산한 것이다"라고 주장했다. 반면 채권자들은 노동자들을 계속해서 속박상태에 묶어 두었고, 그 결과 "이러한 위험한 세력이 … 민중의 자유를 급격히 약화시키고 있다"는 비난이 팽배해졌다. 노동기사단과 농민동맹들의 주요 지부는 그들의 분석 논리를 생산자, 분배자, 소비자협동조합으로까지 발전시켜나갔다.[7]

이러한 운동은 급진적인 성향의 전투정신을 토대로 전개되었다. 모든 정직한 노동자들이 자본가 적군에 맞서서 어깨를 나란히 하며 행군했던 것이다. 그러나 그러한 운동은 거의 흔적도 없이 사라져갔다. 1887년에 이르자 노동기사단은 그것을 대체할 어떤 것도 남기지 못한 채 급속도로 쇠퇴하였다. 민중당이 1896년에 민주당과 합당한 이후에 민중당의 강령에 담겨 있던 급진주의는 구름 같은 선거유세의 미사여구 속에서 사라져버렸다. 겉보기에 치명적인 사건들이 매번 전환점 역할을 했다. 1886년 시카고의 헤이마켓(Haymarket) 광장에서 일어난 치명적인 폭탄사건은 노동계의 급진파들을 대대적으로 탄압하도록 부추겼다. 그리고 1896년 민중당이 대통령 후보로 내세운 온건파 윌리엄 브라이언(William Jennings Bryan)이 선거공약으로 자유은본위제에

6) George E. McNeill, "The Problems of Today," in *The Labor Movement*, ed. by George E. McNeill, Boston, 1887, p.460; W. A. Peffer, *The Farmer's Side*, New York, 1891, p.196.

7) McNeill, "Problems," p.465; Peffer, *Farmer's Side* p.9, 46, 123.

지나치게 치중한 결과 농경중심적 투쟁은 종말을 고하기에 이르렀다. 그러나 정말로 문제가 되었던 것은 19세기 말에 이르러 정치적 흥분이 어느 지역에서나 전체적으로 급격히 수그러들었다는 데 있다. 임금노동자와 농민들의 폭발적인 분출은 세기가 바뀌기 이전에 다 고갈되었던 것이다.

이렇게 된 한 가지 이유로 집요하게 사람을 유인했던 중간계급의 사회적 체면을 들 수 있다. 자주적인 노동과 자기주체적 권위라는 새로운 민주적 기준이 19세기 초에 숙련공과 농민들에게 엄청난 자부심을 불어넣어서, 그들 중 많은 수는 자율권이 심각하게 침식당한 뒤에도 그러한 자부심으로부터 지속적으로 힘을 얻고 자신들을 미국 사회의 핵심이라고 규정했다. 그들은 과거를 그리워했다기보다는 귀중한 전통을 계속 살리기 위해 싸웠다. 하류계급의 혼란에 대한 중간계급의 두려움을 회고하면서, 노동기사단 단장 테렌스 파우덜리(Terence Powderly)와 민중당 대표들은 자신들의 평화적 취지를 공개적으로 강하게 표명했다. 오직 그들의 적들만이 폭력으로 위협했을 뿐, 그들은 그렇지가 않았다. 그들 중 어느 누구도 파업의 원칙을 지지하지 않았다. 마침내 파업을 결정했던 기사단의 여러 단체들을 파우덜리가 거부하면서 사실상 조직은 급속하게 와해되었다. 중요한 것은 예의범절이었다. 파우덜리는 "(기사단의) 집회가 여자가 참석하기에 나쁜 곳이라면, 그것은 남자에게도 그렇다"고 단언했다.[8] 자신들의 사회적 체면을 강조하고자 두 운동의 지도자들은 빅토리아조 복음주의자의 과장된 도덕주의적 스타일로 전국적인 연설을 했다.

똑같은 취지에서 두 운동 모두 분열 대신에 화합에 호소했다. 그들은 동료 미국인들에게 자신들의 적은 근면한 노동과 정직한 보수에

8) Susan Levine, "Labor's True Woman: Domesticity and Equal Rights in the Knights of Labor," *Journal of American Quarterly* 70, September 1983, p.330에서 파우덜리(Powderly) 인용.

헌신하는 압도적인 다수의 인구 가운데에서 일탈된 적은 수의 소수집단이라고 단언했다. 기사단은 단지 임금노동자들만을 대변하지는 않았으며, 민중당도 농민만을 대변하는 것은 아니었다. 그들은 존경할 만한 미국 시민 전체가 국가의 부흥에 동참할 것을 각각 요청했으며, 단순하고 평화로운 구조 속에서 협동조합, 토지개혁, 국고의 보조금고, 금은의 복본위제 등을 통해 포괄적인 사회변화를 추진하고자 했다. 중대한 실수들을 고치면 미국인 모두가 다시 화합하게 되리라고 믿었다. 그들이 종종 전쟁의 비유를 써가며 논쟁을 시작할 경우, 치료약의 비유로 그 논쟁을 매듭짓곤 했다. 그들은 병든 국가를 위한 치료제를 갖고 있었다. 화합은 당연한 것이었다. 두 운동의 동조자였던 벨라미(Edward Bellamy)는 『회상(*Looking Backward*)』에서, "같은 회사에서 일하는 사람들이 공동 목적을 도모하는 동지이자 동료 노동자로서 서로 형제처럼 지내는 것이 아니라, 목을 졸라 굴복시켜야 하는 경쟁자이자 적으로 이제 서로를 여기게끔 바뀌었다니 … 너무나도 놀랍다"며 19세기 말의 미국에 관해 적절히 설명했다.[9)]

전체의 화합에 대한 이러한 기대 뒤에는 공동의 이익에 따라 결정하는 미국 시민, 즉 민중의 이상이 자리잡고 있었다. 이러한 기대에 가장 열렬하게 호소했던 사람들은 바로 민중주의자들이었다. 결국 민중이 곧 정부였다. 통치를 위해 그들은 그저 활동력을 발휘하기만 하면 되었다. 기사단은 계급이 낮아진 임금노동자들처럼 행동하지 않았으며, 민중주의자들도 프롤레타리아가 된 농민처럼 행동하지는 않았다. 그들은 미국의 우애민주주의 내에서 지지를 불러모으는 성난 지부 회원의 자격으로 공중에게 다가섰다. 이들 중 일부는 자신들의 주장에 계급의 테두리를 씌웠지만, 많은 수는 그렇게 하지 않았으며 더 많은 수는 불확실한 메시지를 뒤섞어서 내보냈다. 민족(ethnic) 정체성을 중심으로 설정된 단체가 급진주의로의 교량 역할을 할지 아니면 급진주

9) Edward Bellamy, *Looking Backward, 2000~1887*, Boston, 1926[1886], p.231.

의에 대한 대안의 역할을 할지 아무도 알 수 없었다. 개별적인 충성세력들로 구성된 이토록 유동적이고 제 각각인 세계에서는 어떤 형태의 폭넓은 관계도 오래 지속되는 경우가 많지 않았다. 잘 조직된 지부 회원들은 심지어 계급 간의 경계지역에서까지 많은 백인들에게, 도회지 거주인 혹은 교외 거주인, 노르웨이인 혹은 시실리아인, 남부침례교파 혹은 로마 가톨릭 교파, 공화파 혹은 민주파 하는 식으로 충분한 자긍심을 부여함으로써 미국 계급체제상의 근본적인 변화를 향후 몇 년 동안 정지시켰다.

이러한 근본적인 변화가 일어나는 동안, 숙련노동자나 곤경에 빠진 농민들은 팽창된 노동자계급 속으로 유입되지 않았다. 오히려 그러한 변화는 최하층 임금노동자들을 다인종, 다민족적인 비숙련 하류계급으로 고립시켜버렸다. 다른 미국인들은 경제적으로, 법적으로, 육체적으로, 그리고 이데올로기적으로 이 계층을 따로 분리하여 권력을 제한하고, 그들을 잉여노동력의 집합소로 유지시키는 범주를 만들어냈다. 지속적인 변화를 위해서는 시간이 필요했다. 현대의 하류계급을 침몰시키는 데에 20세기의 첫 4반 세기가 요구되었던 것이다.

결정적인 경제적 변화는 1890년대의 경제공황이 서서히 회복되면서 나타나기 시작했다. 19세기 말에 좁혀졌던 숙련노동자와 비숙련노동자의 실제 임금의 차이는 공황 이후 20여 년 동안 계속 벌어져 1916년에 기록을 깨기에 이르렀으며, 전반적으로 노동력이 모자랐던 제1차 세계대전 기간이 지난 후에 그 차이는 다시 심화되어 1929년에는 1916년과 같은 수준을 기록했다. 사실 미국인들에게 전반적으로 번영의 시기였던 제1차 세계대전 이전에 비숙련노동자의 실제 임금은 거의 정체되어 있었다. 비숙련 직종에서 숙련 직종으로 옮길 수 있는 기회도 줄었고, 실업률은 계속 높아 10%를 넘는 것이 보통이었다. 주기적으로 발생하는 실업은 임금노동자라면 누구나 겪게 마련이지만, 숙련노동자들은 그나마 나중에 복귀할 수 있는 직업으로부터 해고당하는 편이었던 반면, 비숙련노동자들은 구직자들의 집합소로 내버려지기 일수였다. 아동의 노동률이 전쟁 이전의 기간에 급격히 하락하면서 비숙련노동자들의 임금수준이 오르지 않자 이들의 경제적 불안정은 더욱 심해졌다. 각 산업마다 다소 차이가 있겠지만, 전체 성인은 아동노동인력이 하던 일을 대략 아동의 보수를 받으면서 하게 되었던 것이다.

남부 비숙련노동자들의 상황은 훨씬 더 암울했다. 그들의 임금은 다른 지역보다 현저하게 낮았으며 숙련노동자와의 격차도 그만큼 더 컸다. 이러한 차이는 남부 전역에 걸친 흑인 차별(Jim Crow)체제를 통해 설명될 수 있다. 법률과 준칙의 정교한 구성을 바탕으로 1920년대에 대략 완비된 흑인 차별체제는 흑인을 요람에서 무덤에 이르기까지 실로 모든 공공생활 분야에서 격리시켰다. 격리되었지만 동등하다는 개념 자체가 잘못된 것은 아니었다. 오히려 그 개념은 미국 민주주의 전통에 깊은 뿌리를 두고 있을 뿐만 아니라, 합당한 처우를 주장하는 남부의 흑인들에게 가끔은 도움이 되었다. 그러나 20세기로의 과도기에 접어들면서 흑인 격리시설은 흑인이 재촉하면 백인이 응답하던 상호경합의 영역으로서의 모든 가능성을 잃어버리고 전체적으로 강요와 퇴화의 장소로 전락했다.

20세기의 흑인 차별체제는 노예제로부터 인력관리와 공간배분의 원칙을 각색하여, 노예제가 그러했듯이 노동체제로서, 즉 남부 전역에 걸쳐 노동자와 노동자의 임금을 통제하기 위한 수단으로 작용했다. 물론 남북전쟁 이후 많은 것이 바뀌었으며, 새로운 인종격리는 그러한 변화를 알리는 것이었다. 노예제 당시 백인은 토지를 다스리기 위해 노동을 다스렸다. 노예제 이후 백인은 그와 정반대로 노동을 다스리기 위해 토지를 이용했다. 그러나 토지를 통해 노동을 다스리고자 하는 시도는 19세기 말에 이르자 보다 위험스럽고 불완전한 기획으로 판명되었다. 흑인들이 거주지를 이동함에 따라 그들은 선택권을 유지할 수 있었다. 흑인 노동자들로부터 자기교정의 공적인 통로를 차단함으로써 카스트적인 특권사회는 준비된 노동력을 가장 저렴한 값에 최대한으로 공급했다.

백인 유권자들은 백인 법정에 포진된 백인 관료와 백인 경찰을 선출하여 모든 노동계약을 집행하게 했으며 인종상의 악행은 필연적인 것이라고 밀어붙였다. 한때 거의 자립농이었던 남부 임차농들은 1900년 무렵 단지 임금노동자계급에 지나지 않을 정도로 법적 권리가 낮아졌으며 법률상으로는 소작농보다 전혀 나을 게 없었다. 1900년에서 1910년 사이 멕시코 만 연안의 5개 주에서는 새로 제정된 부채상환 노예노동법에 따라 백인 고용주의 말 한마디면 흑인 노동자를 부채노예로 쉽게 만들 수가 있었다. 흑인 차별체제하에서 부랑자법은 더 이상 작은 문제가 아니었다. 그것은 백인 판사가 임의적인 판결 권한을 통해 마음대로 조일 수 있는 밧줄 고리를 흑인의 목에 걸어 놓는 역할을 했으며, 거리의 흑인들을 사슬에 묶인 죄수로 만들어 백인 고용주가 그들을 자유민 노동력보다 훨씬 저렴하게 빌려 쓰도록 해주었다. 이와 같이 흑인 노동력의 공급은 1890년대 이후 남부 이남의 지역에서 번성했던 죄수 노동력을 통해 완벽하게 이루어졌다. 즉 노동시장에서 흑인을 빼내어 죄수로서 노동시장에 다시 투입하면 임금수준을 하락시킬 수 있었던 것이다.

노예제와 거의 유사한 부채상환 노예노동법과 죄수 노동력은 언제든 노예제화할 수 있는 위험가능성을 상기시킴으로써 폭넓게 퍼져 있는 흑인들과 심지어는 가난한 백인들이 하류계급에게 부여된 일의 한계에 감히 맞서지 못하도록 했다. 서부 지역에서 대략 비슷한 방식으로 운용되던 백인의 법체제는 동아시아인들에게 남부에 필적할 만한 교훈을 주었다. 이들 법도구는 일반적인 법망을 갖고 있었다. 산업화의 과정이 원래의 뜻을 잊어버리게 되자 옆으로 제쳐 놓았던 이전의 보통법상의 원칙들, 가령 주인과 노예의 책임, 임금노동자를 노동지역에서 끌어내는 일, 경제행위의 사악한 의도 등과 관련된 원칙들이 파업, 피켓시위, 보이콧 등에 의한 노동자들의 자구적인 단체행동을 저지하려는 매우 상이한 의도와 맞물려 20세기로 접어드는 과도기에 극적으로 다시 시행되었다. 1900년과 1920년 사이에 3배 이상으로 늘어난 이러한 단체행동을 금하는 법정 중지 명령은 한 번 패하면 다시 힘을 합해 싸우기가 불가능한 임금노동자, 즉 하류계급 육체노동자들에게 특히 엄청난 영향을 끼쳤다. 어느 헝가리계 이민자는 특정한 이데올로기를 염두에 두지 않았으면서 1907년의 상황에 대해 말하기를, "미국에 법은 있지만, 그것이 가난한 자들에게 주는 혜택은 우연일 뿐이었다"라고 꼬집었다.[10)]

하류계급을 통제하도록 주로 훈련받은 획일화된 경찰은 법적 강요와 비공식적 폭력 사이를 교묘히 넘나들며 활동했다. 게다가 노동현장 주변에서 경찰의 공권력은 고용주가 은밀히 동원한 진압요원들과 자주 뒤섞여 구분하기가 힘들 정도였다. 20세기로 들어서면서 수가 늘어난 외딴 광업 및 제재업 지역의 경우 피고용인들은 회사측이 발사하는 총구의 영향력에서 결코 벗어날 수가 없었다. 동서부에 걸쳐 반복해서 전해지던 이야기에 따르면, 1910년과 1911년 사이에 미국 철강회사(U.S. Steel) 전용(專用)의 어느 광산에서 회사측 대리인들은 노동자들을 구타했을 뿐만 아니라 거주지로부터 강제 퇴거시키거나 그들의 재산을 파괴했으며, 심지어는 광부들이 파업을 하는 동안 5일에 한 명 꼴로 그들을 죽였다. 펜실베이니아 주정부가 이러한 모든 행동들을 합법적인 것으로 인정했다는 사실은 회사가 원하는 대로 무력을 사용할 권리가 있음을 명시해주는 것이었다.

눈에 잘 띄는 소수집단들은 공격을 당하기가 특히 쉬웠다. 20세기로 접어들기에 앞서 다양한 백인 동료와 경쟁자들은 동아시아인들을

---

10) Pete Daniel, *The Shadow of Slavery*, Urbana, 1972, p.94에서 인용.

습관적으로 공격했다. 1910년 이후 남서부 지역의 멕시코계 미국인들 역시 수가 급격히 증가하고 부채상환 노예노동법이 확산됨에 따라 갈수록 심각한 폭력에 직면했다. 다른 어떤 집단보다도 흑인 노동자들은 매일 매일을 예측과 통제가 거의 불가능한 환경 속에서 일하며 살아야 했다. 남부에서 자행되었던 개인 폭행에 의한 처형률은 1890년 동안 급속도로 늘었다가 1920년대 중반에 와서는 절정에 이르렀다. 구타와 협박 또한 같은 기간 동안에 늘어났던 것으로 보인다. 북부로 이주하는 흑인들은 그 지역에서도 폭력이 있으리라는 것을 미리 고려해야 했다. 새로이 결성된 전국흑인발전연합(NAACP: National Association for the Advancement of Colored People) 대서양 지부의 보고에 따르면, 핍박받는 흑인을 남부로부터 구해내기 위해서는 현대판 비밀 철도조직 같은 것이 필요했다. 설사 탈출에 성공했다 하더라도 그들은 뒤에 남겨 놓은 가족들이 당할 위협을 걱정하지 않을 수가 없었다. 흑인의 북부 이주가 진행되면서, 인종소요가 이주자들의 뒤를 따라다녔다. 제1차 세계대전 이후 각 도시의 빈민가는 경계선을 더욱 강화했던 것이다. 이에 따라 하류계급의 흑인들은 자신들의 기회가 심각하게 차단되어 있음을 느꼈고, 반면 끊임없이 예상되는 폭력은 그러한 차단의 걸쇠를 더욱 죄었다.

일반적인 인간의 척도가 이렇듯 침몰해 가는 하류계급에게는 왜 적용될 수 없는가를 설명하기 위해, 강압적으로 분리를 조장해온 경제적, 법적, 물리적 힘들과 더불어 차이의 이데올로기가 등장했다. 1890년대와 제1차 세계대전 사이의 소위 빈곤의 발견은 미국 중간계급이 보기에 도저히 메울 수 없을 정도로 사회적 간극이 커졌다는 것을 널리 깨닫게된 데에서 근본적으로 기인한 것이다. 이러한 발견과 함께 제시된 공공복지의 거창한 제안은 계급 간의 인간적 관계가 더 이상 가능하지 않다는 것을 오히려 보여주었다. 한 예로 제인 애덤스(Jane Addams)가 시카고에 헐 하우스(Hull House)라는 복지시설을 세워 모범을 보였던 인보관(隣保館) 운동은 하류계급에 바짝 접근하는 위험을 무릅씀으로써 사람들을 매료시켰다. 애덤스는 '성(聖) 제인'이 되었는데, 이것은 그녀가 미국 중간계급이라면 머리속에 그려보았을 법한 행동의 모범이 되었기 때문이 아니라, 그녀를 따르는 극소수 추종자 이외의 모든 사람들이 전적으로 자신들의 능력 밖이라고 여긴 것을 그녀가 감히 시도했기 때문이다.

차이의 이데올로기는 주거지와 관계없이 전지역의 하류계급 구성원들을 포괄할 만큼 널리 확산되었다. 농지에서건 공장에서건 남부의 소위 '가난한 백인(poor white trash)'의 평판은 1900년경에 급격히 악화되었으며, 자선가들은 그들의 생존조건과 기생충, 펠라그라병, 구루병 등의 건강문제를 마치 그것이 일상적인 미국이 아니라 아주 저급한 하류층의 전혀 다른 세계 속에 존재하는 것처럼 서술했다. 그러나 차이의 이데올로기는 도시, 특히 1850년에는 인구의 5%에 불과했지만 1900년에 이르러 약 20%가 모여 살았던 10만 명 이상의 중심도시에서 특히 두드러졌다. 대도시 외곽에까지 만연했던 빈곤 그 자체만이 아니라, 중간계급의 평자들이 빈곤의 문화로 파악했던 것이 대부분의 관심을 끌었다.

빈민가는 숨막히는 답답함, 처참한 가난, 그리고 황폐한 도덕성을 상기시키는 새로운 개념으로서 그것이 지닌 이데올로기의 핵심에 악의와 이질감의 메시지를 담고 있었다. 일상생활을 비천하게 만드는 빽빽한 아파트와 사람들로 우글거리는 거리. 단순한 미덕들조차 불가능한 환경. 사생활이 없으면 곧 일상적인 품위도 없다는 것이 표준적인 중간계급의 논리였다. 빈민가는 사람들을 죽음으로 몰아넣었다. 조사자들은 마치 빈민가 그 자체가 죽음을 키우고 있기라도 하는 듯, 더러운 공기, 오염된 음식, 그리고 처리되지 않은 오물의 명백한 위험에다가 질병으로 인한 사망의 섬뜩한 통계까지 덧붙였다. 허약한 아이들을 찍은 사진들은 잔인하게 반복되는 삶의 순환을 보여주었다. 이렇듯 하나의 개념으로 출발했던 빈민가는 점점 더 많은 지리적 특이성을 얻게 되고, 말 그대로 별도의 세계를 가리키는 것으로 임의적으로 정의되기에 이르렀다. 도시지리학자들은 빈민가의 지도를 만들었고 경찰은 그 경계선을 순찰했다.

사회과학자들은 계급 간의 간극의 한쪽 끝에 일종의 무인지대가 있음을 암시하는 비숙련(unskilled)이라는 말로 이데올로기적 거리를 넓혔다. 비록 기술이 우수해야 한다는 것은 직업세계에서 항상 핵심적 사항이고, 탁월한 기술에 대한 자긍심이 그러한 기술의 우수성에 늘 따라붙는 말이기는 했지만, 등급상 최하위에 가까운 임금노동자들은 전통적으로 그들이 하는 일의 성격으로 불려졌다. 즉 육체노동자, 평범한 육체노동자, 좀더 불안한 경우에는 일용직 노동자 등으로 불려졌다. 19세기 후반에 이미 있었지만 1900년 이후에나 널리 받아들여진 이 비숙련이라는 새로운 용어는 그들을 무(無)로, 즉 아무 것도 아닌 존재로 정의함으로써 그들로부터 최소한의 위엄마저 모두 빼앗아버렸다. 그야말로 세 꼭두각시(Three Stooges) 같은 촌극에서나 가능할 뿐, 그 누가 아무런 기술도 없는 비숙련 인간을 상상할 수 있었겠는가?

전형적인 빈민가 거주자는 이민자들로서, 그들은 낯설고 위축된 데에다 숙련된 기술 또한 없었다. 미국으로 이민해오는 유럽인들의 출신국의 변화는 새로 출현중인 차이의 이데올로기에 중요한 요소를 제공했다. 1890년대까지는 남부와 동부 유럽, 특히 이탈리아, 폴란드, 러시아, 발칸 반도 등으로부터의 이민이 주류를 이루었다. 게다가 20세기로 접어든 이후 이민자는 평균 매년 1백만 명 정도의 기록적인 숫자에 달했다. 보다 일찍 이민해온 북부와 서부 유럽인들은 대서양을 건너기 위해 가족들끼리 자금을 공동 출자하여 커다란 위험을 같이 감수했으며, 그만큼 준비된 상태에서 미국 생활을 시작했다는 것이 일반적인 통설이다. 하지만 남부와 동부 유럽의 수동적인 이민자 집단은 단순히 일자리를 구할 목적으로 증기선을 타고 대서양을 건너왔다. 그들은 민주주의를 좋아하지도 않았고 미국 문화와는 아무 연관도 없었으며 변화하려는 성향도 없었다. 그들 중 많은 무리, 특히 다수의 자유로운 독신 남자들은 머물려고 하지도 않았다. 그래서 그들은 철새라고 불렸다.

다시 말하면 차이의 이데올로기는 문화적 융화성과 비융화성, 받아들일 수 있는 외래성과 받아들일 수 없는 외래성이라는 새로운 범주들을 만들어냈다. 남부와 동부 유럽에서 온 사람들은 북부와 서부 유럽에서 먼저 온 우호적이며 잘 융합하는 이민자들과는 대조적으로 완전히 이질적인 새로운 이민자들이 되었다. 한쪽은 미국 문화에 적응하여 자신들의 소속감을 증명했다. 반면 다른 한쪽은 바닥으로 전락함으로써 자신들이 속하지 못했음을 나타내보였다. 20세기로 접어들면서 많은 프로테스탄트 성직자들은 이름, 가족습관, 혹은 종교적 계파조차 알지 못한 채 사람들과 관계가 두절되는 것을 슬퍼했으며, 많은 개혁가들은 중간계급과 하류계급 사이의 가장 일상적인 상호교류를 계급의 간극을 뛰어넘는 극적인 비약의 순간으로 묘사했다. 인도주의적 노력은 먹혀들지 않는다고 여겨졌다. 마치 다른 세상에 사는 사람인양 계층 하나 하나를 내려보면서, 진보주의자 월터 웨일(Walter Weyl)은 사회를 재결속하려면 "인구 가운데 최하위층의 구성원들을 일반 대중의 수준으로 상승"시켜야 한다고 피력했다.[11)]

제1차 세계대전까지는 일반적으로 인종의 범주를 통해 새로운 이민자들의 열등함을 설명했다. '앵글로색슨'이나 '북유럽'계의 우수한 구이민자들과는 대조적으로, '지중해,' '라틴,' 그리고 '셈족'계의 저급한 신이민자들은 세칭 과학상 분류되기를 생물학적으로 특출한 인종들에 비해 매우 열등한 부류였다. 당시에 널리 확산되었던 생물학적 유전과 관련된 사상이 나타내듯, 남부와 동부 유럽인들은 선천적으로 열등하

11) Walter Weyl, *The New Democracy*, New York, 1912, p.320.

게, 즉 보다 더 약하고, 둔하고, 게으르며, 어리석은 모습으로 미국에 도착했다. 미국의 잡종화에 대한 우려는 하류계급을 야만시하려는 일반적인 경향을 반영함과 동시에 특별한 영향력을 가졌다. 왜냐하면 우려만 했을 뿐 인종이 영구적인 천민을 만들어내리라는 점에 대해서는 아무런 해결책도 갖고 있지 않았기 때문이다.

인종차별주의는 피부색의 문제에서 그 힘을 가장 잘 발휘했다. 유럽 이민자를 중상하는 인종이론들과는 달리 인종과 피부색은 미국 문화에서 몇 세기에 걸쳐 그 뿌리를 내리고 있었다. 그럼에도 불구하고 19세기 후반에 어떤 모호함 때문에 그 연결은 느슨해졌다. 미국 원주민의 동화와 향상의 전망에 대한 백인 중간계급의 낙관은 바로 1880년대와 1890년대 동안에 그 절정에 달했다. 비록 거만했을지라도 이러한 태도들은 초기 몇 십 년 동안의 살인적인 규범들에 비하면 괄목할 만한 개선이었다. 그리고 비록 더디기는 했지만 북부에서의 미국흑인의 권리는 19세기 후반에 이르러 매 10년마다 확장되었다. 흑인과 백인이 1880년대와 1890년대에 별도의 노동조직과 농민조직을 형성하긴 했지만, 그들은 서로 유사한 조직들끼리 공통의 목적을 위해 협력할 방도를 여전히 모색했다.

그러다가 20세기로의 전환기에 유색인종 집단들은 과학적 주장과 사회적 반감에 의해 하나씩 고립되었다. 태평양과 카리브 해에서의 제국주의는 인종적 사고의 유행을 부채질했을 뿐만 아니라 유색인에 대한 폭력의 사용을 합리화했다. 1900년 이후 미국 원주민을 동화시키는 것에 대한 낙관적 태도는 시들해졌으며, 백인 중간계급들은 미국 원주민을 영원한 부양가족, 즉 백인의 짐(White Man's Burden)이라고 묘사했다. 그나마 동아시아인들에게는 19세기 말의 일시적인 차별 완화조차 없었다. 인종차별주의의 새로운 물결이 미국 남서부의 멕시코계 미국인들뿐만 아니라 서부 해안을 따라 거주하고 있던 일본인들에게까지 덮쳤다.

남부에서는 미국 흑인을 난폭한 짐승으로 낙인찍었던 적의에 찬 새로운 인종차별주의가 1890년대에 일어났으며, 이를 바탕으로 20세기 초반의 체계적인 억압이 진행되었다. 백인의 행위를 흑인의 적의에 따른 것으로 뒤집어 설명하는 오랜 관행에 따라, 미국 흑인들은 백인의 행동에 어울리는 생각을 품었다는 이유로 처벌을 받았다. 백인이 흑인 여성을 강간했을 때, 그들은 흑인들이 백인 여성을 탐했다고 말했으며, 그것 때문에 그들에게 개인 폭행을 가했다. 흑인이 도둑질을 하면 백인들은 그들이 선천적으로 손버릇이 나쁘다고 말했으며, 그것 때문에 그들을 감옥에 집어넣었다. 과학자들은 생물학적으로 볼 때 '니그로 인종(Negroid)'이 백인의 의료체제하에서는 대개 치료될 수 없는 경멸할 만한 "사회적 질병"을 일으킨다고 말함으로써 인종차별주의에 일조했다.

제1차 세계대전 동안과 그 이후에 하류계급을 침몰시키는 이러한 여러 경향들은 다같이 절정을 향해 치달았다. 이런 가속적인 과정의 가장 중요한 양상들 가운데에는 하류계급 노동자들의 단체행동의 가능성을 뿌리뽑으려는 움직임이 포함되어 있었다. 제1차 세계대전이 발발하자 일터에서 행동할 태세를 갖춘 하류계급 단체들에 대한 자경단원의 폭력이 방치되었다. '근무 태만자'에 대한 전시의 일반적인 적대감은 사회는 가장 빈곤한 구성원들의 노동에 대해서 권리를 갖고 있다는 오래된 주장을 강화시켰다. 지속적으로 하류계급을 파괴해 나갔던 법정과 경찰대의 협력에 발맞추어, 중간계급 언론인들은 자신들의 가치기준을 경멸하면서 하류계급 노동자에게는 가장 개방적이었던 단체인 세계산업노동자조합(IWW: Industrial Workers of the World)의 명칭을 "나는 일하지 않을 것이다(I Won't Work)"로 바꾸어 풀이한 것은 결코 우연이 아니었다.

노동의 거부는 항상 혁명의 잠재력을 지니고 있었다. 1917년 볼셰비키혁명에서 그 잠재력은 거의 실현되는 듯했다. 이러한 새로운 두려움의 한가운데에서 개혁가 프레드릭 하우(Frederic C. Howe)는 "노동자가 고용주만을 대상으로 맞서 싸우는 것이 아니라 사회에 대항해서 싸우는 것"이라고 선언했다.[12] 가장 큰 공포는 궁극적으로 노동을 거부하는 것, 즉 총파업이었다. 전쟁 직후 빈번하게 쏟아져 나왔던 노동중지 명령은 파업노동자들이 피켓, 전단, 보이콧 등의 방법을 동원하여 자신들의 명분을 보다 넓은 지지기반과 연결짓고자 하는 시도에 거센 공격을 가했다.

전쟁이 진행되는 동안 하류계급의 젊은 남성, 나아가 함축적으로 그들 밑에 있는 전체 계급의 정신적 열등감을 과학적으로 증명하기 위해 군대와 관련된 테스트가 도입되었다. 각 계급 간의 단합의 경험을 제공해주었던 남북전쟁과, 이와는 반대로 계급 간 격차가 정당한 것으로 경험되었던 제1차 세계대전 사이에는 현저한 대조가 있었다. 1920년대 초 백인들이 남부의 분리벽에 마지막 남은 구멍을 틀어막고 북부 도시빈민가 주변에 전선을 그었을 때, 의회는 유럽 이민자에 대한 인종별 할당과 아시아인들에 대한 인종차별적 입국 거부 정책들을 만드는 중이었다. 이 정책들은 1924년의 포괄적인 이민법에 모두 포함되었다.

20세기 초 하류계급의 경계가 아직 확정적이지 않았을 때, 숙련 임금노동자, 사회당, 이민자 소시민 등의 세 집단들이 때때로 서로 겹쳐가면서 하류계급의 부근을 맴돌았다. 그들이 내린 선택은 새로이 부상 중인 하류계급의 속성 및 그 계층의 궁극적인 고립과 직접적인 관련이 있었다.

19세기 후반부터 비숙련노동자들의 잠재적인 동맹자였던 숙련노동자들은 20세기 초의 이러한 관계에 복합적인 영향을 주었다. 한편으로 그들은 자신들이 오랫동안 유지해왔던 자립의 전통 덕택에 자신들

---

12) Frederic C. Howe, *Revolution and Democracy*, New York, 1921, pp.4-5.

의 체면의식과 일반 노동자들의 정신없이 뒤범벅이 된 세계를 자부심을 가지고 구분지을 수 있었다. 도금시대(Gilded Age) 노동개혁가인 아이러 스튜워드(Ira Steward)가 일반 노동자에 대해서 "그들의 행동과 투표는 미공화국을 위험에 빠뜨린다"라고 단언하기도 했다. 4반 세기가 지난 뒤 노동평론가인 존 스윈튼(John Swinton)은 당시의 이민자들을 염두에 두고서 비숙련노동자 집단을 가리켜 "이국 출신의 굶주린 자들"이라고 불렀다.[13] 다른 한편으로는, 19세기 후반과 20세기 초반 사이의 다양한 기술들의 급속한 가치 변화가 미국 산업 전반에 걸쳐 소용돌이를 일으켰다. 20세기로의 전환기에 전례없이 많은 임금노동자들이 노동조합으로 쏟아져 들어와 파업에 참여했다. 이러한 에너지의 통로는 어떻게 가능했을까?

일반적으로 체제 지지자들은 기술의 재조정을 받아들였다. 전환기에 구두제조자, 유리공, 담배제조자, 섬유, 철, 강철 분야의 전통적인 장인들과 같은 집단들은 손해를 보았다. 심지어 그들이 조합을 유지하고 있었던 곳에서조차 그것은 대개 껍데기였고 좋았던 옛 시절을 생각나게 하는 존재에 불과했다. 반면 커다란 승자는 자동차 생산이나 군수품 생산과 같이 현대화된 산업—연장 및 금형 제조업자, 기계공, 정선된 분쟁조정자—그리고 스팀파이프 설치와 구조용 철강 분야의 신기술을 포함한 대규모 건설업에서 나왔다. 중앙으로 집중된 공장들과 도시의 고층건물들로 인해 일부 숙련노동자들은 절대로 없어서는 안 되는 희귀 범주에 들어갔다. 그들이 없으면 전체 공정이 멈출 수밖에 없었기 때문이다. 이와 같이 중요한 역할을 담당한 사람들은 특권을 요구했다. 20세기 초에 미국의 숙련노동자들은 독일의 숙련노동자들보다 직업상 훨씬 더 많은 영향력을 누렸고, 영국의 숙련노동자들에 비해 비교도 안 될 정도의 높은 임금을 받았다. 아마 미국의 임금노동

13) John Swinton, *A Momentous Question*, Philadelphia, 1895, chap.3, "The People."

자 일곱 명 가운데 한 명 정도일 이러한 장인들 중 가장 좋은 여건의 사람들은 같은 산업 분야의 일반 사무직근로자에 필적할 만한 연간 수입을 올렸다.

20세기의 1/4분기 동안 거주지 공동체가 장인의 자부심에 기여하는 바가 줄어든 반면, 직장에서의 일은 훨씬 더 중요해졌다. 패터슨이나 뉴저지와 같은 경우, 한때 상호존중의 결합관계를 유지했던 육체노동자와 사무직노동자의 공동체들은 와해되었다. 한편 디트로이트와 같은 경우, 숙련 임금노동자들이 직장 밖에서 자신의 지위를 확인할 수 있었던 직장 근처의 응집력 있는 육체노동자 공동체는 분해되었다. 도시의 대량수송 체제는 다른 숙련 임금노동자 동료들에게 한때 명예로운 존재였던 시카고의 이탈리아인들과 같은 소수민족 공동체들을 여러 곳으로 퍼뜨려 놓았다. 보다 현대적인 선택의 여지가 늘면서 익명성이 등장하였다. 기성복의 일반화, 확일화된 지역주택의 보급, 대량생산 소비재의 대중화는 1920년대에 이르러 보수가 좋은 기능인들이 근무시간 이후에 일반적인 중간계급 문화로 혼합되어 그로부터 실제적이면서도 일반적인 보상을 얻어간다는 것을 의미했다.

상당히 많은 숙련노동자들에게 있어 그들의 명예는 옛날처럼 어느 곳에서 사느냐가 아니라 어느 직장에서 일하느냐에 달려 있었다. 개괄적으로 보았을 때, 19세기 후반과 1920년대 사이에 숙련노동자들은 소규모 생산업에서 시들한 임금을 받을지라도 공동체에 대한 자긍심을 가지고 일을 했던 과거와는 달리 대규모 생산업에 근무함으로써 직장에 대한 자부심과 보다 높은 임금을 누리고자 했다. 이러한 과정에서 종종 숙련노동자들은 보다 많은 것을 요구하기도 했지만, 길거리에서는 결코 더 이상 반항적이지 않았다. 그들은 확실히 숙련과 비숙련 사이의 간극을 넓혔다.

1901년과 1925년 사이에 상승과 하강의 큰 곡선을 그리며 나타났던 미국 사회당의 운명은 미국의 숙련노동자들에게 달려 있었다. 사회당이 매년 대통령 후보로 내세운 불 같은 성격의 유진 뎁스(Eugene Debs)가 뉴욕의 예술 분야에서 오클라호마의 농장에 이르기까지 다양한 직업에 종사하는 수십만의 지지자들로부터 표를 얻기는 했지만, 그럼에도 불구하고 당 조직의 핵심은 숙련노동자들이었다. 일부 지역의 특이한 예를 감안하더라도, 숙련노동자들의 미래는 곧 사회당의 미래였다. 그 안에는 숙련노동자들의 체면의식과 이질적인 하류계급 사이의 갈수록 고조되는 이질감도 포함되어 있었다. 시카고의 폴란드계 사회당원들은 폴란드계 비숙련노동자들과 공통의 대의명분을 갖는다는 것이 완전히 불가능하다고 느꼈다. 사회당 가운데에서 가장 골수 지역인 밀워키의 경우, 이웃하는 시카고와 비교할 때, 도시의 흑인 인구가 산업 직종에서 일할 수 있는 비율은 극히 적었다. 게다가 밀워키 사회당 세력의 중추인 독일인 숙련노동자들은 이러한 인종적 가치기준을 강화시켰다. 비록 일부 사회당원들이 미국 자본주의에 맞서 광범위한 공격을 착수했음에도 불구하고, 사회당의 급진주의와 여러 계층에 걸쳐 교차적으로 나타나는 급진주의는 완전히 상이한 현상이었다. 모리스 힐퀴트(Morris Hillquit)과 빅터 버거(Victor Berger)와 같이 이데올로기적으로 진지한 사회당원들은 특히 하류계급에 대해서 가혹했다. 이데올로기적으로 불분명한 서부광부연합(Western Fed- eration of Miners)과 그것을 계승한 IWW는 혁명을 위해 힘을 규합하는 과정에서 계급 간의 경계를 쉽사리 넘나들며 활동했고, 이러한 이탈적 행위 때문에 사회당은 그들을 축출했다.

다른 사회당원들은 이러한 경향에 저항할 만한 용기가 거의 없었다. 당의 헌신적인 운동자인 케이트 오헤어(Kate Richards O'Hare)는 "빈민가의 엄청난 인구야말로 인류와 문명에 대한 가장 큰 위협이다"라고 선언하기까지 했다. 사회주의를 주장하는 글로 20세기 초에 가장 인기 있었던 『정글(*The Jungle*)』(1906)에서 업튼 싱클레어(Upton Sinclair)는 무지하고 열정에 치우친 "검둥이와 그리스인, 루마니아인, 시실리아인, 슬로바키아인과 같이 가장 저급한 외국인들"에게 독설을 퍼부었다. 노련한 편집자인 웨일랜드(J. A. Wayland)가 말하는 사회주의에서도 흑인과 아시아인은 격리되어 있었다. 샬럿 길먼(Charlotte Perkins Gilman)의 사회주의 유토피아는 순전히 백인중심적이었다. 그렇지만 실제 세계에서 길먼은 하류계급의 범람을 걱정했다. "하류층 여성들이 … 상류층 여성들보다 자녀를 쉽게 낳는다는 것은" 만인이 인정하는 "일반적인 사실"이라고 그녀는 쓴 바 있다. 놀랄 것도 없이 제1차 세계대전 이후 사회당이 붕괴하자, 그 지도자들은 대개가 중간계급 속으로 사라졌다.[14)]

밀워키에서 있었던 사회주의와 소수민족 간의 성공적인 결합의 결과, 제3의 집단이 계급경계를 따라서 눈에 두드러지게 형성되었다. 이들은 이민자 공동체의 운영에서 중요한 연결 기능을 하는 중소기업가, 지역전문가, 지역정치가 등으로 구성되었다. 그들의 도움은 곤경에 처한 개인들에게 매우 중요한 것이었다. 약간의 대출금을 제공해준다든가, 일자리에 관한 정보를 준다든가, 혹은 도시관료와 교섭을 해줌으로써, 그들은 힘든 자들을 도왔다. 그들은 모국어 언론을 조종했으며, 공동체의 대의명분에 크게 호소했고, 공동체의 필요를 대신해서 시 정부에 압력을 가하기도 했다. 요약하자면, 그들은 소수민족의 주장을 보다 강력한 것으로 만드는 데 있어 없어서는 안 되는 사람들이었다. 20세기 초 패터슨과 베이욘, 뉴저지, 그리고 시카고 도살장 등에서 파업이 일어났을 때, 이러한 공동체 지도자들은 하류계급의 투쟁을 활성화하는 데 도움을 주었다. 미국 남서부에서 여러 계급들로 구성된 멕시코계 보호회(Mexican Protective Society)는 파업과 법정 투쟁 양면에

---

14) David Montgomery, *The Fall of the House of Labor*, Cambridge, Eng., 1987, p.286에서 리처드 오헤어(Richard O'Hare) 인용; Upton Sinclair, *The Jungle*, ed. by James R. Barrett, Urbana, 1988[1906], p.260; Charlotte Perkins Stetson [Gilman], *Women and Economics*, Boston, [1898], p.201.

걸쳐 멕시코계 미국인 노동자들을 지원했다.

그러나 제1차 세계대전과 함께 일련의 압력으로 이러한 지지기반은 사라지기 시작했다. 그 기간 동안 인구 변동의 혼란 속에서 일부 소수민족 공동체들은 변함 없는 하류계급 거주자들을 그 자리에 남겨둔 채 그냥 사라져버렸다. 남아 있는 공동체들 중 가장 완강한 것조차 극히 제한된 경제적 비축물을 갖고 있을 뿐이었다. 특히 전쟁 동안 모국과 관련된 활동으로 하느라고 그들은 대부분의 재원을 쓴 상태였다. 공동체 외부로부터는 항상 양자택일하라는 식의 동화의 요구가 있었다. 즉 미국 중간계급으로서의 기회를 추구하기 위해 소수민족 공동체의 이웃으로부터 벗어나든가 아니면 또 다른 의심스러운 이국인으로 남든가를 선택하라는 것이다. 그들은 둘 중의 하나를 선택해야만 했다.

1920년대 초반 무렵에 공공의 목적을 위해 소수민족의식 혹은 인종의식을 가동하는 데 드는 사회적 비용은 급격히 상승했다. 미국 전역의 백인 중간계급 지도자들은 유대민족운동(Zionism)과 흑인분리독립주의(Garveyism)와 같은 강력한 정신적 주의주장을 파괴적이고 분열적이며 심지어는 반미국적이라고 낙인 찍었다. 그리고 사무직에 종사할 수 있는 기회가 미국의 진취적인 소수민족 공동체의 구성원들에게 손짓을 했다. 1920년대 초에 베이욘과 시카고 도살장에서 파업이 또다시 연이어 일어났을 때, 이민자 유산계급에 속한 어느 누구도 파업을 지지하는 서명을 하지 않았다.

미국을 열렬히 지지하는 사람들은 체면의식을 향한 이러한 경향을 미국의 무계급성을 나타내는 증거로 인용했다. 그러나 소수민족 지도자들의 가족이 중간계급으로 합류하고, 기능인들의 가족이 더 나은 집과 더 나은 학교를 위해 저축을 하며, 그리고 이전의 사회당원들이 이러한 경향을 부채질하는 동안, 하류계급은 그들 밑으로 가라앉고 있었다. 급진주의자들은 이러한 똑같은 경향들을 가리켜 계급의 폐기이자, 전쟁터를 저버린 배반자들의 노출이라고 공격했다. 사실상 숙련노동자, 사회당원, 그리고 소시민 이민자들은 미국의 흐름을 변화시킬 힘을 갖고 있지 않았다. 그들 자체가 변두리 부근에서 움직였기에, 그들이 가장 눈에 띄게 공헌할 수 있는 것이 있다면 그것은 계급 간의 경계지역에서 완전히 벗어나 하류계급의 고립을 완성시키는 일이었다.

이 과정의 특징은 여러 계층의 사람들이 합세하여 하류계급의 침몰을 돕는 방법에 있었다. 전시의 애국심, 반공운동(Red Scare), 부족 중심의 20년대(Tribal Twenties) 등으로 표출된 순응과 통제에로의 흐름은 비체계적이긴 하지만 하류계급을 전국에 걸쳐 통제하려는 전반적인 시도로서 배가되었다. 1924년이 되자 다소 산만했던 이 운동들은 점차 해산되기 시작했다. 반공운동이 누그러졌으며, 노동조합에 맞선 반노조운동의 움직임도 가라앉았다. 그리고 KKK단과 헨리 포드의 반유대주의와 같은 가장 적대적인 형태의 부족중심주의도 수세에 몰렸다. 남부에서는 흑인에게 가해지는 개인 폭행이 급격히 줄었고, 북부에서는 인종소요가 거의 사라졌다. 조용한 승리였다. 반면 미국 사회의 밑바닥에선 계급의 재편성이 지속적으로 진행되고 있었다.

1890년대와 1920년대 사이에 선거운동과 투표의 열기가 매우 뜨거웠던 19세기 민주주의의 거대한 시연장은 빛을 잃어갔다. 전국 규모의 선거경합에서 투표율은 1896년에 유권자의 약 80%였던 것이 1924년에는 50% 이하로 떨어졌다. 투표율의 급격한 하락은 남부에서 처음으로 나타났다. 1880년대만 해도 투표율이 80%를 초과할 것이라는 전망이 거의 맞아떨어졌던 사우스캐롤라이나의 경우 1900년에는 18%가 투표했다. 이전의 남부연합에 속했던 11개 주의 투표율은 1904년에는 30% 이하로 떨어졌다. "투표소가 시끄러운 군중으로부터 멀리 떨어져 있는 것을 보니 기분이 좋았다"라고 오거스터(Augusta) 시의 한 편집인은 말했다.[15] 그외의 다른 모든 지역에서도 투표자들은 점차 줄어들었다. 예를 들어, 인디애나에서는 1900년에 약 92%를 기록했던 투표율이 1920년에는 72%로 떨어졌고, 뉴욕에서도 약 88%에서 55%로 떨어졌다. 비록 전국 규모의 선거에서 투표자 수가 1920년대 중반 이후 다소 회복되긴 했지만, 19세기의 기준과 비교했을 때 평균 20% 정도 떨어진 셈이었다.

급속히 줄어들었던 투표자 수 가운데에서도 가장 힘 없는 사람들의 투표율이 가장 저조했음이 선거결과 입증되었다. 가장 적나라한 경우, 하류계급의 유권자들은 단순히 참여할 권리도 얻지 못했다. 아시아계 이민자가 미국 시민이 되는 것이 국가법상 금지됨에 따라, 빠르게 성장하던 아시아계 소수민족은 서부 연안의 민주주의로부터 공식적으로 배제되었다. 훨씬 더 어처구니없게도, 20세기로 접어들 무렵 1880년대의 일부 잠정적인 선례를 따르던 남부 전역의 주 입법부는 흑인으로부터 참정권을 빼앗었다. 남부의 많은 가난한 백인들은 흑인과 마찬가지로 인두세를 내거나, 주 헌법에 관한 임의적인 질문에 답하거나, 혹은 남부의 제한적 법률이 그들에게 요구하는 선조의 기록들을 제시하거나 할 능력이 없었다. 비록 동료 백인들이 그런 규칙들을 눈감아주고 비공식적으로 그들에게 자격을 주었음에도 불구하고, 그들은 독립적인 유권자로서의 기반을 상실했다. 이제 그들은 다른 사람들이 시키는 대로만 참여했다. 점점 더 많은 배타적인 원칙들을 선거과정에 부가함으로써 민주주의에 역행하는 이러한 다수세력의 책략은 남부를 넘어 곳곳으로 확산되어갔다. 1920년대에 다른 12개 주는 읽고쓰기 능력시험을 실시했으며, 3개 주를 제외한 모든 주들이 투표자등록의 관리규정을 강화시켰다. 그리고 미국 군(county)의 약 절반이 투표에 앞서 개인등록을 요구했다.

15) Numan V. Bartley, *The Creation of Modern Georgia*, Athens, 1983, p.149에서 인용.

이러한 제한 중 가장 문제가 된 것은 남부 흑인의 참정권 박탈과 같은 것으로, 이는 선거인 중 다수집단이라고 해서 소수집단을 미래의 경합에서 제거해서는 안 된다는 민주주의의 근본원칙을 위반하는 것이었다. 그러한 고압적인 수단은 새로운 법적 장애물과 투표율 수준 사이의 연결고리를 간명하게 했다. 예를 들어, 휴스턴에서는 1900년에 유권자의 76%였던 등록투표자의 수가 참정권 박탈의 절차에 따라 1904년에는 32%로 떨어졌으며, 그 결과 그러한 법을 후원했던 지역 지도자들은 도시를 더 강력하게 통제할 수 있었다. 그렇지만 이러한 연결고리는 여전히 모호했다. 예를 들어, 테네시에서는 새로운 등록법과 인두세법, 그리고 당략적인 선거구 편성에도 불구하고 1896년의 투표자 수가 19세기의 절정기 수준으로 치솟는 것을 막을 수가 없었다. 버몬트와 뉴햄프셔에서의 인두세법과 뉴욕과 오레곤에서의 읽고 쓰기 능력시험은 그곳의 투표자 수에 별다른 영향을 주지 않았다. 전국적인 투표율 하락이 시작되기에 앞서 제한적 민주주의와 관련된 몇몇 조처들이 이미 자리를 잡기 시작했다. 개인등록에 관한 조항과 같은 다른 조처들은 19세기 후반부터 20세기 중반까지 긴 곡선을 그리며 정착했고, 투표자 수의 급격한 하락이 있었던 기간 동안에는 특별한 효과가 없었다. 다시 말하면, 배제의 역학은 잠재적 유권자를 축소시키는 데에만 기여했을 뿐이다.

1890년대와 1920년대 사이에 가장 많은 수의 유권자들을 무력하게 만들었던 것은 하류계급의 침몰로서 이러한 근본적인 변화에 제한적인 정치 절차가 단지 가중되었을 뿐이다. 공공장소의 차단과 유권자의 세분화라는 두 개의 서로 관련된 경향이 하류계급의 참여에 전국적으로 가장 큰 영향을 끼쳤다. 규제가 느슨했던 19세기 미국 사회에서 재산권에 대한 중간계급의 강한 집착도, 공공의 평화를 보존하려는 갖가지 지역법령도, 유용한 공간이 백인의 우애정치에 의해 자유자재로 이용되는 것을 막을 수는 없었다. 여러 가지 공공목적을 위해서 공유지

무단 거주자의 정주권은 토지정책뿐 아니라 정치철학의 표현이었다. 유럽에서는 혁명 전통에만 고유한 속성이었던 대중적 여론의 표출이 19세기 미국 민주주의의 전통의 일부가 되었다.

공공장소의 대중적 사용이 크게 늘면서 20세기 초의 민주주의가 도래했던 것처럼, 이러한 선택들에 부여된 새로운 제한들은 또한 민주주의의 변형을 의미했다. 사실 19세기가 끝나기 이전에 보다 강력한 규제와 엄격한 시행은 민주주의 전통으로부터 탄력성을 앗아가기 시작했다. 모든 부류의 가난한 미국인들에게 다양한 방법으로 영향을 미쳤던 공유지는 1880년대 중반에 계급활동의 교란이 일어나면서 재정의되기 시작되었다. 예를 들어, 열심히 일해야만 먹고 살 수 있었던 조지아 주의 농부들은 전통적으로 그들이 방목, 사냥, 혹은 사교를 위해 자유롭게 사용해왔던 공간들을 더 이상 이용할 수 없었다. 부랑자법이 다양하게 증가하였다. 특히 1886년 헤이마켓 폭탄사건 이후 도시 경찰들은 감시의 범위를 가난한 사람들의 거리생활에까지 확대했고, 보다 많은 개인 비밀 경찰이 회사의 재산을 방어했다. 한때는 그들에게 개방되어 있던 것을 이용하기 위해서 하류계급의 사람들은 점점 더 법과 싸워야만 했다. 그 과정에서 정치적 발언을 공적으로 할 수 있는 방법은 줄어들고 있었다.

이런 변화들은 1900년 이후 가속화되었으며, 흑인을 일반 대중으로부터 차단하는 남부의 카스트체제에서 가장 극심하게 나타났다. 도시법령에 따라 특별한 시위는 금지되었고, 한때 도시의 정치를 활성화시켰던 투표소 행진도 일소되었다. 장인조합과 같이 중간계급의 외곽에 있는 집단들은 사회적 체면에 따른 평판을 유지하기 위해서는 준비한 옥외전략을 포기할 수밖에 없다는 것을 깨닫게 되었다. 노동자에 맞선 노동중지 명령의 급격한 증가는 그 자체만으로도 공적인 표현의 열기를 잠재웠다. 공공장소에서의 시위행진에 대한 규제가 강화되자, 일리노이 주 리치필드 시의 엘크스(Elks) 자선보호회와 메인 주 뱅어 시의 무스회(Moose) 같은 남성 우애조합들은 20세기가 시작되면서 작은 성곽을 자체적으로 지어 옥내 활동을 벌였다. 1920년대로 오면서 이들 지부 회원들의 상당수는 오늘날의 유나이티드 웨이(United Way)와 마찬가지로 전혀 공공성 없이 자선활동을 벌이는 시민봉사대로 자신들을 규정지었다. 그나마 살아남은 행진은 미국이 민주주의화 되기 이전의 매우 엄격하게 질서 잡힌 행렬과 섬뜩할 정도로 비슷했다.

거리문화의 정리는 민주주의 정치 내에서 위치를 공고히 하기 위해 집단과 우애의 힘에 의존했던 하류계급 구성원들의 힘을 빼앗는 역할을 했다. 이제 공중 속으로 뿔뿔이 흩어진 그들은 새로운 선거규칙에 의해 더욱 세분화되기에 이르렀다. 공공연한 배제뿐만 아니라 정부가 준비한 양식을 개개인이 비밀리에 사용하게 하는 소위 호주식 투표용지의 도입이 하류계급의 참정권을 효과적으로 박탈했다. 과거만 해도 충성을 다짐하는 공적 행위였던 투표는 이제 개체화된 사적 행동이 되었다. 과거에 그랬듯이 투표용지를 흔들며 투표소로 떼지어 가는 대신에 하류계급 사람들은 한 명씩 차례로 선거관리의 꾸중을 들으며 투표를 했다. 그들로서는 복잡한 선거절차를 이해할 수 없을 뿐이었다. 새로 제정된 선거인, 기술적으로 난해한 국민발의선거와 공직자해임선거는 하류계급 시민들에겐 아무런 보상도 되지 못했다. 게다가 20세기 초에 여러 주가 채택한 예비선거 역시 마찬가지였다. 공식적인 집회를 통해 후보를 지명하는 방법 대신에 많은 주들은 독립 투표소를 택했다. 19세기의 선거정치는 다른 무엇보다도 백인 하류계급의 조직 해체를 막을 수 있었다. 반면 20세기의 선거정치는 파편화 과정의 또 다른 일부가 되었다.

1920년대에 와서 거의 어떤 목소리도 과거의 집합적이며 시끌벅적한 민주주의를 대변하지 않았다. 공개토론은 유권자의 개체화를 당연시했다. 한때 민주주의적 이상이었던 응집된 정치공동체는 완고한 이민자 집단의 형태를 취함으로써 어딘가 심상치 않아 보였다. 공동체에 근거한 민주주의의 신념을 유지하고 있던 몇 안 되는 사람들 중의 하나인 대중철학자 존 듀이(John Dewey)조차, 19세기의 정치에서 계급과 계급을 잇는 데 없어서는 안 되었던 행진과 환호, 깃발과 떠들썩한 선전 등을 비난했다. 그러나 민주주의가 표현되는 방식은 민주주의의 의미에 있어 항상 중대한 역할을 했다. 선거정치에서 19세기 민주주의의 요란스런 의상을 벗겨내는 일에 기쁨을 느꼈던 이들은 얼마나 많은 가난한 사람들이 그 치장과 함께 사라졌는지에 대해선 거의 알아차리지 못했다.

6
위계질서의 복원

19세기 중간계급의 극심한 긴장은 제2의 계급 재편성을 또한 유발했는데, 이번에는 미국 사회의 최상류층에서였다. 변화의 과정은 최하류층의 재편성 과정과 눈에 띄게 유사해 보였다. 먼저 지속적인 구조조정을 이루어내지는 못한 19세기 후반의 활기 넘치고 혼란스러운 활동이 있었고, 그 다음으로 1920년대에 이르러 미국 현대의 3계급 체제를 형성한 점진적이면서도 깊이 각인된 재구성이 뒤를 이었다. 이 경우 1880년대와 1890년대에 들끓던 분노의 소리는 자신을 특별한 상류계급으로 분리하려고 했던 도시의 부유층으로부터 나왔다.

물론 귀족적 허세를 부리는 미국인들은 항상 있어 왔다. 19세기 초 엘리트들이 많은 권한을 잃었을 때에도 그들은 부(富)만은 포기하지 않았다. 19세기 중반까지 모든 주요 도시들에는 과시하고 싶어하는 사회계층이 있었고, 노예를 소유한 남부의 농장주들은 화려한 옷차림으로 자신들을 감쌌다. 그렇다고 해서 부의 사치스러운 외양이 계급을 하나로 묶어 놓은 것은 아니었다. 비록 보스턴에서 찰스턴에 이르기까지 주요 해안 중심지에서 부유하고 훌륭한 가문 출신의 사람들이 도시 특유의 상류계급의 외형을 창조하긴 했지만, 이들은 서로간의 교류도 없었고 연이어 찾아오는 유럽의 방문객들에게 어떤 인상도 주지 못했다. 모든 면에서 볼 때 그들은 일하는 엘리트였던 것이다. 토크빌(Tocqueville)은 그들을 "정치사회로부터 추방되자 … 몇몇 생산적인 산업 분야에서 피난처"를 찾았던 사람들로 묘사했다.[1)]

성공한 사업가들이 은퇴를 발표함으로써 유한계급의 자태를 애써 취하려고 했지만, 실제로는 보다 신중하게 돈버는 방법으로 옮겨갈 뿐이었다. 영국 영사 토머스 그래턴(Thomas Grattan)은 "'귀족계급'의 허세를 더없이 도도하게 부리면서도 돈을 버는 방법에서는 매우 저급한 수준으로 전락했다"며 그들의 모순을 냉소적으로 꼬집었다. 또 그에 따르면, 그들은 "훌륭한 집, 좋은 가구, 값비싼 드레스와 같은 외적 우아함을 사들이는 데 필요한 돈만을 온갖 형태로" 챙겼으며, "북미 도시의 부유층들이 자신들의 '상류층 사교계'를 자랑하는 것을 듣는 것만큼 우스꽝스러운 일은 없다." 남북전쟁 이전에 상류계급에 가장 가까웠던 부류는 사우스캐롤라이나에서 사회와 정부의 지도층에 속했던 농장주 가족들로, 그들 집단은 서로 얽혀 있었다. 찰스 디킨스(Charles Dickens)는 그들을 가리켜 "잘못된 공화국의 불쌍한 귀족들"이라며 분노했다. 그럼에도 불구하고, 남부 백인 사회의 1% 정도를 차지하며 농업중심의 주들 사이에 드문드문 분산되어 있던 다른 농장주들은 사우스캐롤라이나의 성공에 필적할 만한 재주가 없었다. 남북전쟁이 그들의 모든 가능성을 없애버렸던 것이다.[2)]

이렇듯 잘못된 시작을 바탕으로 부유한 귀족사회를 창출해 보려던 19세기 말의 노력은 외형적으로 만만치 않은 기획이었다. 미국의 도시산업 성장에서 대표적으로 이익을 본 사람들 중 일부는 도시에 그

1) Tocqueville, vol.2, p.200.
2) Grattan, vol.1, p.92, 117; Dickens, vol.2, p.253.

들만의 겨울별장을 짓거나 뉴포트(Newport)나 바하버(Bar Harbor)와 같이 번창하는 휴양지에 여름별장을 지었다. 그들은 외부 사회와 분리된 그들만의 교회와 클럽을 갖고 있었으며, 사립 고등학교에서 엘리트 대학에 이르기까지 거쳐야 할 모든 교육과정에 충분한 돈을 투자했다. 할 수 있는 곳이라면 어디든 상관없이 그들은 공적인 생활에서까지도 사적인 소유물들로 장식했다. 예를 들어 커튼 친 마차, 고급 무도회장, 독립된 오케스트라 박스 등을 소유하고 있었는가 하면, 1890년에 새로 지은 매디슨 스퀘어 가든에는 사교계의 행사를 위한 분리된 호화 전당이 있었다. 민주주의로 나아가던 미국의 혼란으로부터 벗어나 사치스러운 고립 속에 머물려는 대도시적 전망은 나라 전역에 걸쳐 추종자들을 끌어들였다. 19세기 말 매사추세츠 주의 우스터 시는 도시 자체의 사교계 잡지를 갖고 있는 것에 자부심을 느꼈으며, 수많은 작은 도시들은 그들 지역이 보유한 상류층 인사들을 과시했다. 1886년에 앤드루 카네기(Andrew Carnegie)는 미국 내에서 "최근까지 유한계층은 거의 알려진 바 없다"고 하면서, "그렇지만 나는 변화의 낌새를 알아차렸다"고 기술한 바 있다.[3] 노예를 소유한 농장주들의 우아한 삶을 그리는 향수문학이 거의 같은 시기에 그 모습을 드러냈다.

그렇지만 상류층에 대한 갈망으로서의 이러한 시도들은 실패했다. 도시 하나하나가 떨어져 있었기에 미국의 부호들은 중요한 집단을 결코 이루지 못했다. 대신에 각각의 소집단은 그 자체만의 사교계 명사록과 상류층 인사들을 보유하고 있었다. 어느 누구도 계급 형성을 위한 체계적인 노력을 지속적으로 할 수가 없었다. 부유층 가운데에서 가장 부유한 편이면서도 자신들끼리의 서열관계에 있어서는 심각하게 분열되어 있었던 뉴욕 시의 부호들조차 그러한 도전에 응할 수가 없었다. 1890년대 초에 이르자, 오페라 박스는 고객을 거의 잃었으며,

3) Andrew Carnegie, *Triumphant Democracy*, New York, 1886, pp.117-118.

궁지에 처한 매디슨 스퀘어 가든의 경영주는 백만장자들 이외의 보다 광범위하고 믿을 만한 고객을 찾아야만 했다. 게다가 이러한 문화활동이 부유층에게 그렇게까지 깊숙이 파고들었던 것 같지는 않다. 만약 피츠버그의 갑부들이 신문과 같은 일상적인 전달 수단의 도움을 받아 '사회적 엘리트로서의 정신'을 지탱하고자 했다면, 과연 붕괴를 미리 막을 수 있었을까? 보다 많은 부를 축적하고자 하는 열망은 미국의 가장 부유한 19세기 자본가들을 거의 내버려두지 않았다. 맨해튼의 어느 좌절한 유명인사가 불평하듯이, "유한계층의 사람이라곤 없었으며, 따라서 뉴욕의 부자가 사업에서 손을 떼면, 그밖에 할 일이나 관계를 맺을 친구가 그에게는 전혀 없었다."[4)]

공중의 반응은 야심에 찬 부호들을 계속해서 수세에 몰아넣었다. 갈수록 자의식이 강해졌던 도시 중간계급은 여전히 전통적인 가치에 충실했으며 돈낭비나 비생산적인 여가생활을 멀리했다. 당시의 만화는 사교계의 거만한 부인들과 그들의 점잔빼는 남편들을 풍자했다. 다른 나라들로부터의 조롱은 이러한 취약한 계급구조에 손상을 입혔다. 영국의 시사해설가 제임스 브라이스(James Bryce)는 경멸감을 가까스로 억누르면서, "미국의 상류층은 (만약 누군가 그런 표현을 사용한다면) 국가의 전반적인 특성과 조금도 다를 바가 없다"고 비꼬았다.[5)] 공격의 대상이었던 부호들이 1897년에 월도프 호텔(Waldorf Hotel)을 판자로 둘러막아 외부인들이 그들의 가장 무도회장을 볼 수 없도록 했을 때, 그들은 스스로를 우스운 꼴로 만들어버렸다. 귀족의 야망을 깊이 품고 있던 부유한 미국인들은 해외로 이주하여 유럽의 귀족과 결혼하려고 할 만큼 예상 밖의 머리를 썼다.

1899년에 출간된 토스테인 베블렌(Thorstein Veblen)의 『유한계급론(*The Theory of the Leisure Class*)』은 미국의 부호들을 병 속에 들어 있는

4) Cornelia Adair, *My Diary*, Austin, 1965[1874], p.16.

5) James Bryce, *The American Commonwealth*, 2 vols., London, 1889, vol.2, p.666.

곤충처럼 면밀히 살피면서 그들의 계급적 열망에 대해 일종의 장송곡을 썼다. 어느 정도의 계급 기재들은 그저 사라져버렸다. 예를 들어, 시카고 바로 외곽에서 산업 봉토(封土)를 거느리는 것이 자신들의 상류계급 야망의 일부였던 조지 풀만과 해티 풀만(George and Hattie Pullman)이 1894년의 대파업 때 노동자들에 대한 통제력을 잃은 이후, 어떠한 고용주도 현대판 봉건제도를 대도시에 끼워 맞추려고 하지 않았다. 반면 탄광촌이나 시골의 공장 같은 고립지역에서의 고용주들의 횡포는 여전했다.

상당 부분의 계급 영역은 막강한 자본주의에 의해 간단히 사라져버렸다. 19세기 미국에서 특권을 유지하는 것은 항상 어려웠다. 부유층의 새로운 물결이 부호들에 의해 막 개척된 교외, 학교, 휴양지들로 쏟아져 들어오면서, 계급의 전초기지는 뒤섞인 부자들을 위한 시설로 바뀌었다. 20세기 초가 되면서 그들끼리의 서열에 점차 균열이 생기자, 자칭 사회 엘리트들이 일반적인 도시시장에서 부유한 소비자들처럼 행세하는 경우가 더욱 더 많아졌다. 그들은 돈으로 훌륭한 물건을 구입할 수는 있었지만 계급의 위치를 살 수는 없었다. 세기가 바뀌자 충분한 부를 가진 이들은 연주회나 오페라에서 최고의 좌석에 앉음으로써 그들의 품위를 과시했고, 보다 덜 부유한 이들은 그 다음으로 좋은 좌석에 앉아 그들을 바라보았다.

19세기 말의 성공하지 못한 상류계급은 같은 시대의 성공하지 못한 노동계급과 마찬가지로, 개인의 근면과 우애의 가치에 무게 중심을 두고 강력하게 끌어당기는 중간계급의 사회적 체면의식의 희생양이 되었다. 승리한 가치를 확인하기 위한 방법으로, 상류계급의 허세에 대한 공격은 그들의 패배 이후에 훨씬 더 거세졌다. 민주적인 가치들을 독자적으로 거부하는 몇몇 부호들은 모든 사람들의 가치를 파괴하려는 악의에 찬 재산가들로 여겨졌다. 20세기로의 과도기 이후에, 양 정당의 주요 인사들은 사라져가는 귀족들에 맞서서 교묘한 운동들을 펼쳤다. 부호계급의 대리인들이 1880년대와 1890년대에 소명대로 더 이상 지속적인 변화를 이룰 수 없었던 반면에, 훨씬 광범위한 층을 가지고 있던 성공적인 중간계급들은 1900년과 1925년 사이에 보다 점진적이며 복잡한 방법으로 미국의 계급 역학 전체를 바꾸어 나갔다. 여기서 중대한 혁신은 바로 새로운 국가계급의 탄생이었으며, 그것에 의해 19세기의 2계급 구도는 그것과는 근본적으로 다른 20세기의 3계급 체제로 재편성되었다.

새로운 국가계급의 출현은 상농사회에서 도시 산업사회로의 변화를 이끌었다. 이것은 삐걱거리는 낡은 농업경제의 붕괴와 활력 있는 새로운 산업경제로의 대체에 관한 이야기만은 분명 아니었다. 19세기 말에 미국의 산업이 번창했던 것처럼, 세계에서 가장 정교한 미국의 자본주의 농업도 19세기 말에 기계화의 첨단을 걸으면서, 지주농들의 광범위한 기반과 널리 인정받는 운송망에 힘입어 계속 발전해나갔다. 게다가 상업은 미국의 철도망을 통해 개척된 철강산업의 시장에서부터 상업적 은행체계에 이르기까지 그야말로 19세기 말 미국 경제의 거의 모든 측면을 계속해서 지배했다. 미국 내륙의 급성장하는 도시들은 농업 및 산업 생산품들을 지역시장, 국내시장, 그리고 국제시장으로 전달하는 데 있어 깔때기의 역할을 했다. 1890년대의 경기침체 이후 주요 곡물농업은 수익성 높은 황금시대로 들어섰다.

이러한 성공에 기초하여 새로운 사업들이 추진되었다. 상업도시들이 번성함에 따라 그들은 건설, 서비스, 그리고 금융에서 그들 자신이 필요한 것들을 생산해냈다. 상농경제의 본거지로서 계속 번영하면서도 점차 그 활동을 도시시장의 필요성에 맞추어갔던 전국의 도시들을 연결하기 위해 사업망이 형성되었다. 이와 같이 20세기 초에 전국에 걸쳐서 다양하게 번창한 이권사업은 새로운 법인경제로 구체화되었으며, 금융과 농업, 연예 및 뉴스산업, 그리고 광고와 정부기관 등에 그 지류를 뿌리내렸다.

1920년대에 이르러 공통의 가치와 서로 얽힌 기관들은 이러한 광범위한 과정에 기여하는 사람들로부터 국가계급을 이끌어냈다. 여기서 국가라는 말은 지역적인 애착이나 경계를 초월하고 동시에 미국 사회 내에서 중앙적이며 전략적인 위치를 취한다는 의미에서 붙여진 것이다. 새로운 계급의 일원들이 그들의 지역적 뿌리에 대해 깊이 염려하긴 했지만, 특정 지역이 더 이상 그들을 규정짓지는 못했다. 그들은 수백 개의 다른 지역에서도 마찬가지로 자신들의 역할들을 충실히 잘 수행했다. 예컨대, 평론가, 공인회계사, 물리화학자, 영화배우, 노동경제학자 등의 역할은 합리화된 사회에서 상호 관련된 기술들의 집합으로서만 의미가 있었다. 찰스 비어드(Charles Beard)와 루스 베네딕트(Ruth Benedict), 헨리 루스(Henry Luce)와 해럴드 로스(Harold Ross), 제인 애덤스(Jane Addams)와 마거릿 생어(Margaret Sanger), 허버트 후버(Herbert Hoover)와 버나드 바루흐(Bernard Baruch), 월터 리프만(Walter Lippman)과 헨리 멘켄(Henry L. Mencken), 뒤보이스(W. E. B. DuBois)와 노먼 토머스(Norman Thomas), 존 록펠러 주니어(John D. Rockefeller, Jr.)와 하비 파이어스톤(Harvey Firestone), 마사 그래험(Martha Garaham)과 유진 오닐(Eugene O'Neill), 월터 톰슨(J. Walter Thompson)과 세실 데밀(Cecil B. Demille), 이들 모두는 이렇듯 상호의존적인 국가조직에 속해 있었고, 자신들을 이들과 필적할 만한 활동무대의 참여자나 적어도 야심찬 후보로 여기는 다른 수많은 사람들에게 삶의 모델이 되었다.

전반적으로 새로운 국가계급의 구성원들은 도시 출신이었다. 왜냐하면 그들은 능력에서 도시생활에 잘 맞았고 또한 미국 도시의 미래를 당연한 것으로 받아들였기 때문이다. 조시아 스트롱(Josiah Strong)이 『우리의 조국(*Our Country*)』(1884)에서 산업주의의 낯설고 부도덕한 힘이 강직한 프로테스탄트들을 서구에서의 최후 격전지로 내쫓았다고 말한 것처럼, 1880년대와 1890년대에 도시와 시골은 국가의 미래를 위해 서로 경쟁하는 것으로 대개 여겨졌다. 1920년대에 미국 최대의 도시 성장 시기가 끝나갈 무렵, 이런 프로테스탄트들은 강직하다기보다는 매우 초조해 보였으며, 새로운 계급의 대변인들은 문화전쟁을 매우 다른 시각에서 보았다. 평론가 호러스 캘런(Horace Kallen)은 "편견이 … 시골의 속성이라면, 관용은 도시의 속성이다"라고 단호히 공언했으며, 경제학자 존 앤드루스(John B. Andrews)는 1922년에 프론티어는 단지 "꿈"일 뿐이라고 단정했다.[6)]

비록 상당히 많은 부와 명성이 국가계급에 집중되었지만, 과거의 똑같은 고위층들이 금권정치를 다시 시도했던 것은 결코 아니다. 19세기 말의 옛 귀족들은 그들의 강한 지역 정체성을 결코 완화하려고 하지 않았다. 그들은 시카고의 상인, 필라델피아의 변호사, 보스턴의 명문 지식인들로 남아 있었으며, 그들이 사는 도시에서 자신들의 이름을 명예롭게 해주는 미술박물관과 교향악단을 알고 있었다. 이러한 지역부호들에 맞서 새로운 국가계급의 지도자들은 1897년 이후에 기업합병과 그에 따른 팽창적 금융협정의 절정기를 맞아 세력을 얻었다. 1880년대와 1890년대에 여가생활에만 몰두했던 상류사회와는 달리, 신흥 국가계급은 기존의 노동가치에 의존했으며 그러한 가치를 그들의 전문화 계획에 맞게 재조정했다.

신흥 국가계급의 구성원들은 매우 제한된 유한계급의 문화를 돈으로 사들이기보다는 그것을 이어받았다. 북동부의 엘리트 대학들은 현대 자본주의를 위한 예비대학이 되었다. 전화는 최고급 휴양지와 경제계를 연결했다. 야심만만한 귀족정신은 1940년대에 사회인류학자 로이드 워너(W. Lloyd Warner)와 그의 동료들이 "상류층 중의 상류층"

6) Horace M. Kallen, *Culture and Democracy*, New York, 1924, p.278; Abraham Epstein, *Facing Old Age*, New York, 1922, p.xiii에서 존 앤드루스(John B. Andrews) 인용.

이라고 불렸던 고착된 상류인사들의 돈주머니에서나 살아남았다. 그들은 지역적 명성을 세습적으로 물려 받은 독립가문의 출신들로 활동영역과 감수성에 있어 국가계급과는 정반대였다. 신흥 국가계급의 시각에서 볼 때 이런 고립된 엘리트들은 피츠제랄드(F. Scott Fitzgerald)가 『위대한갯츠비(*The Great Gatsby*)』(1925)에서 편협하고 황폐한 특권의 보호망에 갇힌 인물들로 그려내었던 톰 부캐넌과 데이지 부캐넌 부부를 통해 극명하게 드러났다.

19세기에 중간계급이 인격(Character)의 개념을 이용해 스스로를 정당화했다면, 20세기에 국가계급은 지식(Knowledge)의 개념을 이용했다. 과학을 배경으로 하는 전문가들은 정통한 지식이 있어야만 작용할 수 있는 전문화된 부분들과 체계화된 전체의 새 시대에 대해서 희망의 짐을 떠안고 있었다. 터너, 베블렌, 듀이, 루이스 멈포드(Lewis Mumford), 그리고 존 패소스(John Dos Passos) 등과 같이 다양한 비평가들은 종종 기술자 정신이라고 표현되는 실용적인 성향에 대한 과학적 초연함이 바람직한 사회의 열쇠가 된다는 데 동의했다. 전문기술은 에디슨의 대중적 이미지에서처럼 천재성과 경험의 마술적 혼합을 통해 나타나는 경우가 간혹 있기는 하지만, 갈수록 더 많은 훈련기간을 요구했다. 지도력이 향상되면 될수록, 그만큼 훈육을 더 받은 정신이 필요했다. 위대한 기술자 허버트 후버는 이러한 기대를 타고 백악관에 입성했다.

국가계급이 보기에 이러한 가치기준은 19세기의 인격이란 개념을 현대에 맞게 윤색한 것만은 아니었다. 19세기에 인격은 일반인들이 그들 자신과 이웃에게서 발견할 수 있는 보편적인 특성인 일상생활의 속성에 의거했다. 즉 분별력 있는 성인이라면 누구나 그것의 특질과 결과를 판단할 수 있는 그런 것이었다. 반면에 20세기에 과학적 초연함을 낳았던 훈련은 일반인들로부터 훈련의 수혜자들을 분리했다. 전문가들만이 다른 전문가들을 평가할 자격을 부여받았다. 19세기에 과학은 마치 자연과도 같이 만인을 위한 해답을 갖고 있었다. 심지어 일부 과학자들은 미국의 과학이 유달리 민주적이라는 믿음을 공유했다. 20세기에 와서 과학은 국가계급이 그 말을 사용할 때에는 소수가 다수의 이익을 도모할 수 있는 전문가의 방법 혹은 은유적으로 말하자면 전문가의 사고방식을 대부분 의미했다.

일반인들은 변화무쌍한 세계에 뒤떨어지지 않도록 최선의 주의를 기울여야만 했다. 사회학자 윌리엄 오그번(William Ogburn)이 크게 유행시킨 문화적 지체(cultural lag)란 표현은 국가계급의 구성원들이 이러한 과정을 어떻게 이해했는가를 잘 나타내준다. 과학, 기술 그리고 그것들을 따르는 광범위한 경제력이 변화할 때, 문화는 현실에 맞게 합리적으로 적응함으로써 대응하기 마련이다. 그러나 국가계급 정치평론가들이 믿기에 대중적 가치기준은 객관적인 세계에서 일어나는 그러한 변화들을 따라갈 수가 없었다. 의존할 만한 견고한 기반이 없었기 때문에 일반인들은 혼란스러웠고, 화가 났으며, 일반적으로 현대생활에 적응할 준비도 제대로 되어 있지 않았다. 효과적으로 대중을 이끄는 길은 시민들에게 방향감각을 제시함으로써 문화가 현실을 적어도 뒤쫓아가게끔 해주는 것이었다. 그나마 간극을 좁히는 것만이 최상의 성과였다. 리프만이 지적했듯이, "얼마간의 지체는 항상 있기 마련"이었던 것이다.7)

새로운 국가계급이 전통적인 중간계급의 상층부로부터 떨어져 나왔을 때, 그 뒤에는 여전히 자신들의 정체성을 지방성에 묶어두고 있는 훨씬 더 많은 수의 사람들이 남겨져 있었다. 매우 상이한 국가계급의 가치기준에 맞서서, 지방중간계급은 자신들이야말로 불협화음 투성이인 경쟁자들 가운데에서 진정으로 미국적인 목소리를 대변한다고 내세웠다. 19세기에 인격의 좋고 나쁨에 따라 상벌을 주는 도덕적 정당

7) Walter Lippmann, *The Phantom Public*, New York, 1925, p.100.

성의 체제는 이제 지방생활에서나 일상적으로 인정을 받았다. 20세기로 오면서 직무의 효율성과 자기 나름대로의 여가선용을 요란하게 선전했던 국가계급과 경쟁을 벌이게 되자, 먼 곳의 강력한 적에게 권한을 빼앗기고 있다는 것을 감지한 사람들은 그러한 전통적인 가치기준에 대해 방어적이며 의심스런 태도를 보였다. 아무리 변하지 않으려 해도 지방중간계급의 위상은 이미 근본적으로 바뀌어 있었다.

새로운 국가계급과 재구성된 지방중간계급은 서로 다른 경제적 중심에 따라 삶을 꾸려나갔다. 그렇다고 부유한 자와 가난한 자로 이분된 것은 결코 아니었다. 지방에서도 벌 수 있는 돈은 많았으며, 국가계급 중에도 가난한 사람들이 상당히 있었다. 두 계급의 기본적인 차이점은 국가계급의 광범위한 연결망과 지방중간계급의 집약적인 중심 사이에 있었다. 인접한 지역의 구석구석까지 장악한 사람들에게만 이윤이 산출되는 부동산은 대부분의 지방경제의 핵심이 되었다. 토지의 거래, 구획, 경작, 저당, 그리고 토지에서의 건물건축 등 대부분의 경제활동이 토지와 함께 이루어졌다. 현대의 미국이 유형자산을 확실하게 보유할 수 있었던 가장 큰 힘은 지방중간계급의 경제에서 나왔다. 미국에서의 계급정체성의 핵심인 신용의 근원은 단연코 지방이었다. 지방의 토지경제 주변은 광범위하고 다양한 소매업자, 서비스업자, 관료 그리고 개인적으로 세심하게 구축되고 유지되어 온 지역망에 의존해 생계를 유지하는 전문업자들로 구성되었다. 이러한 거미줄망은 지역 사이에 이전되지 않았다. 각각의 망이 지방의 특성에 맞게 짜여져 있었다.

전국적인 시장을 갖고 있는 대기업, 예컨대 뉴욕 주 빙햄튼(Binghamton)의 엔디코트 존슨 제화회사(Endicott Johnson Shoes), 오하이오 주 콜럼버스(Columbus)의 벅아이 철강회사(Buckeye Steel), 인디아나 주 문시(Muncie)의 볼 유리회사(Ball Glass) 등은 각 회사의 연고지에 깊은 뿌리를 내리고 있었기 때문에 지역망에 속해 있었다. 이러한 지역망을 토대로 엔디코트 존슨 회사의 사장은 빙햄튼의 부동산 부문에서 중요한 역할을 했다. "부지런히 노력해서 승진을 하면 죽거나 은퇴할 때"까지 대개 그 지위에 머무를 수 있었던 벅아이 철강회사의 책임자들은 콜럼버스 시의 자선사업을 지원했고 상공회의에 참가했으며 지역의 정치권에도 관여했다.[8] 회사의 사장인 새뮤얼 부시(Samuel P. Bush)는 콜럼버스 시의 기반을 확실히 잡고서 오하이오 제조업자협회 내의 여러 지역 출신의 반노동조합 고용주들을 통솔하는 위치에 올랐다.

벅아이 철강회사가 지방논리에 따라 콜럼부스 지역에 근거를 두었다면, 미국 철강회사(U.S. Steel)는 국가논리에 따라 그들의 관심을 전국적으로 펼쳤다. 사실, 미국 철강회사의 가장 큰 공장은 어떤 도시로부터 성장한 것이 아니다. 오히려 도시가 공장으로부터 성장하였다. 도시 이름인 개리(Gary)는 수입된 것으로 북서부 인디애나 사람들과는 아무 관련이 없었다. 부여된 창조 정신에 따라, 개리의 학교체계는 인디애나 지방과는 다시 한번 아무 필연적인 관련 없이 교육개혁을 위한 국가적 실험실로서의 역할을 짧게나마 수행해냈다. 미국 철강회사는 언제든지 자유롭게 포기할 수 없는 그러한 사회적, 문화적, 혹은 도덕적 책무 같은 것을 개리 시에 대해서 갖고 있지 않았다.

물론 국가계급의 대변자들만이 효율성과 과학을 유별나게 주장했던 것은 아니다. 사실 효율성과 과학은 전국적인 회사뿐만 아니라 지방회사의 자산을 다루는 데 있어 진보적인 일처리 방법을 대변하는 보편적인 핵심 용어들이었다. 가령, 대표적인 국가계급 회사인 제너럴 모터스(General Motors) 사가 지방에 기반을 둔 캐터필러 트랙터(Caterpiller Tractor) 사보다 1930년대에 더 효율적이었다든가, 혹은 로체스터에 기반을 둔 제록스(Xerox) 사보다 듀폰(Dupont) 사가 1940년대에 더 과학적이었다고 주장할 만한 설득력 있는 증거는 아무 데도 없다.

8) Mansel G. Blackford, *A Portrait Cast in Steel*, Westport, 1982, p.47.

그럼에도 불구하고 대기업들이 마치 그들의 상황이 이미 다 준비된 것처럼 행동했던 반면에, 지방의 사업들은 늘 상황을 새롭게 꾸려가기에 바빴다.

20세기 초 계급 형성의 과도기적 기간 동안에, 대부분의 중요한 공적인 문제들은 각 계급이 저마다 영역을 구획하면서 벌이는 계급 간의 줄다리기로부터 거의 벗어날 수가 없었다. 따라서 이러한 갈등 가운데 많은 것들은 사업의 실제와 가치기준에 깊이 연관되어 있었다. 가격을 깎아주는 전국의 소매연쇄점들이 진보를 대변하는가, 아니면 지방사업의 옹호자들이 주장하듯이, "사람을 죽이는 경쟁"이 진보를 대변하는가? 지방 차원에서는 경쟁이 계속 평행선을 이루며 나아갔으며, 작은 독점기업들은 서로간에 경쟁하는 것이 아니라 시장의 운명과 맞서 싸웠다. 혹자의 말에 따르면, 캔자스 주 토페카(Topeka)의 어느 사업가는 "동일 사업을 경영하는 다른 사람을 결코 이기려고 하지 않겠다"는 철칙을 내걸 정도였다.[9] 반면에 전국적인 차원에서는 사업상의 경쟁자들이 서로를 그야말로 뒤쫓아가 삼켜버렸다. 대안은 효율을 낮추고 가격을 올리는 것이었다. 이러한 관심의 일환으로 판매를 전국적으로 확대하기 위한 소포우편법이 추진되었다. 그러나 지방 사업체 측의 반대로 그것은 수년간 지연되었다.

합법적인 사업자산은 무엇으로 구성되는가? 명의 인정에서부터 거대한 유산에 이르기까지 점점 더 많은 무형자산이 국가계급의 수중에 들어가게 되었다. 반대로 지방중간계급의 이익을 위하여 상원의원 로버트 라폴리트(Robert Lafollette)는 철도요금이 상품의 내재적 혹은 실제적 가치에 관한 자연법적 근거조항에 의거하여 산출된 평가액인 회사자산의 "물질적 감정가"에 기초해야 한다고 주장했다. 볼 수도 만질 수도 없는 자산들은 존재하지 않았다. 그 증거로 위스콘신 주 와케샤(Waukesha) 출신의 지방은행가 앤드루 프레임(Andrew Frame)은 만약

9) Charles M. Sheldon, *In His Steps*, Pittsburgh, 1979[1897], p.82.

국가계급의 금융권 내에서 빠르게 증가하고 있는 유가증권이 값비싼 금속이나 정부채권과 같은 법적 지위를 획득하여 미국 통화를 인수하게 되는 날이면 대규모의 재난이 일어날 것이라고 전망했다. 일반적으로 국가계급은 경기가 좋은 동안에는 그들의 주요 회사들을 위한 법률을 만들고자 노력했다. 그들이 선호하는 방법은 규제위원회였다. 반면에, 지방중간계급은 소위 '대기업'을 통제할 구체적인 법적 규칙을 선호했다. 1890년대의 13개 주에서 1920년대의 40개 주로 퍼져나간 독점금지법은 지방중간계급의 가치기준을 구체화했다. 비록 미국의 저명한 전문가들 대부분이 국가계급의 입장을 주장했지만, 뛰어난 법률가이자 대법원 판사인 루이스 브랜다이스(Louis D. Brandeis)는 약탈적인 법인조직에 맞서 지방사업을 열렬히 옹호하였다.

정치적으로 지방중간계급은 국가적 차원에서보다는 지방적 차원에서, 상원에서보다는 하원에서, 행정부보다는 국회와의 관계에서, 그리고 연방사법부보다는 연방행정부와의 관계에서 더 효과적이었다. 그들의 기반은 지방이었다. 그들에게는 수많은 사람들과 광활한 영토가 있었다. 어떤 국가계급의 의견도 각 군의 파벌세력들이 일을 장악하고 있는 많은 남부지역으로 감히 침투해 들어올 수가 없었다. 편집인이자 후에는 대사가 된 월터 페이지(Walter Hines Page)와 같은 사람들은 그러한 남부가 편협하고 구속적인 환경이라는 것을 깨달았지만, 그것을 바꿀 기회도 갖지 못한 채 그냥 떠날 수밖에 없었다. 대부분의 도시정치 역시 지방중간계급의 주변을 맴돌았다.

이러한 차이들이 분명해지는 데에는 시간이 걸렸다. 20세기 초에 정치수뇌의 강화, 이익세력의 조직화, 지방 행정부의 합리화와 같이, 권력의 합병과 절차의 체계화를 향한 여러 가지 추세들은 지방중간계급뿐만 아니라 국가계급에도 적합한 것으로 보였다. 사업가들은 분산되었다. 링컨 스테펜스(Lincoln Steffens)가 그의 인상적인 잡지 연재물 「도시의 치욕(The Shame of the Cities)」에서 밝혔듯이, 많은 사업가들은 정치수뇌들을 밀어주었고, 또 다른 많은 이들은 정치기구를 시정부로 대체할 것을 맹세했다. 1920년대까지 이러한 동맹관계와 갈등의 의미는 그런대로 잘 풀려 나갔다. 도시정치에 있어서 지방에 기반을 두고서 새로이 떠올랐던 이들 중심세력은 기업정신을 가진 지방중간계급 지도자, 정치수뇌, 그리고 도시관료 등 세 부류로 구성되었다. 그 무렵 스테펜스가 폭로기사를 쓴 바 있으며 시정 효율성 운동에 큰 자극을 주었던 국가계급은 대부분 다른 활동 속으로 사라져 갔다.

지방에 초점을 맞춘 회사들만이 시정부가 과연 투쟁할 만한 가치가 있느냐는 중대한 질문에 대해 분명하고 지속적으로 긍정적인 대답을 했다. 미국 철강회사의 지부인 테네시 석탄 및 제철회사가 알라바마주 버밍햄에서 그랬던 것처럼, 거대한 회사가 도시의 경제를 지배하는 곳에서조차 회사의 소규모 국가계급 집단들은 주변의 상황으로부터 회사의 이익을 신중하게 보호했다. 반면에 훨씬 더 많은 성공한 지방 지도자들은 버밍햄에서의 관직을 위해 경합을 벌였고, 부동산에 뛰어들었으며, 일반적으로 도시를 그들의 영역으로 삼아 다스렸다. 지방중간계급의 두 지류인 대도시의 우두머리와 군(county)의 실력자들이 1920년대에 민주당의 '지방주의 정치'를 조정하기 위해 합류했던 것은 많은 평론가들의 생각처럼 그렇게 모순적인 것은 아니었다.

국가계급과 지방중간계급은 뚜렷한 사회조직을 형성했다. 국가계급이 미국변호사협회, 미국은행가협회, 그리고 그것들에 비견할 만한 수많은 전문 단체들을 차례로 조직하는 동안에, 엘크스 자선보호회나 무스 자선보호회와 같이 이전부터 인기를 끌었던 단체들에서부터 시카고의 스웨덴 부르주아 단체와 할렘의 흑인 부르주아 단체들에 이르기까지, 지방중간계급의 우애조합들 또한 번성했다. 20세기 지방중간계급 지도자단의 이상적인 형태인 로터리 클럽은 처음 20년 동안 700개 이상의 지부를 거느렸고, 1915년에 창립된 키와니스(Kiwanis) 클럽은 1930년대까지 50만 명이 넘는 회원을 자랑했다.

또 다른 성공사례로서 라이온스 클럽이 1917년에 세워졌다. 그리고 순수 지방중간계급 출신의 정치인인 워렌 하딩(Warren G. Harding)이 부단히 발전시켜나갔던 메이슨회(Masons)는 그의 대통령 재임기간 동안에 계속 번창했다.

수천 명의 전문직업인들은 계급들 사이에서 자신들을 분류해나갔다. 의사들을 전문병원과 엘리트 의학부 소속의 새로운 실험의학에 포함시킬 것인가, 아니면 관리가 느슨하고 지방에 근거를 둔 가족의료에 포함시킬 것인가? 학교 교장은 지방 내에서의 승진 사다리를 타고 올라온 토착민인가, 아니면 이 도시에서 저 도시로 옮기며 경력을 쌓은 전국학교장협회의 일원인가? 학자들은 자신들을 지방 학생들과 그 지방의 지지를 받는 전문대학이나 대학의 교수진으로 생각하는가, 아니면 전국규모의 전문가 모임에 자신들의 동료가 있는 수학자나 정치과학자로 생각하는가? 일반적으로, 고등교육은 각각의 계층에게 별도의 이동행로를 제공했다. 지방중간계급을 위해서는 포덤(Fordham) 대학과 드폴(DePaul) 대학이 있었고, 국가계급을 위해서는 콜럼비아 대학과 시카고 대학이 있었다.

두 계층이 장소 문제로 다툴 때, 국가계급은 도회지를 자신들의 영역으로 정하고는 지방중간계급에게는 외곽의 시골을 떠맡겼다. 사실 대부분의 도시에서 국가계급은 소수에 불과했으며, 몇몇 대도시에서만 국가계급의 목소리가 우세했다. 1920년대가 되자 할리우드는 그러한 도시 중의 하나로 합세했다. 무엇보다도 뉴욕의 합류는 큰 의미가 있었다. 윌리엄 테일러(William Taylor)가 썼듯이, 뉴욕은 "지방시장보다는 전국시장을 위한 상업문화를 제공"했다.[10] 극장에서부터 건축과 사진에 이르기까지 뉴욕은 예술적 규범을 규정지었다. ≪타임(*Time*)≫,

10) William R. Taylor, "The Launching of a Commercial Culture: New York City, 1860~1930," in *Power, Culture, and Place*, ed. by John Hull Mollenkopf, New York, 1988, pp.108-109.

≪아메리칸머큐리(*American Mercury*)≫ 그리고 ≪뉴요커(*New Yorker*)≫와 같은 대중잡지들이 선보인 참신한 생각과 도전적인 문체는 두버크(Dubuque)에서 포틀랜드(Portland)에 이르기까지 세련미의 표준이 되었다. 비록 ≪뉴욕타임스(*New York Times*)≫가 수많은 지방신문들이 각 지방에서 누렸던 독점권에 견줄 만한 인기를 얻지는 못했지만, 자기만의 방식을 고수함으로써 전국 어디에서나 읽히는 국가계급의 공식신문이 되었다. 집단적으로 볼 때, 이런 목소리들은 모든 사람들의 가치에 대해서 판단을 내리는 역할을 했다. 그들은 그들만의 도시적 방법을 격찬했다. 그들이 내세운 건강한 도시의 이상형은 그리니치 빌리지(Greenwich Village)였다. 소도시는 싱클레어 루이스(Sinclair Lew- is), 셔우드 앤더슨(Sherwood Anderson), 토머스 울프(Thomas Wolfe)처럼 그것을 선호하던 작가들의 글 속에서 가련하게 그려졌다. 시골생활은 옥외 화장실의 위생상태, 콜드웰(E. Caldwell)의 소설 『토배코 로드(*Tobacco Road*)』에 나타난 도덕성, 그리고 멘켄(H. L. Mencken)이 말한 적이 있는 테네시 주 데이튼(Dayton)에서 온 '유인원 떼거리'를 연상케 했다.

국가계급의 대변인들은 자신들의 가치를 과학에 포함시키면서, 지방을 억압적인 프로테스탄티즘과 동일시했다. 다윈주의의 생물학을 테네시 주의 법률과 맞붙게 한 1924년의 '스코프스(Scopes)' 재판은 보수적인 종교에 오랫동안 시달려 왔던 과학에 대해서 분명한 선입견을 취했기 때문에 국가계급의 거센 저항을 불러일으켰다. 과학의 의미 그 자체는 사상의 자유라고 국가계급은 주장했다. 전통적인 윤리주의자들은 "그들이 옛날부터 내려오는 권위를 믿지 않으려는 세대와 상대하고 있다고 생각한다"라고 리프만은 기술했다. "사실 그들은 그러한 권위를 믿을 수 없는 세대를 상대하고 있다." 새로운 문화에 대한 가장 깊이 있는 제안들 가운데 하나로 평가할 수 있는 어느 글에서 리프만은 국가계급과 그외의 사람들을 위해 두 가지의 서로 다른 신을 추천했다. 혹독하고 비합리적인 과거의 종교가 "현대 문명의 중심"에서 벗어나 가고 싶은 데로 가도록 내버려두자. 그러나 단순한 진리로 더 이상 충분치 않고 신이 실용주의자가 되어야 하는 도시에서는, 교육받은 미국인들이 현대에 맞는 합당한 종교를 만들 수 있도록 허락해야만 한다.11)

19세기 중간계급이 두 부류로 나뉘자, 상당수의 공공기관들이 절충에 나섰지만 그 결과는 극히 미진했다. 19세기 법률의 엄격하고 추상적인 범주를 계속해서 완화시켜나갔던 사법부는 크게는 국가계급의 요구에 따라 계약법을 조정하여 경제행위의 절차를 보다 간소하게 했으며, 이와 동시에 지방중간계급의 사업활동을 견고하게 해줄 '신의'의 도덕적 원칙을 그 위에 덧붙였다. 대중매체는 한 손으로 제거했던 것을 다른 한 손으로 돌려주는 식으로 두 계급 간의 간극을 메우고자 애썼다. 널리 유통되던 잡지인 ≪새터데이 이브닝 포스트(*Saturday Evening Post*)≫와 1919년 이후의 ≪트루 스토리(*True Stories*)≫는 개인적 자유가 있는 새로운 확장된 세계를 들여다볼 수 있게 함으로써 독자들의 흥을 돋군 다음 구시대적 도덕의 절정으로 글을 끝맺었다. 영화가 이러한 유형의 처방 공식을 완성시켰다. 즉 흥미로운 삶과 이국적인 사상들이 결말에 가서는 전통적인 판단으로 포장되었던 것이다. 곧이어 라디오 프로들도 이와 똑같은 식의 구성을 개발했고, 정치가들은 그들만의 혼합을 보여주었다. 하딩의 지방계급적 온화함과 국가계급 각료로서의 지도력, 캘빈 쿨리지(Calvin Coolidge)의 서민적인 격언들과 대기업 정책, 후버(Hoover)의 전통적 개인주의와 창조적 체계구축 등이 그러한 혼합의 좋은 예이다. 1920년대가 낳은 세 명의 대중적 영웅들, 찰스 린드버그(Charles Lindbergh), 헨리 포드, 그리고 토머스 에디슨은 이러한 모순을 가장 효과적으로 결합시킨 인물들이었다. 이들 각각은 어제의 덕목으로 가장하고서 내일의 기술을 멋지게

11) Walter Lippmann, *A Preface to Morals*, New York, 1929, p.317, 257.

대변하였다. 바꾸어 말하자면, 반대편 진영에서도 긍정의 메시지로 동시에 받아들일 수 있는 그러한 신호의 창출이 바로 1920년대의 특징이었다.

이러한 매끄러운 외형의 이면에는 문화를 장악하기 위한 격렬한 투쟁이 있었다. 지방중간계급은 그들이 존경할 만한 가치기준에 대해 독점권을 잃게 되자, 그것을 만회하기 위한 작전을 연속적으로 시도했다. 국가계급의 구성원들이 종교를 두 계급 간의 분리를 야기한 주범으로 선언했을 때, 지방중간계급도 그들을 도왔다. 이러한 과도기 동안에 등장한 현대적이며 근본주의적인 프로테스탄티즘은 계급갈등으로 인해 서로 다투기 전까지는 그런대로 잘 지냈다. 신학과 이데올로기가 계급의 경계선을 따라다녔다. 1910년대와 1920년대에 확산된 반진화론적인 법률들은 무엇보다도 위협에 대한 지방중간계급의 응답이었으며 사실이 입증될 때에만 믿겠다는 진술이었다. 이와 대충 유사하게 인종차별주의, 이민배척주의, 속물적인 체면의식, 그리고 외국인혐오증 등으로 혼합되어 다시 나타난 KKK단은 어떠한 일관된 주의를 표방하지 않았다. 그 대신에 KKK단은 산하의 지방중간계급 지도자들이 마음놓고 적을 고를 수 있는 다양한 선택의 여지를 제공하였다. 물론 문제는 무엇이 선택되느냐는 것이었다. 이러한 움직임들은 다른 믿음을 해치면서까지 특정 믿음을 지지했다. 계급의 분노가 일련의 계급가치를 조성했던 것이다.

계급 간의 격렬한 적대감 속에서도 변하지 않은 것은 미국의 지방중간계급이 본질적으로 갖고 있는 지방분권적 특성이었다. 지방중간계급이 벌인 운동 가운데에서 가장 전국적이었던 금주법 운동이 그러한 점을 잘 입증해 보인다. 전국의 프로테스탄트 교단에 근간을 둔 금주법 운동은 주류판매반대연맹(Anti-Saloon League)의 열띤 지지하에 전개되었으며, 제1차 세계대전을 즈음해 고조된 사회변화의 갈망에 따라 더욱 고무되었다. 그 결과, 관련 산업이 모두 폐쇄되고 헌법이 개정되었으며 지방의 관례를 강요할 수 있도록 국가법을 바꾸는 등 금주법 운동은 어떤 기준으로 보더라도 혁혁한 성과를 거두었다. 그러나 승리의 순간에 그 운동은 원래의 위치로 돌아갈 수밖에 없었다. 왜냐하면 국가를 운영할 만한 감각이나 국가정부와의 친화력을 갖고 있지 않았으며, 또한 새로운 국가담론 속에서 어떠한 목소리도 낼 수가 없었기 때문이었다. 금주법은 지방의 저항과 그에 못지 않은 국가적 무관심으로 인해 와해되었다. 같은 기간 동안에 분열, 이탈, 부패, 그리고 스캔들로 얼룩진 KKK단의 처참한 역사는 지방에 근거를 둔 조직이 주와 국가권력에 대한 야망에 사로잡혀 표류하게 되는 예를 선명하게 보여주었다.

금주법을 둘러싼 혼란이 보여주듯이, 19세기 중간계급의 분열은 어떻게 하는 것이 공공정책에 영향을 줄 수 있는지에 대해서 질문의 폭을 활짝 열어놓았다. 즉 지방에 눌러앉을 것인지 아니면 국가적으로 뻗어나갈 것인지, 중앙정부의 힘에 저항할 것인지 아니면 그것을 등에 업고 나갈 것인지, 전통을 강조할 것인지 아니면 혁신을 강조할 것인지, 중간계급들은 이러한 질문에 부딪혀 선택해야만 했다. 이 가운데 하나의 입장을 선택한다는 것은 자신들의 계층의 위상과 대의명분이 주변의 유동적인 변화로 인해 혼란을 겪는 그러한 사람들에겐 특히나 위험한 것이었다. 예컨대, 세 명의 지도자, 새뮤얼 곰퍼스(Samuel Gompers), 부커 워싱턴(Booker T. Washington), 그리고 캐리 캐트(Carrie Chapman Catt)가 거쳤던 경력의 변화는 이러한 특별한 도전을 잘 예시해준다.

첫눈에 그들은 기이한 3인방처럼 보인다. 1850년에 태어난 유태인 곰퍼스는 13살의 나이에 런던의 빈민 아파트에서 뉴욕 시에 있는 독일인 노동자의 거주지로 이주했을 당시 견습 노동자로서의 삶을 이미 시작했다. 1856년에 흑인 노예로 태어난 워싱턴은 남북전쟁 후 재건기의 남부에서 새로운 인생을 계획하면서 자신의 이름을 고쳤다. 그리고 1859년에 소도시 위스콘신에서 태어나 시골 아이오와에서 성장한 백인 중간계급 캐트는 탄탄한 교육을 바탕으로 30살이 되기 전에 독립하였다. 이 세 인물들이 그들의 추종자들에게 자주성을 역설했지만, 자주성에 대한 그들 각자의 해석은 매우 달랐다. 즉 백인 임금노동자의 집단적인 힘, 흑인의 개인적인 자립심, 백인 여성의 공적인 권리를 그들은 제각기 주장했다. 워싱턴이나 곰퍼스는 여성의 권리 따위에는 전혀 관심이 없었으며, 캐트와 곰퍼스는 백인주의에 쉽게 동조했다. 워싱턴은 곰퍼스가 이끄는 조합에 반대했고, 캐트는 그들을 돕는 노동자들의 문화를 경멸했다.

그러나 지도자들로서 그들은 너무나도 흡사한 스타일과 전략을 취했다. 캐트는 수정헌법 제19조, 즉 여성참정권 수정헌법을 위한 성공적인 운동을 이끈 배후의 조직가였으며, 워싱턴은 흑인의 자립을 주장한 유명한 인물이었다. 그리고 곰퍼스는 거의 평생동안 미국노동총연맹(American Federation of Labor)의 위원장을 맡았다. 우선, 그들은 자신들이 이끄는 단체의 대표적 인물들이었다. 캐트의 전미여성참정권연합(National American Woman's Suffrage Association)이 19세기 말에 보편주의적 페미니즘에서 투표권 문제의 쟁점화로 관심을 바꾸었을 때, 그녀는 그러한 변화에 맞게 의견을 통일시켜나갔다. 20세기로의 전환기에 이르러 NAWSA의 인종차별주의가 심화되자 그녀는 그것에 맞추어 갔다. 아프리카계 미국인, 아시아계 미국인, 그리고 히스패닉계 미국인들의 가부장제는 여성의 권리를 강도 높게 거부하는 문화를 구축해왔다. 그러한 소수민족의 문화나 여성 임금노동자들로부터 힘을 얻으려는 의지가 전혀 없었기에, 그녀는 그와 관련된 어떠한 일도 하지 않았다.

워싱턴은 북부와 남부의 도시에 점점이 흩어진 채 주로 교회를 통해 연합해오다가 1890년대의 경제불황 이후에 조직의 범위를 확장했던 소규모의 흑인 부르주아 계급을 대표했다. 성장중인 흑인 지부와 1910년에 창립된 전국도시연맹(the National Urban League)은, 모두 1920년대 초에 마커스 가비(Marcus Garvey)의 범흑인발전연합(Universal Negro Improvement Association)이 그랬던 것처럼, 단체의 정신을 퍼뜨렸다. 뒤보이스(W. E. B. DuBois)가 필라델피아의 흑인 부르주아들에 관해 설명한 바 있듯이, 그들은 가난에 허덕이는 흑인형제들을 도와줄 방법을 찾을 때조차 의식적으로 흑인 하류계급과 거리를 두었다. 시골에서 도시로 이주하는 궁핍한 흑인의 수가 계속 증가하고, 흑인이 필요로 하는 범주가 엄청나게 확대되자, 흑인 부르주아 계급은 차등의식을 심화시켜나갔다. 워싱턴은 그의 경쟁자들이 제시한 계획들보다도 흑인 빈민의 일상생활을 더 잘 고려한 노동중심의 낙관적인 계획을 갖고서, 성공에 대한 그들의 자부심과 자립에 대한 그들의 믿음에 호소했다.

곰퍼스의 AFL에 가입한 조합들은 20세기로의 과도기에 백인 숙련노동자들의 삶에 나타난 직업의식, 남성의식, 육체노동자의식 등의 경향과 더불어 번창했다. 1890년대의 경제불황 이후에 수십만 명 정도에 불과했던 AFL의 조직력은 1904년에 2백만 명 이상으로 성장했다. 목수였던 맥과이어(P. J. McGuire)와 같은 사회공상가들이 콧대가 센 보수주의자들의 편을 들어 세력의 바깥으로 밀려났을 때 곰퍼스는 자신의 방침을 좁혔다. 일터의 노동력을 구성하는 잡다한 인종, 성, 민족집단들의 혼합이 노동조합으로의 조직화를 오히려 분산시키자, 그는 20세기 들어서 직능별 노동조합들 사이에 확산된 이주민 배척주의, 인종차별주의, 그리고 성차별주의에 합류했다. 그러나 그는 이 가운데 어느 것에 대해서도 앞장서지는 않았다. 그의 AFL은 흑인 배제를 내규화하고, 새로운 이민자를 피하며, 여성 근로자를 무시하는 단원조합의 관행을 따를 뿐이었다.

세 지도자들 모두 하류층을 그들보다 밑으로 침몰시키는 데 가담했다. 인종적인 불평등을 감수해야 할 당연한 사실로 받아들였던 워싱턴의 유명한 1895년 애틀랜타 연설과 바로 몇 년 뒤에 일어난 NAWSA와 AFL의 배타주의로의 전환은 그러한 과정의 시작에 해당하는 것이었다. 당연한 결과로 그들은 대중정치의 과정에 대해 다같이 의문을 느꼈다. 직업적인 정당 정치가는 아니지만 정치인에 속하고 싶었던 곰퍼스는 AFL의 적들이 그의 조직을 정당선거와 입법상의 갈등 속으로 끌어들인다고 불평했다. 그리고 선거에서 AFL이 성공하리라고 공언한 그의 지나친 장담은 오히려 그의 불안감을 부각시켰다. 워싱턴은 흑인들이 보다 커다란 경제적 성과를 거둘 때까지는 정치에 전혀 관여하지 않겠다는 주장 때문에 유명해졌다. 참정권 운동을 전개하는 동안 민주주의 과정 전체에 대해 반당적인 경멸감을 느꼈던 캐트는 민주주의 과정을 가리켜 돈으로 표를 사고 사적인 뒷거래를 일삼는 (남성의) 더러운 짓거리라고 되풀이해서 말했다. 그녀는 왜 미국이 수치스럽게도 27번째로 여성의 참정권을 인정한 국가가 되었는지 단 한마디의 말로 설명해버렸다. 그것은 바로 '정치' 때문이었다.[12)]

하류계급과의 거리를 강조하기 위해 그들은 전통적인 가치에 부합되는 주장을 했다. 캐트는 미국을 존경할 만한 부분과 불명예스러운 부분으로 분명하게 나누고서, 백인 여성의 인격과 단순한 도덕적 진실의 고무적인 효과를 통해 공공생활에서 존경할 만한 부분들이 훨씬 더 증대하리라고 전망했다. 곰퍼스는 조금도 어김 없는 신뢰를 바탕으로 다른 사업가들과 거래할 준비가 되어 있는 사업가의 역할을 연마했다. 이와 유사하게 워싱턴도 19세기의 친숙한 가치기준을 발전시켰다. 즉 기회가 주어지면 흑인들은 좋은 습관과 정직한 노동에 의해 일어설 수 있으리라는 것이었다. 이들 세 명의 지도자들은 시민으로서의 덕목, 경제적 보상, 사회적 조화라는 매력적인 약속으로 자신들의 대

12) Carrie Chapman Catt and Nettie Rogers Shuler, *Woman Suffrage and Politics*, Seattle, 1969[1923], p.489.

의명분을 포장했다.

세 명 모두 자신들과 인접한 급진주의자들을 막아내는 중재자로서 평판을 쌓았다. 워싱턴은 나이아가라 운동(Niagara Movement)과 전국흑인발전연합(National Association for the Advancement of Colored People)에서 급부상한 급진주의를, 캐트는 앨리스 폴(Alice Paul)을 따르는 호전적인 여성 참정론자들을, 그리고 곰퍼스는 AFL의 안팎에 도사린 파업을 선호하는 팽창주의자들을 막아내는 역할을 했다. 보다 명백한 적에 해당하는 고용주, 백인, 남성에 대한 분노를 승화시키면서, 다른 한편으로 이러한 적들의 적을 그들의 적으로 삼는 데 온갖 노력 혹은 적어도 약간의 비중을 쏟았다. 곰퍼스는 사회주의의 단호한 적대자였고, 워싱턴은 혼혈 문제의 진지한 반대자였으며, 캐트는 도시 하층민의 화해 불가능한 적이었다. 이러한 적응의 기록에서 가장 인상적인 순간은 제1차 세계대전을 통해 나타났다. 전쟁이 발발하자 한때 평화주의자들이었던 캐트와 곰퍼스는 군사 퍼레이드의 맨 앞에 나섰다.

그들은 자신들을 매우 용의주도하게 나타낸다는 점에서 또한 유사하다. 곰퍼스와 워싱턴의 나무랄 데 없는 의상과 워싱턴과 캐트의 완벽한 연설이 좋은 예이다. 사실 그들은 매우 노련한 탄원자들이었으며, 영향력 있는 인물들을 그들의 명분을 위해 끌어들이되 유권자들에 대한 경의를 저버리는 일이 없는 우회적인 정치술의 전문가들이었다. 그들은 자신들의 대의명분에 치명적일 수 있는 상투적 관념을 극복하는 데 집중했다. 워싱턴은 개인의 근면에 대한 열정을 통해서 게으른 흑인의 이미지에 맞서고자 했으며, 캐트는 냉혹한 조직력을 발휘함으로써 충동적인 여성의 이미지를 불식시키려고 했다. 또한 곰퍼스는 타협에 의한 계약을 극찬함으로써 폭탄투하를 자행하는 급진주의의 이미지를 물리치고자 했다. 상황을 장악하기 위해 온갖 열정을 기울인다는 점에서 그들의 지도력은 똑같은 특징을 지녔다. 캐트는 1916년에 자신이 반대자로 몰리자, "기름이 잘 쳐진 증기 롤러"를 가동하여 "전혀 군소리가 없게 집회를 제압했다."[13] 곰퍼스의 경우, AFL의 위원장직에 오래 있으면 있을수록, 자신과 감히 대적하려는 조합원들을 더욱 강하게 진압했다. 워싱턴은 자신의 비판 세력을 악명이 높을 정도로 용의주도하게 잠재워버렸다.

평판과 권력에 극히 민감했던 그들은 자신들이 상상할 수 있는 최고의 도약을 준비했다. 자체의 메커니즘과 목소리를 지닌 새로운 종류의 국가적 권한이 그들 주변에서 막 형성되고 있던 20세기 초반의 유동적인 계급세계에서 그들은 인정받기를 원했던 것이다. 특히 그들은 새로운 국가계급이 나타나자 거기에다 초점을 맞추고, 적어도 그 계급의 복잡한 함의를 부분적이나마 파악했으며, 자신들의 목적을 실현하기 위해 그 세력을 이용하려는 계획을 세웠다. 이러한 통찰력은 결코 억지로 강요된 것이 아니었다. 세 사람 모두 자연스럽게 지방분권적인 견지에서 생각했다. 워싱턴은 남부의 기금으로 1881년에 터스키기 연구소(Tuskegee Institute)를 세워 남부의 생활 속으로 몸소 파고들었다. 그는 국가의 잠재력에 대해 완전히 다시 배워야 했다. 미국 중서부 시골 출신의 캐트는 NAWSA의 회장직에 처음 취임했을 때 주(州)별로 하나씩 접근하는 전략을 세우는 데 아무 문제가 없었다. 19세기에 곰퍼스가 주도했던 AFL은 회원조합보다는 여러 지방도시 본부에 더 많은 지배력을 행사한 동맹이었다.

워싱턴은 전국을 포괄하는 새로운 통신의 패턴이 개발되고 있다는 것을 세 인물 가운데 제일 먼저 알아차렸다. 전국적인 매스컴은 전체 대중을 대화에 끌어들일 만한 국가적인 인물을 만들어냈다. 워싱턴은 극적인 언술, 초점이 분명한 대화, 상징적 몸짓들이 그러한 행위가 실제 이루어졌던 장소를 벗어나 국가 전체로 전달되고, 그 과정에서 대중들은 그를 새로운 종류의 국가적 개인으로 인정하리라는 사실을 깨

13) Mary Gray Peck, *Carrie Chapman Catt*, New York, 1944, p.257.

달았다. 그는 흑인 신문의 확장된 망을 통해 전국의 흑인에게 의사를 전달하는 국가적인 수준으로 자신을 끌어올렸고, 거의 대부분 초기 단계의 국가계급에 속하는 주요 백인들과 선별적이며 계획적인 관계를 맺음으로써 그들이 국가 장악력을 갖고 있는 곳에 자신의 거점을 확보하고자 애썼다. 하지만 이러한 기반을 근거로 그가 구축하려 했던 것은 1915년 그의 죽음과 함께 무산되고 말았다.

세 인물 가운데 실험정신이 가장 적은 편이었던 캐트는 NAWSA의 회장직을 다시 한번 맡게 되면서 마침내 새로운 국가적 인물로 부상했으며, 1916년에는 그 단체의 에너지를 주(州)에서 대통령과 국회로 돌렸다. 그녀는 현대의 정치가 국가와 주/지방으로 각각 이분되어 있지만 이들은 또한 상호의존적이라는 것을 남다르게 꿰뚫어 보았다. 양쪽을 동시에 공격하면 자신의 반대파를 혼란과 분열에 빠뜨릴 수 있다는 것을 그녀는 알았다. 동시에 국가관료들로부터 인준을 받거나 널리 알려질 수 있는 성공을 몇몇 주의회에서 거둠으로써 좋은 국가적 공신력을 얻기만 한다면 수정헌법 제19조의 입법을 성공적으로 이루어낼 수 있으리라는 것이 그녀의 계산이었으며, 사실 정확히 그런 식으로 사태가 진행되었다. 반면에, 그녀는 전쟁 동안 열렬한 애국심과 국제적인 세련미를 잘 결합시켜 국가계급으로부터 커다란 호응을 얻어냈다.

국가적인 추세를 누구보다도 깊이 탐구했던 곰퍼스는 거기에다 모든 것을 걸었다. 그는 20세기로의 전환기에 구체적으로 모습을 드러낸 거대한 회사들에서 단지 큰 사업 이상의 무언가를 발견했다. 그리고는 그러한 새로운 힘에 어울리며 또한 그것과 공조할 수 있는 방법들을 찾아 나섰다. 기회가 있을 때마다 그는 보다 많은 권력을 AFL 본부로 끌어들였다. 그는 산업 전반에 걸친 전국적 계약을 성사시키기 위해 진귀한 자원을 투자했으며, 보이콧, 선전, 중재 등등, 온갖 효력이 있는 전국적인 수단을 다 동원해서라도 지역적 재난으로부터 노동조합을 구출하려고 했다. 결과적으로 이러한 문제들, 보다 정확하게는 그런 수단을 금지하려는 정부의 태도는 그를 국가정치로 끌어들였다. 그러나 이에 앞서 자기 밑에서 조직되어 성장하고 있는 AFL을 기반으로 곰퍼스는 20세기를 대비하여 보다 높은 수준의 산업평화를 모색할 목적으로 조직된 전국시민연맹(National Civil Federation) 내의 새로운 기업세력 및 그 동맹자들과 위험을 무릅쓰고 협력했다.

그것은 항상 이용하고 이용당하는 식이었다. 부커 워싱턴이 백악관에서 루스벨트 대통령과 함께 만찬을 가졌을 때 누가 더 많은 이득을 얻었겠는가? 곰퍼스가 전쟁 동안에 파업을 피했을 때에는? 캐트가 여성의 참정권을 위해 11시간에 걸쳐 윌슨 대통령에게 아첨했을 때에는? 사실, 도깨비불 같은 국가계급의 힘을 좇아가 보았자 그들의 경력은 나아지지 않았을 것이다. 그 자체가 국가계급의 산물인 공적인 관계의 상상적인 세계에서만 거대 기업들은 조그만 상대 기업들보다 진보된 조합정책을 실시했을 뿐이다. 전국시민연맹 내의 조합 파괴자들과의 연합은 곰퍼스로서는 그야말로 난처한 일이었다. 제1차 세계대전이 일어나기 이전의 10년 동안에 동업조합은 산업 전반에 걸친 중요한 협약을 이루어내지 못했으며, 노동법은 노동조합의 전국적인 조직화에 어떠한 도움도 주지 못했다. 1924년에 곰퍼스가 로버트 라폴리트(Robert LaFollette)의 대통령 선거운동에 기울였던 은밀한 노력이 마침내 헛수고로 끝나자, 그의 국가정책은 산산조각이 났다. 캐트는 수정헌법 제19조라는 보다 확실한 소득을 챙기고서 떠나기는 했지만, 그녀의 국가계급동맹은 그 성공과는 무관한 듯 보였다. 워싱턴이 어느 누구도 저지하지 못하는 흑인 차별의 제한을 배경 삼아 거둔 성과도 전혀 다를 게 없었다.

그럼에도 불구하고, 곰퍼스, 워싱턴, 캐트는 어리석은 바보나 배신자는 아니었다. 주변의 엄청난 변화에 편승하고자 한 그들의 희망이 때이른 것이긴 했지만, 그들은 그러한 변화를 알아차릴 만한 통찰력을 갖고 있었다. 1930년대의 CIO의 창립, 1960년대의 시민권 운동, 1970년대의 ERA 캠페인 등이 보여주듯이, 숨어 있는 지방세력을 압도하기 위하여 국가세력을 이용하려는 그들의 실험정신의 본질은 소외된 민중의 표준적인 전략이 되었다. 심지어 워싱턴이 살아 있던 동안에 NAACP 내의 그의 적들은 자신들에게 큰 힘이 되었던 국가적 인지도를 개척한 것에 대해 그에게 경의를 표했을지도 모른다.

세 인물 모두 깨닫지 못한 것이 있다면 그것은 다른 사람들이 그들의 대의에 거의 관심을 기울이지 않았다는 사실이다. 그들이 매우 중요하다고 여긴 문제들은 국가계급에게 별 흥미를 유발하지 못했다. 비록 국가사업과 지방사업이 20세기 초에는 근본적인 차이점을 확연히 갖고 있었지만, 노동조합 정책만은 그렇지가 않았다. 국가계급의 자유주의자들이 노동조합에 법 앞에서의 평등을 보장할 것을 주장하면서 자신들은 노동자 편이라고 내세웠지만, 물론 이것은 그들의 진심이 아니었다. 그들 중 누구도 노조를 마비시킨 강제명령이 경영진에게도 적용되어야 한다고 주장하진 않았다. 회사의 조건을 좋아하지 않는 노동자들은 다른 일자리를 찾아야만 했지만, 노조측의 조건을 거부하는 경영자들은 새로운 경영진에게 자리를 넘기도록 요구받지는 않았다. 회사측은 '경호부대'를 고용할 수 있었던 반면, 조합측은 '폭력조직'을 이용할 수 없었다. 곰퍼스가 합리적으로 바랐던 것은 이런 식으로라도 모두가 우호적인 관계를 유지하되 정부는 노조로부터 가능한 한 멀리 떨어져 있는 것이었다.

여성의 참정권이 법으로 인정되자, 어떠한 국가계급 지도자들도 캐트에게 의견을 구하려 하지 않았다. 공중도덕의 향상이라는 막연한 약속을 제시하긴 했지만 NAWSA가 공식적으로 참정권 문제 자체를 단일한 목적으로 삼은 것은 적어도 신중하고 어쩌면 현명하기까지 한 처사였다. 국가계급의 남성들은 여성들이 투표자 집단에서 곧 사라지리라는 기대로 들떠 있었다. 흑인의 권리에 관한 문제에서도 국가계급 지도자들은 개인 폭행과 같은 폭력적인 제재를 거부하고, 인종폭동에 대해서 우려를 표방하며, <국가의 탄생(Birth of a Nation)>에 나타난 과격한 인종차별주의를 상쇄시켜주는 영화로 <편협(Intolerance)>을 격찬하는 등 겉으로 드러나는 것에 더 많은 신경을 썼다. 백인의 어느 훌륭한 경구가 전하듯이, 만약 인종관계가 근본적인 인간본성과 뿌리 깊은 지방관습의 문제라면, 배척과 차별의 근거에 해당하는 보다 핵심적인 문제들은 국가정책의 영역 너머에 있었다. 워싱턴 역시 국가계급 정부로부터 어떠한 도움도 기대하지 않을 충분한 이유를 갖고 있었다.

떠난 사람은 잊혀지게 마련이다. 국가업무에서 모습을 보이지 않은 채, 이 세 인물들에 의해 대변되던 사람들은 그들의 관심을 지방으로 돌렸다. 캐트가 참정권 운동을 그만두자, NAWSA의 후신인 여성유권자동맹(League of Women Voters)은 그 단체의 정확한 식견과 끈질긴 사업이 존경을 받을 걸로 예상되는 주와 지방의 정치로 복귀했다. 워싱턴의 개인적인 연락망이 그의 죽음과 함께 와해된 반면, 북부의 많은 구성원들은 도시정치를 최대한 이용하기 위해 다른 지방세력과 협력했다. 시카고에서 있었던 오스카 드프리스트(Oscar DePriest)와 빅 톰슨(Big Bill Thompson) 사이의 거래와 같은 백인 우두머리들과의 협상은 곧 전개될 미래의 흐름이었다. 국가업무에서 침묵을 지킨 채 직능별 노동조합들은 내부로 방향을 돌렸다. 특히 건축업 분야에서와 같이 일부의 노조는 지방적인 활동만을 벌였다. 석탄산업이나 섬유산업의 노조와 같이 전국적인 기반의 다른 노조들은 다수의 지방회사들과의 협상으로부터 실제적인 힘을 얻었다. 1920년대 중반까지 전국적으로는 아니었지만 몇몇 읍과 도시들에서 노조는 여전히 중요했다.

현대의 3계급 체제는 미국 공공생활의 중심부에서부터 위계질서를 잡아 나갔다. 미국 고유의 민주주의와 근본적으로 상충되는 것이긴 하지만, 위계질서는 19세기에 백인들이 자신들의 우애관계에서 배제시켰던 주변 계급 사람들을 다루는 과정을 통해 대부분 살아남았다. 이제는 훨씬 더 정교한 형태를 띠고서 위계질서는 20세기 사회를 조직해나가기 시작했다. 위계질서의 새로운 모델은 합리적인 구조하에 중앙의 통제를 받는 대기업이었다. 19세기 초에 자주적인 노동의 승리가 18세기 위계질서의 토대를 침식시켰다면, 이번에는 자주적인 노동이 침식되면서 20세기 초의 새로운 위계질서가 마련되기 시작했다.

산업체 임금노동자들의 작업을 체계화하는 일은 20세기 초반에 많은 주목을 끌었다. 20세기가 시작되기 전에 미국의 지방분권적 직업문화는 커다란 변화를 수용했다. 근로자의 수가 얼마 안 되는 일부 기업들은 표준적인 상태로 남아 있었다. 심지어 예외적으로 규모가 큰 19세기 말의 공장에서도 일에 대한 권한은 일반적으로 많은 자율단체들 사이에 분배되었다. 섬유업이나 탄광업과 같은 일부 산업들에서 직공장은 고용, 해고, 그리고 피고용인들에게 일어날 수 있는 그외의 많은 일들에 대해 작은 독재자처럼 행동했다. 소규모의 노동 중개업자들은 건축 분야의 취업을 종종 관장했다. 그밖의 다른 곳에서 많은 숙련 노동자들은 그들만의 영역을 관할했다. 노조가 결성된 모자 제조업 노동자들은 공장에서 직공장들을 포섭했고, 숙련된 담배 노동자들은 그들의 일에 간섭하지 못하도록 고용주들을 차단했다. 비록 철도 경영자들이 1850년대에 이미 공식적인 작업규칙을 발표했지만, 엘리트 장인들은 고용과 해고에 대한 권한을 포함해 가족, 친구, 동일 민족 동료들을 전체적으로 도와줄 수 있는 그들만의 영역을 계속해서 유지하고자 했다. 이러한 관례에 대응하여 공장에서의 작업을 규칙화하려는 반대 압력도 19세기 전반에 걸쳐 작용했다. 가령 시간엄수를 종용하고, 음주를 금지하며, 정확성을 보다 높이고, 부품들의 호환성을 확대하도록 압력이 가해졌다. 그럼에도 불구하고, 도금시대에 뉴욕 주 포우킵시(Poughkeepsie) 시의 작업장에서 진행되던 일들은 미국 산업에 널리 적용되었다. 즉 "작업의 리듬과 통제는 20세기의 대량생산보다는 이전의 장인 중심의 생산체제에 훨씬 잘 어울린다"는 것이었다.[14]

20세기가 되자 기업의 훈련교관들은 근로자가 아니라 관리자가 통제하도록 되어 있는 계획에 의거하여 이러한 작업과정을 합리화하기 시작했다. 예를 들어, 철도업에서 중앙 관리자들은 장인들의 영역을 파괴했을 뿐 아니라 모든 피고용인들로 하여금 회사가 시행하는 정기적인 작업평가를 받도록 했다. 몇 년 뒤에 탄광업자들은 탄광을 기계화하는 과정에서 피고용인에게 새로운 작업규칙을 부과했다. 과거의 방식에 의존하던 자유분방한 직공장을 관리중심의 생산 프로그램에 종속시키는 일은 이러한 변화의 과정에서 매우 중요한 요소였다. 게다가 1900년 이후, 계속해서 수가 늘어난 대기업들은 개별화된 작업단위의 집합으로서가 아니라 통합 공장의 형태로 가동되었다. 일관작업은 산업공정을 통합하고자 하는 이러한 충동이 논리적으로 표현된 예 가운데 하나였다. 19세기 초에 미국이 이룩한 자율노동의 놀라운 성과를 보기 위해 많은 유럽인들이 방문했다. 1920년대에는 체계화된 공장생산을 배우려고 세계 각국의 사람들이 미국으로 건너왔다.

기업은 사무직 근로자들의 고삐를 단단히 죄었다. 사실 몇몇 철도업에서 그러한 훈련과정은 숙련노동자들에 이르기도 전에 중간 관리자들에게 이미 영향을 끼쳤다. 20세기에 들어서서 처음 20년 동안에 회사의 위계질서는 이전에 흩어져 있던 자율적인 판매력을 통제할 정도로 확장되었다. 1909년 전신과 전화가 통합되면서, 널리 퍼진 유통체제를 회사의 본부가 직접 관리하는 데 필요한 신속하고 폭넓은 통신망이 확립되었다. 계층 사다리의 한참 밑에 위치한 판매사원들의 업무는 소매상품 단일가 정책이 널리 채택되면서 점차 조직적으로 통제되어갔다. 왜냐하면 단일가 정책의 결과 그들이 고객과의 거래에서 펼

---

14) Clyde Griffen and Sally Griffen, *Natives and Newcomers*, Cambridge, 1978, p.14.

칠 수 있는 능력의 범위가 없어져버렸기 때문이다. 20세기 초 전화교환수들의 경우에도 감독이 강화되었다. 전체적으로 등급이 오르던 사무직 분야에서처럼 이러한 분야에서도 거의 모든 일상적인 업무가 여성화되면서, 남성 책임자들은 동료 직원들에게 규칙을 마음대로 명령할 수 있는 절대적인 권리를 부여받았다고 굳게 믿었다.

위계질서는 모든 방면으로 퍼져나갔다. 일부는 그 모델로서 법인회사를 곧바로 주목했다. 예를 들어, 농업분야의 사업가들은 산업에 적용되고 있는 것과 똑같은 합리화의 원칙으로 이윤을 얻고자 했다. 학교체계도 생산 효율성을 올리는 데 도움이 될 만한 수많은 방안을 시도했다. 가령, 시골의 구역들을 통합하고, 급속하게 팽창하는 중·고등학교를 유치원에서 대학에 이르는 단계별 교육과정 속에 편입시키고, 출석법안을 강화했으며, 이러한 교육과정에 따라 책임감 있는 시민들을 배출할 것을 약속했다. 심지어 한때 이웃의 불량배 패거리 정도로 인식되었던 범죄자 집단도 1920년대에는 체계적이며 사업적인 조직이란 평판을 얻기 시작했다.

위계질서가 미국 사회를 설명하는 방법이라는 사실은 다른 어떤 것들보다도 여전히 중요하다. 그야말로 매력적인 방법이 제1차 세계대전 동안 분명하게 떠올랐다. 그 방법이란 군사훈련을 사회적 이상이라고 대대적으로 설명하고, 하류계급 남성들로부터 노동력을 강제로 끌어내도록 커다란 관심을 불러일으키는 것이었다. "일을 하든가 아니면 전쟁에 나가 싸워라." 그들에게 제시된 선택이었다. 지방중간계급의 경우는 자신들이 주도하는 주 방위군을 선호한 반면, 국가계급의 경우 자신들의 가치를 가장 잘 반영하는 전문적인 직업군인을 선호했기에, 어떤 종류의 군대를 만들 것인지 격렬한 논쟁이 있기는 했지만, 그럼에도 불구하고 양진영 모두 군사적인 위계질서를 높이 칭송했다. 전문직업의식은 위계질서에 맞는 정신상태를 여러 방식으로 강화시키기에 충분했다. 많은 경우 20세기 초가 되면서 확고하게 자리를 잡아

나갔던 전문직종은 사회적인 위상을 계속 높여나갔다. 이상하게도 임금이 낮은 대학교수들은 사회적으로 상당히 높은 등급에 속해 있었는데, 그것은 아마도 그들이 자율노동이라는 과거의 이상을 생생하게 유지하고 있는 것처럼 보였기 때문일 것이다. 전문직종 내에서도 위계질서에 대한 반응은 갈수록 첨예해져, 일반적으로 훈련을 더 오래 받고 전문성을 더 많이 겸비한 사람들은 일반 개업의사들보다 높은 위치를 차지했다. 궁극적으로 미국인들은 위계질서의 가치기준을 삶의 모든 방면에서 이용할 수 있도록 내면화시켜야 했다. 예를 들어, 새로 결성된 미국가정경제연합(American Home Economics Association)은 주부들에게 기술의 위계에 따라 그들이 하는 일에 등급을 매기도록 했다. 실수가 많은 아마추어로부터 효율적인 전문가까지의 등급이 제시되었으며, 협회는 전문가적인 가정관리를 그 가운데 최고로 규정했다.

전문직종은 필연적으로 사회적 위계질서의 기능 자체를 원활하게 하는 것처럼 보였다. 전쟁 이후에 발전한 교육체제 내의 한 전문 분야인 취업지도는 학생들을 그들의 기술과 성격에 가장 적합한 직종으로 내보내는 데 그 목적이 있었다. 법인기업에서 모든 노동자들의 생산성을 최대화하고자 하는 열정은 인사관리라는 새로운 전문직을 만들었다. 19세기의 고용주들은 주먹구구식의 일반적인 규칙 몇 개로 만족했다. 즉 부지런한 자를 칭찬하고 게으른 자를 꾸짖으며, 가능한 한 최소의 급여로 최대의 결과를 요구하며, 젊은 사람을 고용하고 늙은 사람을 해고시키는 식으로 사업을 운영했다. 이제 전문가들은 자신들의 세 가지 제안을 실행하면 효율성이 놀랄 만큼 개선되리라고 약속했다. 이 세 가지 제안이란 각 업무에 적합한 인물을 뽑을 것, 재편성 과정에서 손실을 없앨 것, 그리고 일을 단계별로 체계화할 것 등이었다.

어느 누구도 적재적소에 사람을 배정하거나 고용의 최대 지속기간을 결정하는 데 있어 인상적인 기준 이외의 것을 갖고 있지 않았다.

어떤 면에서 재편성은 인력과 업무가 잘못 연결된 것을 바로잡아 주었다. 일련의 불변의 규칙을 정하기 위한 프레드릭 테일러(Frederick W. Taylor)와 그의 열렬한 추종자들의 노력에도 불구하고, 과학적 관리로 흔히 알려진 작업형태를 면밀히 시행하는 데에는 시행착오가 뒤따랐다. 과학적 관리는 주요 산업 변화로 인해 불안정하던 시기에 직장에서 명령을 제대로 부과하기 위한 하나의 경향이자 방향 설정이었다. 그럼에도 불구하고 과학적 관리는 커다란 호응을 불러일으키면서, 전국에 걸쳐 자본주의에 대한 기대감을 고조시켰다. 근로자들 또한 그것의 본질적인 메시지를 이해했다. 그것은 더 많이 일하고 그만큼 덜 쉬라는 것이었다.

근로자들을 관리하기 위해선 동기부여가 필요했다. 그리고 근로자들에게 동기를 부여하기 위해선 그들을 인간답게 만들어야 했다. 예를 들어, 재편성의 문제를 들어보자. 19세기에는 백인 남성 근로자가 다른 직업을 구하기 위해 다니던 직장을 그만둘 개인적인 권리가 어느 정도 허용되었다. 왜 옮기려고 하는지는 그 사람 자신의 문제였다. 당시에 재편성은 자율적인 작업이었다. 20세기에 고용주들이 생산 분야에서 점점 더 많은 요소들을 통제하려고 함에 따라, 그들은 개인적 선택에 관한 전통적인 문제들을 새로운 심리학적인 틀 속에 재구성해 놓았다. 피고용인들의 내면이 문제가 되었다. 그들이 생각하는 것이 무엇인가? 무엇이 그들을 일하고 싶게 만드는가? 무엇이 그들을 직장에 남게 하는가? 그것은 윌리엄 태프트(William Howard Taft)가 20세기 초에 필리핀인들의 총독으로서 임기를 마친 후 그들에 관해 말한 다음과 같은 내용을 미국내의 상황에 맞게 옮긴 것이라고 할 수 있다. "우리가 해야 할 일은, 어떤 면에서 보자면, [그들의] 본성을 바꾸는 것입니다. 현재의 여건하에선 존재하지 않는 일하려는 동기를 그들에게 제공하기 위해서 말입니다."[15] 때때로 이러한

15) William Howard Taft, *Four Aspects of Civil Duty*, New York, 1906, p.87.

방식들은 소름이 끼칠 정도였다. 산업심리학의 선구자인 휴고 뮌스터버그(Hugo Münsterberg)는 노동자들이 서로 이야기를 나눌 수 없도록 작업현장을 조직하자고 제안했다. 옛날의 오번(Auburn) 감옥체계처럼 말이다. 그밖의 다른 경우, 동기부여에 대한 지나친 몰두는 새로운 제휴를 가능하게 했다. 완강한 태도를 보여왔던 전국제조업자연합(National Association of Manufacturers)조차 1928년에 근로자들을 공장내의 '동반자'라고 불렀다.

위계질서 내에서 성공은 사회적이며 가시적인 것이 되었다. 승리자들은 그들이 아마도 19세기에 유사한 경쟁에서 그랬던 것처럼 경쟁자들만을 상대로 이긴 것이 아니라, 회사에서 이미 패배자로 공인된 자들까지도 다시 한번 좌절시켰다. 일에서의 특권의 중요성이 커지면 커질수록 승리자들은 새로운 계획에 더욱 더 열을 올렸다. 이러한 계층들 가운데 눈에 두드러진 집단은 새로운 공장 내에서 없어서는 안 될 사람이 되고자 기술을 다시 연마하는 엘리트 근로자들이었다. 19세기에 그들 가운데 가장 많은 임금을 받는 사람들은 다양한 작업에 알맞게 쓸 수 있도록 여러 가지 기술을 갖고 있는 경향이 있었다. 변화하는 시장여건에 맞추어 그때그때 생산을 조절할 수 있도록 기계에 대한 투자를 가능한 한 적게 하는 것이 미국의 전통이었다. 경제구조상 인력이 여전히 가장 기본적인 힘의 원천이었기에, 고용주들은 기술적으로 단순한 일터에서 모든 종류의 문제들을 해결할 융통성이 있는 장인들을 높이 평가했다.

20세기로 바뀌는 동안 이러한 추세는 급격하게 변했다. 중앙관리에 따른 전력(電力)의 잠재력, 법인합병의 막강한 위력, 그리고 기계가 차지하는 비용의 상승이 자본집약적인 생산의 급격한 성장을 야기했던 것이다. 1900년에 미국 산업에서 전력에 의해 충당되는 동력은 극히 작았다. 그렇지만 1930년대에는 80%로 증가했다. 제조업이 붐을 이루었기 때문이다. 1870년과 1890년 사이에 정체했던 노동력의 규모는

1890년과 1920년 사이에 50%나 뛰었다. 제조업에 투자된 자본은 1899년과 1909년 사이에 거의 두 배로 늘었고, 다음 20년 동안에는 또다시 두 배로 뛰었다. 바로 이러한 투자가 국가의 자본시장과 그것을 뒷받침해주는 금융기관들을 변화시켰다. 이미 오래 전부터 철도업자들이 알고 있었듯이, 비인간적일 만큼 집요한 채권자들로 인해 가중된 높은 고정비용은 공장 폐쇄에 이르는 파국을 초래했다. 20세기형 대기업에서는 생산과정을 융통성 있게 조직하는 민첩한 자본가에게 승리의 여신이 더 이상 찾아들지 않았다. 지속적인 생산량이 요구되었던 것이다. 가장 값이 많이 드는 노동자들은 이제 값비싼 기계들을 사용했다.

이러한 노동귀족은 작업현장의 위계질서에서 정상의 자리를 차지했다. 재편성에 관한 연구와 동반자에 관한 논의는 무엇보다도 이러한 노동귀족층에 대한 것이었다. 그러므로 꾸준하고 체계적인 생산을 유지하려면, 가능한 한 덜 체계화된 상태에서 숙련노동자들에게 무슨 일을 해야 할지 알아서 판단하도록 맡겨야 했다. 만약 그들이 회사에 대해 계속해서 충성을 지킨다면, 나머지는 제자리를 찾을 것이라고 주장했다. 제1차 세계대전 무렵, 회사에 계속 남아 있는 숙련노동자들을 대상으로 하는 복지 프로그램이 약 2,000개의 회사들로 뻗어나갔으며, 이러한 회사들 가운데 많은 수는 새로운 자본집약적인 산업을 선도하는 회사들이었다. 심지어 이런 프로그램들이 구시대적인 온정주의와 혼합된 곳에서도, 그들은 회사 게시판, 오락 프로그램, 깨끗한 화장실, 주식매입과 같은 현대적 기술을 회사 위계질서의 안정이라는 현대적 목적에 적용했다. 그것은 성공적인 전략처럼 보였다. 근로자들이 회사의 위계질서 내에서 잘 순응하고 있다는 증거가 해마다 늘어났다. 1920년대 중반 무렵 1백만 명 이상의 회원을 가진 기업내의 조합은 AFL이 독자적으로 거느리고 있는 다양한 조합들보다 훨씬 더 빠르게 성장하고 있었다.

노동자집단에서 최하위에 위치한 일부 노동자들도 위계질서로 인해 이득을 얻었다. 의심할 여지없이 흑인들은 건축업, 금속업, 인쇄업과 같이 AFL을 지배하고 있는 매우 전통적인 산업들에서보다는 자동차 부문과 같이 합리화된 새로운 산업에서 더 나은 대우를 받았다. 뉴올리언스의 선착장에서 일거리를 반씩 나누었던 경우처럼, 분리시키되 평등하다는 19세기의 원칙에 따라 백인과 흑인이 일을 분할하여 담당하던 그러한 전통적인 산업에서조차, 흑인들에게 주어지는 기회는 1920년대 고용주들의 합리화된 체계 아래에서 사실상 늘어났다. 현대적 공장에서 일하는 여성노동자들도 전통적인 일터나 가내 하청업에서보다 더 나은 근무시간, 보수, 승진기회를 제공받았으며, 산업재해나 성폭력의 위험도 줄었다. 어떤 경우는 여성들이 공장작업을 통하여 처음으로 그들 자신의 보수에 대한 법적인 통제력을 얻었다. 고용주들은 그들대로 여성들을 환영할 만한 충분한 이유가 있었다. 여성들은 일반적으로 현재의 보수를 받아들였고, 그들 외에도 가족 중에 생계를 같이 부담할 사람이 있었으며, 노조에 가입하는 일이 거의 없었기 때문이다. 직장 동료들로부터보다는 상사들로부터 더 나은 대접을 받았기에, 그들의 상당수는 흑백에 상관없이 경제대공황 때에도 회사에 대한 충성심을 굳건히 지켰다.

위계질서 내의 유동성이 경쟁심을 촉발하고 야망을 불러일으킴에 따라, 계급 간의 경계지역은 가장자리에 위치한 사람들로 가득 찼다. 그럼에도 불구하고, 20세기의 미국은 세 개의 계급만을 갖고 있었다. 국가계급과 지방계급, 중간계급과 하류계급으로의 양분은 과도기적 현상이었지 문화적인 선택은 아니었다. 콜럼버스 출신의 지방중간계급 장로인 새뮤얼 부시의 아들 프레스턴(Preston)이 동부로 이사를 와서 코네티컷 주의 상원의원이 되었을 때, 그는 비로소 국가계급에 합류했다. 손이 깨끗한 근로자들이 셔츠 깃의 색깔로 계급을 구분하고자 하는 충동이 확산되긴 했지만, 숙련노동자 가운데 특권층에 속하는 가족들은 대체로 중간계급의 신념을 지니고 있었다. 그들의 자녀들은 꾸준히 학교에 다녔고, 그들은 저축한 돈으로 집을 장만하고 가정을 꾸몄으며, 딸들은 보수가 다소 낮더라도 존경할 만한 사무직 남성과 결혼을 했다. 19세기 중반에 유럽과 미국의 산업계급체계에 관한 비교연구가 내린 결론에 따르면, "병으로 인한 사망률, 성인사망률, 유아사망률 그리고 영양과 물질적 여건 등에 있어 미국의 경우, 상류 노동계급과 소수인종 집단이 포함된 비숙련 및 임시 노동자들 사이에는 중요한 차이가 있었다."[16]

이러한 계급의 기반 위에서 현대 미국의 민주주의가 나타났다. 19세기의 백인 남성 우애단체들은 미국을 통치과정에 동등하게 참여하는 사람들과 그것에서 완전히 배제된 사람들로 선명하게 나누고자 했다. 백인 여성들과 유색인들이 두 부류 사이의 턱을 넘기란 매우 힘들었다. 반대로 새로운 민주주의는 시민들에게 공적인 생활에서의 불평등의 의미를 법제화할 것을 요구했다. 1920년대에 이르러 민주주의는 위계질서를 드러냈다. 동시에 이러한 위계적 민주주의는 보다 포괄적인 체계로 성장하리라는 전망을 계속해서 보여주었다. 20세기에 새로운 구성원들은 자신들이 다른 사람들과 동등하다는 것을 입증할 필요가 없었다. 그들은 단지 자신들의 적절한 수준만을 발견하면 되었다. 성(性)에 의한 단순한 배척도 더 이상 통하지 않았다. 비록 인종과 계층이 현대 민주주의와 양립하게 되었을지라도, 순전히 피부색에 근거한 배척에 대해서는 저항이 점점 더 거세졌다. 새로운 위계질서에 대해 가장 열정적인 사람들은 보다 포괄적인 불평등의 구도를 향해 방향을 잡아나갔던 반면에, 위계질서에 의해 쫓겨난 사람들은 오락가락하던 전통적인 태도, 즉 백인의 평등주의에 변화를 일으키고자 노력했다. 이와 같은 근본적인 변화와 추세가 서로 엇갈리는 상황 속에서 미국인들은 그들의 민주주의를 다시 설계하기 시작했다.

---

16) Arthur Marwick, *Class*, New York, 1980, p.199.

7
민중의 해체

30여 년에 걸친 계급관계의 변화가 시작되었던 1890년대 동안에, 미국 정치계의 밑바탕은 바뀌었다. 민중의 의식에 깊고도 미묘한 변화가 일어나자 공중 토론의 조건도 다시 정의되기에 이르렀으며, 역사가들은 그러한 민중의 의식을 문화적 재적응이라든가 새로운 소비자 의식 또는 정신의 위기라고 일컬었다. 특정 당파에의 소속감이 각 개인의 정체성을 식별하는 데 중요한 근거가 되던 시절에, 민주당원, 공화당원, 그리고 민중당원들 사이의 폭넓은 왕래는 1930년대의 대공황까지 새로운 공화당이 계속해서 여당이 될 수 있도록 기반을 마련해주었다. 전반적으로, 미국정계의 총체적인 지각변동은 에너지를 발산했으며, 20세기 초반에 진보주의 운동(progressive movement)으로 발전될 여러 쟁점들을 터뜨렸다.

진보주의 개혁은 정부의 정책을 평가하는 데 있어 새로운 기준을 마련했다. 19세기와는 달리 주정부는 사회정의에 대한 광범위한 책임을 더 많이 짊어지게 되었다. 아동들은 아동으로서의 권리를 갖게 되었고, 청소년들은 실수 때문에 그들의 인생을 고통스러워 할 필요가 없게 되었으며, 여성들은 노동시장에서의 비인간적 억압으로부터 보호를 받을 수 있었다. 부상당한 근로자들은 보상을 보장받았으며, 질병을 얻은 근로자들은 치료를 요구할 수 있었다. 엄청난 부의 과시와 권력에 대한 분노는 주정부가 개입해서 경제적 공정성을 보장하라는 열화와 같은 요구를 불러일으켰다. 그만큼 정부가 중요한 경제적 갈등을 중재해야만 하는 경우가 늘어났다. 대규모 회사들은 그것들이 존재한다는 것만으로도 깊이 간직되어온 형평성의 전통에 어긋나는 것이었다. "민주주의 투쟁은 바로 권력자가 휘두르는 영향력에 대항하는 소시민의 투쟁이다"라고 루이스 브랜다이스(Louis D. Brandeis)는 주장했다.[1] 부의 분배에서의 근본적인 불평등은 시민사회가 제대로 기능할 수 있을지에 대한 의문을 가져왔다. 가난은 이제 더 이상 발전을 위한 자극제로 인식되지 않았으며 오히려 엄청난 파괴자가 되었다. 진보주의자들이 선호하던 노동지도자인 존 미첼(John Mitchell)은 새로운 "산업의 자유"를 옹호하면서 "가족이 오늘 먹을 음식을 내일 벌어올 돈으로 사야만 하는 그런 사람은 자유인이 아니다"라고 선언했다.[2]

사회가 개혁될 수 있는 활기를 불어넣으려는 뜻에서, 진보주의자들은 미국을, 제인 애덤스의 말을 빌리자면 "세계에서 가장 과감한 민주주의 통치의 실험장"으로 만들 수 있는 민주주의 정신의 부흥과 재생을 주창했다.[3] 그들의 목적은 정부와 시민 사이의 밀접하고 지속적인 대화였다. 그들이 세운 개혁전략 중의 하나는 새로운 방식의 직접민주주의였다. 예컨대 입법에 대한 시민의 발안, 특정 법안이나 안건에 대한 국민투표, 공무원과 심지어는 사법판결까지도 철회할 수 있는 방안 등이 여기에 포함되었다. 제1차 세계대전까지 20개 주가 발의권을 채

1) Louis D. Brandeis, *Business: A Profession*, Boston, 1914, p.xiv.

2) John Mitchell, "The Workingman's Conception of Industrial Liberty," *American Federationist* 17, May 1910, pp.405-406.

3) Jane Addams, *Twenty Years at Hull-House*, New York, 1961[1910], p.288.

택했고, 23개 주는 일정한 형태의 국민투표제를 도입했다. 심지어 예비선거도 실시되었다. 1913년의 수정헌법 제17조는 입법자들이 아니라 투표자들이 미국 상원을 선출하도록 권리를 부여했다.

민중이 다스리지 않으면 거대 이권집단들이 다스릴 것이라고 개혁가들은 주장했다. 그러한 이권집단들은 비밀을 통해 번성했고, 민중은 정보를 기반으로 번성했다. **공공성**(publicity)이라는 단어보다 진보주의 개혁운동의 과제를 더 잘 함축하는 단어는 없다. 정부의 밀실거래를 들추어내고, 기업의 손익계산서를 세밀히 조사하고, 시의 공공 서비스에 대한 시민청문회에 참여하고, 저소득 가족의 생계에 미치는 영향을 연구하는 일들이 이러한 공공성의 내용에 포함된다. 클리블랜드의 시장 톰 존슨(Tom Johnson)은 시민들을 교육하기 위한 천막모임을 개최했다. 위스콘신의 상원의원 로버트 라폴리트는 그의 선거구민들을 위해 선거홍보용 차량 뒤에다 통계수치들을 가득 제공했다. 대중은 무엇이든 일단 알면, 그것을 행동에 옮겼다. 지식이 해결책을 제시했다. 한때 사회주의자였던 찰스 러셀(Charles Edward Russell)은 "미국에서 어떤 잘못이든 그것을 바로잡는 일은 다름아닌 순수한 진보적 행위이다"라고 주장했다. "모든 민중들이 쉽게 볼 수 있는 곳에 그것을 그저 내보이기만 하면 된다."[4] 정보를 잘 전달받은 대중은 자본과 노동 사이의 산업전쟁과 같은 심각한 갈등을 형평에 어긋나지 않게 해결할 수 있었다.

다시 말해, 이러한 개혁가들은 19세기의 자치의 전통을 20세기의 도시산업사회에 적용하려고 지속적으로 노력했던 것이다. 그들은 시민들을 중요하게 생각했다. 이러한 광범위한 개혁안들을 실천에 옮기기 위해서는 지식이 필요했고, 진보주의자들은 투표자들이 행동할 수 있도록 준비시키는 책임을 떠맡았다. 공동체의 상식 대신에 그들은 광범위한 문서자료를 준비하여 대중에게 최선을 다해 배포했다. 그들은

4) 이 인용은 존 톰슨에게서 따온 것이다.

젊은이들을 현대 세계의 시민으로서 어떻게 준비시킬 것인가에 대한 기본적인 질문들을 탐구하였고, 이민자들과 미국 태생의 구성원들에게 똑같이 도움이 될 수 있도록 공동체 교육의 낡은 모델을 새롭게 고쳤다. 게다가 그들은 그들의 적들을 너무나 잘 알고 있었다. 기업의 부는 그들이 소중히 여기는 통치체제를 왜곡시켰으며, 기업의 영향력을 공격하는 것은 그들의 개혁에 매우 중요했다. 도시기구들은 가난한 사람들이 숨어 사는 지역들을 통해 번성해 나갔다. 낭만적 환상에 사로잡힌 나중의 학자들만이 그러한 도시기구들을 가리켜 아주 아름다운 마음에서 호의를 베푸는 자선 위안부에 비유했다. 진보주의적 입장에서 볼 때, 가만히 놔두면 길을 잃고 헤맬 투표자들을 울타리에 몰아넣는 지구 관리자들은 불평 많은 근로자들을 투표소로 몰고 가는 고용주와 마찬가지였다. 마침내 개혁가들은 활발한 사회당의 가세로 유권자들의 선택의 폭이 특히 넓어진 선거유세에서 대중의 지지를 얻고자 경합을 벌였다.

달리 표현하자면, 진보주의자들은 양이 아니라 질을 중시했다. 더 많이 교육받고 더 기민하며, 대신에 잘 속지 않는 질 높은 시민들을 선호했던 것이다. 정치적 문제를 과학적 문제처럼 공익의 차원에서 객관적으로 해결하려고 하고, 그에 따라 자신의 비밀스러운 한 표를 던지는 개개인이 바로 개혁가들이 이상적으로 여기는 유권자의 모습이었다. 19세기의 높은 투표율에 따른 모든 부수적인 현상들, 가령 색이 표시된 투표용지, 당을 알리는 휘장, 집단투표 등은 건전한 시민권에 관한 진보주의적 원칙을 침해했다. 자격이 불충분할 경우 자격 박탈이 되고, 구성원들이 민주국가의 시민으로서의 역량조차 갖고 있지 않는 사회의 밑바닥층 어딘가와의 경계선이 이러한 기준에 함축되어 있었다.

여러 해 동안 중간계급 시사평론가들은 하류계급이 투표를 통해 행사할 수 있는 힘을 민주주의의 위대한 도전으로서 간주했다. 거의 모든 19세기의 해결책들에서 백인의 형제애는 기능을 향상시키기 위한 당연한 방법으로 사용되었다. 그 결과, 가톨릭 교회의 중립화, 주류 금지, 행정사무의 법제화가 이루어졌다. 그러한 취지에서 제이콥 리스(Jacob Riis)가 『다른 반쪽의 삶(*How the Other Half Lives*)』(1891)에서 "뉴욕의 술집은 정치의 축을 쥐고 움직인다"라고 기록했을 때, 그는 독자들이 술집과 빈민굴에 대해 뭔가 조치를 취하도록 자극받을 것으로 생각했었다. 그는 "우리의 통치 원칙이 다수결 원칙을 확립시켰으며, 우리 유권자들 가운데 대다수의 노동자들은 지금 셋방살이를 하고 있다"는 사실을 독자들에게 상기시켰다.[5] 그러나 1900년 이후에, 무능한 유권자들을 완전히 배제시켜야 한다는 생각은 적어도 주목의 대상은 되었다. 이미 무감각하고 의심스러운 최하류 계층을 유권자 집단에서 빠버리도록 허용하는 것보다 더 효과적인 해결책이 있었겠는가?

대부분의 진보주의자들은 빈민들이 투표를 하지 못하게 시도하지는 않았지만, 그렇다고 해서 그들을 투표소로 데려오려고 애쓴 것도 아니었다. 개혁가들은 이미 자신들의 생각을 이해하고 있는 사람들에게 설교를 했다. 나머지들은 상관(boss)이나 빈민굴 혹은 이민자 문화와 결별하고 하나둘씩 청중에 합류할 채비를 갖추어야만 했다. 다시 말해, 진보주의자들이 주장하는 시민생활에 부합하기 위해서는 하류계급을 뒤로 제쳐놓아야만 했다. 논리적으로 그 장점이 무엇이든 간에 이러한 시민권에 대한 이해는 상황적으로 볼 때 불행한 결과를 초래할 만한 것이었다. 왜냐하면 그것은 하류계급 생활 그 자체를 민주주의에 상반되는 것으로서 정의했기 때문이다. 중요한 점은 진보주의자들이 계급에 얽매였다는 것이 아니라(누군들 그렇지 않았겠는가?) 그들의 생각이 하류계급의 배척을 묵인했다는 것이다.

결국 진보주의자들에게 가장 중요한 것은 득표가 아니라 일이 되도

5) Jacob A. Riis, *How the Other Half Lives*, New York, 1957[1891], p.159, 134.

록 하는 것이었다. 즉 무관심한 시민들을 일깨우고, 지방에 중심을 둔 정치 정당에 대한 적대감을 이끌어내며, 광범위한 공공의 문제들에 관한 일관된 행정적 해결책에 찬사를 보내는 등의 일들을 해내는 것이었다. 진보적 개혁들을 추진하는 단체나 위원회가 갈수록 전문화됨에 따라, 이러한 쟁점들을 다루는 언어도 더욱 전문화되어 평범한 시민들로서는 확연하게 이해할 수가 없게 되었다. 그리고 그러한 쟁점들에 대한 대중의 이해가 멀어질수록, 개혁가들은 행정적인 해결책에 더욱 의지했다. 민중의 요구에 보다 적극적으로 부응하는 정부를 만들려는 의도에서 출발하였던 개혁은 이러한 악순환을 거치면서 결국 민중의 뜻에 제대로 부응하지 못하는 정부를 이끌어내고 말았다.

시간이 갈수록 진보주의자들은 하류계급으로부터 표를 구걸하지 않더라도 그들의 생활개선을 추진하는 것이 가능하다는 사실을 깨달았다. 개혁가들은 우선 이기적이며 영구적인 시의회를 제압하고 정부로 하여금 선거구민의 요구에 귀를 기울이도록 하기 위하여 도시 전역에 걸친 비당파적 정치의 필요성을 강력하게 주장했다. 그러나 사실상 그런 방법들은 소수를 침묵시키고 시정부를 일반 공중의 토론으로부터 분리시켰다. 진보주의자들은 그 근본적 원인을 바꾸려고 계속 노력했다. 그 결과 연합정부가 효율성의 측면에서, 특히 별다른 대중적 소란 없이 더 많은 일들을 해낼 수 있다는 점 때문에 크게 인정을 받았다. 도시 전역에 걸쳐 출마한 연합정부의 후보들이 너무 많아 분별력 있는 투표를 진행하기가 힘들다고 여겨지자, 개혁가들은 후보를 줄임으로써 투표자들의 선택의 폭을 좁히자고 제안했다. 보다 성숙한 진보주의적 방식은 책임 있는 정부와 막강한 관료들을 중시하였다.

만약 숫자만으로 그 모든 이야기를 한다면, 진보주의 운동의 시기는 일종의 신의 현현과도 같았다. 여성참정권을 승인하는 수정헌법 제19조는 유권자가 즉시 두 배로 늘어나게 됨을 의미했으며, 이것은 미국 민주주의 역사상 가장 대규모의 증가였다. 여성참정권의 기회가 없었을 때의 미국 민주주의 상황에 대해 애나 쇼(Anna Howard Shaw)는 1910년에 "우리는 결코 보통선거권을 얻으려고 한 적이 없다"라고 단언했다.[6] 권리를 부여받자 홍수처럼 불어난 새로운 유권자들은 전체 과정에 활기를 불어넣었다. 투표권을 가지게 된 수백 만의 여성들에게 그 결과는 물론 즉각적이고도 극적인 것이었다. 그러나 이상한 것은 여성참정권이 그밖의 다른 영역에 대해서는 거의 변화를 일으키지 못했으며, 마치 그러한 일이 일어나지도 않은 듯이 흘러가고 있었던 민주주의의 변환기 동안에 이 위대한 순간은 거의 별개의 것으로 남아 있었다는 점이다.

이러한 과도기의 초반인 1890년대에 참정권 옹호자들은 그들이 19세기에 벌였던 운동이 사실상 붕괴한 이후에 완전히 다시 활동하기 시작했다. 20만 명 이상의 회원으로 구성되었던 여성기독교금주동맹(Woman's Christian Temperance Union)과는 대조적으로, 1893년에 1만 3천 명 정도의 회원을 갖고 있었던 전미여성참정권연합(National American Woman's Suffrage Association)은 개혁의 뼈대 정도만을 대변했다. 새로운 지도자들이 대외적으로 지속적인 운동을 벌이면서 NAWSA의 기반을 눈에 띄게 확장시키기는 했지만, 참정권 운동은 캔자스와 일리노이까지 합쳐 6개의 서부 주에 여성의 참정권을 가져다 준 1910년과 1914년 사이의 압승 때까지는 거의 아무 것도 이루어내지 못했다. 그리고 1915년에 뉴욕, 펜실베이니아, 매사추세츠, 뉴저지의 4개 주요 주에서의 참패로 그 운동은 다시 한번 막다른 길에 놓이게 되었다. 각 주를 돌며 운동을 계속하고자 하는 사람들과 새로운 출발을 주장하는 사람들 사이의 갈등으로 인해 조직이 붕괴될 위험에 놓이게 되었던 것이다.

---

6) Elizabeth Cady Stanton et al.(eds.), *History of Woman Suffrage*, 6 vols., New York, 1881~1922, vol.5, p.292에서 인용.

이 운동이 오래도록 지속되는 동안, 남성이 압도하던 진보주의 운동 가운데 그 어떤 것도 여성참정권에 우선권을 부여하지 않았으며 그것에 대해 거의 언급조차 하지 않았다. 진보당(Progressive party)이 1912년에 여성참정권에 대해서 보여준 상당한 관심에서 드러나듯, 많은 남성들은 여성참정권에 대해 확실히 호의를 가지고는 있었다. 그러나 그들은 어떤 지속적이며 조직적인 지지는 하지 않았다. 이에 대한 하나의 설명은 미국의 여성참정권 운동과 다른 나라의 운동 사이의 차이점에서 찾아볼 수 있다. 노동자들의 운동이 이 기간 동안 힘을 모으고 있었던 서부 유럽과 호주에서는 노동자들의 투표권이 부정되고 있었는데, 특히 이런 곳에서의 여성참정권은 대중 대(對) 계급 사이에서 그들의 세력을 강화하는 하나의 방법처럼 보였다. 제1차 세계대전 발발 직전에, 남성의 40%가 여전히 투표할 수 없었던 영국에서 여성참정권 운동은 노동당과 동맹을 맺었다. 프랑스에서는 사회당과 동맹을 맺었다. 미국의 여성참정권론자인 리타 도어(Rheta Childe Dorr)가 간명하게 말했던 것처럼, 서부 유럽 전역에서는 "여성참정권을 얻기 위해서가 아니라 **보통**선거권을 얻기 위해 투쟁이 진행되었다."[7] 다른 한편으로 미국에서는 선거권을 가진 백인들이 그들의 선거 독점권을 중단할 만한 동기가 거의 없었다. 기껏해야 여성의 참정권은 하나의 좋은 대의로서 표류하는 정도였다.

NAWSA는 금주법 운동의 배후세력이었으며 많은 면에서 참정권 기구의 모델이 되었던 음주반대동맹과 유사한 방법으로 진보적 개혁의 가장자리에서 활동했다. 둘 사이에는 당연한 유사성이 있었다. 여성참정권에 대한 요구는 19세기 중반 금주법 운동기간에 기원을 두고 있었고, 그 두 운동은 19세기 중엽 동안 밀접한 관계를 유지하고 있었다. 20세기 초에 NAWSA의 지도자들은 음주반대동맹의 지도자들처

7) Rheta Childe Dorr, *What Eight Million Women Want*, Boston, 1910, p.49(강조는 원전).

럼 처음에는 집중적인 로비와 여러 주의회의 주요 선거에 그들의 희망을 걸었다. 좌절에 빠진 음주반대동맹이 각 주를 대상으로 하던 운동의 방향을 헌법 수정 쪽으로 바꾼 뒤 3년 후에, NAWSA도 같은 전환을 했다. 참정권 개정은 금주법을 승인한 미국 수정헌법 제18조로부터 2년 후에 이루어졌다. 두 운동은 사회사업가들과 사회복지사업가 진영에 호소했는데 그러한 조직들은 여성의 위신을 끌어들였지만 여성들이 지도력을 발휘할 기회는 부여하지 않았다. 직설적으로 말하자면, NAWSA는 참정권 운동을 위한 공식 보고에서 음주반대동맹의 반대자들을 자신들의 최우선의 적으로 삼는다고 했다. 주류 회사들의 '보이지 않는 제국'과 그 회사들을 유지시키는 소외되고 술을 많이 마시는 유권자들이 바로 그들의 적이었다.

결국 참정권 운동은 자신의 취약점을 최대한으로 이용했다. 백인 남성들이 만들어놓은 세계에 도전하는 대신, NAWSA는 그 세계 모두를 사실상 인정해버렸다. 위계질서가 등장하자 NAWSA의 지도자들도 위계질서에 따라 말을 하였고, 여성의 미덕을 흑인과 이민자 남성들의 악덕과 대조시키는 경멸적인 표현으로 하류계급을 일괄적으로 무시했다. NAWSA는 그럴 만한 이유를 가지고 있었다. 흑인이나 이민 공동체의 남성들이 여성의 참정권을 거의 지지하지 않았기 때문이다. 그렇다고 하더라도, NAWSA이 하류계급의 "더러운 손과 타락한 얼굴"에 대해 가한 공격은 특히 극단적이었다.[8] 게다가 투표권은 여성노동자들에게 특히 필요하다는 일상적인 언급과 그들을 끌어들이기 위하여 참정권 지도자 해리엇 블래치(Harriet Stanton Blatch)가 뉴욕에서 기울인 상당한 노력에도 불구하고, NAWSA는 여성 임금근로자들과의 연계를 거의 이끌어내지 못했다. 심지어 국제여성의류노동자조합(International Ladies Garment Workers Union)의 과격한

8) Carrie Chapman Catt and Nettie Rogers Shuler, *Woman Suffrage and Politics*, Seattle, 1969[1923], p.116.

행동파들조차 어떤 관심도 표명하지 않았다. 마침내 NAWSA는 연방 정부에 의해 부과된 흑인 선거권에 대하여 자체적인 반감을 드러냄으로써 그들이 벌여온 여성참정권 운동의 경계를 정하였다. 승리가 점차 확실해지자, NAWSA 본부가 '지도를 하얗게 만들자'라는 제목 하에 미국의 큰 지도에다 각 주의 승리를 표시한 것은 단순한 우연이 아니었다.

NAWSA가 위계질서를 받아들임으로써 나타난 하나의 중요한 결과는 19세기 여성참정권론자들의 보통선거권 주장과의 명백한 단절이다. 기존의 논리에 따르면, 여성과 남성의 공통된 인간애가 당연하게 보통선거권으로 이어졌고, 보통선거권은 여성과 남성의 공통된 인간애를 확실하게 주었다. 다시 말해, 모든 인류는 시민생활 속에서 평등해졌다. 위계질서는 이러한 19세기적 등식을 붕괴시켰다. 이제 투표행위는 다른 불평등을 없애지 못했다. 20세기에 투표를 할 수 있었던 여성들은 단지 투표권만을 얻었다. 이러한 점에서, 미국의 참정권 운동은 유럽의 운동과 닮은 점이 있었다. 여성참정권을 지지하던 영국의 노동당이나 프랑스의 사회당 모두 보다 폭넓은 페미니즘적 주장에 대해서는 결코 공감하지 않았다. 미국의 참정권 운동이 막바지에 이르렀을 때, 미국 남성들도 똑같은 요구를 할 수 있었다. 다시 말하면, 미국 수정헌법 제19조를 통해 여성들이 얻은 것은 평가절하된 투표권(비록 그것이 사실이지만)이었다기보다는 다른 어떠한 약속사항도 들어 있지 않은 법적 권리로서의 분리된 투표권이었다.

참정권 운동의 가장 쓰라린 교훈은 그것이 이룩한 성과가 상대적으로 거의 없다는 것이었다. NAWSA의 지도자 캐트가 격분했던 것처럼, 조직화된 여성운동이 있었고 참정권 운동의 배후에서 동서에 걸쳐 기동력을 발휘했을 만큼 그 분야의 최고인 미국이 여성참정권을 합법화한 27번째 국가로 뒤쳐지리라고 누가 과연 생각조차 할 수 있었겠는가? 만약 여성들이 투표권을 요구하지 않았다면 어느 누구도 그것을 주지 않았겠지만, 그들이 그것을 요구한 방법이나 그 운동에 참여한 숫자는 별다른 영향을 끼치지 못했던 것 같다. 여성들이 참을성 있게 주장을 했든 조급하게 했든, 또 그들이 캐트가 이끈 NAWSA의 정돈된 수단을 이용했든 아니면 앨리스 폴(Alice Paul)이 이끈 국회조합(Congressional Union)의 무질서한 방법들을 이용했든 간에, 1917년 이후에 총선 승리를 향한 대행진에서 공무원들이 다른 이유들 때문에 그들의 태도를 바꿀 때까지, 남성들은 대개 별다른 반응을 보이지 않았다.

그 직접적인 원인은 전쟁이었다. 전쟁시에는 여성과 남성들이 함께 힘을 발휘해야 한다는 공감대가 참정권에 대한 엄청난 지지를 이끌어 내었다. 남북전쟁의 교훈에서 그랬듯이 가정 전선, 다시 말해 여성 전선은 단순한 지원의 차원이 아니었다. 말하자면, 여성들은 전쟁을 치르는 데 있어 빠뜨릴 수 없는 요소였다. 윌슨 대통령이 1918년에 상원에서 이에 관한 주장을 폈을 때, 그는 "만약 여성들의 봉사가 없었더라면, 우리는 이 전쟁에서 성공적으로 싸울 수 없었을 것입니다"라고 정확하게 지적했다. 이제 여성참정권은 "위대한 전쟁을 성공적으로 수행하는 데에 그야말로 필수적"인 것이었다.[9] 애국의 서열에서 여성들의 보조적 역할을 받아들이고 그들의 기여도를 대중화함으로써, 여성참정권론자들은 그 당시로서는 최대의 것을 얻어내었다. 그들은 평등이 아니라 권리를 요구했다.

캐트는 충성스러운 미국인의 역할에서 특히 빛났다. 그녀는 1916년에 헌법개정을 위한 NAWSA의 운동의 일환으로 단체원들에게 전국적 전시동원체계를 갖추도록 하였다. 전쟁이 터지자, 마찬가지로 전쟁에 뜻을 같이 할 뿐만 아니라 의심스런 사회당원들을 물리치면서 군

9) Woodrow Wilson, "An Address to the Senate," in *The Papers of Woodrow Wilson*, ed. by Arthur S. Link et al., 69 vols., Princeton, 1966~1992, vol.51, pp.158-159.

대를 성원했던 반참정권 단체인 전국여성봉사동맹(National League of Women's Service)을 재빨리 누르고 그녀는 더 많은 인기를 얻었다. 윌슨이 뒤늦게 여성참정권을 찬성했을 때, 캐트는 훨씬 더 커다란 전쟁 지원을 약속함으로써 그에 응답했다. 일정한 측면에서는 이 모든 것이 틀림없이 고통을 주었을 것이다. NAWSA의 회장으로서 행한 첫번째 연설에서 캐트는 여성참정권을 가로막는 적들 중에서 첫번째로 군국주의를 꼽았다. 헌법 개정이 통과된 뒤에 그녀는 일생을 국제평화운동에 바쳤다. 그렇지만 이 중대한 몇 달 동안, 그녀는 전쟁은 남성들이 하는 것이라는 사실을 받아들였고, 남성들로 하여금 전쟁에 동조하는 비전투원들에게 대가를 지불하도록 했다.

만약 캐트가 전쟁을 기회로 승리한 것이 운명의 고통스러운 엇갈림이라면, 참정권 운동의 궁극적인 모순은 그 운동의 성공과 미국이 27번째 승인국이라는 사실 사이의 관계일 것이다. 전쟁에서의 여성의 중요성을 인정하는 의미에서 여성에게 선거권을 주는 것이 당시의 국제적인 움직임이었다. 1914년까지는 겨우 3개 국가만 평등한 참정권을 가지고 있었다. 그러다가 그 문이 열리게 되자, 1915년에는 2개 국가, 1917년에는 3개 국가, 1918년에는 11개 국가, 1919년에는 4개 국가가 대열에 합류했다. 1918년 후반에 윌슨 대통령은 여성의 참정권을 주장하는 "거대한 목소리가 전세계에서 자라고 있는 것 같습니다"라고 언급했다. 이러한 전체적인 주장이 그의 사고의 '전환'을 설명해주는 것임을 그는 인정했다. "우리만이 그 교훈을 배우기를 거절할 것입니까?"[10] 윌슨이 이렇게 언급했을 때, 전쟁 수단으로서의 여성참정권은 프랑스에서 막 승리를 거둘 것처럼 보였다. 1920년까지 벨기에와 아일랜드가 그 반열에 합류했고, 이미 모든 유력한 프로테스탄트 국가들도 그에 포함되었다. 다시 말하면, 가장 큰 의문은 세계를 민주주의

10) Wilson, "Remarks to a Group of Suffragists" and "An Address to the Senate," ibid., vol.51, p.190, 159.

의 안식처로 만들자고 주장한 미국이 여성참정권을 지지하는 전세계적 추세를 무시하고 과연 유일하게 계속해서 버틸 수 있을까 하는 점이었다. 그때조차도, 미국 상원과 남부 주의회의 보수주의자들은 그것에 대해 이의를 제기했다. 캐트도 깨달았듯이 그것은 초라한 승리였다. 미국의 어느 곳에서도 민주주의의 힘이 엄청나게 빠져나가는 것을 내버려두지 않을 것이라는 것은 의심할 필요조차 없었다.

참정권의 도래는 또한 여성이 공공정책에 어떠한 영향을 미칠 것인지의 문제에서도 근본적인 변화를 가져왔다. 진보주의 운동이 진행되는 동안에 제인 애덤스를 비롯하여 플로렌스 켈리(Florence Kelley), 줄리아 래드롭(Julia Lathrop), 앨리스 해밀턴(Alice Hamilton), 릴리안 월드(Lillian Wald), 그리고 마거릿 로빈스(Margaret Dreier Robins) 등과 같은 일군의 특출한 여성들은 20세기 후반까지 다른 어떤 집단이 획득한 것보다도 훨씬 더 높은 영향력을 공공업무 분야에서 누렸다. 그들이 성공비결은 남성과 여성 사이의 기본적인 차이를 인정하고 이러한 차이점을 공공생활에서 드러내 주는 우회의 옛 정치술로부터 최대한의 도움을 받는 것이었다. 남성과 여성 모두는 20세기의 전환기에 있었던 도시 산업의 혼란과 계급 혼란으로부터 사회정의를 위한 진보적인 안건을 수집했다. 그러나 거기에다 형태를 부여한 것은 이러한 개혁 성향의 여성들이었다. 그들은 전통적이면서도 광범위한 대중의 반응을 즉각 얻어내기에 충분한 언어로 그것을 설명했다.

그들은 사회정의를 가족의 복지 및 공동체의 도덕성과 서로 연관된 문제로서 구성하는 데 주도적이었다. 공장의 안전도와 공중위생, 최저생활임금과 적절한 수준의 가정, 매춘과 금주, 미성년 노동과 소년재판소 등의 모든 문제들은 약자를 보호하고, 다음 세대를 양육하며, 가족의 결속력을 보전하고, 그것을 존엄성으로 감싸는 일들에 관한 논쟁을 펼치는 데에 매우 요긴했다. 동시에 그들은 자신들을 정말로 공정한 증인들로 내세웠다. 그들만은 공익 이외의 다른 어떤 야망도 가지고 있지 않았다. 상당한 양의 사실들을 모아 그것을 20세기 초의 과학적 정확성을 나타내는 연구, 통계, 도표의 형태로 바꿈으로써 그들은 객관성의 이미지를 더욱 빛나게 했다. 이러한 방식으로 그들의 주장에다 틀을 부여함으로써 여성들은 남성들이 다른 남성들의 주의를 끌어내는 것보다 훨씬 더 효과적으로 이런 문제들에 관하여 남성들의 주의를 끌었다.

이러한 기반을 토대로 진보주의적 여성들은 계급 경계를 넘어서는 다양한 창조적 탐구를 실시했다. 그 결과 그들은 도시 놀이터와 탁아소를 만들었고, 노동조합의 결성을 도왔고, 시골 빈민들에게 건강과 복지에 관한 정보를 보급했으며, 이민자들이 미국으로 가져온 기술과 안목을 널리 알리는 데에 앞장섰다. 선택의 폭이 엄청 늘어난 유동적인 시대에 그들은 자신들의 기회를 멋지게 사용했다. 무엇보다도 그들은 의사소통에서 뛰어났다. 애덤스는 특히 공공의 대담에서 누구도 따라갈 수 없는 광범위한 주제를 다루는 것으로 유명했다. 빈곤의 결과에 관한 부유층들의 태도, 중간계급의 가치기준에 관한 하류계급의 입장, 이민자들의 문화에 관한 백인들의 견해, 도시 거주자들의 요구에 관한 읍민들의 견해 등에 대해 그녀는 많은 토론을 나누었다. 애덤스가 제1차 세계대전 동안에 국가를 향해 평화에 관한 이야기를 했을 때에만 사람들은 그녀를 공격했다.

캐트가 이해했듯이, 전쟁을 반대한 여성들은 남성의 영역을 침해하고 있었다. 그럼에도 불구하고 개혁과정의 본질은 이러한 경계를 조사하는 것이었고 항상 격한 반대를 무릅써야만 했다. 안전 제일주의로 일을 추진하면 아무 것도 이루어낼 수가 없었다. 이러한 불확실한 모험들 가운데 가장 지속적인 것 중의 하나는 여성노동자들을 지원하는 것이었다. 중간계급 여성들이 운영하는 인보관과 시민회관은 그들의 만남의 장소가 되었다. 만약 그들이 자신들만으로 조직할 수 있었다면 마거릿 로빈스의 여성노동조합동맹(Woman's Trade Union League)은 아마 그들을 후원했을 것이다. 몇몇 주에서 개혁가들은 여성들이 육체적 한계, 가족에 대한 책임감, 심지어 섬세한 감수성과 같은 그들만의 특성 때문에 특별히 보호받을 필요가 있다는 근거에서, 국회의원들에게 여성들을 위한 최저임금과 시간, 그리고 그밖의 다른 근무여건 등을 정해달라고 납득시켰다. 20세기 초에 여성들이 새로운 영역의 직업들로 진출했을 때, 갈수록 깊어져 가는 위계질서 의식의 한 양상인 성에 따른 직업구분은 일터까지 그들을 쫓아다녔고, 여성을 위한 보호입법은 각각의 성에 알맞는 일자리의 기준을 갈수록 세분화시켜 나갔다. 동시에 성에 따른 구분은 매우 제한적이었다. 사무직 및 육체노동직 모두에서 여성은 최저의 월급과 최소의 기회를 제공받음으로써 일에서 격리되었다. 예를 들어, '쉬운 일'은 의류제조업에서 '기계 기술'을 거의 요하지 않는 일이거나 사무실에서의 일상적인 사무와 관련된 일들이었다.[11] 심지어 성공적인 개혁도 그런 위험을 가지고 있었음이 판명되었다.

진보적인 여성들은 정치인들에게 아주 괜찮은 거래를 제안했다. 관리들은 여전히 모든 선택권을 가지고 있었다. 그들은 이 여성들이 사회적 불의에 관해 이야기하는 것을 들어줄 수도 있었고 그렇게 하지 않을 수도 있었을 것이다. 한 역사가가 "사법상의 가부장제"라고 부른 것을 통해 보더라도 그들은 여성들의 삶 주변에 법적인 경계를 정했다. 예를 들면, 그들이 쟁점화한 보호입법을 그들은 또한 없앨 수도 있었다. 개혁적인 여성들이 패배하자 그들은 대개 살아남았지만 남성들에게 책임을 전가하지는 않았다. 우회 정치에서 집단끼리의 관계란 매우 형식적인 것이었다. 이 여성들은 결코 진보적 개혁의 전영역을 옹호하진 않았다. 그들은 자신들이 가진 것을 주의 깊게 분배했다. 참정권 없이 그들은 직접 민주정치에서 아무 것도 얻을 수 없었지만 국회의원들과의 신중한 타협에서는 상당한 것을 얻었다. 참정권은 단지

11) Susan Anita Glenn, *Daughters of the Shtetl*, Ithaca, 1990, p.114.

두번째 목적일 뿐이었다. 예를 들어, 여성클럽총연맹(General Federation of Women's Clubs)과 같이 그들과 관련 있는 몇몇 단체들에서 그것은 거의 문제가 되지 않았다. 간략하게 말하면, 이러한 개혁적인 여성들은 이상적인 동맹을 이루었다. 그들은 공직을 가지고 경쟁하지 않았다. 그들은 풍부한 지식을 제공했고 공통의 목적에다 미덕의 독특한 광택을 입혔다. 그런 까닭에 관심이 서로 일치하는 곳에선 남녀 모두가 매우 효과적인 정치과정을 조정해나갔다. 여성들은 대중을 교육시키고, 남성들은 법을 제안하였으며, 여성들은 사례에 관해 논쟁했고, 남성들은 공적을 내세웠다.

1920년 이후 여성참정권은 이러한 협력관계를 해체시켰다. 이제 어느 쪽 성도 공평하다거나 덕이 높다고 할 수 없었다. 모든 이들이 경쟁했고 모든 이들이 기회를 잡았다. 개혁적인 여성들은 사회정의에 관해 우월한 지식을 갖고 있다고 더 이상 자신들을 내세울 수가 없었다. 여성노동자들은 노동시장에서의 특별한 보호를 더 이상 요청할 수 없었다. 조지 서덜랜드(George Sutherland) 판사는 애트킨스 대 소아과 병원(*Atkins v. Children's Hospital*)(1923)에서 "보수가 좋은 여성들이 그렇지 못한 여성들보다 더 신중하게 자신들의 도덕성을 보호하는 것으로 보여지지 않는다"고 차갑게 말하면서 여성노동자의 최저 임금법을 맹렬히 비난했다. 사람들이 다양해지자 위계질서가 그들을 정리하게 되었다. 정치적으로 진보적인 여성들은 자신들이 가진 기존의 세력을 새로운 상황으로 옮기는 데 운이 없었다. 예를 들어, 우회정치는 그 기술을 당파적 동원이나 입법부의 교활한 거래에서 발휘하지 않았다. 사실상 그 뒤의 몇 십 년 동안에, 여성들이 처음 진출했을 때 정치를 지배하던 기관들은 완전히 남성의 영역이었다. 시사평론가들은 미국 상원과 민주당과 공화당의 전국위원회와 같은 핵심적인 중심기관을 남성전용클럽이라고 불렀다.

그러므로 1920년대에 여성유권자동맹의 지부가 그들의 고결한 목적을 입법부에서 통과시키려는 전통적 방식의 여성 투쟁을 시도했을 때 그들은 패배했다. 그리고 미국 아동국(United States Children's Bureau)이 남성들이 하던 워싱턴에서의 정치적 경합에 끼어들었을 때도 그들은 졌다. 오래된 원칙들은 더 이상 적용되지 않았고, 새로운 것들도 작동하지 않았다. 이미 존재하고 있는 위계질서의 내부에 일단 흡수되자, 정치적으로 활동적이었던 거의 모든 여성들은 대단한 영향을 미칠 수 있는 기회가 거의 없음을 깨닫게 되었다.

1914년부터 1924년까지의 10년은 대중철학자 호러스 캘런이 깨달았던 것처럼, "미국이 거쳐온 가장 중요한 10년 중의 하나"였다.[12] 물론 그 사이에는 제1차 세계대전이 발발하여 부패한 위원회와 같은 구태의연한 것들이 제거되었다. 그렇지만 캘런은 국제적인 문제들보다도 국내 문제들을 염두에 두고 있었고 그가 설정한 시기도 적절한 것이었다. 새로운 계급들을 단결시키고, 현대적 위계질서를 만들어내고, 계급 간의 분화를 제도화하고, 여성의 권위를 재정립하고, 유권자들을 재구성하는 마지막 변화의 물결이 20세기 미국의 민주주의로 나아가는 바로 그 시기 동안에 한꺼번에 밀려들어왔다.

민중의 소멸보다 이 기간의 중요성을 더 잘 나타내는 것은 없다. 민중은 미국 고유의 민주주의 문화에서 전국적인 총선거를 통해 광범위한 정책결정이 이루어졌던 19세기 자치정신의 궁극적인 표현이었다. 미국 사회가 19세기 말에 위험한 변화를 겪게 되자, 개혁가들은 민중이 그것을 바로잡을 수 있을 것으로 재차 확신했다. 어수선했던 1880년대의 미국과 자신이 제시한 프로그램을 대조하는 가운데 에드워드 벨라미는 『회상(*Looking Backward*)』(1886)에서 리트 박사(Dr. Leete)라고 하는 미래형 인물을 만들어내어 민중을 소생시킨 바 있다. "인종

---

12) Horace M. Kallen, *Culture and Democracy in the United States*, New York, 1924, p.10.

간의 결속과 인간의 형제애는 당신에겐 단순히 듣기 좋은 구절이겠지만, 우리가 생각하고 느끼기에는 육체적 형제애만큼이나 생명력 있고 진실한 끈이다."[13] 20세기로 바뀌는 과도기에 여러 가지의 형태로 주장된 프로테스탄트 사회복음운동이나 기독교 사회주의는, 윌리엄 브라이언과 윌리엄 맥킨리(William Mckinley)를 맞붙게 했던 1896년의 금은본위제 전쟁에서 양진영 모두가 격렬하게 보여주었던 것처럼, 서로 유사하게도 민중을 치유와 화합의 세력으로 내다보았다.

1896년 이후, 특히 하류계급이 침몰하고 표준화된 비밀투표로 인해 유권자가 갈수록 세분화되는 과정에서, 민중의 와해를 알리는 징후가 있었다. 그럼에도 불구하고 기본적인 신념은 고수되었다. 국민발의, 국민투표, 일반 예비선거와 같이, 직접민주주의를 위한 새로운 규정을 주장하는 사람들은 자신들의 개혁이야말로 민중에게 직접적인 결정권을 부여하는 방법이라고 정당화했다. 진보주의자들은 기회가 있을 때마다 민중의 힘에 관해 열정적으로 말했다. 민중의 힘은 "반대를 일소하고, 법률상 기술적인 문제들을 일축해버린다"라고 월터 웨일은 1912년에 단언했다. "어떠한 공공연한 반대도 그것에 맞설 수 없다. 그것은 또한 매수되거나 진압될 수도 없다."[14] 웨일이 함축적으로 시사했던 것처럼, 민중에 대한 신념과 도저히 억제할 수 없는 문명의 진보에 대한 신념은 서로가 매우 밀접하게 연관되어 있었다.

바로 이러한 정신에 입각하여 미국인들은 2년 뒤 유럽에서 소수의 지도자들이 끔찍한 대규모 전쟁을 일으켜 시민들을 전쟁터로 몰아낸 것에 대해 비난했다. 비평가 해럴드 스턴스(Harold Stearns)의 회고에 따르면, "우리가 그 전쟁에 직접 뛰어든다는 것은 그야말로 불가능해 보였다." 미국의 옛 격언에 독재정치는 전쟁을 유발하고, 민주정치는

13) Edward Bellamy, *Looking Backward, 2000~1887*, Boston, 1926[1886], p. 134.

14) Walter Weyl, *The New Democracy*, New York, 1912, p.137.

평화를 지속시킨다는 말이 있다. 보통사람들은 결코 전쟁을 원하지 않았다. 프레드릭 그림키(Frederick Grimke)는 민주주의가 "군사적인 추구를 퇴치해버릴 것이다. 왜냐하면 전쟁은 대중의 자유를 손상시키기 위해 사용될 수 있는 가장 효과적인 수단이기 때문이다"라고 주장했다. 이러한 견지에서 20세기 초의 미국의 시사평론가들은 유럽에서 민주주의가 확산되면 될수록, 전쟁의 가능성은 점점 더 사라지리라고 논평했다. 불행하게도 변화가 그렇게 빨리 올 것 같지는 않았다. 전면전이 현실화되자 오직 완전한 "유럽의 민주화"만이 "군국주의의 뻗어나가는 암세포"를 제거하고 "세계의 무장해제"를 보장할 것처럼 보였다.15)

그러나 이러한 기대는 딱 들어맞지가 않았다. 무자비하게 모든 것을 소멸시킨 전쟁은 제정 러시아를 제외한 모든 곳에서 대중적인 명분과 함께 전개되었다. 그러자 애국심으로 들끓었던 미국은 1917년에 전쟁에 합류했다. 전쟁이 끝난 뒤, 공평한 정의에 의해서라기보다는 대중적 이기주의에 의해서 형성된 베르사이유 조약은 민주주의의 영향력이 공평하고 평화로운 세계질서를 보장한다는 오래된 주장들을 완전한 웃음거리로 만들었다. 게다가 제1차 세계대전은 젊은 성인들에게 길고 보람 있는 인생을 보장했던 현대 의학에 대한 기대에 반하여 일어난 최초의 대전이었다. 1916년에 약 125만 명 정도가 교착상태에 빠진 솜(Somme) 강 유역에서 전사했던 사건에서처럼, 전쟁은 잔인하게도 무수한 젊은이들의 의미 없는 죽음과 살상을 초래했을 뿐이다. 반면, 민주주의는 이러한 재난을 조금도 멈추게 하지 못했다.

점차적으로 이러한 위기는 민중에게로 찾아들었으며, 활동중인 민

---

15) Harold Stearns, *Liberation in America*, New York, 1919, p.80; Frederick Grimke, *The Nature and Tendency of Free Institutions*, ed. by John William Ward, Cambridge, 1968[1856], p.387; George Creel, "The Ghastly Swindle," *Harper's Weekly* 59, August. 29, 1914, pp.196-197.

중과 여론에 대한 태도에서 그 소멸의 흔적이 발견되었다. 전쟁이 있기 전에 보수적인 시사평론가이자 하버드 대학 총장인 로렌스 로웰(A. Lawrence Lowell)조차도 미국 민주주의의 정의는 "여론에 의한 정치의 통제"라고 확언했다. 민중의 능력에 대한 의심을 완화할 목적으로 로웰은 공공정책에서 전문적인 문제를 다룰 수 있는 지속적이며 보수가 좋은 행정사무 전문가로서 행정가라는 새로운 범주를 만들고자 했다. "민중 전체가 공적인 일에 들일 수 있는 노동의 총량에는 한계가 있다"라고 그는 결론 내렸다. 민중은 정부의 일반적인 과정을 잡아주면 된다. 실행상의 복잡한 문제들은 전문가들로 이루어진 지원 세력에 의해 해결될 것이다. 이러한 영역들이 어떻게 서로 연관되는지 로웰은 설명하지 않았다. 그는 그들 각각이 책임감을 가지고 서로를 주의 깊게 견제하는 식으로 보조를 맞추어 작용하도록 했다.[16)]

전쟁이 민중을 선전과 호전적인 애국주의의 열기 속에 몰아넣자, 로웰이 제시한 분배와 균형의 이상은 힘을 잃었다. 개념상으로 민중은 응집력을 잃은 채, 근시안적이며 속기 쉬운 사람들의 무리로 타락했다. 어떤 경우 개혁가들은 랜돌프 본(Randolph Bourne)이 표현한 "가축의 떼거리와 같은 군중"을 매우 통렬하게 비난했다. 환멸을 느낀 프레드릭 하우(Frederic Howe)는 "우리는 생각하라는 대로 생각하며, 믿으라고 한 것을 믿는다"라고 쓴 바 있다.[17)] 이러한 변덕스러운 냉소주의자들 가운데에서 타락한 민중을 저버렸지만 설득력 있는 현대적 대안을 제시할 만큼, 화를 내면서도 분별력을 가장 잘 지킨 사람은 바로 월터 리프만이었다.

로웰의 하버드 대학을 갓 나온 조숙한 신문업자 리프만은 전쟁 전에 로웰과 비슷한 의견들, 즉 현대 사회에서 평범한 시민들이 경험하

---

16) A. Lawrence Lowell, *Public Opinion and Popular Government*, New York, 1913, p.4, 109.

17) Frederick Howe, *Revolution and Democracy*, New York, 1921, p.70.

는 "혼란," 공적인 생활에서의 감정의 영향력, 그리고 효율적인 민주주의 정부를 위한 "과학적인 정신"의 중요성 등을 내놓았다.[18] 리프만은 로웰 이상으로 차이점에 대해 논쟁하고, 결정을 내리며, 중요한 문제에서는 개인과 집단의 이기주의를 초월할 수 있는 대중의 능력에 대해 더 커다란 신뢰를 나타냈다. 전쟁 동안에 그는 건전한 도덕적 민주주의의 더할 나위 없는 대변자인 윌슨 대통령을 지지했다. 그러다가 윌슨 대통령이 국제연맹에서 1920년의 선거를 가리켜 "엄숙한 국민투표"라고 공언하면서 주권을 가진 민중에게 마지막 제스처를 했을 때, 리프만은 방향을 바꿨다. 2년 후 그는 미국 민주주의에 관해 씌어진 가장 영향력 있는 책 가운데 하나인 『여론(*Public Opinion*)』에서 민중에 대한 생각을 폐기했다. 그 책은 『환상의 대중(*The Phantom Pub- lic*)』(1925)과 『도덕서설(*A Preface to Morals*)』(1929)로 보충되었다.

마치 폐허 속에서 무언가를 찾아내는 고고학자처럼, 그는 민주주의의 잃어버린 과거로부터 "신비스러운 개념"을 하나하나 조사했다. "'민중'은 한 인간으로 간주되었다. 그들의 의지는 하나의 의지였으며, 그들의 생각은 하나의 정신으로 간주되었던 것이다." "여하튼 대다수의 의견이 민중이라 불리는 하나의 통일된 인간의 의견이 되며, 이러한 통일된 인간은 마치 군주처럼 인간사를 지배한다는 것이 … 그야말로 때묻지 않은 민주주의 이론이었다. 그렇지만 이러한 일은 실제로는 일어나지 않는다." 헤아릴 수 없는 개개인들이 셀 수 없을 정도의 구체적인 상황들 속에서 수없이 많은 결정을 내렸다. 진취적인 정치인이 이러한 상황으로부터 무언가를 창출하지 않으면 더 이상 아무것도 존재할 수가 없었다. 과거의 이론의 한복판에는 양심적이며 이성적인 시민이 있었다. "만약 그가 더 많은 사실들을 배워 관심을 늘리고, 더 많은 강의와 보고서를 접한다면, 그는 공적인 일들을 점차 관리할 수 있을 것이라는 게 과거의 믿음이었다. 이제 이러한 가정은 전적으로

18) Walter Lippmann, *Drift and Mastery*, New York, 1917[1914], p.xx, 274.

잘못된 것이다." "모든 개개인이 편견을 갖고 있다는 사실은 구시대적 민주주의자들에게 결코 회복되지 못할 충격을 주었다." 이제 조지 밴크로프트(George Bancroft)의 초월적인 공적 판단은 그 정도로 충분했다. 인간의 지혜가 아니라 인간의 결점이 누적되어갔다.[19]

리프만이 인정했듯이, 제기되는 문제가 간단하고 그에 대한 해결책도 명확한 그러한 민주주의가 "고립된 시골 지역"에서는 여전히 가능할지도 모른다. 하지만 현대 미국의 "광범위하고 예측할 수 없는 환경"에서 유권자들은 바보처럼 잘 속아넘어갔다. "민주주의에 기대를 거는 시민들의 수가 실험실에서 속고 있는 생쥐나 원숭이들의 수를 능가한다." 그들은 "유리 달걀, 미끼 오리, 허수아비 혹은 정치연설에 너무 쉽게 반응하여" 행동주의적 올가미에 잘 걸려든다. 이에 근거하여 자칭 야망을 가진 종종 비양심적인 사람들끼리의 파벌인 "권력의 측근 세력"은 통치과정에 기본이 되는 기관들을 장악했다. 개혁가들은 국민발의권, 국민투표, 직접 예비선거와 같이 다수가 특별한 장점을 갖고 있는 것으로 잘못 전제한 다양한 제안들의 "불합리성"을 지적했다. "정치에서 다수결 원칙의 정당화는 … 숫자에 의존하는 세력이 문명화된 사회에서 설 수 있는 곳을 찾아주고자 하는 필요에서 순전히 비롯된 것이다." 투표권은 폭력을 순화시키고 사회질서를 유지하기 위한 하나의 안전장치라고 보면 아마도 적절한 이해가 될 것이다.[20]

로웰처럼 리프만도 고도로 훈련된 종신직 전문가 요원들이 복잡한 현대 정부를 관리할 것을 주장했다. 그렇지만 로웰이 이러한 전문가들을 선거민주주의에 보탬이 되는 존재로 보았던 것에 반해, 리프만은

19) Walter Lippmann, *The Phantom Public*, New York, 1925, p.147, 146, 166; idem, *A Preface to Morals*, New York, 1929, pp.278-279.

20) Lippmann, *Phantom*, p.166, 30, 58; idem, *Public Opinion*, New York, 1922, p.270, 273, 232.

그들이 선거민주주의를 대신한다고 보았다. 건전한 결정은 "비교적 소수 사람들의 관심"일 수밖에 없기 때문에, 리프만이 전문가라고 칭하는 이러한 자질 있는 소수의 관료들은 민중의 요구로 인해 괴롭힘을 당해서는 안 되었다. 어쨌든 평범한 시민들은 통치의 과정에 대해선 거의 신경쓰지 않았다. 미국 "민주주의의 오류"는 "인간이 순수하게 자치를 갈망했던 것은 그리 오래 전의 일이 아니"라는 핵심적인 진실을 숨기고 있었다. "그들은 결과를 위해 그것을 갈망할 뿐이다." 사실 자치의 전체 조직은 균형을 거의 잃어버렸다. "인류는 질서, 권리, 번영, 보고 듣는 것, 그리고 싫증나지 않는 그밖의 모든 다른 일들에 관심을 가졌다."[21)]

리프만의 논지는 제1차 세계대전 이후에 활발하게 전개되었던 민주주의에 관한 논의를 주도했다. 로웰도 이전에 자신의 제자였던 그에게 경의를 표하면서 1923년에 전환했다. "커다란 문제들에 대한" 민주주의의 전통적이며 전체론적인 "여론의 쇠퇴"는 한 세대의 끝을 나타낸다고 그는 인정했다. 한때 지방중심의 미국을 옹호했던 리버티 베일리(Liberty Hyde Bailey)는 이제 국가계급의 환멸이 담긴 궤변을 늘어 놓았다. "개혁은 탁월한 지식을 갖춘 세력에 의해 대중에게 강요될 때에만 이루어질 수 있다." 베일리는 "옆의 동료나 이웃을 마주칠 때마다 주치의로서 도와달라고 부탁하는 것만큼이나 정부의 사무실을 '차례로 돌며' 도움을 요청하는 것은 칭찬할 만한 일이 못된다"고 말하면서 새로운 전문가의 지도력을 옹호했다. 40년 뒤에 여론에 관하여 권위 있는 글을 썼던 케이(V. O. Key, Jr.)는 19세기의 "이상한 개념들"에 대한 리프만의 설명을 다른 말로 바꾸는 것 이상은 할 수 없었다. "초기에 여론은 획일적인 시민들로부터 나와 통치기구를 공중의 의지에 부합하도록 이러저러한 방법으로 에워싸는 신비스러운 증기처럼 생각되었던 것같다."[22)]

---

21) Lippmann, *Public Opinion*, pp.311-314.

이러한 새로운 합의에 대한 가장 중요한 반대 입장은 리프만이 민중을 공격하기에 앞서 약 25년 동안 이미 저명한 개혁가로서 활약을 했던 존 듀이로부터 나왔다. 제1차 세계대전의 민주주의적 잠재력에 대해 자신이 품었던 잘못된 열정 때문에 괴로워하던 그는 1920년대에 그의 첫사랑인 생명력 있는 공동체로 돌아와서는, 리프만이 민주주의를 국가적 차원에서 합리화하자고 주장한 것에 반해, 그것을 지방차원에서 활성화하는 것이 시급하다고 호소했다. "지방은 존재하는 것 가운데 궁극적으로 가장 보편적이며 거의 절대적"이라고 그는 힘주어 말했다.[23] 개인은 사회에서의 정의와 방향성 모두를 지방에 근거해서 얻을 수 있다. 즉 개인은 행위자로 존재하며, 그의 행위는 나름대로 중요한 의미를 지니게 된다는 것이다. 지방생활을 침해하는 많은 영향력 있는 세력들에 대해 민감했던 듀이는 현대의 과학기술을 이용하여 행위에 근거한 전통적인 공동체 민주주의를 강화시킬 수 있는 방법을 모색했다. 리프만처럼 전문지식을 중시했지만, 그는 리프만과는 달리 전문가에 의한 통치를 거부했다. 전문가들의 지식을 사용하되 결코 그들이 통치하게끔 해서는 안 된다고 그는 주장했다. 민주주의에서 결정을 내리는 사람은 바로 서로간에 상호작용을 하는 시민들이었다.

그럼에도 불구하고 듀이는 리프만의 주장을 상당 부분 수용함으로써 현대 민주주의에 대한 별도의 접근 방식의 기초를 잘라냈다. 거대한 경제적, 사회적 힘은 사실상 구공동체를 무능력하게 만들고 대중을 "불완전하고 비조직적인 상태로" 남겨둔다고 그는 인정했다. 더 이상 민중의 정부란 없으며, "현재의 방편으로 대처하기에는 너무나도 많은 대중과 공공의 관심사"만이 있을 뿐이었다. 그는 매우 상기된 말투

---

22) A. Lawrence Lowell, *Public Opinion in War and Peace*, Cambridge, 1923, p. 157, v.; L. H. Bailey, *What is Democracy?* New York, 1923, p.94, 25; V. O. Key, Jr., *Public Opinion and American Democracy*, New York, 1961, p.536.
23) John Dewey, *The Public and Its Problems*, New York, 1927, p.215.

로 소비생활의 사치와 무질서를 한탄하고, 사람들이 선전에 잘 넘어가는 속성을 염려했으며, 또한 그들의 사상과 행동의 획일화를 슬퍼했다. 리프만처럼 그는 선거민주주의가 "민주주의의 여러 다른 의미를 가장 잘 활성화시키는 방법이 되지는 못한다"고 비판하면서도, 선거민주주의의 "어떤 형식"은 "불가피하다"는 식으로 그것을 인정했다. 그러나 그는 민주주의에 대한 자신의 이상을 실현시킬 수 있는 아무런 대안도 갖고 있지 않았다. 다만, "아직은 존재하지 않는 지식과 통찰력"에 막연하나마 희망을 걸 뿐이었다.[24)]

그러므로 그는 민주주의의 위기를 외치는 여러 목소리들 가운데 그저 또 다른 하나가 되었다. 거의 당연하다는 듯이 그는 1927년에 "오늘의 민주주의는 암울한 상태에 빠져 있다"고 언급했다. 젊은 자유주의 언론가인 프레드릭 앨런(Frederick Lewis Allen)은 "우리의 민주주의가 엄청날 정도로 비효과적이었음"을 인정했다. 리프만은 "민주주의에 대한 환멸을 설명하기 위해" 여론에 관한 두번째 책을 쓴다고 밝혔다. 미국인들은 "민주정부의 실패"에 대해 어떻게 반응해야 좋을지 정치평론가 스미스(T. V. Smith)는 알고 싶었다. 민주정부가 과연 "그토록 깊은 절망을 해명"하려 했던가? 오직 조롱만이 있을 뿐이라고 단언하면서 헨리 멘켄(Henry L. Mencken)은 평범한 미국인들에게 "바보계급"이라는 별명을 붙였다.[25)]

민주주의의 위기와 함께 시민권의 위기가 왔다. 시민권의 위기는 진보주의 시기 동안 지속적으로 누적되었으며 민중의 기반을 약화시켰다. 민중의 전성기에 시민권은 투표권 속에 내포되어 있었다. "시민의 손에 쥐어진 투표권은 그의 주권의 상징"이라고 도금시대의 한 상원의원은 주장한 바 있다. 그것을 사용하는 것은 그가 시민임을 증명

24) Ibid., p.109, 126, 82, 110, 166.

25) Ibid., p.110; David M. Kennedy, *Over Here,* New York, 1980, p.43에서 앨런(Allen) 인용; Lippmann, *Phantom*, pp.52-53; Thomas Vernor Smith, *The Democratic Way of Life*, Chicago, 1926, p.8.

하는 것이었다.[26] 다른 특별한 준비가 필요하지 않았다. 그에 맞는 하나의 행동만 있으면 되었다. 20세기 초에 진보주의자들은 큰 도박을 했다. 자율적인 행동 대신에 투표가 주의 깊은 계산과정으로부터 산출되는 행동으로 인정되었다. 개혁가들이 생각하는 이상적인 시민은 사실의 지배하에서 과학적으로 생활하는 사람이었다. 갈수록 증가하는 문제들에 관한 많은 양의 정보를 흡수함으로써 남녀 시민 모두는 민주주의와 공공정책을 현대에 맞게 이끌어갈 것으로 기대되었다.

19세기의 민주주의는 이러한 새로운 시민에 대응할 만한 것을 갖고 있지 않았다. 그들이 시민을 집합적으로 보았든 아니면 개별적으로 보았든, 19세기의 민주주의자들은 전문기술이 아니라 인격에, 축적된 정보가 아니라 근본적인 가치 기준에, 그리고 과학적인 이성이 아니라 타고난 양식에 의존했다. 그러므로 리프만이나 듀이와 같은 구진보주의자들을 포함한 여러 평론가들이 19세기 민주주의의 실패의 핵심으로 단적으로 지적했던 것, 즉 합리적 사고로 무장된 개인이었어야 할 시민이 감정적으로 혼란스러운 군중으로 전락해버렸다는 사실은 19세기의 전통보다는 당시의 진보주의적 요구들에 일격을 가하는 것이었다. 자신들의 좌절된 희망을 보다 먼 과거의 탓으로 돌리면서 20세기의 개혁가들은 19세기 민주주의와는 상관없는 이유 때문에 19세기 민주주의가 실패작이었다고 선언했다.

이들 비평가들은 두번째 문제를 스스로 제기했는데, 그것은 첫번째 문제와 밀접하게 관련된 것이었다. 그들이 현대의 시민에게 위임한 지나친 공적인 역할은 준비를 필요로 했다. 그 준비에는 각기 다른 미국인들에게 공통으로 적용될 수 있는 일련의 표준이 포함되어 있었다. 공통의 표준은 그것이 존재하지 않는 지역의 경우 동일한 특질을 부과해야 함을 의미했다. 19세기의 민중은 많은 차이점들로 인한 소음

26) J. Morgan Kousser, *The Shaping of Southern Politics*, New Haven, 1974, p.257에서 줄리우스 버로우스(Julius Burrows) 인용.

을 줄이는 거대한 머플러와도 같았다. 민주주의 지부를 분열시키는 수많은 반대 경향에 직면하여 투표는 미국의 적대 세력들을 꼼짝 못하게 봉쇄했다. 시민권을 발휘하는 행위는 그 자체가 중립적이었다. 갖가지 언어로 갖가지 일들에 관해 말하며 갖가지 종류의 옷을 입은 모든 종류의 사람들이 그밖의 다른 방법으로 합세할 필요 없이 민중이란 이름의 유권자로서 합세했다. 이런 종류의 전체성은 다른 종류의 전체성을 필요로 하지 않았다. 백인들 사이의 문화적 다양성은 그것을 위협하지 않았다. 리프만이 말한 "신비스러운 개념"보다는 차라리 19세기의 민중이 미국에 내재한 첨예한 이질성의 일상적인 현실에 놀랍도록 잘 맞아떨어졌다.

하류계급의 침몰과 그것에 따른 소외의 과정이 20세기 초 몇 년 동안에 이러한 구도를 이미 압박하고 있었다. 오히려 더 낯설게 느껴지게 했던 하류계급의 중간계급적 이미지는 하류계급의 무지함을 강조했고, 선거는 이러한 분열을 심지어 결정의 순간에도 거의 중재하지 못했다. 20세기 초에 평론가들은 유권자의 힘을 평가하는 기준에 있어 19세기적인 이해방식으로 모든 구성원들이 낸 세금의 총누적량에 의거하기보다는 유권자 다수의 지능에 의거했다. 다시 말하면, 형제애에 대한 중간계급의 생각이 약화됨에 따라 하류계급 사람들은 감싸주고 보조해주던 민중의 완충막을 잃어버렸다. 선거가 문화적 차이에 어떠한 영향을 미치느냐가 아니라 문화적 차이가 선거에 어떠한 영향을 미치느냐가 문제로 대두되었다. 갈수록 고립되어가는 하류계급 구성원들이 과연 투표할 자격이 있는가? 20세기 초의 분위기는 유색인종의 배제가 정당화될 수 있는 채비를 이미 갖추고 있었다.

이러한 전제의 틀 내에서 미국 중간계급들은 그들 자신이 만들어낸 엄청난 도전에 직면했다. 민중의 오랜 기반이 무너져갈 때에도 그들은 훨씬 더 강력한 응집력을 주장했다. 20세기 초의 일부 평론가들을 혼란에 빠뜨렸던 민족집단의 단순한 숫자는 문제거리가 아니었다. 이질성은 그것을 바라보는 이의 눈에 항상 정면으로 들어왔다. 이 점은 막 배에서 내린 한 이민자가 그녀보다 먼저 온 사람들에 대해 보였던 반응을 1913년에 어느 사회사업가가 다음과 같이 서술한 데에서 잘 나타난다. "미국인에게 외국적인 인상을 주었던 것들이 이제 막 미국에 도착한 사람들에게는 두드러지게 미국적인 것으로 보인다. 간판과 광고들의 허세, 물건들로 꽉찬 번쩍이는 상점의 진열창 … 미국 옷을 입은 자신의 동포들 … 그녀는 이 모두를 '미국'이라고 요약했다."[27] 19세기 후반에 에드워드 벨라미와 같은 강압적인 체계조직자가 보다 거대한 '공공정신'을 추구했을 때, 그는 자연스럽게 전개되는 시민참여 이상은 상상도 하지 않았다. 그렇지만 20세기 초반 무렵에는 단출한 규모의 시민연합조차 나아갈 방향을 정하는 데 있어 복잡한 계획을 필요로 했다.

시민권의 의미가 투표행위 이외의 영역으로까지 폭넓게 퍼져나가자, 중간계급은 사회의 무질서에 대해 온갖 종류의 근심을 갖게 되었다. 시민권은 우연히 생기는 것이 아니라, 그것이 형성되게끔 해야만 했다. 어느 누구도 관습이나 언어를 배우지 않았다면 시민권에 대해 알 수가 없었을 것이다. 중간계급 내부에서 이민자들이 학교, 언론, 극장과 같이 모국어를 보전할 수 있는 대중기관들을 이용하는 것은 더 이상 단순한 경멸의 대상이 아니라 해결해야 할 하나의 문제였다. 이러한 맥락에서 1890년대에 전통 민주주의의 자연스러운 통일성에 관해 설득력 있는 주장을 폈던 프레드릭 터너는 1900년 이후의 이민자들의 다양성에 대해 우려를 나타냈다. 일련의 새로운 핵심 단어들이 등장했다. 예컨대, 하이픈이 붙은 외국계 미국인, 동화, 미국화 등과 같은 말들은 양심적인 정책과 주의 깊은 판단을 요구하는 행위, 태도, 정체성, 가치의 복잡한 결합을 내포했다.

---

27) Elizabeth Ewen, *Immigrant Women in the Land of Dollars*, New York, 1985, p.27에서 비올라 패러다이스(Viola Paradise) 인용.

미국화라는 용어는 민주주의가 도래한 시점으로 거슬러 올라가는 말로서, 19세기 동안은 갓 이민 온 외국인들이 기초를 배우고 그들의 진로를 찾도록 도와주는 것을 의미했다. 미국인과 새로운 이민자 모두 경험이 많은 이민자 동포들이 자신들을 상당 부분 도와줄 것으로 기대했다. 자연스러운 적응의 의미로서의 미국화가 20세기로 바뀌는 동안에 사라져갈 때에도, 보다 조직적인 대안을 찾으려는 첫번째 노력들은 상대적으로 신사적인 편이었다. 일부 중간계급 단체들은 경제적인 기회에 관해 공신력 있는 정보를 잘 홍보하면 이민자들이 전국적으로 분산되어 다수 속에서 충분히 희석되리라고 예상했다. 헐 하우스와 기타 사회복지기관들은 일상적인 사무직이 급증함에 따라 눈에 띄게 실용적으로 바뀐 중간계급 모델 쪽으로 이민자들을 대화를 통해 몰아갔다. 심지어 이스라엘 쟁윌(Israel Zangwill)이 보다 공격적으로 사용한 인종의 도가니라는 은유는, 다양성으로부터 통일성을 꾀하던 19세기의 이상이기보다는 새로운 이상을 표방하는 순전히 20세기적인 창안으로서, 포괄적인 일체로서의 민중을 이와 같이 동질적인 중간계급 만들기의 만족스러운 산물로 묘사했다.

미국화의 보다 강압적인 변형들은 1910년 즈음에 좋은 반응을 얻었다. 교육자 엘우드 커벌리(Ellwood Cubberly)가 경고했던 것처럼, 고립된 이민자 집단을 자기들끼리 살도록 내버려둔다면 그들은 “자신들만의 국가적 예의, 관습, 그리고 의식을 영속적으로 고집할 것이다. 우리가 해야 할 일은 이러한 작은 집단들을 해체시켜서 … 이들을 미국인의 일부로 동화시키고 융합시키는 것이다.” 이제 소수민족 집단이 자체적으로 동화할 수 있으리라는 예상은 뒤집혔다. 이 방면의 어느 투쟁적인 운동가는 “미국을 미국화하는 일은 곧 미국인이 해야 할 의무이자 책임이다”라고 공언한 바 있다.[28] 어떤 회사들은 미국화 과정을

28) Ellwood P. Cubberly, *Changing Conceptions of Education*, Boston, 1909, p.15-16; Frances A. Kellor, “Americanization: A Conservation Policy for Industry,”

고용조건으로 정했다. 국기에 대한 경례나 충성서약과 같은 것이 의무적인 공공행동으로 곧 정해지면서 그러한 과정은 엄격한 규율성을 띠었다. 그리고 전쟁 동안에 이러한 의식은 더욱 더 고양되었다. 사회적 훈련은 문화적 훈련을 의미했고, 충성은 획일성을 의미했으며, 사람들을 동원해야 할 필요성은 강요할 수 있는 권리를 의미했다. 전쟁이 끝난 뒤, 인종에 따라 이민이 제한되면서 이러한 가치들 중 많은 것들은 법에 반영되었다.

이러한 이민배척주의의 문화적 억압에 대해 비평가 랜돌프 본과 호러스 캘런은 가장 인상적인 이의를 제기했다. 두 사람 모두 미국화 옹호론자들의 편협한 앵글로색슨주의를 경멸했으며 민족다원주의의 결과를 자랑스럽게 여겼다. 본은 미국을 "문화 연방"에 비유하면서, 유럽이 전쟁에 의한 도살행위에 한창 빠져 있는 동안에 미국은 여러 "국가들의 지적인 격전지"라는 평화적인 대안을 내놓아 독특한 "초국가주의"를 창출했다고 주장했다. 또한 캘런은 미국이 이와 같이 많은 문화들 간의 "협력적인 조화"를 통해 "인류의 오케스트라"를 이룩하리라고 내다보았다. 두 사람 모두 영어를 공용어로 유지하여 공립학교를 상호작용과 성장의 활동무대를 만들자고 주장했다. 그렇게 하면 이민자들은 그들의 문화를 자연스럽게 맞추게 될 것이다. 본은 이것을 "새 환경에의 순응과정"이라고 불렀다. 그토록 다양한 직업, 종교, 사회집단들이 미국의 전통과 적절하게 조화를 이루어간다는 것을 깨닫자 캘런은 여전히 생명력 있는 민중의 면모를 자신의 이상 속에 반영시켰다. "민주주의는 자발적인 관계의 증가를 의미했다. 그것은 점점 더 많은 연관관계들로 구성된 형성, 충돌, 통합, 해체, 그리고 재형성의 과정 속에 존재하며, 개인은 이러한 과정을 통해 자신의 삶에 목적, 의미, 특성, 방향 등을 부여할 수 있을 것이다."[29)]

Annals 65, May 1916, p.240.

29) Randolph Bourne, "Trans-National America," *Atlantic* 108, July 1916, pp.

하지만 이들 다원론자들은 두 가지 면에 대해 침묵함으로써 극복할 수 없는 한계를 드러냈다. 그들이 내세운 문화의 오케스트라에는 유색인이 전혀 포함되지 않았고, 또한 그들이 제시한 시민생활에는 정치가 전혀 없었다. 위험에 처한 전통으로부터 어떤 것이든 보전하기 위해 그들은 그것을 대신할 또 다른 세계를 고안했다. 즉 통치나 그 어떤 집단적인 의사결정행위와도 관련이 없는 백인중심의 다양성의 세계를 그들은 만들었다. 싫든 좋든 본과 캘런은 새로운 시대에 속하기는 마찬가지였다. 이전의 민주주의처럼 현대 민주주의는 그보다 앞서 있던 과정들, 즉 붕괴, 세분화 그리고 재구성의 연차적인 과정으로부터 생겨났다. 19세기 초에 위계질서의 권위로부터 막 풀려난 시민 개개인들이 어떻게 재결합해야 되는지 제시하기 위해 백인들은 민주주의적 민중을 고안해냈다. 20세기 초에는 민중의 붕괴로 인해 분산된 시민들을 다루기 위해 그들은 새로운 위계질서를 만들어냈다. 통치권력은 이러한 위계질서 속에 있었다.

의식적으로 그 자체의 과업에 맞추어 형성되었던 새로운 시민권은 위계질서와 완벽한 조화를 이루었다. 모든 것이 교육수준, 범죄의 심각성, 숙련기술의 정도 등과 같은 등급별 차등화와 단계별 서열화의 대상이 되었다. 그러자 결정, 실행, 투표, 감독 능력에 따라 시민들의 정치적 자질을 분류하는 일이 자연적으로 그 뒤를 따랐다. 사실, 가장 능력 없다고 판단된 사람들은 참여를 가장 적게 하는 사람들이 되었다. 19세기 민주주의가 규제의 완화와 공적으로 알아볼 수 있는 예를 통해 이들 가운데 일부, 즉 참정권을 갓 부여받은 유권자나 유동적인 사람들을 문화적으로 수용했더라면, 이들은 선거민 집단에 당장 합류하게 되었을 것이다. 민중이 새롭게 바뀌었다. 예를 들어, 최연소 유권자층이 그들의 연장자들보다 투표율이 낮은 것은 오직 20세기만의 현상이었다. 마치 과거의 민주주의로부터 새로운 민주주의를 구별짓는

86-97; Kallen, *Culture*, p.124, 198.

공식적인 선을 긋기라도 하듯이, 1925년에 연방입법부는 공식적으로 미국 시민이 아닌 사람들에게는 투표권을 주지 않기로 결정했다.

무엇보다도 계급이 참여를 결정했다. 분명 19세기 민주주의는 계급을 없애지는 않았지만, 그 대신 계급의 영향을 역이용했으며, 그 과정에서 공공생활은 여러 목소리들의 불협화음, 경쟁자들의 힘겨루기 그리고 스타일의 혼합 등을 허용했다. 정치는 고위층이 정한 제한들 가운데 적어도 일부에 대해서는 반대했다. 하류계급 백인들은 거리로 나가 약간의 정치적 소란을 일으키는 데 별다른 허락을 받을 필요가 없었다. 세기가 바뀌자 그러한 탄력은 사라졌다. 19세기에는 인종과 성에 따라 차별의 엄격한 선이 그어졌다면, 20세기로 와서는 계급의 구분에 따라 그 선들이 확실히 고정되었다. 현대의 위계질서는 이러한 계급 구분을 더욱 조장했으며, 선거정치는 그로 인한 결과의 반영이었다. 20세기의 정치에 관한 어떤 권위자는 "미국인의 투표참여에 나타난 계급 간의 불균형은" 아마도 스위스를 제외한 "다른 어떤 서방 국가들보다도 그 편차가 큰 편"이라고 지적한 바 있다.[30] 이제 정치는 전혀 다른 분위기에서 진행되었다. 19세기 초에 두드러졌던 백인 투표자 수의 급상승은 민중이 다스린다는 인상을 강하게 심어주었던 반면에, 20세기 초에 나타난 투표자 수의 하락은 민중이 통치를 받는다는 인상을 강하게 남겼다.

---

30) Walter Dean Burnham, *The Current Crisis in American Politics*, New York, 1982, p.121.

제3부

현대 민주주의

1920～1990년대

산업화가 진전됨에 따라 민주주의도 확산되었다. 민주주의가 보장되는 세계를 꿈꾸는 것은 단지 윌슨의 개인적인 상상에 그치는 것은 아니었다. 제1차 세계대전의 시기에 이르기까지 민주주의는 진보의 소중한 산물로서의 면모를 모두 갖추었다. 그러나 점차 많은 국가들이 민주주의의 대열에 동참하게 되는 상황에서 미국인들은 여전히 자신을 민주주의의 실제적 기능과 의미에 대한 직관적 이해를 가지고 있는 향도자로 간주하였다. 미국인들은 자신들의 민주주의가 여타의 모든 민주주의 체제의 척도라고 확신하였다. 그러나 유럽의 성공적인 복지국가들은 새로운 기준을 주장하였는데, 이에 따르면 가장 포괄적인 사회보장 프로그램과 공공서비스를 완비하고 있는 국가들이 선두에 서며, 미국은 이들에 뒤지게 된다.

실제로 전세계의 민주주의 국가들은 선두와 추종자로 구성되는 일직선의 대열을 이루고 있지는 않았다. 유럽이 미국을 따라잡으려 한 것도 아니고, 반대로 미국이 이제 뒤로 쳐지게 된 것도 아니었다. 20세기에 들어오면서 미국은 민주주의적 과거를 가지고 있었고 유럽 국가들은 그렇지 못하였다는 기초적인 사실에 의해서뿐만 아니라 민주주의가 도래하게 된 시점과 맥락의 차이에 의해 대서양 양쪽의 민주주의는 상이한 특색을 띠게 되었다. 특히 국민적 통일성, 인종, 정부의 역할, 다수와 개인의 상대적 중요성 등의 문제를 둘러싸고 양자는 갈라졌다.

19세기에 민주주의는 미국의 국가수립 과정에서 매우 중요하여 수사적 차원에서 미국과 민주주의는 불가분의 관계였다. 그리고 국가를 규정하는 이러한 관계는 결코 단절되지 않았다. 20세기 내내 다수의 미국인들은 계속하여 민주주의를 자신들과 동일시하였다. 따라서 민주주의가 계급과 연관되는 경우에도 민주주의와 미국의 사회적 균열을 연관시키는 것은 거의 불가능하였다. 미국인들에게 민주주의는 통합을 의미하였다. 미국에서는 '결합으로서의 민주주의'라는 개념의 힘이 너무도 강해서 '분열로서의 민주주의'라는 현실을 틀림없이 극복되어지는 예외적이며 일탈적인 것으로 만들었다.

이와 반대로 유럽에서는 국가와 민주주의는 상이한 기원을 가지고 있었다. 노르웨이, 핀란드, 체코 그리고 상상력을 동원해 독일까지 포함하여 국가형성과 민주주의가 동시에 진행된 경우라 할지라도 그러한 역사과정은 우연의 일치에 불과하였다. 이들의 경우 국가형성과 민주주의는 상호규정적이지는 않았다. 유럽의 민주주의는 국가가 아니라 계급형성과 연관되어 있으며, 따라서 갈등 속에서 등장하였다. 유럽의 반동주의자들이나 혁명주의자들 모두에게 있어 계급에 기반한 민주주의는 그들이 극복하고자 하는 분열의 표상이었다. 즉 국가적 통합은 민주주의의 제거를 의미하였다. 그러나 반대로 미국의 경우 민주주의는 통합의 표상이었으며, 따라서 미국의 민주주의는 20세기에 세계 곳곳에서 빈번히 민주주의 정권을 붕괴시킨 여러 형태의 권위주의적 운동에 강력히 대항하였다. 소수의 주변적 사람들을 제외한 대다수의 미국인들의 기준에 비추어 파시즘과 공산주의는 고려의 범위 밖이었다. 미국인들은 다른 나라들에서 그러한 풍조가 유행하는 것을 도저히 믿을 수 없었으며, 그러한 현상을 기이하고 심각한 문화적 타락으로 보았다.

그러나 다른 시각에서 보면 유럽의 백인들은 제국주의를 통해 인종주의를 대외적으로 발산하여 미국의 백인들이 가지고 있지 않던 대내적인 통합의 가능성을 유지하고 있었다. 콩고의 벨기에인이나 인도의 영국인들은 미국 남부의 백인들과 마찬가지로 철저하고 악의적인 인종적 편견을 가지고 있었다. 그러나 인종적 편견을 외부로 분출시키는가 아니면 내부적으로 순화시키는가의 문제는 인종적 분열의 상황에서 전체 시민을 어떻게 규정하는가하는 문제에 중요한 영향을 주었다. 실로 유럽의 민주국가들은 하나둘씩 그들의 무자비한 인종적, 민족적 편견을 고수해나갔다. 미국의 백인우월주의 이론은 다문화적 사회에서는 터무니없는 것이라는 이유로 붕괴되었지만, 독일의 경우 슬라브족에 대한 편견은 많은 국가로 분열된 유럽적 상황 덕분에 살아남을 수 있었다. 유럽 국가들이 인종적 편견의 외화 법칙의 예외에 해당하는 동료 유태시민들을 어떻게 취급하였는가에 따라 인종 문제가 미국 민주주의의 성격을 명백하게 규정하였던 것만큼 그들 유럽 민주국가들의 성격이 규정되었다. 이후 일본은 유럽의 모델을 본받아 대내적으로 자신들의 인종적 단일성을 고양시키기 위한 방편으로 여타 아시아 국가들을 상대로 인종편견을 분출시켰다.

19세기 초 대륙의 전지역에 걸쳐 분산 거주하게 된 미국의 백인들은 국가의 도움 없이 민주주의를 창출할 수 있다고 생각하였다. 그러나 19세기 말 도시로 집중하게 된 유럽인들은 민주주의의 수립을 위하여 국가를 필요로 했다. 이러한 상반된 시각은 개인적 독립을 추구하는 방식의 차이에서 비롯되었다. 즉 미국인들은 자기의 것을 찾기 위하여 전원의 농촌으로 향했고, 유럽인들은 동일한 목표를 위해 반대로 전원을 떠나 도시로 향했다. 유럽의 농촌에는 관습적인 귀족 특권이 고수되고 있었고, 일반인들의 빈곤 상황은 극심한 상태였다. 따라서 탈출구는 도시로 향하는 길이었으며, 프랑스의 한 평론가가 지적한 대로 19세기 도시 거주자들과 시골 사람들은 "두 개의 서로 다른 종족들"이라고 할 만큼 판이하게 달랐다.[1] 다시 말해 민주주의가 미국에 도래하게 되었을 때 이동의 자유와 권리들은 농업과 동행하게 되었음에 비해 유럽의 경우에는 자유와 권리들이 도시생활과 융합되었다.

미국 백인들의 경우 선거권을 자연권으로 여길 수 있을 만큼 점진적으로 그리고 수월하게 획득한 반면 유럽인들은 전쟁의 전리품으로서 선거권을 얻게 되었다. 일반적으로 유럽의 선거권 획득은 여러 목적의 실현과 연관된다. 한 역사학자가 스웨덴의 경우에 대해서 서술한 바와 같이 투표권과 조합결성권을 동시에 획득함으로써 "노동자들은 자유로운 주체, 즉 시민이 되었다."[2] 스웨덴뿐만 아니라 핀란드, 벨기에, 오스트리아에서는 1896년과 1913년 사이에 노동자들이 선거권의 확대를 위하여 총파업을 전개했다. 모든 계층의 유럽인들은 계급, 집단, 공공정책에 따라 결정되는 확고한 사회적 좌표에 의거해 규정되는 투표권을 둘러싼 투쟁에 가담했으며, 이러한 선거권을 통해 복지 프로그램이 실행될 수 있다고 생각했다. 모든 것은 국가권력의 통제에 달려 있었고, 이와 관련하여 안정과 질서, 정의에 대한 상반된 기대들이 갈등을 빚어냈다. 미국의 민주주의는 국가에 대한 회의적 태도에 근거해 발전함에 따라 국가권력에 대한 기대가 훨씬 적었다. 20세기 초 미국의 정책결정자들은 국가가 후원하는 프로그램에 대해 소극적이었으며, 또한 연금과 공공의료 혜택, 실업수당 등의 정책내용은 대체로 유럽으로부터 차용한 것이었다.

---

1) Theodore Zeldin, *France, 1848-1945*, 2 vols., Oxford, 1973~1977, vol.1, p.131에서 인용.

2) Seppo Hentilä, "The Origins of the *Folkhem* Ideology in Swedish Social Democracy," *Scandinavian Journal of History* 3, 1978, p.329.

투쟁을 통해 획득된 투표권은 높은 가치를 지녔다. 즉 유럽인들은 그것을 적극적으로 활용하였다. 미국인들이 점차로 투표권 행사를 적게 함에 따라, 미국의 가장 오래된 민주주의 전통의 하나가 대서양을 건너 유럽으로 넘어가게 되었다. 1889년까지만 해도 제임스 브라이스(James Bryce)는 정당한 이유를 가지고 "미국의 다수결 투표가 가지는 신성성은 아직 유럽에서 찾아 볼 수 없다"고 주장할 수 있었다.[3] 그러나 1920년대에 이르러 선거권을 가진 미국 시민들의 대다수가 선거에 참여하지 않게 되었다. 그리고 20세기 중반에 이르기까지 정형화된 투표율을 보면 유럽의 경우가 미국에 비해 1/3 정도 많게 나타났다. 한편으로 미국 전문가들은 낮은 투표율에도 불구하고 미국의 시스템이 잘 작동되는 이유를 설명하는 데 전념하고 있었던 데 비해, 유럽의 국가들은 투표불참에 대한 법적 제재의 수단을 강구하고 있었다.

유럽에서는 다수파들의 중요성이 증대되었다면, 미국 민주주의의 핵심에서는 개인이 다수 집단을 대체하였다. 미국식 구도에서 항상 중요한 의미를 차지하던 개인은 이제 중심적 지위를 차지하게 되었다. 초기에 개인의 중심화는 소비시장이나 직업, 삶의 방식 등에 있어 개인에게 허용되는 선택의 폭을 확대하는 것을 의미했다. 그러나 점차로 선택이라는 개념은 권리라는 개념에 의해 압도되었다. 많은 유럽인들은 그들의 권리가 집단적 틀을 전제로 한다고 생각하고 있었음에 비해, 대부분의 미국인들은 그들의 권리가 각각의 개인들에게 본래적으로 귀속된 것으로 이해했다. 실제로 미국의 개인들은 그들이 속한 공동체와 유리된 삶을 영위하는 것 같았다. 미국의 사회적 실적의 실패, 예를 들어 인종주의의 결과들 또는 의료혜택의 배분 등과 관련된 사회정책의 미비 등에 대응하여 냉전시기의 애국자들은 미국에서의 개인적 자유의 승리를 내세웠다. 일부 사람들에게 이러한 주장은 잘 받아들여졌다. 20세기 후반에 이르러 미국의 개인주의는 세계적인 선망

3) James Bryce, *The American Commonwealth*, 2 vols., London, 1889, vol.2, p.56.

의 대상이 되었고, 전세계 많은 국가의 지식인들은 미국의 개인주의가 그들 자신의 문화를 휩쓸게 되리라고 예상했다.

미국의 개인주의에 대한 전세계적 영향력의 증대는 20세기 중반 이후 나타난 민주주의의 수렴화 현상의 전개과정과 연관된다. 이제 미국에서도 거대 정부의 출현과 발전을 보게 되었다. 다른 국가들과 마찬가지로 미국의 연방정부는 경제와 군사정책을 집중적으로 관장하였으며, 대부분의 문화적, 인종적 문제들은 지방 주정부의 관할로 남게 되었다. 이러한 제도적 장치는 제2차 세계대전 이전에도 미국의 민주적 공공정책의 기초가 되었으나, 프로테스탄트 근본주의자들과 프랑스계 캐나다인들, 시크교도들과 바스크인들 등과 같이 다양한 집단들 사이에 부족적 가치관이 다시 부활되어 중앙집권적 민주주의가 도전을 받게 됨에 따라 1960년대에서 1990년대 사이의 시기에 이러한 제도는 전세계 모든 곳으로 확산되었다. 1980년대와 1990년대 사이에 미국에서는 인종주의가 결국 계급의 문제로 전환되었는데, 이러한 추세는 유럽 전역에 급속히 확산되었다. 1980년대의 유럽에서는 사회적 의제들은 축소되었고, 미국에서 오랫동안 즐겨 채택되었던 이른바 공공문제에 대한 소위 시장적 처방이 대신 득세하게 되었다. 미국은 미국대로 1990년대에 공공의료정책을 유럽 국가들의 수준과 비등한 정도로 정비하는 조처를 취하였다.

여전히 남아 있던 차이는 유럽에 비해 현저히 낮은 미국의 투표율이었다. 20세기 말 세계 역사에 대한 미국의 가장 중요한 공헌, 즉 모든 시민이 참여하는 자치정부의 이념은 그 본고장에서 실현의 가능성을 잃고 퇴색되고 있다.

8
개인

민중이 해체되던 바로 그 시기에 새로운 개인주의가 번창했다. 두 현상은 병행적으로 나타났다. 즉 19세기에서 20세기로의 이행과정에서 민주주의의 공동체적 구성요소를 약화시킨 원인에 의해 민주주의의 개인주의적 요소가 강화되었다. 이러한 이행과정의 마지막 단계였던 1914년에서 1924년 사이에 민중의 활력은 민주주의의 집단주의적 측면으로부터 빠르게 이탈하여 민주주의의 개인주의적 측면으로 급속히 흘러들었다. 미국의 정치세계에서 다소간 사라지고 있던 표출성(expressiveness)이 사람들의 개인적인 생활에서 다시 등장하였다.

두 가지의 근본적인 변화가 신개인주의의 등장을 가능케 했다. 그 변화 중의 하나는 19세기의 단일한 인격(Character)이 분쇄되어 그 파편들이 현대적 삶의 많은 활동들에 분산되었다는 것이다. 과거의 전인격적이었던 개인은 "하나의 신체 속에 존재하는 다양한 인격들의 유희의 장"이 되어버렸다. 월터 리프만(Walter Lippmann)이 말한 대로 "현대인은 이제 더 이상 자신을 하나의 단일한 인격체로 생각할 수 없게 되었다."[1] 현대인은 공적인 장에서뿐만 아니라 가족과 함께 있을 때도, 그리고 휴식중일 때나 혼자 있을 때도 여러 개의 "모자들"을 쓰고 있다는 것이다. 리프만의 반대자이기도 했던 존 듀이(John Dewey)도 이 점에 있어서는 의견을 같이 했다. 인격의 탈중심화가 초래하는 가장 심대한 결과는 단일의 고정된 행위기준의 상실이었다. 19세기에는 동일한 도덕 규범이 중간계급 미국인들 사이에 공유되었었다. 만일 한 사람이 사업상 그의 동업자를 속이거나 그의 부인을 몰래 속인다면, 이러한 사실은 전인격체로서의 그가 어떤 사람인가를 말해주는 징표가 되었다. 그의 인간됨에 의해 그 사람이 평가되었으며, 여기에는 어떠한 변명도 허용되지 않았다. 만약 한 여인이 빅토리아풍의 엄격한 도덕적 규율에 시달려 약해진다해도 그녀가 도피할 수 있는 곳은 없었다. 그러나 이제 견고했던 가치관은 파편화되었다. 자유주의 편집인인 프레다 커크웨이(Freda Kirchwey)는 1920년대 중반에 "옳고 그름의 도덕도 마침내 다른 절대적 왕들과 마찬가지로 어딘가로 추방당하여 명목상의 존재로 남아 있게 되었다"고 기쁨에 넘친 어조로 말했다.[2]

그러나 문제의 핵심은 상대주의가 아니라 파편화였으며, 개인적 가치관의 혼돈이 아니라 그 가치관들을 결정하는 환경의 다중화였다. 기본적인 분할 구도는 일과 여가의 구분이었다. 이제 여가시간은 스스로의 논리를 갖게 되었다. 여가의 가치관을 직장에 들여오거나 업무의 가치관을 여가시간에까지 연장하는 것은 모두 용납되지 않게 되었다. 또한 직업의 가치관도 분열되었다. 전문화에 따라 지위가 규정되는 국가계급의 세계에서 개별 직능집단은 자신들의 고유한 필요와 경험, 그리고 그에 따른 고유한 행위 규범을 주장했다. 1930년경 링컨 스테펜스(Lincoln Steffens)는 "상이한 직업에 따라 가치관도 달라졌다"고 말

1) Walter Lippmann, *A Preface to Morals*, New York, 1929, p.113.
2) Freda Kirchwey(ed.), *Our Changing Morality*, New York, 1924, p.vi.

했다. “그리고 한 직종에 맞도록 적응된 윤리적 전문가는 기술적으로뿐만 아니라 도덕적으로도 다른 직업에 부적합한 사람이 되기가 십상이었다.” 또한 정치평론가인 토머스 스미스(Thomas V. Smith)가 보다 일반화하여 말했듯이, “윤리적 가치관이 현재의 직업 속에서 존재하지 않는다면, 그 가치관은 아무 소용이 없는 것이다.”[3] 직업집단의 내부에 있는 사람들만이 그 집단의 규칙을 잘 이해하여 서로를 평가할 수 있게 되었다. 이러한 논리에 따라 외부자의 도전에 대한 완벽한 방어책은 외부의 도전자가 옳지 못하다는 집단적인 합의를 내부자들 간에 공유하는 것이었다.

신개인주의의 등장에 따른 두번째의 근본적인 변화는 개인의 내면세계의 확장과 그 정당화였다. 19세기 미국의 중간계급은 인격을 건축물로 상상했다. 그 내부에는 이상한 작은 방들과 틈새들이 있을 수 있지만, 그럼에도 불구하고 인격은 하나의 틀로 짜여진 총체로서 이해되었다. 이러한 구도를 상정할 때, 내면의 위험한 충동적 힘들은 한번 풀어지면 다시 가두어질 수 없는 것이었다. 20세기에 이르러 이러한 충동들은 개인의 정체성 형성을 가능케 하는 무한한 에너지 자원으로 재인식되었다. 인성은 이제 탐험과 성장을 통해서만이 발현될 수 있게 되었다. 19세기 인격의 보루였던 외향적 인간은 이제 하나의 표면에 불과하게 되었다.

자결(self-determination)이라는 19세기 남성지향적 민주적 개인주의의 핵심 개념은 외부 세계를 지향하면서 일반적으로 경제적 측면에서 의미를 가지게 되었다. 개인들은 성공을 통해 자신의 가치를 증명하려 했다. 선험주의자로부터 종교적 구도자에 이르는 가장 현저하게 예외적인 사람들은 거의 모두 민주적 문화로부터 자신들을 멀리했다. 20세기에 분명히 경제적 부가 매우 중요했지만, 그것은 더 이상 민주적

3) *The Autobiography of Lincoln Steffens*, New York, 1931, p.328; Thomas Vernor Smith, *The Democratic Way of Life*, Chicago, 1926, p.135.

개인주의의 척도가 될 수는 없었다. 끊임없는 발견을 통해 개인의 의미가 드러나는 상황에서 무엇을 평가할 것인지 누가 결정할 수 있겠는가? 업적은 한 개인이 그것에 대하여 어떻게 느끼는가에 달렸다. 19세기적 방식과는 전혀 달리 현대적 개인은 평생 동안 자신의 진정한 자아와 타인과의 진정한 관계를 지속적으로 추구하게 되었다. 다시 말해, 19세기 민주주의의 자결 이념은 상대적으로 구체적인 형태로 나타났었던 데 비해 이제 그것은 무한정으로 확대되어 '자아실현(fulfillment)'이라는 전혀 다른 심리적 차원의 기획으로 전환되었다.

자주적 노동과 민주적 자결은 상호친화적 관계를 가지고 19세기 초반에 동시에 등장했다. 이러한 맥락에서 직업은 단지 미래의 보상을 약속하는 인생에서의 하나의 가치에 해당하는 것은 아니었다. 자신의 일을 스스로 관장한다는 것 자체가 보상이었다. 자주적 노동이 민주적 개인주의를 보장한다기보다는 그 자체가 개인주의의 표현이었다. 정의로운 사회를 실현하고자 하는 급진주의자들은 힘든 노동에 대한 대안을 추구하기보다는 자기노동 실현의 방해물들, 즉 기업주의 전횡, 조작된 저임금, 기회의 제약 등을 제거하기 위한 방편을 찾으려 했다. 20세기 초반 직업의 위계적 서열화가 증폭되면서 점점 많은 사람들이 타인의 지배하에 움직이는 타인의 체계에 자신들이 끼어 있다고 생각했다. 자주적 노동이 이전의 전통적인 개인주의와 밀접히 연관되어 있듯이 위계구조에 대한 의식은 신개인주의의 등장과 밀접한 연관성을 갖는다. 일부 사람들이 자신의 직업에 대해 긍지를 느꼈다면, 많은 사람들은 비인격적으로 구조화된 직업의 세계와 개인적 자아실현을 연관시키지 않았다. 에드워드 벨라미의 소설 『회상(*Looking Backward*)』이 20세기에도 계속적인 인기를 얻고 있는 이유는 이러한 변화를 예견하고 있었기 때문이다. 그 이전의 이상사회들이 사람들에게 직업에서의 자유를 기약했었다면, 벨라미에 의해 제시된 이상사회는 사람들에게 직업으로부터의 자유를, 즉 인생에 있어 가장 회의적인 활동에 가장 최소한의 시간을 할애할 수 있는 방법을 약속했다. 19세기적 꿈속에서 서부는 모든 개인이 열심히 일해서 경제적 성공을 이룰 수 있는 희망의 장소였다. 그러나 20세기의 꿈속에서 서부는 아름다움과 휴식을 제공하는 천국으로 바뀌었다.

다시 말해, 최상의 조건 아래에서 자아를 실현하기 위해서는 일로부터의 해방이 다소간 필요했다. 과거에는 유복한 중간계급의 특권이었던 연중 휴가가 1920년대에 이르러서는 모든 사람의 일상적인 규범이 되었다. 19세기에는 직장으로부터 벗어난 시간은 직업에서의 보다 큰 성공에 도움이 되는 자아향상, 재충전, 중요한 사회적 의무의 수행을 위한 시간이었다. 그러나 20세기에는 개인의 사적인 시간이 엄격히 분리되었으며, 이 과정에서 개인적인 시간과 일상적인 의무, 특히 직업은 대립적 관계를 갖게 되었다. 19세기적 기준으로는 일이 끝이 없는 것과 마찬가지로 시간은 자유로운 것이 아니었다. 인생의 책무들로부터 도피하는 것은 오히려 인생을 낭비하는 것이었다. 존경받을 만한 사람이 일로부터 벗어나 극단까지 자신의 활개를 펴는 시간, 예를 들어 세기말적 유행이었던 사나운 말타기로 남성적 기개를 과시하는 시간을 가질 수도 있으나, 그것이 결국 한계 지점이었다. 새로운 자아의 계속적 창조를 의미하는 자아실현은 새로운 자아의 탄생을 가로막는 모든 구속들을 타파하기 위해서 직업적 일로부터 자유로운 시간을 필요로 했다.

민주주의의 개인적 그리고 집단적 구성요소들은 19세기에는 줄곧 병행적으로 공존했었지만 20세기 초에 이르러 서로 갈라졌다. 다수결 민주주의와 개인주의적 민주주의는 권리와 의무에 대한 상이한 이해를 토대로 각각 나름대로의 맥락에서 작동됨에 따라 서로 충돌할 필요는 없었다. 양자는 단지 서로 분리되어 거의 반세기 동안 다른 행로를 밟았던 것이다.

각 개인은 자신의 이익에 충실할 권리가 있다는 20세기적 주장은 이전에는 찾아 볼 수 없었다. 개인과 집단은 상호지지를 통해 호혜적 관계를 유지할 수 있다는 기대를 가지고 19세기의 민주주의는 개인들을 가족, 공동체, 보편 법칙 등과 같은 경계 안에 묶어 놓았다. 미국을 방문한 아담 구로브스키(Adam Gurowski)가 미국 민주주의의 핵심을 "개인의 독립성과 규율잡힌 사회·정치 조직의 결합"이라고 묘사한 것은 미국 사회에 내재하는 긴장이 아닌 조화를 반영한 것이었다. 미국 민주주의에 대한 이와 같은 의견에 대해서는 거의 모든 평론가들이 동의했다. 1860년 엘리자베스 스탠튼(Elizabeth Cady Stanton)은 "진정한 개인과 공동체의 권리는 결코 상충적이거나 간섭적이지 않다"고 천명했으며, 샬럿 길먼은 40년 이후 "사회조직의 발전은 그에 상응할 정도의 개인화, 전례없이 완전한 개인화를 달성했다"고 자랑스럽게 말했다.[4] 19세기에 몽상적인 발명가나 외로운 노예폐지론자들과 같은 개인들도 실제로는 공동체로부터 단절된 상태에 있었던 것은 아니며, 단지 진보의 행로에 있어 공동체보다 앞서 있었던 것이다. 마침내 모든 미국인들이 이들을 따라잡고 그들 주장의 정당성을 인정하게 되었을 때 그들은 영광의 주인공이 되었다. 즉 풀턴(Fulton)의 어리석음이 운송혁명을 낳았고, 노예제가 남북전쟁의 영웅을 만들었다.

시민을 독립적이고 합리적인 행위자로 보려는 진보적인 경향이 있었음에도 불구하고, 제1차 세계대전을 치를 때까지의 민주주의 이론은 개인과 공동체의 통합을 주장했다. 그러나 1920년대에 이르러 신개인주의는 공적 토론의 본질을 근본적으로 전환시켰다. 한편으로 신개인주의는 많은 개혁 이슈들을 엄격히 개인적인 관심사로 재규정함

---

4) Gurowski, vol.1; Elizabeth Cady Stanton, "Speech … 1860," in *Elizabeth Cady Stanton Susan B. Anthony*, ed. by Ellen Carol DuBois, New York, 1981, p.79; Charlotte Perkins Stetson[Gilman], *Women and Economics*, Boston, 1910 [1898], pp.138-139, 147-148.

에 따라 전후의 사회적 의제들을 축소시켰다. 다른 한편으로는 이전에는 철저히 사적인 것으로 여겨지던 문제들을 공적 관심사로 재규정함으로써 전후 의제들 중 개인적 차원의 비중을 확대시켰다.

모든 공적 문제에 있어 마력을 갖는 부적과 같이 인정되는 심리학이 등장한 것은 새로운 시대의 도래를 알리는 징표였다. 집단적 실체로서의 국민이라는 관념은 자극과 반응의 메커니즘으로 인간을 이해하는 행동주의 이론이나 무의식적 충동의 노예로 인간을 이해하는 프로이트 심리학의 입장에서 볼 때는 터무니없는 관념이다. 심리적 충동의 힘 앞에서 19세기적 인격은 무슨 의미를 가질 수 있겠는가? 이제 인성은 각 개인이 자아실현의 투쟁을 위해 각자가 가지고 있는 자원을 배치시키는 전장이 되었다. 과거의 개혁 투사들이 이제는 현대적 상황에 순응하게 되었다. 한 예로 매리 리치몬드(Mary Richmond)의 책 『사회조사란 무엇인가(*What Is Social Case Work*)』(1922)는 진보적 논의의 중심이 사회적으로 형성되는 목표로부터 심리학적 정향을 띤 서비스로 이전되는 분기점이 되었다. 이제 개인이 그 분야의 중심이 된 것이다.

제1차 세계대전 이후의 공중의료실태의 변화는 숲으로부터 나무로의 관심의 변화, 즉 사회로부터 사회를 구성하는 개인으로의 관심의 전이를 입증하는 또 하나의 예이다. 1890년대와 제1차 세계대전 사이의 시기에 시도된 다음과 같은 노력들, 즉 의료행위와 의학교육의 전문적 기준의 수립, 이웃 자선사업기관으로부터 합리화된 의료시술기관으로의 병원기능의 전환, 악성 질병 퇴치를 위한 홍보 활동, 현대적 치의학의 등장, 위생적인 습관의 일상화를 위한 공공교육기관의 활용, 진료소의 확산, 예방의학을 위한 실험 등은 종합적으로 작용하여 의료전문가와 일반 미국인들의 관계를 혁명적으로 변화시켰다. 공중의학은 전국적인 보건교육과 의료 혜택의 보급에 대한 열망과 함께 놀랄만큼 전도가 밝은 분야였다. 공중의료 분야는 중간계급의 요구와 갈등하는 측면이 있는 반면, 극빈층의 삶의 기회를 향상시키려는 강한 개혁의지의 표현이기도 했다. 분명 그것은 흑인과 이민자, 그리고 일부 백인을 포함하는 하류계급의 몰락에 대한 진보주의의 최선의 대응책 중의 하나임에 틀림없다. 영아사망률 저하 운동의 지도자인 조세핀 베이커(Josephine Baker) 박사는 "소아진료소는 공립학교와 마찬가지로 무료이어야 한다"고 주장했다.5)

그러나 미국인들은 조세핀 베이커와 같은 개혁주의자들에 동조하지 않았다. 1920년대 초반 이윤을 추구하는 사설 개업의들이 봉사를 주장하는 개혁가들을 압도하면서 공중의료 부문은 위축되었다. 주요 의과대학들이 공중의료 부문을 도외시하였고, 한때 공중의료 부문의 후원자였던 미국의사협회도 원래 공중의료 확대운동과 함께 전개되었던 금주법에 대한 견해를 반대로 선회함과 동시에 공중의료를 포기하게 되었다. 이제 의학 정보를 자발적으로 보급하려는 교육적 차원의 노력만이 남게 되었으나, 이러한 혜택도 빈민층에는 거의 주어지지 않았으며, 더군다나 다른 언어를 사용하거나 문맹의 상태에 있는 사람들에게는 혜택이 전무했다. 서유럽 전역에 걸쳐 공중의료의 핵심이 된 사회보장은 미국에서 실현되지 않았다. 미국인들은 대신 가족이나 개인 차원에서 각자 자신의 건강을 책임졌으며, 그들이 받는 의료 혜택의 정도는 특권의 위계적 서열에서 차지하는 그들의 위치에 따라 결정되었다. 미국은 의학의 수준에 있어서는 선두에 섰지만 산모와 영아사망률에 있어서는 산업국가들 내에서 최하위의 지위로 추락했다. 많은 지역의 흑인들은 현대적 의료 혜택을 전혀 받을 수 없었다. 1923년 플로렌스 켈리(Florence Kelly)는 미국의 상황에 대해 염증을 느끼며 "이 공화국에서 정의와 자비로 이르는 지름길은 없다"고 결론내렸다.6)

---

5) Sheila M. Rothman, *Women's Proper Place*, New York, 1978, p.137에서 인용.
6) Clarke A. Chambers, *Seedtime of Reform*, Minneapolis, 1963, p.68에서 재인용.

이전에 공적 문제들이 사적 영역으로 넘어가게 되면서 이전의 사적 문제들이 공공의 관심 대상이 되었다. 실제로 제1차 세계대전을 전후한 시기부터 사적 문제들이 지속적인 공적 논의의 주제가 되었다. 관음증을 전국적인 오락으로 승화시킨 영화산업 덕택에 많은 사람들이 어두운 극장 안에서 흥미를 끄는 다양한 사람들의 내밀한 사생활을 안전하게 엿볼 수 있다는 생각을 하게 되었다. 남녀 배우들의 사생활을 폭로하는 잡지들의 수도 증대했다. 수많은 방식으로 사적 공상과 공적 담론의 경계가 흐려졌다. 오래된 검열법인 콤스톡 법(Comstock Law) 등 공식적으로 외설물을 통제하는 기제들이 사라지면서 공적 토론이 그 기능을 대신했다. 19세기의 상황과는 달리 지방적인 가치관이 더 이상 문제를 해결하지는 못했다. 이제 지역적 차별성과 전국적인 기준이 서로 영향력을 행사하기 위하여 상호작용하는 상황이 되었다. 보스턴에서 판매가 금지되면 전국적으로 매출이 증대되었다. 뉴욕에서 상영된다면, 피오리아에서도 당연히 상영되지 않겠는가?

파블로 피카소(Pablo Picaso)와 노먼 록웰(Norman Rockwell), 시카고 사회학파와 연방수사국(FBI), 오이디푸스적 희곡과 코러스의 대사, 전국흑인발전연합(NAACP)과 쿠 클럭스 클랜(KKK), 미국재향군인회(American Legion)와 미국시민자유권수호연맹(American Civil Liberties Union), 주간의 할리우드와 야간의 할렘 등과 같이 공적 토론의 준거점이 다양하다면 제1차 세계대전 전의 미국인들은 당황했을 것이다. 그러나 1920년대의 확대된 공적 이슈들은 정치적 결과를 초래하지는 않았다. 사생활과 개인의 선택을 정치화하는 것은 용이하지 않았다. 공공정책에 중요한 영향을 미칠 수 있는 새로운 문제들도 행동보다는 신념의 선택 문제로 치부되어 대개는 토론의 대상에 머무르고 있었다. 예를 들어, 프랜츠 보아스(Franz Boas)의 상대주의적 인류학은 흑인에 대한 인종차별정책의 전제를 붕괴시키는 것이었으나 그 법을 변경시키기 위한 운동을 불러일으키지는 못했다. 월터 리프만이 주장했듯이

"정부의 가장 중요한 문제가 정치적 상황에 대한 개인적 차원에서의 해석을 어떻게 정당화하는 것인가"라고 한다면, 사회운동의 모든 기반은 상실된 것이다.[7)]

1914년에서 1924년 사이에 전국적으로 확산된 이러한 급작스러운 변화에 의해 신개인주의는 세대간 갈등의 양상을 띠게 되었다. 젊은 세대는 현대적 방식으로 치장하였고, 길먼 오스트랜더(Gilman Ostrander)의 표현을 빌리면 그들 중의 투사들은 "자식지배체제(filiarchy)"의 가치관을 추종했다. 젊은 세대는 그 유행을 수용하여 그들만의 속어를 사용하였으며, 그들만의 리듬에 맞추어 춤을 추었다. 이러한 젊은 세대의 지배에 대항하여 편견과 억압의 세력인 기성 세대가 포진하고 있었다. 롤린 커비(Rollin Kirby)의 풍자만화를 보면, 수척하게 여윈 늙은 금주법(Prohibition)이 모든 즐거움을 파멸시키기 위해 떠돌아다니고 있다. 리프만이 말한 "심통난 노파"는 젊은이들 사이의 미덕을 폄하했다. 자녀 위주의 새로운 교육을 주창하는 사람들은 초기 교육단계로부터 학생들을 기성 권위에 의한 위약화 영향으로부터 보호하는 것이 절대적으로 필요하다고 역설했다. 이러한 분위기에서 정신병원들은 만성적인 늙은 환자들을 최악의 감호병동에 몰아 넣는 정책을 채택했다. 선택받은 환자들은 치유의 가능성이 얼마간 있다고 짐작되는 젊은 환자들이었다.

많은 노년층 사람들은 신개인주의로의 급격한 이행을 비난했다. 한쪽 극단에서는 미국의 대표적인 무솔리니 숭배자인 리처드 차일드(Richard Washburn Child)가 젊은 세대의 "무한정한 자유와 무책임의 철학"에 대해 개탄했고,[8)] 다른 한쪽 극단에서는 창조적 여가의 잠재력보다 근면의 미덕에 헌신하는 신실한 진보주의자들이 표출적 개인

7) Walter Lippmann, *Public Opinion*, New York, 1922, pp.253-254.
8) Richard Washburn Child, "The Great American Scandal: Youth and Felony," *Saturday Evening Post* 198, Aug. 29, 1925, p.134. 이 인용은 데이비드 루스(David Ruth)의 도움을 받음.

주의에 조금의 동정도 보이지 않았다. 심지어 프레드릭 하우와 제인 애덤스와 같은 대표적인 개혁주의자들도 영화 검열에 참여했다. 새뮤얼 곰퍼스(Samuel Gompers)나 부커 워싱턴(Booker T. Washington)은 신세대의 새로운 가치관으로부터 도대체 어떠한 이득을 얻을 수 있었겠는가? 비록 곰퍼스의 경우 70세 나이에 젊은 신부를 얻었고, 워싱턴은 백인 여성과의 스캔들에 휩싸였다고 하지만, 그들 모두는 익숙한 빅토리아풍의 가치관에 기대어 최대한의 이익을 얻는 방법을 알고 있었다.

성의 자유, 즉 성적 쾌락과 출산 조절의 권리에 대한 여성들의 반응에서 우리는 신개인주의에 의해 그어진 세대간의 골이 얼마나 깊은가를 보다 분명하게 알 수 있다. 제1차 세계대전 이전에 공공영역에서 두드러진 활동을 하던 여성들은 두 대의명분 모두에 대해 냉담한 태도를 보였다. 그들은 성공적인 경력을 위해서 확고한 자기규율과 엄격한 감정통제를 필요로 했으며, 이러한 태도는 중요한 정치적 전술로 발전했다. 그들은 자신들뿐만 아니라 그들의 대의명분에도 감정과 표현이 아닌 사실성과 객관성이라는 과학의 옷을 입혀 드러냈다. 비록 앤나 하워드 쇼와 샬럿 길먼과 같은 여성운동 지도자들이 개인의 중요성을 설득력 있게 주장했지만, 그들의 주장은 경제적 자립과 사회적 의무를 강조하는 19세기적 개인주의였다. 그들은 개인의 자결권이라는 19세기 민주주의의 척도를 그들의 것으로 받아들였다. 캐리 캐트(Carrie Chapman Catt)는 어느 정도 나이가 들면 그녀의 생활비를 어느 한 남자에게 결코 의존하지 않겠다고 맹세했던 사실을 회고했다. 1905년 사회개혁가인 에디스 애보트(Edith Abbott)는 "자존심 있는 미국의 중간계급 여성들은 이제 더 이상 남성 친척들에 의해 부양되는 것을 원하지 않는다"라고 썼다. 더군다나 그들 여성운동가들이 말하는 개인은 여전히 사회와 공생적인 관계를 유지하고 있었다. 길먼에 따르면, 모든 개인은 "사회 진화의 지향점이 되는 보다 숭고한 삶의 방식의 실현"에 기여해야 한다. 줄리아 래드롭은 특히 여성의 책임은 "인류의 생존을 유지하는 것"이라고 말했다.9)

이들 여성들은 압력을 느끼고서야 성이라는 주제를 다루었다. 엄밀히 말해, 그들에게 있어 성문제는 남성들의 문제였다. 가장 솔직한 길먼도 남성들의 성행위에 있어서의 "병적인 과욕"은 인류에게 내린 저주라고 판단했으며, 프린스 머로우(Prince Morrow)가 주도하는 일군의 개혁가들도 매춘이나 그 당시 발견된 성병 문제들을 비판함에서 이러한 일반적인 관점을 수용했다. 1908년 전미여성참정권연합(NAWSA) 연례대회에서 이러한 주제를 다루는 한 분과는 남성들이 스스로에게 부과하지 못하는 통제를 여성들이 강제할 수 있도록 여성들에게 투표권을 허용하라고 요구했다. 여성의 성적 본능이 인류의 존속이라는 목표를 향하도록 조절되어 있다면, 오직 강요에 의해서만 여성은 매춘부로 전락하게 된다. 매춘부는 피동적인 희생자 또는 납치의 대상이라는 전제하에, 제1차 세계대전 이전의 대표적인 매춘방지법인 1910년에 제정된 만 법(Mann Act)은 비도적적 목적을 위한 여성의 매매를 불법으로 규정했다. 이 법령이 이른바 강제매춘금지법(White Slavery Act)이다. 제인 애덤스와 벨 모스코비츠(Belle Moskowitz)를 포함한 많은 대표적인 개혁가들이 이 캠페인에 기여했다.

제1차 세계대전을 전후하여 세상은 변화했다. 자유분방한 신여성의 출현과 함께 영화와 연극, 문학과 미술, 사진과 광고 등을 포함한 전체 공적 생활의 영역에 걸쳐 개방적 감성과 성적 관심의 표출이 확산되었다. 이후의 연구들에 따르면 1915년에서 1930년에 이르는 시기에 성년에 달한 중간계급 여성들 사이에서 성과 관련된 실험이 급증하였다. 20세기 초만 해도 미국에 영향을 미치지 못했던 엘렌 케이(Ellen

---

9) 애보트에 대해서는 Robyn Muncy, *Creating a Female Dominion in American Reform, 1890~1935*, New York, 1991, p.69에서 인용; [Gilman] *Women and Economics*, p.207.

Key)와 해블락 엘리스(Havelock Ellis) 등과 같은 유럽 저자들의 성에 대한 책들이 이제는 미국에서 독자층을 확보하게 되었다. 이러한 새로운 가치관의 도래가 많은 충격과 동요를 수반했지만, 1920년대 중반에 이르러 새로운 가치관은 널리 수용되었다. 이러한 변화의 시작은 외설죄로 투옥되었던 완고한 산아제한 주창자인 마거릿 생어(Margaret Sanger)로 거슬러 올라간다. 그녀는 1920년대에 와서 산아제한을 통한 가족계획의 선구자로서 널리 존경을 받았다. 그녀의 모든 주장에 담긴 목표는 한결 같았다. 즉 여성은 완전한 성생활을 보장받아야 하고, 그것을 적극적으로 추구해야 한다는 것이다. 1920년대에 와서는 더 이상 이러한 견해가 한 혁명가의 헛소리로 여겨지지는 않게 되었다. 이제는 그러한 견해가 주류적인 이상향이 되었다. 생어의 캠페인과 함께 출산에 대한 여성의 통제력을 증대시키려는 노력은 출산의 고통을 감소시키려는 방향으로도 전개되었다.

초기 여성운동가들은 이러한 주장과 견해에 동조하지 않았다. 참정권 확대운동가들 중 한 지도자는 "엘렌 케이라는 이름은 저주의 대상이었다"라고 회상했다.[10] 제인 애덤스의 권위는 전시 평화주의에 의해 침식당한 것 이상으로 1920년대에 손상되었다. 시민 교육과 순수 무용에 힘썼던 헐 하우스는 세대 차이의 보수적 극단을 대표했는데, 그녀는 기본적으로 생어나 이사도라 던컨(Isadora Duncan), 또는 애밀리어 이어하트(Amelia Earhart) 등과는 상종도 하지 않았다. 신세대 페미니스트들은 자율성을 극기적인 규율이 아닌 자기완성의 추구로 이해했다. 즉 크리스틀 이스트맨(Crystal Eastman)이 선언한 "무한정으로 다양한 개인의 소질은 무한정으로 다양한 방식으로 발휘할 수 있는" 권리가 자율성을 의미했다.[11] 다시 말해 성의 자유는 각 여성의 개체

10) Nancy F. Cott, *The Grounding of Modern Feminism*, New Haven, 1987에서 인용한 레타 도르(Rheta Childe Dorr)의 말.

11) "Now We Can Begin," December 1920, in *Crystal Eastman*, ed. by Blanche Wiesen Cook, New York, 1978, p.54.

적 독립가능성을 추구하는 보다 광범한 전략의 한 부분이다. 한 여성은 가족을 위한 주부도, 도덕의 수호자도, 종족의 유지자도 아니며, 개별적인 인간이었다. 신개인주의는 공적인 영향력을 확장시키고 감정에 대한 호소력을 심화시키면서, 이와 같은 여성에 대한 새로운 인식의 확대를 도모했다.

애덤스와 같은 포용적인 사람도 젊은 여성들이 이기적인 관심을 위해 그들의 사회적 양심을 기꺼이 희생하는 것을 보고 분개했다. 이러한 갈등이 제도적 차원으로 전개되면서, 표준적인 개혁 프로그램을 지속적으로 추진하고자 하는 연방 및 주정부의 소수 관리들과 여성보호를 위한 구체적인 개혁 입법 노력의 기저에 깔려 있는 전제들을 문제삼고 이에 도전하는 남녀평등헌법수정안(Equal Rights Amendment)을 내세웠던 소규모의 전국여성당(National Woman's Party)은 서로 맞서게 되었다. 물론 진보적 투사들은 직업적 서열을 옹호하고 빈민층의 사회개혁에의 기여도를 인정하려 하지 않는 전국여성당에 비해 계급적 차별의 문제에 대해 보다 민감했다. 그러나 남녀평등헌법수정안에 의한 성차별의 금지는 개인의 자아실현을 추구하는 현대적 열망을 반영하는 다른 목적들을 가지고 있었다. 즉 그것은 개방적 사회를 만들어 여성들이 그들이 바라는 것을 추구할 수 있도록 하는 목적을 가지고 있었다. 굳은 의지를 가진 앨리스 폴(Alice Paul)이 주도하는 전국여성당을 야생적 삶을 위한 전위로 오인하는 사람은 없었다. 전국여성당은 여성의 요구와 신개인주의 사이의 상호연관성에 대한 진지한 검토를 지속적으로 수행했다. 그 규모의 약세와 성과의 미미함에 의해 전국여성당이 실패하였다고 평가할 수는 없다. 전국여성당은 일종의 풍향계로서 시의적인 가치관의 옹호자였으며, 그 가치관의 정당성은 신자유주의적 정신에 걸맞게 조직이나 정치에 의해 결정되는 것은 아니었다.

신개인주의는 현대 사회의 주요한 긴장과 분열, 그리고 갈등 속에서 출현하였기 때문에 현대적 갈등의 양상을 규정하는 데 기여했다. 신개인주의의 계급적 기원은 무엇보다 중요하다. 다수결 민주주의의 쇠퇴가 하류계급의 몰락과 동시에 진행된 것과 마찬가지로 개인적 민주주의의 등장은 국가계급의 출현과 함께 이루어졌고, 시작 단계에서 국가계급이 주장하는 원리와 권위에 의존했다. 1920년대의 새로운 가치관의 주창자들은 그들 스스로가 위계적 질서 속에서 기능하는 것으로 이해했다. 미국인들은 새로운 자유에 대한 지지도와 실천 능력에 따라 측정되어 차별화되었다. 반 위크 브룩스(Van Wyck Brooks)와 셔우드 앤더슨(Sherwood Anderson)과 같은 신개인주의의 선구자들이 대중문화에 대해 묘사한 것과 마찬가지로 신개인주의는 예민한 정신의 소유자들에게는 덫과 같은 것이었다. 즉 그 덫을 작동시키든지 아니면 그 덫에 걸려 죽는 수밖에 없었다. 얼마 동안은 계급적인 도피주의가 개인적인 완성을 추구하는 가치관과 함께 나타났다. 새로운 가치관을 표현하려 했던 예술가나 그 가치관에 따라 살기를 원했던 영화 스타들은 유럽으로 망명하거나 도시의 보헤미안이 되거나 아니면 할리우드 성곽 안으로 도피해야 한다는 강박감을 느꼈다.

국가계급의 대변인들은 그들의 위계체계에서 하위에 속하는 일반인들의 감각에 대해 과소평가하듯이 다른 사람들의 직업도 하찮게 생각했다. 그들 계급의 외부에 속하는 직업들은 그들에게는 재미 없는 직업의 범주에 속하는 것으로 여겨졌다. 토머스 스미스는 사람들이 다른 방법으로 소득을 얻을 수 있게 된다면 아마도 아주 소수의 사람들만이 그들의 일을 계속할 것이며, "가정주부의 비율은 확실하게 줄어들 것이다"라고 말했다.[12] 어떠한 형태이든 현대적 공장에서 일했던 경험이 없는 사람들에게는 현대적 공장은 프리츠 랭(Fritz Lang) 감독의 영화 <메트로폴리스(Metropolis)>와 찰리 채플린의 <모던 타임스(Modern

12) Smith, *Democratic Way*, p.129.

Times)>에서 묘사된 것과 같은 황량하고 비인간적인 직업의 축소판이었다.

몇 십 년을 거슬러 올라가 윌리엄 모리스(William Morris)와 동업조합운동을 회상하면서 일군의 국가계급의 비평가들은 진정으로 가치있는 육체노동의 직업 이미지를 만들어냈다. 그것은 19세기 민주주의의 이상인 자주적 노동을 현대화한 것으로서, 즉 현대적 의미에서 자아실현의 직업으로서 원료와 도구, 그리고 생산물 사이의 관계가 밀접하게 인간적으로 매개됨으로써 내면적 만족을 느끼게 만드는 직업이었다. 그러나 이러한 시각에 예를 들어, 토스테인 베블렌이 상상하는 근로의 본능에 크게 위배되는 것은 일관 조립라인의 도입이었다. 그 이후로 국가계급은 일관 조립라인의 도입에 따른 근로자의 "탈기술화(de-skilling)" 추세에 대해 계속적으로 비판했다. 탈기술화의 문제는 규명보다는 개탄의 대상이었으며, 이를 비난하는 사람들은 이 문제를 노동자의 관점에서 보려하지도 않았다. 때로는 공장 설비의 거대한 규모 자체가 가장 큰 비난의 대상으로 여겨지기도 했다.

평범한 사람들은 재미 없는 직업에 종사하게 마련이었다. 국가계급의 비평가들은 품위 없는 직업이 보잘것 없는 문화의 소산으로 생각했다. 엘머 라이스(Elmer Rice)의 『계산기(*The Adding Machine*)』(1923)에 나오는 평범한 사무직원인 미스터 제로는 내세에서도 여전히 미스터 제로였다. 화이트칼라의 세계는 케네스 피어링(Kenneth Fearing)에 의해서도 마찬가지로 묘사되었다.

그는 굉장하게 살다가 굉장한 죽음을 맞았다.
벌떡 일어나 출근하고 지친 몸으로 집에 와 잠자고,
얼떨결에 결혼을 하여 아이를 낳자 해고당하였고,
와, 그는 대단하게 살다가 대단하게 죽었다.[13]

13) Kenneth Fearing, "Dirge," in *Collected Poems*, New York, 1940, pp.60-61.

세일즈맨도 더 나을 것이 없었다. 싱클레어 루이스(Sinclair Lewis)의 소설 『배빗(*Babbitt*)』(1922)은 말의 공허함 속에서 상실된 인생의 본보기를 보여주었다. 4반세기 이후에 씌어진 아서 밀러(Arther Miller)의 시골 중간계급을 풍자한 『세일즈맨의 죽음(*Death of a Salesman*)』(1949)에서 윌리 로맨(Willy Loman)의 파괴적 개인주의는 그가 사랑하는 모든 사람들을 그로부터 멀어지게 했다.

지방의 미국인들은 그들에게 어떠한 대접이 주어지고 있는지 익히 알고 있었다. 또한 그들이 실제적인 의견 대립의 상태에 처해 있다는 것도 분명했다. 즉 중간계급의 가치관과 국가계급의 가치관은 첨예하게 달랐다. 그럼에도 불구하고 중간계급의 미국인들은 누구도 새로운 풍조가 가져다주는 즐거움을 거부하려 하지는 않았다. 현대라는 말은 대부분의 지방 미국인들에게 행복과 희망의 느낌을 주었다. 그러나 이러한 태도는 그들의 통제력에 위협이 되었다. 중간계급의 미국인들은 자기실현이라는 그들의 꿈을 추구하면서도 계속해서 구시대적 요소들인 가족과 친구, 교회, 직장과 같이 인간관계로 형성되는 사회적 환경에서의 평판을 중심으로 그들의 삶을 구축해갔다. 과연 그들이 어떻게 이러한 사적인 세계 내에서의 통제력을 잃지 않고 그들이 원하는 것을 수용할 수 있었을까?

이에 대한 일반적인 대답은 끊임없이 조정되고 지역적으로 규정되는 타협책의 등장에서 찾아진다. 신개인주의의 유용한 지표의 하나인 화장술은 여기에 적절한 예가 된다. '못된 여자는 볼에 칠을 하고 품행이 방정한 여자는 볼을 꼬집는다'는 19세기적 규범과 개인적인 실험과 표현을 강조하는 현대적 기준 사이에서 지방계급의 가족들은 절충적인 방안을 만들어냈다. 즉 그들은 그들의 딸이 언제부터 처음 화장품을 사용해야 하는지, 그리고 얼마만큼 사용하면 무방하고 얼마만큼 사용하면 도에 지나치는지를 규정하려 했다. 여기에서 이러한 규칙들이 가족, 지역, 시간에 따라 주관적으로 결정된다는 것은 덜 중요했으며, 보다 중요한 것은 규칙이 항상 존재하고 또한 정기적으로 그것이 표출되어 통제를 확인시킨다는 사실이었다.

신개인주의는 하류계급의 사람들에게 현대 민주주의의 최상의 희망을 제공했고, 그들은 그것으로부터 얻을 수 있는 혜택을 차지했다. 일반적으로 영화나 소매 체인점, 또는 인쇄 미디어를 통해 제공되는 전국적인 여가활동에 있어 하류계급은 작은 마을이나 도시에 사는 지역주민들에 비해 규제를 덜 받았다. 승용차와 라디오의 보급은 하류계급의 생활 반경을 확대시켰으며, 가난한 주민들은 농촌에 전기가 들어오는 것을 반대하지 않았다. 국가계급 사람들이 공장 일은 개인주의를 상실시키는 것으로 생각했다면, 많은 임노동자들은 반대로 생각했다. 그들에게 공장일은 추수하는 것보다 덜 힘들고, 탄광보다 덜 위험하며, 목재 수송보다 몸을 덜 상하기 때문에, 그것을 얻을 수 있는 하류계급의 모든 사람들에게는 좋은 직업이었다.

신분차별과 빈곤으로 인해 매우 어려운 형편이기는 했지만 미국의 흑인들도 신개인주의로부터 가능한 혜택을 얻어냈다. 그러나 많은 사람들의 열망의 대상인 신개인주의는 흑인 부르주아에게는 별다른 영향력을 행사하지 못했다. 부인이 고상하게 집에 있는 것이 성공한 흑인 가정의 상징이었으며, 집단적인 권리는 여전히 전국적으로 영향력 있는 흑인 단체들의 지속적인 요구로 남아 있었다. 19세기와 마찬가지로 20세기에도 흑인들은 공적인 탄압이 그들 문제의 핵심이라고 보았으며, 집단적인 대응이 정의를 실현하기 위한 불가피한 첫 단계라고 생각했다. 마커스 가비(Marcus Garvey)의 흑인 찬양론이 부커 워싱턴의 자조론에서 영감을 받았다는 사실은 얼마만큼 집단적인 것과 개인적인 것이 밀접하게 연관되어 있었는지를 암시한다. 그럼에도 불구하고 가비즘의 인종자결주의와 전국흑인발전연합(NAACP)의 법적 평등주의 운동 속에서도 개인들은 지속적으로 미국 흑인사회에서 그들의 의미를 찾으려고 노력했다.

다른 한편, 당면한 가장 큰 장애가 개인적인 무능력이었던 여성들에게 신개인주의는 큰 호소력을 가졌다. 신개인주의가 확산되고 있던 영역들, 즉 성과 출산, 외모와 오락 등에 있어서의 선택의 자유에서 자율적인 개인의 지위를 획득한다는 것만도 혁명적인 진보였다. 신개인주의는 무엇이 여성을 자립적 존재로 설 수 있게 만드는가라는 여성운동의 지속적인 문제에 많은 매력적인 해결책을 제시했다. 20세기 초 새로운 직업 영역이 여성들에게 개방되는 큰 진전이 있었지만, 스스로 생계를 꾸려간다는 것만으로는 충분하지 못했다. 어떠한 사회적 계급에 속하든지 직장에서 여성은 2류계급이었다. 또한 참정권으로도 충분한 것은 아니었다. 제인 애덤스와 플로렌스 켈리 같은 탁월한 여권론자들이 권위를 상실하게 되자, 전후의 정치는 이전에 비해 더욱 심하게 남성들만의 게임이 되었다. 신개인주의가 급진적인 이유는 모든 것이 각 개인의 주관에 의해 규정되며, 목적의 추구도 독자적으로 수행된다는 사실에 있었다. 직장에서나 정치에서나 우두머리는 남자들이었다. 그러나 자아실현은 그의 것이 아니라 그녀의 것이었다.

20세기 초 남성들은 위험을 느끼기 시작했다. 프란시스 포터(Frances Squire Potter)의 통찰력 있는 관찰에 의하면, 여성들의 권리가 확대됨에 따라 남성들은 "선량한 남자들이 잠자고 있는 사이에 여자들이 너무 빨리 출세하게 된 것이 아닌가라는 어렴풋한 생각"을 가지게 되었다.[14] 1910년의 강제 매춘금지법은 너무 많은 수의 방탕한 여성들에 대한 우려뿐만 아니라 자유여성들, 이혼녀와 독신 근로여성들의 수적 증대에 의해 너무 많은 여성들이 자신들의 삶을 스스로 영위해가는 추세에 대한 우려의 표현이기도 했다. 여성들이 독립적으로 새로운 길을 개척해가면, 남성들은 그 뒤를 따르며 충고를 일삼았다. 여성들이 성도착적으로 된 것은 아닌가? 여성들이 오이디푸스 컴플렉스에

14) Elizabeth Cady Stanton et al.(eds.), *History of Woman Suffrage*, 6 vols., New York, 1881~1922, vol.5 p.256.

의해 그들의 자식들을 유혹하는 것은 아닌가? 이와 같은 의문들을 제기하면서 남성 전문가들은 여성들의 본능적 충동만큼 이상한 것이 없다고 경고했다. 미국 아동국에 의해 배포된 아주 인기 높았던 지침서인 『영아 돌보기(*Infant Care*)』는 이러한 충고에 의거하여 본능적인 모성에 대한 단계적 치유책을 제공했다.

성적 자유가 확대되어가면서 남성은 항상 한두 발짝 앞서가는 것 같았다. 빅토리아풍의 정숙함에 대한 국가계급의 증오, 예를 들어 금주법에 대한 성공적인 반대 캠페인, 또는 슬럼가의 생활이 특별히 여성에게 위험이 되지는 않는다는 개명된 견해 등에 의해, 여성을 더욱 학대할 수 있는 자유를 포함하는, 여성의 희생을 대가로 하는 남성의 권리가 증진되었다. 이러한 현대적 상황에서 가정주부들은 남편의 애정을 원하는 경우 성적인 게임이 결코 끝나지 않는다는 사실을 알게 되었다. 새로운 가치관은 거대한 화장품 산업과 화장품을 사용하기 위한 미장원과 함께 등장했다. 또한 현대의 여성은 영원히 젊음을 유지해야 한다는 계율로부터 자유로울 수 없었다. 여성의 날씬한 몸매와 체중조절을 위한 규정식이라는 20세기적 규범은 1920년대에 강화되었고, 이에 따라 매력과 조롱의 이중적 메커니즘이 가동되었다. 나이 많은 여성들은 젊어지고자 노력했지만, 생리적인 나이는 속일 수 없었고, 옷의 스타일도 나이를 말해주었으며, 새로운 유행 춤은 그들의 관절에 무리가 되었다. 그들은 어쩔 도리 없이 나이에 맞게 사는 수밖에 없었다. 할리우드의 영화계를 주름잡는 남자들은 성적 욕구를 드러내는 늙은 여자들을 조롱거리로 삼았으며, 먼저 구애하는 젊은 여자들을 요부로 정형화하였다. 여성들의 일거수 일투족은 그에 대한 반작용을 유발하는 것 같았다. 1921년 남녀평등헌법수정안이 모습을 드러내자, 이와 동시에 최초의 미스 아메리카가 탄생되었다.

수많은 일반 미국인들이 원자화된 소비자의 가치관을 내면화하게 되면서, 신자유주의는 수많은 추종자들을 거느리는 패권자적 지위를 확보했다. 모두에게 공통된 행위로서의 현대의 소비주의는 시민이라는 개념에 대한 이해를 변화시켰는데, 이제 시민은 특별한 요건을 필요로 하지 않는 수동적인 개인들의 군집으로 이해되었다. 소비주의는 사람들 간의 차이와 불평등에 영향을 미치지 않으면서 문화변용과 평준화를 초래했다. 실제로 신개인주의는 어떠한 문제를 사회적 문제로 다루려 하지 않았으며, 새로운 시대의 커뮤니케이션 수단들은 기존의 사회적 위계질서를 정당화하면서 이러한 경향에 가세했다. 광고를 통해서 기계 옆에서 나란히 줄지어서 웃고 있는 근로자들의 보기 좋은 이미지가 널리 보급되었다. 영화와 라디오, 일상적인 속어들이 미국 흑인들을 천박하게 만들어가면서, 미국 흑인들은 그들이 살고 있는 빈민굴에 적합한 이미지를 갖게 되었다. 인디언거주지역 밖에서 가장 익숙해진 인디언의 모습은 죽은 인디언의 모습이었다.

어떤 점에서는 새로운 소비주의가 그렇게 새로운 것은 아니었다. 가정에의 전기 공급과 저렴한 승용차, 그리고 포장된 도로는 1920년대에 들어와 나타난 독특한 현상들이라 할 수 있지만, 소비주의의 일반적인 패턴은 19세기 후반부터 형성되어왔다. 제1차 세계대전 시기가 분기점이 되는 이유는 그 시기에 소비자의 세계가 무한정 확대되는 인간의 욕구를 충족시킬 수 있는 장치를 갖춘 고도로 개인화된 영역으로 재개념화되었기 때문이다. 20세기가 시작될 무렵에만 해도 광고주까지도 소비자들을 사회적 존재로 취급했으며, 그들의 상품이 이러한 소비자들의 공동체적 가치를 구현한 것이라고 선전했다. 또한 진보주의자들이 소비자라는 용어를 사용함에 따라 소비자들은 경제 및 사회정책 수립에 기여했다. 루이스 브랜다이스의 소비자는 관세와 철도 요금의 삭감을 요구했으며, 플로렌스 켈리의 소비자는 사회정의의 명분 아래 불매운동을 전개했다. 대략적으로 말해 이러한 소비자들은 시장에 스스로 적응하면서 미국혁명 전의 애국적인 차 불매운동가들과 같이 전체 사회의 이익에 봉사하려는 민중이었다.

제1차 세계대전을 전후해서 광고주들은 의식적으로 그들의 관심을 정보를 얻고자 하는 세심한 구매자로부터 자기실현을 추구하는 구매자로 전환했다. 1920년대에 이르러서는 내적 만족이라는 새로운 가치관이 몇 개의 중심지를 갖는 표준화된 전국적 소비문화를 만들어냈다. 갑자기 헤게모니를 장악한 것이 죄라면 죄였다. 소비자들은 합리적 선택이 아니라 무제한한 선택의 권리를, 그리고 상품의 품질이 아니라 자신의 개성을 살리기 위한 상품의 다양성에 가치를 두도록 권장되었다. 자아를 창조하기 위한 소비는 구매 결정의 원인을 상품이 아니라 구매자에게로 옮겨 놓았다. 사람이 상품을 사용하는 것이라기보다는 상품이 사람을 변화시켰다. 이에 대해 심기가 불편했던 조셉 크러치(Joseph Wood Krutch)는 "이전보다 두 배나 빠르게 시속 50마일로 달리는 데도 어떤 사람들은 두 배로 행복해 하지 않는다"라고 불평을 토로했다.[15] 왜 그런가? 진짜 그런가? 여기에는 많은 조작의 가능성이 있었다.

동시에 신개인주의는 20세기 민주주의의 어느 곳에나 적용할 수 있었다. 상품이 사람을 변화시켰다면, 마찬가지로 사람들이 상품을 변화시키기도 했다. 시장에서 자유롭게 판매되는 소비재의 가치와 유용성은 사람들이 결정하기 나름이었다. 당연히 여성들은 표준화된 옷과 화장품, 그리고 치장들을 조합하여 자신의 독특한 표현으로 연출해냈다. 변화하는 스타일들이 그들의 표현 욕구에 맞기만 하면 반향을 불러일으켰다. 그러나 지구상의 어떠한 광고 캠페인도 그들로 하여금 제1차 세계대전 이전의 물결 주름 옷의 유행으로 되돌아가도록 강요할 수는 없었다. 흑인 미용산업의 다소 모호하고 본질적으로 근절된 이상이 어디에서 비롯된 것인지 알 수 없지만, 흑인 여성들은 그것을 흑인들의 목적에 맞도록 만들었다. 아마도 비용이 많이

15) Joseph Wood Krutch, *The Modern Temper*, New York, 1929, p.61.

들고 고통스러운 미용 문화였을지 모르지만, 그래도 그것은 철저히 그들 자신의 문화였다. 오직 백인들만이 그것을 이상하게 생각했다. 무엇보다 놀라운 일은 산업이 발전되어 야간의 도시가 전기불로 밝아지자, 사람들이 나서서 진정 새로운 세계의 광채와 욕망 속에서 유희를 즐기기 위해 상상력을 발휘했고, 그들 자신의 거리 문화와 자유분방한 사교계를 만들어냈다는 사실이다. 밤의 유흥생활은 사람들의 선택에 의한 것이었다.

신개인주의의 파괴적인 속성들은 일견 전혀 문제가 되지 않는 것처럼 보였다. 그러나 신개인주의가 조심스럽게 연방정부와 관계를 형성해가면서 사정은 달라졌다. 전통적으로 적대적인 관계에 있던 이들이 어떠한 변화를 가져오리라고 누가 예상할 수 있었겠는가? 미국혁명 이래로 자유 시민들은 그들로부터 떨어져 있는 정부를 본능적인 약탈자로 보았고, 이들로부터 자신들을 방어하기 위해 권리장전을 급히 만들었던 것이다. 19세기에 이르러 공포감이 완화되었을 때에도—민중 자신의 정부가 어떻게 민중을 약탈할 수 있겠는가?—거만한 정부 당국은 여전히 권력에 대한 최선의 방어책으로서의 개인의 자유권과 정치적 분권화의 가장 직접적인 적으로 남아 있었다.

권위주의의 등장은 1920년대와 1930년대에 이에 대한 관심을 고조시켰다. 이탈리아와 독일, 그리고 많은 소국가들에서 나타난 독재 정권들은 민주주의자들을 압도하면서 정부를 이용해 자유를 말살했다. 무릎을 굽히지 않고 발을 높이 들어 행진하는 병사들이나 경례하는 대중들의 모습은 전통적인 미국의 개인주의와는 맞지 않았다. 아울러 극장을 폐쇄하는 관리들과 책을 불사르는 무리들, 집으로 쳐들어오는 돌격대원들의 모습은 개인적 행복과 선택권에 민감한 신개인주의에 큰 충격을 안겨주었다. 넓은 의미로 아돌프 히틀러와 조셉 스탈린이 전국민을 소모품으로 생각하고 지배함으로써 개인의 가치를 무시했으며, 좁은 의미로 그들의 정부는 반대자가 살아남을 수 있는 여지를 허용하지 않았다. 아서 쾨슬러(Arthur Koestler)의 무서운 은유인 『정오의 암흑(*Darkness at Noon*)』이 이러한 상황을 대변한다. 민중의 자유를 빼앗아가는 폭군이라는 과거의 악몽을 대신해서 각 시민의 개인성을 말살하는 전체주의 정부라는 현대판 악몽이 등장했다. 전체주의는 개인의 자아실현과는 정반대의 것으로서 내면세계의 파괴를 의미했다.

한편 미국인들은 국내에서 정부권력에 의한 탄압의 사례들이 증대되는 추세에 주목했다. 20세기 민주주의의 형성기인 제1차 세계대전을 전후한 시기에 연방 및 주 정부 모두는 다양한 형태의 일탈과 파행을 범했다. 이 시기 정부의 탄압에 충격을 받은 진보주의자들은 이후 뉴딜 정책을 내세운 적극적인 정부를 개혁의 옷을 차려 입었을 뿐 옛날과 똑같은 늑대로 보았다. 보수주의자들뿐만 아니라 많은 자유주의자들도 금주법을 서툰 정부와 자유시민 사이의 경합으로 보았고, 제2차 세계대전의 관료적 형식주의는 괴물과 같은 관료제에 의한 개인의 자유 침해로 이해했다.

이러한 상황에 대응하는 19세기의 표준적인 방식은 주 및 하위지방 정부와 연방정부를 상호견제의 관계로 연결시키는 분권화된 연방주의였다. 그러나 새로 등장된 국가계급에게는 그러한 전략이 더 이상 소용이 없었다. 말 그대로 전국적 차원의 문제는 전국적 차원의 해결책을 필요로 했다. 현대의 개인주의자들은 연방정부에 등을 돌리기보다는 그 내부에서 그들에 동조할 만한 권력의 중심, 즉 균형점을 찾으려 했고, 마침내 그들은 해답으로서 연방법원을 발견했다. 남북전쟁 이후의 재건기의 판례들에도 불구하고, 가장 멀리 떨어져 있는 정부의 가장 대중적이지 않은 관청이 민주적 권리의 방어거점으로 기능한다는 발상은 나이 많은 백인들에게는 어리둥절한 것이었다. 그러나 같은 이유로 그것은 국가계급의 구미에 아주 잘 맞았다. 연방법원은 일관성을 보장했고, 권력의 위계를 존중하였으며, 잘 훈련된 인재들에 의해 대중의 압력과는 무관하게 문제를 해결할 것으로 기대되었다. 법원을 선거에 의해 구성되는 정부에 대한 제어장치로 이용한다는 것은 민주적 권리에 대해 다수가 가하는 위협에 대한 우려가 점증되던 그 당시 현실과 잘 상응하는 것이었다. 민주적 권리에 대한 다수의 위협이라는 말은 19세기에는 모순된 것이었지만 20세기에는 국가계급의 도그마가 되었다.

누구도 민주적 개인을 위하여 사법정책을 혁명적으로 개혁하려고 서둘러 덤벼들지는 않았다. 1920년대와 1930년대 사이의 시기에 법원은 조심스럽게 요구에 부응하는 정도였다. 그러나 다양한 형태의 조합으로 온건주의자와 보수주의자들이 서로 공조하여, 첫째로 중앙행정부의 전시 비상대권의 남용에 저항했고, 둘째로 개인의 생활과 자유에 대한 모든 침해를 다룰 수 있도록 수정헌법 제14조를 확대해석하여 권리장전의 적용 범위를 주와 지방의 차원으로까지 확대하는 방안들을 모색했다. 대법관 올리버 웬델 홈즈(Oliver Wendell Holmes, Jr.)의 위대함은 80세의 나이에 이러한 현대적 요구들을 고려할 수 있었던 그의 능력에서 가장 잘 드러난다. 제1차 세계대전 직후만 해도 그는 여전히 19세기적 기준에 근거해서 다수는 그들이 혐오하는 의견을 침묵시킬 수 있는 "자연권"이 있다는 전제를 고수했었다.[16] 그러나 이후 그는 새로운 국가계급의 전형적인 대변자인 조숙한 법학 교수 펠릭스 프랑크푸르터(Felix Frankfurter)와 러니드 핸드(Learned Hand) 판사로부터 자극을 받아 이에 대해 재고했다. 그 결과가 1925년의 기틀로우 대 뉴욕 주(*Gitlow v. New York*) 소송사건에서의 중요한 판결이었으며, 이 판결은 수정헌법 제1조의 권리를 수정헌법 제14조에 끌어넣어 개인과 모든 수준의 억압적 정부 사이에 연방법원을 개입시키는 것이었다. 2년 후 보수적인 대법원은 홈즈의 원칙에 의거하여 첫번째 판결을

16) Christopher N. May, *In the Name of War*, Cambridge, 1989, p.195.

내렸다.

그러나 여전히 큰 변화가 나타나지는 않았다. 1937년 팔코 대 코네티컷 주(*Palko v. Connecticut*)의 소송에서 대법관 벤자민 카르도조(Benjamin Cardozo)는 그후 10년간 통용된 광범한 원칙을 내세웠다. 그 원칙이란 수정헌법 제14조에 입각하여 연방법원은 "질서 잡힌 자유라는 구도"에 필수적인 권리장전의 보장조항들을 수호한다는 것이었다. 1년 후 또 다른 온건파 대법관인 할런 스톤(Harlan Fiske Stone)은 미국 정부 대 캐롤린 산업(*U.S. v. Carolene Products*)에서의 판결 각주에서 장래에는 소수인종의 정치적 권리와 함께 권리장전이 법원의 각별한 관심의 대상이 될 것임을 시사했다. 이외의 판결 각주들은 사장되었음에 비해 이 각주만이 주목을 받고 주류적 견해를 형성하게 된 것은 개인주의적 민주주의의 중요성이 그만큼 증대되었기 때문이었다.

사법부가 처음부터 공헌한 바는, 즉 이런 저런 판례들이 세상을 뒤바꿀 수 있는 잠재력을 갖게 된 요인은 법원이 만든 법의 보편성이었다. 그 판결들이 나타나게 된 계급적 편견과 배경이 무엇이든 관계없이, 시민의 권리에 대한 기본적인 판결들이 갖는 평등성과 적용에 있어서의 무차별성은 공공정책이 일관된 법에 따라야 하며, 위계적 분배구조를 갖는 사회체계 내에서 공공정책은 모든 개인의 권리를 평등하게 보장해야 한다는 주장과 요구를 가능케 했다. 만일 '일반인 모두의 복지'라는 개념이 미국에서 실현될 수 있다면, 그러한 희망의 가장 중요한 기초는 모든 시민의 불가침의 권리에 기반한 원칙들에서 찾아진다. 즉 공동체의 집단적 양심이 아니라 20세기 민주주의의 확장되는 측면인 개인의 자기완성 추구로부터 도출되는 공정성과 정의의 전제들이 미국에서 실현가능한 복지의 기초가 된다.

9
국가

정부에 대한 개인의 의존이 증대함에 따라 민주주의의 최후의 보루로서의 민중이 국가에 의해 대체되는 중요한 변화가 나타났다. 19세기 민주주의의 배후에 존재하는 전제 중의 하나는 민중이 함께 모여 선거를 통해 근본적인 문제들을 결정한다는 것이었다. 또한 다양한 형태의 민중에 의한 의사결정은 동시에 개인들의 자기성취 노력에 유리한 환경을 조성한다는 것이었다. 정부로부터 사적 생활의 영역으로 이전된 이권들은 특히 토지의 경우 개인의 기회 증진에 큰 영향을 주었으나, 정부조직의 운영 자체는 그렇지 않았다. 유연하고 작은 정부를 갖는 경우 정부와 민중을 동일시하는 것은 당연했고, 민중이 바로 정부라고 한다면 국가는 별도로 존재하는 것은 아니었다.

남북전쟁 이후 정부의 영역이 확대됨에도 불구하고 정부의 유연성에 대한 견해는 크게 변하지 않았다. 이전에는 주정부와 지방 단위의 행정관청에 일임되었던 일들이 이제는 전국적 차원의 연방정부에 의해 조직화된 형태로 조정되었다. 예를 들어, 전시의 법에 의해 새로운 부류의 전국적 은행들이 준수해야 하는 준비금 예치와 화폐 발행 등의 사항들과 관련된 규제들이 마련되었다. 그러나 교회에서 초등학교에 이르는 많은 19세기 제도들의 경우에서 알 수 있듯이 조직화된 형태의 규율이 중앙집권적으로 관료제화되어가는 공공정책과 필연적인 연관성을 갖는 것은 아니었다. 따라서 1891년에 와서도 민중주의자인 윌리엄 페퍼(William Peffer)는 시민의 지침을 기다리는 정부라는 정부에 대한 일반적인 이미지에 호소했다. 정부는 운송과 교환의 주요 수단을 소유하고 있는 정부라 하더라도 "어떤 유리된 존재"가 아니며, "그것은 사실상 민중의 대리자이다 … 따라서 민중들로 하여금 그들의 대리자인 정부를 통해서 철도 등과 같이 그들이 필요로 하는 것을 건설하도록 하자"고 그는 주장했다.[1)]

민중의 결속력이 와해되자 국가가 강성해졌다. 시민을 자립적인 개인으로 생각하고 그들의 참정권을 주장했던 20세기 초의 개혁가들도 하나둘씩 비공개적으로 국가권력의 확대를 옹호했다. 한 예로 남북전쟁 당시의 금융법의 경우와는 달리 1913년의 연방준비은행법은 정책의 지휘탑이 때때로 뉴욕과 워싱턴을 오갔지만 하나의 체계적인 국가재정정책을 위한 틀을 만들었다. 제1차 세계대전 시기에 모든 영역으로 확산되던 중앙집중화의 추세에 편승하면서, 증대된 예산을 확보하게 된 모든 수준의 정부들은 공공정책의 보다 확대되어가는 부문들, 다시 말해 전국적 차원의 새로운 영역들인 농업과 임업, 통신과 운송, 광산 및 제조업, 국내 소매업과 대외 무역 등등을 다루는 새로운 권력중심들을 제도화했다. 현대 국가가 조직적으로 강화됨에 따라, 국가는 약체화되어가는 민중이 비워 놓은 영역들을 채우면서 그 자신의 제국을 건설해갔다.

새로운 국가는 사회에서 형성되는 위계체계에 적응했을 뿐만 아니라 그 자신의 위계적 세계를 만들었다. 진보정치의 중요한 한 부분은 정부의 위계적 조직체계 내에서 가장 유리한 위치를 차지하려고 노력

1) W. A. Peffer, *The Farmer's Side*, New York, 1891, pp.173-174.

하는 야심에 찬 집단들을 골라내는 것이었다. 19세기의 정책결정에 영향력을 행사하던 민중 여론은 20세기에 들어와 1920년대에 이르러서는 수적으로 번성하면서 정부과정에 현대적 방법으로 영향력을 행사하게 된 로비단체들과 압력단체들에 의해 대체되었다.

진보주의가 영향력을 행사하던 시기에 이익집단은 전국적 차원의 정치에 관여하는 집단과 지방 차원의 정치에 관여하는 집단으로 분열되었다. 예를 들어, 전국흑인발전연합은 전국적인 단체로서의 성격을 강화시킨 반면, 전국도시연맹은 이름과는 달리 지역적 동맹체로서 활약했다. 혼합적인 민족 정체성을 갖는 집단들, 즉 미국적 특성에 의해 형성된 이탈리아계 미국인, 폴란드계 미국인, 스웨덴계 미국인 등 통합된 민중이 해체되기 이전부터 존재했었다는 이유와 세계대전에 의해 생성된 민족적 정서가 고조되는 추세 때문에 급격하게 전국적으로 대중적 관심을 끌게 되었다. 그러나 베르사이유 조약 체결을 둘러싼 홍분이 가라앉은 이후 외국계 미국인들의 집단적 정체성은 지방과 하류계급 영역으로 널리 분산되었다. 주류판매반대연맹과 전국제조업자연합과 같은 조직들은 연방정부의 기능에 대한 확고한 견해를 가지고 있으면서도 연방 차원의 일들을 도외시하는 지역적 단체로서 활약했다. 일부 집단들은 구체적인 사안들에 대해 그들의 특수한 관심을 기울이면서, 일부 공공정책들을 그들의 소유권으로 주장하기도 했다. 미국농업사무소연합(American Farm Bureau Federation)과 여타의 전문화된 농업 관련 단체들은 농업정책의 결정과정에서 열성적으로 이러한 주장을 전개했다. 다른 집단들은 수정헌법 제19조에 나오는 여성 블록과 같이 상상 속에서만 존재했다.

조직화되지 않은 사람들은 위계적 체계의 하층부로 전락했다. 조직이 없으면 발언권도 없었다. 원자화된 시민들은 기껏해야 정치풍자화에 나오는 정직하지만 현대의 복잡한 정부조직에 포위되어 쩔쩔매는 존 Q. 퍼블릭(John Q. Public)이 되었다. 결속을 저해하는 것은 권력을 침해하는 것이었다. 예를 들어, 원주민 인디언들을 미국의 시민으로 만든 1924년의 법은 그들의 부족 단위 생활의 와해를 촉진시켰다. 동시에 미국 정부는 일반인들의 구두를 통한 의사소통 수단을 보편화시키기 위하여 농아자들 사이의 독특한 몸짓 언어의 사용을 강력하게 억제함으로써 농아자들의 집단적 정체성을 와해시켰다.

하나의 표가 가지는 중요성이 20세기의 개인주의적 민주주의에서보다 19세기의 집단적 민주주의에서 오히려 컸다는 패러독스에서 나타나듯이 투표권 하나만으로는 큰 의미가 없었다. 일부 식자들은 한 표가 가지는 궁극적인 가치는 그 한 표가 박빙의 치열한 선거에서 결정적인 변화를 초래할 수 있다는 가능성에서 발견된다고 진지하게 주장했다. 그러나 그 가능성은 너무도 희박하여 한 표에 대한 믿음은 공상에 불과해졌다. 분명 많은 사람들은 투표에 참여할 동기를 상실했다. 1920년대부터 선거권자들은 대략적으로 3등분되었다. 즉 1/3은 정규적으로 투표에 참여하며, 또 다른 1/3은 불규칙적으로 참여하고, 나머지 1/3은 전혀 투표에 참여하지 않는 집단이었다. 보수주의자들이 충분한 다수파를 형성하여 해리 트루먼 대통령이 거부한 법안을 재가결함으로써 공공정책의 수정이 이루어졌던 1946년의 중요한 선거에서 투표권을 행사한 약 1/3의 선거권자가 적극적인 참여집단에 해당되었다. 케네디가 닉슨을 이긴 1960년 선거에서의 투표율 63%에는 아마도 1920년 이래 불규칙적인 투표인구 중 가장 높은 비율의 사람들이 포함되었다.

모든 정황을 고려해볼 때 투표에 참여하지 않는 1/3의 선거권자들은 대개 빈민층이나 최연소 그리고 최고령층의 사람들이었으며, 확신하기는 어렵지만 대체로 여성 선거권자들이었을 가능성이 많다. 20세기 전반에 걸쳐 이러한 요인들의 복합적 결과로 상당히 일관된 투표율의 양상이 나타났다. 1900년에서 1988년에 이르는 시기 동안의 모든 대통령 선거의 평균 투표율은 59.2%였으며, 1928~40년의 경우는

59.4%, 그리고 1944~60년의 경우에는 59.6%였다. 매년마다 약간의 변동이 있기는 했지만 장기간에 걸친 안정된 추세에는 큰 영향을 미치지 못했다.

중앙집권화와 위계화의 경향은 정당에도 큰 영향을 주었다. 19세기에 비해 투표율이 현격히 낮아졌다는 것이 정당의 약화를 의미하는 것은 아니었으며, 정당들은 낮은 투표율이 정상적으로 인정되는 구도에 적응해갔다. 20세기 중반 이후까지도 선거참여자들의 소속 정당에의 충성도는 여전히 높은 편이었다. 또한 정당조직은 견고하게 강화되었다. 20세기로 접어들 시기의 선거절차의 변화들, 즉 호주식 투표, 직접예비선거 등은 주요 정당들을 통해 이루어졌고, 그들 정당 중앙본부로의 새로운 권력집중에 방해가 되지 않았다. 예를 들어, 주관리(State-controlled) 투표에 의해 중앙당의 공천명부에 대한 지역적 도전의 우려는 제거되었다.

20세기에 미국의 민주주의는 노동집약적 형태로부터 자본집약적 형태로 변화되었다. 거대화된 정부는 큰 이권들의 집행자가 되었다. 분권적이었던 19세기의 상황에 비해 중앙집권화된 20세기에 정경유착은 훨씬 용이해졌다. 정부의 활동범위와 규모가 방대해질수록 자본의 영향력이 증대되었고, 1870년대 그랜트 행정부의 부패와 1920년대 하딩 대통령의 스캔들, 그리고 제2차 세계대전 이후 트루먼 대통령 시절의 정경유착에서 볼 수 있듯이 직간접적인 뇌물을 통해 얻을 수 있는 혜택의 규모가 곱절로 늘었다. 주요 정당들도 자본집약적인 체제에 맞추어 운영방식을 재조정했다. 20세기 초반 전환기의 산물인 상근 전국위원회들은 19세기 말의 유명한 선거운동 관리자였던 매튜 퀘이(Matthew Quay)와 마크 한나(Mark Hanna) 등의 경우에 볼 수 있었던 몇몇 갑부들에 의존하는 선거자금 조성방식에서 탈피하여 전국적인 규모에서 조직적으로 자금을 모았다. 비록 공화당원들이 현대적인 기금 조성에 있어 선구적인 역할을 담당했지만, 특히 제너럴 모터스의 존 래스콥(John Raskob)에 힘입은 민주당원들도 1928년에 이르기까지는 어느 정도 기금 조성방식의 혁신을 달성했다.

선거운동과 자금조달 방식은 동시에 변화되었다. 19세기에는 분권화된 정치과정을 가동시키기 위해 매년마다 엄청난 노력이 필요했다. 수많은 분산된 유권자들의 자발적 행위에 의존함에 따라 기부금의 실효성은 적었다. 한 선거에서 인디애나 주의 선거인 집단을 잘 겨냥함으로써 그 선거를 역전시킨 경우와 같은 운좋은 성공사례는 매우 드물었다. 많은 기민한 평론가들은 이와 같이 경제적 권력을 정치적 권력으로 전환시키는 것이 매우 어렵다는 사실에 주목했다. 예를 들어, 알렉산더 맥케이(Alexander Mackay)는 19세기의 민주 정치가들과 성공한 사업가들의 관계를 "중립적 만남"으로 묘사했다.[2]

20세기의 정치는 복잡하게 얽힌 많은 개인적 관계나 하찮은 홍정, 그리고 자원봉사 대신에 전략적인 투자에 한층 더 의존하게 되었다. 일군의 구역 담당자들을 대신해서 중앙당의 메시지가 중요하게 작용하는 선전 방식이 제1차 세계대전을 전후해서 처음으로 등장했고, 이후 이러한 방식이 더욱 일반화되기에 이르렀다. 이러한 새로운 선거운동은 이제 표의 매수가 이전과는 달리 거대한 규모로 이루어질 수 있다는 전제를 깔고 있었다. 19세기에는 18세기와 마찬가지로 가장 큰 부정의 위험은 수십 명 단위로 공직자들을 매수하는 것이었다. 그러나 20세기에는 수백만의 단위로 선거권자를 매수하는 것이었다. 이와 관련하여 뉴딜 정책은 두 가지 면에서 관심의 대상이 되었다. 첫째로, 뉴딜 정책에 반대하는 사람들은 민주당이 공공구제정책을 통해 정권을 유지하기 위해 선거권자들을 매수하고 있다고 비난했다. 둘째로, 프랭클린 루스벨트 대통령의 라디오 연설이 놀랄 만한 성공을 거둠에 따라 정당의 이미지가 선전되고 아울러 거실의 선거권자들을 통제하는 것이 가능해졌다. 20세기 중반 텔레비전의 시대가 열리면서 민주

---

2) Mackay, vol.1, p.198.

당원들에 앞서 공화당원들은 보다 신속하게 텔레비전 매체를 통한 자본집약적 캠페인의 위력을 간파했다.

시민들은 이러한 중앙집권적 정당들에 대해 19세기의 분권적 정당과는 사뭇 다른 정서적 태도를 보였다. 무엇보다도 현대의 정당들은 분명하게 조직적으로 구분되었고 따라서 여타의 사회조직들과 분리되어 존재했다. 정당들은 더 이상 그들이 접하는 모든 자발적 사회조직들을 상대하면서 미국 사회 전반으로 손발을 뻗치려 하지 않았다. 20세기의 정당들은 대체로 중앙에 자리잡고 있으며, 다른 조직들과 지부들, 그리고 사교 모임들이 지역적으로 존재했다. 이에 따라 정당은 19세기에는 교회, 인종, 직업, 공적 의무 등과 함께 개인적 삶의 복합적 의미를 규정하는 중요한 원천이었던 데 비해, 20세기에는 시민 개개인들의 자아정체성을 구성하는 주요 원천으로서 기능하기가 어렵게 되었다.

정당에 대한 소속감과 충성심이 약화된 원인 중의 하나는 정당들이 가지는 개인주의적, 원자론적 특성에서 발견된다. 19세기의 사회적 차원이 중시되던 정치 행태와는 달리 새로운 선거운동은 집단을 통하지 않고 개개인에 접근하는 방식을 취했다. 이러한 파편화 현상에 의해 주로 피해를 보게 된 사람들은 정치과정에의 참여가 가장 필요한 사람들이었다. 모리스 뒤베르제(Maurice Duverger)가 지적한 대로 하류계급은 항상 상류계급에 비해 더 절실하게 정당을 동원해야 할 필요성을 가지고 있었다. 대체적으로 말해 20세기의 미국 정당들은 1/3을 차지하는 하류계급을 무시한 채 그들의 활동을 전개해갔다.

넓게 보아 전국적 관료조직은 1920년대에 현대적 형태를 갖추게 되었다. 즉 하부의 관공서들에서는 공무원들과 민간 이익단체들이 상호 관심사들에 대해 협상을 하고, 상층의 관리부서에서는 정책의 조정과 결정이 이루어졌다. 일반 시민들은 점차 관공서에의 접근이 어려워졌고, 정부와 상의해야 할 일들이 사라지게 되었으며, 점점 더 정교해지는 안전장치와 절차는 시민들이 관공서를 이용하는 것을 막았다. 이제 시민들의 기능은 관람객에 불과하게 되었다. 일찍이 1930년대에 연방수사국(FBI)은 방문객들에게 일급 쇼를 제공하여 많은 사람들의 관심을 모으기도 했었다.

단순화되고 기능적인 관료제에 대한 열정을 가지고 있던 허버트 후버(Herbert Hoover)는 1920년대 미국 최초의 전국적 통합행정체계 수립의 정신적인 지도자였다. 이러한 전국적 행정체계의 정비에 의해 사업가 집단들은 중앙 행정부의 전문 관료들과 협조관계를 유지하면서 경제부문들을 체계화할 수 있었다. 루스벨트의 뉴딜 정책은 후버의 새 시대정책에 의해 마련된 모델을 확대하고 정교화한 것이었다. 물론 양 행정부 사이의 정책 기조와 리더십에 있어서의 차이를 무시하는 것은 무리가 있으며, 또한 많은 미국인들이 그 차이를 잘 알고 있다. 그러나 대중의 정치참여 문제에 있어서 양자의 차이는 존재하지 않는다. 대통령과 행정부의 개방적 이미지와는 달리 뉴딜 시대의 정책 결정은 다른 어느 시기보다도 워싱턴의 밀실에서 많이 이루어졌다. 예시적으로 1930년대에는 민주주의에 대한 중요한 연구가 없었다. 뉴딜 시대의 가장 중요한 정치논평서로 종종 인용되는 서먼 아놀드(Thurman Arnold)의 『미국 자본주의의 민속학(*Folklore of American Capitalism*)』(1937)에서는 민중에 의한 통치라는 이념 자체가 조롱거리로 치부되어 거론조차 되지 않았다.

1930년대에 실질적으로 증대된 전문적인 정부부처들의 수는 제2차 세계대전 동안에 폭발적으로 늘어났다. 전체적인 차원에서의 상호조정은 이제 불가능해졌다. 정책결정 자체는 행정부 관리와 의회의 위원회, 그리고 힘 있는 시민들 사이의 배타적인 협상의 집합 차원으로 파편화되었다. 1940년대에 이르러서는 이와 같은 관료와 시민들이 비밀리에 법을 입안하여 실행하는 것이 일상화되었으며, 일반인들은 공식적으로 법제화되는 과정만을 잠깐 볼 수 있을 뿐이었다. 대부분의 법들은 아주 소수의 사람들만이 이해할 수 있도록 만들어졌다. 19세기의 민주주의에서는 하나의 보편적 기준에 의거해 공공정책이 평가되었다. 예를 들어, 모든 사람에게 적용되는 단일한 토지정책 또는 단일한 기업정책 등이 이상적인 것으로 여겨졌다. 따라서 특수한 집단을 위한 별도의 법은 곧 부정부패를 의미하였다. 20세기 중반의 정책 모델은 이와는 정반대의 것으로서 수많은 개개의 집단들의 필요에 부응하는 개별적인 정책들의 집합의 형태였다. 예를 들어, 면산업을 위한 정책과 곡물을 위한 정책, 그리고 낙농을 위한 정책 등등이 별개로 존재했다. 이러한 상황에서의 획일성은 곧 불균등을 의미하는 것이었다.

전국적인 관료조직이 국내 현안에 대한 대중적 영향력을 차단함에 따라 기본적인 대외정책의 문제들은 더욱 국민들로부터 멀어졌다. 20세기 초에는 대중적 압력에 의해 미국의 대외적 간섭이 제약을 받았다. 1916년 윌슨 대통령의 재선은 이러한 대중적 여론을 수용한 그의 중립정책의 결과였다. 많은 사람들은 4년 후의 국제연맹의 와해를 냉철하고 이기적인 여론에 의해 미국 역사의 방향이 결정된 중요한 계기 중의 하나로 보았다. 미국이 장래의 전쟁에 말려들지 않도록 하기 위해 1920년대와 1930년대 사이에 이루어진 많은 시도들, 즉 협정을 통한 전쟁의 불법화, 군비 축소, 미국의 중립 강화 등은 대중적 여론이 외교정책의 노선에 어떻게 영향을 미치는가를 알려주는 지표가 되었다.

그러나 1938년에 이르러 아시아에서는 전쟁이 벌써 발발하였고 유럽에서도 전쟁의 위협이 고조되면서 오래 지속되었던 국민의 정치참여와 비밀스러운 정책결정 사이의 상호작용이 깨어지게 되었다. 그 해의 결정적인 사건은 전쟁에의 선전포고를 국민투표에 부칠 것을 내용으로 하는 이른바 러드로우 수정헌법(Ludlow Amendment)이 의회에서 근소한 표차로 부결된 것이었다. 1914년 처음 제창되고 윌리엄 브라이언(William Jennings Bryan)과 로버트 라폴리트(Robert LaFol- letts, Sr.)가 한때 옹호했던 계획안을 기초로 한 이 수정헌법은 새롭게 전개된 캠페인에 의해 대중적인 지지가 상승한 1936년까지는 공적 토론의 주요 관심사가 아니었다. 한 여론조사에 따르면 성인인구의 3/4 정도가 이 수정헌법에 찬성하는 것으로 드러났다. 러드로우 수정헌법에 대한 반대세력은 행정부에 집중되어 있었고, 이들은 로비를 통해 의회통과를 성공적으로 저지했으며, 그후 1년 이내에 비밀스런 외교정책 결정과정을 구축하기 시작하여 결국 전쟁에 가담하게 되었다. 1941년 12월 이후 행정부의 은밀한 공작은 더욱 치밀해졌다.

물론 프랭클린 루스벨트는 많은 전례를 가지고 있었다. 즉 링컨과 윌슨도 전쟁시에는 민주주의적 규칙을 유보했었다. 그러나 이번의 경우에는 대외 문제에 대한 전쟁시 유예조치가 지속적으로 유지되었다. 1945년 이후 많은 분노와 비난의 와중에서 그러나 단지 산발적이고 단편적인 정책토론만 있었던 상황에서 냉전이 전개되었다. 미국이 전세계적인 조약들을 통해 국제 정세에 깊이 관여함에 따라 그 과정에서 공적인 토론은 거의 아무런 역할도 하지 못했다. 이 시기 동안 국가안보정책을 담당한 임명직 정부고위관리들은 정치가 집단 전체에 대해 경멸을 표시했고, 대중정서에 민감하게 반응하는 정부책임자들을 불신했다. 그들의 중요 문서인 NSC 68은 어떻게 하면 비민주적 방법으로 미국의 안보를 확립할 수 있는지를 설명하고 있다. 이러한 변화에 따라 행정부는 국제 정세를 파악하는 데 결정적인 정보들을 독점했고, 외국 정부를 지원할 것인지 아니면 전복시킬 것인지를 결정하며, 국제적 도전에 대응하여 군사력을 동원 배치하였다. 전세계를 멸망시킬 수 있는 잠재력을 가지는 핵무기 생산에 관한 결정은 국가기밀사항이었다.

1950년 한국전쟁은 미국의 냉전정책과 그 정책을 집행하는 정부기구를 제도화시키는 계기가 되었다. 의회의 공식적인 비준 없이 트루먼 대통령의 명령에 의해 참전함에 따라 아서 슐레진저 2세(Arthur Schlesinger, Jr.)가 말한 "참전이라는 국가 최대 중대결정권의 대통령에 의한 포획"[3])이 완수되었다. 정부 내의 공적-사적 정책결정기관들 간의 연계망은 종횡으로 얽혀 드와이트 아이젠하워(Dwight Eisenhower) 대통령이 말한 군산복합체(military-industrial complex)를 형성했다. 이러한 권력의 중심들은 일반 시민에게는 노출되지 않는 은폐된 국가와 같았다. 정치학자이자 정부고문인 새뮤얼 헌팅턴(Samuel Huntington)이 말한 대로 "위계적 질서, 강제, 비밀, 그리고 기만은 거대 권력의 불가피한 속성들"이었다.[4]) 핵심어인 거대 권력(great power)은 오직 국가가 전세계적 차원에서 무엇을 할 수 있는가에 대해서만 의미를 가질 뿐 그 정책이 어떻게 결정되는가 하는 문제에는 관련이 없었다. 현대 국가는 보상으로서 안보를 제공하지만, 안보라는 목표는 국가권력 자체와 그 목표 달성을 위한 수단에 대한 요구만을 증대시킨다는 점에서 매우 교묘한 것이었다. 문제의 범위가 방대함에 따라 대중의 무력감과 의존성은 더욱 심화되었다. 이제 민주주의를 구원하는 과제, 경우에 따라 민주주의로부터 국가를 구원하는 과제는 국가의 책임이 되었다. 링컨 대통령 시절의 정부는 민중의 의사를 집행하는 것으로 기대되었으나, 현대의 정부는 국민을 돌봐야 하는 것으로 이해되었다.

현대 국가의 변화를 정당화하는 일은 대체로 국가계급의 대변자들이 담당하였는데, 그들은 대규모의 관리자적 정부에 대해 우호적이었으며 그러한 정부의 출현을 위한 정책들을 국민들에게 선전하였다. 1920년대에 공공정책의 의미는 경제의 원활한 운영을 책임지는 것으

3) Arthur M. Schlesinger, Jr., *The Imperial Presidency*, Boston, 1973, p.ix.
4) Michel Crozier, Samuel P. Huntington & Joji Watanuki, *The Crisis of Democracy*, New York, 1975, p.93.

로 변화되었다. 이러한 상황에서 후버는 국가계급의 대변자로서 합리화된 제조 및 분배 체계의 중요성을 끊임없이 강조하였고, 자본가와 전문 직업인, 그리고 피고용자의 안정된 지지의 필요성을 역설하였다. 기민한 미국인들은 국민소득, 연방예산, 통합 마케팅, 국가무역협회들과 같은 새로운 언어를 알게 되었다. 후버와 그의 측근들이 과학적 효율성의 기본 원리에 근거하여 일을 하고 있는 것처럼 보였기 때문에 그들의 경제 예측은 새로운 권위를 얻게 되었다. 그들이 제시하는 경제 전망은 단지 수사에 불과한 것이 아니라 번영에 대한 구체적인 약속으로 이해되었다.

국가계급의 지도자들은 그들이 중요하다고 생각하는 것, 즉 경제정책에 전력하기 위하여 관심을 분산시키는 의제들, 즉 도덕과 문화정책들을 연방정부가 다루어야 할 의제에서 배제시키기 시작했다. 제1차 세계대전 이전에는 미국 사회의 통합성에 대한 인식을 가지고 있던 미국인들은 점증하는 국가권력을 이용하여 광범위한 공적 관심사들에 영향력을 행사하려 했었다. 예를 들어, 남부의 많은 주들의 경우 20세기 초에 제정된 새로운 법령에 의해 다양한 형태의 기강을 저해하는 행위들, 즉 과음, 욕설, 투계 등이 금지되었다. 이러한 행위들을 전국적으로 금지시켜야 한다는 분위기도 정부의 확대와 더불어 확산되어 갔다. 그러나 국가계급의 세계에서는 1920년대에 이르러 도덕적, 문화적 문제들은 개인의 사적 영역에 속하는 것으로 치부되었다. 국가계급의 대변자들은 사적인 문제가 공공정책의 영역에 침입하면 좋은 정치의 실현을 불가능하게 만드는 것과 마찬가지로 공공정책이 사적 영역에 개입하는 것은 개인의 권리를 침해하는 것이라고 주장했다.

그 즈음에 전국적 논쟁의 중심 주제가 된 매춘은 정치뇌물이나 조직범죄, 그리고 전염성 질환 등의 문제들의 한 부분으로 처리되었다. 제1차 세계대전 이전 한 대통령 자문위원회에서 제기된 "농촌생활"의 몰락 문제는 전국적 차원에서는 더 이상 반향을 얻지 못했다. 이제 농부들은 자신들의 주장을 선전하기가 어렵게 되었다. 전국적 잡지들은 KKK의 문화정치를 비난했으며, 민주당 대통령 지망자였던 알 스미스(Al Smith)가 가톨릭 교라고 공격하는 것에 대해 유감을 표시했다. 1930년 한 사회복지운동가는 "요즈음에 와서 종교를 문제삼는 것은 시대에 뒤진 것이다"라고 말했다.[5)] 이러한 문제들 중 가장 의견이 분분했던 수정헌법 제18조에 대항하기 위하여 기업가들은 금주법반대협회를 창설했고, 이를 통해 도시의 전문직업인과 사업가, 그리고 동일 직종의 여성단체들로부터 지지를 끌어 모았다. 한때 금주법을 옹호했던 미국의사협회도 당황하여 입장을 후퇴시켰다. 1933년 수정헌법 제21조에 의해 수정헌법 제18조가 무효화되었을 때, 국가계급의 모든 사람들은 잘 된 일이라고 입을 모았다.

국가계급의 지도자들은 정부정책의 경계들을 규정하면서 공공생활의 전영역을 상위의 경제프로그램에 종속되도록 만들었다. 대공황은 이러한 경제 우위의 상황을 심화시키기만 했다. 전통적인 도덕적, 문화적 기준들이 정책수립 과정에서 배제되면서 이러한 기준들은 정책결정자들을 선택함에서도 영향력을 발휘하지 못하게 되었다. 이전에 볼 수 없었던 프로테스탄트와 유대교, 그리고 가톨릭 교 등 다양한 종교를 가진 뉴딜주의자들인 연방정부의 차세대집단의 특징은 그들이 모두 전문적 교육을 받았으며, 공공의 문제들을 경제적으로 이해하고, 국가경영의 책임을 정부가 담당한다는 인식을 공유하고 있다는 사실들에서 찾아진다.

그러나 그들은 경제회복에 성공하지 못했다. 경제회복에 모든 것을 걸었기 때문에 경기침체가 계속되는 상황에서 그들은 통치권을 포함한 모든 것을 상실할 위기에 처하게 되었다. 국가계급식 경영에 대한 대안으로서의 상식적 경제학은 19세기의 반독점, 토지위주, 화폐개혁

5) Clarke A. Chambers, *Seedtime of Reform*, Minneapolis, 1963, p.148에서 인용한 헬렌 펠란(Helen Phelan)의 말.

등의 전통에 의존하면서, 지방적 가치관을 표방하였고, 국가정책의 주변에서 많은 관심 속에 항상 논의되어왔다. 대공황이 시작된 지 약 5년이 지난 1934년과 1935년에 이러한 대안적인 경제 처방들은 대중적 지지를 크게 얻게 되었다. 특히 부자에 대한 단호한 과세와 전국민에 대한 주택 보장을 중심으로 하는 휴이 롱(Huey Long)에 의해 제안된 '재산 나누기(Share Your Wealth)' 캠페인, 국민경제의 새로운 출발을 약속했던 프랜시스 타운젠드(Francis Townsend)의 회전식 노후연금제도, 찰스 콜린(Charles Coughlin) 신부의 통화팽창정책, 그리고 업튼 싱클레어(Upton Sinclair)의 '캘리포니아에서의 빈곤퇴치(End Poverty in California)' 캠페인 등이 많은 호응을 얻었다.

미국의 지방중간계급은 경제정책을 둘러싼 논쟁의 중심축을 이루었는데, 그들의 대표자들은 연방정부 이하의 거의 모든 지역을 통치하였고, 중간계급의 표는 모든 수준의 선거에서 지배적인 영향력을 행사했다. 국가계급에 의한 국가경영이 오랜 동안 실패하자 대중적 경제학이 중간계급에 상당한 호응을 얻게 된 것은 놀라운 일은 아니었다. 그러나 공화당과 민주당의 정치가들이 모두 대안적 경제정책들을 옹호하자 지방의 미국인들은 위험부담이 큰 정책들을 선호하지 않게 되었다. 대신 그들은 다음과 같은 두 가지를 확실히 보장받으려 했다. 첫째는, 그들은 더 이상 자립적으로 기능하지 않게 된 지역경제를 지탱하기 위한 지속적인 경제원조, 즉 목적과 대상에 따라 차별적인 형태로 이루어지지만 지속적으로 제공되는 원조를 원했다. 둘째로, 같은 비중을 두고 그들은 지방에 대한 통제력을 그들이 유지해야 한다고 주장했다. 그러나 이 두 가지 요구를 어떻게 결합시킬 수 있을지는 불확실했다. 국가의 원조가 없으면 지방의 경제가 생존할 수 없었지만, 연방차원의 규칙 적용과 함께 주어지는 원조는 지방 지도자들이 지키려고 하는 통제권을 빼앗아 갈 위험이 있었던 것이다. 그리고 이러한 두려움은 특히 다인종으로 구성된 연방정부의 정력적인 뉴딜주의자들에 대해 매우 회의적이었던 상당수의 지방중간계급 사이에 강하게 나타났다.

1930년대 중반에 이루어진 단순하지만 기본적인 타협에 의해 국가계급과 지방계급은 상호지원을 교환하였고, 각각의 관할 영역에 대한 권위를 재확인하였다. 연방정부는 지방에 대한 경제적 지원을 증대시켰고, 지방 정치인들은 기존의 전국적 정당에의 소속과 그에 대한 충성을 유지하였다. 국가계급의 대표들은 광범위한 경제정책을 수립하였고, 지방중간계급의 대표들은 그 지역 내의 규칙을 정하고 연방지원금의 배분 등과 같은 사안들에 대한 결정을 담당하였다.

연방예산의 1/3이 소요되는 확대·강화된 사회보장과 공공사업촉진국(WPA: Works Progress Administration)의 구성을 포함하는 1935년의 주요 법안들은 지방의 요구를 수용한다는 의지의 상징적 표현이자 실제적 내용이었다. 1934~35년 겨울에 시행된 전국적 구제사업에서 지방의 지도자들은 점차로 주도권을 확보해갔고, 이후 구제사업 집행부는 지방의 권위에 거의 도전하지 않았다. WPA는 지역적 기준을 무시하지 않으면서 많은 구제자금을 지방에 내려보냈다. 지역 내의 다목적 기획을 위한 잠재력을 내포하고 있던 테네시 강 유역 개발공사(TVA: Tennessee Valley Authority)도 처음에는 침투를 위한 폭탄과 같이 보였다. 그러나 1930년대 말에 이르러 TVA는 지역주민 전체가 아니라, 필립 셀즈닉(Phillip Selznick)의 교묘한 표현을 빌리면, "주민 상층부(grass tops)," 즉 지방 엘리트의 선호에 맞추어 조정되었다. 이후의 논자들에 따르면 문제의 핵심은 뉴딜 행정부와 도시 지역 기구들 간의 타협이었다. 실제로 농업 지원과 노동자 구제, 북부뿐만 아니라 남부와 서부 지역, 그리고 주요 도시 지역과 지방 시군에 대한 지원도 마찬가지의 방식에 의해 이루어졌다.

이는 미국 역사상 주요한 정치적 타협 중의 하나가 되었다. 단기적인 결과로 1936년 루스벨트 대통령이 재선되었고, 롱-타운젠드 류의 대중적 경제학이 비난의 대상이 됨과 더불어 뉴딜 정책의 경제적 주도권이 계속 유지되었다. 그러나 20세기의 남은 기간 동안 정치와 행정의 규범이 된 이러한 타협은 곧 초당파적인 것이 되었다. 즉 민주당원뿐만 아니라 공화당원도 국가정책과 지방통치 사이의 긴장을 고려해야 했다. 1930년대와 40년대에 시정부들이 연방정부의 지원에 의해 제공가능하게 된 현대적 서비스들을 관료조직을 통해 체계화함에 따라 어느 정당이 정부를 담당하든지 그들은 전국적 자원을 지역의 목적을 위해 전용하려는 기득권을 주장하게 되었다. 20세기 중반에는 공화당의 아이젠하워가 이러한 타협 노선을 누구보다 열성적으로 따르려 했다.

많은 지방중간계급 지도자들이 주정부의 차원에서 효과적으로 활약하고 국가계급의 지도자들은 더욱 연방차원에서 사고하게 됨에 따라 이상의 타협은 종종 입헌적 연방주의가 실행되고 있는 것으로 보였다. 즉 계급정치의 차원이 연방정치와 마찬가지로 둘로 나누어졌다. 거듭해서 계급정치 지도자들은 그들의 활동 영역의 경계를 연방주의적으로 구획지으려 했다. 예를 들어 1938년 루스벨트 대통령이 메릴랜드, 사우스캐롤라이나, 그리고 조지아 주의 민주당 반대파들에 대한 전국적 차원의 공세를 감행했을 때, 그들은 각각의 주 차원의 정당을 난공불락의 요새로 만들어 대통령이 지명한 후보들을 선거를 거치지 않고 패배시켰다. 각 주 차원의 정당들이 중앙으로부터의 혜택에 의존하고 있었다는 사실은 전혀 중요한 문제가 되지 않았다. 주 차원의 정치는 지방중간계급의 담당 영역이었으며, 국가계급에 속하는 뉴딜주의자들은 이 영역에의 침략자들로 이해되었다. 1952년 공화당 후보지명을 둘러싸고 아이젠하워와 오하이오 주 출신 상원의원 로버트 태프트(Robert Taft) 사이에 접전이 벌어졌을 때, 많은 주에서 국가계급의 아이젠하워 지지자와 지방중간계급에 의존하는 태프트 지지조직 사이의 경계가 뚜렷하게 그어졌다. 그러나 아이젠하워 장군은 대통령이 된

후, 이전의 지지자들을 워싱턴으로 데려가기도 했지만, 다른 한편 태프트 지지자들만이 주 차원의 정치를 운영할 수 있는 연계망을 가지고 있었기 때문에 자신의 지지자들을 포기하고 태프트 지지자들을 수용하기도 했다. 실제로 태프트 지지자들의 주 차원에서의 리더십은 타협에 없어서는 안 되는 것이었다.

이전의 그리고 새로운 정책들은 모두 지방중간계급과 국가계급 간의 타협의 테두리 안에서 갈등 없이 자리잡게 되었다. 농업 관련 조직들은 연방농업정책을 지역적인 이해에 맞도록 적절히 조정하였다. TVA는 지방 로터리클럽과 상공회의소의 지도자들을 포용하기 위해 마련된 "동업자 원칙"을 지키는 국가계급의 기술진을 가지고 오랜 기간 동안 백인의 남부기구로서 유지되었다. 전시 징병제도는 갈등을 일으킬 엄청난 잠재력을 가지고 있었음에도 불구하고 놀라울 정도로 아무런 소동도 벌어지지 않았다. FBI는 지방중간계급의 생활과 밀접하고 고통스럽게 연관되어 있던 조직범죄는 건드리지 않았으며 그 대신, 독립된 폭력단을 잡고 잠재적 위험분자들을 가려내는 일에 수사력을 집중했다.

한 측면에서 보자면 이러한 타협은 국가계급과 지방중간계급을 단합시켜 미국의 다인종적, 다민족적, 비숙련 하류계급에 대립하게 만들었다. 지방 권력을 강화하고 그 권력의 행사를 자체의 기구들을 통해 행사하도록 함으로써 그 타협은 캘리포니아의 이민노동자들, 남서부의 임차농들, 그리고 기타 지역의 하류층 노동자들의 저항이 폭발하는 것을 막는 데 도움을 주었다. 도시에서나 지방에서나 연방정부의 복지혜택을 분배하는 데 있어 인종적 구분은 매우 중요한 역할을 계속 담당하고 있었다. 몇몇 경우에는 연방정부의 구제에 의해 도시 지역의 정치조직들이 다시 부활되기도 했다. 지주들이 값싼 흑인 노동력을 대량으로 필요로 하게 되는 남부의 목화추수기에는 WPA가 사업을 일시 중지했다.

타협을 배경으로 새로 연합하게 된 워싱턴 관료들과 지방중간계급들은 미국 원주민 문제에 대한 지배권을 다시 주장함으로써 열광적인 뉴딜주의자였던 존 콜리어(John Collier)의 희망을 꺾어버렸다. 미국 원주민들의 문화적 통합성과 부족자치의 원칙을 옹호하던 콜리어는 1934년의 인디언재조직법(Indian Reorganization Act)을 통해 잠시 동안 연방정부의 음습한 정책에 대항하여 20세기 최고의 신선한 바람을 불러일으켰다. 분명 그는 온정주의적 백인 정치가로 남아 있었다. 그럼에도 불구하고 그의 가치관은 헨리 월러스(Henry A. Wallace) 같은 자유주의자들과는 첨예하게 대립되었다. 월러스는 1934년에 "야수와 다름없고 미국 개척자들의 질병과도 같은 인디언들은 편견, 공포, 탐욕, 의심의 세력이다"라는 끔찍한 주장을 폈다. 그에 의하면 문명은 과거의 위험들을 극복했듯이 새로운 위험을 또한 제거해버릴 것으로 기대되었다.[6] 1930년대가 저물어가면서 콜리어의 빛은 사그라들었으며 워싱턴의 정책도 서서히 옛 방식으로 돌아갔다. 1940년대 초엽에는 제2차 세계대전 기간 동안 일본계 미국인들을 강제수용소에 감금하는 등 서부 연안에서 유색인에 대한 국가적 권력의 가장 극단적인 사용으로 백인의 인종적 편견을 강화시켰다. 비록 일부의 국가계급들은 이 사태에 대해 개탄의 목소리를 높였지만, 집권세력 중 누구도 그러한 상황에 도전하려 하지 않았다.

1930년대와 1940년대에는 조직화된 노동세력이 타협에 대해 가장 즉각적인 도전 자세를 취했다. 1935년의 전국노동관계법(National Labor Relations Act)의 도움은 노동조합, 특히 새롭게 산별노조회의(CIO: Congress of Industrial Organizations)에 등장한 노동조합들이 지방의 권력을 차지하기 위한 경쟁을 벌이고, 그들의 독립적 지위를 요구하고, 급진파와 보수파로 정치를 다극화시키는 것이 가능했을까? 예를 들어, 노동조합은 흑인에게 힘을 실어주었을 것인가? 그들이 지방

6) Henry A. Wallace, *New Frontiers*, New York, 1934, p.282.

정부를 운영하기 위한 노동자 정당을 결성했을까?

이러한 가능성들에 비추어 보자면, 노동조합들이 취한 태도는 실로 온건한 것이었다. 정치적 연계로 이루어진 상부구조를 갖고 있지도 못했고, 급진적인 전통도, 산업의 주도권도 없었지만, 노동조합은 1930년대 말에도 여전히 생존을 위한 투쟁에 임하고 있었다. 노동조합 지도자들 자신의 개인적인 배경, 즉 그들이 나가던 교회, 그들의 가족, 그들의 노동 경험 등은 거의 언제나 온정주의적이고 위계적이었다. 그들은 기회가 오자마자 그들의 노동조합을 관료화시켰다. 단일 산업노조에 상이한 기술들을 포용한 대가는 일반적으로 그 기술들의 서열이 고착화되는 현상으로 나타났는데, 특히 이러한 경색화는 각 기술 영역의 자율성을 인정하는 능력별 편성시스템에 의해 이루어졌다. 선택에 의해서든 필요에 의해서든, 노동조합들은 그들을 둘러싸고 있는 세력들에 적응하기 마련이었다. 전후에 월터 류터(Walter Reuther)가 자동차 산업에 도전했던 것 같은 매우 드문 경우를 제외하고는 노동조합의 간부들은 기업경영에의 발언권을 요구하는 일이 별로 없었다.

초기의 취약했던 시기에 CIO는 스스로 정부의 보호 밑에 들어갔으며, 일반적으로는 정치적 대립을 회피하려 했다. CIO 정치활동위원회의 시드니 힐먼(Sidney Hillman)처럼 충성스럽고 복종하는 정당인이 민주당의 지도자들에게 요구조건을 제시하는 것은 분명 상상하기 힘든 일이었다. 새로운 노동조합주의자 중 가장 독단적이었던 존 루이스(John L. Lewis)는 국내 정치에서 일정 정도의 권위를 확보하려고 노력했으나 결국 그의 선택은 권력의 뒤편에 안주하든가 혹은 아무 것도 얻지 못하든가 둘 중의 하나라는 사실을 알게 되었다.

그러나 지방의 문제에 있어서는 조직된 노동세력은 기존의 질서를 무너뜨렸다. 유권자들의 지형을 새롭게 재편한 후, 노동조합들은 지방과 전국 단위 모두에서 유리한 고지를 점하고 있는 정치인들에게 도전할 수 있었다. 만약 법정에서만이라도 전국적인 지지를 끌어낼 수만 있다면 중대한 변화를 일으킬 수 있을 것이었다. 지방의 보수적인 집단들에게 뉴딜 정책의 노동정책만큼 그들의 증오심을 불러일으키는 것은 없었다. 미국 남부의 민주당 이반파(Dixiecrat party)가 민주당 및 해리 트루먼과 결별했던 1948년에 지방중간계급의 반노동조합주의 운동은 거의 반란의 수준에 이르렀다. 타협의 가장 효율적으로 준수되고 있는 시기에도 계급 간의 반목감정은 계속 소용돌이치고 있었다. 민주당 이반파의 등장에 상응하는 공화당 내의 변화는 미국 중부 중간계급의 당당한 대변인이었던 일리노이 주의 에버렛 덕슨(Everett Dirksen)과 국가계급의 기업가를 능숙하게 대표했던 뉴욕의 토머스 듀이(Thomas E. Dewey) 간의 격렬한 반목이었다. 타협은 기껏해야 이 갈등을 긴장상태로 유지시키는 정도였다.

위스콘신 주의 조셉 매카시(Joseph McCarthy) 상원의원만큼 이러한 지방감정을 이용해서 상대방을 깊숙이 공격한 사람은 없었는데, 국가계급의 가치관, 충성, 동기에 대한 그의 신랄한 공격은 미국 중심부의 중소 도시와 마을 주민뿐만 아니라 공동체를 이루고 있는 도시의 백인 중간계급에 속하는 수천만 명의 사람들을 매혹시켰다. 워싱턴 정가의 사람들을 위협하거나 언론에 거물을 고발하는 등의 행동을 통해 그는 지방에서 진정한 영웅이 되었다. 매카시는 1954년 지방에서 애국주의의 자랑스러운 상징으로 인정받고 있던 군부를 공격하는 중대한 실수를 범하긴 했지만, 그의 공산주의 타도 운동과 기타 유사한 운동들은 타협이 두 진영의 협상이라는 것을 재확인하는 핵심적인 메시지를 전달하는 데는 성공했다. 즉 국가정책은 지방의 권력에 의존하며, 지방의 권력은 국가적 구속력을 요구하였다.

시민의 복지에 대한 국가의 책무가 획기적으로 확장됨에 따라 국가계급의 이론가들은 이 새로운 임무에 맞도록 민주주의를 새롭게 이해할 필요가 있었다. 기초적인 수준에서 과정으로서의 민주주의의 의미는 결과로서의 민주주의로 변화되었다. 19세기에 민주주의는 국가의 형태를 결정했다. 20세기에 국가는 민주주의의 형태를 결정했다. 이제 중요한 물음은 무엇이 국가를 형성했느냐가 아니라 국가가 무엇을 형성하느냐였다. 19세기의 민주주의는 어떻게 일들이 처리되고, 누가 그 일들을 하느냐에 관심을 집중시켰다. 그것은 공동체가 투표에 참가해야 함을 의미했다. '통나무집에서 백악관으로'라는 신화를 민주주의적인 것으로 만든 것은 그 신화적 행위 자체였다. 즉 보통의 백인이 모든 이해관계를 걸고 경쟁하는 행위였다. 20세기에 중요하게 취급되는 것은 누가 언제 무엇을 가지고 있느냐이지 누가 언제 무엇을 했느냐가 아니었다. 공동체의 투표가 갖는 의미는 공동체가 그 대가로 무엇을 얻느냐에 달려 있었다. 가난뱅이가 부자가 되는 사건의 의미는 얼마나 많은 이들이 부자가 되느냐에 달려 있었다. 민주주의의 건강성은 기록으로 확인될 수 있었다. 민주주의의 활력은 도표로 표시될 수 있었다.

가장 흔히 쓰이던 중요한 잣대는 경제적인 것이었다. 민주주의 정부가 무슨 일을 하든지 그들은 대가를 지불해야 했다. 그래서 독재정치가 번성했던 대공황기에 역사가 칼 벡커(Carl Becker)는 민주주의를 "어떤 의미에서는 경제적 사치의 소산"으로 보면서 경제적 약자들을 "배반했던" 민주주의가 생존할 수 있을 것인지 염려하기도 했다.[7] 경제적 기준을 적용하는 것은 분명 새로운 일은 아니었다. 1886년 앤드루 카네기는 산업통계를 가지고 미국의 '승리한 민주주의(triumphant democracy)'를 규정했다. 진보주의자 월터 웨일(Walter Weyl)의 "새로운 민주주의" 이론에는 경제학이 밑받침되고 있었다. 그럼에도 불구하고 1920년대에 이르러서야 미국 경제가 모든 사람들을 풍요롭게 만들 수 있다는 믿음이 보편화되었다. 심지어 장기적인 불황까지도 풍요의 가운데서 발생한 결핍의 문제로, 즉 자연적 잉여의 배분에서 발생

7) Carl L. Becker, *Modern Democracy*, New Haven, 1941, p.14, 33.

한 문제로 이해되었다. 대통령들은 번영을 약속해야만 했다. 헨리 월러스가 주장한 "경제적 민주주의"는 현대 정부의 의제를 결정해버렸다. 그것은 "수백년 전의 정치적 민주주의는 그 시대의 분권적인 경제력을 적절하게 보호하였다. 그러나 고도로 집중된 경제력의 균형을 유지하는 작업은 그것과 같지 않다"는 주장이었다. 그는 "이상적인 민주주의라면 당연히 노동가능한 시민들의 직장문제를 해결할 것"이라고 믿었다.[8)]

자신들이 옹호하는 민주주의의 척도가 효율적임을 주장해야 한다고 생각하는 사람들은 검증되지 못할 약속들을 남발했다. 최저임금제도는 낮은 범죄율을 가져올 것이라든가, 금주법이 높은 생산성을 보장할 것이라는 주장 등이 제기되었다. 이 주장들 중 많은 수가 현실성이 결여되어 있었다. 1920년대에 관대한 국민연금이 미국에 "막대한" 경제적 이익을 가져다 줄 것이라는 주장을 정말로 믿는 사람이 있었겠는가? 좀더 그럴 듯한 이름을 붙이는 것이 안전했다. 데이비드 릴리엔탈(David Lilienthal)은 TVA 계획을 "국민의 배당금(People's Divi- dend)"이라고 불렀다.[9)] 릴리엔탈처럼 기업 용어를 끌어다 쓰는 것은 오래된 미국적 습관이었다. 그러나 조지 밴크로프트(George Bancroft)가 1826년에 정부를 기업에 비유했을 때, 그의 의도는 계약적 권력이라는 정부의 한계를 강조하는 것이었다. 그리고 도금시대의 초당파 정치가들(Mugwumps)이 같은 이야기를 했을 때도 그 목적은 능력 있는 보수파의 지도력을 강조하는 것이었다. 20세기에 들어와서야 그 결과적 배당에 초점을 맞추게 되었다.

새로운 민주주의에 대한 평가는 단순히 시민이 어떻게 살아가느냐뿐만 아니라 다른 시민들과 비교했을 때 그들이 얼마나 정당한 대접

---

8) Wallace, *New Frontiers*, p.263, 20.
9) Abraham Epstein, *Facing Old Age*, New York, 1922, p.215; David E. Lilienthal, *TVA Democracy on the March*, New York, 1944, p.36.

을 받고 있느냐의 문제까지도 포함하고 있었다. 신분(status)이라는 옛 개념은 현대에 와서 계급적 지위에 대한 감정적인 선입견을 표현하는 좋은 수단으로 쓰이게 되었다. 시간이 경과함에 따라 분배 문제는 점점 더 공공정책의 갈등 요인이 되어갔다. 행정부 예산관리의 현대적 혁신에 따라서 한 사람이 받는 혜택을 다른 사람들과 연관시켜 해석할 수 있게 되었는데, 이는 예산관리의 측면에서뿐만 아니라 시민들의 심리에까지도 영향을 주었다. 미국 여성국(Women's Bureau)의 매리 앤더슨(Mary Anderson)은 어떻게 하원의원들이 동물 결핵진단을 위한 비용 150만 불은 인정하면서 여성임금노동자를 위한 7만 5천 불 지출에는 반대할 수 있는지 의아해 했다. 세금이란 원래 불공평하고 항상 논쟁거리가 되기 마련이지만, 예전에는 세금의 적절성에 대한 판단이 항목별로 이루어졌다. 이제 정치 지도자들은 그 세금들을 복잡하고 방대한 세금정책 속에 하나로 묶었으며, 그에 따라 많은 종류의 과도한 불평등이 하나씩 사라지고 보편적인 정의가 구현될 것이라고 약속했다. 19세기의 민주주의는 사안을 처리해나가는 미국적 방식이었다면, 20세기 민주주의의 공적 측면은 미국의 현 상태, 즉 상대적 배분의 실태를 드러냈다.

20세기 중엽에 이르자 그것은 재화와 용역을 소비하는 국민들로 채워지게 되었다. 소비주의는 개인적 성취와 사회적 배분이라는 중요한 현대적 주제들을 무리 없이 한데 묶었을 뿐만 아니라, 이 주제들을 둘러싸고 있던 많은 갈등을 잠재우기까지 했다. 경제적 불평등을 인정하는 대신 소비자 시장은 수많은 개인의 사소한 차이를 주목하게 하였으며, 모든 사람들이 행복할 수 있다는 보편적 전망을 만들어냈다. ≪포춘(*Fortune*)≫ 지나 ≪하우스 뷰티풀(*House Beautiful*)≫ 지 같은 신중한 잡지와 함께 로버트 태프트는 제2차 세계대전 직후의 보수화 경향에 편승하여 "건전하고 안정된 민주주의"를 위해서는 모든 시민들이 적절한 주택을 갖는 것이 필수적이라고 주장했다. 리처드 닉슨(Richard

Nixon) 부통령이 그의 오랜 경력 중 아마도 가장 인기 있었던 순간은, 1959년에 소련 공산당 서기장 니키타 흐루시초프(Nikita Khrushchev)와 함께 소위 '부엌 논쟁(kitchen debate)'이란 것을 벌이면서 모스크바 무역박람회장의 미국제 내구성 소비제품들이 바로 민주주의라고 정의한 후 고향에 돌아와 환호를 받았던 때였을 것이다. 20세기 중엽에 역사가 데이비드 포터(David Potter)는 미국 문화의 기초가 무엇인지 탐구하면서 그 해답으로 부유함을 들었으며, 미국 문화의 대표적 기제로 광고를 꼽았다. 몇 년 후 문화비평가 대니얼 부어스틴(Daniel Boorstin)은 소비의 경험이 공유되고 있다는 사실이 현대 미국의 독특한 민주적 "공동체"의 근원이라고 지적했다.

결과를 강조하는 민주주의는 그 리더십의 자질에 따라 부침을 겪었다. 리더십에 대한 강조는 어느 정도 확장되어 월더 리프만은 전문적 소수가 소양이 부족한 다수를 지도한다고 주장하였다. 학구적 사업가인 찰스 메리엄(Charles Merriam)은 리프만 식의 정부를 선전하였다. 회의적인 경향이 있던 칼 벡커는 "경제적 정의를 성취하기 위해서 가장 필요한 수단이 무엇인지 내가 밝힐 능력은 없다"라고 말했다. 결정을 내리는 것은 "전문가들이다." 중소도시(Middletown)에 대한 유명한 연구의 공저 작업을 마친 후, 로버트 린드(Robert Lynd)는 일반 시민들은 그들이 살고 있는 세상을 이해할 능력이 없다고 결론지었다. 스키너(B. F. Skinner)는 『월든 투(*Walden Two*)』(1948)에서 "사람들은 전문가들을 평가할 만한 위치에 있지 않다"라고 말했다. "그리고 선거로 뽑힌 전문가들은 그들이 최선이라고 생각하는 바대로 행동할 수 없을 것이다."[10] 리처드 호프스태터(Richard Hofstadter)는 수돗물에 불소첨가를 권하는 전문가들을 비판하는 일반 시민들을 편집증적 증세를 보인다고 생각했다.

---

10) Becker, *Modern Democracy*, p.91; B. F. Skinner, *Walden Two*, New York, 1976[1948], p.251.

국가만이 시민을 임박한 재난으로부터 보호할 수 있다는 생각이 커져감에 따라 결단력 있는 리더십에 대한 요구도 긴박해졌다. 국가계급의 비평가들은 현대 사회의 도전에 직면하여 주저하거나 망설일 여지는 없다고 보았다. 철학자 조셉 터스먼(Joseph Tussman)은 미국의 우스꽝스러운 "나약함 속에서 안전을 추구하는" 속성을 폐기할 시점이 바로 지금이라고 결론지었다.[11] 대통령들은 무엇보다도 시의에 맞추어 행동에 나서야 했다. 행정부 수반으로서의 결점이 무엇이었든 간에 트루먼 대통령은 중대한 결정을 내리고 결코 돌아보지 않는 그의 능력을 진정으로 인정하는 추종자들을 가지고 있었다. 애들레이 스티븐슨(Adlai Stevenson)은 대통령 후보로서 그가 갖는 매력과는 상관없이 그가 관조적인 성격을 갖고 있다는 평가 때문에 평생 골치를 앓아야 했다. 과거를 되돌아보면 대중의 정서에 귀를 기울였던 윌리엄 맥킨리 같은 대통령은 무골호인과 같았다. 20세기 중엽에 와서는 강한 대통령이 되기 위한 조건 중 하나는 분분한 대중의 여론에 대해 둔감해야 한다는 것이었다. 석학인 막스 러너(Max Lerner)가 국가의 기록에 관한 긴 조사에서 현대의 지혜를 검증할 수 있는 것은 역사라고 결론지었다. "위기의 시대에" 미국인들은 항상 자신들의 지도자에게 "그것을 극복하기 위해 필요한 권력"을 부여하는 지혜를 갖고 있었다. 20세기 중반 인기를 끌었던 『당신과 당신의 지도자(*You and Your Leaders*)』라는 책의 제목은 이 현대적 지혜를 보여준다.[12]

이러한 생각을 염두에 두었던 평론가들은 민주주의를 규정함에 있어 지도자와 추종자 사이의 관계를 중심축으로 설정했다. 이러한 견해는 케이(V. O. Key)가 말한 대로 "통치계급" 없이 민주주의는 기능을 발휘할 수 없다는 전제에서 출발하였다. 19세기에는 국민들이 스스로

11) Joseph Tussman, *Obligation and the Body Politics*, New York, 1960, p.103.
12) Max Lerner, *America as a Civilization*, New York, 1957, pp.355-356; Elmo Roper, *You and Your Leaders*, New York, 1957.

무엇이 최선인지를 결정한다는 것에 가치를 두었다면, 20세기에는 지도자들이 국민들을 위해 결정을 내려야 했다. 놀라운 일도 아니지만 철인왕을 상정했던 플라톤의 『국가』는 20세기 중엽에 크게 유행하였다. 케이(Key)의 연구주제인 여론마저도 지도자가 그것에 특정한 형태를 부여하기 전에는 아무 의미도 갖지 못했다. 대중에게 주어진 유일한 역할은 좋은 지도자를 뽑고 나쁜 지도자를 가려내는 것이라고 영향력 있는 철학자 조셉 슘페터(Joseph Schumpeter)는 주장했다.

민주주의를 구성하는 축의 다른 한끝에 위치하는 일반 시민들은 민주주의의 약한 고리를 형성하고 있었다. 국가계급이 생각한 세계 모델은 매우 복잡하고 상호작용하는 힘들로 구성되어 있어서 전문가들만이 이해할 수 있고 정치가들만이 다룰 수가 있었는데, 이 모델에서 일반 시민들은 무력하게 인식될 수밖에 없었다. 역사학자 토머스 베일리(Thomas Bailey)는 국민들은 정치적 이슈에 대해서 거의 제대로 아는 것이 없다고 결론지었다. 국민들이 WPA(Works Progress Administration)와 PWA(Public Works Administration)를 구별할 수 있는가? 국민들이 공공정책에서 원하는 결과를 생산해낼 수 있을까? 국민들이 국민총생산을 늘리거나 소련의 침공에 대비할 수 있을까? 이 모든 중요한 문제에 국민들을 접하게 만들기 위해서는 추상적인 문제들은 개인화되어야 하고 복잡한 문제들은 단순한 상징으로 압축되어야 했다. 가장 냉소적인 비평가들은 한 광고업자가 만들어낸 가상가족에다 국민들을 비유했다. 즉 "멍청 씨와 멍청 부인, 그리고 어린 멍청이들(Mr. and Mrs. Moron and the Little Morons)"이 국민이라는 것이다.[13)]

현대의 민주주의는 이러한 시민들의 행동을 봉쇄했다. 시민들은 민주주의를 받아들이는 사람일 뿐이며 민주주의를 만드는 사람은 아니었다. 릴리엔탈의 견해에 따르면 TVA 계획으로 만들어진 댐은 "전진

---

13) Roland Marchand, *Advertising the American Dream*, Berkeley, 1985, p.67에서 인용.

하는 민주주의"의 한 부분을 차지했으며, "미국의 시민들을 위해 건설됨"이라는 명문이 그 댐에 새겨졌다.[14] 유권자들은 비자발적으로 정보를 받기만을 기다리다가 사소한 몇몇 대안들 중 하나를 선택하는, 본질적으로 수동적인 소비자로 해석되었다. 1956년에는 두 저명한 정치학자들이 "정당과 제조업자는 유사하다 … 양자 모두 상품을 소비자에게 제공한다"라는 말을 남겼다.[15] 1년 후 앤소니 다운스(Anthony Downs)는 그의 영향력 있는 저서 『민주주의의 경제적 이론(*An Economic Theory of Democracy*)』에서 합리적인 소비자-유권자는 자신들을 둘러싼 문제들을 완전히 이해하려다 그들의 자원을 몽땅 써버려서는 안 된다는 사실을 잘 알아야만 한다고 결론 내렸다. 손익계산 분석을 통해 평론가들은 대중정치를 조그만 상품들로 채워진 상점과 마찬가지의 의미를 가진 것으로 변화시켰다. 유권자들이 면도기나 냉장고, 접는 침대를 고르듯 선택을 하게 되었으므로 자유나 존엄성 등은 아무것도 유지될 수 없었다.

대체로 국가계급의 평론가들은 이러한 상황을 매우 다행으로 생각했다. 그들이 생각하는 민주주의가 강한 지도자가 큰 결단을 내리는 상황에서 최선의 기능을 발휘한다면, 민주주의가 최악의 기능을 하는 경우는 교양 없고 변덕스러운 대중들이 결정을 내리는 경우였다. 민주주의가 존재했던 나라들에서 권위주의 정부가 들어서게 되자 이미 1930년대에 나왔던 이에 대한 표준적인 설명은 그러한 나라들의 시민들이 겪는 억압에 대한 책임이 시민 자신에게 있다는 것이었다. 엘리노어 루스벨트(Eleanor Roosevelt)같은 조심스러운 평론가마저도 전체주의의 근원을 대중의 심리 속에서 찾으려 했다. 즉 널리 퍼진 "불만과 불안감"이 독재자로 하여금 "국민들에 대한 장악"을 가능케 했다

14) Lilienthal, *TVA*, p.36.

15) Austin Ranney & Willmoore Kendall, *Democracy and the American Party System*, New York, 1956, p.339.

는 것이다.[16] 싱클레어 루이스는 이보다 좀더 심하게 말했는데, 1935년에 그의 소설 『여기서는 일어날 수 없다(*It Can't Happen Here*)』에서는 항상 존재하는 파시즘의 대중주의적 잠재력을 휴이 롱의 소설 속 인물인 버즈 윈드립(Buzz Windrip)과 국수주의적 장관인 제럴드 윈로드(Gerald Winrod)가 일깨우는 것으로 되어 있다. 아치볼드 맥레이쉬(Archibald MacLeish)의 교훈적인 연극 『도시의 몰락(*The Fall of the City*)』(1937)에서는 대중들의 광란이 도시의 저항 능력을 파괴해버린다. 이 대중들은 오손 웰즈(Orson Welles)가 화성인이 지구를 침공했다고 믿게 만들었던 그 시민들과 같은 사람들이 아니었을까? 프랭크 캐프라(Frank Capra) 감독의 인기 있는 영화 <존 도우를 만나다(*Meet John Doe*)>(1941)에서는 시민들 사이에 전파된 소문들 때문에 보통시민들이 몽둥이를 휘두르는 폭도가 되어버린다.

20세기 중엽에는 이 대중심리에 대해 더욱 신랄한 평가가 내려졌다. 1930년대에는 어디에서나 국민들이 파시스트의 쿠데타에 무력하다고 생각되었다면, 이제는 더욱 악화되어 그 국민들 중 많은 부분이 파시즘을 환영할 준비가 되어 있는 것처럼 보였다. 널리 호평받은 에리히 프롬(Erich Fromm)의 심리학 저서 『자유로부터의 도피(*Escape from Freedom*)』(1941)와 매우 많은 논란을 빚은 테오도르 아도르노(Theodor Adorno)의 권위주의적 인간성의 개념은 왜 수많은 익명의 사람들이 실제로 독재를 받아들이는지를 전문가적 입장에서 설명했다. 아서 슐레진저는 냉전 속의 자유주의를 비교한 그의 저서 『바이탈 센터(*The Vital Center*)』(1949)에서 이러한 견해를 발전시켜 "대부분의 사람들은 선택으로부터, 불안으로부터, 자유로부터 도망치고 싶어한다"라고 말했다.[17] 20세기 중엽에 평론가들은 흔히 일반 시민들의 정신상태를 언급하기 위해 세뇌라는 표현을 자주 썼는데, 이 표현은 원래 전체주의

16) Eleanor Roosevelt, *The Moral Basis of Democracy*, New York, 1940, p.59.
17) Arthur M. Schlesinger, Jr., *The Vital Center*, Boston, 1949, p.52.

국가의 감옥 속에서 벌어지는 심리적 황폐화를 가리키는 표현이었다. 따라서 다수결주의가 별 호응을 얻지 못한 것은 놀라운 일이 아니었다. 미국 사회에 정통한 한 학자는 "처음 보았을 때는 자칫 매우 민주주의적으로 보이기도 하는 제한 없는 대중주권"과 "절대주의적 정부"를 관련시키기도 했다.[18)]

무력한 시민이라는 개념과 비교했을 때, 강력한 리더십 또한 자체의 모호함을 갖고 있었다. 몇몇 사람들은 사회의 몰개인적인 측면에 의지하는 것이 좀더 안전하다고 생각했다. 일군의 평론가들은 전통적으로 민주주의의 적이라고 생각되었던 이익집단을 건강한 사회의 균형을 만들어내는 근원이라고 평가했다. 후에 콜럼비아 대학의 총장이 된 데이비드 트루먼(David Truman)은 미국의 조직화된 이익집단 간의 경쟁을 통한 비공식적 통제라는 설명으로 이러한 해석을 검토했다. 경제학자 케네스 갤브레이스(Kenneth Galbraith)는 기업, 노동, 정부라는 사회의 거대 경쟁 블록들은 "상쇄적 권력들(countervailing powers)"이라는 자율적 구도 속에서 상호작용하고 있다고 보았다. 정치학자 로버트 다알(Robert Dahl)은 많은 경쟁적 집단들의 영역을 "다두정치(polyarchy)"라고 표현했다. 이것은 소수(minority)에 의한 정부가 아니라 소수파들(minorities)에 의한 정부를 의미했다. 마찬가지로 유행하던 케인즈주의 학자들은 균형적 경제성장을 위해서는 재정을 둘러싼 가끔씩의 의견조정만이 필요하다고 보았다. 이러한 20세기 중엽의 이론들을 객관화하려는 듯 한 저명한 도시계획가는 1960년에 다음과 같이 선언했다. "자유란 균형 잡힌 조건으로서 존재한다 … 이 균형을 유지하는 것이 정부기능의 기본 원칙이다."[19)]

미국 민주주의는 이러한 균형과 밀접하게 관련된 안정을 세계에 자

---

18) Robin M. Williams, Jr., *American Society*, New York, 1959[1951], p.238.
19) M. Christine Boyer, *Dreaming the Rational City*, Cambridge, 1983, p.272에서 인용한 윌리엄 제웰(William Jewell)의 말.

랑하게 되었다. 제2차 세계대전이 지나간 후에 아직도 세계의 많은 나라들이 어떻게 정부의 기능을 수행할 수 있는 체제를 만들어내야 할지 씨름하고 있던 상황에서 국가의 제도적 연속성은 가장 중요한 국가의 속성인 것처럼 보였다. 여기서 제도적 연속성이란 그 헌법의 영속성, 관직의 평화로운 교체, 군부를 지배하는 문민적 권력의 지속성, 자유로운 언론의 부단한 생명력을 의미했다. 세이무어 립셋(Sey- mour Martin Lipset)이나 가브리엘 알몬드(Gabriel Almond) 같은 비교정치학자들이 미국 민주주의에서 다른 나라들이 무엇을 배워야 하는지를 연구하면서 그들은 거의 항상 미국이 안정된 체제를 유지하는 근본적 이유에 초점을 두었다. 안정은 많은 미국인들이 현대 세계의 유혈낭자한 열광과 결부시켜 생각했던 체계적인 정치적 기획이 아니라 거래와 무역을 의미했다. 돌이켜 생각해보면, 미국이 조금씩 개혁을 해왔던 것이 옳았던 것처럼 보였다. 1930년대에 많은 뉴딜 정책 지지자들이 불만스럽게 생각했던 변화들이 20세기 중엽에는 실용적인 것으로 생각되었다.

특히 20세기 초반에는 엘리트주의적 문서라는 이유로 심한 공격을 받았던 미국 헌법은 이제 민주주의의 보루라고 주장되었다. 미국의 건국 세대들에 대한 관심이 크게 되살아났는데, 여기에서 건국 세대들은 그들이 대중적인 혁명가라는 측면이 아니라 실내에서 안정된 헌법을 만든 기초자, 즉 절대적인 균형자라는 측면에 관심이 모아졌다. 헌법을 수호하는 것은 그 자체로 정당한 민주주의적 미덕이었다. 한 유명한 역사가는 이와 더불어 일어났던 일련의 타협들을 "연합의 대가(The Price of Union)"라고 평가했다. 돌아보면 1860년에서 1961년 사이의 위기는 큰 예외로 생각되었다. 19세기에 북부인들과 남부인들이 함께 훌륭한 민주주의적 성공으로 평가했던 것이 이제는 독특한 민주주의적 실패의 사례로 받아들여졌다.

이러한 틀 속에서 투표는 별다른 의미를 갖지 못했다. 예를 들어 칼 벡커와 해럴드 라스웰(Harold Lasswell)이 지은 민주주의에 관한 중요한 저술들은 선거를 전혀 언급하지 않고 있다. 다알의 저술은 선거를 폄하하기 위한 것이었을 뿐이다. 기권자들에 대한 관심도 없었다. 시카고 대학의 학과장이었던 모튼 그로진스(Morton Grodzins)는 퉁명스럽게 요약하기를, "시민들의 정치참여가 민주주의를 보증하는 것은 아니다"라고 말했다. 널리 존경을 받는 사회철학자 데이비드 리즈먼(David Riesman)은 기권자들은 가장 덜 경쟁적인 시민이며, 그들 자신을 배제시킴으로써 민주주의의 건강을 유지하는 데 도움을 준다고 주장했다. 많은 이들이 이에 동의했다. 약간 다른 각도에서 정치학자 하인즈 율라우(Heinz Eulau)는 유권자들의 무관심과 그들의 일반적인 만족을 같은 것이라고 보면서, 투표에서의 기권을 "행복의 정치학"이라고 해석했다. 이런 생각들을 대부분 수용하면서 립셋은 낮은 투표율이 "체제의 안정성을 반영"한다고 말했으며, 갑작스러운 투표율의 증가를 단지 사건에 대한 관심으로, 즉 문제가 일어났다는 신호에 불과하다고 해석했다.[20)]

20세기 중엽쯤에는 모든 사람들이 정치의 쇠퇴를 믿는 것처럼 보였다. 가장 선호하는 민주주의적 기제가 무엇이든 간에 그것에 참여하는 시민들은 그다지 많지 않았다. 매우 관대한 이론틀을 가지고 있었던 정치학자 샷슈나이더(E. E. Schattschneider)는 아마도 미국인의 10% 정도가 실제로 공공정책을 입안하며 공공이익을 정의내리는 집단과 관련되어 있다고 추산했다. 그럼에도 불구하고 샷슈나이더는 그의 가장 중요한 공헌이었던 정당 개혁을 위한 캠페인을 선도하면서 이 대중적 영향력의 전통적인 통로들을 더욱 "책임 있게" 만든다는 명목하

20) Morton Grodzins, *The Loyal and the Disloyal*, Chicago, 1956, p.246; Heinz Eulau, "The Politics of Happiness: A Prefatory Note to 'Political Perspective—1956,'" *Antioch Review* 16, Fall 1956, pp.259-264; Seymour Martin Lipset, *Political Man*, Garden City, 1960, p.181.

에 보다 중앙집중화하는 일을 옹호했다. 그가 선도하던 모임은 정당이 일하기를 원했다. 다른 사람들은 정당이 일을 하지 않는 이유 때문에 옹호했다. 즉 결정을 지연시키고 타협을 막아서 정부를 변덕스럽거나 극단적인 여론으로부터 보호한다는 것이었다. 이전에는 국민들이 내린 결정의 통로 역할을 했던 정당들은 이제 그 결정을 막는 완충장치 역할을 했다. 정치 지도자의 임무는 국민의 여론에 호응하는 것이 아니라 호응한다는 환상을 만들어내는 것이었다. 케이(Key)의 정식화에 따르면, "여론이 … 공공정책에 영향을 준다는 믿음이 널리 받아들여져야만 한다." 필립 콘버스(Philip Converse)의 좀더 인색한 표현을 빌리자면, 문제가 되는 것은 "그들이 제공하는 정당성 때문에 민주주의 체제에서의 적당하고 지속적인 중요성"을 계속 지니고 있는 "숫자에 대한 인지"였다.[21]

이러한 20세기 중엽의 가치관을 가장 웅변적으로 대변한 사람은 콜럼비아 대학의 역사학자이자 평론가였던 리처드 호프스태터였는데, 그는 국가계급의 수준 높은 관중들로부터 많은 호응을 받았다. 호프스태터의 가장 큰 역작은 인간의 좁은 분파적 정신상태에 대한 탐구였는데, 그 "권력, 탁월함, 모든 종류의 전문가적 지식에 대한 경멸"은 19세기의 "민주주의 제도와 평등주의적 감성에서 발견"되며, 20세기에 들어와서는 주로 중서부와 남부에서 지속적으로 이어지고 있다는 것이다. 미국이 "도시화 되어감에 따라" 필연적으로 지방적인 "반지성주의"는 점점 더 미국의 극단적 소수파의 성격을 띠게 되었다. 그보다 앞섰던 리프만과 켈런처럼 호프스태터는 미국의 도시에서 관용적인 성격이 커지고 있는 것을 발견했다. 그러나 호프스태터가 말한 도시는 툴사(Tulsa)나 새크라멘토(Sacramento) 같은 중소도시가 아니었

21) V. O. Key, Jr., *Public Opinion and American Democracy*, New York, 1961, p.547; Philip E. Converse, "The Nature of Belief Systems in Mass Publics," in *Ideology and Discontent*, ed. by David E. Apter, New York, 1964, p.207.

다. 그것은 추상적인 메트로폴리스였으며, 이 도시는 "매우 세련되고 아주 새로운 생각이었던" 민주주의의 "문화적 상대주의라는 반(反)전통"을 지지하는, 상호작용하는 자기규제적인 집단들로 구성되는 매디슨주의적 영역이었다.[22)]

그는 건강한 다원주의와 실용주의의 혼합이 역사적으로 처음 그 전조를 보인 것은 미국의 타협적인 정당들이라고 믿었는데, 이 정당들은 19세기의 연약한 지방주의를 희석시키는 중요한 역할을 했으며, 그 당시의 민주주의적 절충과 타협의 훌륭한 중재자 역할을 수행했다. 호프스태터의 이론틀에서 정치적 "편집증"이라는 말의 의미는 "사회적 갈등을 현역 정치인에 의해 중재되고 타협되어야 할 것으로 보지 않는" 것을 뜻했다. 미국의 반지성주의적 전통에 독특한 편집증적 왜곡을 더했던 매카시즘은 호프스태터의 날카로운 문화비평에 영감을 주었다. 매카시즘은 미국의 가치 있는 모든 것들을 위협하는 폭도들의 정신이었다. 열광의 정치를 반대하면서 그는 이상적인 "예의범절(comity)"을 구상했는데, 이것은 공공생활에서의 공민성(公民性)을 뜻하며 나아가 시민들의 권리를 보호해서 시민들 자신의 방식과 진실을 찾아낼 수 있게 하는 것이었다. 민주주의는 근본적으로 개인적 차원의 문제였다. 호프스태터와 그의 동료들은 "자유가 의미를 갖기 위해서는 완전히 개인들에 의해 행사되어야만 한다"고 선언했으며, 이 생각이 현대의 새로운 개념이 아니라 영원한 진리인 것처럼 생각했다.[23)]

---

22) Richard Hofstadter & Walter P. Metzger, *The Development of Academic Freedom in the United States*, New York, 1955, p.245; Hofstadter, *Anti-Intellectualism in American Life*, New York, 1963, p.407; idem, *The Age of Reform*, New York, 1955, p.23; idem, *America at 1750*, New York, 1971, p.106.

23) Richard Hofstadter, "The Paranoid Style in American Politics," in *The Paranoid Style in American Politics and Other Essays*, New York, 1965, p.31; Hofstadter & Metzger, *Development of Academic Freedom*, p.11.

호프스태터의 호소에서 알 수 있듯이, 20세기 중엽의 평론가들에게 관용과 관련된 가치는 매우 중요한 문제였다. 그는 종종 공동연구자로 일했던 립셋과 이런 종류의 "민주주의는 높은 수준의 지적 교양을 요구하며," 이 지적 교양은 "현대 사회의 극단론자과 불관용론자들이 민주주의의 기반으로 삼고 싶어 하는" 하류계급에는 해당되지 않는다는 사실에 동의했다.[24] 이것은 또한 사회의 안정되고 순조로운 기능 수행에 특별히 높은 점수를 부여하는 민주주의이기도 했다. 만약 하류계급의 미국인이 극단적이고 불관용적인 체제의 결과로 인해 고통받고 있다면, 그들이 할 수 있는 일은 그 체제가 그들을 돕기를 기대하는 것뿐이었다.

순응정신의 가장 충격적인 사례를 들자면, 남부의 정치상황을 민주적이라고 받아들인 것을 꼽을 수 있을 것이다. 남부의 정치가 미국 민주주의의 가장 매력적인 측면은 아니겠지만 아마도 "연합의 대가"의 한 부분일 것이라는 주장이었다. 흑인 유권자들이 체계적으로 배제되었으며, 지방 행정직은 제도적으로 자기 영속화되어 있었고, 제임스 먼로 대통령 시대를 연상시키는 투표결과가 나왔던 남부의 투표는 선거민주주의의 최소한도의 요건도 충족시킬 수 없었다. 그럼에도 불구하고 1952년에 아이젠하워가 매카시즘 앞에서 굴욕적 태도를 보였을 때 강하게 비판했던 국가계급은 아이젠하워의 경쟁자인 애들레이 스티븐슨이 남부의 인종주의에 굴복했을 때 거의 침묵했다. 미국 민주주의의 특성을 규정함에 있어 다음 논쟁의 단계는 바로 이러한 모순과의 대면이었다.

24) Lipset, *Political Man*, p.115, 97.

10
내전

1920년대를 전후하여 미국 민주주의의 두 조류인 개인주의적 민주주의와 다수결 민주주의가 분리되었을 때, 이후 양자는 전혀 다른 행로를 택할 것처럼 보였다. 그러나 1960년대에 양 조류는 다시 밀접하게 연관되기에 이르렀다. 19세기에는 세력들의 통합 형태로 연관되었었으나 이번에는 양자가 서로 대립적인 관계를 형성하게 되었다. 즉 민주주의가 그 자신과의 분쟁 상태에 처하게 된 것이다.

민주주의의 두 부분이 19세기가 아니라 20세기 후반에 와서 서로 갈등하게 된 이유는 각자가 그동안 상이한 방식으로 발전되었기 때문이었다. 현대적 개인주의의 추동력이 된 것은 보편적 권리에 대한 전망이었다. 19세기에 주장된 보편적 권리는 한정된 집단으로서의 백인 남성의 시민권이었다. 백인 남성을 완전한 시민으로 만드는 자격 기준에 의해 시민권이 규정되었다. 그러나 20세기에 권리는 다양한 형태로 전개되는 개인의 자아실현 요구와 연결되었다. 자아실현의 추구가 진전됨에 따라 권리는 다분화되고 증대되었다.

현대적 다수결주의는 그 나름대로 사회적 성과물, 즉 혜택의 배분에 관심을 기울였다. 분배를 위한 과실물이 증대되어가는 체제에서도 분배의 불평등 현상과 상대적 절망은 나타나게 마련이다. 보편적 권리의 의제가 보다 정교해지는 상황에서, 원리적으로는 모두가 모든 것을 가질 수 있지만, 실제의 배분은 더욱 인색하고 편향된 것처럼 보인다. 누구도 모든 것을 갖지 못하며, 대부분은 별다른 혜택을 부여받지 못한다. 다른 각도에서 보면 이익의 배분을 둘러싼 경쟁이 치열할수록 모든 종류의 의무적 권리는 더욱 부담이 되는 것이다.

민주주의의 내분의 첫번째 주요한 희생물은 국가계급이 경제를 운영하고 지방중간계급은 지역생활에 대한 통제를 맡는다는 1930년대의 타협이었다. 이러한 타협이 잘 지켜지는 한 미국의 민주주의는 영속적으로 유지될 것처럼 보였다. 그러나 20세기 후반에 이러한 환상이 깨어지면서 민주주의의 두 조류는 각각 재점검의 대상이 되었다. 얼마 되지 않아 대부분의 권리 주장들이 일반적으로 받아들여지지 않고 있으며, 따라서 일련의 권리들을 보편화하려는 노력이 강제성을 수반한다는 사실을 알게 되었다. 경합하는 권리 주장들은 어쩔 수 없이 경쟁적 정치를 초래했다. 복잡한 사회적 문제에 대한 정치적 해결을 추구하는 사람들은 곧 위약해진 선거민주주의가 여러 종류의 분배 문제, 즉 권리와 규칙의 비교 검토, 손익의 배분, 기존의 불균등 해소와 새로운 불균등의 방어 등을 해결하는 데 형편없다는 것을 알게 되었다. 또한 이러한 상황을 치유하고 민주주의의 다수결주의적 측면을 복원시키려하는 시도는 미국 사회의 고질적인 계급과 권력의 문제들을 부상시켰다. 이와 같이 모든 시도에는 한계가 있었다.

장기간의 경제성장에 의해 개인의 자아실현의 기대는 상승되었다. 대공황에도 불구하고 20세기 초부터 1970년대에 이르기까지의 기간은 미국 전체 역사를 개괄해볼 때 가장 번영을 구가하던 시기였다. 제2차 세계대전 이후의 4반세기는 가장 급격한 성장을 이룬 시기로서 실질임금이 두 배가 되었고, 빈곤의 기준선이 상승했다. 급진적인 한 학자는 "1960년 뉴욕에서 사회복지보조금을 결정하는 기준이 되었던 최저생계비가 1930년이라면 상당히 유복한 가정생활의 물질적 조건을 규정하는 기준에 해당된다"고 말했다.[1] 전반적인 소득 상승은 미국의 전후 부흥의 상징이자 전세계의 선망의 대상이 되었던 엄청난 물품과 용역의 소비로 이어졌다.

국가계급의 견지에서는 미국의 소비사회는 여지없는 동질화의 사회였다. 말쑥한 남녀노소와 흑인과 백인 모두가 비슷한 차림새로 웃음을 지으며 대규모 소비품점에서 함께 쇼핑을 하는 광경의 이미지는 동질화의 단면을 잘 드러내는 것이었다. 평론가들은 "미국적 인격," "미국적 정서"라는 피상적인 말들을 사용하는 데 점점 더 익숙해졌다. 사회비평가들은 현실에서 일어나는 일에 대해 기본적으로는 알고 있다고 생각하면서 새로이 나타나는 동질성의 의미를 파악하는 데 관심을 기울였다.

사회학자 루이스 워스(Louis Wirth) 류의 분석에 의하면 다양한 주민집단들 간의 벽이 무너지고 점차로 서로를 수용해가는 주요 도시들의 상황은 도시의 영향력과 함께 전국적으로 확산되어가는 관용적 태도를 대변하는 예가 된다. 성적 금기들도 철폐되어갔다. 반유대주의에 대항하는 전후의 캠페인도 성공적인 것처럼 보였다. 어쩌면 다음 차례는 인종적 편견일 수도 있었다. 국가계급의 일원으로 흡수된 남부 출신들은 남부에 관한 글을 썼는데, 이는 지난 날의 메아리처럼 들리는 독특한 분위기를 가지고 있었으며, 인종차별의 오래된 본거지였던 남부가 이제 동화(同化, assimilation)의 단계에 이르렀다는 환상을 발전시켰다. 대부분의 사투리나 습관 등 지역적 차이들은 단지 좀 이상한 것일 뿐이었다. 지식인들은 국가에 대한 충성이 정상적인 충성이라고 주장했다. 만약 무엇인가 다른 것에 대해서도 충성하고 있다면, 그것

---

1) Ruth Schwartz Cowan, *More Work for Mother*, New York, 1983, p.194.

은 외부에 대한 것일 수밖에 없었다. 20세기 중엽에는 세계 여러 곳의 사진을 편집해 놓은 책 『인간의 가족(*The Family of Man*)』(1955)이 따뜻한 찬사를 받았는데, 이 책은 모호하지만 중요한 국가계급의 개념을 담고 있었다.

문화적 동질성의 의미에 관한 제2차적이고 약간 덜 긍정적인 분석은 사람들의 동질화가 결핍되어 있었다는 점을 지적한다. 보통시민들, 즉 대중매체 때문에 어리석게 되고 사기성 짙은 광고에 속아넘어가는 그런 사람들이 현대 공공생활을 만들어냈다기보다는 오히려 현대 공공생활이 보통시민들을 출현시킨다는 것이었다. 투표자에 대한 한 유력한 연구는 시민들의 대다수가 "개념화"의 능력을 갖고 있지 못하다고 결론지었다. 더욱 통명스러운 결론을 내린 또 다른 전문가는 대부분의 시민들이 공적인 일에 대해 노동기술 부족에 상당하는 어떤 것, 즉 "의미 있는 (정치적) 신념을 갖고 있지 못했다"고 말했다.[2)]

사실 결과가 꼭 나쁜 것만은 아니었다. 제2차 세계대전을 통해 등장한 국가계급의 지도자들은 그들이 문자 그대로 세계를 움직이고 있다는 강한 신념을 지니고 있었다. 금주법의 실패를 목격했던 전쟁 이전의 사람들에게 정부의 정책이 일반적인 가치와 조화를 이루어야만 성공할 수 있다는 것이 상식이었다. 전후에 와서는 사람들의 가치가 사람들의 행동과 마찬가지로 변형 가능한 것이 되었다. 가치나 행동 모두 접근가능했으며, 종종 양자를 구별할 수 없는 경우도 있었다. 조직이론가 허버트 사이몬(Herbert Simon)이 설명한 대로 불합리한 부속물들이 합리적 사업의 일부분으로 계획되곤 하는 관료제 속에서 행위와 신념이 융합되었다. 같은 논리로 사회 또한 방향을 제시받는 것이 가능했다. 올바른 사람을 제 자리에 위치시키는 것이 중요한 문제였다.

---

2) Philip E. Converse, "The Nature of Belief Systems in Mass Publics," in *Ideology and Discontent*, ed. by David E. Apter, New York, 1964, p.218.

미국이라는 준통합체를 관리한다는 생각으로 상층의 국가계급 성원들은 그들이 생각하는 개인적 권리에다 권위를 부여하고 그 범위를 확장시켰다. 특히 엄청나게 팽창할 가능성을 지니고 있던 두 가지의 변화가 20세기 후반을 향한 새로운 진로를 제시하였다. 첫째, 개인적 권리의 의미가 '자유'로부터 '요구'로 변화되었는데, 이것은 한 개인이 다른 개인들과 공통적으로 나누어 갖고 있던 것으로서의 개인적 권리의 의미가 개인들 각자를 진정한 인간으로 정의해주는 것이라는 의미로 변화되었음을 말한다. 제2차 세계대전 동안 매우 보편적이었던 네 가지 자유, 즉 언론의 자유, 신념의 자유, 공포로부터의 자유, 결핍으로부터의 자유가 개인적 권리에 대한 기준을 제시했다. 자유로서의 권리는 맥락, 즉 그것을 유지시켜주는 상황에 의존했다. 따라서 자유로서의 권리를 제한하는 것은 환경 전체를 빈곤케 함을 의미했다. 전쟁 이후 권리는 점점 더 내적인 것이 되어갔다. 권리는 개인들이 모으고 보존하는 사적 재산이나 권력을 닮아갔다. 이런 의미의 권리를 제한하는 것은 개인에 대한 폭력을 의미했다. 권리의 의미가 예전과 달라졌다. 상황은 이전보다 덜 자유로울 수도 있었지만 혹은 더 자유로울 수도 있었다. 반면, 개인을 정의하는 의미에서의 권리는 별 이익을 가져다주지 못했다. 부분적으로만 정의되는 인간이란 아무 의미도 지닐 수 없었기 때문에 이런 종류의 권리는 대개 한꺼번에 인정되거나 혹은 전혀 인정되지 못했다.

전후의 두번째 조류는 권리의 발견이라는 개념을 권리의 창조라는 개념으로 바꿔놓은 것이었다. 이전에 사람들은 모호하기 때문에 혹은 부당하게 거부되었기 때문에 모르고 있던 권리를 발견해내야 했다. 권리의 창조란 이것보다 훨씬 개방된 개념이었다. ≪예일법률저널(*Yale Law Journal*)≫(1936~37)에 실렸던 론 풀러(Lon Fuller)의 논문은 비록 계약법이라는 제한된 분야만 다루고 있지만 권리와 구제책 사이의 관계를 역전시키면서 이 변화의 선구자적 역할을 했다. 전통적으로 권리를 발견하는 것은 권리를 주장하는 대신 구제책에 의존했다. 풀러는 구제책을 법률화하는 것은 새로운 권리를 만들어내는 것이라고 주장했으며, 그의 이러한 주장은 머튼 호위츠(Morton Horwitz)가 보여준 바와 같이 이후 새로운 정설로 자리잡았다. 20세기 중엽, 개인적 건강에 대한 관심이 증대된 것은 이 명제를 폭넓게 적용한 한 사례이다. 발전된 외과 의학 기술과 놀라운 효능의 새로운 약물 개발은 일반 대중의 건강에 기적을 약속한다는 것이 의사들 자신의 견해였다. 건강에 대한 권리는 발견된 권리는 아니었지만 19세기에는 건강할 권리라는 개념이 이해될 수도 없었던 것으로 과학의 진보가 새로운 권리를 하나 만들어냈다고 볼 수 있었다. 이 시점에서부터 권리의 창조와 획득이 줄을 잇기 시작했다. 깨끗한 환경을 가질 권리(1970년의 청정대기법), 건강한 작업장 환경에 관한 권리(1970년의 직업안전 및 건강법) 등등이 그것이다.

대법원이 권리장전을 적극적으로 적용한 것이 이 권리의 팽창에 기여했다. 휴고 블랙(Hugo Black) 판사가 애덤슨 대 캘리포니아 주(*Adamson v. California*)(1947) 판결에 제출한 소수의견은 수정헌법 제14조에 의해 연방법원은 모든 사법권에 있어서 권리장전을 보호할 권리를 갖는다고 주장했는데, 이 견해는 1960년대에 들어와 헌법화되었으며, 그에 따라 법원에 의해 보호받는 권리는 배가되었다. 그 범위가 늘어남에 따라 세 가지의 상호연관된 특징들이 드러났다. 첫째, 이전에는 집합적 의미에서만 해석되던 문제들이 이제 개체화되었다. 예를 들어, 대표권 없는 과세라는 문제는 18세기에는 백인 남성들의 불만을 가져왔고 19세기에는 자유 흑인들과 백인 여성들의 저항을 불러일으킨 사항이었지만, 1960년대 중반에 와서는 각 개인의 대표권 평등, 즉 1인 1표 원칙에 대한 옹호를 위해 사용되었다.

둘째, 새로운 권리들, 특히 사생활에 관련된 융통성 있는 권리들은 그 근거로서 헌법이 제시되었다. 윌리엄 더글러스(William O. Douglas) 판사가 말한 대로, "참견 받지 않을 권리(The Right To Be Let Alone)"는 사회구성원들에게 가능한 개인의 자아실현을 최대한으로 보호했으며, 여기에는 개인들의 존엄에 관한 세부적 권리들의 긴 목록이 포함되었다.[3] 대법원은 마프 대 오하이오 주(*Mapp v. Ohio*)(1961) 판결에서 수정헌법 제4조의 불법 수색과 압수에 대한 금지를 다소간 문자 그대로 인용하여 사생활에 관련된 권리에 의무를 부여했다. 그러나 4년 후, 그리스월드 대 코네티컷 주(*Griswold v. Conneticut*) 판결에서 더글러스 판사는 권리장전 전체로부터 파생되는 영향 때문에 사생활에 대한 그의 이해를 더 넓힐 수 없었다고 말했다.

셋째로, 개인적 권리의 영역이 확대됨에 따라 개인이 지니는 권력의 범위는 줄어들었다. 국가계급의 모든 대변자들은 이미 1930년대와 1940년대부터 널리 유행되던 주제를 반복하면서 고립된 개인들이 현대의 비개인적 권력이 등장하기 전에는 얼마나 비참했었는지를 강조했다. 예전에는 개인적 사생활이란 곧 공공생활에서 떨어져나와 스스로를 그 권위로부터 소외시키는 것을 의미했다. 이제 개인적 사생활은 공공생활에 대한 참여를 요구했으며 그 권위를 통해 사생활을 보장받으려 했다. 결과적으로는 더 약해진 개인들은 더 많은 권리를 보장해 줄 수 있는 전보다 더 강한 정부를 필요로 했다.

권력 핵심의 약화는 또한 경제부문의 특징이기도 했는데, 이는 전후 호황기에도 마찬가지였다. 경제적 번영은 특히 미국의 지방에 복합적인 영향을 끼쳤으며, 제2차 세계대전 이후 25년 동안 연쇄점, 막대한 광고, 쇼핑센터의 보급, 그리고 가열된 경쟁 등이 혼합되어 지역경제의 두 축 중 하나를 이루고 있던 전통적 소매상들을 침식해 들어갔다. 1936년의 로빈슨-패트먼 법(Robinson-Patman Act)은 지역 상인들의 가격협정을 합법화시켰는데, 이것은 지역 자율성의 영역에 대한 민감한 영향력과 함께 1930년대 기본적 타협의 통합적 부분이었으며,

---

3) William O. Douglas, *The Right of the People*, Garden City, 1958, p.161.

전후 소매가격 협정의 분열은 이 타협 쇠퇴의 결정적인 요소였다. 주요 상업 고객들의 경제 사정이 약화되었기 때문에 지역 은행들은 점점 더 대도시에 본부를 가지고 있는 금융 네트워크에 의존하게 되었다. 신용카드 사용을 위한 전국적 시장은 이제 막 등장하고 있었다. 더 이상 지역 은행이 개인들의 신용을 보증하는 역할을 못하게 된 것은 중요한 계급 결정 요인 중 하나가 지역의 손을 떠났다는 것을 의미했다. 비록 지역 경제의 두 축 중 나머지 하나인 부동산이 1980년대 후반의 저축과 대부금의 동시폭락 사태 이전까지는 전국적으로 건재했다고 하지만, 많은 지역 마을과 중소도시 그리고 대도시 주변부의 경제는 이미 20년 전부터 동요 상태였다.

적어도 일부 중요한 지역중간계급의 지도자들이 해석하는 바로는 지역생활의 통합성은 그러한 형편이었다. 1940년대와 1950년대에는 정부와 전국적 행정가들이 지역 문제에 대폭적으로 관여하게 되었는데, 가끔씩 그 정도는 지역 변호사나 지방정부의 능력을 넘어서기도 했다. 미묘한 방식으로 미국의 지방은 점점 더 문화적으로 소외되었다. 라디오 방송은 한때 지방문화를 지탱하고 있는 가치관의 강력한 대변자였다. 인기 있는 연속 라디오 드라마의 제목들(<Ma Perkins> <Vic and Sade> <Just Plain Bill>)은 바로 지역중간계급의 이상을 반영하고 있었다. 끊임없이 성적 갈망과 파탄된 결혼에 관한 이야기 등등을 내보내는 텔레비전 연속물들은 종종 <리브 잇 투 비버(Leave It to Beaver)> 같은 예외적인 프로그램도 있었지만 지방적 가치관을 옹호한다는 측면에서 라디오보다 훨씬 못했다. 미국의 지방 생활양식의 가장 충실한 대변자였던 신문 ≪새터데이 이브닝 포스트(*Saturday Evening Post*)≫는 발행부수를 현격히 줄였다. 1930년대와 1940년대에 사회학 연구조사팀들은 미국의 지방 공동체에서 최고 권위를 가지고 있는 사람들은 바로 그 지방 출신의 엘리트 시민이라는 것을 발견했다. 1960년대와 1970년대에 이르면 전국적 명사들이 대중의 관심을 집중시키게 되어 더 이상 지방공동체의 시민들은 지방의 엘리트들을 찾아낼 수 없게 되었다. 1975년에는 미국의 많은 사교계 인명록(Social Register)을 발행하던 출판사가 그것들을 한꺼번에 묶어 포괄적인 사교계 인명록 한 권으로 만들어냈는데, 이 책에서는 지역사회의 구분 자체를 없애버렸다.

외부에 위치하면서 내부를 관찰하려는 전문가들에게 미국의 지방은 그 어떤 것보다도 복잡하게 보였다. 여론조사 결과를 보면 미국의 지방에서는 국가계급의 기준에서 보아 자유주의적인, 즉 전세계적 문제들을 다루고, 건전한 경제를 유지하고, 복지 혜택의 평등한 분배를 감독하는 연방정부를 인정했다. 다른 한편, 똑같은 국가계급의 기준에 의해 보았을 때 미국의 지역적 계급 구성원들은 문화에 관련된 문제에 있어서는 극도로 보수적이었다. 그들의 가치는 일관성이 없다고 학자들은 결론지었다. 아마도 그들의 문화적 이해가 뒤떨어졌거나, 일부 전문가들이 결론지은 것처럼 그들은 완전히 "정신분열증적(schizoid)"이었다. 매리 더글러스(Mary Douglas)와 아론 윌다브스키(Aaron Wildavsky)가 현명하게도 "사람들은 비합리적으로 선택한다. 사람들이 이해하기 힘든 행위를 한다는 사실은 기존의 합리적 선택 모델을 바꿔야 할 필요가 있음을 보여주고 있다"라고 주장한 바 있지만 아무도 이 이론을 적용할 생각을 하지 않았다.[4)]

미국의 지방에 있어서의 정상적 기준은 멀리 떨어진 곳의 문제는 멀리 떨어진 곳에서 다루고, 일상생활의 문제들은 공동체가 다룬다는 것을 의미한다. 여기에서 개인적인 또는 집단적인 선택에 대해 통제력을 행사할 수 있다는 의식은 매우 중요했다. 비록 지방의 미국인들의 물질적인 욕구는 온건한 편이었지만 개인의 창의성은 특히 남성에게 있어 매우 높게 평가되었다. 올바른 것은 잘못된 것과 명백히 구분되었다. 즉 악덕은 농담으로 지나칠 수 있는 것이 아니라 죄악이었다.

---

4) Mary Douglas & Aaron Wildavsky, *Risk and Culture*, Berkeley, 1982, p.75.

지방의 중간계급 대부분은 비록 교회에는 불규칙적으로 나갈 뿐이라고 해도 진화론 따위를 신봉하는 대신 자신들이 신을 본딴 모습을 갖고 있다고 믿었다. 그들은 얼마만큼은 독일인의 피가 섞였고, 또 얼마만큼은 아일랜드인의 피가 섞였다는 식으로 가계의 혈통을 계산하면서 자신들의 세계를 인종과 종족에 따라 나누었는데, 각 인종들이 마치 별개의 유전적 집단인 것처럼 생각했다. 혈통은 매우 중요했다. 어린아이들은 그들의 부모로부터 육체적 특징만 물려받는 것이 아니라 도덕성까지 물려받고 태어난다고 그들은 생각했다. 심지어 유아들조차도 유전적인 장점과 단점을 지니고 있었다. 백인의 피와 흑인, 황인, 혹은 홍인의 피를 섞는 것은 매우 심각한 문제였다. 1960년대 후반, 의회에서 인종별 이민할당제를 폐지함에 따라, "내가 폴란드인(혹은 스웨덴인, 이탈리아인)임을 신께 감사합니다"라는 선전 배지들이 미국 지방에서 일련의 상이한 선호를 표방하기 위해 등장하기 시작했다.

중간계급의 시각에서 본다면 1960년대에 미국의 지방은 두 적대 세력에 의해 침범되었다. 얼 워렌(Earl Warren) 대법관하의 연방대법원을 포함한 연방정부조직이 그 첫번째 세력이었다. 누가 지방의 학교를 통제하였는가? 법원은 학교에서의 인종차별 철폐와 기도금지를 명령했다. 의회는 특정 집단을 위한 특수 프로그램들을 작성했다. 새로운 교과서들은 과학적 진리들을 찬양했으며 전세계의 사람들을 인류라는 개념으로 통합시켜 묘사했다. 이웃간의 관계에 있어 누구의 가치가 중요한가? 음란물 판매와 산아제한 정보의 보급에 대한 제한조치가 완화되었다. 심지어 1968년에 대법원은 공공장소에서의 음주를 처벌하는 법률을 뒤집어 놓기까지 했다. 법률을 지키는 시민과 범죄자 중 누구를 우선시 해야 할 것인가? 이 문제에 관한 연속적인 법원의 결정 중 가장 유명한 것은 미란다 대 아리조나 주(*Miranda v. Ari- zona*)(1966) 판결이었는데, 이 결정들은 범죄 피의자들의 권리를 확대시켰다. 또 다른 결정들은 사형제도를 문제로 삼았다. 사형선고란 한계 상황에 도

달한 인간을 제도적으로 살해하는 행위일 뿐이라는 인본주의적인 주장이 지방 거주민들의 주장보다 더 목소리가 커졌다. 미국의 지방에서 사형제도는 중간계급 가치관을 상징하고 있었다. 1968년에 실시된 여론조사에서는 범죄의 주요한 원인이 대법원이라는 답변이 70%를 차지했다.

전국적으로 적용되는 법령의 홍수는 연방정부에 관련된 정치 또한 변모시켰다. 1962년의 베이커 대 카아(*Baker v. Carr*) 소송에서 내려진 대법원의 판결은 각 주의 의회선거구 할당에 있어서 1인 1표 원칙을 지킬 것을 요구했으며, 이어 의회는 이 원칙을 전국적인 정당성의 기준으로서 정식 공표했다. 원하지 않는 투표자들을 방해하는 갖가지의 지방적 제도들이 사라졌다. 1965년의 투표권법(Voting Rights Act)에 따라 연방정부의 공무원들은 투표자들의 등록 업무에 대한 권한을 갖게 되었으며, 법원은 명목상 거주라는 요건만 충족시키면 투표에 문제가 없도록 이외의 다른 조건들을 무효화했다. 린든 존슨 대통령의 '빈곤과의 전쟁(War on Poverty)' 사업의 한 부분이었던 경제기회청(Office of Economic Opportunity)은 기존의 지역조직들을 무시하고 직접 전국의 빈곤층 문제를 다루려고 시도했다. 새로운 공공보조사업 정책 때문에 복지혜택을 받는 사람의 숫자는 1965년에 전국적으로 8백만 명을 밑돌았던 것이 1969년에 와서는 1천 1백만 명을 상회하게 되었다. 존슨 대통령의 '위대한 사회(Great Society)' 프로그램은 일반적으로 지방정부는 단지 연방정부를 모방하고, 연방정부의 목표를 답습하며, 그 프로그램을 보조하고, 연방정부의 조세 철학을 베끼는 정도 이외에 별다른 목표를 갖고 있지 않다는 생각을 전제로 하고 있었다.

미국의 지방을 위협했던 두번째 침입자들은 마리화나를 피워대고 힌두교의 진언(眞言)을 읊조리면서 성에 탐닉하던 1960년대의 히피족들이었다. 자녀들에게 준수해야 할 옳고 그름의 가치관을 불어넣으려 노력하던 부모들 입장에서 보면 이 히피족 부랑아들은 지방의 청소년들에게 가장 위험한 메시지, 예컨대, "즐겁게 느껴진다면, 그것을 하라"는 메시지를 보내고 있었다. '꽃의 아이들'이라 불리기도 했던 히피족을 새로운 록 음악의 열광과 연결시키고, 그것을 독특한 순수함의 특별한 매력, 즉 느슨하고, 자유롭고, 행복한 삶으로 묘사하던 대중매체들은 지방의 문제를 더 심화시켰을 뿐이다. 놀랍게도 국가계급 출신의 이 방황하는 젊은이들은 문제가 생기면 변호사를 대동하여 보석금을 지불하는 식으로 고압적인 지방의 법원에 공개적으로 대항했다. 결국에는 미국의 지방에도 우드스톡 공화국(Woodstock Nation)의 음악, 언어, 옷, 머리 모양이 유행하게 되었지만, 권위, 특히 젊은이들에 대한 권위가 상실될지도 모른다는 불안감은 결코 줄어들지 않았다. 20세기 말에 이르러서도 히피란 단어는 여전히 미국의 지방에서 적대적인 의미를 갖고 있었다. 히피들이 실제로 저지른 일들만큼이나 그들이 하려고 했던 것도 큰 영향력을 지녔다. 성조기 방화범과 징병기피자, 여권론자와 동성연애자들, 흑인 무장폭도들과 인디언 무장세력, 그리고 기타 세력들이 1960년대 후반에서 1970년대 초반의 히피 운동 직후에 홍기하는 것처럼 보였다.

지방의 기반이 약화된 것에 중간계급의 분노가 쏟아지게 되자 타협은 끝장이 났다. 매카시즘 열풍처럼 과거에 발생했던 분노의 표출 이면에는 그래도 연방정부는 공공의 이익을 위해 봉사한다는 대중적인 믿음이라는 안전장치가 있었다. 정말 보통시민들이 자신의 정부가 옳은 일을 한다고 믿지 못한다는 것이 사실일까? 1958년에는 성인 4명 중 1명만이 그런 결론에 도달했다. 정부가 정말로 소수의 이익만을 대변하고 있을까? 같은 해에는 5명 중 1명 이하가 그렇게 생각했다. 그리고 1960년대의 변화가 있었다. 1972년에 이르면 3명 중 2명은 이 두 질문에 그렇다고 대답했다. 1960년대 초반에 의회, 행정부, 연방사법부 등 각 기관과 국가계급과 연관된 모든 조직들, 즉 방송매체, 주요 기업체, 고등교육기관, 지도적 직업인들의 평판이 동시에 길고 가파른 추락을 경험하게 되었다. 타협은 존중이라는 기반에 의존하고 있었는데 이제는 신뢰도 협상도 사라지고 말았다.

타협의 붕괴가 갖는 함의에 가장 경악한 정치 지도자는 리처드 닉슨 대통령이었다. 공격받고 있는 지방중간계급을 "잊혀진 미국인들(forgotten Americans)"이라고 부르며 옹호하던 그는 1969년 선거에서 지방중간계급의 가치관을 대표하게 되면서 대통령직에 취임할 수 있었으며, 그의 대통령으로서의 권위는 바로 이것에 의존하고 있었다. 닉슨은 더 엄격한 법률의 적용, 백인과 유색인 학생의 통학버스 공동탑승제의 폐지, 외설물들에 대한 더 가혹한 제제, 그리고 학교에서 기도할 권리의 보장 등을 공약으로 내세웠었다. 닉슨은 국가계급의 산물들이 오만하고, 줏대 없고, 무책임하다는 개인적 신념을 갖고 있었으며, 대법원을 문화적으로 보수적인 인사들로 채워넣겠다고 맹세했다. 그의 행정부는 논쟁의 대상이 된 경제기획청을 제거하였고, 대신 현존하는 전국-지방의 채널을 통해 지방으로 흘러나갈 연방정부의 예산항목을 증가시켰다. 심지어 그의 보좌관들은 최저수입의 보장가능성을 탐색하기까지 했다. 그러는 동안에도 닉슨 대통령은 일반적인 경제정책에 대한 통제력을 전혀 잃지 않았다. 1972년 선거에서 팽창주의적인 국가계급의 자유주의를 옹호하던 조지 맥거번(George McGovern)에 대해 닉슨이 거둔 압도적인 승리는 타협이 다시 재생되어 승리를 거두었다는 인상을 주었다.

그러나 더 이상 타협은 유지되기 힘들었다. 가장 명백하면서 시급했던 문제는 타협을 유지할 재원이 고갈되었다는 것이었는데 특히 주요 도시들에서 그랬다. 거대한 군수산업을 갖고 있음에도 불구하고 1970년대에 오면 미국은 서방 산업국 중에서 국민총생산 중 세금으로 환수되는 비율로 따져 거의 꼴찌로 전락했다. 공공정책에 대한 여론이 다극화된 것도 정부를 강화시키려는 노력에 찬물을 끼얹었다. 1950년에는 대부분의 주제에 관련된 여론조사 결과는 양극단의 여론은 숫자가 적으면서 중간 부분의 여론에 집중된 형태의 종 모양의 정규분포를 나타냈다. 거의 만장일치로 사회과학자들은 이러한 패턴이 정상적인 것이라고 생각했다. 1970년대에 오면 비슷한 주제의 여론조사에 대한 분포 형태가 종종 중간 부분에는 집중된 여론이 없으면서 양극단에 여론이 몰리는 물결 모양을 띠게 되었다. 많은 학자들은 이 결과를 받아들이길 꺼려했지만, 결국 타협을 위한 여지도 적고 이익도 더 적은 이러한 여론 분포가 새로운 정상형태로 자리잡게 되었다. 케네디(John F. Kennedy) 대통령 시절의 기억과 연관된 생명력과 공공의 목적이라는 독특한 영광의 분위기는 실제로 어느 정도 기반을 갖고 있었다. 그러나 그런 류의 국가계급과 연관된 것들은 케네디 대통령의 죽음과 함께 사라져버렸다.

주요 정당들은 이 물밑의 변화들이 끼친 영향을 드러내 보였다. 20세기 중엽 한 전문가는 공화당과 민주당이 "조각 맞추어진 의견들(quilted pattern of opinion)"을 갖고 있다고 말했는데, 그 뜻은 집단간에 중첩되는 구성원들로 이루어진 여러 집단들이 그들의 이익을 엮어서 합리적이고 안정된 결집체로서의 의견을 만들어냈다는 것을 의미했다. 사회과학자들이 거의 지겨울 정도로 안정된 "중용의 정치문화(political culture of moderation)"라고 묘사하는 것처럼, 이 정당들이 벌인 경쟁은 대안을 마련하고 정당에 대한 충성심을 유지시키기에는 충분하지만 사회를 혼란스럽게할 정도는 아니었다.[5] 조심스럽게 엘리트들이 기능하는 이 시스템을 유지할 수 있었던 것은 남부의 변칙적인 정치 때문이었다. 남부의 백인들은 공화당원이 되어 공화당을 보수주의의 요새로 만들어버리는 대신, 전통적으로 남부 백인 세력의 거점

---

5) V. O. Key, Jr., *Public Opinion and American Democracy*, New York, 1961, p.178; Gabriel A. Almond & Sidney Verba, *The Civic Culture*, Princeton, 1963, p.500.

이었던 민주당에 그대로 남아 있으면서 민주당 내의 자유주의적 분파와 균형을 이루었다.

미국 정치가 양극화됨에 따라 양당 간의 경쟁은 남부쪽으로 확산되었다. 남부의 경쟁적인 정치로 전국적 차원의 보수주의 다수당이 등장하게 되었고, 나아가 정치를 더욱 양극화시켰다. 공유할 수 있는 중간의 기반이 줄어들었기 때문에 이익집단들이 중첩되는 경우는 드물어졌고, 대신 1대 1로 지지와 혜택을 교환하기 위해 줄서는 일이 잦아졌다. 이러한 긴장은 주요 정당들을 심각하게 약화시켰다. 1960년대 이전에 주요 정당들이 가진 힘은 현대 미국 정치에서 중심적인 타협을 중개하는 역할을 맡는 것에서 주로 비롯되었다. 1960년대 이후에 주요 정당들은 타협의 문제들을 해결하기보다는 그것을 표출시켰다. 종 모양의 여론 분포가 쇠퇴하고 이익이 파편화되자 주요 정당들 또한 분열되고 말았다. 국가계급의 기구들이 비난받게 된 것처럼 정당들의 전국적 지도력도 비난받았다. 새롭게 투표권을 받은 젊은 세대들은 점점 더 심각한 정도로 정당의 중요성을 인정하지 않게 되었다. 1970년 후반에 오면 의회에서 정당의 결정에 따르는 투표는 50% 이하로 떨어졌으며, 대통령 선거에서는 대통령과 정당에 대한 투표를 각기 따로 하는 경우가 프랭클린 루스벨트 대통령 시절에 비해 두 배로 증가했다. 대통령 출마자들은 워싱턴 정계와 거리를 유지하기 위해 노력했다. 예전에는 아웃사이더라는 딱지가 협잡꾼을 의미했지만 이제는 경쟁선상에 선 후보자를 뜻하게 되었다.

20세기 대부분의 기간에 지방중간계급 미국인들은 자신들과 전혀 다른 기술과 통찰력을 가지고 국가를 이끌어가는 인물들에 의존했다. 비록 트루먼 대통령과 아이젠하워 대통령 같은 국가 지도자들이 종종 자신은 잘잘못을 가릴 줄 안다고 주장하는 것을 들을 때 반갑기는 했지만, 근본적으로 지방의 미국인들은 미국의 이익을 보호하기 위해 자신들의 방식으로 행동하는 국가계급의 구성원들에게 의존하고 있었다.

1970년대에 이르러서는 반대로 점점 더 많은 지방중간계급 지도자들이 자신들만이 위험하고 냉담한 국가계급의 지도자들로부터 미국을 구할 수 있다는 목소리를 높이게 되었다. 지방중간계급의 목소리가 계속해서 모든 진정한 미국인이 공유하고 있는 전통적인 가치, 자랑스러운 애국주의, 상식 등 문화적 단일성의 언어로 이야기하는 한편, 그들은 또한 기존 권력보다 우세해진 미국주의(Americanism)의 가능성에 대해 점점 더 회의적인 반응을 표출하기도 했다. 그들 중 점점 많은 사람들이 지방에서의 주도권을 보존하기 위해서라도 국가적 주도권을 그들 스스로가 맡아야 할 것이라고 결론지었다.

흑인의 인권 신장과 백인 여성의 권리 확대라는 두 가지 운동이 20세기 후반의 민주주의에 강력한 영향력을 행사하면서 타협의 붕괴 이후 등장했으며, 그 이후의 결정적인 몇 년 동안 세상을 크게 변화시켰다. 1955년과 1956년에 백인과 유색인종의 버스 공동 탑승을 제한한 몽고메리 사건을 계기로 일어난 마틴 루터 킹 2세(Martin Luther King, Jr.)의 흑인 인권운동은 1964년의 인권법(Civil Right Act)과 1965년의 투표권법(Voting Rights Act)을 등장시켰고, 결국 이 운동은 중용적이고 백인 편향적인 여론에 기반한 공공정책에 주요한 변화를 초래한 계기가 되었다. 이 운동은 전국적인 단일성에 호소하였고, 국가계급의 가치로 지방중간계급 백인들을 부끄럽게 만들었다. 무엇보다도 인권운동의 성공에 중요한 역할을 한 것이 국가계급의 정부, 언론, 교육제도에서 동원된 권력이었다는 점을 10년 후에 돌아보았을 때 이 운동이 역사적으로 진귀한 사건처럼 보이게 하였다.

20세기 초에 가장 중요한 흑인 지도자들은 인종주의를 종식시키려는 희망을 국가계급의 개입에 걸고 있었다. NAACP의 사무실들은 이러한 전략의 사령부였으며, 의회에서 로비를 벌이고, 행정 지도자들을 양성하고, 연방사법부를 통해 인종차별에 도전하는 일들을 했다. 20세기 중반에 이러한 접근 방식의 결과는 확실치 않았다. 트루먼 대통령의 인권위원회가 1947년의 개혁에 대해 보다 폭넓은 의제를 설정했고, 공적인 토론에도 더 이상 거친 인종주의적 언어가 사용되지 않았지만, 아직도 남부의 인종차별은 완강했다. 북부에서조차 고용에 있어 인종차별을 금하는 새로운 법률이 실제로 직장에서 지켜질 수 있는 것이라기보다는 단지 이상적 상황을 묘사한 것으로 받아들여졌다. "최대한 신중한 속도로" 학교에서의 인종차별 철폐를 명령한 1954년과 1955년의 브라운 판결(Brown decision)은 이 전국적 전략의 큰 승리였다. 그럼에도 불구하고 1950년대 동안에는 연방주택관리국(Federal Housing Authority)은 여전히 인종이 혼합된 주택단지에 투자하기를 거부했고, 대부분의 국가계급 기관에서는 상징적인 흑인 구성원만을 받아들이고 있었으며, 워싱턴 정가의 정당 지도자들은 인종차별 폐지의 속도를 우선적인 관심사로 여기지 않았다.

킹 목사와 그의 동료들이 그들이 이용할 수 있는 수단을 한데 모아 운동을 성공시킬 수 있었던 것은 놀라운 일이었다. 공민권을 추구하는 흑인들은 항상 어쩔 수 없이 백인들의 영역이었던 체제와 탄원제도의 혜택을 받지 못했었다. 위엄을 잃지 않고 탄원할 수 있는 방법은 무엇일까, 자존심을 버리지 않고 타인에 대한 존경을 표시하는 방법은 무엇일까라는 문제는 이전의 노예와 노예의 후손들이 직면한 정치에서의 주요한 도전이었다. 킹 목사와 그 추종자들, 그리고 1960년 이후에 남부에서의 인종차별정책에 도전했던 젊은 흑인들은 이 잠재적으로 모욕적인 방법을 일련의 탁월한 전략으로 전환시켰다.

탄원서를 제출하는 대신 저항의 정치를 택했던 그들은 보이콧, 시위, 행진, 철야기도, 연좌시위 등의 방법을 사용했다. 그들의 공식적 메시지를 권리의 실제적 행사와 결합시키는 방식으로 그들은 시위를 통한 청원의 기술을 새로운 차원으로 발전시켰다. 한걸음 물러서서 기도를 올리던 19세기의 절제된 운동방식과 달리, 그들은 적들을 정의의 심판대로 끌어들여 대중매체로 하여금 탁월한 시각적 효과를 지닌 탄원서를 전국의 시청자들에게 전달토록 만들었다. 상징적으로 인권운동은 "체계 내부로 침투하라"는 19세기 민주주의 활동가들의 행동원칙과 탄원의 방식을 결합시켰다. 연좌시위는 특히 흑인들이 단순히 그들의 주장을 내세우려고 하는 것이 아니라 그들의 것을 쟁취하려고 한다는 사실을 보여주었다. 킹 목사와 그의 동료들은 저항의 방법으로 탄원과 더불어 비폭력 원칙을 고수했다. 그러나 평화적 저항은 거의 모든 경우 백인들로부터의 공격에 직면하게 되고, 또한 이에 대응하여 흑인들도 자제력을 포기하는 경우 위험한 상황이 초래될 수 있다는 개연성도 내포하고 있었다. 따라서 폭력의 사용 가능성을 암시하면서 평화적 수단에 의존하는 방식이 나타났다.

민주주의를 운영한다는 것은 미국의 3계급 시스템을 운영한다는 것을 의미했다. 즉 민주주의와 계급은 같은 기능을 갖고 있었다. 브라운 판결은 백인들의 시각에서 인종차별 철폐의 문제를 제기했다. 백인 국가계급이 백인 지방계급에게 차별 철폐를 명령했고, 이에 대해 백인 지방계급은 "대규모의 저항"을 통해 반발하였다. 이것은 법률에 대한 논쟁이었다. 이 논쟁에서 흑인들은 이길 수 없었다. 그 이유 중 하나는 백인들은 "신중한 속도"가 백인에 미칠 영향에 관심을 갖고 있었을 뿐, 흑인들은 안중에 없었기 때문이다. 근본적으로 흑인들은 국가계급의 권력에만 의존할 수는 없었다. 그것은 20세기 전체를 통해 반복되어온 교훈이었다. 따라서 그들은 모든 계급을 움직여야 할 필요가 있었다.

인권운동은 흑인들로부터의 폭넓은 지지 기반을 동원함으로써 자연스럽게 그 과정에서 하류계급의 구성원들을 고려하기 시작했으며, 그와 함께 백인들의 법률 문제를 흑인들의 권리에 대한 문제로 전환시켰다. 상당한 숫자의 국가계급 사람들이 이에 대해 관심을 기울이고 이해하게 되었다. 미국의 국가계급들은 그들의 특권을 권리라고 정의했으며, 최소한 이론적으로는 이 권리들을 보편화시키려 했기 때문에, 그들은 쉽사리 인종차별에 대한 갈등을 윤리적 사건으로 이해할 수 있었다. 이 점에서 킹 목사는 없어서는 안 될 지도자였다. 아직까지도 권리를 주어지는 것이 아니라 얻어 내야 하는 것으로 생각하는 상당수 지방중간계급의 의식 전환이 필요했다. 킹 목사의 남부기독교지도자회의(Southern Christian Leadership Conference)는 그 추종자들을 대표하는 흠잡을 데 없는 명성과 한결같은 자제력, 그리고 견고한 연대성을 통해 지방중간계급으로부터 지지를 획득했다. 이러한 가치들은 백인 중간계급의 가치관과 일치했다. 인권운동은 매일 공개적으로 종교집회를 열었다. 지방의 사업 지도자들은 이 질서정연한 흑인들이 순조롭게 인종관계를 안정시킬 것이라는 희망에 협상을 시작하면서 특히 고무되었다.

요컨대, 킹 목사와 그의 동료들은 국가계급과 지방계급 간의 평형추 관계를 하류계급의 권리, 즉 차별받는 흑인의 권리를 향상시키기 위해 이용했다. 마치 역사가 반복되는 것처럼 19세기 초반의 민주주의에서 급진주의를 대표했던 문제, 즉 백인들의 공적 권리를 확보하는 것은 20세기 후반의 민주주의 개혁에 있어 가장 중요한 문제인 흑인에게 공적 권리를 개방한 1964년의 포괄적인 인권법 및 1965년의 투표권법과 동일했다. 성공을 위해서는 시기를 맞추는 것이 결정적이었다. 킹 목사와 그의 동료들은 국가계급의 의제가 확장된 틈을 타서 지방중간계급의 사기가 너무 떨어지기 전에 그들의 법률적 목표를 달성했다. 달리 말하자면, 백인 계급들 간의 갈등이 가장 첨예했던 국면에서 흑인들의 인권이 공공정책으로 문서화된 것이다.

계급 간의 타협은 인권법 직후에 무너졌으며, 인종갈등 문제는 이러한 타협의 와해 추세를 가속화시켰다. 여전히 인종 간의 관계가 너무 빨리 변화한다고 생각하던 백인의 다수는 정의가 제대로 실현되지 못했다고 보기보다는 오히려 정의가 지나치게 실현되고 있다고 보았으며, 더 이상의 개혁을 주장하는 목소리에 대해서 중단을 요구했다. 1965년 이후에는 킹 목사 자신이 추가적인 개혁의 가능성이 줄어들고 있다는 사실을 인식하게 되었다. 백인들의 의견들처럼 흑인들의 견해들도 분열되어 있었다. 인종차별의 벽이 타파되자 이제는 그 어떤 개혁에 의해서도 무마될 수 없는 엄청난 분노와 원한이 솟아올랐다. 정부조치로 인해 절정에 달했던 인종차별이 종식되자 흑인 10명 중 7명은 전국적인 여론조사에서 백인들이 그들을 다시 노예로 만들고 싶어 한다고 대답했다. 흑인 급진주의자 엘드리지 클리버(Eldridge Cleaver)는 백인의 눈동자를 바라보면 가축과 마찬가지로 평가되고 있는 자신이 보인다고 말했다.

여론의 통합성이 도시의 폭력성과 전국적으로 퍼진 분노에 의해 붕괴된 것처럼, 변화하고 있는 인종 간의 관계가 일정한 방향, 즉 목표를 갖고 있다는 믿음도 사라졌다. 백인들은 놀랍게도 인권 개혁을 민주적 개인주의에 대한 주장으로 해석했다. 즉 흑인들 또한 미국 사회에서 혜택을 받기 위해서는 경쟁에 참여할 수 있어야 한다고 생각했다. 흑인들에 대한 특정한 지위를 금지하거나 혹은 그들에게 유리한 고용기회를 주는 정책은 백인들의 거센 반대에 직면했다. 1970년대에는 여론조사마다 8대 1 혹은 9대 1의 비율로 차별완화정책(affirmative action)을 반대했다. 국가계급의 이론가들이 엘리트주의적인 기준과 흑인들의 자존심에 대해 우려하고 있던 반면, 특히 경제가 약화되면서 직장 현장에서는 백인과 흑인들이 "자신들의 실속 차리기" 에 몰두하는 지방계급적 의식을 공유하고 있었다. 1960년대 중반의 개혁은 보편적인 권리로 쉽게 해석될 수 있었는데, 그것은 지속적인 전후 경기 팽창이 모든 사람에게 더 많은 것을 기대하도록 만들었기 때문이었다. 1970년대의 불경기는 인종관계를 전혀 다른 분배의 문제로 파악하게 만들었다. 불평등하고 치밀하게 조직된 시스템의 한 부분에서 불의의 문제를 해결하려는 모든 시도는 항상 시스템의 다른 부분에서 정의의 문제들, 즉 분열된 사회에서 오직 비통한 결과만을 초래하는 문제들을 파생시켰다.

흑인들의 입장에서는 분열된 사회에서 미래에 대한 기대를 거의 발견하지 못했다. 1960년대 후반동안 블랙 파워(Black Power)라는 수사적 표현이 개인적인 자아실현이라는 언어의 한 변형이었고, 도시 폭동에서의 약탈이 대중적 소비주의의 한 변형이었다고 한다면, 양자 모두 장기적으로는 개인의 기회를 증진시키지 못했다. 도시빈민 구제를 위한 정책이 사회 총자원에서 흑인이 차지할 몫을 증가시키지도 않았다. 대도시의 "유색인종공화국"에 모여 살든, 미시시피 카운티의 날품팔이로 살아가든, 가난한 흑인들은 1970년대와 1980년대에 이전보다 더 심각한 소득의 불균등을 경험했다. 과거의 개혁 의제들은 이 고질적인 문제를 해결하는 데 아무런 도움을 주지 못했다.

인권운동이 분기점의 한편에서 마지막 주요 개혁을 성취했다고 할 수 있다면, 평등권 개정안(Equal Rights Amendment)에 대한 여성들의 캠페인은 다른 한편에서의 최초의 주요한 노력을 대변한다. 피상적으로 보면 이 두 운동은 시기를 제외한 거의 모든 점을 공유하고 있다. 흑인운동과 마찬가지로 개혁적인 백인 여성들도 자신들의 개인적 목표를 추구한다는 명목하에 그들의 집단적 권리를 요구했다. 인권운동의 주장과 전략을 채택한 이 여성들은 또한 자신들의 경우를 난폭한 차별의 사례로 극화했으며, 인권운동과 같이 보편적인 가치, 즉 평등, 기회, 정의에 호소해서 그들의 주장을 자명한 진리로 만들었고, 평등권 개정안을 위한 전국 규모의 행진을 조직했다.

그 나름대로 사실에 대한 정확한 이해라고도 볼 수 있는 이러한 피상적 관찰은 두 운동 사이의 심각한 차이점을 모호하게 만들었다. 공적 영역에서의 여성 문제는 적은 봉급, 제한된 기회, 성적 희롱과 모욕적인 언사, 보상과 승진을 결정하는 사람들의 왜곡된 시각 같은 사적 영역에서의 여성의 무력함이라는 문제에서 확장된 것이었다. 가정

내의 관계에 대한 전통적인 관점에서 한 저명한 정치학자는 1964년에 "부인은 남편을 따라 투표하는 경향이 있다"고 말했다.[6] 흑인들이 그들의 개인적 기회를 확대하기 위해 공적 가치를 바꾸어야만 했다면, 여성들은 그들의 공적인 기회를 확대하기 위해 사적 가치를 변화시켜야 했다. "먼저 접시를 깨버린 후 사회를 변혁시키자"라는 주장을 담고 있던 베티 프리던(Betty Friedan)의 『여성의 신비(*Feminine Mystique*)』(1963)는 여성들의 사회적 이슈를 개인화시켜서 여성들 사이의 새로운 의식을 자극했다. 즉 내면의 소리에 귀를 기울이고 그것에 따라 행동하라는 것이 그녀의 말이었다. 이 개인적인 이슈들을 여성운동으로 사회화시키기 위해서는 몇 년의 시간이 더 필요했다. 여론조사가 확실하게 보여주고 있는 것은 흑인과의 거리가 더 가까워질 가능성이 높아질수록 흑인 인권운동이 성장하는 것에 대한 백인들의 저항이 더욱 거셌다는 점이었다. 백인들은 처음에는 흑인과 같은 직장에서 일하는 것을 받아들였고, 다음에는 같은 학교에 다니는 것을, 그리고 이웃에 거주하는 것을, 마지막으로 흑인과의 결혼을 받아들였다. 그러나 남자들의 생활에서는 여성들의 모든 새로운 권리가 남녀 간의 관계에 영향을 주었다.

우연이나 모방으로 이 두 운동의 타이밍을 설명할 수는 없다. 킹 목사가 간디를 모방하지 않은 것처럼 여권 옹호자들도 흑인 지도자들을 모방하지 않았다. 본격적 궤도에 이르기까지 두 운동은 자신을 가로막고 있는 사회적 관계가 최소한 부분적이나마 붕괴되기를 기다려야 했다. 미국 민주주의의 발전과정이 보여주듯 기존의 방식에서 새로운 방식으로의 중요한 변화는 결코 순조롭게 일어나지 않았다. 흑인 인권운동에서 결정적인 장애물은 공공정책의 기본이 된 20세기의 타협이었는데, 이 타협에 의해 모든 곳에서 흑인의 권리문제는 지방중간계급 백인의 처분에 맡겨졌다. 따라서 운동의 핵심적인

---

6) Converse, "Nature of the Belief Systems," p.233.

선행조건은 이 타협에 문제가 생겼다는 사실이었다. 즉 공공정책에 대한 백인들의 합의가 이용가능할 정도로 충분히 약화되었지만, 백인 전체를 두렵게 만들 만큼 지나치게 약해지지는 않은 상태가 필요했다. 반면 여성들에게 있어 필요했던 것은 가족 권위의 약화였다. 즉 아버지-어머니-아들-딸-애완견(Dad-Mom-Dick-Jane-and-Spot)이라는 식의 기존 가족 모델에 장기적으로 도전할 수 있는 조건이 필요했으며, 주로 새로운 피임 방법과 낙태를 통해 섹스의 개념과 출산을 분리시켜 생각하는 여성들의 수가 크게 증가해야만 했다. 결과적으로 백인 여성들이 가족의 속박에서 벗어난 것은 흑인들이 계급의 속박에서 벗어난 몇 년 후였다.

이 두 운동의 두 번째 중요한 차이점은 수적 규모의 차이였다. 흑인들은 소수였고 여성들은 다수였다. 모든 주와 모든 도시, 그리고 모든 계급에서 다수였기 때문에, 여성운동은 자연스럽게 다수결주의 정치를 동반자로 여겼으며, 다수결주의를 여성이 인구의 절반이라는 인구통계학적 사실을 법률화하는 방법으로 보았다. 조직화된 여성운동이 현실화됨과 거의 동시에 평등권 개정안에 대한 아이디어가 되살아났다. 1971년에 실시된 여론조사들에 따르면 여성운동에 대한 지지는 다소 모호하지만 광범위한 것으로 나타났다. 1972년에 앨리스 폴의 평등권 개정안이 원래 안에서 약간 변화되어 의회를 통과하였고, 이어 전국적인 열광과 언론의 주목을 받으며 빠른 속도로 각 주의회의 다수를 휩쓸었다.

두 운동 사이의 마지막 중요한 차이점을 은폐한 것은 여성들이 일반적으로 분산되어 있었다는 점이다. 속박된 흑인이라는 한계 속에서, 킹 목사와 그의 동료들은 오로지 미국 전체의 계급 간의 복잡한 상호작용에 편승함으로써만 성공할 수 있었다. 여성운동과 평등권 개정안 캠페인은 이와 대조적으로 국가계급에 기원을 두고 있으며, 국가계급의 언어로 이야기했고, 근본적으로 국가계급의 지지에 의존했다. 특수성과 능력만이 경력을 결정할 수 있으며 성은 고려할 수 없다는 국가계급의 가치만이 성별에 근거한 공적 차별을 비합리적인 것으로 만들었다. 반면 지방중간계급의 가치는 인종과 종족에 대한 가치와 마찬가지로 생물학과 성경, 그리고 영구적인 관습에 뿌리박은 생활 속의 현실들이었다. 남성의 권위도 여성의 긍지도 모두 성별 차이에 의존하고 있었다.

전국적인 명성을 얻은 평등권 개정안의 대표자들은 20세기의 공적 야심이 있는 여성들에게 공통된 책략, 즉 성적 열등함을 계급적 우월함에 의해 극복하려는 전술에 의존했다. 다른 조건이 같다고 해도 남자들은 여자들에게 부차적인 역할만을 맡겼다. 이 차별을 바로잡고 균형점을 찾기 위해 공적 지위에 뜻이 있는 여성들은 자기보다 한두 계급정도 서열 아래인 남자들을 다루기를 선호했다. 예를 들어, 국가계급의 남자들이 다른 곳으로 주의를 돌린 지 한참 후에도, 종종 공공봉사나 도시 발전을 가장하여 국가계급의 여성들은 목적 달성을 위해 지방계급의 관료들, 직업인들, 기업인들에 의존하면서 그들 도시와 근교의 정치에서 능동적인 역할을 하고 있었다.

국가계급이 동원할 수 있는 이러한 자원들은 평등권 개정안을 쟁취하는 데 거의 충분할 정도였다. 그러나 위에서 아래로 전체를 망라해가던 캠페인은 1973년에 정체기를 맞았는데, 4개의 주에서 필요한 3/4의 찬성을 얻는 데 실패했기 때문이었다. 갑작스럽게 지방중간계급의 남성과 심지어 여성까지도 그들이 가장 편하게 생각하던 교회와 클럽을 통해 목소리를 높이기 시작했고, 또 평등권 개정안 운동가들이 빠뜨리고 있었던 각 주의 네트워크를 조직하였으며, 국가계급의 세력 확장을 두려워하면서 적극적으로 반대하기 시작했다. 전국의 마을과 소도시에서는 그들이 가지고 있던 평등권 개정안에 대한 이미지가 도덕적 언어를 통해 그려지고 있었는데, 남녀 공용 화장실 때문에 모욕감을 느끼는 얌전한 소녀들, 전투에서 부상당한 젊은 여성, 빈곤에 빠진 노모와 낙태를 강요받는 그녀들의 딸 등이 그것이었다. 평등권 개정안의 옹호자들이 그들의 운동과 전통적 가정의 약화 사이의 관련성을 최소화시키려 노력했다면, 지방계급의 반대자들은 아예 운동 자체를 용납하지 않았다. 실제로 이 다극화된 환경에서 때맞춰 등장한 강경한 페미니즘은 미국의 지방계급에 의해 이용되어 결국은 평등권 개정안에 대한 논쟁을 "여성의 문제 대신 페미니즘의 문제"에 대한 것으로 바꿔놓았다.7) 중도적인 기반이 충분히 광범하게 형성되어 있지 않았기 때문에, 즉 중도적 여론이 충분히 높지 않았기 때문에, 헌법을 개정하는 것은 더 이상 불가능했고, 따라서 평등권 개정안은 고상한 수사적 표현들 속에서 논란만 거듭되다가 사라져버리고 말았다.

그렇지만 개인적 권리의 확대를 요구하는 목소리를 막을 수는 없었다. 자가발전적인 과정을 통해 점점 더 많은 미국인들이 자신의 권리를 앞세우기 시작했다. 호모와 레즈비언의 소집단들은 1970년대 초기에 폭력과 차별로부터 자유로운 삶을 살 수 있는 자신들의 권리를 주장하는 캠페인을 전개하면서 성의 선택에 대한 보편적 권리를 요구했다. 1973년의 재활보장법(Rehabilitation Act)은 처음으로 신체적 장애에 대한 연방정부 차원의 기준을 마련했으며, 이 개혁은 1990년의 포괄적인 장애인보호법(Disabilities Act)에서 그 절정에 이르렀다. 국가계급의 구성원들은 여러 보호 대상자들의 권리 보호를 주장했다. 예를 들어, 1975년과 1976년에 대법원은 자의적인 감금과 치료로 비롯된 정신적 상해를 보상해야 한다고 판결했다. 1980년대에는 어린이들의 권리가 급속히 확대되었다. 권리 주장의 사례가 지나칠 정도로 만연하게 되자 1985년에 한 법률학자는 잘못된 양육을 이유로 자녀들이 부

7) Donald G. Mathews & Jane Sherron DeHart, *Sex, Gender, and the Politics of ERA*, New York, 1990, p.210.

모를 고소하는 상황을 상상했다. 1992년에 법원은 국가계급을 의식하여 아이들이 부모와 결별하는 것을 허락하기 시작했다.

가장 폭발적인 논쟁을 불러일으켰던 것은 낙태의 권리에 관한 이슈였다. 이 문제는 1973년의 로우 대 웨이드(*Roe v. Wade*) 재판에서 발단되었으며 그 이후 점점 더 열기를 더해갔다. 1960년대 후반까지는 법률과 정책에 의해 적당히 조절되던 낙태는 미국의 여론이 다극화되면서 소용돌이에 휘말리게 되었고, 여성들이 자신의 삶을 제어할 수 있는 권리의 핵심적인 상징으로 등장하게 되었다. 많은 여성들은 이런 권리의 문제를 프라이버시의 문제로 생각하기 시작했다. 즉 여성들의 무능력은 사적인 공간에서 비롯되었기 때문에 그들의 자율성 또한 사적인 공간에서부터 보호되어야 했다. 그러나 이 권리가 어떤 법률에 근거해야 하는지는 명확하지 않았다. 집단적 감시와 전자적 정보 수집망으로부터의 보호에 근거해야 할까? 혹은 권리장전에 대한 더글러스 판사의 난해한 해석에 의존해야 할까?

권리의 확대가 급속하게 이루어지고 있던 상황이었으므로 이 물음들에 대한 분명한 답변은 미루어질 수 있었다. 1980년대에 권리의 개념은 법률이 정한 한계보다 훨씬 빨리 확대되었다. 다이온 2세가 말하고 있는 것처럼 모든 계급의 모든 사람들이 1960년대의 유명한 공식, 즉 당신이 원하는 것이라면 그것을 행하라는 공식을 따르고 있었다. 미국의 인구는 전세계인구의 5%를 차지하고 있지만 미국인은 전세계 마약의 50%를 소비했다. 열성적인 대변자들은 욕구의 변화에 따라 권리도 바뀐다고 생각했다. 한 철학자는 민주주의의 핵심은 "'1인 1표' 원칙뿐만이 아니라, '원하는 만큼 인간적으로 살 수 있는 평등하고 효과적인 권리의 보장'까지를 포함한다"고 선언했다. 한 법률이론가는 권리를 "인간성이 구축해 놓은 허구적 사회의 한계를 넘어서는 인간성의 무한한 가치"와 동일시했다. 이러한 대전제들을 특정한 법안으로 만드는 것은 자의적 성격을 띠게 되어, 마치 같은 사람이 작성하였다 하더라도 다음날 작성한 내용이 달라질 수도 있을 것 같았다. NAACP의 엘레인 존스(Elaine Jones)는 한 인터뷰에서 "내가 지금 이야기하고자 하는 것은 안전한 환경, 의료보장, 그리고 선거과정에 정당하게 참여할 권리, 직장을 가질 권리, 교육 및 훈련의 기회에 대한 권리를 포함하는 인간의 기본권이다"라고 말했다.[8)]

개인주의에 대해 이러한 신념을 갖고 있는 사람들은 권리의 실현이 지연되는 것을 못견뎌했을 뿐만 아니라, 지연되는 것을 개인의 권리가 충족되는 것에 대한 거부로 파악하는 경향이 있었다. 이런 맥락에서 가족의 의미가 약화되기 시작했다. 가족은 개인의 만족을 위한 생활의 편의들을 제공한다는 점에서 의미를 갖고 있었는데, 그러한 보상들이 사라졌을 때 가족의 의미가 희석된 것은 당연한 논리적 귀결이었다. 의료보장에 대한 태도들이 이러한 가치관을 반영하고 있다. 의약업은 치료를 보장함으로써 그 권위를 상승시켰고, 치료를 요구하는 환자들이 많이 몰리게 되었다. 의료사고법(Malpractice law)은 이러한 기대 속에서 번성하게 되었다. AIDS 환자들을 위한 활동가들도 마찬가지로 등장하였는데, 그들은 공공의료기관의 나태함을 공박하였으며 질병에 효과가 있다면 어떤 조제법이든 즉각적으로 사용되어야 한다고 주장했다. 실제로 대안적 치료법을 옹호하던 한 사람은, 개인이 치료방법을 선택하는 것에 개입하는 것은 "헌법에 보장된 생활, 자유, 그리고 행복추구에 대한 권리를 직접적으로 부정하는 것"이라는 매디슨적 법률에 제퍼슨적 논증법을 혼합한 듯한 주장을 내세운 적이 있었다.[9)] 1980년대 말 즈음에는 미국의 성인 10명 중 7명은 의료보장이 헌법으로 보장되어야 한다고 생각했다. 10명 중 4명은 이미 현 헌법이 의료보장을 보증하고 있다고 생각했다. 21세기의 개인 생활에 대한 폭

8) C. B. Macpherson, *Democratic Theory*, Oxford, 1973, p.51; Robert Mangabeira Unger, *The Critical Legal Studies Movement*, Cambridge, 1986, p.26; *New York Times*, July 18, 1993, sec.4, p.9에서 인용한 존스(Jones)의 말.

9) *New York Times*, Aug. 9, 1992, sec.1, p.34.

넓게 일반화된 비전을 받아들이기 위해 이러한 가치관을 적당하게 교정할 필요가 있었다. 과학이 인간의 DNA와 두뇌 작용을 밝혀냄에 따라 개인은 자신의 고유한 진화 계획에 따라 유전적, 화학적 처치를 통해 그들 자신을 만들고 재조립하게 될 것이었다.

개인적 권리의 요구에 대한 선호가 커지면서 민주주의에서 비롯된 강제에 대한 노골적인 혐오도 증가했다. 자의적인 정부로부터 시민을 보호하기 위한 장치로서 전통적으로 이해되던 개인적 권리들이 이제는 점점 더 적대적인 다수로부터 개인을 보호하기 위한 것으로 이해되고 있었다. 적절하게도 알렉시스 드 토크빌은 19세기 초에 우월적 개인들을 억압하는 공동체의 압력에 대해 관심을 가졌었는데, 이 주제가 20세기 중엽 이후 다시 유행하게 되었다. 보수파 중에서 아이언 랜드(Ayn Rand)의 저술들, 특히 『근원(*Fountainhead*)』은 1990년대에도 여전히 지속되고 있는 자족적인 초인에 대한 숭배에 영감을 불어넣었다. 자유주의자들 중에서도 심리학자 에이브러햄 머슬로우(Abraham Maslow)의 개인적 발전의 엘리트주의적 단계설 또한 1990년대에도 영향력을 갖고 있는데, 이 이론은 발전단계의 정점에 다달아서 "자기실현"을 통해 자유로워진 아주 극소수의 사람들에 대해 묘사하고 있다. 토머스 다이(Thomas Dye)와 하먼 지글러(Harmon Ziegler)는 민주주의의 핵심이 "개인의 존엄성"인 한, "대중이 아닌 엘리트가 개인의 자유, 다양성에 대한 관용, 혹은 표현의 자유에 더 크게 이바지하며," 반대로 "대중들(masses)"은 "반민주주의적 경향"을 보인다고 주장했다.[10)]

개인의 불가침적인 권리를 옹호하는 사람들에게 가장 위험한 대중은 투표에서의 다수파였다. 다수결에 대해서 국가계급의 자유주의자 로널드 드워킨(Ronald Dworkin)과 아이러 글래서(Ira Glasser)는 다수

---

10) Thomas R. Dye & L. Harmon Ziegler, *The Irony of Democracy*, 2nd ed., Belmont, 1972, p.9, 20.

결은 "맹목적으로 숭배 받는 대상"이며, "민주주의는 본래의 뜻에서 개인적 권리의 보호이다"라고 말했다. 그들은 "조야한 다수결주의"를 "과거의 거대한 독재주의"와 연관시키면서, "다수결주의의 편견을 억제하는" 방법에 관심을 집중시켰다. 미국시민자유권수호연맹(American Civil Liberties Union)은 그 안내문에서 약간 당황스러울 정도로 심각하게 "투표권에서의 역사적인 탈출"을 선언하는 논문을 게재하고 있는데, 이 논문은 선출제로 되어 있는 판사직을 지명제 판사로 대체하고, 이전의 투표 대신 그들의 재임용에 대해 정기적인 가부 결정을 실시해야 한다는 주장을 담고 있었다. 여론조사가 이 반다수결주의 운동에 무기를 제공했다. 사형, 범죄 피의자의 권리, 동성애의 허용, 공립학교에서의 종교행사 실시 같은 문제에 있어 안정적인 다수는 개인주의자들의 반대 입장을 취하고 있었다. 이런 류의 문제에 관련된 공공정책에 영향을 미치는 선거는 경멸적으로 "국민투표(plebi- scite)"라는 딱지가 붙었다.[11]

1970년 이전에도 개인적 인권을 위해 싸우던 지도자들은 정부의 가장 둔감한 영역에 관심을 갖고 있었다. 1970년대에 이 안전지대에 포함되어 있었던 사법기구와 행정기구는 기술적이거나 혹은 은폐된 그 내부 과정이 대중의 관심으로부터 보호되는 기구들이었다. 이런 측면에서 테오도르 로위(Theodore Lowi)는 모범적인 관리자가 공평무사한 태도로 단지 결정을 내리는 "사법적 민주주의(juridical democ- racy)"를 구상했다. 그런데 1980년대에, 특히 환경주의가 인권에서 차지하는 영역이 점점 커지면서, 연방행정부 자신이 또한 대중의 편이 되어 사법부만이 유일하게 개인적 권리의 보호자 역할을 맡게 되었다. 벌써 기억 속에서 사라진 19세기의 법령을 이용하여 현대의 다수결주의에

---

11) Ronald Dworkin, "The Reagan Revolution and the Supreme Court," *New York Review of Books*, July 18, 1991, p.24, 23; Ira Grasser, *Civil Liberties*, Fall 1991; Laughlin McDonald, ibid., Summer-Fall 1992.

대항하는 것이 필요하다는 점을 판사들에게 납득시키는 것이 명예의 문제라고 생각하는 인권운동가도 있었다. 1986년에 죽음에 대한 권리를 지지하던 사람들은 "변덕스러운" 주행정부에 의존하지 않고 현명하게도 사법부에서 동조를 구하려 했다. 곧 사법부는 이러한 권리의 원천처럼 보이기 시작했다. 미국시민자유권수호연맹의 차기 회장이었던 나딘 스트로센(Nadine Strossen)은 그 전통과 역사가 얼마나 짧고 희박한지는 무시한 채, 개인의 "사생활, 자유, 자율성"으로서의 "기본적인 헌법적 권리의 고유한 보호자로서의 전통적, 역사적 역할"을 완수할 것을 대법원에 요구했다.[12)]

한편으로 개인주의적 민주주의는 다수결 민주주의에 적대적인 수단을 통해 추구되고 있었다. 다른 한편은 그 반대였다. 즉 다수결 민주주의가 개인주의적 민주주의에 적대적인 목적을 위해 사용되었다. 절대적인 권리들을 옹호하던 국가계급의 사람들이 투표를 기피했던 것과 마찬가지로, 그들의 적인 지방중간계급들도 훨씬 큰 대중적인 기반을 가진 채, 이 권리들을 투표를 통해 판단해야 한다고 생각했다. 즉 유권자들이 결정해야 한다는 것이었다. 인상적이었던 닉슨 대통령의 1972년 선거를 포함해서 이러한 반대를 부추긴 것은 국가계급의 영향도 있었지만, 진짜 미국인들이 자신들의 가치를 옹호한다는 이 대중주의적 반격은 지방중간계급으로부터 시작된 것이었다. 1960년대 후반에서 1970년대 초반에 정치가 다극화됨에 따라 냉소적인 젊은 저항가들 같은 새롭게 활력을 얻은 시민들은 스스로를 국민 정신을 지키는 파수꾼으로 자처했다. 그들은 지방의 종교적 감수성에 호소해서 매우 효과적으로 동원될 수 있었다. 그들의 적인 엘리트들은 도덕적으로 공허하며(즉 관대했고), 비도덕적인 측면에서는 고립되어 있었지만(즉 급진적이었고), 악마처럼 강력했다. 이제 죽고 살기의 싸움만이 남아 있었다. "더 이상 물러설 곳이 없다 … 모든 사람이 단결할 시기가 왔다"는

---

12) Nadine Strossen, ibid., Winter 1991~1992.

것이다.[13)]

이 싸움은 미국 민주주의의 핵심을 차지하기 위한 투쟁을 포함하고 있었다. 평등의 문제로 NAACP와 백인 노동자들이 힘겨루기를 벌이고 있었으며, 자유의 문제에 관해서는 보수주의자들과 미국시민자유권수호연맹이 다투고 있었다. 현대 미국에서 개인주의의 중심성을 인정하는 문제를 놓고 그들은 모든 주장과 언어를 동원해 싸웠다. 예를 들어, 합법적 낙태를 찬성하는 사람들은 독립적인 성인이 스스로 행위할 권리를 옹호했다. 반면 반대자들은 신이 내려준 인간의 규범이라든가 여성에 대한 남성의 결정권 같은 권리의 우열과 관련된 논리를 폈다. 그럼에도 불구하고 양쪽 모두 이것을 개인적 권리에 대한 문제라고 보고 있었다. 누구의 선택이 긍정적인 선택이 될 것이며, 누구의 삶이 삶에 대한 권리로서 인정될 것인가? 그들은 같은 말로 서로에게 자신의 주장을 펼치고 있었기 때문에 그들 사이의 간격을 좁히지 못했다.

지방의 다수결주의 정치는 남부의 백인들, 백인 임금노동자들, 사업가들, 그리고 기이하게 초교파 프로테스탄트, 가톨릭, 유태인 등이 계속 가담함에 따라 점점 더 실효성과 영향력이 커졌다. 직접 편지를 써서 호소하는 독특한 기금 모집 방법을 통해 지방중간계급의 활동가들은 상당한 액수의 기부금을 모을 수 있었으며, 그들의 조직망을 통해서는 기존의 정치 권력이 지배하고 있는 세력들, 예를 들어 정치후원회(정치활동위원회, PACs: political action committees) 같은 세력을 끌어들이는 방법을 배울 수 있었다. 지방의 다수결주의는 논쟁거리가 되고 있는 문화적 문제들과 관련하여 입법부에 영향력을 행사했으며, 새로운 개인주의의 일부 영역을 범죄화하고 또 다른 영역들에 대해서는 제약을 가했다. 게다가 1980년에 로널드 레이건(Ronald Reagan)이 대

13) James Davison Hunter, *Culture Wars*, New York, 1991, p.103에서 인용한 프로테스탄트 근본주의자 프랭키 쉐퍼(Franky Schaeffer)의 말.

통령 선거에 당선되자 지방계급이 워싱턴까지 수중에 넣은 것처럼 보였다.

레이건의 할리우드 배우 경력이나 폴란드계인 그의 후계자 조지 부시(George Bush)가 아이비리그의 명문대학 출신이라는 등의 경력은 지방계급과 별 관계가 없는 것이 사실이다. 그러나 두 대통령의 행정부는 공통적으로 지방계급의 분노를 기반으로 하고 있었다. 이러한 사태의 전개는 정치적 경쟁 없이 나름대로의 개인적 권리를 유지할 수 있다고 기대하는 이들에 대한 경고가 되었다. 행정부에서 자유주의자들을 제거하고 사법부에 보수주의자들을 포진시킨 상승세의 공화당은 다수결주의에 반대하는 개인주의자들이 목표를 달성하기 위해 활동했던 조용하고 보이지 않는 영역들을 대부분 없애버렸다. 경찰에 대한 재정지원이 확대되고, 범죄에 대한 처벌은 강화되었으며, 자유언론에 대한 보장은 약화되었고, 인종적 균형에 대한 감시도 약화되는 등의 조치가 뒤를 이었다. 그중에서도 가장 치열한 논쟁의 대상이 되었던 것은 낙태 문제였는데, 법원과 입법부는 동시에 낙태를 제한시켰다.

백인 중간계급들이 지방 생활에서의 주도권을 주장하자, 1930년대의 옛 타협의 요소들이 명백히 다시 되살아나게 되었다. 그럼에도 불구하고 권력을 장악하고 있었던 공화당은 이러한 요소들을 통합시키려는 노력을 전혀 하지 않았다. 그들은 단지 다극화를 꾀할 뿐이었다. 더욱이 그들은 지방 경제를 약화시키고 있던 세력들에 대한 견제를 느슨하게 만들었다. 국가법령들은 "경영의 정상화와 보건 및 안전" 문제에서 점점 더 주 법령 혹은 지방 법령들보다 앞서고 있었다.[14] 은행업무에 대한 제한을 완화하면서, 레이건의 공화당은 지역의 부동산 시장을 몬테카를로의 도박장처럼 활성화시키기 위하여 투기 자본들을 세계 이곳저곳에서 유치해왔다. 1980년대 후반에 저축과 대부 조합들

---

14) William Greider, *Who Will Tell the People*, New York, 1991, p.181.

이 전국적으로 도산하는 사태가 발생하자 지방의 은행에만 의존해오던 지방 건축업자들이 가장 고통을 받게 되었으며, 전국적 규모의 주택 건설회사들인 센트렉스(Centrex) 사, 톨 브라더스(Toll Broth- ers) 사, 라일랜드(Ryland) 사 등이 그들을 대신하게 되었다. 전형적인 지역사업인 장의업조차도 전국적 체인망 속에 편입되었다. 이와 같이, 지방중간계급의 문화정치는 성공하였지만 그 경제적 기반은 점점 침식되고 있었다. 1990년대의 공공정책에도 지방의 경제를 중심으로 옛 타협을 부활시키려는 내용은 포함되지 않았다.

그럼에도 불구하고 민주주의를 둘러싼 싸움에서는 다수결주의가 승리하고 있었다. 대중정치에 뿌리를 박지 못한 개인적 권리들은 사라질 위험에 처했다. 강제적인 보편주의를 끝까지 옹호하는 사람들은 정책적인 측면에서 대립하는 이익들의 경쟁적 압력을 반동이라고 불렀다. 동성애를 "용서"하기를 거부하는 군부의 지도자들이 군에 복무중인 남녀 동성애자들의 목소리를 막아버렸을 때, 다수결주의자들은 합리적으로 사태를 해결하려는 노력을 거의 하지 않았다. 그들의 정책은 단순히 정치적 균형, 그리고 권리에서의 균형이 어디에 놓여 있는가를 나타내줄 뿐이었다. 다수결주의 정치는 분배의 모델을 따랐다. 그들은 권리를 할당했다.

그런데 그들이 과연 다수였던가? 20세기 들어 보통선거권이 확대되면서 투표율도 함께 낮아졌다. 몇몇 사람들은 새로 유권자가 된 여성들을 탓했는데, 그 이유는 여성들이 투표에 참가하지 않아서 1920년 이후 상당기간 투표율이 불균형적이었기 때문이다. 그러나 20세기 중엽부터 여성들의 투표는 남성들과 거의 엇비슷해졌다. 또한 단순한 의미에서라도 경쟁이 문제가 되지는 않았다. 1948년에 트루먼이 4명이 출마한 선거에서 듀이를 간발의 차로 앞질렀을 때 투표율은 51%였다. 4년 후 아이젠하워가 스티븐슨을 압도적으로 따돌렸을 때 투표율은

62%였다.

1960년대 초에 선거의 방해물들은 완전히 사라졌으며, 급진적인 평론가들조차도 미국이 드디어 선거민주주의를 완성했다고 결론지을 정도였다. 1965년의 선거법은 남부 흑인들을 투표에 참여할 수 있게 했다. 그 과정에서 투표에 있어 문맹 여부, 교육, 신분 등의 제한을 두는 것이 법으로 금지되었다. 수정헌법은 인두세를 금지했다. 1970년에는 보다 구조적인 장벽이 철폐되었는데, 그것은 30일간의 주거 요구 조건이었다. 공화당은 남부에서 세력을 넓혔고 민주당은 뉴잉글랜드에서 확대되었는데, 양당은 모두 기본적으로 전국적 범위의 기반을 가지고 있었다. 그럼에도 불구하고 투표의 장애물들이 하나 하나 제거된 1960년 이후의 20년 동안에, 대통령 선거마다 투표율은 점점 낮아져서 50%의 투표율을 기록했던 1988년의 대통령 선거 투표율은 19세기 민주주의의 1896년 선거 때보다도 30%나 낮은 기록이었다. 1980년대에 다른 선진 민주주의 국가 20개 나라의 평균 투표율은 미국보다 25%가 높았다.

이에 대한 연구마다 무관심과 무력감이라는 반복적인 설명을 하고 있다. 이러한 설명에 따르면, 시민들이 결정할 수 있는 것은 거의 없으며, 투표참여가 중요하다는 믿음도 갖고 있지 않다. 무관심과 무력감은 원자화 과정과 함께 진행되었는데, 양자의 상관성은 모든 기초 정당 조직의 약화뿐만 아니라 민주주의에서 개인주의적 가치관이 행사하는 강력한 힘에서도 드러났다. 사적인 만족을 추구하는 개인들을 자유롭게 해주는 바로 이 문화적 특징이 공적 권력에 참여하려는 개인들을 방해하게 되었다. 심지어 집단적 자치의 과정마저도 무수한 고립된 행위들의 집합으로, 즉 1인 1표 원칙의 무한 회귀로 이해되었다. 여론조사에서는 미국인들이 몇몇의 집단으로 범주화되지만, 투표에서는 개개인이 독립된 개체로 나타났다. 컬럼니스트 안나 퀸들렌(Anna Quindlen)은 "미국인들은 투표일이 되면 창문의 커튼을 드리우고 자신만의 개인적 민주주의에 홀로 남는다"라고 썼다.15) 고립된 투표자는 아무런 힘도 가질 수 없는 것이다.

마치 광고업자들처럼 정치인들은 이 원자들이 모인 세계에서 일한다. 그러나 이론적으로 말하자면 정치인들은 상품을 파는 것이 아니라 정보를 분배하며, 현대적인 시민권의 관념에서 볼 때 어려운 정책 사안들에 대한 정보는 책임 있는 투표권 행사에 결정적으로 중요하다. 대중매체를 통해 정보를 전달하는 방식은 많은 돈을 필요로 한다. 따라서 1971년에 연방선거에 출마한 후보자들에게 개인 기부금 및 총선거비용의 한계를 규정한 법률이 제정되었지만, 대법원은 1976년 버클리 대 발레오(*Buckley v. Valeo*) 판결에서 자유로운 정보의 흐름을 방해한다는 이유로 총선거비용에 한계를 정하는 것을 금지시켰다. 비용이 증대됨에 따라, 특히 TV 매체 비용의 상승에 따라 기부금도 커졌는데, 이제 개인보다는 정치후원회를 통해 더 많은 기부금이 모아졌다. 1974년에 600개였던 정치후원회는 1991년에 4,000개로 늘어났다. 1980년에만 10억 달러에 달한 정치후원회의 막대한 기부금 때문에 후보자와 부유한 정치후원회 사이를 중개해줄 브로커가 필요해졌다. 이 브로커들은 특히 의뢰인들이 가장 좋은 몫을 차지하게 해주는 것이 제일 중요한 일이었다. 이러는 동안 정치를 통해 이득을 보려는 기업인들이 정치후원회의 중요한 구성원들로 급부상하게 되었다. 결과적으로 등장한 것은 유권자들을 먼 바다의 원자 알갱이보다도 훨씬 멀리 떨어뜨려 놓은 채 돌아가는 거대한 금전의 세계였고, 이제 유권자들은 정치인들의 돈으로 지불되는 가장 비싼 정보를 기다려야만 했다.

어쩌면 모든 것이 기본적으로 잘 되어가고 있었는지도 모른다. 정부는 필요한 일들을 했으며, 또한 정당들은 충분히 제 역할을 했고, 정치후원회의 활동은 투명했다. 그리고 일반 시민들은 그 결과들을 받

15) Anna Quindlen, *New York Times*, June 21, 1992, sec.4, p.17.

아들였다. 많은 정치인과 정치학자들이 그렇게 주장했다. 또한 필요한 경우에는 민주주의가 작동되었다. 정치에 대한 무관심은 사라졌고, 원자화된 개인들은 응집되었으며, 정부는 요구에 부응하였다. 베트남전쟁 문제로 인한 존슨 대통령의 실패와 워터게이트 스캔들을 일으킨 닉슨 대통령의 사임이라는 사건이 진행되는 동안에도 그렇게 보였다.

그러나 이 두 사건을 둘러싼 논의들 속에서 국민의 분열과 자치가, 그리고 반정부적 운동과 정부에 대한 민주적 견제가 혼동되었다. 반전운동이 미국 정치를 일시적으로 변화시켰다고 하지만, 미국 민주주의는 문자 그대로 거리에 나와 있었으며, 민주주의의 활력은 다수결주의 정치 과정에 별 영향력을 행사하지 못했다. 무엇보다도 베트남전쟁은 평화운동이 정점에 달했던 시기 이후에도 5년이나 더 지속되었다. 반전운동과 마찬가지로 워터게이트 사건 또한 모든 정부들이 이따금씩 겪었던 정당성의 위기와 유사했다. 미국은 비슷한 일을 겪었던 다른 나라들과 많은 유사점들을 가지고 있었다. 가두 행진, 법률에 대한 저항, 언론 보도에 대한 적개심, 정부 내부의 알력, 부패에 대한 고발, 이탈, 사임에 대한 요구 등이 그것이다. 그러나 아무리 흔한 일이라고는 해도 이 과정은 정치적 민주주의와 필연적인 연관성을 갖는 것은 아니었다. 1974년 닉슨 대통령은 사임했고, 그의 대통령직은 선별된 능숙한 정치인에게 넘어갔다. 이러한 상황에서 민주적 자치는 논쟁거리가 아니었다.

결과적으로 유권자들이 공직자들을 더 신뢰하게 된 것도 아니었고, 공직자들이 유권자들을 더 믿게 된 것도 아니었다. 워터게이트 사건 및 그것과 연관된 폭로 이후, 정부의 교활하고 불법적인 행위는 점점 더 정상적인 것처럼 보였다. 레이건 행정부가 이란과 공모하여 니카라과의 게릴라들을 무장시키면서 탈법 행위를 했다는 소식이 처음 전해졌을 때, 여론조사 결과는 많은 이들이, 대통령이 이 사건과 관련해서 그의 직무에 대해 거짓말을 하고 있다고 생각한다는 것을 보여주었는데, 그러나 같은 조사에서 이보다 더 많은 사람들이 레이건은 대통령으로서의 직무를 다하고 있다고 생각한다는 결과가 나왔다. 1980년대의 새로운 정치적 문제였던 조세 저항운동은 정부가 어떤 일을 해야 한다라는 당위적 문제보다도 우선 무엇보다 정부에게 돈을 맡길 수 있는가라는 문제에 도전했을 때 성공을 거두었다. 1992년에 의회에서 거짓말을 했던 한 전직 CIA 요원은 기소당하지 않았는데, 그 이유는 거짓말은 워싱턴의 관료들이 늘상 일을 처리하는 방식이라고 판사가 믿었기 때문이었다.

냉소주의는 보상적인 낭만주의를 낳았다. 많은 사람들은 일상적인 정치를 초월하여 정부를 새로운 방향으로 이끌어줄 지도자, 즉 케네디, 레이건, 혹은 로스 페로(Ross Perot) 같은 지도자의 등장을 기대했다. 또 다른 대안을 기대하던 사람들은 같은 내용의 극적인 변화가 단순한 방식으로 초래될 것이라고 상상하고 있었다. 한 명의 지도자 대신 엘리트 집단에 기대하고 있는 사람들도 있었다. 예를 들어, 학계의 공동체주의자(communitarians)들은 자신들이 "다수결주의자가 아니"라고 선언했는데, 이들은 "그 윤리적 기준이 구성원 모두의 기본적 인간 욕구를 반영하는" 선한 사회를 플라톤적 공동체 정부가 만들어낼 것이라고 묘사했다.[16] 몇몇 평론가들은 지도적 정치인들은 명령을 통해 1980년대와 1990년대의 분열상을 보이는 문화차원의 논쟁을 국가적 의제로부터 배제하고, 국가 본연의 임무, 즉 경제운영과 사회복지로 돌아가야 한다는 어찌보면 옛 타협의 정신에 입각한 주장을 펼치기도 했다. 반대로 다른 이들은 올바른 대통령과 올바른 대법원이 보편적 인권을 확대해나가던 지난날의 영광을 다시 되찾을 수 있다는 희망을 결코 포기하지 않았다. 역사학자 배리 칼(Barry Karl)의 말을 빌리면, "우리들 중 일부는 국가적 차원의 획일적 기준들이 우리 모두에게 강요되기를 소망하였다."[17]

---

16) Amitai Etzioni, *The Spirit of Community*, New York, 1993, p.255.

그러나 다수결 민주주의의 기본 한계는 그 지도적 영향력에 비하면 훨씬 낮은 것이었다. 인도와 비슷한 수준에 이르게 된 미국 선거권자의 계급적 편향은 1960년대와 1990년대 사이의 다극화 시기에 있어서도 오히려 더욱 현저해졌다. 분배문제와 관련된 미국 정치에는 매우 빈곤한 상황에 처한 사람들 대부분이 전혀 참가하지 않았다. 정책의 차원에서 지방중간계급의 다수파들은 극빈자들을 관리해야 한다고 주장했다. 그러나 실제로 빈곤층에게 가장 좋은 권리들이 무엇인지는 국가계급의 대변자들이 결정했다.

이러한 빈곤층에 속하는 미국인들은 누구였던가? 그들 대부분은 미국의 다민족적, 다인종적, 비숙련 하류계급에 속해 있었으며, 그 전반적인 윤곽은 몇몇 통계표들의 조합을 통해 알 수 있다. 1990년경에는 대략 4천만 명 정도의 미국인들이 식품보조 혜택(food stamp)의 대상이었다. 미국에 거주하는 어린이 중 30% 정도가 굶주리고 있거나 기아 직전의 상황이었다. 7천만 명의 미국인들은 매우 불충분한 의료보험만을 갖고 있거나 또는 전혀 혜택을 받지 못했다. 최근 연구에서는 3천 5백만 명 정도의 성인들이 문맹이며, 그 두 배가 넘는 사람들이 간단한 세금 서류나 소비자 신용관계 서류를 이해할 수 없다는 결과가 나왔다. 잠재적 노동인구의 25%에 달하는 사람들이 만성적으로 실직 상태에 있거나, 또는 실직 상태에서 직장을 구하고 있거나, 아니면 구직의 노력 자체를 포기한 상태였다. 살인사건 발생률은 유럽의 4배에 달하고 영아 사망률은 23개 선진 산업국가 중 20번째이지만, 이러한 사실들이 중간계급이나 국가계급의 미국인들의 삶이 위험스럽다는 것을 의미하지는 않으며, 단지 하층 미국인들에게만 충격적으로 해당되는 것들이었다. 미국 원주민(인디언), 라틴계, 흑인들이 이 모든 통계에서 불균등하게 높은 비율을 차지하고 있다. 예를 들어, 지속적 빈곤상태에 빠진 사람들 중 흑인이 차지하는 비율은 절반 이상이다.

---

17) Barry D. Karl, *The Uneasy State*, Chicago, 1983, p.238.

이러한 상황에서 민주주의의 내적 갈등은 초점의 대상이 되었다. 개인의 권리를 보편화시키려는 사람들과 개인적 권리에 대한 공동체의 권위를 주장하는 이들 간의 갈등에 관심이 집중되고 있지만, 이 이슈를 놓고 경쟁을 벌이고 있는 국가계급과 지방중간계급들이 사실은 이 이슈들에서나 기타 다른 공적 논쟁에서 하류계급의 목소리를 공통적으로 배척하고 있다는 사실을 간과해서는 안 된다. 국가계급과 지방중간계급은 모두 민주주의적 과정을 방해하고 있다. 하지만 그들의 염려와는 반대로 다수결주의를 부활시키는 것이 반드시 사회의 자원을 재분배하는 결과로 이어지지는 않는다. 일단 하류계급의 행동이 촉발되면 정치적 의제가 급진적으로 변화되며, 부의 분배 또한 급진적으로 이루어질 것이라는 좌파의 꿈과 우파의 악몽은 미국의 역사적 경험과 특별한 연관성을 찾을 수 없는 이데올로기의 파편으로만 남아 있다. 또한 다수결주의가 다른 계급 사람들이 옳다고 정해 놓은 결과를 낳도록 하류계급의 정치적 조건을 마련하는 관리된 경쟁을 의미하지도 않는다. 항상 민주주의에서 참여는 중요한 문제이다. 즉 참여에 대해서 특별한 규정이 있어서도 안 되며, 마치 온실처럼 환경 자체를 조작해서도 안 되고, 그 결과를 강제해서도 안 된다. 다만 문을 활짝 열어 모든 사람의 참여 속에서 민주주의가 발생하도록 하여야 한다.

결론

1960년대를 뒤흔들었던 사안들, 즉 분열된 사회, 선거참여의 저조, 원자화된 시민들은 오늘날에도 민주주의에 대한 논쟁에 있어 주된 관심사가 되고 있다. 이 이슈들은 대체로 다음과 같은 순서로 등장하였다. 즉 첫째로 양극화, 그 다음 참여의 문제, 그리고 개인주의의 순서로 등장했다. 각 주제에 대한 일반적인 처방들은 민주주의를 구성하는 내용들의 변화에 집중되었다. 즉 미국인들이 공공문제에 대해 취하는 태도, 그들이 영향력을 행사하기 위해 동원하는 방법, 그리고 미국인들의 일상생활에서 취하는 관계의 틀 등의 변화에 초점이 맞추어졌다. 문제와 해결방법이 수년 동안 축적되어 왔지만, 그 속에 담긴 메시지는 다음과 같은 질문이다. 미국의 민주주의에는 미래가 있는가?

1960년대 후반의 양극화된 정치에 대한 최초의 반응은 경계와 동시에 아주 간단한 처방의 제시로 나타났다. 이 돌연하고 급진적인 일탈은 그것이 일어난 속도만큼 신속하게 안전한 중립적 지반으로 복귀되어야 했다. 이런 의미에서, 새뮤얼 루벨(Samuel Lubel, 1970)과 데이비드 브로더(David Broder, 1972) 같은 평론가는 분열된 나라를 다시 한 번 통합하기 위해 전국적인 규모의 자발적 운동, 즉 의지에 기반한 집단적 노력을 요구했다.[1] 모호하게 보일 수 있는 이와 같은 주장은 다음 두 가지 조건하에서 의미를 가질 수 있었다. 첫째 무엇보다도 미국인의 대다수는 아직도 온건한 성향을 가지고 있다는 것, 둘째 미국인들은 흔히 그들에게 요구되는 방향으로 나아간다는 것이었다. 이 평론가들은 다른 모든 조건이 똑같다면 올바른 지도자들이 국민 본연의 건전한 충동에 자극을 주어서 국민들을 원래 있던 자리로 되돌려 놓는 과정은 극단주의자들이 국민들의 건전한 충동을 무시하고 타락으로 이끌었던 과정보다 더욱 쉬울 것으로 생각했다.

이 대단히 매력적인 주장은 최근 수십 년 간 그 호소력을 잃지 않았다. 현재의 환경이 아무리 힘들거나 혹은 필요한 조건들이 변화하더라도 몇몇 평론가들은 아직도 나라를 회복시키기 위해 올바른 리더십이 올바른 캠페인을 이끄는 것에 기대를 걸고 있다. 그래서 선동가들이 미국인들을 의도적으로 문화적 가치가 양극화된 상태로 이끌었다고 믿는 제임스 헌터(James Davison Hunter, 1991)는 책임 있는 지도자가 국민을 중립상태로 다시 돌려 놓기 위한 온건한 메시지를 보내야 한다고 생각했다. 그리고 현재의 문화적 이슈에 대한 싸움이 정말로 중요한 심각한 사회적, 경제적 문제들을 은폐시켰다고 믿는 다이온 2세(E. J. Dionne, Jr., 1991)는 명확한 판단력을 가진 지도자가 시민들에게 진정한 정치와 협잡을 구별하는 방법을 가르쳐야 한다고 보았다.

전국적 지도자로서의 자유주의자들의 지위에 대해 이의를 제기했다는 것이 이러한 주장들의 이면에 존재하는 중요한 의미였다. 1960

1) 이하의 인용은 저자와 출간년도만을 표기한다. 완전한 내용은 「부록: 도움을 준 연구와 참고문헌」을 참고하도록 한다.

년대와 1970년대에 처음 등장했던 급진주의자들은 자유주의자들을 억압받는 계급들을 진정시키려고 노력하는 또 다른 보수주의의 일종으로 보고 거부했다. 그리고 1980년대와 1990년대의 보수주의자들은 자유주의자들을 다수 희생시켜 소수 과격파들을 만족시키려는 또 다른 급진주의의 일종이라고 보아 비난했다. 미국인의 다수가 본래 중도적이라고 믿고 있던 정치평론가들은 자유주의에 대한 믿음을 계속 유지하는 데 심각한 어려움을 겪었다. 만약 자유주의자들이 미국인 다수를 대변하는 타고난 지도자였다면, 그들은 공적 안목의 부재와 잘못된 판단으로 인해 연속된 정치적 재앙을 자초하였음이 틀림 없었다. 게다가 미국 중도파의 대표자들은 그들 내부에서 분열되어 있었다. 이러한 실수들로부터 미국의 자유주의자들은 아무것도 배우지 못했던가? 자유주의자들은 혹시 배울 능력조차 없는 것이 아닐까? 토머스 에드셀과 매리 에드셀(Thomas and Mary Edsall, 1991)은 교육자로서의 정치평론가들에 대한 매우 방대한 사례를 제시하면서, 자유주의자들이 1964년 이후 범했던 실수들을 체계적으로 분석하여 비판했으며, 자유주의자들이 그들의 경험을 통해서 교훈을 얻을 수 있기를 바랐다.

정치적 양극화에 대한 이 최초의 반응은 곧 대중의 정치참여, 특히 투표에 불참한 유권자에 대한 관심으로 방향을 돌리게 되었다. 몇몇 정치학자들은 이 최신의 정치문제를 영국이 걸어간 길을 따라서 미국의 주요 정당들에게 책임감을 부여하고, 또 그것을 통해 국민의 다수가 정치에 무관심하고 소양이 부족한 현상을 극복하려한 한 장기간의 캠페인을 통해 해결하려고 했다. 제임스 번스(James MacGregor Burns, 1990)와 제임스 선드퀴스트(James Sundquist, 1987) 같은 유명한 인물들이 아직도 주장하기를, 강한 정당은 국민들의 무기력함을 효율적인 정부에 대한 요구로 바꾸어 놓을 수 있다고 말했다. 한편, 다른 비평가들은 정당이 일반 시민들의 무능함을 극복한다기보다 그들의 약함을 극복하는 것이며, 또 시민들의 허수아비가 아니라 그들의 대리인으로서 행동한다고 주장한다. 이러한 의미에서 월터 번햄(Walter Dean Burnham)은 정당을 "효율적으로 이용된다면 기득권을 가진 소수에 대항하여 무력한 다수의 개인들을 위한 집단적 대항권력을 생성할 수 있는, 서구인의 지혜로 만들어진 유일한 도구"라고 불렀다.[2] 비록 정책 지향적인 개혁가들이 정당의 재활성화를 당연한 일로서 요구하고 있었지만, 그들의 철저한 개혁, 즉 예비 선거제도의 철폐, 동시에 치루어지는 대통령 선거와 의회 선거에서 각각 다른 당에 투표하는 행위의 금지, 선거유세 자금의 독점 등은 철저한 보호를 필요로 했다.

또 다른 대안이 빈곤층의 정치참여를 독려하면서 동시에 부유층의 참여는 저조하게 만들었다. 시드니 버바와 노먼 나이(Sidney Verba & Norman Nie, 1972)가 지적하고 번햄이 강조한 바와 같이, 투표에서의 계급 간 균형을 바로 잡으려는 노력으로 개혁가들은 하류계급의 정치참여를 억누르고 있는 제도들을 공격했다. 투표자 등록제도를 단순화시키고 반자율적으로 해야 한다는 주장과 함께 프랜시스 피븐과 리처드 클로워드(Frances Fox Piven & Richard Cloward, 1989)가 내세운 제안은 개혁 캠페인 중에서 가장 인기를 얻었으며, 투표자 등록을 운전면허 갱신과 연계시키는 내용의 1993년의 소위 운전자투표법(Motor Voter Act)은 이 제안의 결실이다. 다른 측면에서 평론가들은 대중들의 정치참여에 대한 가장 큰 적(敵)으로 정치에 소요되는 막대한 비용을 꼽았다. 대중매체, 정치선전, 정부에 대한 로비 등에 사용되는 엄청난 비용을 줄이자는 제안이 핵심적인 민주주의 개혁안의 요지에 항상 거론되고 있다.

진정한 대중의 정치참여를 사회주의적 제도 개혁과 동일시하던 매우 다른 접근 방식은 최근 사라지고 있는 추세이다. 세계 도처에서 벌어진 사건들은 전통적인 급진주의자들의 생각과 매우 다르게 전개되

---

2) Burnham, 1982, p.133.

었으며, 급진주의자들의 후예들은 이제 대격변에 대한 전망을 제시하지 않는다. 급진주의 철학자 존 드라이젝(John Dryzek)은 경고하기를, "모든 철저한 사회 개혁들이 가져오는 것은 거의 항상 더욱 복잡해진 관료주의와 강대해진 국가"라고 말했다. 최소한 일시적으로는 일부 사회주의자들의 목소리는 잦아들었다. 예를 들어, 연달아 미국 민주주의에 대한 5권의 레닌주의적 저서를 준비했던 마이클 패런티(Michael Parenti)는 소련의 몰락 이후 작업을 중지한 상태이다. 또 다른 급진주의 철학자 존 던(John Dunn)은 정치에 대한 비관주의에 빠져들었는데, 이제 그는 "정치는 너무 복잡하고, 불투명하고, 불안정해서 인간이 참가할 수 없다 … 오늘날의 정치에서 우리는 우리가 무엇을 하고 있는지를 진정 이해하고 있지 못하며, 또 우리를 위해서, 혹은 우리에 반해서 무엇이 이루어지고 있는지를 파악하지도 못한다"라고 생각한다.[3] 앨런 길버트(Alan Gilbert, 1990)나 윌리엄 그레이더(William Greider, 1992)처럼 아직도 급진적인 변화를 옹호하고 있는 사람들마저 그 변화를 개혁이라고 표현하고 있다. 길버트는 마치 혁명적인 의도를 가지고 있다는 사실을 감추기라도 하려는 것처럼 그의 맑스주의적 계획을 자유주의적 제안 속에 숨겨두고 있다.

개인주의와 연관된 세번째의 반응이 가시화되기까지는 거의 15년이 걸렸는데, 실제의 사건과 그 사건들에 대한 심도 깊은 학문적 대응 사이에서 흔히 볼 수 있는 시간적 간격이 있었기 때문이었다. 현대 사회의 원자화된 개인이라는 핵심적 관념은 미국 문화 속에 가장 깊숙이 침투되어 왔으며, 1990년대에도 여전히 영향력을 가지고 있는 대안들 중에서 개인주의적 비판은 가장 근본적인 변화들을 예견한다. 20세기 내내 민주주의와 개인 간의 관계가 논의의 관심사였지만, 20세기 중반 이후에 이르기까지 거의 누구도 개인의 권리가 가장 중심적이라는 주장에 도전하지 못했다. 그 이후에도 민주주의의 핵심으로서의 고립

---

3) Dryzek, 1990, p.80; Dunn, 1990, p.3, 8.

된 개인을 설득력 있게 옹호한 사람은 항상 있었다. 1974년에 로버트 노직(Robert Nozick)은 "집단 수준에서 새로운 권리가 '등장하는' 경우는 없다. 즉 개인들이 모였다고 해서 새로운 권리를 만들어낼 수는 없다"라는 명제를 한 연구에서 주장했다.[4] 노벨상 수상자 케네스 애로우(Kenneth Arrow)의 개인적 선택의 논리적 처리에 관련된 유명한 정리는 복잡한 여러 대안들을 앞에 두고 독립된 선택을 행하는 신중한 행위자들을 전제로 하고 있다. 애덤 셀리그먼(Adam Seligman, 1992)은 민주주적 생활에 대한 그의 중요한 저서를 자기 추구적인 원자적 개인들의 집합체로서 사회를 정의하면서 시작하고 있으며, 로버트 다알(Robert Dahl, 1989)은 개인의 제1차적인 중요성을 강조하면서 그의 연구를 매듭지었다. 능력 위주 사회와 시장이라는 20세기 후반의 민주주의와 연관된 두 중심 주제어는 자수성가형의 자립적 행위자와 단독적인 의사결정자를 존경의 대상으로 찬양한다.

그러나 1980년대에 중요한 평론가 집단이 이러한 입장에 대해 공격을 가했다. 가끔씩 그들의 관심사는 크리스토퍼 래쉬(Christopher Lasch)가 그의 책 『나르시시즘의 문화(*The Culture of Narcissism*)』(1978)에서 묘사한 것처럼 미국에서의 삶이 개인에게 어떤 영향을 미치는지에 집중되기도 하며, 때로는 로버트 벨라(Robert Bellah)와 그의 동료들이 『마음의 습관(*Habits of the Heart*)』(1985)에서 논의한 것처럼 개인이 미국에서의 삶에 미치는 영향에 대해 관심을 갖기도 한다. 어느 쪽 방향으로의 영향이든 간에, 평론가들은 이러한 영향들에 의해 가치관이 붕괴되고 공동체적 삶이 파괴된다는 것을 발견했다. 철학자 맥퍼슨(C. B. Macpherson)은 현대 문화에 "소유적 개인주의(possessive individualism)"라는 명칭을 붙였는데, 이 명칭이 널리 사용된 이유는 그 표현이 주는 불쾌한 느낌 때문이었다.

하나 하나 살펴보면 이 저술들이 다룬 주제들은 매우 친숙한 것들

---

4) Nozick, 1974, p.90.

이었다. 예를 들어, 너무 많은 돈을 쓰고 자제력이 부족한 방종한 개인들에 대한 불평은 20세기 초부터 시작되었다. 공동체의 상실에 대한 탄식도 마찬가지였다. 개인의 무력함과 불안감을 다룬 많은 문헌들은 제2차 세계대전 즈음해서 쏟아져 나왔다. 세기 말 안식처와 방향감각을 잃은 개인에 대한 많은 설명은 아노미(anomie)나 기타의 오래된 개념들을 단순히 다시 사용하고 있는 것처럼 보인다.

그러나 이 경우에 전체로서의 사회는 단순한 개인들의 집합 이상의 의미를 갖는다. 종합해서 보면 개인주의에 대한 현대적 비판은 현대 미국 문화와 민주주의의 배후에 존재하는 전제들에 대해 다시 생각해 보게 한다. 이들 공동체주의자들은 하나의 개인, 하나의 투표권, 옆 사람의 권리를 침해하는 지점까지 확장된 개인의 권리 같은 분리된 개인들의 세계에 기초해서 민주주의 이론을 설계하기보다는 집단적인 것으로부터 시작해야 한다고 주장했다. 즉 공동체, 전통, 공동의 필요 등이 민주주의 이론의 기초가 되어야 한다는 것이다. 존 던(John Dunn, 1990)은 고립된 개인을 찬양하는 사람들은 그 개인을 유지시켜 주고 있는 환경이 집단적인 노력을 필요로 한다는 것, 즉 "그 환경의 모든 수혜자들의 기술과 창의력"이 요구된다는 사실을 간과하고 있다는 점을 지적했다. 같은 맥락에서 벤자민 바버(Benjamin Barber, 1984)는 올바르게 이해된 개인의 "자유는 개인에게 여지를 허용해주는 희귀하고 연약한 인간의 상호주의라는 형태에 기초한 사회적 구조물이며, 이 상호주의가 없었더라면 개인은 아무것도 갖지 못했을 것"이라고 선언했다. 브루스 애커맨(Bruce Ackerman, 1980)은 주장하기를 "개인들의 사회(a society of individuals)"가 생존하기 위해서는 "개인의 권리와 공동체의 과정을 연계시킬 필요가 있다"고 말했다.[5)]

존 롤스(John Rawls)의 기념비적인 저서 『정의론(*A Theory of Justice*)』(1971)을 둘러싼 논쟁은 그 출발점이 얼마나 중요한지를 잘 보여주고

5) Dunn, 1990, p.208; Barber, 1984, p.100; Ackerman, 1980, p.100-101.

있다. 롤스 이론에 있어 권리 배분의 기반 마련과 불평등한 이익 및 특권의 배제와 관련된 세 가지 주요 원칙들은 분명히 사회적인 것이지만, 롤스가 추론해낸 그 원칙들은 정의로운 사회를 창조하는 개인화되고 자기방어적인 사람들로 구성된 가상적 세계에 기초를 두고 있다. 롤스를 비판하는 사람들은 좀 과도할 정도로 이 기원의 문제를 공박했다. 마이클 샌들(Michael Sandel, 1982)은 "이방인"들의 집단은 가치 있는 어떤 것도 만들어내지 못한다고 주장했다. 제 기능을 하고 있는 기존 공동체의 정치를 통해서만 우리는 "우리 혼자서라면 알지 못했을 공동선에 대해서 알게 된다"는 것이다. 철학자 리처드 로티(Richard Rorty, 1979)도 비슷한 주장을 했다. 즉 앎의 과정은 공동체로부터, 그리고 "우리의 이웃들이 인정한 우리 자신의 주장에 대한 확신"으로부터 나온다는 것이다. 롤스주의가 그리는 사회의 이미지는 20세기 후반 민주주의의 "급진적인 이질적 개인주의"에 반영되어 있다고 야론 에즈라히(Yaron Ezrahi, 1990)는 힐난했다. 바버(Barber)는 "고독한 인간"에 기반한 "빈약한 민주주의(thin democracy)"의 치유불가능한 결핍 증세가 롤스주의에 담겨 있다고 보았다.[6]

이 철학자들은 제로 섬 게임의 관점에서 문제를 보고 있다. 즉 공동체가 권위를 획득하게 되면 개인에게 빼앗겼던 영역을 다시 회복할 수 있다고 본다. 반면 찰스 테일러(Charles Taylor, 1992)는 공동체와 개인 양쪽 모두의 증진을 기대할 수 있다는 관점을 가지고 있다. 테일러는 서구 세계의 가장 높은 이상이었던 개인의 자기완성이 개인들이 고립되었기 때문에 단순한 자기 방종으로 전락했다고 주장한다. 인류의 역사에서 중요한 의미를 지니는 자기완성의 이상만이 모든 시대와 문화권을 막론하고 개인으로 하여금 가치관을 정립케 하고, 그 가치관을 통해 개인들 자신의 목적을 이해할 수 있게 한다. 개인과 사회가

---

6) Sandel, 1982, p.183; Richard Rorty, *Philosophy and the Mirror of Nature*, Princeton, 1979, p.188; Ezrahi, 1990, p.282; Barber, 1984, p.100.

적절한 관계를 맺을 수 있다면, 현대 사회에서 부가 개인적 성취의 척도가 되는 것처럼 개인적 성장의 풍요로움은 현대 사회 발전의 척도로 기능한다.

문화의 빈곤화에 대한 우려로부터 출발한 이 평론가들은 사회의 재활성화에 대한 요구로 그들의 주장을 전개시켰다. 그들은 성적 억압, 재산을 기준으로 한 불평등, 정보에 대한 은밀한 통제 등을 은폐하고 있는 낡은 사적 장벽을 허무는 공동체 속에서의 민주적인 삶을 꿈꾸며, 시민들이 서로 만나 토론하고 결정하고, 그리고 다시 만날 수 있는 공적 공간이 새롭게 등장할 것을 기대한다. 이것은 이웃들이 모이고, 전자 투표가 이루어지고, 지방이 주도권을 잡고, 전국적 국민투표가 행해지는 바쁘고도 확실한 민주주의가 될 것이다. 이 민주주의에서는 특히 조건의 평등, 즉 여러 가지 권리들, 수입의 격차, 고용 할당제 등에 대해서는 큰 비중을 두지 않는 반면, 상호작용에서의 평등, 즉 같이 생활하고, 같이 일하고, 혹은 같이 문제를 해결해나가는 참여의 장에 소속된 개인들의 평등을 더욱 중요시한다. 이러한 민주주의에서 가장 중대한 해악은 배제이다. 일단 모든 시민들이 참여할 기회를 가졌다면, 그 과정 자체가 주권적 성격을 갖게 된다. 즉 이러한 형태의 민주주의는 국민들이 만들어가는 것이다.

이러한 주장을 인상적으로 펼쳤던 사람들은 벤자민 바버, 존 드라이젝, 필립 그린(Philip Green, 1985), 미키 카우스(Mickey Kaus, 1992), 캐롤 패트먼(Carole Pateman, 1989) 등이다. 그렇지만 현실화시킬 특별한 방도를 찾지 못했기 때문에 그들의 주장은 미국시민자유권수호연맹(ACLU)이 개인의 권리를 확장시킨 것과 비교해 그 이상의 두드러진 결과를 얻지는 못했다. 여러 주장이 혼합된 공동체주의적 견해는 민주주의가 가져오는 결과가 무엇이며 민주주의는 어떤 노력을 요구하는지에 대해 가장 탁월한 설명을 제공하고 있기 때문에 더 나은 대접을 받을 필요가 있다.

그러나 근래의 민주주의에 대한 논의에서와 마찬가지로 공동체주의적 분석에는 역사적 인식, 즉 특정한 사람들이 특정한 시대에 가졌던 특정한 경험에 대한 감각이 결여되어 있다. 비록 역사를 통해 미래를 예측해야 한다고 주장할 수는 없겠지만, 우리가 어떤 지점에 와 있으며 우리에게 실제로 가능한 대안이 무엇이 있는지를 이해하기 위해서 역사적 인식은 필수적이다. 우리 자신에 대해서 역사는 세 가지 중요한 공헌을 할 수 있다. 첫째, 역사는 문제를 틀지운다. 역사는 문제들의 근원이 무엇이었는지를 알게 해주고, 언제 시작되었는지를 밝히며, 그 과정에서 현대 문화 속에서 그 문제점들이 차지하는 위치가 얼마나 심층적인지 혹은 단지 일시적인 것에 불과한지를 드러내준다. 둘째, 역사는 각 사회가 스스로를 재구조화하기 위해 설정하는 조건을 보여준다. 즉 어떤 조건하에서 주요한 사회적 변화가 일어나는가를 보여준다. 셋째, 역사는 변화의 가능성들을 나열해서 보여준다. 역사는 현재 제시되고 있는 여러 가지 가능성들 중에서 어떤 것이 특정한 국민들의 경험과 기대, 그들이 가진 가치와 공통된 기억에 강하게 연계되어 있는지를 보여준다. 역사가 보여주는 이 가능성들의 목록은 간과될 수도 있는 변화의 가능성들을 발견하게 만든다.

최근의 많은 평론가들이 우리에게 수용하도록 요구하는 관점은 역사를 잠깐 살펴보는 것만으로도 바뀔 수 있음에 주목할 필요가 있다. 예를 들어, 다이온 2세(E. J. Dionne, Jr.,), 토머스 에드셀과 매리 에드셀 부부, 윌리엄 그레이더(William Greider), 그리고 존 헌터(John David Hunter) 등은 1960년대 미국 민주주의에 전례없는 위기가 닥쳐왔으며 1980년대에도 몇몇 사례가 있었다고 주장했는데, 이러한 주장은 그들이 해결하려 하는 문제들의 심도와 지속성을 모호하게 만들고 있다. 정치가 1960년대와 1970년대에 다극화된 것은 사실이지만, 그 기저에 존재하는 분열은 이미 20세기 초 미국 재구조화 시기에서 그 기원을 찾을 수 있는 것들이다. 이 구분들을 유지하려는 노력은 특히

1930년대의 타협 및 그 전개를 통해 이루어졌는데, 그 결과 1960년대 훨씬 이전에 공공정책에 대한 윤곽이 결정되었으며, 타협이 붕괴된 이후 한계선이 설정된 것도 이와 같은 맥락에서의 일이었다. 마찬가지로 투표에 의해 측정되는 대중의 정치참여 문제도 1960년 이후 쇠퇴한 것이 사실이지만, 20세기 전체의 맥락에서 보면 그보다 40년 전에 같은 과정을 겪었던 대규모 정치참여 감소 현상이 상대적으로 줄어든 형태로 지속된 것으로 볼 수 있다. 오늘날 투표에서 드러나는 계급별 패턴도 이와 같은 연장선상에 위치해 있다.

이러한 역사적 이해와 최근 민주주의에 대한 문화적 분석을 결합시키려는 시도가 나타나는데, 나는 이들을 묶어 민주주의자라고 부른다. 뜻을 명확히 하기 위해 우선 짚고 넘어가야 할 것이 있다. 민주주의는 여러 가지 사회적 목표들 가운데 하나일 뿐이다. 민주주의를 강화하기 위한 노력과 충돌할 수도 있는 여러 가지 다른 목표들, 즉 개인적 자유, 인간적 정의, 정부의 효율성과 경제의 생산성을 높이려는 시도, 국제평화와 지구 환경보호 등도 존재한다. 그러나 미국 민주주의의 역사를 보면 이러한 대안적 목표들에 대해서는 별다른 언급이 없었다. 단지 한 가지 목표에만 권위를 가지고 있을 따름이다. 내가 그 역사를 민주주의라는 한 측면에서만 조망한 이유는 민주주의라는 목표에 대한 요구가 다른 목표들보다 선행하기 때문이 아니라, 그 자신의 영역에 대해 명백한 요구를 갖고 있기 때문이다. 따라서 민주주의자의 요구는 단순 명확하다. 민주주의와 기타의 경쟁적 목표들간의 균형을 맞추는 일은 또 하나의 책을 필요로 한다.

이 책에서의 간략한 역사적 고찰을 통해 우리는 이 비평가들이 고민했던 기본적 문제들, 즉 레이건, 닉슨, 케네디의 시대를 넘어 캘빈 쿨리지, 우드로우 윌슨, 테오도르 루스벨드의 시대까지 연결되어 있는 기본적 문제들의 윤곽을 잡을 수 있을 것이다. 이 문제들은 1890년대에서 1920년대 사이의 사회적 변화로 인해 등장하였는데, 이 변화로 인해 현대 미국 민주주의에 대한 두 가지 제약, 즉 중앙집중화와 계층화가 드러나게 되었다. 중앙집중화와 계층화는 국민의 선거참여 기반의 확대에도 불구하고 정책 과정에 대한 국민들의 참여와 국민의 요구에 부응하는 정부제도라는 두 가지 민주주의적 참여방식에 지속적으로 제약을 가했다. 따라서 민주주의자들이 가지고 있었던 의제에서 첫번째 중요한 단계는 이러한 제약들을 가차없이 공격하는 것이었다. 민주주의자들은 가능한 한 계층화를 감소시키고 권력의 중앙집중을 해소해야 한다고 주장했다.

물론, 권력의 집중에 대항하기 위해 우리도 권력을 집중해야 한다고 주장하는 사람들도 있으며, 혹자들은 국민들의 엄청난 인간적 욕구를 충족시키기 위해서 권력을 집중해야 한다고 말하기도 한다. 국가권력의 집중을 옹호하는 한 사람은 선언하기를 "정치제도의 한계를 실험할 수 있는 방법은 그 구체적 실현을 보는 것이다"라고 말했다. 이러한 거대 규모의 실현은 또한 "계층화, 불평등, 자의적 권력, 비밀주의, 기만"에 어쩔 수 없이 의존한다.[7] 민주주의자들은 이에 대해 우리가 얻는 것에 비해 지불해야 하는 대가가 너무 크다고 답변한다. 예를 들어, 권력의 균형을 위해 중앙집중화된 국가가 필요하다는 상식적인 정당화의 경우를 보자. 큰 정부만이 큰 기업체들을 통제할 수 있다고 주장하는 사람들이 있다. 민주주의자들은 이에 대해 실제로 관료들과 사적 기업가들의 이익이 일치되거나 그들이 야합하는 경우가 20세기에 들어 매우 잦았으며, 따라서 중립적인 정부가 사적 기업들을 공적 이익이라는 관점에서 지도한다는 통제라는 개념 자체가 무의미해졌다고 응수한다. 살충제 DDT를 금지시켰던 것처럼 금지조치는 종종 의미를 가지며, 마약 사용에 관한 계몽처럼 교육적 계몽이라는 것도 가능한 방법이지만, 그러나 통제는 성공한 적이 없었다.

혹은 권력이 분리되며, 거대 정부는 스스로를 감독한다는 주장을

---

7) Burns, 1984, p.14; Huntington, 1981, p.39.

살펴보자. 1973년의 군사력 결의안(War Powers Resolution)과 1980년의 정보감시법(Intelligence Oversight Act)은 마음먹은 대로 전쟁을 기획하고 일으킬 수 있는 행정부의 능력에 결국 별 영향을 끼치지 못했다. 권력을 포기할 관료가 있을 리 없다. 중앙에서 감독하는 모험적 사업들마저도 처음에는 기대를 갖고 시작되었다가 후에는 재앙에 가까운 것이 되었다. 만약 인간처럼 정부기관도 죽은 후에야 제대로 된 평가를 받을 수 있다면, 테네시 강 유역 개발공사(TVA)는 완전한 실패로 평가될 것이다.

그 대안으로서 정부와 기업 간의 협력을 통해 미국이 국제 경쟁에서 우위를 점할 수 있도록 권력의 대규모 연합을 옹호하는 사람들도 있다. 민주주의자들은 그러나 실제에 있어서 급진적인 분산화가 오히려 경쟁력에 이로울 것이라는 반론을 제기한다. 한때 체계적 조직 구성에 있어 세계를 선도했던 미국 기업들의 위계적 체계는 이제 자기 방어적이고 자기패배적인 기업경영 때문에, 개인들의 권리 다툼으로 혼란스럽고, 상하 수직관계는 경직되어 있으며, 개혁을 거부하는 조직 체계의 대표적인 교훈적 사례로 꼽힌다. 제너럴 모터스(General Motors), 아이비엠(IBM), 로벅(Roebuck) 등의 대기업들이 흔들리는 것은 단지 표면적일 뿐이다. 전국적으로 다양한 형태의 조직들 속에서 직공들이 위계적이지 않은 상호적인 관계를 유지하는 경우 생산력이 증대한다. 세분화되고 반복적인 공정 대신 직원들의 기술이 숙련되고 일반화된, 즉 마이클 피오레(Michael Piore)와 찰스 세이블(Charles Sabel)이 "유연적 전문화(flexible specialization)"라고 부른 기업들은 모두 번영하고 있다. 같은 처방이 정부관료제에도 적용된다. 민주주의자들에게는 중앙의 거대한 전산 시스템을 소규모의 조절가능한 워크스테이션들의 네트워크로 이전하는 것은 성공의 모델을 제시해주고 있을 뿐만 아니라 하나의 은유를 제공하는 것이다. 전통 있는 기업은 아마도 이미 이해하고 있겠지만, 매우 복잡한 업무를 위해 노동을 세부적으로 분할하는 것이 원자화된 노동자 개인들의 서열화로 이어질 필요는 없다. 개인들이 기업에 완전히 종속된 상태에서 개인들이 고분고분해지는 것은 자연스러운 반응일 것이다.

중앙집중화된 권력이 인권을 위해 봉사한다는 생각이 좀더 호소력 있을 수 있다. 안정된 국가의 힘이 없다면 누가 권리장전을 보호할 수 있겠는가? 이에 대해 민주주의자들은 논리적으로 그렇다면 누가 인권을 위협할 수 있을지 물을 것이다. 왜냐하면 통제되지 않은 중앙정부의 기구들이야 말로 가장 위험한 인권 유린을 저지를 수 있기 때문이다. 인간의 생명까지도 정책적 고려의 대상으로 삼는 것은 현대 국가의 특징 중 하나이다. 정부의 치명적인 핵무기 프로그램에 생명을 위협 당하는 수많은 시민들의 경우처럼, 현대 국가는 우선 생명을 파괴한 후 사후적으로 보상하는 행동까지도 취한다. 사법적 권력으로 무장한 거대 국가가 보통시민들의 사생활에 대한 권리를 보호하는 것은 사자가 양을 보호하고 있는 것이나 마찬가지다. 민주주의자들은 정당성에 대한 기준을 국가적 수준에서 결정하려는 노력도 마찬가지로 불안하다고 주장한다. 로버트 노직(Robert Nozick)의 '의도되지 않은 결과의 원칙'에서 알 수 있는 것처럼, 아무리 의도가 인도적이었다고 할지라도 옛 규칙을 대신해서 계속 등장하는 새로운 규칙들은 혼란 속에서 더욱 부당한 경우를 만들어낸다. 뒤집어서 생각해보면 분배적 정의는 부패의 정의를 의미한다. 중앙집중화된 체제에서 소수의 위치를 결정하는 것은 다수이다. 분권화된 시스템에서 소수는 자신의 위치를 그들 스스로가 결정할 기회를 갖는다.

국제적으로 인권을 확장시키는 것은 또 다른 이슈를 제기한다고 민주주의자들은 말한다. 본국에서 인정하지 않는 선거민주주의를 정부가 해외에서 증진시키려고 노력할 것이라고는 기대할 수 없을 것이다. 아주 억압적인 정부들에 대한 미국의 반대가 성공할 기회가 많긴 하지만, 지난 반세기의 경험으로 알 수 있는 것처럼 우리 국민과 다른 나라 국민들의 안보동맹을 추구하는 것은 미국의 힘에 복종하기를 강제하는 위험스러운 일일 수 있다. 민주주의자들은 일반적으로 군사적, 경제적, 인구통제적, 환경적 목적을 더욱 크게 달성하기 위해 해외 군사력을 계속 증강하는 것은 재난의 가능성을 엄청나게 높인다고 경고한다. 미국의 책임이 줄어들더라도 그 군사력은 여전히 막강할 것이다. 초국가적 정치구조가 아무리 큰 역할을 담당하더라도 그 형태가 근본적으로 바뀌지는 않는다. 이상적인 공복과는 거리가 먼 소수가 정치를 장악하고 국민들은 정치로부터 배제된다. 국민 대표자의 대표자가 국민들을 위해 결정한다. 민주주의자들이 내린 결론은 미국이 보편적 인권을 위해 가장 큰 공헌을 하려면 자원 사용을 획기적으로 축소하고, 전세계에 명령을 내리기 위한 군사력을 적당한 수준으로 감축해야 한다는 것이다.

민주주의자들은 보통의 시민들이 참여할 수 있도록 대규모 조직들을 축소시키려 한다. 지방의 자치에 대한 신념이 있을 때 국민들의 참여가 활발해진다는 것은 역사적 기록과 현대의 경험이 모두 보증하고 있는 사실이다. 아주 작은 국민국가의 경우에 있어서도 개인들의 참여와 활동은 지방에서부터 시작된다. 이러한 점을 전제로 하여 민주주의자들은 투표가 정치과정의 중심이 되어야 한다고 주장한다. 국민들에게 판단을 내리게 하고 정부의 책임성을 높이게 하는 데 투표 이상 효과적인 것은 없다. 어떤 대규모의 투표결과가 연속적으로 자주 발생하면 관료들은 그로부터 메시지를 얻고 국민의 뜻에 대해 계속 생각하게 된다. 더욱이 투표기간이 아닐 때에도 관료들은 다른 종류의 대중정치에 대해 긴장하게 된다. 이렇게 되면 시민들은 벤자민 바버가 말한 민주주의, 즉 “모든 국민이 최소한 몇몇 공공문제를 최소한 몇몇 시기에 스스로 결정하는 정부형태”를 달성할 수 있는 기회를 갖게 된다.[8)]

8) Barber, 1984, p.xiv.

투표의 중요성을 강조하면서 민주주의자들은 현대에 와서 약화되거나 모호해진 세 가지 연계고리에 관심을 기울인다. 즉 의견과 결정 간의 연관성, 결정과 행위 간의 연관성, 행위와 결과의 연관성이 그것이다. 의견 형성과 결정은 서로 어긋남이 없이 연결되어야 한다고 민주주의자들은 주장한다. 국민들이 정부에 대해 실제로 뭔가 요구했다는 환상을 만들어내는 정치참여의 유사 대체물인 여론조사는 의견 형성과 결정의 자연스러운 결합을 막는 특히 중요한 장애물이다. 여론조사자들은 마치 별 의지 없는 시민들이 일상생활과 관련없는 순수한 의견만을 가질 수 있는 것처럼 취급하면서 시민들을 원자화하고 분리시키고 있으며, 의견을 인위적이고 죽어버린 환경 속의 인위적이고 변화하지 않는 생각으로 만들어버린다. 민주주의자들은 여론 그 자체를 위한 여론은 대중의 수동성을 정당화하기 때문에 이것은 개인들을 퇴화시키고 공적인 무책임성을 부추긴다고 생각한다. 정치적 이슈에 대해서 시민들은 의견을 갖는 것이 결정에 선행한다는 사실을 알고 있어야만 한다. 즉 시민들은 두 배의 책임을 느껴야 할 것이다. 시민들 자신의 생각에 책임을 느껴야 하며, 그 생각의 결과에 책임을 져야 한다.

다시금 투표문제와 관련해서, 민주주의자들은 두번째 연관성, 결정과 행위 간의 연관성의 의미를 명확하게 규정하려 한다. 투표자 등록을 위해 특정한 날을 정하는 등의 이 연관성에 대한 의미 없는 장애물들은 사라져야만 한다. 그러나 그 관계를 더욱 긴밀하게 만든다는 명목으로 이 양자를 합치려는 시도는 정치 과정에 똑같이 해롭다. 특히 시민들이 집에 앉아서 전개되고 있는 사안들에 대해 즉흥적인 반응을 보일 것이라는 최근의 전자 투표에 대한 몇몇 구상은 확실하고 중대한 행위로서의 투표의 중요성을 사라지게 할 것이다. 단추를 누르거나 리모트 컨트롤을 조작하는 것과 투표가 혼동되어서는 안 된다. 투표의 기능에는 다소간의 노력이 필수적이다.

투표란 표의 양을 통해서만 의미를 획득하는 집단적인 노력이기 때문에 민주주의자들은 행위와 결과라는 세번째 연관성을 확고하게 할 것을 요구한다. 민주주의적 기준에서 보면 의견에서 차이가 있는 국민들이 투표에서는 같은 의견인 것처럼 드러나고, 따라서 자치의 과정이 만족된 것처럼 행동하는 것은 받아들여질 수 없는 일이다. 권위주의 정부에 의해 완전히 조작되는 강요된 투표가 대안이 될 수는 없겠지만, 자발적으로 투표하는 사람들이 너무 숫자가 적을 경우에는 마치 뇌물 수수나 투표 조작이 문제가 되는 것처럼 정치 과정이 붕괴할 수도 있다. 투표참여가 어떤 수준 이하로 떨어지게 되면 정치제도는 더 이상 기능할 수 없게 된다. 민주주의자들은 그 수준을 너무 낮게 잡아서 정치 과정을 축소시키는 것도 원하지 않는다. 전통적으로 다수결주의가 민주주의에서 정당화의 원칙으로 기능해왔다. 따라서 만약 유권자의 다수가 투표에 참여하지 않았다면 그 투표는 효력을 상실해야 한다. 즉 그 투표는 민주주의적 기준으로 보았을 때 가치가 없으며 다시 실시되어야 한다. 결국 그 승리자보다도 유권자들에게 더욱 불명예스러운 이 가치 없는 투표는 그것이 민주주의 정치과정을 만족시키지 못한다는 공식적 포기일 수 있다. 어느 정도의 다수결 원칙이 관철되지 않은 투표라면 그것은 단지 민주주의적 책임성을 침식할 따름이다. 공동체에 대해 유권자들이 갖는 책임성과 유권자들이 뽑은 정부의 책임성이 모두 침식당한다.

대중적 정치참여는 어느 정도가 과연 적당한 것인가? 이에 대해서 민주주의자들은 걱정할 것이 없다는 반응을 보인다. 즉 지금까지 설명한 대로 참여는 많을수록 좋은 것이다. 민주주의자들은 근본적인 변화를 주장하면서, 역사적 경험으로부터 얻은 두번째 중요한 메시지에 귀를 기울인다. 민주주의에서의 주요한 변화는 오직 체제의 붕괴에 기인하였으며, 작은 변화들이 축적되어 일어나는 경우는 거의 없었다. 광범한 붕괴와 재건에 의해 미국의 초기 민주주의가 탄생되었고, 또한 노예제도가 폐지되었으며, 20세기에 맞도록 민주주의가 새롭게 규정되었다. 이와 대조적으로 1960년대 이후 점진적으로 권위가 약화된 미국 정부는 4반 세기 동안의 약속에도 불구하고 정부의 권력 집중 현상을 막지 못했다. 레이건 대통령은 작은 정부와 개인의 우선성을 가장 강조하여 특히 인기가 높았지만, 연방정부 예산의 확대를 가속화시켜서 나라를 빚더미 위에 올려놓았다. 집중된 권력을 잡기 위한 경쟁은 결코 수그러드는 법이 없었다. 미국의 경험에서 보자면 조그마한 사건들이 축적되는 것으로는 자주 인용되는 대규모 조직은 필연적으로 소수의 지배를 받게 된다는 과두제의 철칙에서 벗어나는 것이 불가능하고, 제도의 붕괴만이 철칙을 뒤흔들어 놓을 수 있다는 결론에 도달하게 된다.

권위 있는 사람들이 이 과정이 지닌 위험성에 대해서 끊임없이 경고해왔다. 첫째, 남아시아와 종래의 소련에서 아프리카에 이르기까지의 사례에서 보듯, 강한 정부가 존재하지 않는다면 얼마나 쉽게 일상생활에 대한 강한 집착이 무정부적인 유혈사태로 전락할 수 있는지를 알 수 있다고 그들은 경고했다. 국경과 확고한 법률을 지닌 국민국가는 평화를 유지할 수 있다. 국경이 유동적이고 규칙에 융통성이 있는 문화적 집단으로는 질서를 유지할 수 없다. 최근의 가장 공포스러운 사례는 보스니아이다. 두번째, 이 문제를 가정에 적용시켜보면, 일반 시민들은 파괴적이고 권력 분산적인 세력들이 자유라는 명목으로 정부의 정상적 기능을 수행하려는 미국 정부를 얼마나 훼방 놓고 있는지 탄식하고 있다. 정치학자 새뮤얼 헌팅턴은 특히 적극적으로 주장하기를, "미국 국민들은 정부가 정부로서 해야 할 일은 하지 않고 정부로서 해서는 안 될 일들을 하고 있다고 믿는다"고 말했다.[9)]

민주주의자들은 이러한 주장을 전적으로 부정한다. 인종주의의 만

9) Huntington, 1981, p.41.

연에서 끔찍한 결과가 초래된 원인은 단지 인위적인 국가시스템과 기초적 집단 정체성 간의 충돌뿐만 아니라 여러 가지 다른 이유들이 혼합되어 발생한 것이다. 그러나 그 원인이 무엇이든지 간에 국민들의 삶에 가장 중요한 정당성을 포기해버리는 것은 해결책이 될 수 없다. 유고슬라비아의 티토처럼 강한 지도자에 대한 향수를 품는 것은 정부가 국민들의 제1차적 요구에 순응해야 한다는 기본적인 문제를 모호하게 만들 뿐이다. 더욱이 중앙정부를 자유롭게 만들기 위해 시민들의 권리를 유보시키는 것은 그 권리를 폐지하는 것이나 다름없다. 행사될 수 없는 민주적 권리는 소멸되고 만다. 권리는 유보되는 도중에 퇴락해버린다. 권리를 원하는 국민들은 그 권리를 행사해야 한다. 권리를 세상에 등장시키고, 응용하고, 계속적으로 반복 사용하여 새롭게 획득해야만 한다.

이런 의미에서 큰 변화가 있어야 한다고 주장하는 민주주의자들은 시민들이 어디에서든지 그들의 정치적 권리를 행사해야 한다고 권유한다. 사실상 시민들은 자신들의 생활방식을 정치화시켜야 한다. 즉 시민들이 일할 때, 여가를 즐길 때, 모임활동을 할 때, 정치운동에 참여하였을 때에도 정치적 권리를 행사해야만 하며, 성이나 인종에 의한 구분과 종교를 통해서도 정치적 권리를 행사해야 한다. 그 목적은 미국을 정치에 질식시키려는 것이 아니라 미국의 정치를 다양화시키는 것, 즉 우리의 삶이 다양하듯 정치 또한 다양하도록 만드는 것에 있다. 제임스 번스는 "유권자들은 그들 자신의 가족, 이웃, 종족, 직업, 종교, 이익집단으로부터의 영향력에서 벗어나기를 원하지도 않고 벗어날 수도 없을 것이다"라고 말하며 절망했다.10) 물론 이에 대해서 민주주의자들은 정치가 유권자들을 따라야 하는 것이며 그 반대는 아니라고 응수한다.

다양한 공적 정체성은 다양한 이익과 충성을 의미한다. 다양한 정

10) Burns, 1984, p.164.

치적 생활은 각기 다른 이슈에 대해 서로 다른 형태를 보이는 정치적 관계를 형성한다. 민주주의자들은 국민들의 일상사들을 반영하는 정치는 자발적으로 정치에 참여하고 정치를 감시하며, 오래된 정치적 이슈들을 계속 기억하고 새로운 이슈를 제기하는 시민들의 숫자를 늘려나갈 것이라고 믿는다. 이러한 종류의 정치는 시민들을 공통된 대의명분을 통해 단결시킴으로써 서로 만나거나 이야기를 나눠본 적도 없는 사람들 사이의 유대마저 가능케 할 것이다. 비록 그 역학은 대면접촉 관계의 그것과는 많이 다르겠지만, 그에 의해 형성되는 유대는 결코 무시할 만한 것은 아니다.

이런 형태의 공공 영역은 국민들이 만들어내는 것이다. 어떤 곳에서든 정상적인 처리과정 중에서 많은 사안들이 합쳐지고 뒤섞일지라도 국민들은 공적 생활을 창조해낼 것이라고 민주주의자들은 주장한다. 예를 들자면 쇼핑센터조차도 공적 생활의 공간이 될 수 있다. 이런 관점에서 보자면 역사가 대니얼 부어스틴이 고안해낸 민주적 "소비 공동체" 개념은 공통된 소비 패턴이 민주주의적 활동의 기회를 만들어낸다는 확실한 장점을 갖는다. 전자 게시판에 있어서도 마찬가지이다. 그리고 커피와 스낵 판매기가 설치되었거나 직장 동료들이 정기적으로 만나 잡담을 주고받을 수 있는, 또는 게시판이 있는 대부분의 직장의 경우도 해당된다. 여성 집단에서의 정치가 꼭 페미니즘이어야 할 필요가 없는 것처럼 여기서의 정치가 꼭 직장 내에서 벌어지는 이슈에 관련된 것일 필요는 없을 것이다. 오존층에 난 구멍에서부터 이웃 거리에 뚫린 구멍까지 어떤 주제에 대해서 사람들이 이야기하든 그것은 그들의 선택일 것이고, 다른 것보다 더 상징적이라거나 비현실적이라는 이유로 허용되지 않는 주제는 없을 것이라고 민주주의자들은 강조한다.

이러한 정치는 초기에 게릴라식 정치가 될 것에 틀림없는데, 그 핵심적인 부수물은 건전한 비난이다. 대중이 정부의 권위를 점점 인정하지 않는다고 탄식하는 사람들은 두 가지 중요한 사실을 놓치고 있다고 민주주의자들은 지적한다. 첫째, 이런 결과는 관료들이 초래한 것이다. 시민들은 자신만만한 지도자들과 그들의 제도에 대항해서 불경한 태도를 보임으로써 시민들 자신의 결정을 위한 공간을 만들어낸다. 둘째, 미국인들은 그들의 정부에 대해 상대적으로 신뢰의 태도를 보이고 있다. 국제적인 여론조사를 보면 유럽인들은 그들의 정부에 대해 훨씬 더 회의적이다. 대규모의 변화를 위해서는 더 많은 권력 축소가 필요할 것이라고 민주주의자들은 주장한다. 현 상황에서는 철학자 이언 샤피로(Ian Shapiro)가 묘사하듯이, 민주주의는 "반대의 윤리," 즉 공적문제를 해결하는 데 있어서 "혼란스러운 상태로 빠져 들어가지 않으면서 … 자의적인 권리부여의 경직화를 막고 자기보호적인 권력의 벽을 허무는" 경쟁적이고 논쟁적인 방법으로 이해되어야 한다.[11] 민주주의가 공격 대상으로 삼는 것은 결코 약한 시민들이 아니라 항상 우월한 권력이다. 민주주의는 결코 개인적인 모욕을 가하는 경우가 없다.

민주주의자들은 권위의 전복에 있어 주요 정당들이 예외가 되어서는 안 된다고 주장한다. 주요 정당들이 무력한 시민들을 공적 연합체로 모을 수 있는 능력을 갖고 있다고 해도 사실 정당들은 위계체제와 권력 집중의 가치관을 지나치게 반영하고 있다. 공화당과 민주당은 모두 평당원들이 최고위층을 부양하고 있다. 즉 양당은 모두 과두제의 철칙에 대한 사례를 제공하고 있다. 또 미국 현대사를 보면 양당은 1930년대의 타협에서 나온 원칙, 곧 하류계급을 배제하기 위해 작동하는 원칙을 중심으로 조직화되었다. 종종 돈 없는 후보자들이 재정적으로 막강한 현직 의원들과 맞서 승리를 거두는 낭만적인 사건들이 일어나지만, 이것이 정당정치의 성격을 바꾸지 못하는 것은 마치 복권당첨에서 돈을 버는 사람들이 있다고 해서 이것이 국가적 부의 분배

11) Shapiro, 1990, p.266, 282.

구조를 바꿀 수 없는 것과 마찬가지라고 민주주의자들은 강조한다. 1990년에 빈곤한 후보자였던 폴 웰스톤(Paul Wellstone)이 풍부한 재원을 지닌 루디 보쉬위츠(Rudy Boschwitz)를 미네소타에서 물리쳤을 때, 보쉬위츠는 그 해 치루어진 32개 선거구의 상원의원 선거에서 패배한 유일한 현직의원이었다. 따라서 게릴라식 정치가 성공하게 되면 그것이 민초 수준에서의 공백을 거의 항상 채우게 될 것이다. 게릴라식 정치에서 시민들이 갖는 충성심은 독특한 분포를 나타낼 것이다. 즉 직장, 교회, 여가로부터 출발한 공동체는 선거구와 딱 들어맞지 않을 것이다.

정부권력 축소의 과정은 사적 권력 또한 그 대상에 포함해야 한다고 민주주의자들은 덧붙인다. 대기업들은 위계화와 중앙집중화를 계속하면서 무수한 공적 활동에 개입하고 있으며, 모든 국면에서 민주주의에 대한 관점에 영향을 끼친다. 일상생활의 게릴라식 정치는 최소한 두 가지 영역에서 책임성이 확보되어야 한다고 주장할 것이다. 첫째, 기업의 간부들은 그들의 행동에 영향을 받는 시민들에게 책임을 져야 할 것이다. 마치 정치에서 상대편으로부터 비준을 요구하듯 시민들은 기업 간부들로부터 보증을 요구할 수도 있을 것이다. 둘째, 기업들은 그들과 상호작용 관계에 있는 지역적 공동체들에 대해 책임을 져야 한다. 교육 및 환경에 관한 문제, 세대간 문제, 휴식공간에 대한 문제 등 공동체들이 갖고 있는 특별한 상황들과 적절한 수준의 기업에 대한 우선권을 서로 맞교환하는 식으로 처리하기 위해서, 부유한 미국시장에서 상품과 서비스를 판매하는 가치 있는 특권에 대해 민주주의자들은 국내외의 모든 기업을 상대로 사회적 세금을 부과할 것을 주장한다. 마지막으로, 민주주의자들은 정기적 갱신이라는 제퍼슨주의적 원칙을 기업 설립허가에 적용할 것이다. 즉 기업은 스스로가 사회적으로 책임성 있는 방식으로 훌륭하게 기능하고 있다는 사실을 보여줌으로써, 매15년마다 자신의 존재를 정당화해야 할 것이다. 이 계획 밑에

깔린 공적 목표가 중요한 것일수록, 그 과정은 더더욱 일상적인 것이 될 것이라고 민주주의자들은 예견한다.

게릴라식 정치가 중앙집권화되고 위계적인 구조를 붕괴시킴에 따라 인간을 위주로 하는 그 자신의 세계를 만들어낼 것이라고 민주주의자들은 말한다. 공동체가 정치를 낳고 정치는 다시 공동체를 낳는다. 게다가, 시드니 버바와 노먼 나이가 20여 년 전에 보고한 것처럼 정치는 또 다른 정치를 낳는다. 즉 현 단계에서 적극적인 국민들은 앞으로는 더더욱 적극적인 국민으로 변해갈 것이다. 그렇지만 아직까지도 정치에 쉽게 염증을 내는 시민들은 단순히 정치를 피해 버릴 것이라는 것이 상식적인 판단이다. 코미디언들, 만화가들, 모든 종류의 평론가들은 1992년의 3파전으로 벌어졌던 대통령 선거가 유권자들을 극도로 지치게 만들었다는 데 동의했다. 대통령 선거 후에도 11월 말에 상원의원 선거의 결선투표가 예정되어 있던 불행한 조지아 주의 시민들에게는 전국적인 동정이 쏟아졌다. 그러나 민주주의자들은 모두에게 중요한 정치에 있어 왜 지구력이 그토록 발휘되지 못한다고 생각해야 하는가라고 질문한다. 농구 팬들이 자신이 응원하는 팀이 플레이오프에 진출해서 새로운 상대와 또다시 게임을 벌여야 한다고 불평하던가? 개인의 일상생활에 관련된 정치문제에 사람들이 덜 적극적으로 참여해야 할 까닭은 무엇인가?

미국의 경험과 전통에 비추어 그 시점의 요구들을 평가함으로써 무엇이 적당한지 찾아내는 일이 역사가 갖는 세번째 기능이다. 거의 언제나 좋은 것으로 보이는 일들이 사실은 그렇지 않다. 예를 들자면 민주주의는 "모든 가치 있는 이념과 견해"를 교육 받은 "교양 있는 유권자들에게 중요하게 의존한다"라는 자주 되풀이되는 주장을 들 수 있다.[12] 습득해야 할 어떤 지식이 존재한다는 믿기 어려운 주장을 받아들인다고 해도, 그리고 의미 있는 테스트를 그것이 통과했다는 것에

12) Henry Geller in Lichtenberg, 1990, p.290.

동의한다고 해도, 왜 시민들이 그곳에 앉아 그것을 배워야만 하는가? 미국 민주주의가 가장 활력을 띠던 시절에는 의견교환의 통로가 있었다. 민주주의는 시민들을 아무 것도 모르는 학생 취급하여 도덕 교육을 시키기보다는 시민들의 공론화를 북돋아왔다.

대체로 20세기의 평론가들은 그들이 알고 있는 것에 기준해서 교양 있는 유권자를 정의했다. 이 평론가들의 견해에 따르면 그들은 현대 정책의 복잡성을 인식하고 있는 반면, 다른 이들은 그것을 지나치게 단순화시키고 있었다. 평론가가 아닌 다른 사람들만이 교묘한 슬로건이나 사기적인 광고에 넘어가지만 평론가들은 그렇지 않았다. 사실, 민주주의자들이 지적하는 바에 따르면, 이 교양 있는 사람들의 여론이라는 것도 다른 기타의 여론과 마찬가지로 신랄한 회의주의로부터의 논박을 받을 만했다. 교양인들의 여론은 1920년대에 이민할당제를 낳았으며, 1930년대에는 금본위제를 지지했고, 1940년대에 와서는 인종차별 폐지가 너무 급속하게 이루어지고 있는 것에 대해 경고를 하기도 했었다. 민주주의자들은 누가 베트남전쟁을 더 잘 이해하고 있었는지 묻는다. 베트남전쟁을 아시아 공산주의자들과의 전쟁이라고 본 일반 시민들인가, 아니면 남베트남에 허수아비 가톨릭 정권을 세우고 나라를 분할하는 것이 가능하다고 생각한 교양 있는 정치 참모진들인가? 대학교수보다도 빨리 핵심을 파악하는 시골뜨기 농부에 관한 유명한 제퍼슨의 경구는, 현대에 와서 대학교수와 시골뜨기 농부의 이해방식이 다르며, 그들 각자는 공공생활에 있어 분명한 장점과 단점을 갖추고 있고, 그들 간의 차이를 측정할 만한 어떤 고정된 지식은 없는 상황으로 고쳐 말해져야 한다.

역사를 보면 민주주의 정치에 핵심적인 사항들, 특히 충실한 공민성에 대해서 유사한 회의를 느끼게 되기 쉽다. 위르겐 하버마스의 완전히 객관적인 합리성 개념에 대한 최근의 열광적 호응에서 알 수 있듯이 현대의 해설가들은 특히 정치에 감정이 개입되는 것에 대해 큰 혐오를 보이고 있다. 이에 대해 민주주의자들은 우리가 스스로를 다스리는 방법과 우리의 가장 심오한 감정이 연관되어 있다고 대답한다. 정치에서 감정을 제거하려는 시도는 정치에서 삶을 제거해버리는 일이다. "자신의 언어 표현을 자신의 분노와 일치시킬 수 없다면 그 사람은 자신을 자유롭게 표현할 수 없다"라는 로널드 드워킨(Ronald Dworkin)의 원칙은 성의 구별을 탈피한다면 매우 훌륭하다.[13] 민주주의자들은 여기서 문제가 되는 미묘한 이슈들을 발견하는데, 그 중 하나는 드워킨의 표현에서 남성과 여성의 구분을 제거할 수 없다는 것이다. 말할 기회도, 기타의 다른 수단도 없는 의존적인 사람들에게 언어적 폭력이 가해진다면, 자유롭다고 불릴 수 있는 근거를 상실하게 된다. 만약 감정이 물리적 폭력으로 흐른다면, 다른 원칙이 적용될 것이다. 1960년대의 가장 해로운 유산인 폭력은 그것이 정치과정에 참여하고 있는 시민들을 직간접적으로 이탈시켰기 때문에 민주주의의 숙적이 되었다. 정치 과정에 대한 접근을 막는 것은 중앙집중화된 통제에 대한 반대를 포함해서 모든 기타의 고려를 불가능하게 만든다. 그럼에도 불구하고 조악한 대중정치의 긴 역사를 살펴보면 감정 표현에 대한 제한을 가능한 한 적게 만들어야 한다는 민주주자들의 규칙이 대충 유지되고 있다.

또한 역사를 살펴보면 평론가들이 정치에서의 돈 문제에 대해서 그렇게 과민한 반응을 보일 필요가 없다는 것을 발견하게 된다. 아무리 제한을 가하고 새로운 제약을 만들어도 정치와 돈을 분리시키지 못한다. 정치에서 돈을 떼어놓으려는 시도는 밀려드는 바닷물의 조수로부터 모래성을 지키려는 노력만큼 허망한 것이다. 돈이 정치에 미치는 영향력을 조절하기 위해 돈의 흐름을 바꾸려는 시도도 착각에 가깝다. 무수한 종류의 불평등이 항상 존재하며, 그 균형을 맞추기 위해 돈을 쓰는 것은 오히려 문제를 복잡하게 만들 뿐이다. 그러나 그 영향력을

13) Dworkin, 1977, p.201.

줄이기 위한 두 가지 가이드라인이 제안되었다. 첫째, 큰 돈은 중앙집중된 권력을 원한다. 게릴라식 정치를 통해 권력이 분산되면 권력에 대한 추구가 갖는 매력이 상당히 감소될 것이다. 즉 분산된 권력을 나누어가진 집단이 너무 많아져서 각각으로부터 얻을 수 있는 것이 너무 적어질 것이다. 둘째, 돈이 정치에 미치는 영향력 중 가장 논란이 되는 것이 대중매체를 통한 홍보의 효과에 관련된 것인데, 민주주의자들은 동시대의 다른 사람들보다 이 문제가 가져올 결과에 대해 그리 염려하고 있지 않다. 대중매체란 표현 자체가 그 효과에 대해서 설명하는 바가 있다. 즉 대중매체란 표현은 아무 의견도 갖지 못한 수많은 일반 시민들에게 단순한 메시지를 주입한다는 의미를 갖는다. 민주주의자들은 그러나 메시지의 전달자만큼이나 메시지의 수용자도 그 메시지의 의미에 중요한 역할을 한다는 강한 믿음을 갖고 있다.

민주주의자들이 가장 염려하는 결과는 돈의 힘이 토론의 의제를 결정하게 되는 상황이다. 따라서 대중적인 매체들이 정치적 이슈에 대한 정보를 전달할 때는 반드시 열려진 공적 공간으로서 기능해야만 한다. 1976년의 버클리 대 발레오(*Buckley v. Valeo*) 재판에서의 대법원 판결처럼 국민들이 알 권리를 갖고 있으며 방송매체에 정치적 목적으로 돈을 사용하는 것을 제한하는 행위는 국민의 알 권리를 침해할 수 있다는 것은 문제가 아니다. 오히려 금전 사용에 제한이 없을 경우에 큰 위험이 발생할 수 있는데, 그것은 국민들의 말하고 들을 권리가 침해될 수 있다는 것, 즉 주디스 리히텐버그(Judith Lichtenberg)의 표현대로라면 "다양한 여론"에 대한 매체의 개방성이 침해될 수 있다는 위험이다.[14] 민주주의자들은 좁은 범위의 생각만이 허용될 수 있다는 것보다 오히려 소수의 사람만이 참여할 수 있다는 것에 관심을 가졌다. 즉 누가 말할 기회를 갖느냐의 문제가 그들이 무엇을 말하느냐의 문제보다 더 중요하다는 것이다. 또 리히텐버그가 지적하는 것처럼 여

14) Lichtenberg, 1990, p.107.

러 가지 의견들을 하나의 전국적 토론장에서 논의하는 것보다는 토론장을 분산시키는 방법이 더 합리적이다. 민주주의자들은 미국의 수많은 토론에 대한 전통, 즉 각 토론이 자체의 목적을 갖고, 많은 토론은 그 집단에만 관련된 것이며, 그 중 어느 것도 특별한 국가적 권위를 갖춘 것이 존재하지 않는 전통을 소중히 여기고 있다. 달리 표현하자면 민주주의자들이 목표로 하는 것은 대중매체에서 정치를 제거하자는 것이 아니라, 매체를 정치적 다양성에 개방시키자는 것이다. 다양한 여론은 다양한 의제를 만들어낸다.

이 다양한 여론은 다양한 대중들이 존재할 때 생겨난다. 끊임없이 전체 국민을 위해 말하고 있다고 주장하는 랄프 네이더나 로스 페로 같은 유명한 인물들은 대중들을 단순한 보조자로 만들 뿐이다. 민주주의자들은 대중정부와 대중의 관계는 상향식이지 하향식이 아니라는 사실을 일깨워 주고 있다. 국가계급의 환경론자들이 주장하는 "세계적으로 사고하고, 지역적으로 행동하라(Think Globally, Act Local- ly)"는 구호에 대해 민주주의자들은 "지역적으로 사고하고, 세계적으로 행동하라(Think Locally, Act Globally)"라고 대꾸한다. 정치의 시작은 사람을 중심으로 해야 하며, 문제를 중심으로 해서는 안 된다는 뜻이다. 또 작은 집단들에 분배된 자원에 대한 이해가 선행한 후, 연관성을 통한 관계의 네트워크를 더욱 더 넓게 만들어가야 한다. 집단들은 국민들의 삶의 방식에서 생겨난 것이어야 한다. 특정한 지리적 영역을 이웃이나 공동체라고 단순하게 선언하는 것은 그 구성원들의 모욕하는 것일 수 있는데, 그러한 구분이 종종 민족적, 인종적, 혹은 종교적 구분을 해소시키려는 의도를 감추고 있을 경우에 특히 그러하다. 필립 그린은 지역적 민주주의에 대한 설명으로 투표에서의 소수파를 "지난번 선거에서 패배한 사람들을 무작위적으로 모아 놓은 것에 불과하다"라고 말한 바 있는데 이것은 불안한 함의를 지닌다.[15] 자신이 선택

15) Green, 1985, p.174.

한 집단에서 분리된 개인들은 특히 다른 이들에게 의존적이게 되는데, 이에 따라 이 개인들은 강압에 굴복당하기 쉬워진다.

민주주의자들이 추구하는 것은 모든 종류의 생각을 가진 국민들을 한데 모으고 집단적 자치과정에 국민들의 충성을 집결시키는 미국적 유산을 다시 확고하게 만드는 것이다. 자발적으로 정치에 참여하는 대중들을 전국적으로 동원하는 것은 매우 밝은 미래의 전망을 가져오게 한다. 즉 민족, 국적, 성, 성에 대한 기호, 사회적 계급과 육체적 조건, 여러 가지 종교와 많은 생활습관 등으로 나누어진 시민들이 모두 평등하게 정책결정에 참여할 것이며, 그에 따라 이기고 지는 사람이 생기겠지만 모든 시민들이 그것을 삶의 요소로서 받아들이게 될 그런 전망을 가질 수 있을 것이다. 이것은 시민으로서의 의무와 관련된 문제이다. 자치의 과정은 롤스가 말한 것처럼 "투표를 사적이고 심지어 개인적 문제로 보는 상식적 견해를 거부한다."[16] 이 자치의 과정이 박애정신을 의미하는 것은 아니다. 여기에는 상호배타성, 심지어 서로에 대한 악감정까지가 포함된다. 투표하는 순간 모든 사람이 평등하긴 하지만 투표에서는 사람들이 가지고 있는 서로 다른 생각들이 모두 드러난다. 투표는 유권자들의 다양성을 그대로 보여준다. 이러한 분절적 통합의 정치는 세계 곳곳에서 만연하고 있는 유혈적인 종족주의와 바로 대척되는 개념이다. 이것은 그 반대로 민주주의의 가장 소중한 형태이다.

마지막으로 우리는 근본적인 개념 정의로 돌아온다. 민주주의에는 일정한 형태의 국민자치가 항상 수반되는데, 자치는 시민들의 정치 과정에 대한 참여를 보장하며, 투표에 패배한 사람들의 참여도 절대로 금지되는 일이 없고, 관료들은 유권자들에게 책임을 지는 것을 의미한다. 민주주의자들은 바로 이 핵심 개념을 강화시키려고 노력한다. 그러나 민주주의는 항상 그 사회의 문화와 결부되어 특정한 형태를 갖

---

16) Rawls, 1993, p.219.

추게 되는데, 미국의 경우에는 이 문화적 요소는 처음부터 주체적 결정 또는 자아실현으로서의 개인주의였다. 종종 변화하기는 했지만 단절된 적은 없었던 이 전통에 대해 민주주의자들은 특별히 각별한 관심을 기울여야 한다. 개인주의를 미국 민주주의에 걸려진 특별한 저주라고 생각하는 현대의 많은 비판들은 단지 그 역사를 못마땅하게 바라보고 있을 따름이다. 미국인들에게 그들의 집단적인 삶을 포기하고 편안하게 공동체의 일원으로 안주해서 미국의 민주주의를 발전시켜야 한다고 요구하는 것은 허망한 일일 뿐이다. 미국 민주주의에서 개인주의라는 강력한 요소가 빠졌던 적은 지금까지 없었으며, 앞으로도 그럴 것으로 보이지는 않는다.

미국에서 민주주의적 개인주의는 항상 풍부한 선택기회를 의미해왔으며 이제는 불가침적인 권리를 뜻하게 되었다. 민주주의가 다시 힘을 얻으려면 양자를 통합해야만 한다. 우리가 옳다고 생각하는 것을 다른 이들에게 선택하라고 요구하는 것은 용납되지 않는다. 많은 비평가들은 미국의 개인주의가 천박하고 이기적이라는 사실에 대한 증거로 소비주의에 대한 열렬한 집착을 들고 있다. 또 다른 이들은 사회주의에 대한 맹목적인 거부에서 미국 개인주의의 편협함이 드러난다고 말한다. 각각의 경우에 그 뿌리는 미국 문화에서 기원한다. 하지만 어느 경우에도 특정한 개인의 고매한 근거로부터 비롯된 계율이 변화를 일으키지는 않는다. 더욱 문제가 되는 것은 미국이 가진 이 풍요로운 선택의 기회가 전세계 수백만의 사람들에게 희망을 주었다는 것이다. 찰스 테일러가 주장하듯, 가장 좋은 조건 아래서라면 인간의 자유는 개인적 선택이 갖는 선택의 범위로 정의되며, 자유는 이 선택과 선택한 인간에게 모두 긍지를 부여한다.

현대의 개인주의가 선택의 문화에 덧붙인 불가침적 권리의 개념은 마찬가지로 확고하지만 더욱 복잡한 구조를 가진 요구를 민주주의자들에게 제시한다. 다양한 미국인들이 주장하고 있는 권리의 범위와 불가침성은 지난 25년간 극적으로 증가되었다. 집단적 민주주의가 공유된 공간에서의 공통된 경험이라면, 개인적 권리의 민주주의는 경험을 제한하고 그 공간을 축소한다. 집단적 의사결정의 영역에서는 소멸되었던 여러 권리들이 대중자치정부를 무력하게 만들 정도로 커져버린 것은 언제부터였던가? 아무도 정확한 답을 모른다. 그럼에도 불구하고 최근의 다극화된 정치가 보여주는 것처럼 다수파가 공동체에 관련된 중요한 이슈들에 대해서 하나씩 통제력을 잃어가고 있다는 것이 사람들에게 지각되기 시작하면서 어느 시점에서부터인가 민주주의 정치과정이 어려워지기 시작했다. 일반적으로 사적인 차원에서 민주주의를 실천하는 것은 그 실천을 사소한 것으로 만들 위험성이 있다. 다시 말해 홍콩에서 소비주의와 성적 향락이 번성하고 있다는 사실이 홍콩에서 민주주의를 실현시키지는 못한다.

하지만 단순히 미국인들에게 그들의 권리를 좀 줄이라고 말하는 것은 그들에게 선택을 좀 덜하라고 말하는 것과 같이 우스꽝스럽게 들릴 것이다. 존 던(John Dunn)과 허버트 간스(Herbert Gans)가 말한 것처럼 보호장치들로 둘러싸이고 자신의 자원들에 의존하기를 기대하는 개인들은 선택의 대안이 부족한 상황을 위험하게 생각할 것이다. 개인적 권리들에 대한 보호와 적극적 다수파들의 도전에서 비롯된 갈등을 완화하기 위해서는 이 공포에 질린 개인들로 하여금 집단의 의제가 개인들의 권리를 더욱 강화시키고 개인이나 집단 한쪽 혹은 모두가 변화되어야 한다는 것을 이해하도록 만들어야 한다. 사실, 역사를 보면 이에 대한 전망이 매우 밝다는 것을 알 수 있다.

일상생활에서의 민주주의 정치와 그 권리를 보호하려는 개인주의 양자 모두의 적인 보이지 않는 권력의 중심부에 대한 대중적인 적대감만큼 끈질기고 강력한 것은 미국의 민주주의 전통에 없었다. 이 권력 중심부로부터 벗어나는 것은 양조류 모두에게 유익한 일이었다. 두 번째로 강력한 민주주의 전통인 배타적 지위에 대한 거부, 즉 시민들

다수가 접근 불가능한 특권을 싫어하는 전통도 마찬가지였다. 여기에서 위계질서를 거부하는 민주적 집단의 성향과 기회를 개방하려는 민주적 개인들의 성향이 맞물리고 있다. 이러한 전통이 경제적 평등이나 재분배를 주장하는 것은 확실히 아니다. 그것은 동등한 접근권에 대한 요구, 자신의 목소리를 낼 권리에 대한 요구, 보다 넓은 범위의 사회적 사업에 평등한 참여자로서의 기회를 얻기 위한 요구였다. 권리의 소유는 권리의 획득을 의미한다. 민주주의는 주어지는 무엇이 아니라 실천하는 무엇이라는 원칙, 즉 시민들이 스스로를 위해 행동해야 하는 무엇이라는 원칙은 개인과 집단에 동시에 적용된다. 마지막으로, 민주주의 전통에서 깊은 불신의 또 다른 대상은 스스로를 정당화하는 권위, 즉 존경받을 권리를 계속해서 확인할 필요가 없는 권위이다. 이런 종류의 권위에 대한 도전은 민주적 집단의 활력과 민주적 개인의 자기존중을 강화시킨다.

일상생활에 기반을 둔 게릴라식 정치와 개인적 권리는 수많은 형태로 서로 연계되어 있다. 양자 사이에 충돌이 있을 수 있을까? 물론 충돌의 가능성도 존재한다. 그러나 19세기에 집단적 민주주의와 개인적 민주주의가 서로 결속되어 있었으며, 20세기에도 많은 지방에서는 아직도 양자가 상호보완적인 관계를 갖고 있다는 사실은 미국적 전통이 하나의 대안이 될 수 있다는 것과 민주주의에서 다수결주의와 개인적 권리가 근본적으로 상충되지는 않는다는 것을 상기시킨다. 동시에 이 상호공존의 모델에서는 개인에 대한 보호를 포기해야 한다거나 새로운 권리의 제정을 거부해야 한다는 요구는 없다. 대중으로부터 피해를 받지 않고 활동하는 것과 개인들에게 피해를 주지 않고 활동하는 것은 민주주의적 개인주의의 기본이다. 여성이 자신의 몸에 대해 갖는 주권은 강제적 출산과 같은 것을 "비자발적 복종"으로 규정할 만큼 충분히 절대적일 수 있다. 민주주의자들이 요구하는 것은 이러한 권리들이 정치적 삶으로부터 가능한 한 분리되어 있으면 안 된다는 것이며, 또 이 권리들은 다수결주의 정치과정에 되도록 많이 뿌리를 내려야 한다는 것이다. 권리들 자체가 이에 의존한다. 최근의 사태들이 보여주듯, 사법 당국에 의존한 개인적 권리 보호 조치들은 그 사법당국에 의해 폐지될 수도 있는 것이다.

요약하면, 미국 민주주의의 부활을 염원하는 현대의 평론가들은 몇몇 충고와 함께 격려를 보내고 있다. 개인주의가 항상 미국 민주주의의 본질적인 요소는 아니었으며, 심각해지는 여러 문제들의 최신의 징후에 불과한 다극화가 민주주의의 일차적인 장애물도 아니다. 반대로 문제가 되는 것은 1890년대와 1920년대 사이에 최초로 형태를 갖추기 시작했던 중앙집중화되고 위계화된 구조, 즉 대중들의 정치참여를 막고 개인주의적 민주주의와의 긴장 속에서만 작동하는 구조였다. 이 구조의 붕괴 없이는 민주주의의 전반적인 재편은 일어나지 않을 것임을 역사는 보여준다. 점진적인 개혁으로는 19세기의 인종 및 성 문제를 해결할 수 없었으며, 또 20세기 민주주의의 중요한 약점인 대중정치참여의 장기적, 계급편향적 쇠퇴의 문제를 역전시킬 수도 없었다. 동시에 역사는 밝은 전망을 보여주고 있다. 미국의 역사를 보면 배타적인 권력의 중심에 대한 전통적인 불신, 자기충족적이고 자기영속적인 권위에 대한 회의주의, 시민들이 행동하고 발언할 권리를 갖고 있다는 확신, 민주정치의 기본으로서 작고 유연한 소집단들에 의존하는 것 등의 긍정적인 요소를 찾을 수 있다.

이 메시지들에 누가 귀를 기울일 것이며, 이것들을 심각하게 받아들이는 사람들이 있을 때 어떤 일이 일어날지는 아무도 알 수 없다. 근본적으로 민주주의는 예측불가능하다. 중앙집권적이고 위계적인 권력의 붕괴가 민주주의적 재편의 전제조건이라고 해도 그것이 반드시 민주주의를 보증하는 것은 절대로 아니다. 그 결과는 전혀 엉뚱한 방향으로 나타날 수도 있다. 민주주의는 우리 공동의 일들을 처리하는 방식을 제공해준다. 민주주의는 우리가 함께 참여하는 도박과 같다.

"민주주의 정치에서의 모든 지향점은 잠정적이다"라고 마이클 왈저(Michael Walzer)는 말한다.[17] 민주주의는 항상 우리가 누구인지를 가르쳐주지만 우리가 어떻게 될지를 가르쳐주지는 않는다.

17) Walzer, 1983, p.310.

부록: 도움을 준 연구와 참고문헌

이 연구에 도움을 준 사람들을 일일이 밝히기란 어렵다. 매우 오랜 기간 동안에 나온 너무나도 많은 자료들을 참조하였기에 그것들을 이 자리에서 모두 언급한다는 것은 거의 불가능하다. 다음은 이 연구에 영향을 준 저술과 독자들의 추가 연구를 위해 필요하다고 생각되는 문헌을 편집한 것이다.

서론 및 결론

다음은 지난 25년 동안에 나온 저술 가운데 핵심적인 것들로 민주주의에 관한 나 자신의 견해를 검증하고 이끌어내는 데에 매우 중요한 방편이 되었다. 이러한 목록들이 다 그렇듯, 아래의 목록도 내가 밟아 온 특별한 경로를 나타낸다. 그 목록이 최근에 나온 연구에 더 많이 의존하고 있음을 알고는 나 스스로도 사실 당황했다. 하지만 나는 지난 25년에 걸쳐 나온 민주주의와 관련된 저서들을 포함하려고 최선을 다했다. 이러한 면에서 철학자들은 큰 도움이 되었다. 한 경우만을 제외하고, 나는 한 명당 한 편의 출판물로 제한했다. 존 롤스(John Rawls)는 이러한 논의에 끼친 그의 독보적인 영향으로 볼 때 여기서 예외가 될 만하지만, 그의 두 저서를 포함시킨 것은 사실 그것들이 한 쌍으로 읽혀져야 하기 때문이다. 출판상의 문제만 없다면, 그것들은 *A Theory of Justice*의 수정판으로 묶여야 한다. 마지막으로 특정 범주로 분류된 것에 불편함을 느꼈을 저자들에게 사과의 뜻을 전하면서, 내가 이 책의 서론에서 세 부분으로 나누어 설명했던 대로 관련 저서를 분류하고자 한다.

정치평론가

Robert Bellah et al., *The Good Society,* New York, 1991.

David Broder, *The Party's Over*, New York, 1972.

E. J. Dionne, Jr., *Why Americans Hate Politics*, New York, 1991.

Thomas Byrne Edsall and Mary D. Edsall, *Chain Reaction*, New York, 1991.

Amitai Etzioni, *The Spirit of Community*, New York, 1993.

Herbert J. Gans, *Middle American Individualism*, New York, 1993.

William Greider, *Who Will Tell the People*, New York, 1992.

Arthur T. Hadley, *The Empty Polling Booth*, Englewood Cliffs, 1978.

James Davison Hunter, *Culture Wars*, New York, 1991.

Mickey Kaus, *The End of Equality*, New York, 1992.

Irving Kristol, *On the Democratic Idea in America*, New York, 1972.

Judith Lichtenberg ed., *Democracy and the Mass Media*, New York, 1990.

Samuel Lubell, *The Hidden Crisis in American Politics*, New York, 1970.

Ralph Nader, *The Concord Principles*, Washington, D.C., 1992.

Michael Parenti, *Democracy for the Few*, 4th ed., New York, 1983.

Kevin Phillips, *The Politics of Rich and Poor*, New York, 1990.

Frances Fox Piven and Richard Cloward, *Why Americans Don't Vote*, New York, 1988.

철학자

Bruce Ackerman, *Social Justice in the Liberal State*, New Haven, 1980.

Benjamin Barber, *Strong Democracy*, Berkeley, 1984.

John S. Dryzek, *Discursive Democracy*, Cambridge, Eng., 1990.

John Dunn, *Interpreting Political Responsibility*, Cambridge, Eng., 1990.

Ronald Dworkin, *Taking Rights Seriously*, Cambridge, 1977.

Yaron Ezrahi, *The Descent of Icarus*, Cambridge, 1990.

Alan Gilbert, *Democratic Individuality*, Cambridge, Eng., 1990.

Philip Green, *Retrieving Democracy*, Totowa, 1985.

Amy Gutmann, *Liberal Equality*, Cambridge, Eng., 1980.

Jurgen Habermas, *The Structural Transformation of the Public Sphere*, trans. by Thomas Burger and Frederick Laurence, Cambridge, 1989.

C. B. Macpherson, *Democratic Theory*, Oxford, 1973.

Robert Nozick, *Anarchy, State, and Utopia*, New York, 1974.

Carole Pateman, *The Disorder of Women*, Stanford, 1989.

John Rawls, *Political Liberalism*, New York, 1993.

_____, *A Theory of Justice*, Cambridge, 1971.

William H. Riker, *Liberalism against Populism*, San Francisco, 1982.

Michael J. Sandel, *Liberalism and the Limits of Justice*, Cambridge, Eng., 1982.

Adam B. Seligman, *The Idea of Civil Society*, New York, 1992.

Ian Shapiro, *Political Criticism*, Berkeley, 1990.

Judith N. Shklar, *American Citizenship*, Cambridge, 1991.

Charles Taylor, *The Ethics of Authenticity*, Cambridge, 1992.

Roberto Mangabeira Unger, *Politics: A Work in Constructive Social Theory*, part 1: *False Necessity*, Cambridge, Eng., 1987.

Michael Walzer, *Spheres of Justice*, New York, 1983.

Robert Paul Wolff, *In Defense of Anarchism*, rev. ed., New York, 1976.

사회과학자

Peter Bachrach and Aryeh Botwinick, *Power and Empowerment*, Philadelphia, 1992.

Walter Dean Burnham, *The Current Crisis in American Politics*, New York, 1982.

James MacGregor Burns, *The Power to Lead*, New York, 1984.

Thomas E. Cronin, *Direct Democracy*, Cambridge, 1989.

Robert A. Dahl, *Democracy and Its Critics*, New Haven, 1989.

Thomas R. Dye and L. Harmon Ziegler, *The Irony of Democracy*, 2nd ed., Belmont, 1972.

Leon D. Epstein, *Political Parties in the American Mold*, Madison, 1986.

James S. Fishkin, *Democracy and Deliberation*, New Haven, 1991.

Benjamin Ginsberg and Martin Shefter, *Politics by Other Means*, New York, 1990.

Russell L. Hanson, *The Democratic Imagination in America*, Princeton, 1985.

Samuel P. Huntington, *American Politics*, Cambridge, 1981.

Jane J. Mansbridge, *Beyond Adversary Democracy*, New York, 1980.

James Miller, *"Democracy Is in the Streets,"* New York, 1987.

James A. Morone, *The Democratic Wish*, New York, 1990.

A. James Reichley ed., *Elections American Style*, Washington, D.C., 1987.

Kay Lehman Schlozman and John T. Tierney, *Organized Interests and American Democracy*, New York, 1986.

Frank J. Sorauf, *Inside Campaign Finance*, New Haven, 1992.

Ruy A. Teixeira, *The Disappearing American Voter*, Washington, D.C., 1992.

Abigail M. Thernstrom, *Whose Votes Count?* Cambridge, 1987.

Sidney Verba and Norman Nie, *Participation in America*, New York, 1972.

Joseph F. Zimmerman, *Participatory Democracy*, New York, 1986.

그밖의 다른 저서들도 민주주의에 관한 최근의 경향을 이해하는 데 도움을 주었다. 단 이 연구와 직접적인 관련이 적은 것들은 포함되지 않았다.

Herbert E. Alexander, *Financing Politics*, 2nd ed., Washington, D.C., 1980.

Robert N. Bellah et al., *Habits of the Heart*, Berkeley, 1985.

Samuel Bowles and Herbert Gintis, *Democracy and Capitalism*, New York,

1986.

James Macgregor Burns with L. Marvin Overby, *Cobblestone Leadership*, Norman, 1990.

Craig Calhoun ed., *Habermas and the Public Sphere*, Cambridge, 1992.

Michel Crozier et al., *The Crisis of Democracy*, New York, 1975.

Robert A. Dahl and Edward R. Tufte, *Size and Democracy*, Stanford, 1973.

M. I. Finley, *Democracy Ancient and Modern*, rev. ed., New Brunswick, 1985.

Benjamin Ginsberg, *The Captive Public*, New York, 1986.

Mary Ann Glendon, *Rights Talk*, New York, 1991.

Robert E. Goodin, *Protecting the Vulnerable*, Chicago, 1985.

William Graebner, *The Engineering of Consent*, Madison, 1987.

Mona Harrington, *The Dream of Deliverance in American Politics*, New York, 1986.

Stephen Holmes, *The Anatomy of Antiliberalism*, Cambridge, 1993.

Kenneth Janda et al., *The Challenge of Democracy*, Boston, 1987.

Everett Carll Ladd, *Where Have All the Voters Gone?* 2nd ed., New York, 1982.

Christopher Lasch, *The Culture of Narcissism*, New York, 1978.

Catharine A. Mackinnon, *Toward a Feminist Theory of the State*, Cambridge, 1989.

Martha Minow, *Making All the Difference*, Ithaca, 1990.

William N. Nelson, *On Justifying Democracy*, London, 1980.

Benjamin I. Page, *Choices and Echoes in Presidential Elections*, Chicago, 1978.

Robert D. Putnam, *Making Democracy Work*, Princeton, 1993.

Richard Rorty, *Philosophy and the Mirror or Nature*, Princeton, 1979.

_____, "The Priority of Democracy to Philosophy," in *The Virginia Statute for Religious Freedom*, ed. by Merrill Peterson and Robert Vaughan, Cambridge, Eng., 1988, pp.257-282.

Richard Sennett, *The Uses of Disorder*, New York, 1970.

James L. Sundquist, *Dynamics of the Party System*, Washington, D.C., 1973.

Goran Therborn, "The Rule of Capital and the Rise of Democracy," *New Left Review* 103, May-June 1977, pp.3-41.

Michael Walzer, "Philosophy and Democracy," *Political Theory* 9, August 1981, pp.379-399.

Aaron Wildavsky, "Birthday Cake Federalism," in *American Federalism*, ed. by Robert B. Hawkins, Jr., San Francisco, 1982, pp.181-191.

Daniel Yankelovich, *New Rules*, New York, 1981.

위의 목록은 정치평론가들의 관심사와 철학자들 간의 견해와 잘 부합하지만, 정치이론에 관한 몇몇 문제를 포함하여 사회과학자들간의 논의와는 그렇지가 못하다. 다음은 이러한 논의와 관련된 중요한 초기 저술들이다.

Gabriel A. Almond and Sidney Verba, *The Civic Culture*, Princeton, 1963.

Committee on Political Parties, "Toward a More Responsible Two-Party System," *American Political Science Review* 44, Supplement: September 1950, pp.1-96.

Bernard Crick, *In Defense of Politics*, London, 1962.

Robert A. Dahl, *A Preface to Democratic Theory*, Chicago, 1956.

Anthony Downs, *An Economic Theory of Democracy*, New York, 1957.

Louis Hartz, *The Liberal Tradition in America*, New York, 1955.

Seymour Martin Lipset, *Political Man*, Garden City, 1960.

Theodore Lowi, *The End of American Liberalism*, New York, 1969.

C. B. Macpherson, *The Political Theory of Possessive Individualism*, Oxford 1962.

Robert Michels, *Political Parties*, trans. by Eden and Cedar Paul, New York, 1962.

David Riesman et al., *The Lonely Crowd*, New Haven, 1950.

E. E. Schattschneider, *The Semisovereign People*, New York, 1960.

David Truman, *The Government Process*, New York, 1951.
Sheldon Wolin, *Politics and Vision*, Boston, 1960.

몇몇 역사가들은 미국 민주주의와 긴밀히 관련된 문화적 또는 지적인 문제들을 폭넓게 조망했다. 이러한 부류의 대표적인 서적으로는 John Patrick Diggins, *The Lost Soul of American Politics*(New York, 1984), Christopher Lasch, *The True and Only Heaven*(New York, 1991), David M. Potter, *People of Plenty*(Chicago, 1954), Merrill D. Peterson, *The Jefferson Image in the American Mind*(New York, 1960), 그리고 Daniel T. Rodger, *Contested Truths*(New York, 1987) 등이 있다. 그리고 세 권으로 된 Daniel J. Boorstin, *The Americans*(New York, 1958-73)는 그러한 주제를 총체적으로 다룬 역사서로서 읽힐 만하다. Lawrence Goodwyn, *Democratic Promise* (New York, 1976)는 민주주의 이론을 민중주의 운동과 연관시킨 그 분야의 몇 안 되는 역사서 가운데 하나이다.

제1장

Robert H. Wiebe, *The Origins of American Society*(New York, 1984)는 18세기와 19세기 사이의 변화를 하나의 국가적인 현상으로 파악한다. Gordon S. Wood, *The Radicalism of the American Revolution*(New York, 1992)은 동일한 주제를 보다 세부적으로 다룬다. 그의 참고용 주석은 좀더 본격적인 연구를 하고자 하는 사람들에게 가치 있는 안내서의 역할을 할 것이다.

다음의 두 논문은 18세기 말 과도기의 시점에 민주주의가 차지했던 의미에 대한 훌륭한 개론을 제공한다. Richard Buel, Jr., "Democracy and the American Revolution: A Frame of Reference"(*William and Mary Quarterly* 21, April 1964, pp.165-190)와 Roy N. Lokken, "The Concept of Democracy in Colonial Political Thought"(ibid. 16, October 1959, pp.568-580)가 그것이다. Willi Paul Adams는 그의 심혈이 담긴 *The First Ameri-*

can Constitutions(trans. by Rita and Robert Kimber, Chapel Hill, 1980)에서 민주주의 개념과 실증적으로 연관되는 사항들을 다룬다. 대표제의 의미에 관해서는 J. R. Pole, *Political Representation in England and the Origins of the American Republic*(London, 1966), John Phillip Reid, *The Concept of Representation in the Age of the American Revolution*(Chicago, 1989), 그리고 Charles S. Sydnor, *Gentlemen Freeholders*(Chapel Hill, 1952)를 보라. 비록 모건(Edmund S. Morgan)이 *Inventing the People*(New York, 1988)에서 허구와 현실의 명확한 구분 없이 혼란을 일으키긴 했지만, 그 저서는 앵글로 아메리칸 정치이론에서 흥미 있는 연구로 남는다. Melvin Yazawa가 쓴 *Representative Government and the Revolution*(Baltimore, 1975)의 서론은 주권자들에 관한 특별히 유용한 논평을 담고 있다. Robert J. Dinkin, *Voting in Provincial America*(Westport, 1977)는 식민지 선거에 관한 중요한 자료를 제공한다. 정치의 실제 과정에 관한 그 어떤 설명도 *Peaceable Kingdoms* (New York, 1970)에서 Michael Zuckerman이 식민지 시대의 읍민회에 관해서 한 것보다 더 가치 있는 것은 없다.

민주주의의 의미는 공화주의의 개념과 뒤섞여 왔다. 공화주의에 대한 필독서로는 Bernard Bailyn, *The Ideological Origins of the American Revolution*(Cambridge, 1967), J. G. A. Pocock, *The Machiavellian Moment* (Princeton, 1975)가 있다. *The Elusive Republic*(Chapel Hill, 1980)에서 Drew R. McCoy의 정치경제에 대한 이해와 *The Letters of the Republic* (Cambridge, 1990)에서 Michael Warner의 공적 영역의 탐구는 공화주의 개념을 보다 짜임새있게 만든다. 시간과 공간을 가로지르면서, 몇몇 열광자들은 공화주의에 거의 마술적인 설명의 힘을 부여한다. James T. Klopenberg, "The Virtues of Liberalism: Christianity, Republicanism, and Ethics in Early American Political Discourse"(*Journal of American History*, 74, June 1987, pp.9-33)과 Daniel T. Rodgers, "Republicanism: The Career of a Concept"(ibid., 79, June 1992, pp.11-38)은 공화주의 개념의 범위를 한정짓고, 그 개념을 정치적 과정에서 그 개념을 민주주의로부터 분류하는 데 없어서는 안 되는 연구들이다. 두 연구 모두 해당 주제에 관한 부가적인 독서를 위해 훌륭한 안내를 제공한다. Isaac Kramnick, *Republican-*

ism and Bourgeois Radicalism(Ithaca, 1990)은 공화주의 개념에 관한 일반적인 비평을 담고 있다.

18세기 미국의 허술하면서도 가변적인 위계질서의 성격에 대해서는 Fred Anderson, *A People's Army*(Chapel Hill, 1984), Richard L. Bushman, *King and People in Provincial Massachusetts*(Chapel Hill, 1985), Jon Butler, *Awash in a Sea of Faith*(Cambridge, 1990), Robert A. Gross, *The Minutemen and Their World*(New York, 1976), Jackson Turner Main, *Society and Economy in Colonial Connecticut*(Princeton, 1985), 그리고 Gordon S. Wood, *The Creation of the American Republic, 1776-1787*(Chapel Hill, 1969) 등이 다양하게 다루고 있다. Joseph H. Kettner, *The Development of American Citizenship, 1608-1870*(Chapel Hill, 1978)은 민주주의 연구에서 특별한 중요성을 지닌다.

미국혁명이 이러한 위계질서에 끼친 영향에 대한 일부의 평가는 1770년대의 격변이 지속적인 변화를 일으켰는지에 관해서는 거의 주의를 기울이지 않았다. 그로 인해 Edward Countryman, *A People in Revolution*(Baltimore, 1981), Rhys Isaac, *The Transformation of Virginia, 1740-1790*(Chapel Hill, 1982), 그리고 Richard Alan Ryerson, *The Revolution Is Now Begun*(Philadelphia, 1978) 등은 각기 흥미로운 연구서임에도 불구하고 그 가치가 다소 떨어진다. Eric Foner, *Tom Paine and Revolutionary America*(New York, 1976)은 미국혁명의 장기적인 결과에 보다 세심한 주의를 기울인다. 그밖에 Pauline Maier, *From Resistance to Revolution*(New York, 1972)과 Robert M. Weir, *"The Last of American Freemen"*(Macon, 1986)과 같은 연구서들은 위계질서의 지속성에 관해 논의한다.

18세기와 19세기 사이의 미국의 사회적 변화에 관한 일반적인 정설에 따르면 변화의 주된 원인은 자유자본주의이며 변화가 가장 많았던 기간은 1812년의 전쟁 이후 20년 동안이다. 이에 관한 다양한 접근으로서 Andrew R. L. Cayton, *The Frontier Republic*(Kent, 1986), Christopher Clark, *The Roots of Rural Capitalism*(Ithaca, 1990), Oscar Handlin and Mary Flug Handlin, *Commonwealth*(Cambridge, 1947), Hendrik Hartog, *Public Property and Private Power*(Chapel Hill, 1983), Morton J. Horwitz, *The Transforma-*

tion of American Law, 1780-1860(Cambridge, 1977), J. Willard Hurst, *Law and the Conditions of Freedom in the Nineteenth-Century United States*(Madison, 1956), 그리고 Steven Watts, *The Republic Reborn*(Baltimore, 1987) 등을 들 수 있다. Malcolm J. Rohrbough는 *The Land Office Business*(New York, 1968)에서 약화되고 다루기 쉬운 국가정부에 관해 설명한다. Daniel Feller, *The Public Lands in Jacksonian Politics*(Madison, 1984) 또한 참고할 만하다. 새로운 자본가들과의 관계에 대한 배경을 알기 위해서는 Allan Kulikoff, "The Transition to Capitalism in Rural America"(*William and Mary Quarterly* 46, January 1989, pp.120-144)과 Kenneth Lockridge, "Land Population, and the Evolution of New England Society"(*Past and Present* 39, April 1968, pp.62-80), 그리고 Robert D. Mitchell, *Commercialism and Frontier* (Charlottesville, 1977)를 보라. Alan Taylor는 *Liberty Men and Great Proprietors*(Chapel Hill, 1990)에서 위계질서적 관습의 까다로운 측면에 대해 논한다. Joyce Appleby는 자신의 중요한 저서인 *Capitalism and a New Social Order*(New York, 1984)에서 변화의 근거를 1790년대에서 찾는다.

정치상의 변화에 관한 논의도 대개 유사한 연대순을 따른다. 기본적인 연구서를 특별히 꼽는다면, Lee Benson, *The Concept of Jacksonian Democracy* (Princeton, 1961), Ronald P. Formisano, *The Transformation of Political Culture*(New York, 1983), 그리고 Richard Hofstadter, *The Idea of a Party System*(Berkeley, 1969)을 들 수 있다. James S. Chase, *Emergence of the Presidential Nomination Convention, 1789-1832*(Urbana, 1973)은 위의 연구서들을 보충해줄 만한 책이다. James M. Banner, Jr., *To the Hartford Convention* (New York, 1970), John L. Brooke, *The Heart of the Commonwealth* (Cambridge, Eng., 1989), 그리고 David Hackett Fischer, *The Revolution in American Conservatism*(New York, 1965)은 19세기 초창기의 변화에 중점을 두는 반면, Chilton Williamson은 선구적이긴 하지만 때로는 부정확한 그의 저서 *American Suffrage*(Princeton, 1960)에서 두 세기 사이에 일어난 점진적인 변화를 기술한다.

엘리트 계층에서 평범한 백인시민으로의 권한의 이전을 다루는 책으로 Samuel Haber, *The Quest for Authority and Honor in the American Professions,*

1750-1900(Chicago, 1991)는 패자에 관한 자료를 담고 있다. Nathan O. Hatch, *The Democratization of American Christianity*(New Haven, 1989)는 어떻게 그러한 과정이 한 지역에서 전개되었는지에 관한 탁월한 설명을 제시한다. John B. Bowles, *The Great Revival, 1787-1805*(Lexington, 1972)과 Dickson D. Bruce, Jr., *And They All Sang Hallelujah*(Knoxville, 1974)는 그러한 변화의 양면성에 대한 귀중한 자료를 제공하며, Harry S. Stout, *The New England Soul*(New York, 1986)은 변화의 시기를 검증한다. Sidney E. Mead, *The Lively Experiment*(New York, 1963)는 미국 민주주의 역사상 종교적 다원론의 중요성에 관한 가장 감동적인 진술을 담고 있다. Allen Steinberg, *The Transformation of Criminal Justice*(Chapel Hill, 1989)와 John Harley Warner, *The Therapeutic Perspective*(Cambridge, 1986)는 엘리트들이 한때 독점했었던 19세기 초 일반시민들의 삶에 대한 결정권을 훌륭하게 조명하고 있다. W. J. Rorabaugh, *The Alcoholic Republic*(New York, 1979)과 Ian R. Tyrrell, *Sobering Up*(Westport, 1979)은 권한을 부여받은 평범한 백인들이 미국의 음주습관에 어떻게 변혁을 일으키는가를 보여준다. 문화영역에서의 청중의 권한에 관해서는 Mary Kupiec Cayton, "The Mak- ing of an American Prophet: Emerson, His Audiences, and the Rise of the Culture Industry in Nineteenth-Century America"(*American Historical Review* 92, June 1987, pp.597-620), Michael T. Gilmore, *American Romanticism and the Marketplace*(Chicago, 1985), Lawrence W. Levine, *Highbrow/Lowbrow*(Cambridge, 1988), 그리고 Donald M. Scott, "The Popular Lecture and the Creation of a Public in Mid-Nineteenth-Century America"(*Journal of American History* 66, March 1980, pp.791-809) 등에서 논의되고 있다.

비록 Gordon Wood는 *The Radicalism of the American Revolution*에서 미국혁명이 오래된 권위를 무너뜨리는 데 있어 중추적인 역할을 담당했다고 주장하지만, 그것과 관련된 증거를 들여다보면 위계질서가 오히려 18세기 말까지, 그리고 19세기로 오면서 주요한 변화가 일어나기 시작할 때까지 계속해서 유지되었다는 인상을 강하게 남긴다. Wood가 주장하듯이 (p.256), "미국 정치사의 결정적인 순간이" 정치는 이익을 대변해야 한다는 William Findley의 주장과 더불어 1786년에 일어난 것이라면, Findley의 명분이었던 서부 펜실베이니아의 은행들은 1814년에 이르러서야 비로소 성공을 거두게 되었다. Wood의 설명에 따르면, 미국혁명은 남북전쟁을 낳았던 것과 같은 목적론적 방식으로 민주주의를 낳았다: "사실상 미국혁명은 남북전쟁에 이를 수밖에 없었던 이데올로기적이며 사회적인 힘을 움직이게 했다"(pp.186-187). James L. Huston은 권한의 대중화에 동의하는 그의 논문 "American Revolutionaries, the Political Economy of Aristocracy, and the American Concept of the Distribution of Wealth, 1765-1900"(*American Historical Review* 98, October 1993, pp.1079-1105)에서 19세기 민주주의에 끼친 미국혁명의 영향에 대해 보다 단호한 주장을 펼친다.

권한의 민주화를 촉진시켰던 시기의 적절성에 주의하면서 핵심적인 사안인 문자능력과 산술능력의 확산에 관해 알기 위해서는, Patricia Cline Cohen, *A Calculating People*(Chicago, 1982), Albert Fisholw, "The Common School Revival: Fact of Fancy?"(*Industrialization in Two Systems*, ed. by Henry Rosovsky, New York, 1966, pp.40-67), Kenneth A. Lockridge, *Literacy in Colonial New England*(New York, 1974), 그리고 Lee Soltow and Edward Stevens, *The Rise of Literacy and the Common School in the United States*(Chicago, 1981)를 보라.

초기 미국의 종속노동의 배경에 관해서는 Bernard Bailyn and Barbara DeWolfe, *Voyagers to the West*(New York, 1986), Richard B. Morris, *Government and Labor in Early America*(New York, 1946), 그리고 Abbot Emerson Smith, *Colonists in Bondage*(Chapel Hill, 1947)를 보라. 당시 유럽의 억압적인 상황의 예를 알고자 한다면 Jerome Blum, *The End of the Old Order in Rural Europe*(Princeton, 1978), Kerby A. Miller, *Emigrants and Exiles*(New York, 1985), 그리고 Mack Walker, *German Home Towns*(Ithaca, 1971)를 보라. 미국 전역에서 백인 남성들이 자신들의 노동생활을 스스로 통제하게 된 시기를 정립하고자 한다면, W. J. Rorabough, *The Craft Apprentice*(New York, 1985), Robert J. Steinfeld, *The Invention of Free Labor*(Chapel Hill, 1991)이 매우 유용할 것이다. Karen Orren가 쓴 노동법 판

례의 유용한 편집서 *Belated Feudalism*(Cambridge, Eng., 1991)은 19세기의 연대기와 역사적인 문맥에는 거의 주의를 두지 않는다. 두 지역에서의 임금노동의 유동적인 세계에 관해서는 Thomas Dublin, *Women at Work*(New York, 1979)과 David E. Schob, *Hired Hands and Plowboys*(Urbana, 1975)이 도움이 될 것이다. Jeremy Atack and Fred Bateman, *To Their Own Soil* (Ames, 1987), Clarence H. Danhof, *Changes in Agriculture*(Cambridge, 1969)는 자립농의 의미를 구체적으로 밝힌다.

뉴잉글랜드의 차이점을 보다 명백히 밝힌 문헌들로는 Robert A. McCaughey, *Josiah Quincy, 1772-1864*(Cambridge, 1974), Gerard W. Gawalt, *The Promise of Power*(Westport, 1979), Joseph Kett, *The Formation of the American Medical Profession*(New Haven, 1968), 그리고 Randolph A. Roth, *The Democratic Dilemma*(Cambridge, Eng., 1987)가 있다.

Joyce Appleby, "The Radical *Double-Entendre* in the Right to Self-Government"(*The Origins of Anglo-American Radicalism*, ed. by Margaret Jacob and James Jacob, London, 1984, pp.275-283)는 18세기 말에 서로 뒤얽힌 개인의 권리와 집단의 권리에 관해 논의한다. 헌법상의 무기 소지권의 본래 의미에 관한 논쟁의 양 측면 모두 옳다는 사실은 우리로 하여금 개인과 집단의 권리에 대한 18세기의 모호성을 깨닫게 한다. 수정헌법 제2조가 집단 민병권을 명시한다고 주장하는 Lawrence Delbert Cress, "The Armed Community: The Origins and Meaning of the Right to Bear Arms"(*Journal of American History* 71, June 1984, pp.22-42)는 반연방주의자들이 헌법수정안을 중앙집중적 전제정치에 맞서는 공동체의 옹호로 이해했다고 설명한다. 반면 그 개정안이 개인의 권리를 보장한다고 주장하는 Robert E. Shalhope, "The Ideological Origins of the Second Amendment"(ibid. 69, December 1982, pp.599-614)는 주와 공동체를 전적으로 무시하고서 헌법수정안을 오로지 시민과 국가정부 간의 일대 일 관계로 단정짓고자 하는 보수적인 연방주의자들의 견해를 그대로 반복한다. T. Scott Miyakawa, *Protestants and Pioneers*(Chicago, 1964)는 19세기 초 개인 영역과 공동체 영역의 결합에 관한 중요한 식견을 담고 있다. Yehoshua Arieli의 *Individualism and Nationalism in American Ideology*(Cambridge, 19

64)는 사려 깊은 논의를 제시한다.

제2장

이 장과 이후에 등장하는 유럽 자료들은 다음과 같다. 이 자료들은 어쩔 수 없이 영국 쪽으로 기울어져 있다. 왜냐하면 영국의 판단이 미국의 경험을 이해하는 데 기본적인 참고사항을 제공하기 때문이다. 제목 다음의 [ ] 안에 표시된 연도는 방문 시기를 가리킨다. 인용 끝에 있는 [ ] 안의 연도는 각 문헌이 처음으로 출판된 해를 가리킨다.

Count Francesco Arese, *A Trip to the Prairies and in the Interior of North America*[1837-38], trans. by Andrew Evans, New York, 1934.

Duke Bernhard of Saxe-Weimar Eisenach, *Travels through North America during the Years 1825 and 1826*, 2 vols., Philadelphia, 1828.

Fredrika Bremer, *America of the Fifties*, ed. by Adolph B. Benson, New York, 1924.

James Silk Buckingham, *The Eastern and Western States of America*, 3 vols., London, 1842.

Moritz Busch, *Travels between the Hudson & the Mississippi 1851-1852*, trans. and ed. by Norman H. Binger, Lexington, 1971.

Thomas Cather, *Voyage to America* [1836], ed. by Thomas Yoseloff, New York, 1961.

William Chambers, *Things as They Are in America*, New York, 1968 [1854]).

Michel Chevalier, *Society, Manners and Politics in the United States*, trans. by T. G. Bradford, Boston, 1839.

William Cobbett, *A Year's Residence in America*, Boston, [1819?].

Richard Cobden, *The American Diaries*[1835, 1859], ed. by Elizabeth Hoon Cawley, Princeton, 1952.

Charles Dickens, *American Notes for General Circulation*, 2 vols., London,

1842.

James Dixon, *Personal Narrative of a Tour through a Part of the United States and Canada*, New York, 1849.

Gottfried Duden, *Report of a Journey to the Western States of North America* [1824-27], trans. and ed. by James W. Goodrich et al., Columbia, 1980.

Mary Lundie Duncan, *America as I Found It*, New York, 1852.

William Ferguson, *America by River and Rail*, London, 1856.

George Flower, *The Errors of Emigrants*, London, 1841.

Thomas Colley Grattan, *Civilized America*, 2 vols., London, 1859.

Francis J. Grund, *The Americans, in Their Moral, Social, and Political Relations*, Boston, 1837.

Adam G. de Gurowski, *America and Europe*, New York, 1857.

Captain Basil Hall, *Travels in North America in the Years 1827 and 1828*, 3 vols., Edinburgh, 1829.

Francis Hall, *Travels in Canada and the United States in 1816 and 1817*, London, 1818.

Margaret Hall, *The Aristocratic Journey*[1827-28], ed. by Una PopeHennessy, New York, 1931.

Thomas Hamilton, *Men and Manners in America*, New York, 1968[1833, 1843].

Adam Hodgson, *Remarks during a Journey through North America in the Years 1819, 1820, and 1821*, Westport, 1970[1823].

Emanuel Howitt, *Selections from Letters Written during a Tour through the United States in the Summer and Autumn of 1819*, Nottingham, 1820.

Baron Axel Klinkowstrom, *America 1818-1820*, trans. and ed. by Franklin D. Scott, Evanston, 1952.

Charles Lyell, *A Second Visit to the United States of America*, 2 vols., New York, 1849.

_____. *Travels in North America*, 2 vols., New York, 1845.

Alexander Mackay, *The Western World, or, Travels in the United States in*

1846-47, 2nd ed., 3 vols., London, 1850.

Frederick Marryat, *Diary in America*, ed. by Jules Zenger, Bloomington, 1960[1839].

Harriet Martineau, *Society in America*, 2 vols., New York, 1837.

Amelia M. Murray, *Letters from the United States, Cuba and Canada*, New York, 1969[1856].

Charles Augustus Murray, *Travels in North America during the Years 1834, 1835 & 1836*, 2 vols., London, 1839.

Henry A. Murray, *Lands of the Slave and the Free: or, Cuba, the United States, and Canada*, 2 vols., London, 1855.

Francis Pulzsky and Theresa Pulzsky, *White, Red, and Black*, 2 vols., New York, 1853.

H. Reid, *Sketches in North America*, London, 1861.

Ole Munch Roeder, *America in the Forties*, trans. by Gunnar J. Malmin, Minneapolis, 1929.

Rubio[Thomas Horton James], *Rambles in the United States and Canada during the Year 1845*, London, 1847.

Ole Rynning, *Ole Rynning's True Account of America*, trans. and ed. by Theodore C. Blegen, Minneapolis, 1926[1838].

James Stuart, *Three Years in North America*, 2 vols., Edinburgh, 1833.

Lady Emmeline Stuart Wortley, *Travels in the United States, Etc. during 1849 and 1850,* 3 vols., London, 1851.

Alexis de Tocqueville, *Democracy in America*, trans. by Henry Reeve and Francis Bowen, ed. by Phillips Bradley, 2 vols., New York, 1945 [1835, 1840].

Frances Milton Trollope, *Domestic Manners of the Americans*, 2 vols., London, 1832.

Francis Tuckett, *A Journey in the United States in the Years 1829 and 1830*, ed. by Hubert C. Fox, Plymouth, 1976.

Frances Wright, *Views of Society and Manners in America*, ed. by Paul R. Baker, Cambridge, 1963[1821].

미국문화에 나타난 폭력에 관해서 논의한 책으로는 Edward L. Ayers, *Vengeance and Justice*(New York, 1984), Bernard Bailyn, *The Origins of American Politics*(New York, 1968), Richard Maxwell Brown, *Strain of Violence* (New York, 1975), Dickson D. Bruce, Jr., *Violence and Culture in the Antebellum South*(Austin, 1979), John Hope Franklin, *The Militant South*, 1800-1861(Cambridge, 1956), Thomas P. Slaughter, *The Whiskey Rebellion* (New York, 1986), Richard Slotkin, *Regeneration through Violence*(Middletown, 1973), 그리고 Russell F. Weigley, *The American Way of War*(New York, 1973) 등이 있다. Michael Kammen, *A Season of Youth*(New York, 1978)는 미국의 혁명 전통에 관한 보수적인 재조명을 다룬 중요한 연구서이다.

제3장

19세기 민주주의의 특성과 효력에 대한 논쟁은 선거로부터 시작한다. 부정선거가 흔한 일이었는가 하는 질문에 대해 대부분의 학자들은 그렇지 않다고 대답한다. 이러한 견해의 저술로는 Howard W. Allen과 Kay Warren Allen이 같이 작업한 "Vote Fraud and the Validity of Election Data"(*Analyzing Electoral History*, ed. by Jerome Clubb et al., Beverly Hills, 1981), William E. Gienapp, "'Politics Seem to Enter into Everything': Political Culture in the North, 1840-1860"(*Essays on American Antebellum Politics, 1840-1860*, ed. by Stephen E. Maizlish and John J. Kushma, College Station, 1982, pp.15-69), 그리고 Mark Kornbluh, *From Participation to Administration*(Baltimore, 1995) 등이 있다. 현재의 입장에서 좋은 정부를 중시하는 Peter Argersinger는 똑같은 질문에 대해 부정선거가 자주 있어 왔다고 반박한다("New Perspectives on Electoral Fraud in the Gilded Age," *Political Science Quarterly* 100, Winter 1985-86, pp.669-687). 이러한 문제가 제시하는 보다 다양한 논의에 관해서는 동일 저자의 "The Value of the Vote: Political Representation in the Gilded Age"(*Journal of*

American History 76, June, 1989, pp.59-90)가 특히 유용할 것이다. 흔히 인용되는 70%에서 80%의 투표율이 과장된 것은 아닌가 하는 질문에 대해 Walter Dean Burnham은 선거의 왜곡사례를 체계적으로 분석한 그의 "Those High Nineteenth-Century American Voting Turnout: Fact or Fiction?"(*Journal of interdisciplinary History* 16, Spring 1986, pp.613-644)에서 그런 점이 다소 있었다고 결론내린다. Margaret Lavinia Anderson, "Voter, Junker, Landrat, Priest: The Old Authorities and the New Franchise in Imperial Germany"(*American Historical Review* 98, December 1993, pp.1448-1474)는 투표의 의미에 관한 흥미로운 국제적 비교를 제공한다.

다음의 네 편의 연구는 민주 정당의 기원을 분석하는 데 특별히 유용하다. Michael F. Holt, "The Election of 1840, Voter Mobilization, and the Emergence of the Second American Party System: A Reappraisal of Jacksonian Voting Behavior"(*A Master's Due*, ed. by William J. Cooper, Jr., et al., Baton Rouge, 1985, pp.16-58)는 당파심의 경제적 근원에 관해서 논의한다. 국가적인 동원에 관해서는 Richard P. McCormick, *The Presidential Game*(New York, 1982)을, 새로운 민주적 가치에 관해서는 Michael Wallace, "Changing Concepts of Party in the United States: New York, 1815-1828"(*American Historical Review* 74, December, 1968, pp.453-491)을, 그리고 민주화의 한계에 관해서는 Harry L. Watson, *Jacksonian Politics and Community Conflict*(Baton Rouge, 1981)를 보라. Watson, *Liberty and Power*(New York, 1990)와 Holt, *The Political Crisis of the 1850s*(New York, 1978)는 전쟁 이전의 정당활동에 대한 탁월한 논의를 담고 있다. 두 편의 뛰어난 개론서인 Richard L. McCormick, *The Party Period and Public Policy*(New York, 1986)와 Joel H. Silbey, *The American Political Nation, 1838-1893*(Stanford, 1991)는 19세기 중심을 가로지르는 연속성을 강조한다. 19세기의 정당활동에 관한 다음의 면밀한 연구물들은 나름대로 쓸모가 있다. 가령, 투표자 동원에 관해서는 William N. Chambers and Philip C. Davis, "Party, Competition, and Mass Participation: The Case of the Democratizing Party System, 1824-1852"(*The History of American Electoral*

Behavior, ed. by Joel H. Silbey et al., Princeton, 1978, pp.174-197), 그리고 정보수집에 관해서는 Robert Marcus, *Grand Old Party*(New York, 1971)를 보라. Margaret Susan Thompson, *The "Spider Web"*(Ithaca, 1985)이 유용하긴 하지만, 도금시대의 로비활동의 중요성을 과장하는 경향이 있다. 지방, 주, 그리고 때로 지역에 따라 생겨난 충동이 국가정치를 형성하는 복잡한 방식은 William E. Gienapp이 각각의 주를 중심으로 연구한 *The Origins of the Republican Party, 1852-1856*(New York, 1987)에서 이민 배척주의의 역할에 관해 논의한 부분에서 잘 설명되어 있다. 아울러 Robert Kelley, *The Cultural Pattern in American Politics: The First Century* (New York, 1979)에서 논의된 소수민족의 역할과 C. Vann Woodward가 그의 명저 *Origins of the New South, 1877-1913*(Baton Rouge, 1951)에서 설명하는 경제세력의 역할을 참고하면 도움이 될 것이다.

독립당과 민주당의 차이를 최대한 강조하여 활용하는 일은 오랜 역사적 관습이다. 이와 관련하여 Wilfred E. Binkley, *American Political Parties*, 4th ed.(New York, 1962)와 Marvin Meyers, *The Jacksonian Persuasion* (Stanford, 1957)을 보라. 몇몇 정선된 뉴잉글랜드의 의견에 의거해 철저히 보수적인 독립당을 논의하는 최근의 연구로는 John Ashworth, '*Agrarians & Aristocrats*'(London, 1983)과 Daniel Walker Howe, *The Political Culture of the American Whigs*(Chicago, 1979), 그리고 Lawrence Frederick Kohl, *The Politics of Individualism*(New York, 1989) 등이 있다. William H. Pease and Jane H. Pease, *The Web of Progress*(New York, 1985)는 보스턴과 민주주의에 반대하는 또 다른 중심지인 찰스턴의 자본주의 양식을 대조하는 가운데 두 지역에서의 공적 생활의 양식을 비교한다. 사우스 캐롤라이나의 상황에 관해서는 Lacy K. Ford, "Republics and Democracy: The Parameters of Political Citizenship in Antebellum South Carolina"(*The Meaning of South Carolina History*, ed. by David R. Chesnutt and Clyde N. Wilson, Columbia, 1991, pp.121-145)를 참고하라.

19세기 민주주의의 일반적인 어휘에 관한 자료는 풍부하다. Kenneth Cmiel, *Democratic Eloquence*(New York, 1990)는 대중연설에서, M. J. Heale, *The Presidential Quest*(London, 1982)는 정치적 유세에서, David Grimsted,

"Melodrama as Echo of the Historically Voiceless"(*Anonymous Americans*, ed. by Tamara K. Hareven, Englewood Cliffs, 1971)는 도덕극에서 민주주의의 어휘를 찾는다. Gerald F. Linderman, *Embattled Courage*(New York, 19 87)는 백인이 전쟁에 부여했던 가치로 인해 북부인과 남부인이 통합되었다고 설명한다. David Donald, "An Excess of Democracy"(*Lincoln Reconsid- ered*, rev. ed., New York, 1961, pp.209-235)에서 무정부적 개인주의가 그와 유사한 역할을 했다고 주장한다.

Rowland Berthoff, "Conventional Mentality: Free Blacks, Women, and Business Corporations as Unequal Persons, 1820-1870"(*Journal of American History* 76, December 1989, pp.753-784)는 백인 우애주의의 수사학을 다룬다. 백인 우애주의의 다른 측면들에 관한 그밖의 연구로서 Mark C. Carnes, *Secret Ritual and Manhood in Victorian America*(New York, 1989)는 사회심리학적 견지에서 접근하고, Mary Ann Clawson, *Constructing Brotherhood*(Princeton, 1989)는 맑스주의적 관점에서 논의한다. 이러한 우애주의 세계에서의 정치적 정체성의 변화요인은 Ronald P. Formisano, "The Invention of the Ethnocultural Interpretation"(*American Historical Review* 99, April 1994, pp.453-477)에 잘 나타나 있으며, 이 책은 또한 후속 연구를 위한 유용한 지침을 제공하기도 한다.

많은 역사가들은 19세기의 민주적 주장과 폭력 사이의 모호성을 명확히 밝히려고 노력해 왔다. David Grimsted, "Rioting in Its Jacksonian Setting"(*American Historical Review* 77, April 1972, pp.361-397)는 그러한 주장과 폭력의 복합적인 기원을 강조한다. Michael Feldberg, *The Turbulent Era*(New York, 1980)는 이에 관한 일반적인 개요로서 읽힐 만하다. 그리고 Paul A. Gilje, *The Road to Mobocracy*(Chapel Hill, 1987)는 뉴욕 시에서 일어난 사건의 배경을 다룬다. Iver Bernstein, *The New York City Draft Riots*(New York, 1990)와 Michael Gordon, *The Orange Riots*(Ithaca, 1993)는 그러한 폭동에 의거한 민주적 충돌을 강조한 아주 우수한 연구서이다. Paul Johnson, "'Art' and the Language of Progress in Early Industrial Paterson: Sam Patch at Clinton Bridge"(*American Quarterly* 40, December 1988, pp.433-449)는 노동자들의 우애주의적 가치의 거친 일면

을 탐구한다. Susan G. Davis, *Parades and Power*(Philadelphia, 1986)는 노동자들이 시가행진을 비롯한 거리에서의 권리를 위해 투쟁하는 과정을 다룬다. Rowland Berthoff, *An Unsettled People*(New York, 1971)은 19세기 미국의 사회적 무질서를 광범위하게 조망한다.

제4장

육체의 신성함에 대한 19세기의 새로운 믿음에 관한 유용한 자료를 얻고자 한다면 Myra C. Glenn, *Campaigns against Corporal Punishment*(Albany, 1984)을 참고하라. James Turner는 *Reckoning with the Beast*(Baltimore, 1980)에서 고통과 관련한 가치의 변화를 검토한다. 이외에도 Ronald G. Walters, *American Reformers 1815-1860*(New York, 1978)와 특히 Thomas L. Haskell의 매우 환기적인 논문인 "Capitalism and the Origins of Humanitarian Sensibility"(pts.1 and 2, *American Historical Review* 90, April 1985, pp.339-361, June 1985, pp.547-566)를 추천할 만하다.

19세기 초의 임금노동의 모호한 부분에 관해서는 Jonathan Prude, *The Coming of the Industrial Order*(New York, 1983)와 Howard B. Rock, *Artisans of the New Republic*(New York, 1979)을 보라. Paul E. Johnson, *A Shopkeeper's Millennium*(New York, 1978)과 Sean Wilentz, *Chants Democratic* (New York, 1984)은 19세기 초 임금노동자들 사이에서 새롭게 생겨난 자율성과 자긍심의 요구를 상상력을 이용하여 자세히 서술한다. *The "Lower Sort"*(Ithaca, 1990)에서 Billy G. Smith는 18세기 후반 필라델피아에서의 장인의 황금시대에 관한 일반적인 관념을 무너뜨린다.

사회적 체면을 향한 백인 임금노동자의 욕망 속에는 독단적이고, 자유노동을 주장하며, 인종을 강하게 의식하는 정치적 입장이 포함되어 있었는데, 이 점은 Amy Bridges, *A City in the Republic*(Cambridge, Eng., 1984), Eric Foner의 선구적인 저서 *Free Soil, Free Labor, Free Men*(New York, 1970), 그리고 Alexander Saxton, *The Rise and Fall of the White Republic*(New York, 1990)에서 논의되고 있다. 도덕적 자기개선을 위한 임금노동자들의

노력에 관해서는 Bruce Laurie의 영향력 있는 저서 *Working People of Philadelphia, 1800-1850*(Philadelphia, 1980)와 David Montgomery의 뛰어난 논문 “The Shuttle and the Cross: Weavers and Artisans in the Kensington Riots of 1844“(*Journal of Social History* 5, Summer 1972, pp.411-446)가 대표적이다. Michael Cassity, *Defending a Way of Life*(Albany, 1989)와 Brian Greenberg, *Worker and Community*(Albany, 1985)는 중산층 공동체에 관해 잘 설명한다. 그리고 19세기의 사회적 체면에 관한 논의에서 끊임없는 주제인 노동시간 제한은 David R. Roediger and Philip S. Foner, *Our Own Time*(Westport, 1989)에서 다루어지고 있다. 자율성의 중요성과 숙련을 요하는 노동문화의 위험을 탐구하는 책들로는 Keith Dix, *What's a Coal Miner to Do?*(Pittsburgh, 1988), James H. Ducker, *Men of the Steel Rails*(Lincoln, 1983), Walter Licht, *Working for the Railroad*(Princeton, 1983), 그리고 James Whiteside, *Regulating Danger*(Lincoln, 1990)가 있다.

많은 임금노동자들이 처한 환경을 보다 엄격하게 접근한 서적들로는 Alan Dawley, *Class and Community*(Cambridge, 1976), Susan E. Hirsch, *Roots of the American Working Class*(Philadelphia, 1978), 그리고 내가 특별히 힘입은 Christopher L. Tomlins, *Law, Labor, and Ideology in the Early American Republic*(Cambridge, Eng., 1993) 등이 있다. 확실한 자료를 바탕으로 Robert A. Margo와 Georgia C. Villaflor는 “The Growth of Wages in Antebellum America: New Evidence”(*Journal of Economic History* 47, December 1987, pp.873-895)에서 실제적 임금이 거의 상승하지 않았다고 설명한다. 그러나 위의 두 저자들은 낙후된 업종에만 관심을 쏟기 때문에, 그들의 결론은 Peter H. Lindert와 Jeffrey G. Williamson이 “Three Centuries of American Inequality”(*Reseach in Economic History*, vol.1, ed. by Paul Uselding, Greenwich, 1976, pp.69-123)에서 숙련노동자의 수입에 대해 내렸던 가장 낙관적인 평가를 뒤집지는 못한다. *Without Consent or Contract*(New York, 1989)에서 Robert William Fogel은 1850년대 중반의 임금노동자들의 침체를 주장함으로써 Margo와 Villaflor의 논의를 보충하는데, 이러한 침체설은 당시의 시절이 오히려 좋았음을 나타내는 표준적인 지표인 10시간 노동운동의 즉각적인 성공과 도시노동자 정치의 진취성과는

일치되지 않는 가설에 불과하다. 보다 설득력 있는 연구로는 Richard B. Scott이 전쟁 전의 뉴욕시 노동계에 대해서 쓴 뛰어난 저서 *Workers in the Metropolis*(Ithaca, 1990)가 있다. 이 책은 숙련노동자들이 덜 숙련된 노동자들이 뒤쳐짐에 따라 이득을 보았다고 본 Lindert와 Williamson의 개괄적인 접근에 실질적인 내용을 부여한다.

19세기 역사의 어떤 측면에서건 미국 흑인의 역할은 노예의 경험으로부터 시작된다. 노예 경험의 의미에 관한 현대의 논의는 노예와 주인의 갈등을 강조하는 Kenneth M. Stampp, *The Peculiar Institution*(New York, 1956)과 노예가 자신들의 운명을 받아들인 것을 분석하는 Stanley Elkin, *Slavery*(Chicago, 1959)에서 비롯된다. 노예들이 그들의 삶을 형성하는 방식에 대한 논의는 노예의 저항을 논하는 John Blassingame, *Slave Community*(New York, 1972)와 노예제를 주인과 노예 간의 상호적인 과정으로 설명하는 Eugene D. Genovese, *Roll, Jordan, Roll*(New York, 1974)에서 계속적으로 나타난다. 노예의 물리적 조건에 관한 복잡한 질문을 소개하는 개론으로는 *Without Consent or Contract*에서 Fogel이 제시한 수정된 의견과 *Reckoning with Slavery*(New York, 1976)에서 그러한 수정에 박차를 가했던 Paul A. David 등의 예리한 비평을 같이 결합해서 참고하면 도움이 될 것이다. Bertram Wyatt-Brown, “The Mask of Obedience: Male Slave Psychology in the Old South”(*American Historical Review* 93, December 1988, pp.1228-1252)는 노예제 내부의 보다 민감한 갈등을 탐구한다. 그리고 Deborah Gray White, *Ar'n't I a Woman?*(New York, 1985)은 종종 무시되는 여성 노예의 삶에 초점을 맞춘다.

Carl N. Degler의 *Neither Black nor White*(New York, 1971)와 Orlando Patterson, *Slavery and Social Death*(Cambridge, 1982)는 미국 자유흑인의 가혹한 운명을 다루며, Ira Berlin, *Slaves without Masters*(New York, 1974)와 Benjamin Quarles, *Black Abolitionists*(New York, 1969)는 그러한 운명의 결과를 기술한다. 노예해방이 남북전쟁 직후의 흑인에게 의미하는 바가 무엇이었는지에 대해서 Eric Foner, *Reconstruction*(New York, 1988), Thomas Holt, *Black over White*(Urbana, 1977), 그리고 Leon F. Litwack, *Been in the Storm So Long*(New York, 1979)는 면밀하게 검토한다. 비록 노

예제로부터 자유로의 긴 여정이 불확실한 채로 남아 있긴 하지만, Orville Vernon Burton, *In My Father's House Are Many Mansions*(Chapel Hill, 1985), Barbara Jeanne Fields, *Slavery and Freedom on the Middle Ground* (New Haven, 1985), Robert Higgs, *Competition and Coercion*(New York, 1977), 그리고 James Oakes, *Slavery and Freedom*(New York, 1990) 등은 그 과정을 나름대로 조망한다는 점에서 중요하다고 하겠다.

노예제가 백인에게 끼친 영향은 매우 복잡해서 단정짓기가 어렵다. 그 가운데에서도 Ira Berlin and Herbert G. Gutman, "Natives and Immigrants, Free Men and Slaves: Urban Workingmen in the Antebellum American South"(*American Historical Review* 88, December 1983, pp.1175-1200)과 David R. Roediger, *The Wages of Whiteness*(London, 1991)는 백인 노동자를 다루고 있고, George M. Fredricson, *The Black Image in the White Mind*(New York, 1971), Winthrop D. Jordan, *White over Black*(Chapel Hill, 1968), 그리고 Bertram Wyatt-Brown, "Modernizing Southern Slav- ery: The Proslavery Argument Reinterpreted"(*Region, Race, and Reconstruc- tion* ed. by J. Morgan Kousser and James M. McPherson, New York, 1982, pp.27-50)는 인종주의적 사고에 관해 논의한다. 그리고 엘리트 계층의 의식구조를 논의하는 책들로, Elizabeth Fox Genovese, *Within the Plantation Household*(Chapel Hill, 1988)는 여성을, Edmund S. Morgan, *American Slavery American Freedom*(New York, 1975)는 남부 남성을, 그리고 Leonard L. Richards, *"Gentlemen of Property and Standing"*(New York, 1970)는 북부 남성을 각각 다루고 있다.

노예제도에 관한 그밖의 연구서들로 David Brion Davis, *The Problem of Slavery in the Age of Revolution, 1770-1823*(Ithaca, 1975)과 Ronald G. Walter, *The Antislavery Appeal*(Baltimore, 1976)은 노예제도를 심각한 도덕적 위기로 진단한다. William J. Cooper, Jr., *The South and the Politics of Slavery, 1828-1856*(Baton Rouge, 1978), William W. Freehling, *Prelude to Civil War*(New York, 1966), 그리고 Mark V. Tushnet, *The American Law of Slavery 1810-1860*(Princeton, 1981)은 각각 노예제도가 남부의 법과 정치를 어떻게 형성하였는가를 분석한다. Eugene H. Berwanger, *The Fron-*

tier against Slavery(Urbana, 1967), 그리고 특히 Leon F. Litwack, *North of Slavery*(Chicago, 1961)는 노예제도가 북부의 자유흑인에게 끼친 결과에 관해 설명한다. J. Mills Thornton Ⅲ, *Politics and Power in a Slave Society* (Baton Rouge, 1978)는 남부의 민주정책과 노예제도의 관계에 관한 뛰어난 연구서이다. Peter J. Parish, *Slavery*(New York, 1989)는 전반적인 개론서로서 설명이 잘 되어 있다.

Phyllis F. Field가 *The Politics of Race in New York*(Ithaca, 1982)에서 주장하는 것처럼 노예해방은 백인 남성들에게도 중대한 변화를 가져왔다. Harold M. Hyman and William M. Wiecek, *Equal Justice under Law*(New York, 1982)에서 이러한 변화 가운데 주의깊게 개정할 필요가 있는 것들에 관해서 법적인 용어를 이용해가며 논의하고 있고, Garry Wills, *Lincoln at Gettysburg*(New York, 1992)와 Robert J. Kaczorowski, "To Begin the Nation Anew: Congress, Citizenship, and Civil Rights after the Civil War" (*American Historical Review* 92, February 1987, pp.45-68)은 개념을 다시 정립해야 할 사항들에 대해서 주장을 펼친다. 그밖에 George C. Rable, *But There Was No Peace*(Athens, 1984)와 Allen W. Trelease, *White Terror*(New York, 1971)는 폭력에 의존했던 백인 남부 남성의 경향에 대해 설명한다.

미국 원주민의 주변화(marginalization)에 특별한 관심을 쏟은 책으로는 Robert F. Berkhofer, Jr., *Salvation and the Savage*(Lexington, 1965), Brian W. Dippie, *The Vanishing America*(Middletown, 1982), Roy Harvey Pearce, *Savagism and Civilization*(Baltimore, 1965), Richard White, *The Roots of Dependency*(Lincoln, 1983), 그리고 Reginald Horsman, *Race and Manifest Destiny*(Cambridge, 1981)를 참고하라.

19세기 미국의 백인 여성에 관한 이해는 성(gender)의 영역에 관한 이해로부터 출발하는데, 그것은 다시 다음의 세 연구로부터 시작된다고 할 수 있다. Nancy Cott, *The Bonds of Womanhood*(New Haven, 1977), Carroll Smith-Rosenberg, "The Female World of Love and Ritual: Relations between Women in Nineteenth-Century America"(*Signs* 1, 1975, pp.1-29), 그리고 Barbara Welter, "The Cult of True Womanhood"(*American Quarterly* 18, Summer 1966, pp.151-174)를 각각 참고하라. 이 주제에 관해서

보탬이 될 만한 다른 주요 연구로는 John Mack Faragher, *Women and Men on the Overland Trail*(New Haven, 1979), Annette Kolodny, *The Land before Her*(Chapel Hill, 1984), 그리고 Kathryn Kish Sklar, *Catharine Beecher*(New Haven, 1973)를 참고하라. 최근에 와서 성영역의 개념은 도전적으로 재해석되거나 복잡해져가고 있다. 예를 들어, Carl N. Degler, *At Odds*(New York, 1980), Linda K. Kerber, "Separate Spheres, Female Worlds, Woman's Place: The Rhetoric of Women's History"(*Journal of American History* 75, June 1988, pp.9-39), 그리고 Nancy Hewitt, "Beyond the Search for Sisterhood: American Women's History in the 1980s"(*Social History* 10, October 1985, pp.299-321) 등은 그러한 최근의 연구경향을 대변한다.

19세기에 대한 배경서로서 Linda Kerber, *Women of the Republic*(Chapel Hill, 1980)은 미국 독립혁명에 따른 개혁이 백인 여성의 삶에 끼친 영향은 거의 없었다고 설명한다. 이와 유사한 논의로 Catherine L. Albanese, "Whither the Sons(and Daughters)? Republican Nature and the Quest for the Ideal"(*The American Revolution*, ed. by Jack P. Greene, New York, 1987, pp.362-387)을 또한 참고하라. 반면 이와는 대조적으로 Barbara J. Berg, *The Remembered Gate*(New York, 1978), Barbara Leslie Epstein, *The Politics of Domesticity*(Middletown, 1981), Estelle B. Freedman, *Their Sisters' Keepers*(Ann Arbor, 1981), Nancy Hewitt의 명저 *Women's Activism and Social Change*(Ithaca, 1984), Mary P. Ryan, *Women in Public*(Baltimore, 1990), 그리고 Carroll Smith-Rosenberg, *Religion and the Rise of the City* (Ithaca, 1971) 등의 연구는 여성의 공적 활동이 19세기에 들어서 눈에 두드러지게 확장되었다고 주장한다. 다른 견지에서 접근하는 Ann Douglas, *The Feminization of American Culture*(New York, 1977)는 중산층 백인 여성의 영향력이 확장되었다고 논의한다. 그리고 Mary H. Blewett, *Men, Women, and Work*(Urbana, 1988)과 Christine Stansell, *City of Women*(New York, 1986)은 전과는 달리 자기주장이 강해진 여성 임금노동자들의 새 면모를 조명한다. 중산층 백인 여성의 정치로의 전환에 관한 기본적인 연구서로는 Ellen Carol DuBois, *Feminism and Suffrage*(Ithaca, 1978)이 있으며, 그밖에 Norma Basch, "Equity vs. Equality: Emerging Concepts of Women's

Political Status in the Age of Jackson"(*Journal of the Early Republic* 3, Fall 1983, pp.297-318), Beverly Beeton, *Women Vote in the West*(New York, 1986), 그리고 Steven M. Buechler, *The Transformation of the Women Suffrage Movement*(New Brunswick, 1986)를 또한 참고하라.

19세기 후반의 남성들이 이렇게 확장된 여성의 활동을 어떻게 제한했는지 여러 책에서 개괄적으로 논의되고 있다. 예를 들어, Norma Basch, *In the Eyes of the Law*(Ithaca, 1982), Amy Dru Stanley, "Conjugal Bonds and Wage Labor: Rights of Control in the Age of Emancipation"(*Journal of American History* 75, September 1988, pp.471-500), 그리고 Michael Grossberg, *Governing the Hearth*(Chapel Hill, 1985)는 법정의 보수성을 강조한다. 그리고 여성의 탄원에 관한 훌륭한 논의를 담고 있는 Lori D. Gins- berg, *Women and the Work of Benevolence*(New Haven, 1990)와 James C. Mohr, *Abortion in America*(New York, 1978)는 여성의 억압적인 상황을 보다 일반론적으로 다룬다. Ruth Bordin, *Woman and Temperance*(New Bruns- wick, 1990[1981])는 여성기독교금주연합(WCTU)이 19세기의 가장 인기 있는 여성운동을 창출하기 위해 당시의 보수적인 조류와 어떻게 결탁했는가를 조리 있게 주장한다. Ian Tyrrell, *Woman's World/Woman's Empire* (Chapel Hill, 1991)는 WCTU가 국외에 끼친 영향을 설명한다.

흑인 여성과 백인 여성의 상황을 비교한 가장 뛰어난 개론서로 William H. Chafe, *Women and Equality*(New York, 1977)이 있다. 이와 관련하여 Stephanie McCurry, "The Two Faces of Republicanism: Gender and Proslavery Politics in Antebellum South Carolina"(*Journal of American History* 78, March 1992, pp.1245-1264) 역시 도움이 될 것이다.

제5장

Michael Katz의 논문 "Social Class in North American History"(*Journal of Interdisciplinary History* 11, Spring 1981, pp.579-605)는 19세기 두 계급 체계에 대한 가장 탁월한 길잡이이다. 또한 Katz 외 공저 *The Social Orga-*

nization of Early Industrial Capitalism(Cambridge, 1982), 특히 제1장과 제9장을 보라. Lee Soltow의 두 저작 "Economic Inequality in the United States in the Period from 1790 to 1860"(*Journal of Economic History* 21, De- cember 1971, pp.822-839) 그리고 *Men and Wealth in the United States, 1850-1870*(New Haven, 1975)은 계급의 경제적 기반을 설명한다. 19세기에 재산소유가 계급을 결정하는 것은 아니었지만 계급이 거의 재산소유를 결정했다고는 말할 수 있다. 따라서 어느 정도 비율의 백인이 상당한 재산을 소유했는지에 관한 논쟁들은 각 계급에게 할당되는 몫과 직접적인 관련이 있다. 많은 가난하고 젊은 백인들이 결국은 부를 얻게 된다는 사실이 어떻게 그 평가들에 영향을 미치는가? 하류계급이 다수를 차지한다고 보는 Edward Pessen(*Jacksonian America,* rev. ed., Homewood, 1978)과 중산계급에 비중을 두는 Robert E. Gallman("Professor Pessen on the 'Egalitarian Myth,'" *Social Science History* 2, Winter 1978, pp.194-207)의 평가는 불일치를 보인다. 19세기 중반을 즈음하여 계급이 응집되는 과정에 대해서는 David A. Gerber, "Cutting Out Shylock: Elite Anti-Semitism and the Quest for Moral Order in the Mid-Nineteenth-Century American Market Place"(*Journal of American History* 69, December 1982, pp.615-637), Mary P. Ryan, *Cradle of the Middle Class*(Cambridge, Eng., 1981), 그리고 Sam Bass Warner, Jr., *The Private City*(Philadelphia, 1968) 등을 보라.

John Higham, *From Boundless to Consolidation*(Ann Arbor, 1969)는 이러한 19세기 중반 변화의 문화적 의미를 이해하기 위한 필독서이다. Dolores Greenberg의 논문 "Reassessing the Power Patterns of the Industrial Revolution: An Anglo-American Comparison"(*American Historical Review* 87, December 1982, pp.1237-1261)은 그 시기의 과학기술적 맥락을, Karen Halttunen, *Confidence Men and Painted Women*(New Haver, 1982)는 문화적 맥락을, Stephan Thernstrom, *Poverty and Progress*(Cambridge, 1964)는 사회적 맥락을 검토하고 있다. 19세기의 직업 현장에 관한 더 많은 정보를 얻기 위해서는 Clyde Griffen and Sally Griffen, *Natives and Newcomers*(Cambridge, 1978)을 보라. 하류계급 노동자들의 문화에 관해서는 Perry

R. Duis, *The Saloon*(Urbana, 1983), Elliott J. Gorn, "'Good-Bye Boys, I Die a True American': Homicide, Nativism, and Working-Class Culture in Antebellum New York City"(*Journal of American History* 74, September 1987, pp.388-410), 그리고 Peter Way, "Evil Humors and Ardent Spirits: The Rough Culture of Canal Construction Laborers"(ibid. 79, March, 1993, pp.1397-1428) 등을 보라. Milton Cantor ed., *American Workingclass Culture*(Westport, 1979)는 이러한 문제들에 대한 더 많은 정보를 갖고 있다.

화이트 칼라, 블루 칼라 노동자들 간의 경계를 긋는 사회적 계급들에 관한 개념화는 Stuart M. Blumin의 중요한 저작 *The Emergence of the Middle Class*(Cambridge, Eng., 1989), Jonathan A. Glickstein, *Concepts of Free Labor in Antebellum America*(New Haven, 1991), 그리고 Michael Katz, *The Irony of Early School Reform*(Cambridge, 1968)에서 다양한 방식으로 제시되고 있다. David Brody, "The Old Labor History and the New: In Search of an American Working Class"(*Labor History* 20, Winter 1979, pp.111-126)은 다양한 해석적인 문제들을 논하고 있다.

19세기 후반 미국의 농촌에서 일어난 계급 위기에 대한 연구들은 C. Vann Woodward의 탁월한 저작인 *Origins of the New South, 1877-1913* (Baton Rouge, 1951)로부터 시작된다. Lawrence Goodwyn의 도식적인 저작 *Democratic Promise*(New York, 1976)은 농민저항의 붕괴에 대해 특히 비관적인 견해를 제시하고 있다. 농촌 지역의 불만의 근원과 표출에 대한 다른 저작들은 Peter H. Argersinger, *Populism and Politics*(Lexington, 1974), Dwight B. Billings, Jr., *Planters and the Making of a "New South"* (Chapel Hill, 1979), Lacy K. Ford, "Rednecks and Merchants: Economic Development and Social Tensions in the South Carolina Upcountry, 1865-1900"(*Journal of American History* 71, September 1984, pp.294-318), Steven Hahn, *The Roots of Southern Populism*(New York, 1983), Bruce Palmer, *"Men over Money"*(Chapel Hill, 1980), Norman Pollack, *The Just Polity* (Urbana, 1987) 등이 있다. 민중주의에 대한 보다 회의적인 시각은 Barton C. Shaw, *The Wool-Hat Boys*(Baton Rouge, 1984)에서 찾아볼 수 있다.

1880년대 임금노동자들에게서 일어난 계급위기의 배경에 대한 유의미한 설명은 James Livingston이 "The Social Analysis of Economic History and Theory: Conjectures on Late Nineteenth-Century American Development"(*American Historical Review* 92, February, 1987, pp.69-95)에서 제시한 생산성 쇠퇴에 관한 분석과 David Montgomery가 *The Fall of the House of Labor*(Cambridge, Eng., 1987)에서 제시한 변화하는 과학기술과 작업에 대한 상세한 분석에서 발견된다. Bryan D. Palmer, *A Culture in Conflict* (Montreal, 1979)는 숙련노동자들 사이의 투쟁에 대한 북미의 시각을 제공한다. 19세기 후반 노동자 단결의 국면에 대해서는 David Bensman, *The Practice of Solidarity*(Urbana, 1985), Leon Fink, *Workingmen's Democracy* (Urbana, 1983), Richard Jules Oestreicher, *Solidarity and Fragmentation* (Urbana, 1986), Steven J. Ross, *Workers on the Edge*(New York, 1985) 등을 참고하라. 이러한 연구들—John T. Cumbler, *Working-Class Community in Industrial America*(Westport, 1979), Stanley Nadel, *Little Germany*(Urbana, 1990), Daniel J. Walkowitz, *Worker City, Company Town*(Urbana, 1978) 등을 포함하는—은 또한 노동자들의 정체성이 인종적, 지역적, 당파적 소속감과 혼합되는 유동적 방식들을 드러낸다. Susan Levine, "Labor's True Woman: Domesticity and Equal Rights in the Knights of Labor"(*Journal of American History* 70, September, 1983, pp.323-339)는 존경의 욕구에 관한 유용한 정보를 더불어 제공한다.

남부 하류계급의 몰락은 특히 잘 기록되어 왔다. David L. Carlton, *Mill and Town in South Carolina, 1880-1920*(Baton Rouge, 1982)는 백인 하류계급의 몰락과정을 서술하고 있으며, Jacqueline Jones, *The Dispossessed*(New York, 1992), Gavin Wright, *Old South, New South*(New York, 1986) 등은 백인과 흑인의 운명이 어떻게 얽혀 있는지를 설명한다. 백인 노동자의 경제적 불이익을 의미하는 1920년대 흑백 인종에 따른 분업체계의 붕괴는 Eric Arnesen, *Waterfront Workers of New Orleans*(New York, 1991), Daniel Rosenberg, *New Orleans Dock-workers*(Albany, 1988) 등에서 분석되고 있다. William Cohen, "Negro Involuntary Servitude in the South, 1865-1940: A Preliminary Analysis"(*Journal of Southern History* 42, February, 1976, pp.31-

60)와 Pete Daniel, *The Shadow of Slavery*(Urbana, 1972)는 재산이 거의 없는 날품팔이 노동자들의 냉혹한 운명을 상세히 설명한다. 또한 이 문제에 관해서는 Amy Dru Stanley, "Beggars Can't Be Choosers: Compulsion and Contract in Postbellum America"(*Journal of American History* 78, March 1992, pp.1265-1293)을 참고하라.

다음의 주목할 만한 세 연구들은 남부 백인 중산층이 흑인들을 소외시키는 데 성공한 것에 대해 서술하고 있다: J. Morgan Kousser, *The Shaping of Southern Politics*(New Haven, 1974), Joel Williamson, *The Crucible of Race*(New York, 1984), C. Vann Woodward, *The Strange Career of Jim Crow* (New York, 1955). Charles L. Flynn, Jr., *White Land, Black Labor*(Baton Rouge, 1983)은 그 문제를 보다 심도 있게 다루었다. Paul Boyer의 중요한 저작 *Urban Masses and Moral Order In America, 1820-1920*(Cambridge, 1978), John Higham의 중요 저작 *Strangers in the Land*(New Brunswick, 1955), Donald K. Pickens, *Eugenics and the Progressives*(Nashville, 1968) 등이 설명하듯이 북부 백인 중간계급은 훨씬 더 다양한 구성의 하류계급과 자신들을 차별화하였다. Kathleen Mo Blee, *Women of the Klan*(Berkeley, 1991), Robert Alan Goldberg, *Hooded Empire*(Urbana, 1981), Kenneth T. Jackson, *The Ku Klux Klan In the City, 1915-1930*(New York, 1967), Nancy Maclean, *Behind the Mask Of Chivalry*(New York, 1994) 등은 Ku Klux Klan의 역할에 대한 상이한 해석들을 제시한다. Alexander Keyssar, *Out of Work*(Cambridge, Eng., 1986), Peter R. Shergold, *Working-Class Life* (Pittsburgh, 1982)는 임금노동자들 사이에 나타난 인종갈등의 결과에 대한 기본적인 정보를 제공한다. Melvyn Dubofsky, *We Shall Be All*(Chicago, 1969)와 Allan Kent Powell, *The Next Time We Strike*(Logan, 1985)는 고립된 노동자들, 특히 광산 노동자들의 취약성을 보여준다.

하류계급의 침체과정이 북부 도시지역의 흑인들에게 미친 영향에 대해서는 James R, Gorssman, *Land of Hope*(Chicago, 1989), Thomas Lee Philpott, *The Slum and the Ghetto*(New York, 1978), Joe William Trotter, Jr., *Black Milwaukee*(Urbana, 1985)에서 자세히 설명되고 있다. 그 배경에 대해서는 Roger Lane의 추론에 근거한 저서 *Roots of Violence*(Cambridge,

1986)을 참고하라. Cletus E. Daniel가 *Bitter Harvest*(Ithaca, 1981)에서 아시아계 미국인들의 경우에 대해, 그리고 Frederick E. Hoxie가 *A Final Promise*(Sincoln, 1984)에서 아메리카 원주민의 경우에 대해 설명하고 있듯이, 서부의 소수유색인종들도 거의 마찬가지로 열악한 생활을 영위하였다.

하류계급의 파편화와 분열에 관해서는 John J. Bukowczyk, *And My Children Did Not Know Me*(Bloomington, 1987), Sarah Deutsch, *No Separate Refuge*(New York, 1987), Herbert G. Gutman, *Power and Culture*, ed. by Ira Berlin(New York, 1987), 같은 저자의 *Work, Culture, and Society in Industrializing America*(New York, 1975), David M. Katzman, *Seven Days a Week*(New Yord, 1978), Ewa Morawska, *For Bread with Butter*(Cambridge, Eng., 1985), Olivier Zunz, *The Changing Face of Inequality*(Chicago, 1982) 등을 보라.

특히 노동귀족에 대한 유용한 설명들은 Andrew Dawson, "The Paradox of Dynamic Technological Change and the Labor Aristocracy in the United States, 1880-1914"(*Labor History* 20, Summer 1979, pp.325-351), Helena Flam, "Democracy in Debt: Credit and Politics in Paterson, N. J., 1890-1930"(*Journal of Social History* 18, Spring 1985, pp.439-455), Gwendolyn Mink, *Old Labor and New Immigrants in American Political Development* (Ithaca, 1986), Benson Soffer, "A Theory of Trade Union Development: The Role of the 'Autonomous' Workman"(*Labor History* 1, Spring 1960, pp.141-163) 등에 잘 제시되어 있다. 다른 주제들을 다루고 있기는 하지만 숙련노동자의 포섭분리 과정을 조명한 저작들에는 Patricia Cooper, *Once a Cigar Maker*(Urbana, 1987), Michael Kazin, *Barons of Labor*(Urbana, 1987), David Montgomery, *Workers' Control in America*(Cambridge, Eng., 1979), Mark J. Stern, *Society and Family Strategy*(Albany, 1987) 등이 있다. 숙련노동자들을 유혹하는 기업 프로그램에 관해서는 Stuart Brandes, *American Welfare Capitalism, 1880-1940*(Chicago, 1976), David Brody, "The Rise and Decline of Welfare Capitalism"(in Brody, *Workers in Indus- trial America*, New York, 1981, pp.48-81), Gerald Zahavi, *Workers, Managers, and Welfare Capitalism*(Urbana, 1988) 등을 참고하라. 20세기 초반의 숙련 노동에 대한 잘못된 설명에는 David M. Gordon, Richard Edwards, Michael Reich의 영향력 있는 저서인 *Segmented Work, Divided Workers* (Cambridge, Eng., 1982)가 있다. Victoria C. Hattam, *Labor Visions and State Power*(Princeton, 1993)은 공적 문제들에서의 노동조합의 취약성을 강조한다.

사회당의 탄생과 몰락에 관해서는 Eric Foner, "Why Is There No Socialism in the United States?"(*History Workshop Journal* 17, Spring 1984, pp.57-80), Nick Salvatore, *Eugene V. Debs*(New York, 1967), James Weinstein, *The Decline of Socialism in America, 1912-1925*(New York, 1967) 등을 참조하라. 사회주의와 노동계급의 다른 측면들은 John H. M. Laslett, *Labor and the Left*(New York, 1970), Sally M. Miller, *Victor Berger and the Promise of Constructive Socialism,* 1910-1920(Westport, 1973), Michael Nash, *Conflict and Accommodation*(Westport, 1982) 등에서 논의되고 있다. 또한 Elliott Shore, *Talkin' Socialism*(Lawrence, 1988)도 보라.

이민의 열망과 공동체적 지원라는 어려운 주제는 James R. Barrett, "Amercanization from the Botton Up: Immigration and the Remaking of the Working Class in the United States, 1880-1930"(*Journal of American History* 79, December 1992, pp.996-1020), James R. Barret, *Work and Community in the Jungle*(Urbana, 1987), Harold Benanson, "The Community and Family Bases of U.S. Working Class Protest, 1880-1920: A Critique of the 'Skill Degradation' and 'Ecological' Perspectives"(*Research in Social Movements, Conflicts and Change,* vol.8, ed. by Louis Kriesberg, Greenwich, 1985, pp.109-132), John Bodnar, *The Transplanted*(Bloomington, 1985), John J. Bucowczyk, "The Transformation of Working-Class Ethnicity: Corporate Control, Americanization, and the Polish Immigrant Middle-Class in Bayonne, New Jersey, 1915-1925"(*Labor History* 25, Winter 1984, pp.53-82), Susan Anita Glenn, *Daughters of the Shtetl*(Ithaca, 1990), Virginia Yans-McLaughlin, "A Flexible Tradition: South Italian Immigrants Confront a New York Experience"(*Journal of Social History* 7, Summer 1974, pp.429-

445) 등에 분석되어 있다.

임금노동자와 계급에 대한 비교적인 시각에 있어서는 James E. Cronin and Carmen Sirianni eds., *Work, Community, and Power*(Philadelphia, 1983), John Foster, *Class Struggle and the Industrial Revolution*(London, 1974), Dieter Groh, "Intensification of Work and Industrial Conflict in Germany, 1896-1914"(*Politics and Society* 8, 1978, pp.349-397), Seppo Hentilä, "The Origins of the *Folkhem* Ideology in Swedish Social Democracy"(*Scandanavian Journal of History* 3, 1978, pp.323-345), Gareth Stedman Jones, *Languages of Class*(Cambridge, Eng., 1983), 같은 저자의 *Outcast London*(Oxford, 1971), Stephen Wood ed., *The Degradation of Work?*(London, 1982) 등을 참조하라. Vernon L. Lidtke, *The Alternative Culture*(New York, 1985)와 Standish Meacham, *A Life Apart*(Cambridge, 1977) 등은 문화와 계급을 다룬다. Jean H. Quataert, "The Shaping of Women's Work in Manufacturing: Guilds, Households, and the State in Central Europe, 1648-1870"(*American Historical Review* 90, December 1985, pp.1122-1148)은 19세기 여성차별 문화에 대해 가장 잘 다루고 있는 논문이다.

제1차 세계대전 이전의 영국 노동귀족에 대해 매우 풍부한 내용을 담고 있는 저작들로는 Robert Q. Gray, *The Labour Aristocracy in Victorian Edinburgh*(Oxford, 1976), Royden Harrison and Jonathan Zeitlin eds., *Divisions of Labour*(Sussex, 1985), E. J. Hobsbawm, *Labouring Men*(London, 1964), 같은 저자의 *Workers*(New York, 1984), Henry Pelling, "The Concept of the Labour Aristocracy"(in Pelling, *Popular Politics and Society in Late Victorian Britain,* 2nd ed., London, 1979, pp.37-61), Roger Penn, *Skilled Workers in the Class Structure*(Cambridge, Eng., 1985), Alastair Reid, "Intelligent Artisan and Aristocrats of Labour: The Essays of Thomas Wright"(*The Working Class in Modern British History,* ed. by Jay Winter, Cambridge, Eng., 1983, pp.171-186) 등이 있다.

제6장

Anthony Giddens, *The Class Structure of the Advanced Societies*(London, 1973)는 특히 적실한 분석이다. Arthur Marwick, *Class*(New York, 1980), R. S. Neale, *Class and Ideology in the Nineteenth Century*(London, 1972), Raymond Williams, *Culture and Society 1780-1950*(New York, 1958) 등 또한 유용하다. 계급 개념에 대한 혼돈의 예를 찾으려면 Lenore O'Boyle, "The Middle Class in Europe, 1815-1848"(*American Historical Review* 71, April 1966, pp.826-845), Edward Shorter, "Middle-Class Anxiety in the German Revolution of 1848"(*Journal of Social History* 2, Spring 1969, pp.189-215), Peter N. Stearns, "The Middle Class: Toward a Precise Definition"(*Comparative Studies in Society and History* 21, July 1979, pp.377-396) 등을 참조하라.

실패한 금권정치에 대한 정보가 체계적으로 제공되고 있지는 않지만 Frederic Cople Jaher, "Styles and Status: High Society in Late Nineteenth-Century New York"(*The Rich, the Well Born, and the Powerful,* ed. by Jaher, Urbana, 1973, pp.258-284), John F. Kasson, *Rudeness and Civility*(New York, 1990), Joseph F. Risher, *Founding Families of Pittsburgh*(Pittsburgh, 1990) 등의 자료는 유용하다.

Middle-Class Providence 1820-1940(Princeton, 1986)에서 John S. Gilkeson 2세는 미국에서 존경의 대상이 되는 계급에 대하여 상술한다. Mansel G. Blackford, *A Portrait Cast in Steel*(Westport, 1982), Robert B. Davies, "'Peacefully Working to Conquer the World': The Singer Sewing Machine Company in Foreign Markets"(*Business History Review* 43, Autumn 1969, pp.299-325), Philip Scranton, *Proprietary Capitalism*(Cambridge, Eng., 1983) 등은 전통적인 중간계급의 사업관행을 논의한다. 다른 곳에서의 공동체적 가치관에 관해서는 Herbert J. Gans, *The Levittowners*(New York, 1967), Ted Ownby, *Subduing Satan*(Chapel Hill, 1990), Robert A. Slayton, *Back of the Yards*(Chicago, 1986) 등을 참조하라. 두 환경 속의 지방정치가들에 관해서는 Numan V. Bartley, *The Creation of Modern Georgia*(Athens, 1983),

Philip R. VanderMeer, *The Hoosier Politician*(Urbana, 1985) 등을 보라. 지방의 중간계급 정치에 대한 더 많은 논의는 John D. Buenker, *Urban Liberalism and Progressive Reform*(New York, 1973), David Burner, *The Politics of Provincialism*(New York, 1968), Henry C. Ferrell, Jr., *Claude A. Swanson of Virginia*(Lexington, 1985), Dewey W. Grantham, *Southern Progressivism* (Knoxville, 1983), William A. Link, *The Paradox of Southern Progressivism, 1880-1930*(Chapel Hill, 1992), David Thelen, *Paths of Resistance*(New York, 1986) 등에서 발견된다. 점차 형성되고 있는 계급구도에서 화이트칼라 여성들이 차지하는 지위는 특별히 조심스럽게 다루어져 왔으며, Susan Porter Benson, *Counter Cultures*(Urbana, 1986), Margery W, Davies, *Woman's Place Is at the Typewriter*(Philadelphea, 1982), Ileen A. DeVault, *Sons and Daughters of Labor*(Ithaca, 1990), Lisa Fine, *The Souls of the Skyscraper* (Princeton, 1984) 등의 연구가 있다. Lynn Dumenil, *Freemasonry and American Culture 1880-1930*(Princeton, 1984)은 지방중간계급에 인기가 있던 결사체인 프리메이슨을 다루고 있다.

국가계급과 지방중간계급의 가치관이 충돌하는 많은 지점들 중에서 Sydney E. Ahlstrom, *A Religious History of the American People,* vol.2(New Haven, 1972), George M. Marsden, *Fundamentalism and American Culture* (New York, 1980), Ferenc M. Szasz, *The Divided Mind of Protestant America, 1880-1930*(University, 1982) 등은 프로테스탄티즘에서의 종교적 갈등을 다룬다. JoAnne Browm, *The Definition of a Profession*(Princeton, 1992), Marjorie Murphy, *Blackboard Unions*(Ithaca, 1990), David Tyack and Elisabeth Hansot, *Managers of Virtue*(New York, 1982) 등은 교육에서의 전문가주의적 영향력에 대해 논의한다. 도시의 전문직업인과 농촌지역민 사이의 거리는 William L. Bowers, *The Country Life Movement in America, 1900-1920*(Port Washington, 1974), John Milton Cooper, Jr., *Walter Hines Page*(Chapel Hill, 1997), John Ettling, *The Germ of Lazineses*(Cambridge, 1981) 등에서 다루어진다. 어떻게 새로운 도시거주민들이 그런 오래된 가치관을 유지하면서 도시 근교로 옮겨가게 되었는지에 대해서는 Peter J. Schmitt, *Back to Nature*(New York, 1969)에 기술되어 있다. 도시 생활의

새로운 양식이 지방중간계급의 영향력을 어떻게 약화시켰는가는 Francis G. Couvares, *The Remaking of Pittsburgh*(Albany, 1984), John F. Kasson, *Amusing the Million*(New York, 1978), Kathy Peiss, *Cheap Amusements* (Philadelphia, 1986), Roy Rosenzweig, *Eight Hours for What We Will*(Cambridge, Eng., 1983) 등에 설명되어 있다.

James May, "Antitrust Practice and Procedure in the Formative Era: The Constitutional and Conceptual Reach of State Antitrust Law, 1880-1918"(*University of Pennsylvania Law Review* 135, March 1987, pp.496-593), Walter F. Pratt, Jr., "American Contract Law at the Turn of the Century" (*South Carolina Law Review* 39(Winter 1988, pp.415-464), Melvin I. Urofsky, "State Courts and Protective Legislation during the Progressive Era: A Reevaluation"(*Journal of American History* 72, June 1985, pp.63-91) 등은 계급갈등의 상황 속에서 법이 수정·개조되는 과정을 서술한다. 그 배경에 대해서는 Thomas L. Haskell, *The Emergence of Professional Social Science*(Urbana, 1977), Harry N. Scheiber, "Federalism and the American Economic Order, 1789-1910"(*Law and Society Review* 10, Fall 1975, pp.57-118), Carole Shammas, "A New Look at Long-Term Trends in Wealth Inequality in the United States"(*American Historical Review* 98, April 1993, pp.421-431), Stephen Skowronek, *Building a New American Historical State*(Cambridge, Eng., 1982) 등을 보라. 대안적인 맥락에 관해서는 Gabriel Kolko, *The Triumph of Conservatism*(Glencoe, 1963)과 Nell Irwin Painter, *Standing at Armageddon*(New York, 1987)를 참조하라.

지방중간계급의 시정(市政)에 대한 관심에 대해서는 매우 많은 연구들이 있다. 배경적 연구로는 Eric H. Monkkonen, *America Becomes Urban* (Berkeley, 1989), Jon C. Teaford, *The Unheralded Triumph*(Baltimore, 1984) 등을 참조하라. Samuel P. Hays, "The Changing Political Structure of the City in Industrial America"(*Journal of Urban History* 1, November 1974, pp. 6-38), Martin J. Schiesl, *The Politics of Efficiency*(Berkeley, 1977) 등은 진보적인 개혁의 조류들을 설명한다. 지방중간계급의 승리에 관해서는 Blaine A. Brownell, *The Urban Ethos in the South, 1920-1930*(Knoxville, 1977),

Harold L. Platt, *City Building in the New South*(Philadelphia, 1983), Bradley R. Rice, *Progressive Cities*(Austin, 1977) 등을 참조하라.

Catt, Gompers, Washington에 대한 다양한 관점들에 대해서는 Robert Booth Fowler, *Carrie Catt*(Boston, 1986), Louis R. Harlan, *Booker T. Washington: The Wizard of Tuskegee 1901-1915*(New York, 1983), Stuart Kaufman, *Samuel Gompers and the Origins of the American Federation of Labor, 1848-1896*(Westport, 1973), Bernard Mandell, *Samuel Gompers*(Yellow Springs, 1963), Mary Gray Peck, *Carrie Chapman Catt*(New York, 1944), Bruno Ramirez, *When Workers Fight*(Westport, 1978) 등을 보라.

Alan Trachtenberg, *The Incorporation of America*(New York, 1982)는 위계체계 출현의 배경에 대한 설명을 제공한다. 경제영역에서의 위계조직들의 원형들에 대해서는 Alfred D. Chandler, Jr., *The Visible Hand*(Cambridge, 1977), Dan Clawson, *Bureaucracy and the Labor Process*(New York, 1980), Daniel Nelson, *Managers and Workers*(Madison, 1975), David F. Noble, *America by Design*(New York, 1977), JoAnne Yates, *Control through Communication*(Baltimore, 1989) 등에서 다루어진다. Daniel T. Rodgers, *The Work Ethic in Industrial America, 1850-1920*(Chicago, 1978)은 노동윤리의 차원에서의 함의를 검토하고, James Gilbert, *Designing the Industrial State*(Chicago, 1972)는 집산주의 이론 차원에서의 함의들을 논의한다. 여성 임금노동자들에 대한 영향들에 대해서는 Alice Kessler-Harris, *Out to Work*(New York, 1982), Leslie Woodcock Tentler, *Wage-Earning Women* (New York, 1979) 등을 참조하라. 화이트칼라 남성들의 적응에 대해서는 Edwin Gabler, *The American Telegrapher*(New Brunswick, 1988), Jürgen Kocka, *White Collar Workers in America, 1890-1940,* trans. by Maura Kealey(London, 1980), Olivier Zunz, *Making America Corporate, 1870-1920* (Chicago, 1990) 등을 참조하라. Howard P. Chudacoff, *How Old Are You?* (Princeton Haven, 1987), Michael H. Hunt, *Ideology and U.S. Foreign Policy* (New Haven, 1987), James H. Madison, "Reformers and the Rural Church, 1900-1950"(*Journal of American History* 73, December 1986, pp.645-668) 등을 통해 20세기 초에 위계적 관념들이 얼마나 일반적으로 펴져 있었는

가를 알 수 있다.

위계적 가치관과 기업세계에 뿌리깊이 자리잡은 경직성은 Sanford M. Jacoby의 탁월한 논문인 "American Exceptionalism Revisited: The Importance of Management"(*Masters to Managers,* ed. by Jacoby, New York, 1991, pp.173-200)의 주제이다. Steve Jefferys, *Management and Managed* (Cambridge, Eng., 1986), David F. Noble, *Forces of Production*(Chapel Hill, 1984), Stephen P. Waring, *Taylorism Transformed*(Chapel Hill, 1991), William Bruce Wheeler and Michael J. McDonald, *TVA and the Tellico Dam, 1936-1979*(Knoxville, 1986) 등 또한 유용하다. Michael J. Piore and Charles F. Sabel, *The Second Industrial Divide*(New York, 1984)와 Emma Rothschild, *Paradise Lost*(New York, 1973) 등은 현대 미국의 상황을 이해하는 데 중요하다.

제7장

미국 역사에서 1890년대를 하나의 단층선으로 보는 다소 흥미로운 저서들로는 Walter Dean Burnham, *Critical Elections and the Mainsprings of American Politics*(New York, 1970), John Higham, "The Reorientation of American Culture in the 1890s"(in Higham, *Writing American History*, Bloomingston, 1970, pp.73-102), Richard Hofstadter, "Cuba, the Philippines, and Manifest Destiny"(*The Paranoid Style in American Politics and Other Essays*, New York, 1964, pp.145-187), David P. Thelen, "Social Tensions and the Origins of Progressivism"(*Journal of American History* 56, September 1969, pp.323-341), C. Vann Woodward, *Tom Watson*(New York, 1938), 그리고 Larzer Ziff, *The American 1890s*(New York, 1966) 등이 있다.

정치적 관행의 변화를 가장 완벽히 설명한 책은 Michael E. McGerr, *The Decline of Popular Politics*(New York, 1986)이다. John F. Reynolds, *Testing Democracy*(Chapel Hill, 1988)은 훌륭한 보완서이다. Richard J.

Jensen, *Grass Roots Politics*(Westport, 1983)의 서문은 그 당시 미국 정치의 이해에 도움이 된다. 거대한 변화의 양상들에 대한 논의는 John Buenker, "Sovereign Individuals and Organic Networks: Political Cultures in Conflict during the Progressive Era"(*American Quarterly* 40, June 1988, pp.187-204), Michael H. Frisch, "Urban Theorists, Urban Reform, and American Political Culture in the Progressive Period"(*Political Science Quarterly 97,* Summer 1982, pp.294-315), John F. Reynolds & Richard L. McCormick, "Outlawing Treachery: Split Tickets and Ballot Laws in New York and New Jersey"(*Journal of American History 72,* March 1986, pp.835-858), 그리고 Lloyd Sponholtz, "The Initiative and Referendum: Direct Democracy in Perspective, 1898-1920"(*American Studies* 14, Fall 1973, pp.43-64) 등을 보라. Paul Kleppner, *Who Voted?*(New York, 1982)는 중요한 정보를 제공한다.

James T. Kloppenberg의 탁월한 저서 *Uncertain Victory*(New York, 1986)는 대서양 너머의 무대에서 일어난 사회사상의 변화를 서술하고 있다. Daniel Levine, *Poverty and Society*(New Brunswick, 1988)는 구체적인 복지 문제를 논의한다. 그리고 Mary O. Furner & Barry Supple eds., *The State and Economic Knowledge*(Cambridge, Eng., 1990)는 새로운 직업의식에 관한 분석을 제시한다. Robert B. Westbrook, *John Dewey and American Democracy*(Ithaca, 1991)는 미국의 진보적 가치들에 관한 분석의 기초를 제공한다. 그리고 John Thompson, *Reformers and War*(Cambridge, Eng., 1987)는 전쟁과 평화라는 갈등 속에서 나타나는 변화하는 진보적 인식들을 세심하게 설명하고 있다. Wilbur Zelinsky, *Nation into State*(Chapel Hill, 1989)는 20세기 초의 새로운 민족주의를 이해하는 데 유용한 틀을 제공한다. 이와 관련된 문제들은 Thomas J. Archdeacon, *Becoming American*(New York, 1983), 그리고 William Preston, Jr., *Aliens and Dissenters*(Cambridge, 1963) 등에서 다루어진다. 전쟁 그 자체에 대해서는 David M. Kennedy, *Over Here*(New York, 1980)가 훌륭한 연구이다.

Robyn Muncy, *Creating a Female Dominion in American Reform, 1890-1935*(New York, 1991)는 진보적 여성들의 공적 영향력의 부침에 대해 탁

월한 설명을 제시한다. 그러한 진보적인 전통에 관한 부가적인 내용은 Linda Gordon, "Social Insurance and Public Assistance: The Influence of Gender in Welfare Thought in the United States, 1890-1935"(*American Historical Review* 97, February 1992, pp.19-54), Jacquelyn Dowd Hall, *Revolt against Chivalry*(New York, 1979), Michael McGerr, "Political Style and Women's Power, 1830-1930"(*Journal of American History* 77, December 1990, pp.864-885), 그리고 Sheila M. Rothman, *Woman's Proper Place*(New York, 1978) 등에 실려 있다. Theda Skocpol, *Protecting Soldiers and Mothers* (Cambridge, 1992)는 20세기 초 65세 이상의 북부지역 백인 남자인구의 적지 않은 부분이 정당이 추진한 구식의 분배체계를 통해 군인연금을 받았다는 사실을 입증하고는 있지만, 출산 여성들에 대한 새로운 방식의 관료를 통한 지원의 중요성을 과장되게 평가한다.

선거권 개정의 배경으로서의 진보적 여성운동 전통의 역할과 비중의 문제는 Paula Baker, "The Domestication of Politics: Women and Ameri- can Political Society, 1780-1920"(*American Historical Review* 89, June 1984, pp.620-647), Ellen Carol Dubois, "Harriot Stanton Blatch and the Transformation of Class Relations among Woman Suffragists"(in *Gender, Class, Race, and Reform in the Progressive Era,* ed. by Noralee Frankel & Nancy S. Dye, Lexington, 1991, pp.162-179), 그리고 Richard J. Evans, *The Feminists*(New York, 1977) 등에서 다루어진다. 전쟁이 중산층 여성들의 지위에 끼친 영향에 대해서는 William J. Breen, *Uncle Sam at Home* (Westport, 1984), Ross Evans Paulson, *Women's Suffrage and Prohibition* (Glenview, 1973), 그리고 Barbara J. Steinson, *American Women's Activism in World War I*(New York, 1982) 등을 참조하라.

이러한 이슈들에 관한 국제적 분석시각들에 대해서는 Peter Clarke, *Liberals and Social Democrats*(Cambridge, Eng., 1978), Steven C. Hause with Anne R. Kenney, *Women's Suffrage and Social Politics in the French Third Republic*(Princeton, 1984), Sandra Stanley Holton, *Feminism and Democracy* (Cambridge, Eng., 1986), Susan Kingsley, *Sex and Suffrage in Britain, 1860-1914*(Princeton, 1987), 그리고 Sonya Michel and Seth Koven, "Womanly

Duties: Maternalist Politics and the Origins of Welfare States in France, Germany, Great Britain, and the United States, 1880-1920"(*American Historical Review* 95(October 1990), pp.1076-1108 등을 참조하라.

미국 정치에 대한 여성 투표의 효과를 확인하는 것의 어려움은 Sara Alpern & Dale Baum, "Female Ballots: The Impact of the Nineteenth Amendment"(*Journal of Interdisciplinary History* 26, Summer 1985, pp.43-67, 그리고 Paul Kleppner, "Were Women to Blame? Female Suffrage and Voter Turnout"(*Journal of Interdisciplinary History* 12, Spring 1982, pp.621-643) 등에서 드러난다. 1920년 이후로 여성의 영향력이 감소해가는 다양한 방식들에 대해서는 Paula Baker, *The Moral Frameworks of Public Life* (New York, 1991), Felice D. Gordon, *After Winning*(New Brunswick, 1985), William L. O'Neill, *Everyone Was Brave*(Chicago, 1969), 그리고 Judith Sealander, *As Minority Becomes Majority*(Westport, 1983) 등을 참조하라. Sybil Lipschultz, "Social Feminism and Legal Discourse, 1908-1923" (*Yale Journal of Law and Feminism* 2, Fall 1989, pp.131-160), 그리고 Joan G. Zimmerman, "The Jurisprudence of Equality: The Women's Minimum Wage, the First Equal Rights Amendment, and *Atkins v. Children's Hospital*, 1905-1923"(*Journal of American History* 78, June 1991, pp.188-225) 등은 1920년대의 개혁의 좌절을 상세히 설명하고 있다. 정치에서의 개인들의 역할에 관해서는 Dorothy M. Brown, *Mabel Walker Willebrandt*(Knoxville, 1984)와 Susan Ware, *Beyond Suffrage*(Cambridge, 1981) 등을 보라.

제8장

근대 미국 문화에서 나타나는 새로운 감각들에 대한 이해는 Henry F. May의 선구적인 저작 *The End of American Innocence*(New York, 1959)로부터 시작된다. 여러 다른 측면에서 다음의 책들은 중요한 내용들을 제공한다. 즉 Casey Blake, *Beloved Community*(Chapel Hill, 1990), Lewis Erenberg, *Steppin' Out*(Westport, 1981), Nathan I. Huggins, *Harlem Renaissance*(New

York, 1971), 그리고 Daniel Joseph Singal, *The War Within*(Chapel Hill, 1982) 등이 그것이다. Robert M. Crunden, *Ministers of Reform*(New York, 1982)은 전전과 전후의 감각들이 어떻게 다른지를 강조하고 있다는 점에서 유용하다.

새로운 가치관은 모든 영역에 침투되었다. James B. Gilbert, *Work without Salvation*(Baltimore, 1977)은 노동에 대한 태도의 변화를 논의한다. 또한 Harry Braverman, *Labor and Monopoly Capital*(New York, 1974)을 보라. Warren I. Susman, "'Personality' and the Making of Twentieth-Century Culture"(in John Higham & Paul K. Conkin eds., *New Directions in American Intellectual History*, New Haven, 1985, pp.212-226)은 19세기 적 개성의 소멸을 추적하고 있다. 그리고 K. Austin Kerr, *Organized for Prohibition*(New Haven, 1985)은 19세기 개혁에 대한 마지막 찬양이다. 결혼의 새로운 의미는 Elaine Tyler May, *Great Expectations*(Chicago, 1980), 그리고 William L. O'Neill, *Divorce in the Progressive Era*(New Haven, 1967) 등에서 제시된다. 대립하는 19세기 가치들에 관해서는 Gillian Brown, *Domestic Individualism*(Berkeley, 1990)을 보라. 젊음과 늙음에 대해 변화하는 정향들은 Paula S. Fass, *The Damned and the Beautiful*(New York, 1977), Carole Haber, *Beyond Sixty-Five*(Cambridge, Eng., 1983), 그리고 Gilman M. Ostrander, *American Civilization in the First Machine Age*(New York, 1970) 등에서 다루어진다.

근대 미국의 문화적 특징으로서의 소비자 중심주의에 관한 고전적인 설명은 Daniel J. Boorstin, *The Americans: The Democratic Experience*(New York, 1973)이다. David E. Nye, *Electrifying America*(Cambridge, 1991)도 또한 소비자 문화에 대해 광범위하게 분석하고 있다. 20세기 초반의 자의식적 창조물인 새로운 소비자 세계에 관해서는 Leigh Eric Schmidt, "The Commercialization of the Calendar: American Holidays and the Culture of Consumption, 1870-1930"(*Journal of American History* 78, December 1991, pp.887-916), 그리고 William R. Taylor, "The Launching of a Commercial Culture: New York City, 1860-1930"(in John Hull Mollenkopf ed., *Power, Culture, and Place*, New York, 1988, pp.107-133) 등을 보라. 이러한 과정,

특히 제1차 세계대전 무렵 자아실현에 대한 관심이 고조되는 과정에서 광고의 역할은 Roland Marchand, *Advertising the American Dream*(Berkeley, 1985), 그리고 James D. Norris, *Advertising and the Transformation of American Society, 1865-1920*(New York, 1990) 등에 상세히 서술되고 있다. Ronald Edsforth, *Class Conflict and Cultural Consensus*(New Brunswick, 1987)는 노동자 행동주의에 끼친 소비자 중심주의의 최면 효과를 논의한다. 그리고 Lary May, *Screening Out the Past*(New York, 1980)는 할리우드가 보수적인 환경 속에서 근대적인 가치를 가장하는 방식을 설명한다. 반면에 Tania Modleski, *Loving with a Vengeance*(Hamden, 1982)는 대중매체의 심리적 측면을 흥미있게 옹호하고 있다.

근대 문화 속에서 여성의 지위에 특별한 관심을 보이는 다음의 몇몇 연구들은 제1차 세계대전을 전후한 세대간 구분을 강조한다. Nancy F. Cott, *The Grounding of Modern Feminism*(New Haven, 1987), David M. Kennedy, *Birth Control in America*(New Haven, 1970), James R. McGovern, "The American Woman's Pre-World War I Freedom in Manners and Morals"(*Journal of American History* 55, September 1969, pp.315-333), 그리고 Rosalind Rosenberg, *Beyond Separate Spheres*(New Haven, 1982). Mary A. Hill, *Charlotte Perkins Gilman*(Philadelphia, 1980)은 세대간 구분의 저편에 있는 한 주요한 인물에 관한 뛰어난 일대기이다. 가정이라는 공간에서의 정치가 변화하는 가치관을 어떻게 반영하는지는 Dolores Hayden, *Redesigning the American Dream*(New York, 1984), 그리고 Margaret Marsh, "From Separation to Togetherness: The Social Construction of Domestic Space in American Suburbs, 1840-1915"(*Journal of American History*, 76, September 1989, pp.506-527) 등의 주제이다. Jacquelyn Dowd Hall, "Disorderly Women: Gender and Labor Militancy in the Appalachian South"(*Journal of American History* 73, September 1986, pp.354-382), Joanne J. Meyerowitz, *Women Adrift*(Chicago, 1988), 그리고 Stephen H. Norwood, *Labor's Flaming Youth*(Urbana, 1990) 등은 새로운 정신에 대한 여성노동자들의 기여를 자세히 설명하고 있다. Ruth Rosen의 매춘에 관한 연구인 *The Lost Sisterhood*(Baltimore, 1982)에서 낡은 가치관은 쉽게 사라지지 않는다.

이러한 변화들과 병행하는 구속들은—어떤 것은 낡았고, 어떤 것은 새로운—갑자기 해방된 여성들의 모습에 제약을 가한다. Regina Markell Morantz-Sanchez, *Sympathy and Science*(New York, 1985), Mary P. Ryan, "The Projection of a New Womanhood: The Movie Moderns in the 1920s"(in Louis Scharf & Joan M. Jensen eds., *Decades of Discontent*, Westport, 1983, pp.113-130), Carroll Smith-Rosenberg, "The New Woman as Androgyne: Social Disorder and Gender Crisis, 1870-1936"(in Smith-Rosenberg, *Disorderly Conduct*, New York, 1986, pp.245-296), Ellen Trimberger, "Feminism, Men, and Modern Love: Greenwich Village, 1900-1925"(in Ann Snitow et al. eds., *Powers of Desire*, New York, 1983, pp.131-152), 그리고 Mary Roth Walsh, *Doctors Wanted: No Women Need Apply*(New Haven, 1977). Lois W. Banner, *American Beauty*(New York, 1983), 그리고 Joan Jacobs Brumberg, *Fasting Girls*(Cambridge, 1988)는 아름다움이라는 값비싼 문화에 초점을 맞추고 있다. Susan D. Becker, *The Origins of the Equal Rights Amendment*(Westport, 1981), James Reed의 산아제한에 관한 *From Private Vice to Public Virtue*(New York, 1978), 그리고 Margurete Sandelowski의 자연출산에 관한 *Pain, Pleasure, and American Childbirth*(Westport, 1984) 등은 여전히 갈 길이 먼 캠페인들을 주제로 한다. Linda Gordon, *Heroes of Their Own Lives*(New York, 1988)는 가정 폭력을 다루고 있다.

의료사업에 끼친 근대 문화의 영향은 병원의 변화를 포함하는데, 그것은 Charles E. Rosenberg, *The Care of Strangers*(New York, 1987), 그리고 David Rosner, *A Once Charitable Enterprise*(Cambridge, Eng., 1982)에서 설명되고 있다. Allan M. Brandt, *No Magic Bullet*(New York, 1985)와 마찬가지로 Elizabeth Fee, *Disease and Discovery*(Baltimore, 1987), 그리고 David Rosner & Gerald Markowitz, *Deadly Dust*(Princeton, 1991) 등은 공공보건사업에서의 활력의 상실을 묘사한다. Edward H. Beardsley, *A History of Neglect*(Knoxville, 1987)는 의료사업에서의 인종적 편향을, Richard A. Meckel, *Save the Babies*(Baltimore, 1990)는 의료사업에서의 계급적 편향을 폭로한다. 개혁과 사회사업 일반의 상태와 관련하여 Clarke A. Chambers,

Seedtime of Reform(Minneapolis, 1963), 그리고 J. Stanley Lemons, *The Woman Citizen*(Urbana, 1975) 등은 보다 낙관적인 평가를 제시하고 있다.

법에서의 새로운 전환에 대해서는 Morton J. Horwitz, *The Transformaon of American Law 1870-1960*(New York, 1992), 그리고 Richard Polenberg, *Fighting Faiths*(New York, 1987) 등을 보라. 그리고 법에 대한 개요를 위해서는 Lawrence M. Friedman, *A History of American Law*(New York, 1973)을 보라.

제9장

제1차 세계대전 이후의 공공정책에 대한 대부분의 저작들은 공민과 정부의 괴리의 심화라는 문제를 다루고 있다. 미국에서 근대 국가의 건설에 관한 어떠한 저작도 매우 자의적이다. 몇 가지 고무적인 연구들은 다음과 같다. Edward Berkowitz and Kim McQuaid, *Creating the Welfare State,* rev. ed.(Lawrence, 1992), Alan Dawley, *Struggles for Justice*(Cambridge, 1991), Michael J. Lacey & Mary O. Furner eds., *The State and Social Investigation in Britain and the United States*(Cambridge, Eng., 1993), Ellis W. Hawley, *The New Deal and the Problem of Monopoly*(Princeton, 1966), Richard Gid Powers, *Secrecy and Power*(New York, 1987), Theda Skocpol, "Political Response to Capitalist Crisis: Neo-Marxist Theories of the State and the Case of the New Deal"(*Politics and Society* 10, 1980, pp.155-201), 그리고 William Appleman Williams, *The Contours of American History*(Cleveland, 1962). Peri E. Arnold, *Making the Managerial Presidency*(Princeton, 1986), 그리고 Thomas K. McCraw, *Prophets of Regulation*(Cambridge, 1984) 등은 관료주의의 전개를 다루고 있다. 이러한 과정들을 둘러싼 견해들은 John P. Diggins, *Mussolini and Fascism*(Princeton, 1972), Edward A. Purcell, Jr., *The Crisis of Democratic Theory*(Lexington, 1973), 그리고 Sheldon Wolin, "The Idea of the State in America"(in *The Problem of Authority in America,* ed. by John Diggins & Mark E. Kann, Philadelphia, 1981, pp.41-58) 등에

서 논의된다. 다른 부문에서의 정부의 소원화에 관해서는 Robert A. Caro, *The Power Broker*(New York, 1974), 그리고 Sam Bass Warner, Jr., *The Urban Wilderness*(New York, 1972) 등을 보라.

외교 방면에서 지도자의 성향은 다음에서 묘사되고 있다. John Lewis Gaddis, *Strategies of Containment*(New York, 1982), Lloyd C. Gardner, *Architects of Illusion*(Chicago, 1970), 그리고 Arthur M. Schlesinger, Jr., *The Imperial Presidency*(Boston, 1973). Walter L. Hixson, *George F. Kennan*(New York, 1989), 그리고 Ernest R. May, "Cold War and Defense"(in *The Cold War and Defense*, ed. by Keith Neilson & Ronald G. Haycock, New York, 1990, pp.9-14 등은 이러한 정책결정자들에게서 나타나는 반민주주의적 성향을 강조한다. 반대자들을 격리시키는 과정은 다음에서 밝혀진다. Stanley I. Kutler, *The American Inquisition*(New York, 1982), Mary Sperling McAuliffe, *Crisis on the Left*(Amherst, 1978), 그리고 Athan Theoharis, *Seeds of Repression*(Chicago, 1971). 미국인들이 국내의 정치경제적 비전을 전후 유럽에 어떻게 투사시켰는지는 Michael J. Hogan, "American Marshall Planners and the Search for a European Neocapitalism"(*American Historical Review* 90, February 1985, pp.44-72) 그리고 Charles S. Maier, *In Search of Stability*(Cambridge, Eng., 1987), chap.3 등에서 잘 포착되고 있다. Christopher N. May의 팽창된 국가권력에 대한 설명인 *In the Name of War* (Cambridge, 1989)는 우리에게 일차대전이 제공한 호조건을 상기시킨다.

같은 이유로, 1920년대 이후로 미국 정치에 대한 거의 모든 연구는 전국적이고 지방적인 차원에서 중산계급 지도자들간의 권위의 배분에 연관되어 있다. 전체적인 시각에 대해서는 Barry D. Karl, *The Uneasy State* (Chicago, 1983), 그리고 James T. Patterson의 두 저서인 *America's Struggle against Poverty, 1900-1980*(Cambridge, 1981), 그리고 *The New Deal and the States*(Princeton, 1969) 등을 보라. E. Digby Baltzell, *The Protestant Establishment*(New York, 1964), 그리고 Peter H. Irons, *The New Deal Lawyers* (Princeton, 1982) 등은 국가계급 지도자들에게서 나타나는 변화하는 인종적 감수성을 밝히고 있다.

뉴딜 초기 국가정책의 유연성에 관해서는 다음과 같은 자료를 보라.

William W. Bremer, *Depression Winters*(Philadelphia, 1984), Kenneth R. Philp, *John Collier's Crusade for Indian Reform, 1920-1954*(Tucson, 1977), Janet Poppendieck, *Breadlines Knee-Deep in Wheat*(New Brunswick, 1986), 그리고 Bonnie Fox Schwartz, *The Civil Works Administration, 1933-1934* (Princeton, 1984). 뉴딜에 대한 도전자들에 관해서는 David H. Bennett, *Demagogues in the Depression*(New Brunswick, 1969), 그리고 Alan Brinkley, *Voices of Protest*(New York, 1982) 등을 보라. Arthur M. Schlesinger, Jr.가 마음속에 매우 다른 의도를 가지고 있었다고는 해도, 그의 *The Coming of the New Deal*(Boston, 1959), 그리고 *The Politics of Upheaval*(Boston, 1960)은 계급간의 타협에 관한 가치 있는 정보를 담고 있다. 그 타협의 지역적 적용의 측면에 관해서는 다음을 보라. Roger Biles, *Big City Boss in Depression and War*(DeKalb, 1984), Nancy L. Grant, *TVA and Black America* (Philadelphia, 1990), Phillip Selznick, *TVA and the Grass Roots*(Berkeley, 1949), Douglas L. Smith, *The New Deal in the Urban South*(Baton Rouge, 1988), 그리고 Bruce M. Stave, *The New Deal and the Last Hurrah*(Pittsburgh, 1970).

그 타협의 몇 가지 보수적인 함의는 다음에서 논의된다. Mark H. Leff, "Taxing the 'Forgotten Man': The Politics of Social Security Finance in the New Deal"(*Journal of American History* 70, September, 1983, pp.359-381), John Salmond, *A Southern Rebel*(Chapel Hill, 1983), 그리고 Bruce J. Schulman, *From Cotton Belt to Sunbelt*(New York, 1991). 타협 속에서 교육정책들이 어떻게 적용되었는지에 관해서는 Arthur J. Vidich & Joseph Bensman, *Small Town in Mass Society*(Princeton, 1958)를 보라. 이것과 반대되는 교육정책의 예를 보려면, Frank J. Munger & Richard F. Fenno, Jr., *National Politics and Federal Aid to Education*(Syracuse, 1962)을 보라. Paul E. Peterson, *City Limits*(Chicago, 1981)는 전국 수준과 지방 수준의 예산과정에서 작동하는 서로 다른 사회경제적 논리들을 설명한다.

Lizabeth Cohen, *Making a New Deal*(Cambridge, Eng., 1990), 그리고 Bruce Nelson, *Workers on the Waterfront*(Urbana, 1988) 등은 임금생활자들의 계급의식에서 산별 노동조합주의의 역할을 강조한다. 노동조직의 한계

는 다음에서 상세히 분석되고 있다. Nelson Lichtenstein, *Labor's War at Home*(New York, 1982), Linda C. Majka & Theo J. Majka, *Farm Workers, Agribusiness, and the State*(Philadelphia, 1982), Daniel Nelson, "The CIO at Bay: Labor Militancy and Politics in Akron, 1936-1938"(*Journal of American History* 71, December 1984, pp.565-586), 그리고 Richard Oestreicher, "Urban Working Class Political Behavior and Theories of American Electoral Behavior, 1870-1940"(ibid. 74, March 1988, pp.1257-1286). Steve Frazer & Gary Gerstle eds., *The Rise and Fall of the New Deal Order, 1930-1980*(Princeton, 1989)에 실려 있는 몇 편의 논문들과 Charles Stephenson & Robert Asher eds., *Life and Labor*(Albany, 1986) 등도 또한 유용하다. Robert H. Zieger의 신뢰할 만한 *American Workers, American Unions, 1920-1985*(Baltimore, 1986)도 역시 마찬가지이다. Joshua B. Freeman, "Catholics, Communists, and Republicans: Irish Workers and the Organization of the Transport Workers Union"(in *Working-Class America,* ed. by Michael H. Frisch & Daniel J. Walkowitz, Urbana, 1983, pp.256-283)은 수입된 이데올로기적인 급진주의의 특징을 논의한다. 그리고 Robert J. Norrell, "Caste in Steel: Jim Crow Careers in Birmingham, Alabama"(*Journal of American History* 73, December 1986, pp.669-694)는 특정 노동조합들에서 나타나는 인종적 보호에 대한 기록이다. Howell John Harris, *The Right to Manage*(Madison, 1982), 그리고 Sanford M. Jacoby, *Employing Bureaucracy*(New York, 1985)는 1940년대 경영측의 역공을 탁월하게 설명하고 있다. 이러한 양상들이 개별적인 지도자들과 조합들에 어떤 영향을 끼쳤는지는 Melvyn Dubofsky & Warren Van Tine, *John L. Lewis*(New York, 1977), 그리고 Ronald W. Schatz, *The Electrical Workers*(Urbana, 1983) 등에서 논의되고 있다.

제2차 세계대전 무렵 타협이 기능을 발휘한 방식들에 관해서는 다음을 보라. John Morton Blum, *V Was for Victory*(New York, 1976), Roger Daniels, *Concentration Camps USA*(New York, 1972), Leonard Dinnerstein, *America and the Survivors of the Holocaust*(New York, 1992), Peter Irons, *Justice at War*(New York, 1983), Jacobus tenBroek et al., *Prejudice, War and the Constitution*(Berkeley, 1954), 그리고 David S. Wyman, *The Abandonment of the Jews*(New York, 1984). 매카시즘에서 지방의 중간계급 엘리트의 중요성은 다음에서 논의된다. Don E. Carleton, *Red Scare!*(Austin, 1985), Walter Gellhorn ed., *The States and Subversion*(Ithaca, 1952), 그리고 특히 Michael Paul Rogin, *The Intellectuals and McCarthy*(Cambridge, 1967). 또한 다음을 보라. Alistair Cooke, *A Generation on Trial*(New York, 1950), 그리고 David Oshinsky, *A Conspiracy So Immense*(New York, 1983).

Peter Bachrach, *The Theory of Democratic Elitism*(Boston, 1967)은 세기 중반기의 민주주의 이론의 발전을 추적하고 있다. Michael Kammen은 그의 폭넓은 저작인 *A Machine That Would Go of Itself*(New York, 1986)에서 헌법의 지위를 설명하고 있다.

제10장

Allen J. Matusow, *The Unraveling of America*(New York, 1984)는 1960년대 실패한 타협에 대한 침착하고 보수적인 설명을 제공한다. Peter N. Carroll, *It Seemed Like Nothing Happened*(New York, 1983)은 1970년대 이후의 상황에 대한 식견 있는 설명을 제공한다. 논쟁적인 이슈에 대해서는 다음을 보라. 평화의 정치에 관한 Paul Boyer, "From Activism to Apathy: The American People and Nuclear Weapons, 1963-1980"(*Journal of American History* 70, March 1984, pp.821-844), 가족규범에 관한 Brigitte Berger & Peter L. Berger, *The War over the Family*(New York, 1983), Stephanie Coontz, *The Way We Never Were*(New York, 1992), 그리고 Arlene Skolnick, *Embattled Paradise*(New York, 1991), 환경주의에 관한 Samuel P. Hays, *Beauty, Health, and Permanence*(Cambridge, Eng., 1987), Kristin Luker, *Abortion and the Politics of Motherhood*(Berkeley, 1984), 그리고 복지에 관한 Frances Fox Piven & Richard A. Cloward, *Regulating the Poor*(New York, 1971).

1960년대 좌파의 힘에 관해서는 다음을 보라. Wini Breines, *Community*

and Organization in the New Left: 1962-1968(New York, 1982), Vine Deloria, Jr., *Behind the Trail of Broken Treaties*(New York, 1974), Kirkpatrick Sale, *SDS*(New York, 1973), 그리고 두 개의 회고록인 Sara Evans, *Personal Politics*(New York, 1979), 그리고 Todd Gitlin, *The Sixties*(New York, 1987). 우파에 대한 분노에 대해서는 다음을 보라. Sidney Blumenthal, *The Rise of the Counter-Establishment*(New York, 1986), Michael Kazin, "The Grass-Roots Right: New Histories of U.S. Conservatism in the Twentieth Century"(*American Historical Review* 97, February 1992, pp.136-155), Leo Ribuffo, *The Old Christian Right*(Philadelphia, 1983), 그리고 Peter Steinfels, *The Neoconservatives*(New York, 1979). Lloyd A. Free & Hadley Cantril, *The Political Beliefs of Americans*(New York, 1968), 그리고 Michael Mann, "The Social Cohesion of Liberal Democracy"(*American Sociological Review* 35, June 1970, pp.423-439) 등은 지방의 중간계급에게서 나타나는 경제적 자유주의와 문화적 보수주의 간의 명백한 혼란에 대해 분석하고 있다.

권리에 관한 논쟁은 다음 저서들에서 고찰된다: Lawrence M. Friedman, *Total Justice*(New York, 1985), Mary Ann Glendon, *Rights Talk*(New York, 1985), 그리고 Bernard Schwartz, *Super Chief*(New York, 1983). James C. Cobb, *Industrialization and Southern Society, 1877-1984*(Lexington, 1984), 그리고 Gilbert C. Fite, *Cotton Fields No More*(Lexington, 1984) 등은 남부와 여타 지역들을 통합하는 힘을 설명한다. 주요 정당들의 귀추에 대해서는 다음을 보라. David R. Mayhew, *Placing Parties in American Politics*(Princeton, 1986), Kevin P. Phillips, *The Emerging Republican Majority*(New Rochelle, 1969), 그리고 Martin P. Wattenberg, *The Decline of American Political Parties, 1952-1980*(Cambridge, 1984).

흑인들 사이에 형성되는 단결과 주체적 문제의식은 다음에서 논의된다. Kenneth W. Goings, *The NAACP Comes of Age*(Bloomington, 1990), Charles V. Hamilton, *Adam Clayton Powell*(New York, 1991), Genna Rae McNeil, *Groundwork*(Philadelphia, 1983), Robert J. Norrell, *Reaping the Whirlwind*(New York, 1985), 그리고 Robert Weisbrot, *Father Divine and the Struggle for Racial Equality*(Urbana, 1983). 시민권 운동 이전 수십 년 동안 시카고의 흑인들의 삶의 질이 어떻게 황폐화되었는지는 다음에서 상세히 논의된다. Arnold R. Hirsch, *Making the Second Ghetto*(Cambridge, Eng., 1983), Michael W. Homel, *Down from Equality*(Urbana, 1984), 그리고 Dianne M. Pinderhughes, *Race and Ethnicity in Chicago Politics*(Urbana, 1987). Clayborne Carson, *In Struggle*(Cambridge, 1981), 그리고 William H. Grier & Price M. Cobbs, *Black Rage*(New York, 1986) 등은 흑인들의 자유를 위한 갈망의 여러 측면들을 분석하고 있다. 예기치 않은 결과들에 관해서는 다음을 보라. James C. Cobb, "'Somebody Done Nailed Us on the Gross': Federal Farm and Welfare Policy and the Civil Rights Movement in the Mississippi Delta"(*Journal of American History* 77, December 1990, pp.912-936), 그리고 흑인들과 유대인들에 관한 Jonathan Kaufman, *Broken Alliance*(New York, 1988).

1970년대에 부활된 여성운동의 배경에 관해서는 다음을 보라. 탁월한 현대적 분석의 트리오라고 할 수 있는 Betty Friedan, *The Feminine Mystique*(New York, 1963), Kate Millett, *Sexual Politics*(Garden City, 1970), 그리고 Robin Morgan ed., *Sisterhood Is Powerful*(New York, 1970) 등뿐만 아니라 William Henry Chafe, *The American Woman*(New York, 1972), Ruth Schwartz Cowan, *More Work for Mother*(New York, 1983), Ruth Milkman, *Gender at Work*(Urbana, 1987) 등이 있다. ERA의 운명은 Mary Frances Berry, *Why ERA Failed*(Bloomington, 1986), Joan Hoff-Wilson ed., *Rights of Passage*(Bloomington, 1986), Jane J. Mansbridge, *Why We Lost the ERA* (Chicago, 1986), 그리고 Donald G. Mathews and Jane Sherron Dehart, *Sex, Gender, and the Politics of ERA*(New York, 1990) 등에 분석되어 있다.

계급관계의 미묘한 부분들에 있어서는 다음을 보라. 블루칼라의 애국심에 관해서는 Gary Gerstle, *Working-Class Americanism*(Cambridge, Eng., 1989), 도시 언론에 내재하는 지방계급적 감각에 관해서는 Phyllis Kaniss, *Making Local News*(Chicago, 1991), 그리고 헤게모니의 한계들에 관해서는 John Tomlinson, *Cultural Imperialism*(Batimore, 1991). Vicke L. Ruiz, *Cannery Women Cannery Lives*(Albuquerque, 1987)와 Rickie Solinger, *Wake up*

Little Susie(New York, 1992) 등은 인종·성별과 계급이 교차하는 지점들에 대해 검토한다. 가난한 사람들에게 지워진 부담에 관해서는 Christopher Jencks et al., *Inequality*(New York, 1972)와 Richard Parker, *The Myth of the Middle Class*(New York, 1972) 등을 보라. 현대 미국의 자존심의 침식이라는 문제에 대해서는 Christopher Lasch, *The Minimal Self*(New York, 1984)를 참조하라. 투표에서의 기권의 정치에 관해서는 Robert S. Gilmour and Robert B. Lamb, *Political Alienation in Contemporary America*(New York, 1975)와 Norman H. Nie et al., *The Changing American Voter,* rev. ed.(Cambridge, 1979)를 보라.

20세기의 마지막 사반세기를 다루는 서론과 결론에서의 중요 저서들 또한 제10장의 참고도서에 포함된다.

찾아보기

ㅇ

ㅌ

ㅍ

ㅎ

■ **지은이**

로버트 위브(Robert H. Wiebe)
미국의 저명한 역사학자로서 현재 노스웨스턴 대학교 역사학과 교수로 재직하고 있다. 대표적인 저서로는 『미국사회의 개방(*The Opening of American Society*)』, 『분할된 사회(*The Segmented Society*)』, 그리고 고전으로 인정받고 있는 『질서의 추구(*The Search for Order*)』 등이 있다.

■ **옮긴이**

이영옥
이화여자대학교 영어영문학과 졸업
미국 하와이 대학교 미국학 박사
미국 채프먼 대학교 조교수 역임
한국 아메리카학회 부회장 및 한국영어영문학회 부회장 역임
현재 성균관대학교 어문학부 영어영문학 전공 교수
주요 저서 및 논문으로 『영미문학입문』(공저), *After the Fall: Tragic Themes in Hawthorne and Warren*, 「탈식민주의 시각에서 본 Z. 닐 허스톤과 A. 워커」 등이 있음

박인찬
성균관대학교 영어영문학과 졸업(학사 및 석사)
미국 북텍사스 대학교 영문학 박사
현재 숙명여대 영문학부 조교수
주요 저서 및 논문으로 *Historical Recontruction and Self-Search*, 「미국의 포스트모더니즘 역사소설: 역사 다시 쓰기와 저항적 자아찾기」 등이 있음

유홍림
서울대학교 정치학과 졸업(학사 및 석사)
미국 럿거스 대학교 정치학 박사(정치사상 전공)
현재 서울대학교 정치학과 교수
주요 논문으로 "The Politics of Ethical Discourse," "Sources of Communitar- ian Ethics," "Justifying Discourse Ethics in the Public Sphere," 「미국의 공동체주의 정치사상」, 「칸트주의적 자유민주주의 규범론의 의의와 한계」, 「해체주의의 윤리적 함의」 등이 있음

한울아카데미 301

미국 민주주의의 문화사

지은이／로버트 위브
옮긴이／이영옥, 박인찬, 유홍림
펴낸이／김종수
펴낸곳／도서출판 한울

초판 1쇄 발행／1999년 6월 30일
초판 2쇄 발행／2011년 10월 31일

주소／413-756 파주시 교하읍 문발리 535-7 302(본사)
121-801 서울시 마포구 공덕동 105-90 서울빌딩 1층(서울 사무소)
전화／영업 02-326-0095, 편집 031-955-0606, 02-336-6183
팩스／02-333-7543
홈페이지／www.hanulbooks.co.kr
등록／1980년 3월 13일, 제406-2003-051호

Printed in Korea.
ISBN 978-89-460-4516-3 94340

* 가격은 겉표지에 있습니다.